智元微库
OPEN MIND

成 长 也 是 一 种 美 好

THE DEVELOPMENT OF
LANGUAGE
Ninth Edition

语言的发展

（原书第 9 版）

Jean Berko Gleason & Nan Bernstein Ratner

[美]琼·伯科·格利森　[美]娜恩·伯恩斯坦·拉特纳　等 著

夏梦颖 译　陈思 主审

人民邮电出版社

北京

图书在版编目（CIP）数据

语言的发展：原书第9版 /（美）琼·伯科·格利森
（Jean Berko Gleason）等著；夏梦颖译. -- 北京：人
民邮电出版社，2021.9
ISBN 978-7-115-57113-7

Ⅰ. ①语… Ⅱ. ①琼… ②夏… Ⅲ. ①语言史—研究
Ⅳ. ①H0-09

中国版本图书馆CIP数据核字(2021)第174200号

◆ 著 ［美］琼·伯科·格利森（Jean Berko Gleason）
　　　［美］娜恩·伯恩斯坦·拉特纳（Nan Bernstein Ratner）等
　　译 夏梦颖
　　责任编辑 宋 燕
　　责任印制 周昇亮
◆人民邮电出版社出版发行　　北京市丰台区成寿寺路 11 号
邮编 100164　　电子邮件 315@ptpress.com.cn
网址 https://www.ptpress.com.cn
天津图文方嘉印刷有限公司印刷
◆ 开本：787×1092　1/16
印张：29　　　　　　　　　 2021 年 9 月第 1 版
字数：680 千字　　　　　　 2021 年 9 月天津第 1 次印刷
著作权合同登记号　图字：01-2019-3989 号

定　价：229.00 元
读者服务热线：（010）81055522　印装质量热线：（010）81055316
反盗版热线：（010）81055315
广告经营许可证：京东市监广登字20170147号

FOREWORD

推荐序

推荐序

我是一名儿童语言发展与教育的研究者，也负责与儿童语言发展相关的本科和研究生课程的教学。学期开始，一批又一批求知若渴的新同学来到课堂，对儿童的语言发展充满好奇。在第一堂课上，他们总会提出同样的请求：老师，请你给我们推荐一些关于儿童语言发展的好书；在这个领域里，有没有每个人都"必读"的一本书？

这似乎是一个不可能完成的任务。同学们兴趣各异，有人想研究儿童的语音意识，有人聚焦于阅读障碍，有人对双语习得感兴趣，有人关心儿童家庭阅读环境。有没有一本书，能够涵盖儿童语言发展的所有话题，为感兴趣的读者提供高质量的参考内容呢？感谢格利森教授和拉特纳教授，把"不可能"变成了可能。

回应同学们的荐书请求，我总是首先推荐《语言的发展》（ *The Development of Language* ）。我会建议同学们，先阅读最感兴趣的那一章，但是也别忘了其他章节，因为儿童语言发展是一个不可分割的整体，互相支持和印证的研究发现能够加深对特定领域的理解，更何况这本书真的非常有趣。

《语言的发展》自 1985 年问世至今，已成为美国各大高校语言学、心理学和教育学相关课程广泛使用的主要教科书，来自数百所高校的教授都将这本书指定为必读材料。以哈佛大学教育学院为例，在我的学生时代，和语言与读写、儿童发展、教育心理学、特殊教育相关的多门课程的参考书目里，都有《语言的发展》；成为老师后，我也毫不犹豫地选择这本书作为介绍儿童语言发展的重要文献。

这本书的影响力并不局限于美国。早在我就读于华东师范大学时，教授也选择了《语言的发展》英文版作为教科书。现在，我们能读到忠于原文的中文译本，我想它能比英文版惠及更多的中文读者，会更广泛地影响有志于儿童语言研究的朋友们。

好书难得，优秀的教科书就更罕见。投入大量的时间和精力撰写一本深入浅出、引人入胜的优质教科书已经成为一种"奢侈"。在教育和心理学教科书领域，像《语言的发展》这样既有广度又有深度的著作，更是少之又少。细心的读者会注意到，《语言的发展》每一章都有不同的作者；而只要对儿童语言略有研究就会知道，每位作者都是特定领域和研究方向的顶尖科学家。在我看来，这正是本书高质量的核心因素。

针对本书的每个版本，格利森教授和拉特纳教授（拉特纳教授从第 2 版开始承担联合主编的工作）都精心组织，将领域内每个研究专项领先的科学家聚集在一起（绝大多数作者都是她们两位的好朋友），分别完成对各自领域的整理和综述，确保书中每个章节的视角，都来自对这个领域了解最全面和深入的科学家。在每个新修订版本的每个章节，我们都能与儿童语言发展领域的权威专家直接"对话"，了解最新重要文献的综述。通过阅读专家高质量的概括和总结，读者可以在短时间内掌握儿童语言发展研究的最新动向。

对于本书的编撰，格利森教授和拉特纳教授还秉持一个重要观点：在各家争鸣不断的语言发展心理学领域，尽量呈现给读者一个"平衡"的视角。在组织和审阅、编辑本书的工作中，两位教授尽量避免一些"极端"的观点，取而代之的是将有争议的问题的双方论据都呈现给读者，启发读者进行深入的思考。这样的考虑特别有助于研究人员博采众长、全面了解语言发展的问题。

作为权威的儿童语言发展专家，格利森教授在研究中秉持的社会建构的视角也贯穿全书。早在半个世纪之前，格利森教授就发明了一系列先进的实验手段，探索了当时还鲜少有人涉足的儿童语言发展研究。她的一系列探索最早将儿童的语言与社会学习的相关理论相联系，为后来几十年儿童发展心理学、语言与读写教育的研究奠定了坚实的基础。直到今天，大量的研究证实，儿童的语言习得和发展是一个与成人互动息息相关的动态过程，受到环境、文化、教育和互动质量的深刻影响。这一共识的建立与格利森教授的学术贡献是分不开的。

也正是因为格利森教授在研究中特别关注成人 – 儿童之间社会习得过程对语言的影响，她对儿童语言发展研究脉络整体的把握和梳理，特别强调儿童的语言和读写习得并不是独立产生的，还应该考虑非常丰富、广阔的家庭环境、学校环境、社区环境以及社会文化环境。

这样全面而科学的考虑，使得《语言的发展》一书不仅适合语言和儿童发展研究者参考与学习，也非常适合教师群体，包括幼儿园教师、K12（小学、中学）教师、专注母语教学（中文教学）的教师、外语教学（对外汉语、英语教学）的教师、以英语为学术语言教授其他学科内容的教师阅读。书中的内容能够帮助教师们思考在复杂的语言环境中如何把握学生的学习规律，通过有效、高效的教学方法帮助学生提高语言能力。

本书也适合对儿童语言发展和教育感兴趣的家长们阅读：家长们普遍对儿童的语

言水平有着很高的教育要求，但这种追求如果一味聚焦在考试成绩和应试升学上，往往会催生巨大的焦虑和挫败感，对儿童的长期发展无益。本书详细介绍、解释了儿童的语言如何从零开始逐步发展，并随着家长和教师等成人与儿童的互动逐步深入，对其中每个阶段的特点和关键都一一做了说明。我认为，绝大多数家长关于儿童语言发展的问题和顾虑，都能够在本书找到答案。这本书平实、幽默、举一反三的语言风格，对非科研工作者的教育实践者（包括教师和家长）都特别友好。

除了教育的实践者，我也建议教育政策的制定者、面向儿童的语言工作者（如图画书画家和作者、儿童小说作家、图书馆工作人员等）、儿童媒体内容的创作者（动画、视频、游戏制作者）等所有与儿童语言发展和教育相关的从业人员阅读本书。这本书扎实的理论基础、丰富而科学的内容梳理、实用的教育个案，一定会为您的工作助力。

哈佛大学教育学院　陈思

2021 年 8 月 3 日

在接到本书的翻译任务时，我作为助教辅导的最后一批本科生正在准备他们的"第一语言与第二语言习得"的期末考试，当时我每天的主要任务就是在邮件中回复他们各种有关语言习得理论的问题。总有焦虑的一年级新生和认真的高年级学生在邮件中问起："在回答论述题时，该如何选择特定的理论解释语言习得？"而我就一边回答他们的这些问题，一边着手进行本书的翻译工作。

我就读过的学校都拥有很强的语言学理论基础，通常依赖于某一项或几项特定的语言学理论建构出语言发展的假设，再经由试验进行验证。这样的课程安排可以让学生深入地了解语言发展的一部分研究历史和现状，在进行独立研究之前做好万全的准备，但与此同时，在内容的广度方面就缩小了不少，有些求知欲强的学生不满足于课堂上所讲述的内容（或者不太欣赏讲师所依托的理论——"总有几个学生不喜欢乔姆斯基"大概是语言学系的常态），就只能自己通过阅读其他文献进行摸索。正如本书第 7 章和第 8 章所说，有关语言发展的研究，并不应该仅仅局限于基于某一特定理论的研究，基于特定的理论很有可能会在研究方向的选择上有失偏颇（比如选择偏向于语言发展的共性，而忽略了语言之间乃至儿童个体之间的个性）；甚至不应该仅限于语言学角度的研究，而需要从发展心理学、文化传播、社会学及教育学方面一起发力。毕竟当前从语言学角度探讨的语言发展，无论采取什么理论基础，都还始终停留在实验室和书本的水平，与真正应用到实际生活中总是有一段距离。而最关心语言发展的人——孩子们的父母希望得到的是更实际、更直接的方案，这是基于语言学的研究一时半刻无法做到的。

从这一角度来看，对我来说，翻译本书也是一个学习和锻炼的过程。虽然我自己也从事语言习得的研究，但重点并不是第一语言习得；尽管担任这方面课程的助教，在备课时阅读过本书之前的版本，但也只是选择自己需要的内容，而没有完整地考虑过各个章节所覆盖的所有方面。我对第一语言习得的认识，很大程度上还停留在语言学的角度，很少会从心理学、言语治疗和教育学的方面进行思考。这一次作为译者去研读最新的版本，认真看过之前忽略的内容，才意识到自己在助教课上、平时科普的过程中所涉及的内容不过是整个领域的九牛一毛。

全书主要按照儿童语言发展的时间顺序进行排列，内容可以分为互相穿插的两个部分。第一部分是对我们能够接触到的最直接的语言技能发展过程的讨论。说到语言，大家想到的就是语音、单词、结构、使用规则、文字等，本书的第 2~6 章以及第 10 章就是对这些内容的介绍。人类的语言发展从母体之中就开始了，母亲的语音通过身体内部传来，使得胎儿能够感知到韵律和音调（第 2 章）。在出生之后，婴儿突然降临到更清晰的语言环境中，开始感知确切的语音（第 3 章），意识到语音组合形成的有意义的小单元（语素和单词，第 4 章），而这些小单元又经过特定组合变成更大的单元（句法，第 5 章），懂得句子承载的含义（语用，第 6 章），最后则进入更复杂的书面语言的世界（读写能力，第 10 章），每一个阶段在书中都有详细的讨论和示例。第二部分则把语言本身看作一种完整的能力，集中讨论语言发展的共性和个性：共性的内容由各种理论进行总结，这些理论可以来自生物学、语言学、心理学、社会学乃至其他角度（第 1 章和第 7 章）；语言发展的个性则可以根据儿童的认知偏好、生理特征以及所处的语言环境有所变化（第 8 章、第 9 章和第 11 章）。语言技能的发展为我们讨论语言发展的共性和个性提供了证据，语言发展的共性和个性则能够帮助我们预测和评估具体语言技能的发展情况，这两者之间互相辅助、互相印证，在我们了解语言发展的全过程中缺一不可。

也许很少有某一领域的科学研究能像语言习得那样存在如此激烈的内部理论竞争。仅就我接触到的理论，就包括以乔姆斯基为代表的基于普遍语法理论（在书中被翻译成"先天主义"）、试图反映习得过程中大脑活动的联结主义、依赖普通认知功能解决语言问题的认知主义（书中介绍的基于使用理论是一个分支）、认为语言是形式与功能对应的功能主义……这些理论在本书中都有所涉及，特别是第 7 章进行了详细的解释。但是目前，可以说没有一种理论能够完全解释一切的语言习得现象。这也是众多理论共同存在、互相竞争的原因。在了解语言习得时，我们不能轻易地认为某种理论就是正确的，某种理论就是错误的，因为我们不知道下一个观测到的现象是什么，会不会直接否定或者肯定我们之前的假设。也正因为如此，我们必须不断地进行新的研究，同时至少对所有可能的理论都有所了解。在这一点上，本书为我们做出了极好的榜样：它包括目前语言习得和发展研究中的主要理论，以平衡的视角看待彼此之间的竞争，把思考的余地留给读者，而不是自行给出一个结论、灌输到读者的大脑中。这种谨慎而客观的态度是每一名研究语言习得现象的研究者应该具有的理想态度。

此外，本书花了极大的篇幅讨论各种语言障碍和语言发育迟缓现象，以及它们的应对措施。这一点是其他以语言学为主的语言习得类教材很少见的一点，同时也是我自己知识的薄弱点。虽然在一些基于乔姆斯基普遍语法的教材中，偶尔会提到特定性语言障碍和威廉氏综合征的问题，但在大多数情况下，这些疾病都被用作辩论的证据，用来说明语言发展和普遍认知发展之间互相独立（这也是普遍语法一派的基本主张之一）。本书中有关这些疾病的介绍则添加了更多人文的味道：疾病本身不再被看成简单的论据，而是真真正正发生在儿童患者身上的、需要各方面参与应对的问题，我们不再集中于这些疾病能为抽象的语言学理论带来什么支持，而是考虑到儿童患者的需求和家长的担忧，从诊断、预防、治疗、辅助的角度提出更为实用的措施。这也让本书超出了一般的"第一语言习得教材"的范围，它不仅适用于语言学的学生，还能够面对更广大的读者群体，为进行言语治疗的从业人员指明了一条道路。目前，国内的语言障碍诊断和言语治疗依然处于初步阶段，在各个层级的公立学校少有这方面的辅助研究，甚至部分地区有很多人从未听说过这方面的内容，认为具有语言障碍的儿童不过是"笨""懒"。但愿在本书的引导下，能有更多的人了解语言障碍，建立起有关不同语言障碍的意识乃至参加到言语治疗及辅助教育中。

书中的大多数例子都以英语为主，而英语的语言和文字特征导致我为了保证内容的完整性和连贯性，在处理一部分译文时只能保留原文的例子，尽量做出解释。书中的不同章节由不同作者写成，每位作者都拥有个人写作风格，我在翻译时尽力忠于原文，以保证本书作为教材的严谨性，但也有可能出现迂回曲折的情况。同时，一些术语在汉语中也没有完全确切的对应词，在翻译过程中，我对译了少量罕见的术语，这从某种程度上也反映出我们的语言习得研究乃至语言学研究依然任重道远，还需要加倍努力。

最后，感谢人民邮电出版社提供了让我参与翻译的机会。在翻译过程中，我也蒙受恩师亨利叶特·亨德里克斯博士（Dr. Henriëtte Hendriks）的指导，对此感激不尽。译文中出现的错误和不足之处均是译者自身水平所限，还请各位读者不吝赐教。

夏梦颖

2019 年 8 月英国剑桥

PREFACE　前言

　　本书的读者对象是所有对儿童如何从婴儿时期到学龄后期学习语言感兴趣的人。这一领域在《语言的发展》（原书第 8 版）之后发生了根本性的改变，我们很高兴能够把过去这些年出现的新视角和新发现分享给大家。本书也包括一些新的话题，我们认为这些话题不仅有趣，还能为语言发展的基本特征从历史角度和跨文化角度提供更广阔的理解。

　　我们写本书的目的是提供一个权威而有趣的文本，它能够包括重要且有用的概念和研究结果。本书格外关注学习英语之外的语言的儿童的语言发展情况，以及有语言发育迟缓或障碍风险因素的儿童。此外，本书还讨论了能够导致儿童语言群体和个体差异的文化影响。本书所关注的内容涉及从儿童开始说话之前的生命早期几个月的语言发展，一直到成人语言技能的掌握。

原书第 9 版的新内容

　　熟悉本书之前版本的读者会立刻发现，我们把有关老龄化的章节换成了全新的一章，名为"双语语言发展"。这一更改回应了教师的很多请求，并且能够反映这一话题逐渐提升的重要性，我们很高兴地欢迎第 11 章新的共同作者，来自得克萨斯州农工大学的 L. 昆汀·迪克逊和来自中山大学及哈佛大学教育学院的赵静。

　　本书一些新的特征简单列表如下：

- 关于双语语言发展和第二语言习得的全新章节——第 11 章。这样安排的好处在于：大多数文化的典型语言学习者不再是单语者，这个新的章节为进行训练的教师和治疗师呈现了重要的现实。

- 目前每章都包括融合了一个话题领域（如言语、词汇、阅读）的典型发展以及在学习这一技能时最为常见的困难和障碍。这样安排的好处在于：随着干预反应模式（Response to intervention, RTI）这一新的治疗方法的出现，所有的教师和言语治疗师都需要准备好识别儿童中最常见的发育迟缓现象或问题；这不再像之前版本一样将其作为单独的一章出现，从而避免了学生无法完整地理解它们。这些内容在本书中的位置：所有章节，特别是第 2~6 章、第 8 章和第 10 章。

- 重组了有关非典型发展的章节，注重儿童交流发育迟缓和障碍的横断概念。读者现在可以了解、学习造成关键交流技能中的发育迟缓的诸多原因及表现之间的共同主题，比如基因、环境缺陷，以及损害语言学习的发展性残疾的共同特征（第 9 章）。

- 每一章包括各种概念案例、一手专家访谈和例证，用以加深学生对概念的理解。这样安排的好处在于：案例能够改善学生对概念的理解，加深学生对材料的掌握。

- 本书包括社会经济差异及它们对儿童交流发展的影响，这部分内容由本领域的专家、哈佛大学教育学院的梅瑞迪斯·洛维（Meredith Rowe）提供，她是第 4 章的共同作者。这样安排的好处在于：学生可以获得更多的关于社会经济差距影响儿童语言发展的理解（主要位于第 4 章，但所有章节都有所涉及）。

- 在神经科学、基因学和人类学的研究方面有所更新，把儿童语言发展置入了更广阔的语境中。这样安排的好处在于：脑部映射、了解语言和语言障碍的基因影响、描述人类语言独特能力的主要研究进展，进一步阐明了让儿童能够在学习语言的过程中成功的因素（主要位于第 1 章，但在几乎所有章节中都有所涉及）。

　　和过去一样，每一章都由该领域中的杰出学者撰写。对学生而言，每章都提供了有用的摘要和一系列建议的课程论文和项目。本书还包括完整的术语表，详细解释了每一个关键词。参考文献现在已单独整理，而不再是列于每一章。

　　本书可以作为语言发展的高年级本科生或研究生课程的课本，或者心理语言学、认知科学、发展心理学、言语病理学、教育学及相关学科的课程阅读书目。本书也可以作为以上领域业内人员的参考资料。

　　读者无须拥有语言学知识就可以从此书中获益，每章都同时展现了与内容相关的语言学背景信息。这意味着在主要概念方面有一部分重复，而这可以强化这些概念，并进一步阐明它们。另外，我们假设读者熟悉心理学的基础概念（如客体恒常性）以及主要人物的研究，如让·皮亚杰（Jean Piaget）和 B·F·斯金纳（B. F. Skinner）。很多语言发展方面的图书仅仅关注幼儿的语言习得，倾向于假设发展过程在达到完整的句法结构之后就完全结束了。但语言发展和心理发展一样，在个体达到生理成熟之后并不会停止，所以我们带着语言发展在人生周期一直进行的理解，在书中包括了学龄期间的发展。

本书由很多作者共同写成，我们认为这是本书的优势之一：语言发展的研究在近些年快速发展，很多新的话题已经高度专业化。并没有很多研究者能在这一扩张的领域的所有部分都成为专家。例如，很少有研究者在婴儿的言语感知和学习第二语言写作方面都是权威，但是本书同时包括了这两个主题。幸运的是，很多在各自领域作为领军人物的研究者都同意参与撰写本书。因此，本书的各章都由在该主题领域以研究而知名的作者写成，他们的能力足以向广大读者清楚地介绍复杂的主题。每一位作者都在各自专业领域中展现了最为突出的想法和最近相关的研究发现。

由于发展一直是先天能力和环境外力相互作用的结果，我们采用了交互的角度，这一角度同时考虑了让语言成为可能的生物天赋和语言得以发展的环境因素。本书中，我们也特别强调了可能干扰发展但能够用干预解决的因素。

致谢

我们在此感谢帮助本书面世的人们。我们首先要感谢所有的共同作者，他们在自己所写的章节中投入了大量的时间进行思考。我们还要感谢培生教育的编辑安·戴维斯（Ann Davis）。感谢鲁米纳数据信息（Lumina Datamatics）咨询公司的斯里达尔·安纳度莱（Sridhar Annadurai），是他的优秀的工作让我们的图书企划能够成功。我们感谢以下审稿人提供的评价和建议：加利福尼亚州立大学北岭分校的约瑟夫·加拉索（Joseph Galasso）、马凯特大学的史蒂芬·朗（Steven Long）、圣何塞州立大学的安吉拉·E.里克福德（Angela E. Rickford），以及艾奥瓦州立大学的霍拉贝尔·"吉里"·芬卡塔吉里（Horabail "Giri" Venkatagiri）。

CONTENTS 目录

第 1 章　语言的发展概况

琼·伯科·格利森（Jean Berko Gleason），儿童语言研究国际协会主席，波士顿大学心理与脑科学系教授，Wug 实验首创者

第 2 章　婴儿期交流的发展

罗切尔·S. 纽曼（Rochelle S. Newman），马里兰大学帕克分校听力和语言科学系教授、主席

第 3 章　　音系发展：学习语音和语音模式

卡罗尔·斯托尔–加门（Carol Stoel-Gammon），华盛顿大学演讲和听力科学系教授

丽丝·门恩（Lise Menn），科罗拉多大学教授，《心理语言学》作者

第 4 章　语义发展：学习单词的含义

宝拉·乌切利（Paola Uccelli），哈佛大学教育学院终身教授

梅瑞迪斯·L. 洛维（Meredith L. Rowe），哈佛大学教育学院教授

芭芭拉·亚历山大·潘（Barbara Alexander Pan），哈佛大学教育学院

第 5 章　把单词放在一起：学龄前形态和句法的理解和产出

安德拉·朱可夫斯基（Andrea Zukowski），马里兰大学帕克分校

第 6 章　　社交语境中的语言：交际能力的发展

朱迪斯·贝克·布莱恩特（Judith Becker Bryant），南佛罗里达大学

第 7 章　　语言习得的理论方法

约翰·N. 博阿农三世（John N. Bohannon III），巴特勒大学教授

约翰·D. 邦维安（John F. Bonvillian），弗吉尼亚大学

第 8 章　语言发展的差异：对研究和理论的寓意

贝弗利·A. 哥德菲尔德（Beverly A. Goldfield），罗得岛学院

凯瑟琳·E. 斯诺（Catherine E. Snow），哈佛大学教育学院 Henry Lee Shattuck 教授，
美国教育心理学家、应用学家

英格丽德·A. 威伦伯格（Ingrid A. Willenberg），澳大利亚天主教大学

第 9 章　非典型语言发展

娜恩·伯恩斯坦·拉特纳，马里兰大学教授

第 10 章	学龄期的语言和读写能力

吉利安娜·梅尔茨（Gigliana Melzi），纽约大学应用心理学副教授，发育心理学家

阿迪娜·R.希克（Adina R. Schick），纽约大学

第 11 章　　双语语言发展

L. 昆汀·迪克逊（L. Quentin Dixon），得克萨斯州农工大学教育与人类发展学院教授

赵静，中山大学外国语学院副教授、哈佛大学教育学院访问学者

[①] 见智元微库公司网站：www.zhiyuanbooks.com。如有需要，请前往网站下载参考文献内容电子版。——编者注

语言的发展概况

琼·伯科·格利森（Jean Berko Gleason），儿童语言研究国际协会主席，波士顿大学心理与脑科学系教授，Wug 实验首创者

无论周围环境中的语言有多么复杂，世界各地的儿童在 3~4 岁时就已经习得这些语言的主要元素。语言的发展是人类的一项令人惊奇却又常见的成就。语言的发展提出了我们这个时代的一些最具挑战性的理论与实践问题：婴儿甚至正在发育的胚胎，能否处理语言？如果能，他们能够感知到言语和语言的哪些方面？幼儿是如何习得复杂语法的？我们所定义的语言到底是人类独有的，还是其他动物也拥有？把一只猩猩当成我们的孩子养大，会出现什么情况？它会像儿童一样学习如何使用语言吗？会说话的鹦鹉知道自己在说些什么吗？有没有理论可以恰当地解释语言的发展？语言是独立的能力，还是我们普遍认知能力中的一个方面？为了掌握成人水准的语言，人类个体到底需要知道什么，而语言的发展又从何种程度上代表了人类的普遍发展（如学会走路）？我们如何解释人类个体的差别？当语言出现非正常发展时，到底发生了什么，我们又该如何应对？儿童能够学会两种或更多种的语言并达到母语水准吗？那么，成年人呢？还是说在某一个时间点之后，学习第二语言就会太迟了？这些问题都激起了语言发展研究者的好奇心，也因此有了写作本书的计划。

当儿童开始习得语言之后，他们的进展十分迅速。当他们成长到学龄时，甚至在他们学会阅读之前，他们已经能够调整自己的言语，以适应某一场景的社交与交流本质；他们知道上千个单词的含义和发音，能够正确

【学习目标】

阅读本章之后，学生能够：

◆ 总结儿童为了掌握语言的听说读写能力所需的语言知识领域。
◆ 描述适用于所有人类语言的规则系统。
◆ 比较其他动物的交流系统与人类语言在规则系统与知识方面的异同。
◆ 描述语言习得与语言使用的生物基础的各项特征。
◆ 总结儿童语言习得研究从早期到现在的演变，讨论当前的研究手段及其局限。

地使用语言中主要的句子类型和语法形式，比如主语、宾语、动词、复数、时态等。到达学龄、青春期乃至成人之后，人的语言发展也不会停止；语言发展贯穿于人的一生。本书采用了发展的视角，主要专注于人在学龄时期的语言发展，也在恰当的场合讨论后续的发展。本书也涉及语言未能顺利或正常发展的相关信息。

本章共分为四节。第一节提供了从婴儿期到学龄的语言的发展进程概论，作为后续章节的简介。

第二节描述了人类个体必须习得的主要语言系统。我们并未遵循特定的语言学理论，而是提供建立语言习得基础研究框架的描述性信息。在后续针对特定内容的章节里，我们会展示更多技术性的语言学材料，例如在第 3 章里我们会介绍语音系统的学习，而在第 5 章里会介绍句法系统。如果说本书的作者们共享同一个视角，我们认为人类个体在一生中习得的是一个系统的、可以经受研究的语言的内化表征（internalized representation）。

第三节描述了一些让语言发展在人类身上成为可能的独特的生物学基础。对语言发展来说，我们的生物学天赋是必要而不充足的；没有社会互动，语言的发展就不可能进行。

第四节着重于语言发展研究的背景和手段。

语言的发展进程概论

婴儿期的交流发展

在婴儿出生之前，他们就已经在聆听周围的语言。研究发现，新生儿更愿意听到他们在子宫中曾听到的语言。出生后几个月，远在婴儿说出第一个词之前，他们就已经拥有之后作为语言基础的交流能力。婴儿是非常典型的社会生物：他们会长期注视看护者的眼睛，对他们周围声音的情绪语调非常敏感。他们会注意别人对他们所说的语言，然后与对方进行对话，哪怕只是嘟哝一声。如果他们需要某件物品，他们会学习让别人了解他们的意图。除了体现出在人生早期就已经显现的社交动机，婴儿在生理上也具有处理言语信号的基础；他们甚至能够分辨语音中最为细微的区别。事实上，他们比成人更为擅长这点！6 月龄婴儿已经开始像成人一样，对自己语言的语音进行分类。在 11 月龄左右，很多婴儿能够理解 50 个以上的普遍词汇，并且当有人提问"小猫在哪里"时，他们能够开心地指向猫妈妈塔比莎·特维切特（Tabitha

Twitchit）[1]。

　　大约在他们踏出第一步时，很多婴儿说出了自己的第一个词。和走路一样，在世界各地，早期语言在大概相同的年龄以大致相同的形式出现，与语言习得所在的社会、文化以及语言的特征无关。我们将在第 2 章中讨论婴儿开口说话之前语言发展的先兆。

音系的发展：学习语音和语音模式

　　在半岁左右，婴儿开始进入学语期，像玩弄手指和脚趾一样摆弄声音。在 1 岁之后，对大多数儿童来说，语言发展前期婴儿的学语声会让位于词汇和学语声混合的早期言语。在学语期发着"ba ba"声音的婴儿现在会用"baba"作为"bottle"（瓶子）的早期词。当婴儿开始说话后，语言发展的进程显示出一些普遍特征。幼儿的早期话语经常只包括一个词，通常便于发音，含义具体。我们需要意识到重要的一点：儿童对某一形式的理解（comprehension）和产出（production）受到不同制约因素的影响；儿童能够理解比他们能够产出的内容更为复杂的内容。有一些语音比其他语音更困难，辅音的组合可能尤其问题重重。在某种语言里，或者当儿童习得多种语言时，他们会用不同的方式解决自己遇到的音系问题。我们在第 3 章中提供了用于研究儿童音系或语音系统习得的框架。

语义发展：学习词汇的含义

　　语言使用者用于连接单词和指示对象及含义的方式是语义发展的研究主题。正如儿童早期词汇的音系形态存在制约因素，这些早期词汇的语义种类也存在限制。例如，年龄很小的幼儿的词汇更有可能包括指示移动物体（汽车）而不是固定物体（长凳）的单词。他们的词汇反映出他们的日常生活，而不太可能指示时间、空间上过于遥远的活动或是抽象的事物。诸如"你好""小狗""妈妈"和"果汁"这样的早期单词指示儿童周围直接环境里的事物、活动和人物。当儿童成长到学龄时，他们的词汇逐渐变得复杂而相互联结，同时也学会了一种新的知识——元语言意识（metalinguistic awareness），即思考语言自身、了解词汇本质，乃至回答"pumpernickel[2]是一个单词吗"这种问题的能力。第 4 章将探讨有关儿童早期的词汇及其含义，以及含义系统发展成复杂的语义网络的方式的研究。

---

① 英国童书作家、插画家碧翠克丝·波特（Helen Beatrix Potter）笔下的猫妈妈形象。——译者注
② 黑麦粗面包（源于德国，常切片出售）。——编者注

连词成句：学龄前的词法及句法

大多数儿童在两岁之前、掌握大概 50 个单词之后，就进入了把两个词合并到一起表达的阶段。他们在单个单词阶段所说的词现在被合并成简语，然而并不具备成人语言所需要的语法修饰。儿童现在可以用"那狗"表明"那是一条狗"，"妈妈果汁"表明"妈妈的果汁""妈妈，给我果汁"或者"妈妈在喝果汁"。

一项针对不同语言社群下的儿童双单词话语的研究表明，世界各地的儿童在这一年龄段都用相同类型的话语表达相同类型的思想和意图。他们索求更多的东西；他们对一些事物说"不"；他们注意到一些事情或者注意到了它们的消失。这些情形让他们说出如下的话语："更多牛奶""不要床""嗨，小猫"或者"曲奇都没了"。

在双单词阶段稍晚时候出现了另外一些不同的含义。例如，儿童可能会提出一个行为者和一个动词："爸爸吃"。他们可能会修饰一个名词："坏狗狗"。他们可能会说明一个地点："猫猫桌子"。他们可能会省略主语，只提出一个动词和一个宾语："吃午饭"。在这个阶段，儿童能够表达这些基本的含义，但他们无法使用表达数量、语法性别和时态的语言形式。幼儿语言针对的是现在发生的事情；在双单词阶段里不存在明天和昨天。儿童所能说的话语和他们的认知及社会发展水平紧密相连，无法构想"过去"的儿童也就很难谈论"过去"。随着儿童话语长度的增加，语法形式也开始显现。英语中的冠词、介词和曲折变化开始出现。尽管不同语言的双单词阶段具有一些共有的特征，但是儿童随后习得的内容取决于所学语言的特点。在学习英语时，儿童需要学习"the"和"a"这两个冠词，而像俄语这样的语言里并没有冠词，它则有一些英语不具备的特点。值得注意的是，习得一门特定语言的儿童会按照相同的顺序习得不同语法特征（但并不一定按照相同的速度）。例如，在英语中，儿童先学会介词"in"和"on"，再学会"under"。在他们学会规则复数和规则过去式（比如"juices"和"heated"）后，他们会自行创造一些泛化（overregularized）形式，比如"gooses"（geese）和"eated"（ate）。

研究者以不同的方式解释了孩子的早期话语。然而，无论儿童以何种方式、因何种原因而习得语法，他们习得复杂语法的独特能力始终是语言学研究的核心。第 5 章将会研究儿童的早期语法。

社会语境中的语言：交际能力的发展

语言发展包括学会在不同场合恰当地使用语言的能力。这一复杂的能力通常被称为交际能力（communicative competence）。这一决定语言使用方式、完成社交目标的规则系统通常被称为"语用"。习得一种语言的音系、形态、句法和语义的人类个体习得了语言能力（linguistic competence）。"先生，您好！我能暂时借用一下您的书写工具吗？"这句话合乎语法，明显说明语言使用者具有语言能力。然而，如果这句话是对着一个幼儿说的，那么很显然它不恰当。光有语言能力还不够，语言使用者必须习得交际能力，这一能力超出了语言能力，包括在多种不同环境下恰当地使用语言的能力。换而言之，它需要语言使用的社会规则的相关知识或语用知识。在学龄前，幼儿通过使用礼貌的请求或解释自己的话语回应社交情景。他们的家长通常迫切地希望他们能够学会礼貌。研究显示，行为不当的儿童通常不受欢迎乃至令人厌恶，这也证实了家长对以社会交往上的恰当方式使用语言的重要性的直觉。最终，语言使用者将学会语言里用于表达性别、家乡、社会阶层和职业的重要变体。另一些必要的语言变体则与社会环境、语段话题及听者特征等要素相关。第 6 章将讨论交际能力的发展。

语言习得的理论方法

总而言之，解释儿童在语言习得的进程中学习的内容比解释习得过程本身更为简单。家长是通过强化和教学策略从儿童早期的学语期塑造出言语的吗？抑或，语言可能是一项建立在人类基因组内的、独立而先天（innate）的能力吗？学习理论研究者与形式语言学家在这些基础的准则上并未达成共识。在学习理论研究者所提出的理论极端和形式语言学家提出的另一个理论极端之间，有以下 3 种不同的交互型观点。

- **认知交互主义**，基本基于皮亚杰（Piaget）的理论，认为语言是人类认知的一个层面，习得语言的儿童所学的基本上是把词汇和他们已经习得的概念进行一一对应。认知交互主义的近期研究，是从支持语言的神经学基础方面研究语言。他们认为儿童是信息的处理器，用计算机模拟支持语言的神经联结是如何受成人言语的影响而加强的。
- **社交交互主义**，强调儿童与他人交流的动机。他们强调儿童导向言语（child-directed speech, CDS）的特点在辅助儿童语言习得过程中起到的作用。
- **手势与基于使用的理论**，更多关注极为年幼的儿童使用的手势、指示、共同注意以及其他非语言的目标指向性社交行为所展现出的语言的根源。第 7 章将讨论及评价不同的语言发展理论。

语言发展的变化：对研究与理论的应用

即使在发展的早期，我们在语言习得的几乎各个方面都能观测到个体差异，了解这一点是非常重要的。例如，在音系习得中，有些儿童会较为保守，回避他们难以发音的词汇；另一些儿童则会勇于尝试。早期词汇与词汇的组合体现出语言学习的不同策略。尽管很多研究着重于发现不同儿童语言习得的共性，但是儿童在言语开始年龄、语言发展速度，以及使用语言的风格上都存在差异。这一点并不应该令人惊异：我们知道婴儿在性情、认知风格以及其他很多方面都存在差异。除此之外，儿童的早期语言也可能反映他们的社会阶层、性别、生长于单语或双语环境，以及社会环境中成人的倾向。例如，美国家长通常强调事物的名称，但并非所有人都认为名词很重要。任何全面的语言发展理论必须能够解释个体差异，而研究儿童的研究者也必须意识到这一点。个体差异是第 8 章的主题。

非典型语言发展

在前述的每一主题章节中，都有一节会列出语言学习者在习得该方面语言元素时可能遇到的一些问题，比如学习阅读的过程比较困难。第 9 章把这些不同的发现以不同的视角进行了综合。语言作为人类的才能已有数千年的历史，并且已经极为健全。然而，在一些情况下，例如出现耳聋这样的知觉问题时，人会出现非典型的语言发展。在这种情况下，语言能力没有损伤，但是可用的听觉输入的缺乏导致口语习得出现困难。在一些案例里，使用助听器或人工耳蜗等技术可以提供听觉信号接触；在另外一些案例里，有听力障碍的儿童通过习得美国手语（American Sign Language, ASL）等也可以使用一种完整而成熟的语言进行交流。

被诊断为智力缺陷的儿童，例如大多数患有唐氏综合征（Down syndrome）的儿童，可能会表现出相当标准的语言发展模式，但发展的速度则慢于典型发展儿童。另外，患有孤独症谱系障碍（autism spectrum disorder, ASD）的儿童通常展现出多方面非典型的语言发展模式。比如，他们可能在了解其他人的知识与随之调整自己语言的方面遇到困难。在一些个案里，儿童可能患有特定性语言障碍（specific language impairment, SLI），这是一种没有伴生其他明显的身体、知觉、情绪困难的语言发展问题。就另一些儿童而言，即使他们的语言内化表征没有受损，他们也可能在产出言语时出现困难，可能会口吃或有其他运动神经或身体的障碍。第 9 章将介绍非典型语言发展。

学龄期的语言和读写能力

在进入幼儿园的时候，儿童已经积累了大约 8000 个词的词汇量，他们可以掌握问题、否定陈述、从句、复合句，以及其他多种语言结构。同时，他们也学会了很多超出词汇和语法方面的内容——他们学会在不同的社交场合使用语言。他们能够用儿化语（baby talk）和婴儿说话，给朋友讲笑话，并且与陌生人礼貌地对话。笑话、谜语和语言游戏构成了学龄儿童自发语言中重要的一部分。

当儿童接触学习阅读这一任务时，他们需要借助两种不断演化的语言技能：一是他们逐渐发展的产出包含多个相关联话语（比如讲故事）的语言的能力；二是第 4 章所强调的在学校中获得新的认知能力——元语言意识，这令儿童能够思考语言本身，比如什么是单词，某一个单词以什么音开始。为了顺利地适应校园生活，孩子们还要学习去语境化语言（decontextualized language），这是一种与当时当地不相关的语言。他们逐渐发展出使用去语境化语言提供解释和描述的能力。针对阅读中涉及的认知过程相关研究和建立这一技能习得的适当的模型，都是发展心理学研究者主动涉及的主题。

出身于具有读写能力的家庭的儿童在接受正式教育之前就已经十分了解阅读和写作，因此在学校同龄人当中具有优势。双语儿童可能会在学校中发展的元语言意识的习得中具有优势。当儿童学会读写之后，这些新技能转而明显影响他们的口语。学会阅读并非对所有儿童都是易事；这一极为复杂的行为需要一系列相互独立的能力所产生的错综复杂的协调。人类在史前的最早时期就已经开始说话，但阅读只是在相当现代的时期才成为一项普遍的要求。诸如失读症（dyslexia）这样的阅读问题向研究者和教育者提出了严肃的理论与实践问题。读写能力的习得和从学龄到青春期逐渐复杂化的语言发展是第 10 章的主要内容。

双语发展

在美国语言习得研究的早期，研究者倾向于注重单语环境下英语母语儿童的语言习得。然而，越来越清楚的事实证明，了解双语儿童和成人的语言发展及其与单语习得的异同，在理论和实践方面都是至关重要的。研究者通常会区分双语习得（两种语言在同一时间段内习得）与第二语言（L2）习得，因为后者暗示第二语言习得是在第一语言之后进行的，但是当我们说一个人是双语者时，我们通常认为他会说两种语言。

说双语是世界各地的普遍现象，也是美国近来逐渐流行的趋势：在美国，大约

20% 的学龄儿童在家中说一种非英语的语言。尽管西班牙语是最常见的非英语家庭儿童在家中使用的语言（80% 左右），但在美国有 400 多种不同的语言在学龄儿童的家庭中被使用。我们学校里有具备各种语言背景的儿童，包括缅甸语、汉语、俄语、越南语和海地克里奥尔语。

不同领域的学者都对双语和第二语言习得进行了一系列的研究，包括儿童语言研究者、语言学家、社会文化学家和心理语言学家。习得两种语言的最佳条件是什么？年龄重要吗？双语发展和单语发展相似吗？有没有可能成为"完美的"双语者？双语学习的优点和缺点都是什么？这些问题将在第 11 章得到回答。

语言的结构：学习语言系统

能力和表现

了解一种语言的句法规则的语言使用者拥有的是语言能力。在这里，能力是指内在的、多为无意识的规则的知识，而非一个人在特定场合说话的方式。这种规则在日常言语中的表达就是表现。通常情况下，语言使用者的话语中会包括重新起头、口误，以及各种各样的错误。这些都是表现中的错误，并不会被认为反映了语言使用者的潜在能力。语言学家还有另一个普遍的假设：在一个语言社群中，所有母语是该种语言且没有神经障碍的成年人在某种程度上共享语言能力；然而，这一假设从未被证实，更多的证据反而显示，尽管典型发展的儿童都能习得语言，但他们并非以同样的方式完成习得，也并不一定能达到同样的能力水平（Arnon & Clark, 2011）。我们可以通过要求成年人判断句子的语法接受度了解成年人的句法。但是，在研究儿童的时候，因为幼儿不存在能够探讨"语法性"这一问题的元语言能力，研究者必须通过其表现寻找能力的迹象，或者用聪明巧妙的实验设计探寻内在知识。

当儿童学习语言时，他们必须学习什么？语言存在很多分支系统，与语音、语法、词汇，以及知道在某一场合为了完成特定目的而正确地说出话语等方面相关。知道这种语言需要知道它的音系、形态、句法和语义，以及它的社交规则，即语用。知道以上这些知识的语言使用者习得了交际能力。

音系

英语里有什么发音？虽然我们都会说这门语言，在没有专门训练的情况下，我们很难描述说话时发出的声音，甚至很难描述它们合并在一起的规则。例如，你能够想到英语中哪些音从来不出现在词首或词尾吗？（答案在这一段的最后。）语音学是有关言语声音的科学。一种语言的音系包括了它所使用的所有重要的语音、合并语音构成单词的规则，以及诸如重音及语调这种伴随它们的要素。每一种语言都有自己的重要的语音，实际上则是包括了不同变体的一系列语音类别。例如，我们在发英语中的 /t/ 时有多种不同的方式：如 top（/t/ 在词首）在词首，它带有明显的送气，也就是一阵气流；又如 stop（/t/ 在中间），在发音时没有气流，即非送气音。有些语言使用者在说 hat（/t/ 在词尾）时会发出一个不同的未释放的 /t/：在发音的时候，他们让舌位留在原地。还有一些语言使用者在说 Manhattan 时会发出另一种 /t/，在最后气流会通过鼻腔释放。一位语音学家能够听出来这些 /t/ 是 4 种不同的语音：送气音、非送气音、未释放音和鼻腔释放音。然而，对于普通的英语使用者而言，它们都只是同一个音。一组由语言使用者认为完全相同的相似语音被称为音位（phoneme）。之前描述的不同的 /t/ 的语音都是英语中 /t/ 这一音位的一部分。儿童需要学习分辨和产出他们自己语言中的音位，并且把这些音位通过正确的语调模式合并成单词和句子。这个系统的一些部分，比如辅音 – 元音组合，在很早就可以习得。有一些部分，比如区分 HOT dog（热狗肠，野餐时的法兰克福香肠）和 hot DOG（在沙滩上晒太阳的狗狗露比）的重音模式的能力，可能直到小学时才会习得（本段开头问题的答案：英语单词不能像 "sing" 一样在单词结尾出现的 ng 开头；尽管有些时候会拼写出 "h"，但英语单词不能以由 "h" 代表的语音结尾，例如 hurrah 这个词并非以和开头一样的气音 h 结尾）。

形态

当像 "vape"（这个单词是什么意思？）这样的一个新词被输入英语时，成人语言使用者可以立刻辨别它的过去式是 vaped；他们无须查询或询问专家。他们能够把从未听过的一个单词变为复数形式或过去式，因为他们知道英语的屈折形态①（inflectional morphology）系统。语素（morpheme）是语言中的最小单元；它不能被分割成更小的带有含义的部分。"猫" 和 "危险" 这样的词分别包含一个语素，这样的语素叫作自由语素（free morpheme）。另外，黏着语素（bound morpheme）无法独立使用，必须附着在自由语素上，比如 happiness、unclear 和 singing 分别包括黏着语素 -ness、un- 和 -ing。黏着语素可以用来将一个单词变成另一个词性的单词，比如 -ness 可以把作为形容词的 happy 变成名词 happiness。在这种情况下，因为它们可

---

① 形态学的一个分支，主要研究词语如何通过形态变化表示语法意义。——编者注

以派生出新的单词，所以被称为**派生语素**（derivational morpheme）。

其他黏着语素用于表示时态、人称、数量、格位和语法性别，不会明显改变基础词的含义。一个基础词的这些变体叫作屈折形态。拉丁语、俄语和匈牙利语等语言有很明显的屈折形态。拉丁语中的动词"爱"（amare）的现在时有 6 种不同的形态：单数形态 amo、amas、amat（我爱、你爱、他 / 她爱）和复数形态 amamus、amatis、amant（我们爱、你们爱、他们爱）。

与拉丁语相比，英语的现在时有较少的动词屈折形态：当主语是第三人称时，动词后加上 -s（he loves），而在其他人称中没有屈折形态（I, we, you, they love）。拉丁语使用格位屈折表示句子的主语和宾语：agricola amat puellam 和 puellam amat agricola 两句话的意思都是"农夫（agricola）爱女孩（puella）"。单词的结尾表明主语和宾语。英语的名词不存在格位结尾：我们只用语序表明是女孩爱农夫还是农夫爱女孩。我们以前的语法教师可能受到了拉丁语的影响，倾向于把两者混为一谈，迷惑我们说英语的名词具有"主语格"和"宾语格"，事实上英语不存在不同的名词格位形态。不过代词存在主语代词、宾语代词和所有格代词：I、me 和 my。

英语屈折形态包括动词的进行时（singing），可以被发音成 /d/、/t/ 或 /ed/ 的过去时（played、hopped、landed），第三人称单数动词以及名词复数与所有格，在口语中都以 /z/、/s/ 或 /es/ 实现（dogs、cats、watches）。屈折形态的形式取决于屈折变化的词的尾音，成年语言使用者（在某种程度上）知晓一套规则，可以把从未听过的一个单词变为复数形式或过去式。

学习语言发展的学生的一项任务就是断定儿童是否具有形态学知识；如果他们具有相关知识，学生需要理解这类知识的习得过程以及和成人规则的相似程度。

句法

句法系统包括把单词合并成可以接受的短语和句子的规则，以及把句子变形成其他句子的规则。一名有能力的语言使用者可以把"猫咬狗"（The cat bites the dog）这样一个基础的句子做出一系列变化："猫咬了狗。"（The cat bit the dog.）、"猫没有咬狗。"（The cat didn't bite the dog.）、"猫咬狗了吗？"（Did the cat bite the dog?）以及"狗没有被猫咬吗？"（Wasn't the dog bitten by the cat?）句法知识允许语言使用者生成近乎无限量的新句子，并且能够识别语法里不能接受的句子。如果你听见"the dasky Wug was miggled by the mimsy zibber"这样一句话，你并不知道在可怜的 wug 身上发生了什么事，因为你不熟悉这些词汇。不过，这句话的形态和句法表达了很多内容，通过这些信息，即使你不知道含义，也可以生成一些全新的、完全合乎语法的句子：

the wug is dasky, the zibber miggled the wug，以及 the zibber is mimsy。

研究者针对以下问题存在分歧——学习语言的儿童是在习得句法结构还是借用他们试图表达的语义关系构成早期话语。可以说，能够说出"妈妈吃午饭"（mommy eat lunch）的儿童已经学会了主语—动词—宾语的结构，遵循把主语放在主动句之首的英语句法规则。然而，描述幼儿的语言时，注重儿童使用的语义关系可能更为有效。在之前的句子里，儿童表达了一项行动（吃）正在发生、存在一个施事对象（妈妈）和一个目标物（午饭）这些知识。

然而，当儿童开始产出长句子时，他们会加入自己语言中的语法词，使用句法规则构建句子。他们学会构建否定句、问句、复合句、被动句和祈使句。之后，他们会添加非常复杂的结构，如嵌入式。之前只会使用"妈妈吃午饭"的儿童最终可以理解并产出"爷爷为保姆煮的午饭被妈妈吃了"，并且自信地知道深受喜爱的保姆既没有被爷爷煮了，也没有被妈妈吃了。

语义

语义系统包括我们的心理词典，即心理词汇。对于词汇含义的学习相当复杂；在复杂的网络中，单词和其他单词相互连接，人类对单词的意识（例如思考"单词"的能力）晚于对单词的使用。婴幼儿可能会使用一个出现在成人语言中的单词，但这个词所表达的意思在儿童与成人之间并不相同，其内在地位也不相同。例如，使用"狗狗"一词的两岁儿童，可能会把羊、牛、猫、马都叫作"狗狗"，或者不了解这个词可以指一类动物，而是只用这个词指示特定种类的狗。词汇是按照等级组织的，词汇在语义网中相互附着。狗是一种动物，知道"狗"的含义的成人也知道，狗是家畜的一种，是一种宠物，与狼有关，能够行动，等等。研究儿童的语义发展包括研究他们从简单词汇开始习得语义系统的过程，最终也包括研究使得他们可以注意到语言中的词汇并对此有所评论的元语言知识。

语言使用的社交规则

语言知识包括知道构建合乎语法要求且可以接受的句子。然而，语言必须在社交场合中被使用，才能达到不同的目的。了解如何恰当地使用语言的语言使用者知道语言能力之外的内容，他们具有交际能力。1972 年，人类学家戴尔·海姆斯（Dell Hymes）首先使用"交际能力"一词。另一个描述语言的社交术语是"语用能力"，它是指一个人用于对外表达自己意图、完成任务的语言使用。成人的语用能力可能包括多种人际和社交功能，如否认、拒绝、责备、致哀、夸奖等，即使是很小的幼儿也会使用标签与要求这样的语用功能。

交际能力包括能够在不同的社交情形下表达自身意愿的能力。当违背社交规则的情况出现时，了解正确形式的重要性就凸显了出来。以指令为例，如果你坐在公交车靠过道的座位上，身边是一名陌生人，你因为窗户开着而感觉很冷，可以使用"关窗"这样一句句法正确的句子表达你的意愿。这句话可能会使对方感到愤怒，或者至少对方会认为你是一个粗鲁的人。如果你换一句话，说："请问你能关一下窗户吗？"，对方随后可能会答应你的要求，乃至发生愉快的对话。

了解语言中的礼貌规则是交际能力的一部分。个体之间的每一种交互都需要遵循社会习俗，而成人不会听任儿童发展这些规则：除了非常明显的情况，成人可能也不会纠正儿童的语法错误（参见第 5 章），但他们会主动参与儿童使用恰当（通常是礼貌）形式的行为（Ely & Gleason, 2006）。正如音系规则和语法规则，社交语境下的语言使用也存在规则。成熟的语言使用者了解男性和女性的说话形式，引导语段的方法，也知道对不同人以恰当的方式说话。他们可以对婴儿使用婴幼儿用语，也可以在法庭上正式而恭敬地发言。这一切都是交际能力的一部分，而交际能力是语言发展的目标。

语言的生物基础

动物交流系统

很多研究者总结出人类语言具有物种特殊性（species specific）和物种一致性（species uniform）特征；即人类语言既仅限于人类这一物种，又在人类物种的所有个体上表现出一致性或相似性（Lenneberg, 1967; Friederici, 2012）。当把人类语言和非人类动物的交流系统进行比较时，人类语言特有的特征会明显地显示出来。从某种程度上讲，其他动物显然能够和物种内其他个体及人类进行交流，比如猫和狗都会叫，也会通过挠门、充满期待地看着盘子等动作向我们传达一系列信息。这些信号范围有限，显然并非语言，但受人喜爱。

1. 蜜蜂的交流

研究显示，蜜蜂具有详尽且完善的交流系统。20 世纪 20 年代起，动物行为学家卡尔·冯·弗里希（Karl von Frisch, 2014）开始研究蜜蜂，并在 1973 年因为其研究成果而获得诺贝尔生理学或医学奖。和饥饿的猫充满情绪的喵喵叫不同，蜜蜂的交流系统在很多方面都具有指示性——它能够告诉其他蜜蜂或向它们指示外界存在的事物。在找到有花蜜的花朵之后，回到蜂巢的蜜蜂会聚合起一群观众，以舞蹈的方式告知它们花蜜相对蜂巢的方向和大致距离。如果花蜜与蜂巢之间距离较近，蜜蜂会沿圆圈路线舞蹈；如果花蜜与蜂巢之间距离较远，蜜蜂则以摇动尾部的路线舞蹈。距离长度用尾部摇动的时间表达——时间越长，路程越远。这是语言吗？尽管这些舞蹈动作具有结构和含义，但它只会有一个可能的对话主题——寻找花蜜。即使这一内容也十分有限；蜜蜂不能告诉同伴花朵很美丽，也不能说它们打算举家搬往佛罗里达。

2. 非灵长类动物和鸟类

很多动物都拥有和同一物种其他成员交流的方式。作为聪明的社交动物，海豚会使用详尽的口哨系统进行交流，即使彼此之间相隔一段距离，水下的其他海豚也可以听见。这种声音交流反映出：在视觉交流较为困难的周边环境里，海豚所依靠的极为发达的技能。在出生的第一年里，每一头幼年宽吻海豚都会发展出可以用来辨认自身的"典型口哨声"（Tyack, 2012）。随后，宽吻海豚展现出在鸟类中常见但在其他非人类哺乳动物中较为罕见的发声学习行为。它们可以模仿其他海豚的口哨声，用"口哨配对"来称呼其他海豚（Janik, 2000）。宽吻海豚也具有相当成熟的理解能力，这表现为辨认人工语言中的祈使句的能力，以及仅仅根据句子内的信息遵循指令的能力（Schusterman, Thomas & Wood, 2013）。

非洲象以多种方式（包括震动在内）与同类交流。它们有多达 25 种不同的叫声，以及一系列低于人类听觉阈值的"咕哝声"。这些次声波交流通过地面传播，能被几英里①之外的大象感知并理解。在一项研究中，纳米比亚象对自己族群中的成员发出的远距离捕食者警告做出了反应，但对不熟悉的肯尼亚象所发出的相似信号无动于衷（O'Connell, 2007）。一头名为柯西克（KoShik）的大象还展现出发出可以被辨认的韩语词的能力（Kyon, Kim & Bae, 2012）。

一些鸟类用多种具有含义的鸣叫表示求偶、警告危险，或是表明到了该回巢的时间。潜鸟诡异的叫声只是这些在美国北方湖区栖息的鸟类所发出的明显而充满含义的叫声之一。近期的研究发现，雄性潜鸟用呼喊的声学频率告知潜在敌手自己的体型（Piper, Mager & Walcott, 2011）。

非人类动物在个体之间使用的交流系统具有非常重要的作用，它们中的每一种交流系统与人类语言也都具有相似之处，但是它们都与刺激环境密切相关，仅限于"此

---

① 1 英里 =1.6093 千米。

时此地"以及明显限制的信息。人类语言系统则具有其他交流系统所不具备的特征。

并非所有研究者都认同用于描述真正的语言的一系列规范。然而，大多数人至少都会认可罗杰·布朗（Roger Brown）所引述的以下 3 点（Brown, 1973）。

（1）真正的语言具有显著的能产性，就这一点而言，语言使用者既可以产出很多新的话语，也可以把他们已知的形式重新合并、进行扩展，从而说出他们从未听过的内容。根据作者和侧重点的不同，这一特征又被称为"重新组合""递归"或"生成能力"。

（2）语言也具有语义性（或象征性），即语言以象征性的方式表现思想、活动和物品。单词是表述其他事物的符号，它们不需要听起来和它们所表现的事物相似，尽管也存在"喵"和"汪"这样的单词。

（3）语言提供了转移性的可能性——信息不需要被捆绑于直接语境中。

人类语言的独特之处在于，它允许语言使用者评论他们经历的任何方面、回忆过去和思考未来，描述几大洲之外或者只存在于想象中的指示对象。非人类动物的自然交流系统则无法达到语言的规范。

亚历克斯可以告诉你这些方块是什么颜色，还可以数它们的数量。

然而，试图教会说话的鸟类学习人类语言的尝试获得了一些极具争议性的结果。一只名叫亚历克斯的非洲灰鹦鹉，在接受美国认知心理学家艾琳·佩珀伯格（Irene Pepperberg）的训练之后，成为有关鸟类学习人类语言研究的可能最为著名的实验对象。亚历克斯知道"好吃的"和"面包"这两个词。当有人带来一块它之前从未见过的生日蛋糕喂它时，它尝了尝，大叫道："好吃的面包！"这个例子所体现出的合并交流概念的能力被认为是人类仅有的。亚历克斯不仅可以辨认物品的颜色、形状和数量，还可以用英语回答从没听过的问题。在它面前摆有一列方块，当被问到"有几个蓝方块"时，它正确地回答了"6个"。在80%的时间里，它的回答是正确的（Pepperberg, 2009）。亚历克斯已于 2007 年意外死亡，但是佩珀伯格博士在其他几只年轻的灰鹦鹉身上继续着该项研究。

针对一系列年轻的灰鹦鹉的实验显示，如果有人类教练给它们提供互动性的课程，它们可以学会对常见物品进行归类；它们无法依靠听录音或看视频的方式从课程中被动学习指示，但是当一个友善而善于提供信息的人在合适的语境中展示这些词汇时，它们能够做到最好。非洲灰鹦鹉和人类儿童具有同样的语言技能吗？有一种观点认为并非如此，鸟类只是对已经学过的复杂线索产生反应。另一项结论则认为，亚历克斯具有 3 岁儿童的技能；语言并不是一套单一的特点，而是一系列连续统一的特征，非洲灰鹦鹉恰好具有其中的一部分。

狗最近受到了人类语言理解研究的关注。除了在辛苦劝诱之后偶尔能发出相当有限的接近于"我爱你"这样的发音，狗并不会产出人类所使用的单词。一只名叫米什卡（Mishka）的哈士奇犬发出的这种变化过的嚎叫在相关视频网站上的播放量已经超过 9600 万次。

然而，近期出现了一些有趣的关于边境牧羊犬理解语言的研究；这种狗被认为是最聪明的犬种。在一系列研究中，约翰·W.皮利（John W. Pilley）教授饲养、训练的边境牧羊犬查瑟（Chaser），在 3 年的时间里学会了 1022 种物品的名称，可以从一大堆玩具中精确地选择出与名称匹配的玩具。更令人印象深刻的是，查瑟能够根据自己已经见过的物品，推测出一个它从未听说过的名称属于一个全新的、未命名的物品。例如，它的玩具里出现了一个不熟悉的玩偶，当要求它找到自己从来没听过的"达尔文"这一名称时，它正确地推测出这个不熟悉的名称属于那个不熟悉的物品，并且迅速地带来了玩偶（Pilley & Reid, 2011）。查瑟能够推测出新的名称属于新的物品，从而展现出通常属于人类儿童的一种词汇学习准则。

3. 灵长类动物的语言

长久以来，研究者都在思考灵长类动物（特别是黑猩猩）能否学习人类语言。黑猩猩已经作为很多研究的研究对象。黑猩猩是一种聪明的、社会化的、善于交际的动物。它们会在野外使用一系列的叫喊声，包括见到食物的吠声和遇见危险的叫声。黑猩猩的基因结构与人类非常相似，是动物世界中与我们最近的近亲。人类已经多次尝试教黑猩猩学习人类语言，至少有一项主要的针对大猩猩的研究还在进行（Hillix & Rumbaugh, 2013）。大猩猩可可（Koko）出生于 1974 年，知道上千个手势和单词。它的训练师弗朗西斯·帕特森（Francine Patterson）博士报告说，可可能够表达非常人类化的感受，比如见到小猫去世时的悲伤感。可可在多部书籍和电影中出场，还拥有自己的网站。帕特森博士和她的同事在最近的一些对可可的研究中发现，可可具有一种之前被认为只有人类拥有的能力：当可可演奏口琴和吹奏其他乐器时，它可以控制自己的呼吸，而这也是产出言语所需的技能之一（Perlman, Patterson & Cohn, 2012）。

（1）古亚（Gua）和维基（Viki）。1931 年，印第安纳大学的温思罗普·凯洛格

（Winthrop Kellogg）和他的妻子卢埃拉（Luella）成为美国第一个同时抚养黑猩猩和儿童的家庭（Kellogg, 1980）。凯洛格把一只名叫古亚的幼年黑猩猩带回了家，让他与他们以及他们的新生儿子唐纳德（Donald）共处了 9 个月。他们并没有特意地教授古亚学习人类语言，尽管古亚的运动发展比唐纳德领先，它从未出现过学语现象，也没有学会说任何词汇。网络上有一些比较古亚和唐纳德的老影片，有些令人惊奇，有些则令人不安。如果你搜索人类婴儿与幼年黑猩猩的比较实验，就能找到这些影片。

20 世纪 40 年代，心理学家凯瑟琳·海斯（Catherine Hayes）和基斯·海斯（Keith Hayes）开始抚养一只名叫维基的黑猩猩幼崽，把它当作自己的孩子照料（Hayes, 1951）。其中包括给它穿衣打扮，把它以自己的女儿的身份介绍给陌生人（一名受惊吓的汽车旅馆老板真的认为凯瑟琳·海斯生下了维基）。海斯夫妇试图教授维基学习人类语言。他们认为黑猩猩相当于发展迟缓的儿童，如果加以关爱和耐心的教导，维基可以学会人类语言。在 6 年的训练之后，维基懂得很多内容，但是它只能艰难说出 4 个词："妈妈""爸爸""杯子"（cup）和"上"（up）。她从未说出更多的人类语言，而为了发出 /p/ 这个音，她需要用手指把自己的嘴唇摁在一起。海斯夫妇对于维基的研究表明，黑猩猩不具备能够产出人类口语的专门化的发音和生理能力。

在这些实验失败后，其他研究者开始意识到，真正的语言不一定需要口语形式。例如，美国的听力障碍者社群使用的不是口语，而是一种名为美国手语的手势语。美国手语是一种完整的语言，具有自己的语法和丰富的词汇，可以通过面部表情、上半身的移动以及双手在身前的形状和移动等表达；在用以交流复杂的人类思想的能力上，它具有与有声语言相同的作用（Valli & Lucas, 2000）。对美国手语的丰富程度的全新认识引出了针对黑猩猩的创新型实验。

（2）瓦肖（Washoe）。1966 年，内华达大学的碧雅翠丝·加德纳（Beatrice Gardner）和艾伦·加德纳（Allen Gardner）首次尝试依靠教黑猩猩学习人类手语利用它们理解语言的能力与自然手势的能力（Gardner & Gardner, 1969）。加德纳夫妇把一只名叫瓦肖（名字来源于她的出生地内华达瓦肖县）的 10 月龄黑猩猩带回了他们家后院的房车里，开始教它美国手语。瓦肖后来成为一颗"明猩"：在参加这项研究计划期间，它不仅学了 130 多个美国手语手势，还学会了如何把它们合并成长达几个手势的话语（Jensvold, Wilding & Schulze 2014）。在见到它的训练者时，它可以用手势表达"请挠痒痒和抱抱我""给我食物和水"等要求，以及其他类似的要求。

瓦肖可以用手势表达儿童在语言习得早期阶段说出的很多内容，这些内容出现于儿童学习自身语言中更高级的语法特征之前。和说英语的儿童不同的是，它并不注意语序；在为期 51 个月的训练结束之后，我们仍不清楚它的手势是否具有和幼儿一样的语法结构（Brown 1970; Klima & Bellugi, 1972）。然而，通过瓦肖和其他几只一同研究的大猩猩的词汇测试，加德纳夫妇发现儿童和黑猩猩学会的最初 50 个单词非常相似。

加德纳夫妇研究的黑猩猩也像人类一样，扩展或泛化自己的词汇，比如它们会把从来没有见过的帽子也称作"帽子"。黑猩猩学习句法的能力依然是个未解之谜。这也是一个重要的理论问题，因为句法让能产性成为可能，而能产性是人类语言的标志性特征之一。在实践方面，黑猩猩所获得的卓著的成功则引出了一些教患有交际障碍的儿童学习手语的创新项目。

（3）尼姆·齐姆斯基（Nim Chimpsky）。哥伦比亚大学的教授赫伯特·S. 特伦斯（Herbert S. Terrance）试图回答"黑猩猩是否可以产出合乎语法的句子"这一问题（Terrance, 1980）。特伦斯收养了一只年幼的雄性黑猩猩，并给它起名为尼姆·齐姆斯基[①]。特伦斯计划在一种人类的环境里抚养尼姆，教它美国手语，然后分析它逐渐产生的把手势合并成话语的能力，着重于收集它能够产出符合语法的手语句子的任何证据。尼姆很早就开始学会运用手势：4 月龄时，它就做出了第一个手势——"喝"。然而，它之后的话语从未超出过 2~3 个手势的阶段。它能用手势表达"吃尼姆"和"香蕉我吃"的意思，但当用 4 个手势表达话语时，它不会添加新的信息；也不会使用特定的语序，这点与很小的幼童完全不同。它用手势表达"香蕉我吃香蕉"的信息，添加进的新词只是重复之前的内容。特伦斯分析了这项计划中广泛收集的数据并得出结论，他认为没有证据显示猩猩尼姆能够产出可以被称为"句子"的内容。

当特伦斯和他的同事分析了小尼姆与它的众多教师的互动录像之后，他们就黑猩猩的语言能力提出了另一个问题。他们发现尼姆几乎无法理解对话中的角色互换，经常会打断它的教师，而它的手势很少是自发的。它的大多数手势都是由教师提示的，包括之前教师向它用手势表达的话语的主要结构成分。

在后续的研究里，特伦斯主要分析了其他猿类语言学习项目所提供给他的录像，得出了相同的结论：黑猩猩用手势表达的内容大多来自刚刚向它用手势表达的内容。运用手语的黑猩猩看起来像是至少在回应它们的训练者所提示的一部分微妙的线索。一些批评者以这些信息为证据，认为黑猩猩不过是现代版的"聪明汉斯"（Clever Hans）。聪明汉斯是一匹 20 世纪早期在德国以其心智能力而出名的马，后来人们发现，它并不是在自己做算术，而是能够敏锐地感知周围知道问题答案的人类所表现出来的微小的身体线索。这项研究并没有完全回答有关猿类潜能的问题；正如其他学者

---

① 著名语言学家诺姆·乔姆斯基（Noam Chomsky）的名字的文字游戏。——译者注

所指出的，儿童也会打断成人，并且重复成人话语的一部分。近期的统计和计算研究对尼姆产出的美国手语语料库进行了分析，显示它的语言并不包括早期儿童语言里体现出的语法结构（Yang, 2013）。尼姆·齐姆斯基于 2000 年去世，享年 26 岁。

（4）坎兹（Kanzi）。尽管正如我们所知，猿类可能并不具有成人语言的能力，但是针对黑猩猩的研究表明，非常年幼的人类儿童和黑猩猩参与象征性交流的能力在本质上具有很强的相似性。早期的黑猩猩研究采用了普通黑猩猩（Pan troglodytes），具有同样的自身限制特征：在性成熟之后，普通黑猩猩很难参与研究，甚至具有危险性。

D·M. 朗波（D. M. Rumbaugh）和 E·S. 萨维奇 – 朗波（E. S. Savage-Rumbaugh）的研究采用了一只名为坎兹的倭黑猩猩（Pan paniscus）。坎兹出生于 1980 年，现在生活在德梅因的艾奥瓦大猿基金会中（Greenfield & Savage-Rumbaugh, 2013）。对坎兹的研究得出了灵长类文化和语言能力的新推测。直到 20 世纪 70 年代中期，倭黑猩猩才在刚果共和国的偏远热带雨林中被发现，之前一直不为人所知。与普通黑猩猩相比，倭黑猩猩体型较小，攻击性较弱，社会化程度更高，更加聪明，也更具有交流性。坎兹只是通过观察它的母亲的课程就学会了几个手势，这一点令他的训练者十分震惊。他成为一项长期透彻的计划的研究对象，能够理解复杂的语言和至少 500 个口语单词，以及英语的语序和基本句法。如果让坎兹"把牛奶倒进果冻里"或"把果冻倒进牛奶里"，只要它能注意到语言的语序，而不是简单地做出非语言环境下较为明显的活动，他就会很乐意完成这件事。2010 年，随着儿子特可的出生，坎兹成为父亲。它现在拥有丰富的社交生活，制作工具、参与艺术和音乐活动，它的成就远超于任何一只被早期研究的黑猩猩。坎兹使用一块 438 个符号的信息板进行交流，他的语言能力和一名幼儿的语言水平持平。我们并不清楚坎兹（或者任何非人类动物）的语言技能究竟和我们是统一连续的，还是具有本质上的区别（Traschel, 2010）。

生物学基础：远古与现代的人类

人类语言明显取决于可以从中学习语言的社会、其他可以对话的人类，以及让语言成为可能的情感动机和智力；我们同时也进化出了专门针对言语的生物能力和与语言相关的神经机制。其中一些适应变化出现在我们产出言语所依赖的结构中，而另一些则在我们的听觉器官、大脑和它们之间的神经连接中。除了拥有专门化的大脑结构，人类还出现了一系列的适应变化，包括手、面部、声带、喉腔的发展，以及能够在呼吸、吞咽和发出语音之间进行协调的能力。当人类从事像在吃午饭时聊天这样的日常活动时，他们进行的是一系列惊人且复杂的行为。

1. 人类语言的特殊性和一致性

伦内伯格（Lenneberg）列出了一系列语言的生物学要素的最佳证据，证明语言是人类独有的，而其主要特征在整个物种间具有一致性（Lenneberg, 1967）。

（1）言语的开端期是规则的。包括言语在内，人类发展的标志性阶段出现的顺序在物种内是规则的，并不受所处文化与所学语言的影响。

（2）人类言语无法遏制。典型发展的儿童在和年长的语言使用者接触后就会学会说话。同一文化内与不同文化之间存在的广泛差异为儿童提供了学习语言的适宜环境。

（3）其他物种无法学会语言。伦内伯格在 20 世纪 60 年代提出了这一论断，远在猿类和鹦鹉的研究结果出现之前，时间证明了他的论断是正确的。然而，很明显，黑猩猩和大猩猩能学会与幼儿相当的手语，鹦鹉的表现也不止于向人类索要饼干；所以，这一论断的合理性取决于对语言的个别定义。

（4）语言具有一些普遍特征。语言的结构与人类的认知规则相符，人类婴儿可以学会任何语言。与此同时，在儿童可以学会的规则的种类方面，也存在普遍的制约法则。这些普遍特征在所有的语言中都可以找到，例如音系、语法、语义以及语言使用的社交规则。

2. 基因基础：FOXP2 基因

基因学研究指出，七号染色体上的一个特定名为 FOXP2 的基因与语言和言语相关，这个基因可能来自远古时期人类先祖身上的一次变异（Pääbo, 2003）。我们的类人猿近亲并不具有言语的身体机能，也不具备人类所有的 FOXP2 变体。FOXP2 基因受损的人具有一系列交际障碍，相比之下，拥有人类 FOXP2 基因的鼠类则非常健谈，并且善于解决问题（Schreiweis et al, 2014）。然而，单个基因显然不能解释人类语言的复杂性和健全性。换而言之，尽管 FOXP2 与语言相关，但它却不是“语言基因”，包括 ASPM 和 MCPH1 在内的其他基因也与语言发展相关。当前分子基因学认为，这些基因的实质是进行调控，它们是一个复杂的、影响不同特质的信号系统的一部分（Misyak & Christiansen, 2011）。

3. 语言的远古起源

在 100 年左右的时间里，由于缺乏证据，语言的起源是一个在科学界无法被讨论的问题，但是存在很多有着狂热拥护者的理论。1866 年，巴黎语言学会禁止了这一主题的所有讨论。几年之后，伦敦语言学会和其他相关协会也都颁布了相同的条例。直到 20 世纪 70 年代，随着新的研究方法的发展，这一话题又重新被提出；近几年，受到三维计算机模型、神经科学和考古学新方法的影响，关于这一领域的新发现层出不穷。

一些研究者对这些成熟的研究方法进行总结并认为，人类语言能力的进化早在 40 万年之前就开始了（Johansson, 2011），比智人的出现更早。当然，也有人反对这一观点，认为这一进化过程较为晚近，下限是 12 万年，而值得我们考虑的上限可能是多少：现在的证据表明，尼安德特人也具有我们所说的 FOXP2 基因，所以人类的语言能力可能在尼安德特人身上就已经体现出来了。尼安德特人和我们的祖先智人同时期生存，之后则被智人取代。40 万年前，他们住在欧洲大陆，可能已经有了完整的语言能力。在早期基于化石声带重构的研究中，一些学者认为尼安德特人无法发出现代人类共有的快速发音的语言（Lieberman, 2011）。然而，最近对一块 6 万年前的尼安德特人舌骨（颈部用于支持舌头的一块骨头，使得舌头能够进行复杂动作）的三维影像分析则显示，这块舌骨与现代人的舌骨基本一致（D'Anastasio et al, 2013）。

考古学发现显示，尼安德特人具有比我们之前构想的更加复杂的社会，他们以家庭为单位生活，举行葬礼，穿戴装饰物，在衣服上缝纫皮革，制造工具，参与其他可能依赖于语言的熟悉的活动（Dediu & Levinson, 2013）。DNA 证据也显示，尼安德特人与智人之间存在通婚现象，而会说话的物种与不会说话的物种之间的婚姻看起来是不太可能的。现在，欧洲裔的人类平均有 2.7% 的尼安德特人的 DNA。现在看起来，早期智人和尼安德特人都具有语言，所以产生这些能力的改变可能发生在我们的共同先祖身上——有可能是海德堡人（Tomasello, 2010）。这一推论把语言的起源推向至少距今 40 万年前，甚至可能更早。

4. 社会与情感的生物学基础

尽管生理和心理健全的儿童会习得语言，但只有在他们生长于对他们说话的人群之间，语言的习得才会出现。这种人类的社交交互是必要的；并没有证据证明婴儿可以通过看电视这样的方式习得语言。在作为语言基础的生物学特征中，包括了婴儿的社交和情感特点，这些特点让他们和身边的成人紧密相连，成为语言发展的先导要素。例如，婴儿对人类的面部极为感兴趣，有证据表明婴儿的大脑包括专门识别人类面部和认知面部表情的神经元（Locke, 1993）。当婴儿与周围的人互动时，他们建立起"社交的大脑"，帮助他们指向需要处理的重要信息（例如语音）而不是其他的环境噪声。

5. 镜像神经元

当前，有关镜像神经元（mirror neurons）以及其在认知、语言和社交发展中的潜在作用引起了研究者的极大兴趣（Fogassi & Ferarri, 2007）。镜像神经元是一种在个体进行一种活动或者观察他人进行同类活动乃至听到相关声音时即会被激活的神经元（Kohler et al, 2002）。镜像神经元可能是我们所认为的移情和模仿功能的构成部分——这可以用来解释当我们向一个新生儿伸出舌头时，他也会伸出舌头回应我们的原因。这一现象暗示了在语言发展过程中，当成人对婴儿说话时，他们可能在激活婴儿的与语言相关的神经模式。

6. 大脑中与语言相关的区域

人类大脑中的专门化区域对语言的唯一性做出了很多贡献。与我们的灵长类近亲不同，人类的大脑皮层有一些已知与语言相关的区域。不过，语言并不在这些大脑区域里。当前的观点主要认为，语言的局域化模式源自神经网络持续优化信息存储和获取的动态活动（Ross, 2010）。大脑的两个半球并不是对称的（Geschwind, 1982）。大多数人类个体（大概占会读写人群的 85%）是右利手，而几乎所有的右利个体的语言功能都在左脑表现出来。在左利人群中，大多数人的语言敏感区域也都在左脑；所以，大多数人的语言功能偏侧化（lateralized）到了左脑。不过，右脑也参与了语言处理的一些方面。例如，认知言语中包含的情绪语调就可能是右脑的功能之一。

包括功能核磁共振（functional magnetic resonance imaging, fMRI）在内的脑成像技术让我们可以研究工作中的正常大脑。在脑成像技术发展之前，我们对大脑专门化区域的认识大多来自脑损伤之后的相关研究，比如事故或者中风造成的脑损伤。大脑语言敏感区域的损伤会造成失语症（aphasia），这是一种广义的交流障碍，根据受损区域的不同而表现出不同的特征（Goodglass, 1993）。左脑至少包括 3 个主要的已经确认的和语言相关的区域（见图 1-1）。

- 位于左额叶（额下回）的布洛卡区（Broca's area）与控制唇和舌的运动区域非常接近。布洛卡区的损伤会造成一种典型的、名为"布洛卡失语症"的失语症状。患者具有较好的理解能力，但会出现发音困难，也难以产出语言中的小词，如冠词和介词等。例如，一位住在波士顿的患者在被问到周末在家的计划时，他吃力地回答道："波士顿学院。橄榄球。周六。"
- 韦尼克区（Wernicke's area）位于左后颞叶，靠近大脑与听觉相关的区域。韦尼克区的损伤造成的失语症，其患者表现出来的特征是语言流利但包括很多新词（neologism，无意义的单词），同时理解能力较差。当让一位患有韦尼克失语症的患者识别一个烟灰缸时，他说，"那是一个 fremser。"然而，之后让他辨认哪一个是"fremser"的时候，他却无法理解实验者的意思。

- **弓状束**（arcuate fasciculus）是连接韦尼克区和布洛卡区的一束皮下纤维（见图 1-1）。当我们让别人重复我们所说的话时，输入的信息在韦尼克区被处理，然后通过弓状束被传递到布洛卡区，再进行编译和产出。弓状束出现损伤的患者无法重复别人的话语，这一障碍被称为**传导性失语症**（conduction aphasia）。据悉，大脑的这一区域与书面语相关，比如角回出现损伤的患者会损失阅读能力。

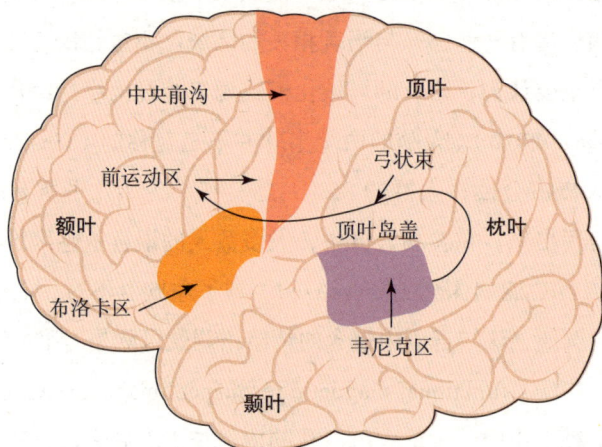

图 1-1　左脑的语言区域

布洛卡区在运动区域的底端，它与编译语言、准备产出的过程相关。韦尼克区紧邻听觉皮层，与理解我们听见的语言的过程相关。弓状束是连接布洛卡区和韦尼克区的一束皮下纤维。为了重复我们听到的一个词（比如"猫"），我们首先在韦尼克区处理它，然后通过弓状束发送代表信号到布洛卡区，在布洛卡区组织口语形式。弓状束的损伤会造成传导性失语症，失语症患者的特征是无法重复单词。

左脑受到损伤的五六岁儿童很有可能会恢复完整的使用和理解语言的能力。然而，患有失语症的成人如果在受伤后的前半年没有恢复，他们的症状可能会持续下去。成年人的大脑中有专门的语言区域，但是证据表明，幼儿的神经回路还没有完全固定下来，主导性的脑半球损伤之后，非语言的脑半球可以接管相关活动。

婴儿在出生时，大脑还没有完全形成组织。新生儿的大脑较成人的神经键（连接）明显更少。到 2 岁时，儿童的神经键数量达到成人的水平，在 4~10 岁迅速增长，远超成人水平。在神经键增长的同时，修整过程也在进行，不再使用的神经连接将会消失。这一过程可以解释发展的敏感期或者关键期的神经基础。假如一个婴儿听不见语言或者无法与成人建立起感情连接，作为语言感情的神经网络就会被削弱。在十五六岁之前，神经键的数量恢复到成人水平。

语言发展的研究

古代人类对语言习得的兴趣

可能历史上第一项有记载的语言习得研究出现在希腊历史学家希罗多德的作品中。希罗多德有时也被称为"历史学之父"，他生活在大约公元前 484 到公元前 425 年。在他的著作《历史》第二卷中，他叙述了埃及国王普萨美提克一世（Psamtik I，公元前 664—公元前 610 年）的故事。这位国王又名普萨美提库斯（Psammetichus），他想要证明埃及人是人类的起源。

为了做到这点，普萨美提克一世命令一位牧羊人抚养两个孩子，照料他们的生活，但不要对他们说话。"他这么做的目的是想要了解，在婴儿的无区别的学语期结束之后，他们所发出的第一个词是什么。"这位国王认为，如果儿童听不到任何语言，他们说出的就是最久远的人类族群的语言。这可能是有史以来语言发展的先天理论中最极端的观点：婴儿降生时，他们的大脑中就已经存在一种语言。

在这两个孩子大概两岁的时候，有一天，牧羊人去他们的住处，他们伸开双臂跑向牧羊人，说着"becos"。"Becos"是一个谁都无法识别的单词。根据希罗多德的描述，国王在整个王国里打听，最终听说 becos 是弗里吉亚语里的"面包"，随后埃及人不再认为自己是最古老的人类种族。

即使人类对有关语言发展的兴趣有着远古的根基，但是人类对儿童语言的系统研究则相当晚，一部分原因是语言学这门科学及其特殊的分析技术在 20 世纪才成熟。在早期，语言的结构本质并未被充分了解，研究也通常集中于儿童所说的事物的内容，而非他们对具有能产性的语言子系统的习得上。

19 世纪和 20 世纪的研究

在 19 世纪的下半叶和 20 世纪初，有关儿童的很多研究，包括关于他们语言的记载，都在德国、法国和英国发表。G. 斯坦利·霍尔（G. Stanley Hall）是美国发展心理学的早期重要人物之一，曾在马萨诸塞州伍斯特的克拉克大学任教。霍尔对"儿童心智的内容"很感兴趣（Hall, 1907）。他启发了美国儿童语言研究学派。

在这一时期，儿童语言研究者提出的问题主要与人类本质的哲学探究有关。这一点在查尔斯·达尔文（Charles Darwin）身上体现得很明显：他在日记中仔细地记录了他的一个儿子的语言发展过程（Charles Darwin, 1877）。很多的早期研究为语言提供了富有价值的见解。通常，早期研究以对作者自己孩子的观察日记的形式出现，然而也有明显的例外，例如对无法习得语言的"野孩子"和被隔绝的孩子的研究。与古代的情况一样，语言习得中隔绝现象的作用引发了哲学性的关心；这种关切一直持续到今天。18 世纪，儿童语言研究者对一个名叫维克多（Victor）的野孩子的重大研究《阿韦龙的野孩子》（于 1979 年由莱恩重述），以及出生于 1957 年并且与其他人类一直隔离的美国"野孩子"吉尼（Genie）的故事，都成为强烈的流行和科学兴趣的对象（Curtiss, 2014）。

在 20 世纪的上半叶，很多心理学家还在给自己的孩子记录成长日记。在教育学领域，对儿童语言的研究主要是为了获得语言规范、描述性别和社会阶层的差异，以及寻找发展困难的原因和治疗方法。教育心理学家经常对大群儿童进行小组测试，其大部分研究兴趣集中在不同年级的儿童所表述的平均句子长度、出现的语法和发音错误这些方面（McCarthy, 1954）。

现代研究

20 世纪 50 年代中期，语言学和儿童语言研究都经历了一场变革。描述性语言学的研究（Gleason, 1955）和诺姆·乔姆斯基（1957）的早期研究都为研究者提供了探索语言的新模型。与此同时，B·F. 斯金纳（B. F. Skinner）提出了语言的行为主义理论，激发了其他研究者设计实验研究这一学习理论（Skinner, 1957）。

语言学家和心理学家合并各自方向的技术手段，研究语言学家所描述的系统是否在语言使用者的内心具有心理现实，从而产生了心理语言学这一领域。例如，对英语的语言描述可能会指出以 /s/ 和 /z/ 结尾的单词在构造复数形态时会添加 /ez/，把 kiss 变成 kisses。心理语言学家的一项任务则是证明语言描述符合语言使用者的实际行为，即语言使用者知道构造复数形态的"规则"，并且和语言学家的描述规则同形（在形式上相同）。认知科学中最早的一些问题就着重于研究语言单位的心理表征。

20 世纪 60 年代，在乔姆斯基提出的强有力的语法模型开始普及之后，针对儿童句法习得的研究呈爆炸式增长。20 世纪 60 年代的研究主要在于语法；很多研究项目在一段时间内研究一小组儿童，记录儿童正在发展的语言的语法。例如，哈佛大学的一组研究者和罗杰·布朗（1973）一起研究了 3 个孩子的语言发展，而他们之后的很多人也都独立获得了显著的成就。这 3 个被研究的孩子的名字分别是亚当（Adam）、伊芙（Eve）和莎拉（Sarah），这都不是他们的本名。

布朗研究组的成员每月去家中拜访一次这些孩子，给进行日常活动的孩子和他们的父母进行磁带录音。这些录音带被带回实验室后进行转录，获得的转录文本由一组教职员和研究生在每周的研讨会上进行研究。亚当、伊芙和莎拉在语言学社群里非常有名。

20 世纪 60 年代，罗杰·布朗在哈佛大学进行了针对亚当、伊芙和莎拉的研究，他到现在还被很多人认为是"现代儿童语言研究领域之父"。

在 20 世纪 60 年代末，占据主导的句法研究让位于更加宽泛的研究兴趣，包括儿童语言产生的语境，而儿童在早期话语中试图表达的语义关系种类也成为一项重点。20 世纪 70 年代早期，有关对儿童使用的语言的研究迅速增加，其中的很多研究为语言先天性的争论提供了见解。研究者想知道，儿童到底是天生具有能力依靠自己去发现语言中的所有规则，还是需要成人乃至语言学习课程的辅助。

20 世纪 80~90 年代的研究包括所有传统语言学课题：音系、形态、句法、语义和语用。在 21 世纪的第二个 10 年，近期逐渐出现的研究兴趣则侧重于语言发展中的双语和跨文化的研究，以及语言发展和儿童的社会、心理发展各个方面的相互作用。在习得语言的过程中，儿童成为社会的一员，继承了每个社会特有的文化常规和信仰系统。

跨文化研究和非典型发展环境下儿童的研究与我们对语言习得过程的最终理解依然息息相关。例如，如果一名儿童在生命的第一年身处一个语言社群中，而在即将开口说话的时候被转移到了一个新的家庭，接触到全新的、与之前所处语言社群毫不相关的语言，接下来会发生什么事情？这就是跨国收养的问题。在过去的几年中，成千上万名儿童从各个国家来到美国。这些儿童激起了语言学社群极大的研究兴趣。

历史上，典型和非典型语言学习者的研究一般在不同的条件设定下进行，在不同的期刊上发表；但是现在，研究者逐渐把不同人群的研究综合起来，从而对全部人群的语言基础有了更深刻的认识。

21 世纪，语言习得的研究在各个方面都发生了显著变化。这方面的研究变得逐渐国际化、横跨各个学科，研究者也在使用成熟的当代技术进行研究。通常，早期研究针对中等收入家庭的英语单语儿童，但现在在世界各地建立起了相关学者的社群，其中很多人都是国际儿童语言研究协会（the International Association for the Study of Child Language, IASCL）的成员。有关不同语言和文化的研究正在改变我们对于语言习得中的普遍现象的观念。在研究中加入非典型人群和双语学习者有助于构造理论。与此同时，这些研究也为在现实世界的应用提供了信息，帮助我们更好地设计针对处于风险中的儿童所开展的矫正项目，以及在家和学校使用不同语言的儿童的教育项目。现在，语言发展研究者已经意识到，世界上的大多数儿童都不是只说一种语言的。

研究方法

现代科技让我们可以收集精确的语言发展数据，让世界各地的研究者共享数据和数据分析程序。

1. 设备

越发成熟的音频和视频设备极大地简化了数据收集。具有大存储容量的强大的计算机使几年前难以想象的实验成为可能。例如，具有工程学背景的麻省理工学院研究员戴博·罗伊（Deb Roy）最近完成了一项卓著的研究，他在儿子出生后的 3 年里录制了 23 万小时的家庭生活录像，记录了对孩子说的所有话和孩子所说的每一句话，从而可以分析孩子习得的每一个词和相关语境以及它们的演变过程。这些数据现在还在分析之中。

研究学语之前的婴儿或是任何年龄大脑皮层对语言刺激的反应，都需要极为敏锐的记录设备，有时也需要成熟的成像技术。成像是一种可以观察与语言相关的内心活动的手段，它可以用来检测很小的婴儿能否区分不同的语音；如果婴儿注意到了语音的差别，他的大脑中就会出现一些可以测量的反应。成像设备可以以各种非侵入的方式完成这一任务。

由于大脑活动会产生电流，所以成像设备可以测量人体大脑中的生物电变化。事件相关电位（event-related potential, ERP）可以测量电流的变化。脑磁成像（magnetoencephalography, MEG）可以测量生物电变化伴随的微小的磁场变化。

由于脑区活动增加时会伴随激活区域的血流量增加，成像设备可以测量血流变化。功能核磁共振测量含氧量的变化，激活区域的血流量增加会带来更多的氧气。近红外光谱分析（Near-infrared spectroscopy, NIRS）也测量血流量，但测量的是血流量增加时伴随的血红蛋白的变化。

除了事件相关电位，使用成像技术的成本相对高昂，难以实现。成像研究也要求完成较为谨慎的实验任务，限制较多。不过，它们为我们一直好奇的问题提供了答案。例如，如果你作为一个婴儿在一个语言社群中长大，之后被另一个国家的家庭收养，成为另一种语言的单语使用者，你的第一种语言会从你的大脑中消失吗？答案是：不会。加拿大的研究者使用功能核磁共振研究了 3 组儿童——法语单语儿童、婴儿时期从中国收养的儿童和法汉双语儿童。他们震惊地发现，尽管收养的儿童并没有关于中国的任何知识或记忆，当听到汉语的语音时，他们的大脑活动显示出和双语儿童相同的脑区激活模式。他们无意识地留下了失去的语言的某些方面（Pierce, Klein, Chen, Delcenserie & Genesse, 2014）。

很多重要的语言发展研究依然在使用标准的实验室设备，另一些则通过能够方便获得的视频和音频录制设备收集数据。这可以把在实验室和实验对象家中录制时的干扰降到最低。无论录制方式如何，我们都需要转录数据以便分析。转录包括尽可能准确地写下录音中所说的每一句话，最好遵循计算机分析可以识别的标准格式（见图 1-2）。

以下文本摘自儿童语言数据交流系统（Child Language Data Exchange System, CHILDES），既可以用一系列儿童语言分析程序（Child Language Analysis programs, CLAN）直接进行分析，也可以自动计算平均话语长度（mean length of utterance, MLU），列出语言使用者所用的全部词汇，进行一系列标准化的衡量。

@ 开始

@ 参与者：CHI 查理儿童，

MOT 母亲，FAT 父亲

@ 日期：1996 年 7 月 7 日

@ 文件名：CHARLIE.CHA

@ 场景：家庭晚餐对话

MOT：你和爸爸说了我们今天做了什么吗？

MOT：我们看到了谁？

CHI：谁？

MOT：记得吗？

CHI：朱迪和我的朋友。

MOT：我们看到迈克尔了吗？

CHI：是的。

FAT：迈克尔在沙滩上吗？

CHI：不是。

FAT：因为他有工作要做。

FAT：你记得你去过的沙滩的名字吗？

CHI：这次的不记得了。

FAT：你这次的不记得了吗？

FAT：是叫温格——什么？

FAT：温格海滩？

CHI：是的。

FAT：温格希克海滩。

CHI：温格希克海滩。

FAT：就是这个。

CHI：温格海滩。

MOT：你游泳了吗，查理？

CHI：我去游泳了，爸爸。

FAT：你去了吗？

FAT：你带浮圈了吗？

CHI：没有。

FAT：没有吗？

@ 结束

图 1-2　转录样本

2. 研究设计

在设计语言发展的研究时，既可以采用横向研究，也可以采用纵向研究。横向研究使用两组或以上的被试者。例如，如果我们想研究 2~4 岁期间儿童语言的否定式发展，我们可以研究一组 2 岁的儿童和一组 4 岁的儿童，然后描述这两组儿童使用否定式语言的不同之处。纵向研究则是长时间地跟踪研究被试个体；我们可以研究同样一群儿童从 2~4 岁这一期间的否定式语言的使用。

横向研究可以让我们在短时间内获得大量被试者的数据；我们无须为了获得结果而等待两年。当研究问题涉及某一特征的持续性或早期经历的影响时，纵向研究可以用于长时间研究个体。如果我们想知道晚说话的儿童是否难以学习阅读，我们就需要使用纵向研究。

横向研究和纵向研究都可以采用观察方式或实验方式。在观察性研究中，研究者的干扰可以降到最低。自然环境下的观察性研究试图以现实生活中的情况捕捉个人的行为，比如我们可以对晚餐时的家庭对话进行录音分析。带有控制因素的观察性研究可以在包括实验室的多种设定下进行，研究者可以为所有被试者提供一些恒定要素。父亲可以陪伴自己的女儿来到实验室，给她们朗读一本由研究者提供的图书，从而接受观察。观察性研究可以指出行为之间的相关性，但是并不能显示行为之间的因果联系。

在实验性研究中，研究者可以对实验情况有所控制，操纵不同的变量。典型的实验性研究包括以下部分：

- 针对可能出现的现象做出的假设。
- 一组接受实验处理的被试者（例如接受训练）与一组不接受特别实验处理的对照被试者。
- 由实验者操纵的自变量（训练、观看电视节目等）。
- 因变量，即需要衡量的行为（比如，被试者对某一语法形式的使用）。
- 随机性，即把被试者随机地分配到实验组或对照组里。
- 流程标准化（所有被试者接受同样的指示等）。

如果我们想要了解训练对被动式的习得是否有效，我们可以招募 30 名 3 岁的儿童，把他们随机分配到两组中，把 15 名儿童分入对照组，将另外 15 名分入实验组。实验组将接受有关被动式的训练，而对照组不接受任何训练。最终，我们可以让两组儿童描述一些他们从来没有见过的图片，记录他们对被动式的不同用法。如果接受训练的实验组使用了被动式，而对照组不使用被动式，那么我们就有证据证明训练可以加速某一方面语法的习得。实验性研究可以轻松地在实验室环境下重复进行，但可能难以推广到外界环境中。

除了泾渭分明的观察性方法和实验性方法，语言发展研究者还会使用一系列的研究手段。其中包括标准化评估，实验者可以通过被试者对已公开的标准化语言测试的回应进行比较或评估。在显示被试的语言是以正常速度进行发展还是某些部分较其他部分发展更缓慢这一方面，这些手段能起到很好的作用。

很多研究者使用模仿这一手段，让儿童重复研究者所说的话。通常，儿童难以模仿超出他们语言发展阶段的句子，所以模仿能显示出儿童语言的很多特征。这对成人来说也是如此——下次如果你遇到来自索菲亚市愿意和你说保加利亚语的朋友，你可以尝试模仿几句。

当某一特定的语言形式成为研究目标，而我们希望在不提供答案的情况下给被试者尽可能多的帮助时，诱导是一种有效的手段。通过诱导调查复数形式的时候，我们可以给被试者一张图片，上面先画了像一只鸟一样的生物，之后又画了两只，然后说："这是一只 wug。现在又来了一只。现在有两只……？"被试者一定会补充说"wugs"。这一手段对失语症患者非常有效，特别是那些患有严重布洛卡失语症、只有微弱的词汇性言语的患者。

访谈是一项固有的手段，但是如果研究者拥有充足的时间，不仅仅是询问一系列问题、填好表格，那么这一手段会非常有效。皮亚杰学派的研究者经常使用一类名叫临床方法的访谈。这是一种开放性的访谈，其中问题的顺序取决于被试者给出的回答。在研究元语言意识的时候，调查者可能会提出一系列问题，例如："'马'是一个单词吗？为什么？（或为什么不是）单词是什么？你怎么知道的呢？你最喜欢的单词是哪个？为什么？"方法的选择在极大程度上取决于调查者的理论倾向。当研究者一方缺乏一些干预手段时，被试者可能需要花很长的时间才能说出我们感兴趣的内容；因此，研究者设计了很多精巧的用于调查语言产出的研究手段（Menn & Bernstein Ratner, 2000）。

儿童语言数据交流系统

语言发展研究中最重要的活动之一就是儿童语言数据交流系统（CHILDES）的建立。这一系统在 1984 年于卡内基梅隆大学正式投入使用，由布赖恩·麦克维尼（Brian MacWhinney）和凯瑟琳·斯诺（Catherine Snow）共同指导（Berko Gleason & Thompson 2002; MacWhinney, 2003）。这一系统是一个更大的名为"言语银行"（TalkBank）系统的儿童语言部分；"言语银行"系统拥有逐渐更为成熟的数据和工具，可以用于分析各种人群类型的对话交流。儿童语言数据交流系统由以下 3 个主要部分构成。

（1）用于把口语转录成文本、便于计算机分析的标准化转录规则。这一规则被称为**人工录写文本分析赋码系统**（Codes for the Human Analysis of Transcripts, CHAT）。图 1-2 展示了录写文本的样本。

（2）可以处理 CHAT 编码文件的计算机程序，能够实现立刻列出儿童所使用的所有单词等功能。这些程序被统称为**计算机化语言分析程序**（Computerised Language Analysis programs, CLAN）。这些程序还可以用来搜索单词分组，计算话语的语言特点，分析对话参与者的语段模式。

（3）数据库。它是基于 20 多种语言的电子资料，包括来自全世界 100 多个研究计划的语言数据。

儿童语言数据交流系统基于互联网，对世界各地的研究者免费开放。我们建议大家参阅它的主网站，可以在此找到程序和数据，以及其他有用信息。CLAN 包括很多强大的计算机程序（MacWhinney, 2000）。这一系统具有众多优点，它能够：①使研究者之间互通数据，这样能够在更多的被试者身上测试自己的假设；②提高编码的精确度和标准化程度；③使很多编码过程自动化。

CLAN 既可以分析任何使用者的语言输出，也可以自动生成平均话语长度（见第 5 章）、使用的单词列表和词频，以及其他对语言研究者极为重要的数据。在 CLAN 中，很多以英语或其他语言进行的研究都有可用的数据：连较为早期的研究，比如布朗在 20 世纪 60 年代对亚当、伊芙和莎拉的研究，都已经被扫描录入，让所有需要使用这些数据的人可以方便地查阅它们。

儿童语言数据交流系统最近建立了一个交互性的互联网资源库，能够把转录文本链接到数字化的视频和音频数据上。这样，我们就可以同时在线阅读转录文本、观看被试者的活动、听到实际的语言（MacWhinney, 2001）。

本章要点

婴儿从他们的看护者身上寻求爱和关注。在他们 1 岁之前，他们可以细致地区别听到的语音，也开始与周围的人以非语言的形式交流。幼儿在几年之内就能学会他们母语的基础要素：音系、形态、语义、句法，以及语言使用的社交规则，这些通常被称为"语用学"。当儿童达到学龄时，他们能够控制所有的主要语法和语义特征。不过，语言发展贯穿人的一生；在人们逐渐变老时，他们也在人生的每个阶段学习新的技能。

婴儿在出生后几个月内就开始习得语言，远早于说出第一个词的时候。语言建立在早期表达感情的交流基础之上。在半岁左右，婴儿开始进入学语期，很多研究者都认为，这是语言能力的证据之一。在将近 1 岁时，婴儿说出第一个单词。婴儿的语言在不同文化之下都有相似之处，所以早期的单词、词义和单词组合也存在普遍特征。儿童学习自己语言的特定语法结构的进程遵循一系列可以预测的顺序，这对所有学习同一种语言的儿童都是如此。

尽管语言习得存在普遍特征，但语言发展中也存在个体差异的模式。有关语言发展的不同理论强调天生机能、学习准则、认知特征、社交互动，以及语言的手势使用基础。

在学龄期，儿童逐渐打磨有关复杂语法的知识，同时学习在各种不同的社交场合使用语言。他们发展出元语言意识，能够把语言当成一项物品来分析。与此同时，他们学习另一个主要的语言系统——书面语。读写能力的要求使儿童的语言不再局限于此时此地，而是强调去语境化语言。并非所有儿童都能轻松地学会阅读。正如有些儿童难以学会阅读，也有些儿童会在语言的其他方面遇到困难。这些问题可能没有明确的成因，也有可能与听力障碍、孤独症谱系障碍或唐氏综合征等发展问题相关。尽管早期语言发展研究着重于单语学习者，但现在我们意识到，世界上的大多数人在某种程度上都是双语的。

基于人类语言具有的特别性质，研究者总结人类语言具有物种特殊性和物种一致性。人类可以描述他们经历中的任何部分。海洋哺乳动物使用口哨和咕哝声作为交流方式，很多鸟类则显现出一系列富有含义的鸣叫声。但这些系统都无法与人类语言相提并论，因为人类语言具有能产性、语义性，可以表现出移位性。

在过去的 75 年里，很多研究者试图探索语言到底是人类独有的还是可以由其他物种习得的。近期研究表明，非洲灰鹦鹉和犬类具有一些成熟的语言能力。试图教黑猩猩说话的早期研究表明，整体而言，类人猿无法像人类一样说话。在更近期的实验里，研究者教黑猩猩和大猩猩使用美国手语，得出了不一致的结论。这些使用手语的类人猿可能至少部分地对训练者所给出的微妙的暗示做出了反应，但是我们仍然无法确定它们的语言潜能究竟如何。语言发展需要社交互动，但是因为我们进化出了能够支持语言的专门化的生物学特征，人类口语才成为可能；这些特征自我们的物种出现即存在，可能来自智人和尼安德特人共享的祖先。其他有关人类语言的生物本质的证据还包括以下几点：语言具有常规的开端期、无法被抑制、语言无法被教给别的物种，以及各地语言都具有一致性特征。人体大脑内有专门和语言相关的区域，如布洛卡区、韦尼克区和弓状束。

语言发展的研究包括针对语言的主要子系统的研究。语音系统是由语言中的重要语音及其组合规则构成的；形态系统包括最小的表达含义的单位；句法是指一种语言中构成句子的规则；语义系统包括单词的含义和单词之间的关系。最后，为了在社会中正常起作用，语言使用者必须知道语言使用的社交或语用规则。为了获得交际能力，人类个体必须能够了解和产出以上所有系统。

自古以来，人们就好奇于语言的发展，到了 20 世纪 50 年代，随着新的语言学和语言心理学理论的出现，发展心理语言学这一交叉学科正式诞生，对这一课题的科学性研究才正式开始。发展心理语言学家使用心理学家、神经科学家和语言学家采用的各种研究手段、设计和资源，以及一些自己独创的手段（例如 CHILDES）对此展开研究。CHILDES 是一套共享的语言数据的计算机化数据库，并有专门的转录格式和用于分析语言的计算机程序。

建议研究项目

1. （如果你不懂匈牙利语）观看匈牙利语新闻；如果你懂匈牙利语，寻找一种你不懂的语言，观看它的新闻。

    写一份简单的报告：讨论你听到的内容，以及你能否模仿其中的一部分。你认为，你或者一个婴儿可以通过反复观看这段新闻学会匈牙利语吗？如果可以，你认为这是如何做到的？你会如何完成这项任务？如果不能，请描述你为了通过看新闻学会匈牙利语所需要对新闻做出的调整。你认为为什么学习这门语言会特别难？

2. 列出人们对语言发展抱有的刻板印象，比如：女孩说话比男孩多；婴儿说"咕咕，嘎嘎"；儿童把兔子叫成"肚子"；儿童可以通过观看电视学会一门语言，诸如此类。挑选这些成见之一，设计一项研究分析它是否为真。作为一项思想实验，你无须担心这一研究需要持续多久、花费多少，但是请明确且如实地描述你会如何着手，需要收集何种数据，为了回答你的问题需要如何分析数据。

3. 阅读有关边境牧羊犬查瑟、大猩猩可可、黑猩猩坎兹和鹦鹉亚历克斯的研究。总结针对每一种动物做出的有关语言的断言，自行总结你认为哪种动物最接近于"拥有语言"的状态。

婴儿期交流的发展

罗切尔·S. 纽曼 (Rochelle S. Newman),马里兰大学帕克分校听力和语言科学系教授、主席

如果你向一些家长询问他们孩子的早期语言发展,他们经常会提到孩子所说的第一个词或者第一句话。但是当孩子开始说话之前,他们已经开始构建之后交流所需的一系列技能了。本章的重点正是这些前语言(prelinguistic)能力,它们是语言习得后续阶段的基础。这些技能可以被分为两个基础大类:婴儿对他们所听到的语言输入模式的感知能力;在使用语言前,婴儿通过非词语发音和手势做出的早期交流尝试。

在第 1 章中,我们学到了语言是有生物学基础的:婴儿的大脑和感知系统已经为语言的习得做好了准备。然而,婴儿甚至在出生之前就已经开始学习语言了:在孕期的最后 3 个月,胎儿已经可以听见母亲发出的声音。母亲说话的声音通过骨骼传导到全身,包括子宫。因此,婴儿在降生时就已经接触了几个月的母语,而新生儿已经普遍对母亲的声音和自己母语中的语音表现出偏爱(DeCasper & Fifer 1980; Mehler et al, 1988)。例如,对以法语为母语的新生儿播放法语和日语录音时,他们会更专心地听法语(Nazzi, Bertoncini & Mehler, 1998)。婴儿甚至更喜欢听他们还在子宫内时母亲给他们读的故事(DeCasper & Spence, 1986)。最近的研究表明,新生儿的哭声在各种语言环境下都有所不同,具体取决于他们在胎内所听到的语言(Mampe, Frierderici, Christophe & Wermke, 2009)。

这种产前接触为进一步的语言发展奠定了基础:婴

【学习目标】

阅读本章之后,学生能够:

◆ 描述婴儿在语言习得过程中所产生的语言感知能力,如范畴感知及言语分割。

◆ 讨论一些用于了解前语言婴儿能力的工具和方法,如转头偏好程序及统计学习。

◆ 解释早期语言是如何从看护者和婴儿之间的声音与手势交流中产生的,以及共同注意是如何支持儿童对意义的早期映射的。

◆ 列举婴儿导向言语和儿童导向言语的典型特征,讨论这些特征如何潜在地支持语言学习,并提供几个例子,用来说明看护者的交流风格或活动(如共享阅读)与儿童语言结果的关系。

◆ 对比辅助或阻碍早期语言发展的环境(如社会经济地位)和条件(如常见发展性残疾);讨论如何确定和纠正对儿童早期交流发展的负面因素,首先帮助儿童最大限度地发挥语言学习潜力。

儿更喜欢听熟悉的声音，这种对母语（以及一般语言）的更大关注为他们提供了更多的学习机会。这反过来又会引起进一步注意和进一步的学习。然而，即使没有产前接触，婴儿显然也能够学会母语（参见生于聋哑家庭的婴儿和被收养到另一种语言环境中的婴儿），但这种早期通过促进儿童关注恰当的信号，为他们的语言发展提供了良好的开端。

当婴儿继续聆听语言之后，他们的偏好范围开始缩小，他们的语言感知能力也逐渐被他们所听到的语言而塑造。最终，他们的感知"校准"到了母语。在下一节里，我们会更详细地讨论这些感知变化。

感知"校准"到母语

婴儿能够很好地分辨出语言中所用的大多数语音，包括他们从来没有听过的语言里的语音。一项名为高振幅吸吮范式（high-amplitude sucking paradigm, HASP）的技术可以印证这一点。它使用机器测量婴儿在回应不同声音时吸吮橡皮奶头的频率。开始时，婴儿听到一个单独的声音——如果他们对这个声音感兴趣，吸吮的频率将会上升，从而促使重复播放这个声音。当同一个声音反复被播放之后，婴儿最终会失去对这个声音的兴趣，吸吮的频率也会降低。这一降低后的回应频率被称为惯性（habituation）。当婴儿习惯了最初的刺激物之后，实验者会改变声音，如果婴儿更用力地吸吮橡皮奶头，我们就可以据此认为他们能够分辨之前（无聊）的声音和新的声音。

研究者通过这一范式发现，婴儿可以像成年人一样区分不同的音位：即使只有1月龄的美国婴儿也可以区分 /b/ 和 /p/，尽管这两个音在声学性质上很相似（Eimas, Siqueland, Jusczyk & Vigorrito, 1971）。之后的研究发现，婴儿在自身能产出语言之前，可以区分很多不同的语音。他们甚至可以区分出自己母语中不存在的语音。例如，学习英语的婴儿和学习日语的婴儿都可以区分 /r/ 和 /l/，尽管对说日语的成人来说，这两个音非常难以区分（Eimas 1975; Tsushima et al, 1994）。

为了全面地了解婴儿的感知能力，我们需要讨论言语感知的一个不同寻常的方面。作为成人听者，我们以"范畴"为单位感知语音。听者难以区分在同一语音范畴内的声音（比如，不同的 /b/），但能够成功地区分不同语音范畴里的声音（比如，/b/ 和 /p/），这一现象被称为范畴感知（categorical perception）。范畴感知并不同于我们感知周围世界其他方面的方式。例如，尽管我们能够区分绿色和蓝色，也能够区分蓝色这一范畴里的不同样例，但是我们难以区分同一范畴里的不同语音这一事实解释了说日语的成人难以区分 /r/ 和 /l/ 的原因——在日语里这两个音属于同一范畴。婴儿同样以范畴为单位感知语音（Eimas et al, 1971），但他们比成年人更擅长区分语音的不同。

即使在开始习得语言时，婴儿开始习得语言时，能够感知各种类型的语音差别，然而，在半岁左右，分辨自身语言中不存在的语音的能力则会消失。也就是说，从来没有听过日语的以法语为母语的婴儿，在开始说自己的第一个词时，就不会像以日语为母语的婴儿一样感知日语语音（Kuhl, Williams, Lacerda, Stevens & Lindblom, 1992）。韦克和提斯（Werker & Tees, 1984）给以英语为母语的婴儿播放两组说英语的成人难以区分的语音对比，一组来自印地语，另一组来自一种名为恩拉卡帕穆克斯语的北美原住民语言。6~8 月龄婴儿可以区分这两组对比，但是年龄稍长一点、10~12 月龄婴儿无法做到。这一结果显示，在 1 岁以内，婴儿的感知系统会根据他们周围所听到的语言进行校准。尽管婴儿在最开始可能能够区别很多不同的语音，但他们的感知将逐渐聚焦到他们母语中更重要的音位上。

这一聚焦过程在婴儿 1 岁之内开始，但需要多年才能完全形成。这可能给语言学习者提供了一系列便利条件，但也给希望在年长时期再学一门新语言的人带来了明显的困难：如果你听辨语音有困难，那么你的发音也很难是正确的！这一感知校准并不仅限于音位。语言之间也存在词汇声调使用方面的区别。世界上有一半的人说的是音调语言（Yip, 2002），在这些语言里，比如汉语，不同的声调和语音差别同样可以用来区分含义。无论母语为何，婴儿在早期都能够区别不同的声调范畴，但是学习非音调语言（比如英语）的婴儿在 9 月龄左右开始失去对声调的敏感性（Mattock, Molnar, Polka & Burnham, 2008）。而在大概同一时期，他们也会失去区别非母语中音位的能力。在同一年龄段的婴儿，相比符合语言规则而少见的组合，更偏好注意母语中常见的音位组合（Jusczyk, Luce & Charles-Luce, 1994）（所以，比起 jowt 和 zooj 这样包含少见语音的单词，学习英语的婴儿在听 pem 和 dal 这样无意义的单词列表时会花费更长的时间）。普遍而言，我们可以看到，在 0.5~1 岁之间，婴儿的注意力逐渐被塑形成自己母语的模式（见表 2-1）。

表 2-1　1 岁以内婴儿前语言技能发展典型顺序的案例（附大致年龄）

年龄阶段	语言技能发展的案例
新生儿	转头看向语音传来的方向 偏爱听自己的母语 与陌生人的声音相比，偏爱听母亲的声音 区分言语中使用的不同的声音

（续）

年龄阶段	语言技能发展的案例
1~2 月龄	有人对他说话时，他会微笑
4~6 月龄	能识别自己的名字，在实验室环境下能识别最早听到过的一系列单词
6~8 月龄	能够从流利的话语中分隔单词
8~10 月龄	开始失去分辨非母语语音的能力 开始回应自己的名字和熟悉的常规语言（比如在听到"拜拜"时，会挥手） 清楚地识别最早听到过的一系列单词

语音分割

婴儿对自己语言中语音的认知仅仅是学习语言的第一步；毕竟，交流的根本目的是理解说者表达的意思，这需要听者能够辨认单词，而不仅仅是语音。学习单词的第一步就是能够意识到每个单词的开始和结束。如果你听一个人对婴儿说话，你会注意到他一般会说完整的词组或句子，而不是说一个个单词。也就是说，婴儿的父母可能会说"你能摸摸小猫吗"，而不太可能只说"小猫"这一个词。这给婴儿带来了潜在问题：因为流利的言语和书面写作的文本不一样，中间没有明显的空格和停顿来显示一个词在何时结束，下一个词在何时开始（试着听听一个人说一种你听不懂的语言——你很有可能连识别每个单词都感到很困难）。

因此，为了从"看看小猫"这样的句子中学会单词，婴儿首先需要学会**分割**（segment）或者分解流利的言语。实验室研究显示，婴儿在 0.5~1 岁时就开始学习把言语分割成单词（Jusczyk & Aslin, 1995），但是这一技能需要耗费更多的时间才能发展成型。这些研究使用了一种名为**转头偏好程序**（Headturn Preference Procedure, HPP）的手段。与之前的高振幅吸吮范式不同，这一手段意在检测稍大的婴儿（4 月龄以上）（Kemler Nelson et al, 1995）。在转头偏好程序中，在三面环绕的测验室中间，婴儿坐在看护者的腿上。声音伴随着闪光从测验室的左侧或右侧播放；通常，婴儿会转头去面向他们所注意到的声音的"来源"（在这里是闪光）。当婴儿对声音感到无聊之后，他们一般会看向其他方向；因此，通过测量婴儿注视闪光的时长，我们可以推测婴儿对这些声音的感兴趣程度。这一范式既可以用来衡量婴儿对不同声音的普遍偏好，也可以用来衡量婴儿的语音分割：首先给婴儿播放一段流利的言语段落，然后比较他们对语段中出现过的和未出现的单词的聆听时间。秋苏兹卡（Jusczyk）和埃斯林（Aslin）发现，在听过一段关于狗的故事之后，婴儿在反复听到"狗"一词时，会比"自行车"一词注意更长的时间，这说明他们能从这一流利的语段中分割出相关的词汇。然而，这明显取决于婴儿的年龄：更大的婴儿可以做到这一点，小于 6 月龄的婴儿却无法成功地完成这一实验。

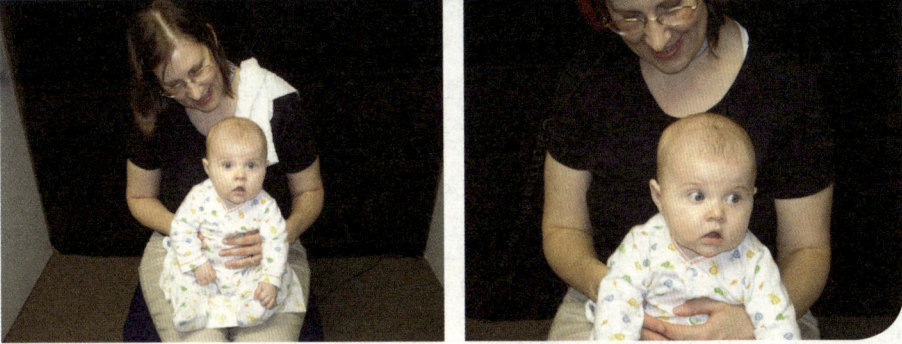

在转头偏好程序中，在三面环绕的测验室中间，婴儿坐在家长的腿上。婴儿看向声音来源所花费的时间可以用来衡量婴儿对这一声音的感兴趣程度。

更擅长语音分割任务的婴儿在学龄前测试中，可显示出更大的词汇量和更好的语言技能（Junge, Hagoort, Kooijman, & Cutler 2010; Newman, Berstein Ratner, Jusczyk, Jusczyk, & Dow, 2006）。此外，也有证据显示，在一些患有疾病的人群中，语音分割能力会出现发育迟缓，比如患有威廉氏综合征的儿童（Nazzi, Paterson & Karmiloff-Smith, 2003），这是一种导致认知障碍的基因疾病（参见第 9 章）。这些结果显示，能够辨别单词边界是语言习得的关键先决条件。

统计学习

请快速回答以下这个问题：蓝色的车和黄色的车，哪一种更常见？几乎毫不犹豫或略有迟疑，大多数人都会回答蓝色更常见。但是，你可能从来没有主动计算过路上蓝色的车和黄色的车的数量。事实上，你认识到车辆颜色的频率，意味着你已经意识到了周遭世界的统计模式。这些统计模式不仅存在于周围环境中物品的频率，也存在于语言输入的不同形式。例如，英语里以 -ing 结尾的单词更可能出现在 is 之后而不是 can 之后（比较 is running 和 can running），而"tee"这一音节在我们听见"prih"之后则格外常见（合起来是常见词 pretty）。

婴儿能够辨别这些统计模式，并在学习母语的语法和词汇方面时使用它们。实际上，统计学习（statistical learning）能力对于儿童语言发展的很多方面都是至关重要的。婴儿似乎可以跟踪语音、音节、单词的统计模式，并使用这些信息帮助他们学会母语。例如，萨弗兰（Saffran）、埃斯林（Aslin）和纽波特（Newport）给 8 月龄婴儿播放了一段连续的语音，其中有一些音节总是和另一些音节紧邻（Saffran, Aslin & Newport, 1996）；之后，婴儿的反应表现出他们倾向于将那些音节组合在一起，认为它们是单独的单词（也就是说，婴儿用统计模式分割流利的言语）。

婴儿也能识别单词之间的统计模式，用它们来学习母语语法的基础部分（Gómez & Gerken 2000; Marcus, Vijayan, Bandi Rao & Vishton 1999; Santelmann & Jusczyk, 1998）。对统计模式的敏感性可能是婴儿早期语言发展的多个方面的第一步。

有一点很重要：虽然统计学习这一技能在语言学习中被使用，但它实际上是一种普遍的认知能力。事实上，婴儿早期语言习得依赖的很多技能都不是语言所特有的。儿童理解言语的能力可能取决于一系列认知技能，比如识别不同物品的共性（**分类**，categorization）、选择注意力的重点（**选择性注意**，selective attention），以及记住语音串的能力（**语音工作记忆**，phonological working memory）。所有这些技能都是婴儿成功习得身边语言所不可或缺的前提。

因此，0.5~1 岁的婴儿展现出的一系列惊人的感知技能使他们能够识别所听到的语言里的模式。这些感知技能并非源自突然的改变，而是在他们接触更多的母语时逐渐形成的。就之后更进一步的语言技能发展而言，这些技能也是重要的基石。这指出了婴儿在 1 岁之内听力和接触语言的重要性。

需要注意的是，大多数对婴儿早期感知能力的研究都集中在单语婴儿身上，这些婴儿一般学习的都是英语或者其他欧洲国家语言。尽管一些研究分析双语环境下的婴儿的注意力会在何种方面有所不同（Bosch & Sebastían-Gallés 2003; Sundara, Polka & Molnar, 2008），但是对于双语婴儿和单语婴儿之间的感知发展差异，我们依然知之甚少。考虑到世界上双语环境的较高比例，这是目前研究中的一大空缺。

早期的语言交流尝试

婴儿发声的能力在出生第一年后会发生惊人的变化。正如婴儿的感知能力是通过接触他们的母语而形成的一样，他们的语言表达能力也是如此。婴儿最早的咿呀学语在各种语言之间都大同小异，但是在将近 1 岁时，大多数婴儿所发出的声音都能反映他们所听到的语言的语音模式（Boysson-Bardies, Sagart & Duran, 1984）。由于这一点与发出语音的能力的发展相关，我们会在第 3 章中提供有关这一时期语音产出的更多细节。

不过，交流所涉及的不仅包括语音的感知和产出，还包括两个人之间的互动。尽管婴儿在各个方面都显得弱小无助，需要依赖他人，但他们并不是外界刺激的被动接受方。正相反，婴儿是主动的互动伙伴，他们的行为会影响看护者的后续行为。例如，看护者希望婴儿能和他们进行目光交流，如果婴儿在互动时不与他们产生目光接触，大多数成年人会感到沮丧。事实上，之后被诊断出孤独症谱系障碍婴儿的家长常常会发现婴儿回避目光交流，而这也通常是异常的最初征兆（参见 Trevarthen & Aiken, 2001 和第 9 章中有关孤独症影响儿童交际发展的讨论）。

因此，在有声互动中，婴儿的行为影响着看护者。例如，在研究幼小婴儿发声的过程中，布鲁姆（Bloom, 1990）注意到，聆听婴儿与看护者之间互动的录音的学生和工作人员偶尔会发出这样的感叹："这个宝宝真能说！"布鲁姆和洛（Lo）怀疑成人可能会对婴儿的特定发音做出反应，于是他们让成人给"发音像在说话"和"发音不像在说话"的婴儿的录影评分（Bloom & Lo, 1990）。成年人更喜欢"发音像在说话"的婴儿，认为他们"更想让人抱抱""更有趣"，普遍更招人喜爱。

婴儿发出的"呜""啊"这些令人愉悦的咕咕声有时也会让看护者开始和他们"对话"。如果成年人对婴儿发出的声音进行有声的回复，即使是 3 月龄的婴儿也会反过来发出更多像是在说话的声音。此外，婴儿还学会了在发声之后等待成人的回应。因此，远在儿童使用"真正的"单词之前，成人和婴儿就在互相影响对方，建立起像对话一样的有声互动（Masataka, 1993）。到 8 月龄时，仅仅因为成人的接近、微笑和抚摸，婴儿的发声质量就会提升（Goldstein, King & West, 2003）。

从一开始，婴儿的哭声、咕咕声和学语声的交际性仅仅体现在婴儿是社会生物的一员，而看护者对这些信号十分在意。然而，在人生第一年的后期，典型发展的婴儿会有重要发现，这提供了向语言的过渡：一个人可以故意发出信号（发声或者做手势），希望它对看护者带来特定的影响。从此，信号开始承载基于婴儿与看护者共同经历而建立的信息。

在下一节中，我们会了解在**有意交流**（intentional communication）产生的过程中通常出现的内容及其细节。

言语出现之前交流意图的表达

有意交流的特征

许多父母都把婴儿的所有发声看作交流性的、有含义的。戈德曼（Goldman,

2001）采访了一些母亲，发现她们中的很多人都认为自己的孩子早在 2 月龄时就会叫"妈妈"，而她们把"妈妈"解释为"需要某物"。然而，并没有证据证明该年龄段的儿童会有意地获得看护者的注意和帮助。与之相比，一个 11 月龄婴儿可能会指向一个够不到的物品，与看护者进行眼神交流，再看向那个物品，发出声音。这一系列行为和普通的哭声、叫声、被母亲辨认为"妈妈"的咿呀学语又有何不同呢？

判定一项行为是否带有交流意图是一件困难的事情。想象一下，一条狗在厨房门口吠叫。主人可能会把这一信号判断为这条狗想出去。吠叫是一种有意图的交流，还是一种仅仅是重复的行为？（因为之前这一行为导致了狗所希望的行为。）我们该如何判定？关于有意交流的特征，以及确定婴儿第一次为了获得看护者的帮助而有意发声或做手势以获得看护者帮助的问题，一直存在很多争论。想要就判断一项行为是否带有交流意图而创立一项万全的标准看起来是不可能的。然而，如果我们采用一系列标准衡量婴儿在某一发展时段的所有行为，就有信心判断婴儿是否开始带着意图进行交流（Sugarman, 1984）。

以下标准经常用于判断婴儿是否在进行有意交流：

（1）婴儿在做手势或发声时与伙伴保持眼神交流，通常会在一个物品与交流伙伴之间交替注视。

（2）一些手势已经变得一致和仪式化。例如，每当需要东西的时候，婴儿反复张开又合上手，而不是直接伸手去拿物品。

（3）一些发声变得一致和仪式化。每当需要东西的时候，婴儿可能会发出"呃，呃"的声音。其他婴儿可能会在同一场景下使用其他声音，因为这一语音信号并非复制于成人的语言，而是婴儿自发发展的。

（4）在做手势或发声之后，婴儿会停顿下来，等待交流伙伴做出回应。

（5）如果婴儿未能被理解，他会反复尝试交流，在一些情况下甚至为了更清楚地交流而调整自己的行为。

当婴儿的行为以以上标准被衡量时，没有交流意图的行为和有意交流的行为之间不再具有明显的界限，我们无法找到婴儿出现有意交流的确定年龄。相反，婴儿会逐渐理解"目标"的概念以及在实现目标的过程中其他人的潜在作用。例如，在一项针对 6~13 月龄婴儿的研究里，母亲在婴儿面前手持一个婴儿想要但是够不到的玩具，观察者录下婴儿的注视、手势和发声并进行评分，寻找婴儿试图影响母亲行为而不是尝试拿到玩具或表达失望的信号。在这种情况下，甚至一些 6 月龄婴儿也被认为是故意影响母亲以完成自己的目标（Mosier & Rogoff, 1994）。

对一般的婴儿而言，我们认为有意交流的最早信号会在 8~10 月龄出现。当我们试图确定一个婴儿是否开始有意交流时，即使是观察环境里的微小差别或者判定手势、发声为"有意"的标准都会影响我们的判断，但是显然，从无意的交流者到有意的交流者的过渡对于婴儿和婴儿的看护者来说都是重要的变化（Camaioni, 2001; Legerstee & Barillas, 2003）。

这并不是说还不会使用单词的婴儿和年长的儿童对交流过程的理解完全相同。要完全意识到单词和手势会如何影响他人的知识与信念需要很长时间的发展，即使是一个健谈的 4 岁儿童也在继续学习交流产生的过程。

早期交流行为的方式和功能

早期交流通常使用手势和声音。这些早期的交流行为可以发挥各种作用，这些作用在正常发育的婴儿开始使用单词之前就已经表现出来了（Wetherby, Cain, Yonclas & Walker, 1988）。婴儿用发声和手势要求物品或行为（比如，婴儿举手表示她想被抱起来），表达拒绝（比如，推开某件物品），获得看护者的注意。

婴儿也会利用这些行为引导交流伙伴的注意力，让他们可以和自己共同注意同一件物品或活动。例如，婴儿可以通过拿出物品并发出声音把一件物品"给看护者看"，或者直接把一件物品拿给看护者。指点可能并不是为了获得一件物品，而是让交流对象的注意力集中到那件物品上。大多数婴儿在 6~10 月龄开始指向物品或者图片。他们还学习解释别人的指示手势；婴儿学会了如何恰当地应对看护者的指点动作——看向手指所指的方向，而不是指尖本身（如果有机会，我们可以比较宠物狗和猫对指示的反应）。婴儿通常在 9~12 月龄开始恰当地回应他人的指点。在 12 月龄左右，很多婴儿可以自己指向一件物品，然后把目光转移到听者身上进行眼神交流，从而确定他们的指点是否受到了注意（Masur 1983，有关发起和回应共同注意的更多内容，请参阅第 9 章）。

你可能会好奇，为何一本关于语言发展的书会讨论指示动作。对一个成年人来说，虽然手势通常伴随着说话，但是手势本身并不像语音、单词或句子一样被当成"语言"的一部分。然而，对婴儿来说，语音和手势都可以被当成符号，通常也都是符号。

这两种符号的产生反映了儿童心智能力一项重要的发展变化。例如，更早用指点来进行交流的婴儿，在语言发展的其他方面，比如开始理解单词，也会较早开始（Butterworth, 2003）。因此，当儿童开始用自己语言中真实的词汇说话时，这些词汇产生在一个丰富的交际功能（communicative function）的框架内，而这一框架早在使用手势和其他交流方式时就已经建立了。

展示一件物品是早期交流行为的一种形式。

这些手势并不仅限于指点。虽然指点在人的一生中一直是非语言交流的一部分，但大多数婴儿在学会了第一个词语之前就已经形成了自己独特的手势。阿克雷多罗（Acredolo）和古德温（Goodwyn）观察到，婴儿试图用"自己发明的手势"展示各种各样的交际功能（Acredolo & Goodwyn, 1988）。由于婴儿的看护者通常不会注意到手势交流，他们往往没有意识到婴儿使用着前后一致的手势。在婴儿开始学会周围所说的语言的单词之后，他们逐渐更加依赖有声交流，这些发明出来的手势则会逐渐消失（Messinger & Fogel, 1998）。

近期开始流行教婴儿一系列约定习俗的手势，用来辅助婴儿尝试早期交流。古德温、阿克雷多罗和布朗教一组家长在和 11 月龄以上的婴儿说话时使用他们自己选择的手势（Goodwyn, Acredolo & Brown, 2000）。对婴儿来说，产出普通手势需要的运动性动作较为简单，而如果需要产出可以辨认的词语，有关的运动性动作会更为复杂，因此，婴儿在开始使用单词之前一段时间就会开始使用这些手势。有趣的是，学会这些手势的儿童在 3 岁之前的不同年龄内，语言发展的评估得分都更高。基于这项研究，阿克雷多罗和古德温为儿童家长撰写了一本书，他们在其中讲到手势为婴儿和家长提供了交流条件，并告诉家长如何把手势教给婴儿（1998）。自此之后，市面上出现了很多相似的图书、录像和产品。

然而，有些人质疑是否有必要着重教婴儿手势。他们辩称，如果家长教婴儿手势，会在不了解是否会产生负面影响的情况下打乱婴儿的正常发展过程（Johnston, Durieux-Smith & Bloom, 2005）。目前还没有对"婴儿手势"系统的长期影响进行足够的研究，从而就父母是否应该使用手势给出建议。那些决定尝试用手势的家长可能对存在其他和婴儿互动的方式这一点表示赞成，但是如果他们的孩子不喜欢这样，他们应该停止教学，当然他们也不应该只是为了把孩子塑造为"天才宝宝"而这样做。

婴儿在开始学习常规单词之前的发音受到了广泛关注，因为它们在前语言交流和言语之间形成了一种有趣的联系。包含一致的语音模式并在一致的场合使用的发声（但并非基于成人的语言，而是婴儿独有的）被称为原始词（protoword）。例如，一名婴儿在用毯子摩擦脸颊时，开始使用一套特定的声音（我们假设它听起来像"啦啦"），之后当他想要毯子的时候，就会使用"啦啦"。有时整个家庭甚至会在一段时间内采用婴儿的"词"，说出让陌生人不明所以的话，比如"我觉得他想要啦啦"。通常，这些前语言发声最初与一个特定的手势联系在一起；随着时间的推移，这些发声变得越来越一致，与特定行为的联系也越来越少（第 3 章包括了更多有关原始词的内容）。

对交流意图的评估

人们可能想要通过衡量儿童的交际能力，将其作为交流发展研究的一部分，或者使用它进行临床评估，确认儿童是否在语言发展方面迟缓（参见第 9 章）。在研究中，有时会使用一种名为低结构化观察（low-structure observation）的方法。研究者要求看护者以一种自然的方式和儿童玩耍，一名受过训练的观察者则在训练的过程中或通过录像对儿童的行为进行打分。例如，观察者会寻找儿童做出评价的例子，通常体现为儿童指向、展示或给予物品的行为，有些时候也会发出与行为一致的声音（Coggins, Olswang & Guthrie, 1987）。

在结构性观察（structured observation）中，我们可以在一定程度上操纵具体场景，从而增加观测到目标行为的可能性。例如，我们可以使用交际诱发任务（communicative temptation task）诱使儿童产出请求。儿童面前可能会有一个被紧紧封在塑料容器里的可爱玩具。还不能有意交流的婴儿可能会用手掌猛拍容器，因触摸不到容器里的玩具而失望，进而大哭大叫；而另一个婴儿可能会把容器交给成人，与其进行眼神交流，指向玩具并 / 或发出声音，坚持重复这一看起来像是指向成人的行为（Casby & Cumpata, 1986）。与之类似，我们也可以把更受人喜爱的玩具放在儿童够不到的地方，再给儿童他不喜欢的玩具，观察儿童如何表达拒绝（Olswang, Bain, Dunn & Coopwer, 1983）。

基于一项大型的由母亲汇报孩子交际行为的研究，人们就语言发展的多个方面总结出了可供使用的基准，用以辅助临床评估；这其中也包括儿童开始使用单词之前的阶段（Fenson et al, 1994）。本研究中使用的问题被总结成了两组量表，名为麦克阿瑟 - 贝茨早期语言与沟通发展量表（MacArthur-Bates Communicative Development Inventories, CDI），一组用于 8~16 月龄婴儿，另一组用于 16~30 月龄儿童（Fenson et al, 2007）。通常，儿童的看护者需要汇报儿童能够理解或者说出的单词，还要被问及有关自己孩子交流行为的具体问题。密多斯、伊莱亚斯和贝恩汇报称，看护者能够一致地辨识儿童的交流行为（Meadows, Elias & Bain, 2000）。一些研究中使用了一项名为语言发展调查（Language Development Survey, LDS）的词汇评定工具，它与 CDI 相似，但更为简洁（Rescorla 1989; Rescorla & Alley, 2001）；研究显示这项评定工具能够可靠、有效地筛查出具有表达性语言发育迟缓的儿童。

在一项针对近 2000 名婴儿的研究中，研究者使用了另一项名为沟通与符号行为量表（Communication and Symbolic Behavior Scales, CSBS）的衡量工具；这一研究包括那些有发展迟缓风险因素（早产、多胞胎、家族语言障碍史、较低的社会经济状况，以及其他因素）的婴儿（Wetherby & Prizant, 2002）。尽管儿童在习得某一项行为的年龄方面有所差异，但其交流行为发展的模式差别却很小（Reilly et al, 2006）。

当前研究的一项持续目标是找出能够预测儿童语言习得困难的可靠的早期线索。例如，如果一名婴儿看起来在开始说话时有些迟缓，但是能够理解语言，并且会使用手势或原始词汇尝试交流，那么与毫无交流兴趣的婴儿相比，我们不必过度担忧他（Watt, Wetherby & Shumway, 2006，关于非典型语言发展，请参阅第 9 章。）因此，近期的研究着重于本章前半部分描述的一些感知技能；如果婴儿无法注意他们所听到的语言中的模式，他们很可能难以学习这些模式。检验婴儿的早期感知技能可能会为儿童之后的语言产出提供重要的线索。

前语言期婴儿的社会语境

我们在此将审视看护者和前语言期婴儿的早期交流互动的一些方面。我们会发现看护者以特殊的方式和婴儿说话，他们会创造让婴儿有机会可以轮流接话的情境，同时也会以其他方式支持婴儿尝试交流。我们无法描述成人与婴儿交流的方方面面，但我们会聚焦那些看起来与之后语言发展紧密相连的方面。

在描述交流产生的社会语境时，我们并不会辩论究竟是社会语境让婴儿开始交流，还是成人教婴儿进行交流。想象一下，教猫或狗像婴儿一样做出反应吧！婴儿具有能够发展特定行为和能力的生物学能力（biological capacity）。然而，如果没有某些社会支持，这种生物学能力也就无法完全实现。关于交流发展的社会语境的研究，其重要目标之一就是寻找足够的允许正常发展的经验，以及经验差异最终如何影响儿童的语言能力。

我们以学习语音区别为例。正如本章之前所说，婴儿听到的特定的语言影响了他们区别语音的能力。但是到底什么才算是"听到"一种语言呢？库尔、曹和刘发现，10 月龄婴儿只需要和说汉语的成年人交流几小时之后，就可以重新获得区分一些出现在汉语里但不存在于英语里的语音的能力（Kuhl, Tsao & Liu, 2003）。但当婴儿并非通过实时互动而是通过看电视接受同种语言的暴露时，他们无法正确地区分这些语音。库尔（2007）认为，基于这项研究和其他的相关研究可知，语言学习需要社交互动。

接下来，我们探索一下社会语境的各个方面。

看护者言语的声音："听我说"

对婴儿所说的话和对成人所说的话一般区别很大。我们甚至给它起了个名字：儿化语。我们也会看到其他用来表示这一类话语风格的术语，比如婴儿导向言语（infant-directed speech）、儿童导向言语（child-directed speech）、妈妈语（motherese）或称家长语（parentese）。

"儿化语"一词可能只会让我们想到成年人模仿儿童的语言（"某某是不是我的小甜心呀"）、类似"呜呜"或"罐罐"这样特别的词汇，同时还有明确的否认，比如"我才不会使用儿化语"。然而，正如我们在本章和之后的章节中所见，当我们和婴幼儿说话时，言语和语言的很多有趣的方面都会发生改变，甚至我们在没有意识到的情况下就做出了这些改变。

用英语对婴儿说话最引人注目的特点之一是它的韵律特征（prosodic features），包括更高的音高、变化更明显的音高和夸张的重音。这些特征在很多语言的儿化语中都能被找到，一些研究者提出，特殊的韵律特征（尽管不一定与前面的描述完全相同）可能是儿化语的普遍特征（Fernald, 1992）。

在很多语言中，对婴儿说话时韵律特征的变化都很常见，这些特征出现的原因可能是它们在这种场合里非常合适。我们可以通过设计实验让婴儿"告诉"我们他们更想听什么，从而了解婴儿的感知能力和偏好。婴儿不会说话，也不会按按钮，但是他们可以转头，控制眼睛的移动，所以研究者可以设置这样的场景：只有当婴儿转头向某个方向或者眼睛盯着某一个图案看的时候，才播放一条语音，然后衡量婴儿"选择"聆听这条语音或者其他语音所花费的时间（这一手段的重要应用之一是检测幼小婴儿的听力）。一些研究显示，即使出生仅两天的新生儿，也更喜欢婴儿导向言语的模式（Cooper & Aslin, 1990）。

一些研究怀疑，在婴儿所回应的儿化语中，高而多变的、语调夸张的重音究竟是不是决定性因素。在一项实验中，实验者设计了一些包括这些儿化语特征但不包括常常一同出现的正面感情的言语刺激。与之相反，刺激中还有一些模拟成人之间的交流，但是带有正面感情的语音。6 月龄婴儿更喜欢听带有正面感情的语音，无论语音里是否包含典型的儿化语特征；这使得研究者得出结论，婴儿更喜欢"快乐的谈话"，而不是儿化语（Singh, Morgan & Best, 2002）。

在不同的文化中，婴儿导向言语也存在一些差异。美式英语中的韵律变化不仅比其他一些语言更明显，甚至比英语其他方言（比如英式英语）更明显（Fernald et al,

1998）。在北卡罗来纳州的乡村非洲裔美国人家庭（Heath, 1983）、新几内亚的卡卢里族家庭（Schieffelin, 1990）以及危地马拉的基切 – 玛雅族家庭（Bernstein Ratner & Pye, 1984）里，对婴儿说话时并没有显现更高的音高和夸张的句内语调。或许有其他的方法可以标记婴儿导向语言（Ingram, 1995）。

如果婴儿对带有某些特点的言语产生了自然反应，成人可能会利用这些特征，因为婴儿在他们这样做时更加注意他们。在这一点上，婴儿自己也对接收到的输入产生了影响：他们的注意力（或缺乏注意力）能促使某些类型的言语变化被重复。事实上，近期研究表明，成人言语的改变取决于他们从婴儿那里得到的反馈（Smith & Trainor, 2008）。因此，父母倾向于改变自己的言语以保持婴儿的注意力，这样做有助于巩固看护者与儿童之间的情感纽带。

考虑到儿童的语言能力具有适应性，即使他们并不在充满关爱的互动中成长，他们依然可以学会语言，但是成人 – 婴儿的感情联系可能会让婴儿的发展达到最理想的状态作用。在一项针对学习环境产生的影响的研究中，研究者调查了罗马尼亚孤儿院：儿童被随机分配进入收养家庭或是留在孤儿院。与留在孤儿院的儿童相比，进入收养家庭的儿童之后展现出了较强的语言表达和接收能力（Windsor, Glaze, Koga & the Bucharest Early Intervention Core Group, 2007）。即使在有血缘关系的家庭中，成人 – 婴儿的依恋关系对语言学习也十分重要。卡普兰、巴彻洛斯基、斯莫斯基和胡登科发现，抑郁的母亲在对 4 月龄婴儿说话时，较少使用儿化语里典型的夸张韵律（Kaplan、Bachoroski; Smoski and Hudenko, 2002）。由于平淡的感情是抑郁的普遍症状之一，这一结果并不令人感到惊讶。有趣的是，抑郁型母亲的婴儿也表现出他们在这种话语中难以学习如何回应对方，尽管当不熟悉但没有抑郁症状的母亲在对他们说话时，他们很快学会了如何回应。然而，值得注意的是，上述研究和辛格（Singh）及其同事（2002）的研究发表于同一年，而它也可以被解释为婴儿更容易从"快乐的谈话"里学会交流。

婴儿导向言语的情感要素支持婴儿的注意力，这给婴儿提供了学习母语的其他方面的机会。除了为他们提供前文讨论过的关于语言发音方面的信息，这为他们学习词汇和句子语法也产生了促进作用。在说出物品标签时，用更夸张的重音和更高的、多变的音高，可能会鼓励婴儿更注意这些单词（Fernald & Mazzie, 1991）。一些研究表明，婴儿导向言语里可能存在一种在说到物品标签时发音更为明显的倾向（Kuhl et al, 1997），尽管其他一些研究给出了与此相矛盾的结果（Bard & Anderson, 1994）。然而，至少有一项研究表明，即使是成人，在婴儿导向言语里也比在成人导向言语里能够更好地学习单词（Golinkoff & Alioto, 1995），而婴儿在婴儿导向言语里也比在成人导向言语里更擅长分辨句子的边界（Kemler Nelson, Hirsh-Pasek, Jusczyk & Cassidy, 1998）。这些研究表明，语言输入的一些特征可能能够促进儿童的语言发展。

需要注意的是，迄今为止，大多数研究都是在美国中等收入家庭的婴儿身上进行的。由于世界各地的婴儿都会学习说话，在总结儿化语的某些方面对婴儿是否必要（乃至有用）时，我们必须加以注意。除此之外，大多数针对婴儿导向言语的研究把"婴儿"看作一个整体；婴儿导向言语随着儿童自身的发展而改变，它的一些优点可能只针对在语言发展的某个特定时期的儿童。目前，我们还没有足够的信息告诉看护者应该如何说话，或者他们应该如何随着婴儿的成长而改变。针对语言学习环境的研究需要在更多样的文化环境和更大的年龄范围内进行，而探索语言环境的某些特定因素和语言学习之间的因果关系的研究也是如此。

看护者言语的对话本质："和我说"

看护者对婴儿说话时，不仅十分投入，同时也经常鼓励婴儿参与对话。这是斯诺基于对英国母亲与婴儿互动的观察（Snow, 1997）。她认为，母亲在与婴儿说话时，最主要的目的还是和他们"对话"。即使成人知道婴儿还无法理解语言，他们也会把儿童的回应当作对话的一部分。以下是一位母亲和她 3 月龄的女儿安（Ann）的一小段"对话"（Snow, 1997, P12）：

母亲	安
	（微笑）
噢，多么可爱的微笑呀。	
是的，这不是很好吗？	
在那里。她的微笑很可爱。	
	（打嗝）
多好的小风啊！	

在这个例子中，母亲的话语短而简洁，尽管 3 月龄婴儿肯定无法理解言语里的含义，但是母亲对婴儿做出的一切事情产生回应，对婴儿发出的各种非语言和发声行为做出评价，并将这些评价融合进对话里。在母亲的安排下，婴儿的行为好像成了互动的一部分，无论发声还是打嗝，似乎都是婴儿一方发出的有意交流。

母亲们用很多话语试图引导婴儿做出某些特定行为，比如喁喁细语和微笑。在成人与成人的对话中，我们经常必须很努力地争取自己说话的机会；与此不同的是，每位母亲看起来都想在对话里给自己的孩子尽可能多的表达机会。通常，母亲的话语都跟随着停顿，给婴儿机会做出回应，就像以下的例子（Snow, 1977, P13）。

你真是个有趣的小家伙，是不是呢？（停顿）

你真是个有趣的小家伙？（停顿）

嗯？（停顿）

尽管母亲们把她们 3 月龄婴儿的几乎所有行为都当成是交流的尝试，但是随着婴儿稍微长大之后，母亲们改变了她们所接受的谈话内容。婴儿在 7 月龄的时候，开始成为互动中更为主动的同伴，母亲此时只会对高质量的发声做出回应，比如学语的声音，而不再回应打嗝声。在婴儿 12 月龄的时候，母亲对谈话的标准再一次改变，她们开始把婴儿的发音当成单词，正如以下例子所示（Snow 1977, P17）。

母亲	安
	啊吧吧
宝宝。	
是的，这就是你，你就是宝宝。	

在见过成人和 1 岁以内的婴儿以某些方式进行对话般的互动之后，我们现在来考虑这种互动的效果。成人的行为在直接环境中明显会影响婴儿的行为。当母亲对 3 月龄婴儿说话时，最常见的回应是发音，如果看护者采用一种对话式的互动模式——成人对婴儿的发声做出交替式的回应，3 月龄婴儿发出的这一类声音在回应里会越来越具有话语特征（Bloom, 1988）。

成人对婴儿发声的解释可能会帮助儿童理解交流的可能性。早在儿童产生交流的意愿之前，成人就把婴儿的行为当成交流行为了。2 月龄婴儿的哭声可能会被她的母亲描述成"想要换尿布"。实际上，这个年龄段的婴儿还无法表达某一特定的信息，只是因为不适而哭泣。然而，母亲把哭声当成交流某一特定的信息，这一事实为儿童采用不同哭声交流不同信息、最终可能注意到发声和他们对别人的影响之间的关联创造了可能（Harding, 1983）。

看护者与婴儿的互动方式的长期影响是什么呢？我们现在还无法证明看护者与婴儿互动的某些特定方式一定会对语言水平的提高产生作用。儿童通过广泛的语言经验学习说话。例如，奥克斯（Ochs, 1988）观察了萨摩亚的儿童抚养方式，发现在婴儿开始说话之前，成人通常不会对婴儿说话（当然，他们会听到周围的人的言语）。

然而，在一些美国家庭进行的研究发现，看护者的语言使用至少会影响婴儿语言学习的速度（参见 Weisleder & Fernald 2013; Bernstein Ratner, 2013）。婴儿 9~18 月龄时，母亲和孩子直接谈话的数量（而不是对别人说话的数量）与孩子日后的语言能力高度相关。这一结果表明，儿童无意中听到的言语的总量对其语言水平发展的速度并不重要，重要的是成人与儿童直接谈话的数量（Shneidman, Arroyo, Levine & Goldin-Meadow, 2013）。除此之外，如果母亲在婴儿 9 月龄时对其更频繁地使用短句子进行对话，那么婴儿 18 月龄时在语言接受能力的测试中会表现更佳（Murray, Johson & Peters, 1990）。

在美国，母亲的交流风格可能因其社会经济地位的不同而不同。与社会经济地位较低的母亲相比，社会经济地位较高的母亲倾向于使用长句子和更丰富的词汇（Hoff, 2003; Hart & Risley, 1995）。在儿童所接收到的语言输入的这一改变对他们词汇的发展有着明显的影响（Hoff & Naigles, 2002; Huttenlocher, Haight, Bryk, Seltzer & Lyons, 1991; Pan, Rowe, Singer & Snow, 2002）。由于这种原因，社会经济地位较高的家庭的儿童比社会经济地位较低的家庭的儿童词汇量增长速度更快。其中的一些差异可能与父母对儿童发展的认知相关，因为更了解儿童语言发展的家长可能更好地评量孩子的能力，并据此调整他们的言语（Rowe, 2008）。如果事实如此，那么我们就可以通过教父母更多关于语言发展的知识来改善儿童的交流能力；也许像这样的教材就是一个良好的起点！

物品指代产生的语境："看那个"

在大约 6 月龄时，婴儿开始对物品产生极大的兴趣，这可能反映出他们视觉能力的发展，从而可以扫视周围的环境；也可以反映出他们运动能力的发展，从而可以抓住、操纵物品。从前，面对面的社交互动可以使幼小的婴儿感到快乐，但现在他们更沉迷于观察周围的环境。此时，看护者通常开始改变与婴儿互动的策略，激发他们对物品的兴趣；与此同时，看护者通过共同探索物品和他们的潜能而继续人际互动（Adamson & Bakeman, 1984）。例如，我们可以看到这样一组欢快的互动：父亲或母亲戏剧般地晃动着一头玩具牛，说道："看这头牛！牛会怎么叫？牛会'哞哞'叫。"看护者会给物品贴标签（同时说出物品的行为或者特征）。我们可以在任何活动中找到这些学习语境：玩耍、观看书中的图片以及进行每日的常规活动，比如洗澡和喂食。

在大约 9 月龄时，婴儿的社会认知（social cognition）发生了重大改变（Meltzoff 2007; Mundy & Acra, 2006）。他们开始了解，其他人具有意愿、思想和目标，同时也可以分享思想。他们会看向他人所指的方向，在大约 10 月龄时，他们甚至会看向看护者所看的方向（Brooks & Meltzoff, 2005）。

在早期语言习得阶段，如果母亲鼓励孩子共同注意（joint attention）物品并向他们提供标签，孩子的词汇量会增长得更快（Campbell & Many, 2003）。如果看护者注意儿童所感兴趣的物品并在当时提供一个单词，而不是试图引导儿童的注意力、主动教儿童单词，那么儿童更容易学习单词（Tomasello, 1988, 1999）。

共同注意是一种基于婴儿和看护者之间正面的、富有感情的关系，我们可以说在其中他们真正地共享经历（Adamson & Russell, 1999; Harding, Weissmann, Kromelow & Stilson, 1997）。婴儿在社会语境中最善于学习，而环顾四周、只是简单地指名物品则效果不佳。因此，利用识字卡、婴儿 DVD 和其他用于婴儿词汇学习的"练习工具"这样的小把戏，婴儿的学习效果十分令人怀疑，这些学习工具甚至有可能起到反作用（参见 Zimmerman, Christakis & Meltzoff, 2007）！

以儿童为中心的互动也能够影响词汇之外的因素。罗林斯（Rollins, 2003）研究了母亲对 9 月龄婴儿的语言使用情况，发现如果母亲的话语中包括更多的偶发评价（contingent comments，"母亲在讨论共同注意的一件物品或描述正在进行的活动"时所做出的评价，P.225），儿童在 12 月龄、18 月龄和 30 月龄时预期具有更好的语言技能。

当看护者使用偶发评价、跟从儿童的兴趣、基于儿童的关注点展开之后的话语时，看护者通过语言表现出敏感型互动风格（sensitive interactional style）或回应型互动风格（responsive interactional style），这与持续改变儿童注意方向的交流风格［语言上的侵入型互动风格（intrusive interactional style）或控制型互动风格（controlling interactional style）］相反。例如，如果婴儿指向他的瓶子，母亲说"瓶子"，她的话语就会被编码为"回应性"。如果她在同样的情境下试图转移孩子的注意力，说"看你的书"，这一话语就会被编码为"侵入性"。前语言期婴儿的母亲的语言敏感性越强，儿童之后的语言技能预期越好（例如，Baumwell, Tamis-Lemonda & Bornstein, 1997; Carpenter, Nagall & Tomasello, 1998），这在有发展迟缓风险的、出生时体重较轻的婴儿身上表现得尤为明显（Landry, Smith & Miller-Loncar, 1997）。

指向物品或活动是儿童向看护者引发共同注意的一种方式。

当然，与我们之前探讨的其他方面一样，在和物品有关的共同注意的模式方面也会存在文化差异。例如，一系列研究发现，美国和日本的母亲在与婴儿互动的方式上有

所不同，尽管这两种文化都对婴儿和儿童予以密切注意。美国母亲在婴儿转头不看她们时会鼓励婴儿，给出"要看看周围吗？那就看吧"的评价，而日本母亲则不鼓励这种转头看其他地方的行为，会说"来，看我""有什么问题吗"（Morikawa, Shand & Kosawa, 1988, P248-249）。美国母亲会在婴儿看向物品的同时提供物品的名称，而日本母亲则使用这些物品让婴儿参与社会日常活动（Fernald & Morikawa, 1993）。这些报告的作者指出，美国人比日本人更倾向于鼓励儿童的自主性。文化价值可能会在婴儿很小的时候就开始通过母婴交流进行传递，影响儿童社会化的微小方面。

在对另一种文化的观察中，人们发现博茨瓦纳的昆桑族看护者更倾向于在婴儿没有注意一件物品时和婴儿进行互动。如果婴儿正在注意一件物品，看护者不会像美国母亲在很多研究中表现出来那样试图加入互动（Bakeman, Adamson, Konner & Barr, 1990）。

我们已经看到，伴随着看护者"贴标签"的行为，对物品的共同注意为婴儿提供了学习事物名称的机会。在美国的研究发现，婴儿在自己开始说话之前普遍能够理解很多单词。对很多婴儿来说，父母可以观察到的理解单词的最初迹象出现在婴儿 8~10 月龄时。一项研究表明，在婴儿 8 月龄时，超过一半的婴儿会对 3 个与人相关的词（"妈妈""爸爸"和自己的名字）、"奶瓶"，以及一些游戏和日常活动中出现的单词（例如"躲猫猫"）做出反应。在婴儿 11 月龄时，他们通常会对大约 50 个单词做出反应，其中包括很多常见物品的名称（Fenson et al, 1994）。然而，一些实验室研究表明，婴儿可能在更早的年龄理解词汇：在 4 月龄时，婴儿聆听自己名字的时间比聆听其他名字的时间更长；在 6 月龄时，他们则会在听到"妈妈"或"爸爸"时看向合适的图片（Mandel, Juszczyk & Pisoni, 1995; Tincoff and Juszczyk, 1999）。

结构化情境的话语："这就是我们要说的话"

与婴儿的早期交流通常发生在高度结构化的情境（如游戏或日常活动）中，它们可以为早期交流信号的发展提供支架（formats）（例如 Bruner, 1983; Ratner & Bruner, 1978）。这些游戏包括拍拍手或者躲猫猫，也包括频繁的互动，比如当婴儿喝奶、穿衣或者睡觉时，可能会有一些典型的话语。在这些日常互动中，儿童学会在特定交流情景中所说的话语，这些设定会为婴儿开始注意声音和含义之间的联系提供另外的方式，从而使得儿童在开始说母语中存在的词汇之前，就能够理解单词或短语。

另一个高度结构化的场景是阅读图画书。有时，人们会震惊于"给婴儿读书"的观念，毕竟婴儿根本不理解单词。但是，阅读图书，特别是那些鼓励婴儿参与互动（如触摸柔软的东西或者闻某种味道）的"撕不烂"读物，能够将父母与儿童聚集在一起，鼓励他们享受阅读的过程，为语言发展带来了极佳的机会（Hindman, Skibbe & Foster, 2014）。一遍遍阅读同一本书是很有用的，因为儿童能从日常活动中学习，就像之前所说的从游戏中学习一样。事实上，当儿童年龄大到可以选择自己想听的书的时候，父母会因为儿童想一遍遍地听自己最喜欢的故事而感到惊讶，这件事对成人来说可能很无聊，但对儿童来说则是正确的事情——这是一种带有重复元素的结构化情境。

为了全面地解释婴儿有意交流出现的过程，毋庸置疑，我们需要考虑到各方因素的相互作用，至少包括语言的生物学基础、由于成熟而出现的改变、儿童的社会认知发展，以及儿童与看护者之间经历的种种。很有可能，人类婴儿天生就有符号化交流的倾向，而特定的环境经历又与这一倾向正常互动，从而促成语言发展过程中这一重要的里程碑事件。

第一批单词

向第一批单词过渡的过程是缓慢而循序渐进的，而且在相当长的时间里是逐渐发生的。我们之前提到，婴儿在 6 月龄时似乎已经可以识别几个非常常见的词的含义了（Tincoff & Jusczyk, 1999）。到 1 岁时，儿童能知道几十个词，大多数儿童在 8~10 月龄之间能够明确地理解一些说出的单词（Bates, Dale & Thal, 1995）。然而，儿童的早期词汇理解有很大的差异性，据悉，有些儿童只能理解 10~12 个词，有些则似乎能理解 150 多个词（Bates, Dale & Thal, 1995）。

儿童通常在 1 岁之前开始产出自己的第一批单词。这些单词的产出看起来像是逐渐从儿童开始学语的声音中发展出来的。早期词汇的音节基本来自儿童学语时经常发出的音节（Vihman, Macken, Miller, Simmons & Miller, 1985; Elbers & Ton, 1985），这两种话语在时间和方式上都有所重叠；这让我们有时难以区别一个声音到底是不是真正的单词。儿童产出的第一个词通常和成人所说的同一个词的含义并不相同，这一点为我们的识别带来了更多困难。例如，儿童可能会用"上"（up）这样的介词来表示"把我抱起来"（pick me up），或者用"走"（go）或"动"（zoom）这样的动词来描述各种移动的物品（汽车、公交车等）。儿童在产出词汇方面也存在很大的差异性。例如，在 12 月龄时，很多儿童还没有开始产出单词，而另一些可能已经有 30 个词甚至更多的产出性词汇了。儿童之间的差异性与习得第一个词的渐进速度相结合，让我们难以识别儿童词汇学习较为"迟缓"的特定年龄段。事实上，很多儿童直到 16 月龄后才开始产出第一个词。然而，在 24 月龄时还没有习得 50 个口语词汇的儿童通常会被称为语迟儿童（late talker）（Rescorla, 1989）。尽管很多语迟儿童在 30~36 月龄时，可以赶上同龄人，但是那些发展持续迟缓的儿童在之后学龄期间的语言和学业上出现问题的风险要大得多（参见第 9 章）。我们会在第 4 章中继续讨论早期单词的话题。

促进早期发展：总结

本章的很多小节讨论了能够影响儿童语言发展的因素。例如，我们注意到，在某些前语言技能方面更为成功的婴儿，在以后的生活中表现出更强的语言技能（Newman et al, 2006）。考虑到这一点，很多父母都在想，他们能否通过一些活动促进自己孩子的发展。我们已经提到阿克雷多罗和古德温（1998）等人的建议，父母应该教孩子使用手势，这样能让婴儿在更小的年纪进行交流。除了手势，人们还制作了各种视频、音乐录音和游戏，目的就是让婴儿"更聪明"。然而，有证据表明，对孩子日后的语言成功发展的一个最重要的因素是儿童接触语言的质量和数量。这一发现近期又反过来引导人们关注如何让家长和孩子多说话，特别是低收入家庭的家长，因为和生活在更优越的条件里的孩子相比，这些家庭的孩子更少接触优质的语言（Hoff, 2003; Hart & Risley, 1995）。近期的公众教育成就（例如"普罗维登斯谈话"和"3000万词计划"）不仅依赖于直接训练教导家长，同时也为家长提供可以塞在儿童衣服里的小型录音设备，用以测量儿童所听语言的量。这些设备可以统计对儿童所说的单词量。这一想法的根本目的是，通过为家长提供他们的孩子听到了多少话语的直接反馈，家长能够受到鼓励，从而说更多的话，也因此帮助他们的孩子掌握更大的词汇量（这可以被认为是语言方面的 Fitbit 智能手环）。

尽管现在想要了解这些新方法的作用还为时尚早，重要的一点是，我们要记住这些设备只能测量对幼儿所说的语言的量，配合儿童、使用偶发评价和回应性互动风格的家长更可能让孩子成功地从这些互动中学习。只会说话却不以回应性互动风格交流的家长很可能难以激发同种水平的语言发展。

当交流学习出现困难时

人们经常假设，因为婴儿在 1 岁之内通常不说话，所以他们也不会学习——正如我们所见，这绝对是一个错误的假设！但当讨论听力和学习困难的情况时，这一假设有着重要的寓意。在儿童的交流技能明显晚于同龄人（通常在 2~3 岁）之前，一些交流障碍难以得到识别。另一些障碍（如失聪），可能被识别，但难以在早期引起足够的重视，因为在儿童达到他们通常开始说话的年龄之前，医学从业者可能会认为这些障碍并不重要。然而，考虑到 1 岁之内儿童语言学习量，如果在听力或学习方面没有得到解决的障碍并不会引起长期后果，反而才是令人惊讶的。我们以 1 岁以内的非典型语言发展的讨论结束这一章。

1. 听力障碍

尽管很多人在年长时会失聪，但是每 1 万名美国婴儿中，有 10~15 人在出生时就带有某种听力障碍（Mehra, Eavey & Keamy, 2009, CDC 2013）。我们从本章前面的章节可以清楚地看到，婴儿在人生的第一年里学会有关自己母语的知识，如果无法听见周围的话语，将会产生严重的后果。先天听力障碍严重到无法听到家长说话的儿童，通常不会自主发展口语；尽管他们可以看到家长的嘴部动作，但这并不足以支持语言发展。即使是轻微的听力损失也会使儿童处于早期语言发展和之后学业发展迟缓的危险（Carney & Moeller, 1998）。相比之下，那些家长使用手语的聋哑儿童能够以听力正常儿童学习口语相当的速度习得手语。因此，失聪本身并不会导致学习结果的危险，这一危险是由缺乏能够接收的语言源头而引起的。但是绝大多数先天失聪的儿童都出生在家长听力正常的家庭中，而这些家长很可能不懂手语（Gallaudet Research Institute, 2002）。因此，这些婴儿不但无法接受口语的输入，甚至没有接受任何语言输入。语言输入的缺乏对这些儿童最终的语言技能产生了明显的影响，很多儿童在之后的学校表现中有明显的缺陷。在 21 世纪之前，随着早期发现和干预方式的进步，当聋哑学生从高中毕业时，他们的平均语言和学业水平都仅达到或低于四年级学生水平，基本的读写能力则达到八年级阅读水平（Holt, 1993）。

考虑到语言输入的决定性本质，影响听力受损儿童的语言发展中的一项重要因素就是确诊失聪并进行恰当干预的年龄（Yoshinaga-Itano, 2003）。在婴儿出生后 6 个月内进行的干预尤为重要。但是因为婴儿听力受损的表现可能难以观察，家长往往只有在儿童语言发育迟缓之后才会意识到儿童听力受损（Samson-Fang, Simons-McCandless & Shelton, 2000），此时将远远超过 6 月龄，而儿童的语言发育已经出现了迟缓现象。考虑到早期干预的成功，我们急需在早期确诊听力损失，这也促使美国的很多州立法要求对新生儿进行听力筛查（Kushalnagar et al, 2010）。截至 2011 年，疾病控制中心汇报称，几乎对 98% 的新生儿都进行了筛查，并有数千名婴儿被确诊。这些筛查依赖于婴儿对声音信号的自发性反应，采用听性脑干反应（auditory brainstem responses, ABR；对声音产生的大脑生物电活动的衡量）或耳声发射（otoacoustic emissions, OAE；耳蜗对声学输入进行反应而产生的声音）进行。这些手段可以快速自动进行（Choo & Meinzen-Derr, 2010），因此能在新生儿出院之前完成，甚至在他们睡觉时进行。在这种筛查广泛开始之前，失聪儿童的平均诊断年龄晚于两岁（Schirmer, 2001）。这种更早期的诊断促使听力受损的儿童具有更好的语音知识、词汇、社交技能（Yoshinaga-Itano, 2003）和文字推理能力（Moeller, 2000）。

　　儿童被诊断为患有听力损失之后，他可以佩戴助听器或植入人工耳蜗（cochlear implant, CI）。助听器放大进入耳中的声音，因此对还残留有限听力的儿童更为有用。人工耳蜗是一种通过外科手术植入体内的设备，它绕过大部分耳内器官，直接刺激听觉神经。因此，人工耳蜗可以为听力受损更为严重的儿童提供听觉；然而，由人工耳蜗提供给儿童的声音和通过功能正常的耳朵听到的声音存在很大差异，它并不能接收语音信号的所有方面，尤其是依赖于声音音调的信息（例如问句和陈述句的区别）比特定的语音更难以清晰展现，这使得人工耳蜗使用者更容易接受语言的一些部分，而对另一部分存在接受困难。尽管在经过练习之后，这些声音还是可以理解的，但是它们和普通的语音相差甚远。

　　植入人工耳蜗需要手术，而在幼小的婴儿身上进行手术更为复杂（因为婴儿的头颅更小，形状也与成人不同）。然而随着人工耳蜗植入越来越普遍，儿童可以在很小的年龄就植入人工耳蜗。2000 年，美国食品药品管理局批准 12 月龄儿童即可植入人工耳蜗，而有些儿童甚至更早就进行了手术。因此，近些年来，美国 1 岁之内植入人工耳蜗的儿童的人数大幅增长（Cosetti & Roland, 2010）。很多被植入人工耳蜗的儿童因此展现出惊人的成果，表现出和听力正常的同龄人相同的语言水平和阅读水平（Spencer, Barker & Tomblin, 2003; Tomblin, Barker, Spencer, Zhang & Gantz, 2005）。然而，被植入人工耳蜗的儿童的成就依然存在很大的差异性，有些儿童能够达到和听力正常的儿童几乎相等的语言水平，但有的儿童进展相当迟缓（Svirsky, Robbins, Kirk, Pisoni & Miyamoto, 2000）。目前，我们并不清楚还有什么其他因素可能会影响儿童成功的差异性。

　　除了这些长期的听力损失，一些婴儿可能会由于分泌性中耳炎（otits media wirh effasion, OME）而经历暂时的听力损失。这一名词代指由中耳炎症而产生的中耳内部的积液，通常伴随着中耳感染。由于头颅形状不同，与较年长的儿童和成人相比，幼儿更容易受到耳内感染和积液的影响。尽管这些积液是暂时的（通常持续 2 周到 3 个月；Klein, 1983），但是它们可能会在同一名婴儿身上反复出现，同时显著地影响儿童的听力。除此之外，波尔卡和雷瓦切报告称，有分泌性中耳炎病史的儿童，即使在研究当时不存在中耳感染，在研究中也倾向于表现出较弱的语音感知能力（Polka & Rvachew, 2005）。也就是说，尽管有可能家长对已知患有耳内感染的儿童说话的方式有所不同，从而导致了一些发展区别（Yong, Snow & Vernon-Feagans, 2003），但是这些儿童似乎经历了远长于中耳感染的时间的语言发育迟缓（另见 Rvachew, Slawinski,

Williams & Green, 1999）。除去这些原因，在婴儿出生 1 年之内，即使是暂时性的听力障碍似乎也会对儿童的语言习得成就产生长期的影响。

2. 共同注意与孤独症谱系障碍

正如前文所说，儿童通常会和家长一起对环境中的物品进行共同注意，我们将继续在第 9 章中探讨这一话题。患有孤独症谱系障碍（ASD）的儿童往往不会表现出同样的共同注意模式，有些不同甚至在幼小的婴儿身上就能够体现。虽然孤独症通常在 3 岁时才能被诊断出来（Rutter, 2006），但是针对有患病风险的婴儿的研究以及对之后确诊孤独症的患儿的家庭录像的研究都显示出一系列可以更早确诊的标记性行为。之后确诊为孤独症的婴儿，在被叫到名字的时候更难以做出回应（Nadig et al, 2007），也普遍更难回应共同注意的请求（Yoder, Stone, Walde & Malesa, 2009）。同时，他们把注意力从一项物品转移到另一项物品上的能力也更弱（Elsabbagh et al, 2013）。很多这样的模式在幼儿 12 月龄时就可以观测到。令人吃惊的是，近期研究表明，即使在 12 月龄之前，幼小的婴儿也会在对人的注意力以及目光注视方面产生非常微小的差异（Chawarska, Macari, & Shic, 2013; Elsabbagh et al, 2012; Bedford et al, 2012; Jones & Klin, 2013），但是婴儿在更早的年龄段时却很少出现行为上的不同（Rogers, 2009）。一般来说，这些发现表明，孤独症患者早期的共同注意可能会受到影响，但随着时间的推移，这种模式缓慢发展，在 1 岁之后更容易被观察到。

本章要点

尽管婴儿一个词都不会说，但是人生的第一年是对交流发展非常重要的一个时期。婴儿具有天生的社交性，会对看护者做出回应，并吸引看护者进行交流互动。除此之外，婴儿从周围的环境中获得语言，分辨常见的模式和语音。这种对输入的学习为他们之后的语言发展奠定了基础。

也许婴儿能如此自然地进入交流的一个原因是他们对语音的感知能力很强。即使在出生之前，儿童也在聆听母亲所说的语言。婴儿在出生时就能够很好地聆听和区别语音，从而为开始学习语言做好准备。

因为婴儿能够区分他们从来没有听到过的语音，有可能他们出生时就具有听辨不同语言中的语音范畴的能力。当他们与对他们说话的人互动时，他们所听到的语言对感知能力进行了重塑。他们同时也学习识别输入中的模式，分辨大型模式里的信号片段。所有这些学习过程都逐渐与他们所听到的周围的语言趋同。

在接近 1 岁时，儿童的行为开始向有意交流方向靠拢。他们连贯且持续地使用手势和发声来达到目的。这些早期的手势和发声并不是从成人那里学习的，而是儿童自行创造的。儿童以这种方法可以表达多种交际功能，如拒绝、请求或评价。儿童似乎通过逐渐成熟、内在的社会认知的改变以及与他人交流的经历等方面达到有意交流的里程碑。

在很多文化中，看护者用特殊的方式对婴儿说话，通常带有较高的音高和更为多变的语调模式。这种言语为幼儿提供了一种富有感情的刺激的来源，婴儿则会对这些刺激产生反应。这种吸引注意力的言语也可以帮助儿童认识到发声的语言功能。反过来，看护者把儿童对言语的回应看作对交流的早期尝试。因此，早在婴儿使用语言之前，看护者和婴儿就可以参与"对话"之中。成人可以建立针对物品和情境的语境，在其中可以发现和词汇的关联。因此，语言在一种富于社交的语境中展开，并将在儿童自身的言语产生之后继续进行。从对这种文化和其他文化的研究中，我们逐渐理解家长和其他看护者为儿童的交际能力习得提供设定的方式。

我们不仅学习了儿童在婴儿期的典型语言发展，也开始了解具有语言障碍和听力障碍的儿童展现出的不同特征。接触母语对于习得语言奠定基础是至关重要的，而缺乏足够接触语言的婴儿看起来在之后也难以"赶上进度"，我们在未辨别听力损失的儿童和由于耳内感染而反复出现暂时性听力受损的儿童，以及出身于较低社会经济水平家庭、语言输入较少的儿童身上都看到了这一点。

在第一年的最后，儿童终于准备好完成看护者所认为的语言的第一步，即输出第一批单词；但是儿童早在出生的那一刻起就开始准备这一步了。

建议研究项目

1. 寻找不同年龄段的婴儿，观察父母或看护者对他们所说的话。最好能够录制视频或音频，这样我们可以转录录音并反复聆听音段（在现场观察阶段，我们很难一次性听清不同的言语特征）。选择一些特定的特征，如音高、语调模式、韵律模式或重复，然后比较不同年龄段的录音。我们可能也想对比不同的看护者，例如，分别观察父亲和母亲与婴儿玩耍时的话语。

2. 寻找不同年龄段的婴儿，例如 1 月龄、4 月龄、8 月龄和 12 月龄的婴儿。在一个社交性场景中录制婴儿和看护者互动的音频或视频。即使受过语音学转录训练，我们也很难转录婴儿发出的声音。如果恰好受过这些训练，我们可以尝试转录一些录音样本并发现问题。如果没有受过这些训练，我们可以反复聆听录音，对比婴儿发出的声音和自己语言里的语音。我们能听出不同年龄段里声音类型的区别吗？

3. 寻找一名大概 7 月龄婴儿，以及一名大概 11 月龄但还没有开始使用单词的婴儿。观察这两名婴儿在相对非结构化的、轻松的状态下与看护者互动的行为。记录下两名婴儿的发声和行为，并寻找有意交流的迹象。我们能观察到这两个年龄段婴儿在语言发展方面的区别吗？

音系发展
学习语音和语音模式

卡罗尔·斯托尔–加门（Carol Stoel-Gammon），华盛顿大学演讲和听力科学系教授

丽丝·门恩（Lise Menn），科罗拉多大学教授，《心理语言学》作者

为什么儿童早期对单词发音的尝试和成人的发音如此不同？很显然，tore 比 store 的发音明显更简单，但是为什么一些儿童会把 pig 说成 gig？如果所有学英语的儿童都把 store 发音成 tore，为什么有一些孩子会发成 sore 或者 door？

在本章中，我们将描述儿童如何从牙牙学语过渡到说话。然而，在我们开始之前，我们需要研究语音本身，这样我们就会了解儿童在学习发音时需要掌握的大量的协调动作。单词发音是一项不可思议的技能，但是又如此自动，乃至于作为成人的我们甚至都意识不到——直到我们试图去分析它，努力发出一种新的语言里的单词，或者观看人在说话时舌头、嘴唇和下巴活动的 X 光或超声影像。

【学习目标】

阅读本章之后，学生能够：

◆ 讨论描述语音的方法，分辨拼写和语音符号；解释国际音标有助于描述儿童早期言语发展的原因。

◆ 列出并举例说明早期发声发展的典型进展模式，包括早期牙牙学语和语音游戏的轮廓特征。

◆ 举例描述幼儿模仿成人单词时出现的早期常规模式。

◆ 解释并定义我们用来衡量婴儿早期语音系统进展以及发音准确度的逐渐改善的方法。

◆ 举出可能遭遇言语发展困难的人群的样例；比较每一种情况影响儿童音系和发声发展的原因。

◆ 定义音系意识及其对儿童早期和晚期语言以及阅读发展的重要性。

◆ 讨论语言使用者个体的音系系统可能存在的区别，并说明由于地域差异、语言背景和其他因素导致的不同。

英语语音和语音模式

英语的拼写系统充满模棱两可的情况，因此以它来描述语音并不准确。字母 A 到底意味着是 Sam 里的 a，Same 里的 a，还是 Martha 里的其中一个？诸如软 g 和硬 g、长 a 和短 a 的学校语法术语都十分粗陋。几乎每一个音都有不同的拼写方式。例如，fat 里的 f 也可以写成 ff、ph 甚至 gh（就像 cough）。由于语音和拼写难以

准确对应，语言学家和言语科学家在描述口语单词的时候，并不采用"字母"，而是认为它们由语音或者音段（segment）组成。我们也不采用英语字母表，而是使用一种名为国际音标（International Phonetic Alphabet, IPA）的系统。描述普通美语辅音和元音的国际音标符号会在下一节中介绍。想查看国际音标全表，请参阅国际音标的网站。我们点击表中的符号时，可以听到这些符号以及其他很多符号的发音。这能够帮助我们了解本章提供的儿童言语的例子。

国际音标辅音符号

用于转写美式英语发音的很多符号和用于拼写的字母相同。下面的例子可以展现出以国际音标符号代表的语音和用于拼写这一语音的字母之间直接的关系：拼写为 pill 的单词以 p 音开头，在国际音标里表示为 /p/；与之相似，bill 一词以 /b/ 开始，till 以 /t/ 开始，dill 以 /d/ 开始，kill 以 /k/ 开始，gill 以 /g/ 开始，fill 以 /f/ 开始，veil 以 /v/ 开始，sip 以 /s/ 开始，zip 以 /z/ 开始，hip 以 /h/ 开始，lip 以 /l/ 开始，rip 以 /r/ 开始，map 以 /m/ 开始，nap 以 /n/ 开始，而 win 以 /w/ 开始。这些辅音的国际音标符号学起来相当简单。我们要记住的重要一点是国际音标和口语形式相关联，而字母和书写形式相关联。因此，right、write 和 rite 这几个单词的拼写方式不同，但在转写成国际音标时采用相同的符号——3 个词都以 /r/ 开头，以 /t/ 结尾。sent、cent 和 scent 的情况也一样：这几个词的拼写形式有 3 种，但口语形式只有一种。

英语里的一些辅音需要特别的国际音标符号，我们必须单独学习它们。对于 thin 和 this 这两个词，我们会发现，即使开头的音是用两个字母拼写的（"th"），这两个单词都以单个辅音开头，而不是以一系列辅音开头；我们还会注意到，这两个音并不相同。这意味着我们需要两个国际音标符号：thin 的开头辅音的符号是 / θ /，而 this 的开头辅音的符号是 /ð/。还有一些语音在转写时用的符号与它们的书面拼写方式不同：chin 的开头辅音转写为 /tʃ/；gin 的开头辅音转写为 /dʒ/；shin 的开头辅音转写为 /ʃ/；yes 的开头辅音转写为 /j/。最后，美式英语还有两个辅音不会在单词开头出现，它们是 measure 的第二个辅音 /ʒ/ 和 ring 的最后一个辅音 /ŋ/。

为辅音分类

一般来讲，语言学家和言语科学家把语音以它们发出的方式分组。在图 3-1 中我们可以看到人的声道和很多参与产出语音的解剖结构。辅音按照发音位置、发音方法和清浊进行分组。元音则基本是以舌头和下巴的位置分组。（在本章中，我们通常把成人的单词发音放在双斜线括号 // 内，把儿童的发音放在双方括号［］内。我们同时也使用双方括号［］讨论成人发音中的细节。）了解语音分组的特征既是了解儿童语音模式的关键，也是了解方言区别和外国人口音的关键。与元音相比，**辅音**（consonant）发音时，声道更为收缩。正如前文所述，辅音通常以 3 种描述性特征进行分类：**发音位置**（place of articulation），即收缩最紧的位置——大致是最为接近的**上部发音器官**（upper articulator）与**下部发音器官**（lower articulator）；**发音方法**（manner of articulation，发音时空气如何移动），以及**清浊**（voicing，发音时声带振动与否）。

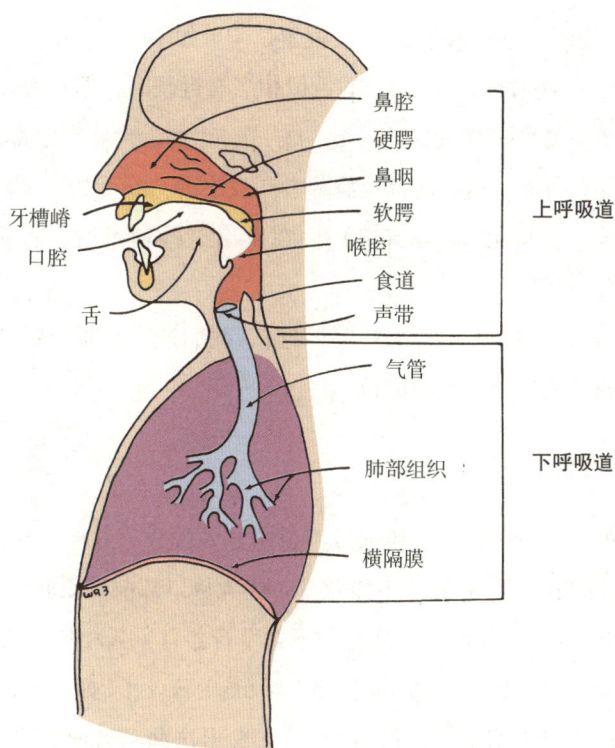

图 3-1　声道

发音位置

如下所述，英语中的辅音按照发音位置的不同被分为以下 7 组。

唇音（Labial）或**双唇音**（bilabial）：/p, b, m, w/。前 3 个辅音发音时嘴唇闭合。音位 /w/ 发音时嘴唇突出，几乎闭合。

唇齿音（labiodental）：/f, v/。在发出这些辅音时，下唇轻轻靠在上齿上，在唇齿之间留出窄小的空间以供气流通过。

齿间音（interdental）：/θ/（如 thin），/ð/（如 this）。在发出这些辅音时，舌头轻触上牙或微微探出。

齿龈音（alveolar）：/t, d, n, s, z, l/。在发出这些辅音时，舌头前部接触或极为靠近牙槽嵴（上牙后的牙床脊）。音节开始位置的 /l/ 在发音时，舌头前部接触牙槽嵴，气流从舌侧通过（一些语言使用者在发 /s/ 音时，舌头向下位于下牙后，但气流最窄的收缩位置依然是在舌头和牙槽嵴之间）。

（前 - ）硬腭音 [（pre-）palatal]：/ʃ/（如 she），/ʒ/（如 measure），/ʧ/（如 chin），/ʤ/（如 gin）。在发出这些辅音时，舌头靠近或接触硬腭（口腔顶前 2/3 的部分，上有硬骨），或是从牙槽嵴延伸向硬腭的缓坡位置。/j/（如 yes）和 /r/ 这两个辅音被分为硬腭音（palatal）：一些时候，流音 /r/ 的舌位相当靠近硬腭，但不足以造成气流摩擦。核磁共振影像显示，英语中有数种发出 /r/ 的方式，比如舌尖和舌根都向下发出的"隆起的"/r/，以及舌头向上、稍微向口腔后部卷起发出的"卷舌的"/r/。

软腭音（velar）：/k, g, ŋ（如 ring）/。在发出这些辅音时，舌头后部接触软腭（velum）（在硬腭之后）。

声门音（glottal）：/h/。在发出这一辅音时，我们通常收紧声门（喉的后部），但是有时也会收紧咽部或口腔的其他部位。

发音方法

如下所述，英语的辅音根据气流通过声道的方式被分为 6 种发音方式。

塞音（stops）：/p, b, t, d, k, g/（按照发音位置从口部前端双唇音向后端软腭音排列）。在发出这些辅音时，上部发音器官和下部发音器官紧紧相压，气流无法通过。

擦音（fricatives）：/f, v, θ（如 thin），ð（如 this），s, z, ʃ（如 she），ʒ（如 measure），h/（按照发音位置从口部前端向后端排列）。在发出这些辅音时，发音器官收紧（但不闭合），气流通过时发出摩擦声。擦音的显著特征是可以持续发音，像"嘶—嘶—嘶"的 /s/ 嘘声或者是"嗞—嗞—嗞"的 /z/ 嗡嗡声。

塞擦音（affricates）：/ʧ（如 chin），ʤ（如 gin）/。这些辅音以近似塞音的方式开始（如 t 或 d），以近似擦音的方式结束。与擦音不同，塞擦音不能持续发音。

鼻音（nasals）：/m, n, ŋ（如 ring）/。和之前描述的气流通过口腔的辅音不同，在发出这些辅音时，气流从鼻腔通过。

流音（liquids）/l, r/ 和滑音（glides）/j/（如 yes），/w/。与其他辅音相比，在发出这些辅音时，口腔收缩较少，这些辅音和元音共享一些语音特征；有些情况下它们被称作半元音（semivowels）。

塞音、擦音和塞擦音这些发音方式组合全部或部分阻碍气流，因此共称为阻塞音（obstruents）。鼻音、流音和滑音这些发音方式组合被称为响音（sonorant）——气流从鼻中（鼻音）或者口腔中（流音和响音）平滑流出。熟悉发音方式很重要，因为我们会用它们对之后辅音的习得进行描述。

清浊

另外，阻塞辅音（塞音、擦音、塞擦音）还以"浊音"和"清音"区分。在发出辅音时，如果声带（vocal fold）振动，那么就是浊音（voiced）；如果声带没有振动，那么这一语音就是清音（voiceless）或非浊音（unvoiced）。浊阻塞音包括塞音 /b, d, g/，擦音 /v, ð, z, ʒ/ 和塞擦音 /dʒ/；清阻塞音包括塞音 /p, t, k/，擦音 /f, θ, s, ʃ/ 和塞擦音 /ʧ/。阻塞辅音会组成清浊对：/p/ 和 /b/ 都是双唇塞音，前者是清音，后者是浊音；同样的一对也出现在 /t/ 和 /d/ 上、/k/ 和 /g/ 上，以及除 /h/ 之外的所有擦音上——因为 /h/ 没有相对的浊音。所有的响辅音，即鼻音、流音和滑音，因为在发声时声带通常会振动，所以都是浊音。

为元音分类

美式英语中的元音有很多不同的拼写形态，因此国际音标能够有效地帮助读者区分它们。想象一下 ee 所代表的元音在单词里的不同拼写：feet、peace、piece、receipt、elite、people、amoeba 和 Caesar 等。每个单词都具有同样的元音，用同样的国际音标符号 /i/ 进行转写。

在发出元音时，声道相对不受阻碍，所以气流可以平滑地通过。不同的元音发音来自下颌、嘴唇和舌头的不同位置。高元音（high vowels）发音时，下颌几乎合上，比如 meet 一词；低元音（low vowels）发音时，下颌相对打开，比如 mop 一词。前元音（front vowel）发音时，舌头向口腔前部移动，比如 bead 或 bid；后元音（back vowel）发音时，舌头向后移动，比如 boot 或 book。最后，在发 keep 这样的词时，嘴唇展开，发 coop 这样的词时，嘴唇伸出并形成圆唇，发 cup 这样的词时嘴唇处于中间形态。美式英语中元音的语音特征和国际音标符号将在下文以下颌高度分组展示。

高元音：/i, ɪ, u, ʊ/。范例与描述：/i/（beef），发音时嘴唇像微笑一样展开并内收，舌头趋向口腔前部；/ɪ/（bit），/u/（boot），发音时呈圆唇 / 嘴唇突出，舌头向后；/ʊ/（put），发音时略呈圆唇。

中元音：/eɪ, ɛ, ʌ, ɝ, oʊ, ɔ/。范例与描述：/eɪ/（bait），发音时嘴唇展开 / 内收；/ɛ/

（bet）；/ʌ/（putt），发音时嘴唇处于中间形态；/ɝ/（purr），发音时略呈圆唇，舌头向口腔后部移动；/oʊ/（boat），发音时呈圆唇；/ɔ/（taught）发音时略呈圆唇（有些美式英语的方言中没有这一音位；在那些方言里 taught 和 tot 具有同样的发音）。

低元音：/æ, ɑ/。范例与描述：/æ/（pat），发音时嘴唇稍微展开；/ɑ/（pot），发音时下颌较 pat 的元音更低。

双元音和央元音：/æʊ, ɔɪ, ə/。/æʊ/ 和 /ɔɪ/ 这两个元音被称为双元音，因为它们包括两个元音语音：/æʊ/ 出现在 house 和 cow 里；/ɔɪ/ 出现在 boy 和 void 里。元音 /ə/（称为央元音）只在非重音音节出现，其发音因单词的不同而略有不同。它是 about、llama, potato 和 telephone 这几个词里下划线标注的元音。

对立：音位

我们是如何知道 3 个听起来有所不同的语音（例如 Tom、stop 和 butter）都是 /t/ 的变体，而另一个客观上相似的音其实是 /d/ 或者 /k/ 呢？一种语言的母语者可能会觉得这个问题很奇怪；我们平常很确定一些语音对"是一样的"，而另一些语音对"不一样"。但是当两个不同的音在拼写相近的时候可能会引发困惑，如 thin 里的 /θ/ 和 this 里的 /ð/，都拼作 th。我们也可以使用 teeth 和 teethe 这一对，出现对比的音位于单词的最后。一对仅有一个音不同的单词，如 chin 和 gin、teeth 和 teethe，被称为最小对（minimal pair）。如果有一个最小对，它的单词只有一个音不同，含义也不同，或者改换一个音之后从单词变成了非单词，那么这两个音就形成了对立（contrast）。例如，把英语的 spring 变成 sprin，就显示出 /n/ 和 /ŋ/ 形成了对立。语言中，对立语音的集合就是它的音位（phoneme）。

语音组合法：对可能存在的单词的限制

并不是所有的语音序列都可能成为单词：可能存在的语音序列上存在语音限制（phonotactic constraints）。英语单词不能以软腭鼻音 /ŋ/ 开头，也不能以擦音 /h/ 结尾。很多语音组合限制和辅音簇与其在单词中可能出现的位置有关。例如，英语单词常常以 lp 或 rt 这样的辅音簇结尾，但英语单词不能以这样的语音序列开始。我们有 plot 和 pulp, trap 和 part，但是没有 **lp**ot 或 **rt**up。然而，俄语可以以 lb 或 rt 开头；lba 的意思是"前额上"，rta 的意思是"嘴里"。

在学习第一或第二语言时，掌握新的语音簇或一个熟悉的音在单词里的新位置，需要和掌握新的语音做出同样的努力。学习俄语的英语母语者通常会在学习 rta 和 lba 这样的词，以及 vzglyad（"注视"）里令人印象极为深刻的辅音簇上出现困难。对于学习音系来说，打破可以发出的语音序列的制约因素（constraints）和学习发出单个音位同样重要。

言语的韵律：重音和语调轮廓

比较一下"Male a record of that"中的名词 record 和"let's record that"中的动词 record。这两个词的区别在于名词 /rɛ-krd/ 的重音在第一个音节上，而动词 /rə-kɔrd/ 的重音在第二个音节上。在英语重音的产出里，语音音高、音量和时长都有所关联：和没有重音的音节相比，附有重音的音节通常音高较高，音量更大，时长较长。音高、音量和时长通常称为韵律（prosodic）或超音段（suprasegmental）现象，因为它们基本侧重于一组音段发音的方式，而不是单个音段的特征。

我们声音的音高或旋律在说话时自然升降；随着短语或句子出现的音高变化模式被称为语调轮廓（intonation contour），在很多（但不是全部！）问句里，高音会在句末明显上升，而在试探性的礼貌陈述句里经常能找到较小的上升。音高上升对应着声带振动频率的上升；这些可以由 PRAAT 这样用于分析语音的免费电脑软件轻松测量。

产出：前语言时期

现在我们可以转而探讨儿童学习产出所有的语音的过程了。第 2 章介绍了儿童人生第一年的发声发展。似乎所有的婴儿都经历了发声发展的相同阶段，但是这些阶段之间并没有明显的界限，发声类型在各个阶段之间通常相互重叠。之前一个阶段没有观测到的发声行为的出现标志着进入新的阶段，但是旧有的行为可能要在新的行为开始数周到数个月之后才会消失。

第一阶段：反射性发声（出生到 2 月龄）。在这一阶段，大多数发声是反射性的（哭声和烦躁的叫声）或者植物神经性的（咳嗽、打嗝和打喷嚏）。除此之外，婴儿可能会发出一些类似元音的声音。

第二阶段：咕咕声和笑声（2~4 月龄）。头颈部的快速生长允许婴儿发出更为多样的声音（Lieberman, Crelin & Klatt, 1972）。舒适状态的发声（咕咕声或呜呜声）包括软腭辅音和后元音，似乎是从口腔后部发出的。在这一阶段，婴儿开始出现持续的笑声和婴儿式的咯咯笑声。

第三阶段：发声游戏（4~6 月龄）。在这一阶段，婴儿似乎是在测试他们的发声器官，会发出很响亮和很温柔的声音（叫喊和耳语）以及非常高和非常低的声音（尖叫和低吼）。一些婴儿会发出"呸"音（双唇颤音）和持续的元音，偶尔也会发出粗糙的"辅音加元音"音节。

第四阶段：正则式牙牙学语（6 月龄及以上）。这一时期最基本的特征是正则式牙牙学语的出现，即具有成人式时间分配的辅音 – 元音音节序列。婴儿第一次发出像是在努力产出单词的声音。此时，通常会出现两种多音节话语：**重复型牙牙学语**（reduplicated babble，一串同样的音节，比如"吧吧吧"）和**多变型牙牙学语**（variegated babble，具有不同辅音和元音的音节，比如"吧咕嗒嘟"）。开始时，重复型牙牙学语占主导地位，但是在 12~13 月龄的时候，多变型牙牙学语会成为更常见的类型。

在这一时期，婴儿开始注意他们所听的声音和所发出的声音的相似之处与不同之处（Goldstein & Schwabe, 2008; Stoel-Gammon, 1998a；2011）。听力受损的婴儿通常会在正则式音节的产出上出现发育迟缓现象，经历前语言发展的不同阶段速度较慢（Moeller et al, 2007; Oller, 2000; Stoel-Gammon & Otomo, 1986; Wallace, Menn & Yoshinaga-Itano, 2000）。

第五阶段：术语阶段（10 月龄及以上）。学语期的最后一阶段通常和具有含义的言语的早期有所重合。这一阶段的特点是会产出具有丰富重音和语调模式的语音和音节串。这种输出也被称为对话型牙牙学语或者**术语**（jargon）。

有些儿童在不和别人"说话"或者不玩"有音效"的玩具时，似乎很喜欢摆弄语音。他们的**语音游戏**（sound play）可能会包括重复的他们自己喜爱的语音序列，甚至早期词汇。与之相反，术语的发声通常与眼神交流和手势一起产出，具有丰富而恰当的语调，以至于对话的另一方通常会认为必须做出回应。产出术语发音的儿童似乎已经意识到对话的社交本质，只是还没有意识到其中的语音需要具有特定的含义。有时，即使发出的声音没有含义，手势和语境也能够明确显示语调（儿童声音中的上升或下降音高）具有某种含义（问候、要求、抱怨、提供）。然而，在另一些情况下，儿童即使对音高做出精巧的调整，也并没有传达任何含义；与之相反，他们看起来像是在模拟成人对话的大致形式，比如假装打电话。

牙牙学语的语音

婴儿使用的类似言语的语音在 1 岁之内会发生明显的改变。在 6~12 月龄之间，婴儿使用的语音集合明显增多。在这一增长期的第一部分，所有婴儿的发音都很相似，即使接触到英语、阿拉伯语、西班牙语、日语和汉语等不同的语言，婴儿都显著地倾向于前辅音，特别是 [m][b] 和 [d]（Lee, Davis, & MacNeilage, 2009; Locke,

1983）。然而，当婴儿接近 1 岁时，他们的牙牙学语越来越接近他们所听到的语言。他们逐渐停止使用周围听不到的语音，比如法语里的 /h/，转而开始发出更多他们母语中常见的语音（de Boysson-Bardie & Vihman, 1991; Levitt & Wang, 1991）。

语言之间的音高轮廓和音节时长也存在差异。在正则式牙牙学语阶段，儿童的音节开始具有他们周围语言的时长和音高轮廓特征。听者可以用这些信息辨认属于他们自己言语共同体（speech community）的婴儿（de Boysson-Bardie, Sagart & Durand, 1984; Levitt & Wang, 1991）。

英语的 24 个辅音里，有 12 个占据了婴儿所发出的辅音的 95%：6 个塞音（[p, b, t, d, k, g]），两个鼻音（[m, n]），两个滑音（[w, j]），擦音 [s] 和声门音 [h]（Locke, 1983）。这些在后期牙牙学语中常见的辅音（塞音、鼻音和滑音）和出现在第一批基于成人语言的单词中的语音几乎相同（Stoel-Gammon, 2011），尽管存在一系列的个体差异，但是 [v] 或 [ð] 这样的擦音、[dʒ] 这样的塞擦音，以及流音（[l] 和 [r]）在单词里较迟出现（Menn & Vihman, 2011）。晚期牙牙学语中的辅音可能以这样的方式作为单词产出的基础。

牙牙学语和言语的关系

正如上文所述，牙牙学语包括一组有限的、逐渐能够受到自主控制的语音，大多数的早期语音和语音序列都直接从牙牙学语发展而来，牙牙学语和言语之间不存在明显分隔。早期言语和牙牙学语通常会在几个月的时间段里共同存在，有些儿童会产出混合着牙牙学语和单词的话语，或者包括基于实际存在的成人词汇的语音所做出的非交流性语音游戏。对前语言发声的纵向研究显示，从晚期牙牙学语到早期言语中，保留下来的不仅仅包括具体的语音，也包括儿童偏爱的语音序列。维曼（Vihman, 2014）把这些偏爱的语音序列称为**声音运动计划**（vocal motor scheme）。儿童发出的早期单词倾向于使用他们在学语期偏爱的语音和语音序列，因为他们可以听出这些单词符合他们已经能够自主控制的声音运动计划（参见 Stoel-Gammon 1998a, 1998b, 2011）。

正则式牙牙学语的质量和复杂程度是预测早期语言发展的因素之一。在正常发育的儿童中，频繁使用正则音节与更早发出单词、更大的产出词汇量以及 24~36 月龄期间更精确的单词产出等现象相关（Stoel-Gammon, 1986b; Vihman & Greenlee, 1987）。我们也在听力损失的儿童身上观测到了相似的关系：前语言期内正则音节的产出（通常这一人群的这一能力发育迟缓）能够部分预测 24~36 月龄期间音系发展的质量（参见 Ertmer & Mellon, 2001; Moeller et al., 2007）。

学习产出单词

音系发展的开端：原始词

对于一些儿童来说，言语的开端似乎比较容易辨认：有一天他们发出了一串与成人单词相似的语音序列，并且是在恰当的语境下。第一批能够辨别的单词通常是问候、告别或者其他社交短语，比如"躲猫猫"。然而，有时，儿童会反复使用与任何恰当的成人单词都不相似的形式。例如，韩礼德（Halliday, 1975）的研究对象奈吉尔（Nigel）创造出 na 这样一个形式来表示他想要一件物品。这种由儿童创造的单词——原始词（protoword），它是"言语"吗？

至少从两个方面来说，原始词算是言语。其一，使用自己创造的原始词的儿童对自己的发声能够自主控制。其二，使用 1~2 个自己创造的单词的儿童已经越过术语时期，因为他们已经习得"特定的语音序列具有特定的意义"这一困难的概念。他们现在只是不清楚不应该自己编造单词，而是需要找出哪些词已经存在。

原始词的语音控制可能相当简陋，个体案例的区别可能比成人重复使用一个单词的现象差异更大。例如，门恩（Menn, 1976）的研究对象雅各布（Jacob）有一个用来伴随翻转物品（轮子、门把手或者书页）这一动作的原始词，这种"旋转的歌曲"的形式可以是"咿哦咿哦咿哦"，也可以是"喂啊喂啊喂啊"。

单词和语音：词汇和音系交互

正如前文所述，牙牙学语形式的语音和音节为幼儿的单词产出奠定了基础。这一联系在很多习得英语的儿童所产出的第一批单词里尤为明显，如"爸爸""妈妈""宝宝"和"嗨"。这些单词的语音和 [mama][dada] 这样的（无意义的）牙牙学语声音非常相似（Sosa, 2013）。作为成人英语使用者，我们知道其他用于称呼家长的单词："父亲"和"母亲"。这些单词和学语声并不相似；事实上，它们的习得比"爸爸""妈妈"这样更熟悉的形式要晚几个月的时间。

很多人认为，儿童学习单词的原因是因为单词在某些方面很有用，比如让儿童指名他们喜欢的物品（"饼干""瓶子"），要求或拒绝一些物品（"更多""不要"）。但是成人单词的语音也会影响单词习得。例如，有位小女孩喜欢使用嘶音类的辅音，如带有 /s/- 或 /sh/- 一类语音的单词（Ferguson & Farwell, 1975）。她最早使用的单词包括 ice、shoes、cereal、cheese、juice、eyes 和 sit；尽管嘶音很少出现在牙牙学语中，也不属于英语中"早期习得"的辅音，但她能够很准确地发出这些单词。另一位儿童更偏爱由软腭塞音（[k] 或 [g]）结尾的单词，这是一种他可以准确发出的辅音。他的早期词汇包括 milk、clock、talk、walk、frog、block、quack、whack、sock 和 yuk，都发成 [gak]（类似于 gock 的发音）（Stoel-Gammon & Cooer, 1984）。对于"喜爱的语音"的早期词汇的偏好称为词汇选择（lexical selection），这在很多儿童身上都有记载（相关总结参见 Stoel-Gammon, 2011; Vihman, 2014）。

当词汇习得这一概念引入之时，有些人疑惑于儿童选择的这些词汇是否只是他们经常听到的词汇。可能之前所说的小女孩接触到很多像 ice、shoes、cereal、cheese、juice、eyes 这样的词汇，而那位小男孩则有很多次听到 milk、clock、talk、walk、frog。为了证明音系因素会影响词汇习得，我们必须确认能够仔细控制一系列词的暴露频率。因此，研究者设计了一项实验，用它分析一群幼儿最早的单词产出，并为每一位儿童判定他们能够发出什么语音（Leonard, Schwartz, Morris & Chapman, 1981; Schwarz & Leonard, 1982）。随后，研究者给每一位儿童创造了一组无意义的单词，从而观察儿童能否习得它们；有些单词包括了儿童产出单词中包含的语音（如用 /p/ 和 /m/ 建立无意义的 /pim/），另外一些单词包括了儿童产出中不存在的语音（如 /z/ 和 /l/ 组成不存在的词"zool"）。这些不存在的词用作新奇的物品的名称（造型有趣的玩偶；不常见的烹饪用具）："看，乔伊，这是一个 pim。我们可以把这个 pim 放到篮子里！"或者"看，乔伊，这是一个 zool。我们可以把这个 zool 放到篮子里！"每个不存在的单词以同样的次数出现。在 10 段实验时间之后，研究者报告称，儿童更可能产出包含他们已经知道如何发出的声音的全新单词的（"内"单词），而更少产出包含他们未知的语音的单词（"外"单词）。研究者们同时使用了指向任务测量的单词理解："好的，乔伊，你可以把 zool 指给我看吗？"（单词理解并没有受到儿童产出能力的影响；也就是说，儿童指向"内"单词和指向"外"单词的能力没有区别。）这些研究表明，音系会在词汇学习的早期影响产出的词汇。

感知精确度

儿童无法正确发出某些语音是因为他们无法正确地感知它们吗？在绝大多数情况下并非如此——在我们之前描述的实验里，儿童即使无法发出 zool 这个词，也学会了指向这一名称代指的物品。当一对语音极为相似时，儿童可能会混淆两个相似的成人音位，比如 fin 里的 f 和 thin 里的 th；这可能也导致 th 普遍习得较晚（Velleman, 1988）。然而，听力正常的儿童通常能够分辨出像 w 和 r 这样的相似语音，即使他们的发音在成人听来感觉基本相同。例如，儿童可以正确地指出 ring（戒指）的图片和 wing（翅膀）的图片，尽管他们把两个词都说成 wing。（一些时候，尽管成人听不出来它们之间的区别，但是对儿童语音的测量显示，儿童在说 ring 和 wing 的时候用的是不同的 [w]。）

音系习得的认知方法

数项音系习得的理论预测，儿童的发音会逐渐改善，直到和成人的模型一一对应。事实上，在音系习得（语言和认知发展还存在其他方面）中存在退化（regression）现象，在某些时候不是变得更好，而是变得更糟。当儿童发现新的（可能）更为有效率的产出话语的方式时，退化可能会发生；当这一情况发生时，一些旧有的正确的发音可能会暂时消失。在针对丹尼尔（Daniel）的研究里（Menn, 1971），我们能够发现有关退化的早期报告。在某一时期，他准确地把 down 发音成 [dæʊn]（down，正确的发音），把 stone 发成 [don]（doan）。但是几天之后，当他第一次试着说其他以塞音开头、鼻音结尾的单词时，他把单词的开头和结尾都发成了鼻音：他的 beans 发音成 [minz]（means），dance 发音成 [næns]（nance）。又过了几周，他的"鼻音同化"模式延伸至之前已经建立的 down 和 stone 的正确形式上：除了 [minz] 和 [næns]，他还开始说 [næʊn]（noun）和 [non]（noan）。换句话说，他原本正确的 down 的发音被替换成不正确的 [næʊn] 这一形式，以前相当近似于 stone 的 don，则被替换成 [non]。

退化的另一种形式并不涉及某一个特定单词的发音变差；与之相反，尽管儿童在之前学会的单词里还能够保持正确的发音，但是他们似乎失去了在新单词里发出某一特定语音的能力。例如，门恩研究的丹尼尔在他学会的第二和第三个单词——"hi"和"hello"中可以发出开头的 [h] 音；但是在他发出其他以 /h/ 开头的成人单词时（如"horse""hose""hat"），却不会发出开头的 /h/。在好几个月的时间里，他可以在说那两个词的时候使用 [h]，但是在说别的词时却不能。

最能够针对退化现象的音系发展理论类型是一类认知（或问题解决）理论。在音系发展的认知理论中，儿童被看作试图解决问题的智慧生物：他们需要解决的问题是如何像周围的人一样说话（Macken & Ferguson, 1983）。他们可能会采取能够暂时解决问题的普遍策略：回避（avoidance）困难的语音或语音序列，选择偏爱的语音（如上一节有关单词和语音的内容所述），或者替换、重新排列目标单词里的语音。在儿童所采取的普遍策略里，我们可以观察到问题解决的特征成分：首先是"试验与错误"式的发声尝试，之后则是使用现有的方案去解决新的问题（普遍化），有时则会暂时把这些行为扩展到并不需要它们的情形里（泛化），就像丹尼尔以"noun"来表示"down"一样。这种普遍的行为顺序并不仅限于音系，而是可以在语言和认知发展的所有领域中找到。

儿童音系问题的解决不仅受限于他们所学习的语言和与周围人的互动，同时也受限于他们的语言的生理基础（physiological substrate for language），即他们的大脑和感知与运动系统；这些系统在两岁之前迅速发展。例如，感知系统会对擦音 /s/ 和 /ʃ/ 之间的声学相似之处做出回应，所以通过使用"试验和错误"方式学习它们的儿童可能会暂时满足于用同一个音代表它们两个。另一个例子表明，发出塞音似乎比擦音更为简单，这可能是因为塞音只需要做出相对比较笨拙的嘴唇或舌头的姿势、阻碍通过口腔的气流就可以发出。然而，发出擦音需要更为精细的运动控制：儿童必须让上部发声器官和下部发声器官保持正确的距离，同时还需要让足够的气流通过，发出气流噪声。

考虑语音之间的声学相似之处和发声方式的不同之处能够帮助我们解释儿童可能存在的共同之处。然而，由于儿童具有相当的个体差异，我们只能对儿童发出特定种类的语音的方式进行概率性的描述。例如，"比起擦音，儿童更可能使用塞音，而非相反"。音系习得的实际顺序在儿童之间有所不同，而习得的具体年龄甚至差别更大。儿童学习的特定的语言或方言也会影响首先学会的语音；跨语言研究表明，在一种语言中，出现频率更高的音位有可能更早习得（Edwards & Beckman, 2008; Pye, Ingram & List, 1987; Stokes & Surendam, 2005）。

为了学会音系，儿童需要听出他们自己的语音产出和成人的言语之间的不同之处。在前语言期就失聪的儿童可以在口语训练项目中获得明确的反馈，但是除非植入人工耳蜗、恢复部分听力，否则他们中的很多人的言语依然难以被他人理解（我们会在本章之后部分提供听力障碍的儿童的言语的例子；另参见第 9 章）。与之相反，如果儿童的父母、朋友使用社群中的一种手语进行交流，那么儿童会迅速地学会手语。这种差异的原因非常明显：失聪儿童可以看到自己的手和他人的手，从而可以判断自己手势的精确度，但是因为他们无法听到自己发出的单词，也无法与他人发出的单词相比较，所以无法判断语音的准确度。以更正式的方式来描述，失聪儿童在口语方面所失去的是他们需要用来衡量自己表现的内部反馈。（想象一下，你在学习打网球的时候必须依靠他人告诉你球往哪里飞！）正如学习其他精细的运动技能一样（参见 Kent, 1993; Stoel-Gammon, 1992、2011），学习说话所要求的复杂的运动技能也需要内部反馈。

内部反馈和外部反馈在效率上为何具有如此大的区别？其原因可能是，为了发出像成人一样的单词，会有数十乃至上百种语音细节必须以容错率极小的方式展现。语言学习者必须能够有意识地或无意识地区分单词的哪一部分有问题，反复尝试聆听，直到表现得更好为止。

学会发音

现实中的孩子如何发出单词

让我们考虑一下在已发表的文献里所记载的儿童的早期发音的一系列例子。正如表 3-1 所示，有些产出相当精确，有些在目标和尝试之间存在整体的相似，而另一些则显得相差甚远。我们可以用 3 种主要的手段来描述这种多样性背后的至少一部分有序性：采用规则把成人的目标语音与儿童的实际发音相关联；通过制约因素描述儿童的发声限制（Bernhardt & Stemberger, 1998）；采用音系模板（template）描述儿童偏爱的输出（及输入）形式（Vihman & Croft, 2007）。这 3 种手段在理解普通与异常音系发展时都发挥了重要作用，而它们中的任何一种都无法独立完成这一任务。

表 3-1　普遍词汇的早期发音案例

	雅各布 （约 19 月龄） （Menn, 1976）	希尔德加德 （Hildegard， 约 24 月龄） （Leopold, 1939—1949）	丹尼尔 （Daniel， 约 25 月龄） （Menn, 1971）	阿玛尔 （Amahl， 约 25 月龄） （Smith, 1973）
/æpl/	[æpw]	[ʔapa]	[æpu]	[ɛbu]
苹果（apple）	appw	'ahpah	appoo	ehboo
/badl/	[gʌgʌ]	[balu]	[baw]	[bɔgu]
瓶子（bottle）	guhguh	bahloo	baw	bawgoo
/dɔg/ /dɔgi/	[dadi]	[doti]	[gɔg]	[gɔgi]
狗 / 狗狗（dog/doggie）	doddy	dohty	gawg	gawgie
/ʃu/	[du]	[ʒu]	[u]	[du:]
鞋子（shoe）	doo	zhoo	oo	doo
/stoʊn/	—	[doɪʃ]	[non]	[du:n]
石头（stone）		doh-ish	nohn	doon

注：ʔ是"声门塞音"，在"啊哦"（uh-oh）/ʌʔoʊ/ 的音节之间出现。

　　ː指之前语音的延长。

资料来源：阿玛尔的数据基于 Smith, 1973；希尔德加德的数据来自 Leopold, 1939—1949，也可以在 Moskowitz, 1970 中找到。

如何描述儿童演绎成人单词时出现的规律性

很多研究中的幼儿在复述成人目标单词时发展出了相当系统性的手段。也就是说，他们具有一组核心早期单词，拥有能够用语音特征描述的明显模式。让我们以两例假设的简化例子开头。假设儿童甲使用这些发音：

儿童甲

pot [bat] (bot)　　　　　　　　back [bæk]（正确）

top [dap] (dop)　　　　　　　　day [deɪ]（正确）

cat [gæt] (gat)　　　　　　　　game [geɪm]（正确）

正如我们所见，无论是否合适（如右列所示），也无论在成人单词里是否具有相对的清音（如左列所示），儿童甲在单词开头都会使用浊塞音（[b, d, g]）。然而，这些辅音的发音位置都是正确的。

另一位假想的儿童可能会以如下方式发出同样一组单词：

儿童乙

pot [pat]（正确）　　　　　　　back [bæt] (bat)

top [tap]（正确）　　　　　　　day [deɪ]（正确）

cat [tæt] (tat)　　　　　　　　game [deɪm] (dame)

儿童乙的清浊是正确的，但是无法掌握软腭位的发音位置；她把含有 /k/ 的成人单词发成 [t]，把含有 /g/ 的单词发成 [d]。

这些简化的例子表明用音系特征描述儿童发音的两项优势。首先，我们可以看到他们试图发出一个语音时，为什么会出现一部分是正确的，另一部分是错误的。儿童甲在发出所有塞音时，她的"发音位置"这一特征是正确的，但是在单词开头清塞音的情况下，"清浊"这一特征是错误的；儿童乙在发出所有塞音时"清浊"的特征都是正确的，但还没有学会使用软腭位作为发音位置。一般来讲，学习者在学会完全正确的形式之前，总是会学会部分正确的内容；使用特征可以帮助我们描述儿童部分正确的语音里哪一部分是正确的，哪一部分还未能达到成人的形式。

采用特征的第二项优势是，它们可以帮助我们发现几种看似不同的错误具有哪些共同之处。例如，儿童甲出现的 3 个错误从本质上讲是一致的：这些错误都是因为词首的清塞音被替换成浊塞音，因为她还没能学会在单词开头发出清塞音。与之相似，儿童乙的错误都是因为在目标单词需要使用软腭音的时候使用了齿龈音。像这样的错误模式或同源组合在儿童语言中（和第二语言学习中）非常常见。

然而，模式并不总是规则的。有时，一名儿童可能会在区分 /t/ 和 /d/ 的时候学会正确的清浊音，但是依然会用 [b] 来代替 /p/；另一名儿童可能会跟随在单词开头用浊塞音代替清塞音这一普遍模式，但是有一两个开头是 /t/ 的单词能够进行正确的发音。

一个音系习得的好理论必须能够同时适应儿童的尝试与目标单词之间规则和不规则的关系。个体音位和个体单词之间的现象必须被纳入考虑范围；这意味着只依靠习得特征或克服制约条件来试图描述音系习得的理论都是不恰当的。

1. 辅音簇削减

辅音簇（consonant clusters，两个或更多辅音形成的序列）似乎会给幼小的语言使用者造成不少的困扰。这一现象有时被描述为幼儿在开始时受到制约，无法发出两个在一起的辅音。学习英语、德语或俄语的儿童都能够克服这一制约。然而，如果儿童学习的是没有辅音簇的夏威夷语，那么他们就无法克服这一制约。

在处理辅音簇时，采用了儿童不同的模式。很多儿童通过略去其中一个辅音的方式满足针对辅音簇的制约条件。例如，丹尼尔的言语满足"不存在两个辅音的序列"这一制约条件，表现为产出下例第一列中的形式。

	丹尼尔	史蒂芬
spill	[pɪl] (pill)	[fɪl] (fill)
store	[tɔr] (tore)	[sɔr] (sore)
school	[kul] (cool)	[sul] (sool)

有另一种更少见的方式可以满足这一制约条件，大约能在 10% 的学习英语的儿童身上找到；略过塞音，正如我们在第二列所见的对 store 和 school 这两个词的处理，这一方法是略过塞音。在这些辅音簇里省略齿龈音和软腭塞音的儿童，如史蒂芬（Stephen），通常会对 /sp/ 这一辅音簇做出其他处理：他们并不是直接忽略 /p/，而是把 /sp/ 这一辅音簇替换成 [f]。这一方式看起来像是在把整个辅音簇的语音对应到单独的一个辅音上，这使他们更接近于满足另一项基础的制约条件：忠实（faithful）地实现成人音系——准确地产出语音。[f] 是"没有辅音簇"和"准确发音"之间的有效妥协，因为虽然它像 /s/ 一样是个擦音，但是又像 /p/ 一样是个唇音。

如果儿童尚未学会发出特定的辅音簇，他们可以像第二列一样，通过在辅音之间插入非重音的元音来近似地发出单词，或者像第三列一样采用另一个不同的语音，如把 /r/ 替换成 [w]。儿童试图发出带有辅音簇的单词的例子可以在表 3-2 中见到。

表 3-2 　处理辅音簇的方式

	1	2	3
bread（面包）	[bɛd]（bed）	[bərɛd]（buh-RED）	[bwɛd]（bwed）
blue（蓝色）	[bu]（boo）	[bəlu]（buh-LOO）	[bwu]（bwoo）

2. 韵律的影响

单词发音通常会受到单词长度、重音或重音模式（stress pattern）的影响。例如，当一个多音节单词的首音节不施加重音时，幼儿通常会省略首音节，把 tomato（番茄）发成"mato"，"dessert"（甜品）发成"zert"，"supposed"（假设）发成"posed"。在单词中间出现的非重音音节也可能会被省略，如把 telephone（电话）说成 [tɛfon]"TEH-fone"，把 elephant（大象）说成 [ɛfənt]"EH-funt"（Kehoe & Stoel-Gammon, 1997）。然而，在单词的结尾，儿童省略非重音音节的现象较为少见。与单词首和单词中的非重音音节相比，儿童可能更擅长单词尾的非重音音节，因为英语中大多数双音节单词的重音都在第一个音节上；儿童会聆听和产出这一类型的很多单词，如 DAddy、BAby、TAble、DOggy（大写字母表示重音音节）。所以，当儿童面对较长的单词（如 baNANa 或 toMAto）时，他们可能把这些单词缩减为自己熟悉的一个重音音节与一个非重音音节的模式（有关韵律发展的综述，参见 Kehoe, 2013）。

3. 同化

儿童改变成人单词的很多方法都无法脱离目标单词整体的语音而单独解释。丹尼尔（Menn, 1971）显示出以下的模式。

单词首的浊塞音通常表现出正确的塞音发音位置和正确的清浊。

第一组

bump	[bʌmp]	（正确）
down	[dæʊn]	（正确）
gone	[gɔn]	（正确）

通常，单词词首的清塞音体发音位置正确，但是浊化：

第二组

pipe	[baɪp]	(bipe)
toad	[doʊd]	(dode)
car	[gar]	(gar)

然而，当丹尼尔尝试说出开头是某一发音位置的塞音、结尾则是另一发音位置的塞音的时候，会发生一种令人不可思议的错误。

当目标单词以软腭塞音结尾时，词首的双唇塞音变为 [g]：

第三组

bug	[gʌg]	(gug)
big	[gɪg]	(gig)
pig	[gɪg]	(gig)

当目标单词以软腭塞音结尾时，词首的齿龈塞音和 s+ 塞音辅音簇也变为 [g]：

第四组

dog	[gag]	(gog)
duck	[gʌk]	(guck)
stick	[gɪk]	(gick)

当目标单词以双唇塞音结尾时，词首的齿龈塞音和 s+ 塞音辅音簇也变为 [b]：

第五组

tub	[bʌb]	(bub)
top	[bap]	(bop)
stop	[bap]	(bop)

我们知道丹尼尔可以发出塞音 /p/、/b/、/t/、/d/，以及 /g/ 和 /k/，因为他在发第一组的 bump 和第二组的 toad 这样的词时发出了正确的双唇音和齿龈音。他的问题出在包含两个发音位置不同的塞音的成人单词上：在发出 pig 或 tub 这样的单词时，他只能正确地完成一个发音位置。很显然，他还没能找出在同一个单词里采用两个不同发音位置的方法。换而言之，他具有同一单词内所有塞音必须具有同样的发音位置这一制约条件。他通过改变词首塞音的发音位置、匹配词尾塞音的发音位置的方法满足这一制约条件。

把一个语音变得更像另一个语音的改变称为同化（assimilation）。同化不仅涉及语音的发音位置，也可能涉及语音的发音方式。在有关退化的一节，我们已经看到一种发音方式的同化——鼻音同化（nasal assimilation）。我们还记得，丹尼尔在学会使用鼻辅音和非鼻辅音发出 down 和 stone 这两个词之后，开始做出不一样的事：如果单词开头的语音不是鼻辅音，他会把它变成一个鼻辅音（但不改变发音位置）。

bump	[mʌmp]	(mump)
beans	[minz]	(means)
dance	[næns]	(nance)
going	[ŋowɪŋ]	（无法用英语拼写）

如果我们以发声术语来思考，鼻音同化十分简单：如果单词的任意位置出现了一个鼻辅音，那么丹尼尔会在单词一开始就让软腭下降。

我们可以从这些例子中看出，用于研究发音的测试或言语样本需要考虑到目标单词中的所有语音。只说丹尼尔不能发出单词词首的 /b/ 或 /d/ 这样的说法是不正确的，但是如果我们只观察他说的 big、dog、duck、beans 和 dance 等单词，我们很可能就会得出这样的结论。使用只有一个发音位置和一种发音方式的测试单词（如 pipe、bib、daddy、papa、do、go、cake 这样的词）来衡量塞音的产出是很重要的，因为儿童的问题可能在于难以控制具有两种不同发音方式或发音位置的语音序列的单词，而并非发出语音本身。有关儿童功能性发音障碍（音系残疾）的文献（Bernthal, Bankson & Flipsen, 2013; Ingram, 1989; Stoel-Gammon & Dunn, 1985）明确地指出了这一点。非典型音系发展的儿童的言语模式将在下文进行讨论（参见"当音系发展出现困难时"一节）。

规则、模板和策略

对规则的探索

我们已经看到，很多儿童在替换成人单词中的语音时有规则的方式，如果有规则性存在，我们就可以通过描写规则进行描述。截至目前，我们已经讨论了几种比较有规律、可以缩减为具体规则的错误模式：一条把所有词首塞音浊化的规则（假想儿童甲）；一条把所有软腭塞音变为齿龈塞音的规则（假想儿童乙）；一条省略词首辅音簇 [s] 的规则；一条当单词以鼻辅音结尾时把所有词首辅音变为鼻辅音的规则；丹尼尔的涉及软腭音和双唇音同化的更为复杂的规则。一般来讲，正如常识所假设，儿童产出这些模式的原因看似是他们无法产出对成人目标语音或语音序列的精确的对应（可能除模仿之外）。更正式的说法是，由于他们还无法克服成人单词所要求的语音或语音序列的制约条件，所以现在还无法精确地反映成人音系系统。

然而，最终学会克服足够的制约条件，能够在新单词中说出特定语音或者语音序

这个孩子的"喵"（tat）并不在乎他怎么称呼它。但是我们需要何种方法才能分辨他的"tat"这一发音是因为同化还是因为像文中的儿童乙一样对软腭音普遍出现发音困难呢？

列的儿童，可能还会沿袭旧有制约条件的旧习惯，特别是在说更早学会的单词时。当习得之后，规则似乎有了自身的生命：正如伯恩哈特和斯特姆贝格（Bernhardt & Stemberger, 1998）所说，在这些情况里，儿童加强了他们所记住的单词语音的方式与错误地产出单词的方式之间的联系，以至于他们无法用正确的语音取代错误的语音。

儿童的第一批单词通常还不够规则化，我们难以描述其对应的规则，因为早期单词可能包括一些音系习语（phonological idiom，与儿童其他发音相比令人意外的准确或不准确的单词）和一些明显错误的变体和不准确的形式（例如，"拜拜"发音成baba、gaga 或者 ghagha, gha 符号（伽马）表示软腭浊擦音）。通常，儿童需要一些时间发展出规则的方式来处理成人语音。这种方式既可能准确也可能不准确。这表示规则是通过试验和错误方式探索的；它们并不是在儿童开始说话时就自动发挥作用的（Menn & Vihman, 2011）。

正则式和单词模板

我们在前文总结过，儿童学习的是语音序列，而非只是语音本身。在开始学习说话的语言使用者发现如何说出一些单词长度的语音序列之后，他们可能会用这些序列来发出其他和开始的发音有些相似的单词。我们认为，能够做到这些的儿童已经掌握了一个单词长的模板（Vihman & Croft, 2007）；当他们尝试说出听起来像其中一个模板的成人单词时，他们会用这一模板来帮助自己更加接近目标。以认知方面的术语来说，他们把一个问题的解决方案，即如何说出某一特定的单词，普遍化到其他问题上。这一过程导致单词以小组方式发展；每一组单词包括了儿童对一些成人单词的演绎，这些单词在成人语言中有些相似，在儿童语言中则更为相似。

门恩和维勒曼（Menn & Velleman, 2010）给出的下列单词组显示，一名音系发展迟缓的儿童用一个模板来发出一些开头和结尾都近似塞音的英语单词：

| cat | [tæk] "tack" | gate | [dɪk] "dick" |
| carrot | [tɛwɪk] "tewick" | cake | [tɪk] "tick" |

这一模板可以抽象出儿童演绎的普遍特征："单词以齿龈塞音开始，以软腭塞音结束。"

莱奥纳德和麦克格雷格（Leonard & McGregor, 1991）的另一系列例子展现了另一名音系发展迟缓的儿童所采用的模板：

saw [as] "ahss" zoo [uz] "ooze" shoe [us] "oose" soup [ups] "oops"
fork [aks] "ox" sheep [ips] "eeps" snake [neɪks] "nakes"

这些单词的模板是"元音 –（塞音）– 齿龈擦音"："塞音"两侧的括号意味着这个塞音可能在一些单词中出现，而不在另一些单词中出现。

这些针对词汇组的抽象化模式就是模板，每个符合这种特定模式的单词都是模板的一个范例。能说出 5 个以上的单词但是总词汇量还不到大概 100 词的儿童的输出，经常包括大部分属于一系列模板的单词，外加少数一些相对孤立、通常是音系习语的单词。

使用规则的儿童可能会在音系发展的不同时间点开始采用规则。有些研究者区分出大概在"最初 50 个单词"的前规则时期和较迟的服从规则的时期，但是儿童之间存在很大的个体差异。在此基础上，儿童音系的一些方面明显受规则制约，另一些部分则可能相对不规则。

学习发音时的策略

如果我们观察儿童用来解决单词发音问题时所采取的策略，就会发现另一类个体差异。一些儿童看起来相对保守：他们会回避包含某些特定语音的单词（Ferguson & Farwell, 1975），而是依赖于自己能够较为准确发出的语音；这些儿童很少使用自己不能准确发音的那个词。例如，在本章中多次提及的雅各布，能够理解很多以 /b/、/k/ 和 /d/ 开头的单词，但是在好几个月的时间里，他只是尝试性地去说以 /d/ 开头的单词，以及 thank you（谢谢）和他自己的名字（除了在社交压力下会说 bye-bye "拜拜"，在其他情境中，他发出的音则是 [dada]）。之后，他非常突然地开始产出一组以 /k/ 开头的单词，所有词的第一个音段都是正确的，在此之后，他终于学会了以 /b/ 作为单词的开头。雅各布坚持只说他知道如何发音的单词，在他知道如何满意地发出其他词之前会一直回避其他单词。

其他儿童，通常在两岁或以上，会无视自己是否能够完成准确的发音而试图说一系列词；他们似乎乐于现状，并且无法意识到自己所说的与成人目标单词之间的差异。大多数孩子可能介于那种只选择自己能说出来的词和能随意地套用自己的输出模板改变任何成人单词这两个极端之间（参见 Schwartz & Leonard, 1982）。

习得策略的另一个变体似乎和纳尔逊（Nelson, 1973）的指示 / 表达维度相关（更

单词词首的辅音簇会让学龄前儿童难以发出 "spaghetti"（意大利面）这样的词。

多讨论参见第 8 章）。有些儿童每次会尝试一个单词，这些单词的发音相对清晰并前后一致（尽管可能相当不正确）。还有一些儿童在言语方面采用更全局化的方法，以相对更不清晰或一致的发音近似模拟整个短语（Peters, 1977）。人们可能能够通过语境或语调理解这些短语的意义，而且话语里可能存在充足的可以辨识的语音材料表明儿童意在说出特定的单词，但是整个短语可能被简化为几乎无法转录的一团糟。

有些儿童会合并这些手段。例如，一些儿童会把一两个清楚的单词嵌入一段除此之外难以理解的长串里。然而，当这些做出选择和改编的儿童学习了更多的语音，从说一个单词的阶段进入把单词放在一起的阶段，从近似模拟短语的阶段逐渐在发音上变得更为准确，这种策略上的区别会逐渐模糊，最后消失。

与学习具有很多单音节词的英语的儿童相比，学习具有不同成人语音模式的语言的儿童，（例如，学习西班牙语、芬兰语、日语和其他一些单音节词相对较少的语言的儿童）可能会采取不同的策略。尤其值得注意的是，他们会从一开始就使用较长的单词，有时候甚至会牺牲语音的准确程度来使用它们（Menn & Vihman, 2011; Vihman, 2014）。

音系发展：常模与测量

我们已经看到，儿童在获得接近成人的发音的过程中采取了不同的策略。与此同时，当我们比较儿童时，可以看到他们习得的共同特征，并且可以用这些特征来建立音系发展的普遍图景。从大规模儿童研究中获得的数据通常被称为"标准化的"数据，它们被需要识别非典型音系发展的儿童的言语语言治疗师用作指导的基准（参见第 9 章），这种指导规则基于一系列和音系发展的不同方面相关的测量。在本节中，我们会展示 3 种不同的测量方式：着重于描述言语语音和单词形状的语音系统；针对辅音准确度的测量；一项普遍的针对年龄和顺序的测量。

幼儿的语音系统

语音系统基本上是在单词产出中出现的一系列语音和单词模式。这一测量方式的独特之处在于它并不涉及产出的精确度；我们并不试图比较儿童发音的形式与成人单词的不同之处，我们只分析儿童的产出。举一个小小的例子，我们可以参照一名 22 月龄的儿童所产出的 12 个单词的语音系统。这名儿童准确地发出了这些单词里的元音，见表 3-3。

表 3-3 部分单词的儿童形式

单词	儿童形式	单词	儿童形式
ball	[ba] "bah"	*cup*	[tʌp] "tup"
doggy	[dadi] "dahdy"	*three*	[wi] "wee"
juice	[dus] "doose"	*chicken*	[tɪkɪn] "tickin"
mɪlk	[mɪk] "mick"	*that*	[dæt] "dat"
banana	[nænæ] "nan-na"	*pat*	[pæt] "pat"
woof	[wʊf] "woof"	*lip*	[jɪp] "yip"

注：[nænæ] 里的两个 "a" 发音都如同 pat 里的 a。

在这一分析里，我们的系统包括 3 个部分：①一系列出现在单词词首的辅音；②一系列出现在单词词尾的辅音；③通过辅音（C）和元音（V）描述的一系列的单词 "形状"。在整理这一系统时，我们对一个辅音是否与成人的辅音形态相同这一问题并不感兴趣；我们感兴趣的只是它的出现这一事实。因此，"jump"（跳）一词产出为 [dʌp] "dup" 会被分析为具有词首的 [d]、词尾的 [p]，以及辅音 – 元音 – 辅音（CVC）的单词形状。对这 12 个单词的语音系统分析能够得到以下信息：

词首辅音：[b d p t m n w j]。

词尾辅音：[p t k n f s]。

单词形状：CV（辅音 – 元音，该儿童对 "ball" 一词的发音）；CVC（辅音 – 元音 – 辅音）；CVCV（辅音 – 元音 – 辅音 – 元音）；CVCVC（辅音 – 元音 – 辅音 – 元音 – 辅音）。

这一分析告诉我们，这名儿童在单词词首使用一小组辅音：清浊塞音（[b d] 和 [p t]）、两个鼻辅音（[m n]）和两个滑音（[w j]）。在语音系统分析里，记录没有出现的辅音和记录出现的辅音一样重要。在以上有关词首辅音的系统里，不存在擦音（如 [s z]）、塞擦音（[ʧ ʤ]）、流音（[l r]）和软腭塞音（[k g]）。

我们发现，词尾位置出现的辅音比词首位置更少；就这 12 个单词而言，语音系统包括 3 个清塞音（[p t k]）、一个鼻音（[n]）以及两个清擦音（[f s]）。当我们比较词首和词尾的语音系统时，我们发现 [k] 和两个擦音出现在词尾辅音的系统里，尽管它们并没有出现在词首辅音的系统里。这一套词首和词尾辅音的区别是很典型的：清浊塞音都出现在了词首，但是只有清塞音出现在词尾；擦音出现在词尾但没有出现在词首；软腭音出现在词尾但是没有出现在词首。因此，产出特定辅音的能力受到这个音在单词内部位置的影响——一些辅音倾向于出现在词首位置，另一些则倾向于出现在词尾位置。如果以单词形状为基准分析这些产出，我们可以发现这名儿童可以产出单音节或双音节的单词（如 CVC 和 CVCV）；音节尾可以出现辅音，但是没有辅音簇。

语音系统分析允许我们观察儿童的产出，并比较不同儿童语音系统的大小（词首辅音和词尾辅音的数量）以及本质区别。我们需要记住，上面的例子只是用来举例说明。事实上，我们需要调查更多的单词，包括更广泛的目标辅音和单词形状。在 24 月龄时，大多数典型发展的儿童在词首系统里具有 9~10 个辅音，大多数是清浊塞音、鼻音和滑音；词尾系统通常有 5~6 个辅音，包括鼻音、清塞音和擦音（Dyson, 1988; Stoel-Gammon, 1985）。典型发展的两岁儿童产出的单词里出现的单词形状包括 CV、CVC、CVCV 和 CVCVC，也有一些辅音簇的例子（比如 tw-）。

产出的准确度

另一种用以测量儿童产出的方法是检验整体的准确度。在这种情况下，我们并不观察特定的辅音或元音的精确度，而是以辅音正确率（Percent of Consonants Correct, PCC）的测量方法检验所有的音位。这是一种广泛用于比较两名儿童的表现的方式。辅音正确率以成人发音为基础，比较儿童单词产出中的辅音准确率来进行计算（Shriberg & Kwiatkowski, 1982）。例如，如果儿童把"cat"（猫）发音成 [tæt]，把他们的发音和成人形式的 /kæt/ 进行比较，则会得出他们正确地发出了两个辅音中的一个，因此这一单词的辅音正确率就是 50%（两个辅音中有一个发音正确）。在本章末尾，我们提供了一个辅音正确率的分析样本。一项由 18 月龄到 14 岁的儿童在对话样本（而非发音测试）中的辅音正确率的文献回顾（Campbell, Dollaghan, Janosky & Adelson, 2007）表明，最年幼的一组（18 月龄）的辅音正确率是 53%，24 月龄时的辅音正确率是 70%，36 月龄时则达到 85%；43 月龄时，辅音正确率超过 90%。因此，儿童言语中的辅音准确程度在 1.5~3.5 岁之间出现了戏剧性的上升。在比较两名儿童的表现、确定儿童的发音是否在年龄所有的期待值之间这一方面，辅音正确率的衡量发挥了重要的作用。另一种计算儿童对话样本里辅音正确率的方法是进行发音测试，并为不同年龄段的儿童设置标准化的分数；戈德曼 - 弗里斯托发音测验（GFTA）就是该类型中一项常用的测试。

年龄与习得阶段

家长经常会问："苏茜（Susie）什么时候能够发出 rabbit 里面的'r'呢？"或者"拉里（Larry）什么时候会正确地说出自己的名字呢？"小学教师也会问类似的问题："我的学生到什么年龄能够发出英语中所有的音？"这些问题的答案源自对大批

量的儿童基于对一系列精心选择过的单词所做出的发音的研究。为了进行这类研究，研究者创造出一组测试用的单词，在单词的各种位置包括所有（或者几乎所有）英语中的元音和辅音。为这些测试选择单词并非易事，因为至少 2~2.5 岁的儿童需要熟悉这些单词，而那还是一个词汇量相当受限的年龄段。由于大多数测试使用图片来诱导单词产出（测试者展示图片并说"告诉我这是什么"），因此测试者所选的大多数单词都是名词。你能够想出一个以 /v/ 开头的合适的测试单词吗？我们需要记住这些单词必须可以图像化，所以 "very"（非常，一个两岁儿童可能会很熟悉的单词）这样的形式就不能被采用。我们可能会想到 violin（小提琴）、vest（背心）、vase（花瓶）或 van（小货车），它们可以通过图片诱导说出，但是它们并不一定会在两岁儿童的词汇里。

在不同年龄段测试的儿童组的研究（如 Prather, Hedrick, & Kern, 1975; Smit, Hand, Freilinger, Bernthal & Bird, 1990; Templin, 1957）为英语音位的习得提供了信息。然而，英语辅音习得的准确顺序（和年龄）在各个研究中有所不同，这不仅是因为测试使用的是不同的单词，而且采用了不同的儿童组和不同的计分标准。斯密特及其同事（Smit, Hand, Freilinger, Bernthal & Bird, 1990）分析了 997 名 3~9 岁之间的儿童的产出，得出了一项重要的发现：对于一些音位来说，男孩的产出准确度和同一年龄段的女孩有所不同。在大多数情况下，女孩的准确度更高。例如，75% 的 4 岁女孩能够正确地发出 /ʃ/（sh），但是男孩在 5 岁之前对于这一音位都无法达到 75% 的准确率。

表 3-4 里的信息基于桑德（Sander, 1972）对 3 项针对大组儿童的研究数据的再分析得出，这 3 项研究分别是普尔（Poole, 1934）、威尔曼（Wellman）及其同事（Wellman, Case, Mengert & Bradbury, 1931）和腾普林（Templin, 1957）所做的研究。桑德并没有使用单一的年龄衡量各个辅音的习得时间，而是辨识出两个阶段：①接受测试的儿童中，50% 的儿童至少在一半的时间（在不同的词内位置）能正确地发出该辅音，这一参照点被称为"习惯产出"的年龄；②至少 90% 的儿童在所有的词内位置（词首、词中和词尾）正确地发出该辅音，这一参照点被称为"熟练掌握年龄"。尽管这些经常被引用的规范是基于数十年前记录的言语样本，但研究结果与最近的研究结果相似（如 Prather et al., 1975; Shriberg, 1993; Smit et al., 1990 所做的研究）。

表 3-4　英语辅音的习惯产出和熟练掌握年龄

年龄	习惯产出	熟练掌握
2 岁之前	p b m n w h[a]	

（续）

年龄	习惯产出	熟练掌握
2 岁	t d k g ŋ	
3 岁	f s r l j	p m n w h
4 岁	v z ʃ ʧ ʤ	b d k g f j
5 岁	θ ð	
6 岁	ʒ[b]	t ŋ r l
7 岁		θ ʃ ʧ ʤ
8 岁		v ð s z

注：a 关于这些辅音，儿童在两岁时的发音正确率超过 70%
　　b 关于这一辅音，儿童在 8 岁之前无法掌握，没有出现在右栏
资料来源：改编自 Sander (1972), Stoel-Gammon and Duun (1985)。

　　表 3-4 表明，对儿童来说，塞音、鼻音、流音这些发音方式的辅音，相对可以较早地正确产出，而擦音、塞擦音和流音的正确产出相对较晚才发生。表 3-4 也表明，习惯产出年龄和熟练掌握年龄之间的时间差因辅音的不同而有明显的不同。例如，/p, m, n, w, h/ 这几个音位，儿童可以在 2 岁之前习惯产出，在 3 岁左右熟练掌握；与之相反，/s, z, v/ 这些音位的习惯产出年龄和熟练掌握年龄之间的间隔是 4~5 年。

　　如前所述，表 3-4 的说明重点在于单个辅音在各种单词位置中的准确度。辅音簇（如在 fly（飞）一词开头的 /fl-/）通常很晚才会习得。能够产出辅音簇里的单个音位的儿童可能无法把它们组合成一个序列。因此，对于 four（4）里的 /f/ 和 look（看）里的 /l/，儿童可以正确地发音，但是对于 fly 里面的 /fl-/ 组合，儿童可能会在发音时没有 /f/ 或没有 /l/。根据斯密特及其同事（Smit, 1993; Smit et al., 1990）的研究，儿童对单词开头双辅音辅音簇（如 /tw-, sm-, pl-, br-/）的准确产出大概在 7 岁，三辅音的辅音簇（/spl-, str-, skw-/）的准确产出大概在 8 岁。

　　以上描述的衡量方法和时间表提供了儿童习得英语音系发展的总体图景。因此，它们是评估儿童音系发展的基础，也可以被用来确定某一特定的儿童的发育是否处于正常范围。

当音系发展出现困难时

　　有大量的研究集中在音系系统发展无法以正常方式进行的儿童，以及对他们的

诊断类型和干预措施。对于那些在数量上或质量上与同龄人发育不同的儿童，人们使用了各种各样的标签。这些标签包括：具有言语声音障碍的儿童、具有发声障碍的儿童、言语迟缓的儿童、言语发展异常的儿童，以及其他情况。不管采用了何种标签，这一人群都可以被划分为以下两组：①障碍成因不明的儿童（通常被称为具有音系障碍）；②障碍成因可以辨别的儿童（通常被称为具有发音障碍）。

成因不明的音系障碍

尽管在其他方面发育正常（如认知和运动发展），但是一些儿童无法成功地以典型的方式习得他们的音系系统。这些儿童会展现出以下非典型模式里中的一部分或全部特征：

- 他们是"安静的"婴儿，在前语言期的发声输出较为有限。
- 他们在达到辅音 – 元音（CV）学语期时有所延迟。
- 他们的词汇习得较慢（即"迟语者"）。
- 他们的语音系统较小，即使在 24~30 月龄时可能也只有以早期习得的辅音（如 /b, d, m, n, w/）构成的单词。
- 他们使用非常简单的音节和单词结构，基本上是单独出现的元音（V，如把 "hot" 发成 [a]），辅音 – 元音（CV，如把 "ball" 发成 [ba]），或者辅音 – 元音 – 辅音 – 元音（CVCV，如把 "water" 发成 [wawa]）；
- 对于这个年龄段的人来说，他们言语的可理解程度较低——当一名具有音系障碍的 3 岁儿童说话时，听者可能只能理解其所要表达意图的 25%，而一名正常发育的同龄儿童的话语可以被理解 75%（Bowen, 2015; Rvechew, 2014; Stoel-Gammon, 1991、2011 ）。

音系发展迟缓和早期语言发育迟缓 / 障碍之间存在高度的共生性。因此，其中一些儿童可能也会展现出特定性语言障碍（参见第 9 章）。

在很多情况下，具有非典型音系的儿童会在言语发展中出现延迟；也就是说，习得的过程是正常的，但是较预期更慢。在一些案例里，发展不仅仅出现了"延迟"，还与正常情况有所不同，这也被称为"异常"。对于音系发展异常的儿童，音位和单词结构不仅发展较慢，也不以预想的发展模式进行。这些儿童所输出的言语同样具有较低的可理解程度，这会影响他们与不熟悉他们言语的同龄人和成年人的交流。

在临床文献里，成因不明的音系障碍通常被称为"功能性发声障碍"，被诊断出患有这一障碍的儿童会由言语语言治疗师进行治疗（Bernthal et al., 2013）。根据美国国家卫生研究院发布的数据，5 岁儿童出现这一障碍的比例较高——将近 25%，而到了 8 岁则降低为 2%。学术和临床研究表明，比起女孩，男孩显示出更高的障碍比例，男女比例介于 1.5~2.4 之间。

障碍成因可以辨别的发音与音系障碍

就定义而言，我们无法确定患有"功能性发声障碍"的儿童的问题成因。然而，还有一些儿童，他们的问题成因是可以辨别的：他们可能具有呼吸系统和 / 或喉部的障碍，发声器官结构或功能的障碍，或者听力障碍。这些障碍都会对音系发展产生影响。以下我们会描述一些更常见的障碍的特征。

脑瘫（cerebral palsy, CP）是儿童时期最常见的运动性残疾，也会影响言语运动控制，引发呼吸、发声（声带振动的控制）以及发音的问题。在美国，每 1000 名儿童中就有 2~3 名儿童患有脑瘫，每年出生的婴儿里有大概 8000~10 000 人会患上脑瘫。这种残疾影响肢体移动、姿势、肌张力，通常会出现痉挛症状（肌肉过度紧张）。

患有这种疾病的儿童的言语产出的所有方面都会受到影响，导致发展性构音障碍（dysarthria）。患者格外缺乏发出辅音（尤其是擦音）和元音所需要的发音精准度；缺乏分割短语和重音所需的呼吸控制；同时肌肉虚弱导致言语缓慢（Hodge, 2014; Hodge & Gotzke, 2011）。因此，一些患有脑瘫的儿童的言语格外让人难以理解。

儿童言语失用症（childhood apraxia of speech, CAS）是一种能够影响幼儿言语产出的运动性言语障碍。美国言语 – 语言 – 听力协会对儿童言语失用症的定义如下："儿童言语失用症（CAS）是一种神经性的儿童（儿科）言语语音障碍，患者使用言语所需要的活动的准确性和一致性都受到损伤，但不存在神经肌肉缺陷（如反射神经异常、肌张力异常）……计划和 / 或安排运动顺序的时空性参量出现了核心障碍，导致言语语音产出和韵律出现错误。"

绝大部分被诊断为 CAS 的儿童都有患有言语或语言障碍的家庭成员，这暗示着可能的遗传性（Velleman, 2003）。儿童言语失用症的患病普遍性估测范围较广，介于 0.1%~4.3%（Bauman-Waengler, 2016）；这种明显的差异性可能来自临床检验的差别，这导致我们难以区分患有功能性发声障碍的儿童和患有儿童言语失用症的儿童。这两类儿童都可能产出很少的牙牙学语，比期望更晚到达单词阶段；然而，这两类儿童之间的差别依然存在。儿童言语失用症的独特特征包括：同一单词的不同产出之间缺乏一致性；在排列音节时出现明显困难；尝试协调动作以产出较长的单词或短语时，会出现"试探性"的动作；产出句子时重音或语调错位，带有所谓"急促的""单调的”和 / 或缓慢的节奏（McNeil, 2014; Ozanne, 2005; Peter & Stoel-Gammon, 2008; Shriberg, Aram & Kwiatkowski, 1997）。

唇裂和 / 或腭裂（cleft lip and/or palate, CL/P）是一种先天性缺陷，会影响气流的通过及发出语音的能力。患有唇裂的婴儿在出生时上唇裂为两半；患有腭裂的婴儿在出生时软腭和 / 或硬腭（口腔上壁）会有缺口。婴儿可能患有唇裂或腭裂，或同时患有唇腭裂（Riski, 2014）。根据美国疾病控制中心的数据，没有其他重要先天性缺陷的唇腭裂是美国最常见的先天性缺陷之一：大概有 2650 名婴儿出生时患有腭裂，另有 4440 名婴儿患有唇裂（同时也可能患有腭裂）。

患有唇腭裂的婴儿无法产出口腔内的塞音（/p, b, t, d, k, g/），因为这些音位在发声时通过口腔的气流需要完全被阻拦。唇腭裂的裂口及伴生的通过移动软腭达到鼻腔和口腔闭合（腭咽闭合）这一能力的问题，使维持塞音及其他高压辅音所需的口腔气压难以成为可能。除此之外，口腔无法封闭也与鼻腔共鸣过重（元音、塞音和擦音发声时伴有鼻腔气流）有关（Skinder-Meredith & Smith, 2013）。

发声困难可以通过外科手术修复或改善唇部和 / 或腭部的裂口。这种手术通常在12~18 月龄时进行；在一些情况下，尤其是在腭咽闭合损坏时，儿童稍微长大后还需要进行第二轮手术。对一些儿童来说，术后的言语产出有明显的改善，对于另一些孩子则不然，因此还需要言语治疗。考虑到婴儿在手术之前就会经历前语言期，他们的牙牙学语是非典型的，早期单词产出也有非典型的模式：大量的鼻辅音、较少的口腔辅音、很多声门塞音，以及很多像 /h-/ 的产出。对大多数儿童而言，在恰当的修复之后，言语产出模式会在 4~5 岁时回归正常期望（Bauman-Waengler, 2016; Riski, 2014）。

听力丧失（hearing loss, HL）影响言语感知，因此也影响言语产出。长期以来，辨别患有听力丧失的儿童是一件难事：在儿童无法在期望的时间（18 月龄之前）产出单词之前，家长（和儿科医生）难以意料到问题的存在，而相关问题的诊断则会延迟到 24 月龄乃至更晚（Eiten & Simmons, 2016）。

在过去的 20 年里，美国实行的新生儿听力筛查为此带来了明显的改变。美国疾病控制中心报告称，2011 年，美国政府对 97% 以上的新生儿进行了筛查，而在 2011年全年有 5088 名在美国出生的婴儿被诊断出有永久性听力丧失。听力丧失的早期鉴别也带来了更早的干预：婴儿在 6 月龄时即可戴上助听器，有时甚至更早。听力明显乃至严重丧失的儿童会由评估决定他们是否能够使用人工耳蜗。这是一种设计用于为内耳的听觉神经提供直接电信号刺激的电子医疗器械。人工耳蜗的植入通常在婴幼儿15~20 月龄时进行。助听器能够放大声音，而人工耳蜗能够发挥和内耳一样的功能，把外部的声音和大脑连接起来（Houston & Miyamoto, 2010; Vlastarakos et al., 2010）。

听力丧失影响言语产出这一点不足为奇。如果婴儿无法听到家长或看护者的言语，他们就很难能够像听觉正常的同龄人一样产出言语。因此，他们的前语言发展会受到影响，特别是在助听器放大信号或者植入人工耳蜗之前。患有听力丧失的婴儿比正常发育的儿童产出第一批单词的时间更晚，词汇量增长也更慢（Moeller et al., 2007）。

在音系方面，患有听力丧失的儿童趋向于和听力正常的儿童具有同样的习得模式，但是他们的习得速度较慢。发展模式的不同在擦音和词尾辅音的准确度测量中都有所体现（Ertmer & Stoel-Gammon, 2016）。[s] 这样的擦音给高频声音听力受限的儿童带来了挑战（Moeller et al., 2007）；词尾辅音在对话言语中通常不发声，与其他语音相比更难听清（Ambrose et al., 2014）。除了音段发音的问题，听力丧失的儿童的韵律可能也会受到损伤。

音系 / 发音障碍的影响

无论什么原因，非典型的音系发展都与较低的言语可理解程度相关。儿童的非典型言语产出会导致他们可能难以参与同龄人的社交活动，并且在进入学校后出现交流与教育问题。近期研究还表明，他们可能会表现出较低的音系意识技能（参见"音系意识和阅读就绪"一节）；这反过来也可能会导致更高的阅读障碍风险。

英语形态音系的习得

形态音系（morphophonology）主要讨论我们见到的音变情况。例如，比较 nation、native、nativity 和 nationality 这几个相关单词的"nat-"的发音，以及比较 knife 和 knives 的发音。儿童是如何掌握这些语音变化的模式的呢？

单词经常包括更小的有意义的部分，能表达含义的最小的单位被称为语素（morpheme）。不能被分为带有含义的更小的部分的单词就是一个语素：比如猫（cat）、跑（run）、大（big）、如何（how）、象（elephant）。一个语素可能是一个单独的音位，就像在 cats 中表明复数的 /s/，或在 waved 中表明过去式的 /d/。一个语素也可能有几个音节长，就像 elephant 整个单词。cats、waved、hatband、runner、biggest 和 however 这些单词，每个单词都包括两个语素。就像 cats 的复数结尾和 waved 的过去式结尾一样，runner 结尾的 -er 和 biggest 结尾的 -est 是可以分割的有含义的元素；

这里的 -er 意思是"……的人"，-est 则表示"最"。

有些屈折词尾，无论附着在哪个单词上，它都保持同样的形态，就像动词 giving 的进行时 -ing 结尾一样；另一些结尾则根据所附着的单词或词干的不同，有着不同的形态。这些不同的形态被称为同一语素的语素变体（allomorph），而语素音系就是描述决定语素变体的选择方式。例如，复数语素在大多数清塞音之后发音为 /s/，比如 cats 和 rocks。当复数语素跟在元音或大多数浊塞音之后，它的发音是 /z/，比如 days、kids 和 dogs。还有一组词尾发音需要这个语素的第 3 个变体。以"咝"音（/s/ /z/ /ʃ/ /ʒ/ /tʃ/ 或 /dʒ/）结尾的单词需要 /əz/ 这个变体，比如 kisses、sneezes、fishes、garages、churches 和 judges。复数音素的这 3 个变体被称为它的规则语素变体；"规则"在这里意味着，如果我们知道单数单词的发音，那么这 3 个复数结尾中的选择是自动的。除此之外，还有一些不规则复数语素变体，需要单独学习。例如，oxen 里的 -en，children 里的 -ren，以及像 man 这个单词中出现的代表复数的内部元音变化。（因此，尽管 men 这个词不能像 cats 一样分成词干和词尾，它依然包括两个语素，分别是 man 和复数语素。）还有一些单词，像 sheep 和 deer，在变为复数时没有任何改变；这些词在以复数含义使用时带有一个"零位"的复数语素变体。

在儿童的词汇发展时，目标单词变得更长，在语音上更为复杂；当儿童长大时，他们必须学会处理产出相关单词形式时出现的变化。例如，photograph（照片）、photography（摄影）和 photographic（照片的）这几个单词相互关联，但是在重音和部分语音的发音上存在本质的区别。photograph（照片）的重音在第一个音节上（PHOtograph）；photography（摄影）的重音在第二个音节上（phoTOgraphy）；photographic（照片的）的重音在第三个音节上（photoGRAphic）。除了重音位置的变化，这 3 个单词的元音发音也有所变化。像 electric（用电的）和 electricity（电力）、nation（国家）和 nationality（国籍）、confess（承认，动词）和 confession（承认，名词）这些单词，都是儿童在逐渐掌握英语音系系统的过程中必须学习的模式的相关例子。

家长在音系发展中的作用

在对婴幼儿说话时，成人（如母亲、父亲和看护者）会改变他们的言语，特别是语速放缓，采用更高的音高，在产出句子时加入更大的语调起伏。除此之外，他们的话语更加清晰，会夸张地表现出相似语音之间的不同（文献回顾参见 Soderstrom，

2007）。针对母亲的词首辅音发音细节的声学评估表明，母亲在对处于单个单词阶段的儿童说话时更为准确，但是对前语言期和更大的儿童则不然。伯恩斯坦·拉特纳（Bernstein Ratner, 1984a、1984b）研究了母亲的元音发音，发现当母亲对处于"单个单词阶段"的儿童说话时，元音发音更长，并且在名词、动词和形容词中的区别更为明显，而这也是儿童自己会使用的一类单词。在对使用多词话语的儿童说话时，元音不仅会在名词、动词和形容词之间进行区分，还会在儿童刚开始使用的功能词部分里进行区分，包括代词、介词和连词。库尔及其同事（1997）对 3 个不同语言社群里的儿童和成人的言语进行了检验，这 3 种语言分别是美式英语、瑞典语和俄语。他们发现，在每一组里，母亲对儿童说话时的元音都是"夸张的"。研究者假设，这种夸张是用来区别不同元音音位的，因此为儿童的模仿提供了更清晰的模型。这种发音精确度的提升可能并不是有意识的，它对音系发展的影响也尚未知晓。

音系意识和阅读就绪

正常发育的英语母语儿童，在幼儿园时期就已经学会他们使用的英语单词中的大多数语音。但是为了学习把单词读出来从而可以阅读，他们需要做到比单词发音准确之外的事情；他们必须能够分离，即要能够独立地想到单词中不同语音的发音。例如，能在声学测试中辨认 pot（锅）和 pup（小狗）以同样的音开头但以不同的音结尾，以及能够说出如果把"spot"开头的 s 去掉，留下来的单词是"pot"。这种能把一个单词拆解为它的语音并且判断这些语音是否相同的能力，被称为音系意识（phonological awareness）或音位意识（phonemic awareness）。《芝麻街》这样的教育类电视节目就试图在儿童开始在学校学习阅读之前构建他们的音系意识，因为无法意识到 pot 和 pup 以同一个音开头的儿童，更难以学会两个词都以 p 这一字母开头，并且能够意识到 p 可能也是 pick 一词的开头、pup 一词的结尾。即使在没有明显阅读障碍的儿童中，幼儿园时期较差的音系意识不仅能够有效预测小学时期的单词辨认和拼写技能，也能够预测高中时期的相关技能（MacDonald & Cornwall, 1995）；同时，与幼儿园时期的阅读技能相比，它也能更好地预测之后的单词认知技能。其他研究（如 Fletcher et al., 1994）都一致认为语言方面的评估，特别是音位意识，能够最佳地预测儿童的阅读障碍。

美国的语言差异：语言、方言和言语风格

尽管可能在学校里学过其他语言，但大多数美国人只说一种语言。因此，我们倾向于认为用一种以上语言交流的能力是很少见的。在美国，在成长时学习多于一种语言的儿童大概占 21%，西班牙语是最常见的第二语言（2011 American Community Survey）。与之相反，在世界各国中，大概有 2/3 的儿童会成长为双语者（Worldwatch Institute, 2001），这意味着美国大比例的单语者反而是少见的。在印度和非洲，几乎所有的儿童都会学不止一种语言；在很多情况下，一种语言在家里使用，另一种语言在小学使用，可能还有一种在大学里使用。因此，学习两种语言并不应该成为特例，而是应该当成常模。双语儿童无须具备语言天赋，只需要规则地接触两种语言即可。

美国的西班牙语

近些年，美国的西班牙语使用者出现了戏剧性的增长。根据美国人口调查局发布的数据，1990 年，西班牙裔美国人估计为 2240 万人；在 20 年里这一数字呈翻倍增长趋势，2012 年，西班牙裔美国人总数上升到 5300 万（美国人口的 17%）。当前预测表明，西班牙裔美国人将会继续迅速增长，在 2050 年之前达到将近 1.33 亿人（美国人口的 30%）。尽管自我认同为西班牙裔美国人中将近 3/4 都使用西班牙语，但是研究者、教育者和言语语言治疗师最近才开始研究西班牙语的习得。针对习得西班牙语的儿童的音系习得的研究相当复杂，因为美国的西班牙语家庭来自不同的地区，他们的言语反映出一系列方言。西班牙裔美国人主要来自墨西哥，在 2011 年占总人口数的 64.6%，主要居住在西部和西南各州。在美国的东部，很重要的一部分西班牙语使用者（9.5%）带有波多黎各背景，除此之外，还有来自萨尔瓦多（3.8%）、古巴（3.6%）、多米尼加共和国（2.9%）和哥伦比亚（1.9%）的人口。2013 年，超过 60% 的西班牙裔美国成年人报告说，他们说英语或者是双语。大多数成长于第一代和第二代西班牙裔家庭的儿童以西班牙语作为自己的第一语言，2015 年的调查显示，每 4 名 5 岁及以上的西班牙裔儿童就有 3 名（73%）在家中部分使用西班牙语，这也包括双语的儿童。

1. 研究西班牙语音系发展的相关问题

在美国，几乎所有的语言习得研究都会关注出生于单语家庭、习得英语的儿童。如果我们要研究西班牙语的习得，必须首先考虑以下问题：①儿童学习的是西班牙语的哪种方言？②如果儿童成长于双语家庭环境，他们会听到多少英语和多少西班牙

语？他们是从出生起就在接触这两种语言吗？③双语儿童是在家中说一种语言，在学前班／学校说另一种语言吗？音系发展的研究基本侧重于两个方面：①在西班牙语环境中成长的单语幼儿的西班牙语习得；②学习英语和西班牙语的儿童，包括同时学习两种语言（同期双语）或一种语言在前另一种语言在后（顺序双语）。这些发现结果对在课堂环境下辅导这些儿童的教师、需要辨别语言习得迟缓儿童的言语语言治疗师，以及志在比较单语与双语音系发展的语言学家和音系学家尤为重要。

2. 北美西班牙语的音系

我们在本章开始时描述了普通美式英语（General American English, GAE）的辅音和元音（音位）以及语音组合模式（语音的可能序列）。与之类似，在我们展现北美西班牙语习得的发现之前，我们必须首先考虑西班牙语的音系系统，记住不同的方言之间存在明显差异。美式英语里有 40 个音位，包括 24 个辅音和 16 个元音（参见本章介绍部分）。与之相比，墨西哥西班牙语具有 18 个辅音和 5 个元音，分别是 /i, e, a, o, u/。和英语一样，辅音音位可以通过发音方式、发音位置和清浊音的语音特征进行分类。在下面的章节里，我们会列举国际音标符号和语音特征，以及英语和西班牙语音位之间的相同之处和不同之处。

（墨西哥）西班牙语的辅音，按照发音方式分类

1. 塞音：/p, b, t, d, k, g/

西班牙语中一共有 6 个塞音（方式特征），包括清浊的双唇音 /p, b/，齿龈音 /t, d/ 和软腭音 /k, g/（位置和清浊特征）。尽管西班牙语的国际音标符号和英语一样，但在发出塞音时，两者有几处语音方面的不同。其一，在英语里，pit 或 pocket 里的 [p]（特别是在当 [p] 是重音音节的第一个辅音时）跟随着一段简短的气流（称为"送气"）。送气也出现在另外两个清塞音里，比如 ten 或 toe 的 [t]，以及 cap 或 kitchen 的 [k]。与之相反，在西班牙语单词 peso（"比索；重量"）和 pollo（"鸡"）的 [p] 后面不跟随送气，而 todo（"所有"）的 [t] 和 casa（"房子"）的 [k] 也一样不跟随送气。因此，英语的清塞音音位被划分为送气音（aspirated），而西班牙语的清塞音是不送气音（unaspirated）。儿童为了能听起来像两种语言的母语者，必须掌握两种语言的清浊特征。

英语和西班牙语的塞音的第二个区别是 /t/ 和 /d/ 的舌位。例如，在英语的 ten 和 door 这两个单词中，舌尖上翘到牙槽嵴，但是当发出西班牙语的 taco 或 dos（"二"）时，舌尖向前伸，几乎触及前牙的后面。最后，这两种语言发出浊塞音的时候有所不

同：西班牙语的塞音 /b, d, g/ 在两个元音之间时分别发音成浊擦音（voiced fricative）[β, ð, ɣ]。在英语中，这些音位在所有位置都发成塞音。

2. 清擦音 /f, s, x/

西班牙语的 /f/ 和 /s/ 两个音位是清擦音，与英语的同样音位相似。/x/ 这一音位是一个软腭清擦音（voiceless velar fricative）（如 Quixote 的"x"）；这一音位在英语里不存在。

3. 塞擦音 /ʧ/

西班牙语中有一个塞擦音，如 chico（"小"）里的 /ʧ/，是一个硬腭清塞擦音（voiceless palatal）；英语具有同样的音位以及它的浊音对应版，是 Jill 里的 /ʤ/。

4. 鼻音 /m, n, ɲ/

西班牙语中有 3 个鼻音，都是浊音：双唇音 /m/ 和齿龈音 /n/，都和英语相似，以及硬腭音 /ɲ/，这个音位出现在西班牙语里，但英语里没有。这一音位听起来像 canyon（峡谷）里的"ny"，只会出现在西班牙语单词的中间位置，如 nino 里的"n"。

5. 流音 /l, r, ɾ/

西班牙语里有 3 个流音音位：边音 /l/ 和两种"r"。/r/ 这一符号代表像 perro（狗）里面一样的舌尖颤音（trill）；我们需要注意，同一个符号也用于我们对英语辅音的描述，代表一个非常不同的"r"音。/ɾ/ 这一符号代表"弹"或闪音（tap），就像 pero（但是）一样，在对话英语里单词内齿龈辅音的发音时也会出现，就像 ladder（梯子）或 water（水）。

6. 滑音 /j, w/

这些音位经常和英语里相同：像 huevo（蛋）里的双唇音 /w/ 和 yo（我）里面的硬腭音 /j/，尽管随着方言变化也可能存在语音细节的差异（例如，/j/ 可能会被发成 [ʒ] 甚至 [ʤ]）。

除了音位类型数量的不同，西班牙语和英语的语音组合模式也有所不同。语音组合模式是指语音出现在单词内的可能方式。有两个例子：①英语中几乎所有的辅音都可以在词尾出现，但是在西班牙语的 18 个辅音中，只有 5 个可以出现在这个位置。②英语中有 25 个以上不同的单词首辅音簇（2~3 个辅音的序列），如 spin 的 sp-、spring 的 spr-、stone 的 st-、swing 的 sw-、try 的 tr-、flu 的 fl- 和 gray 的 gr-；除此之外，有多种辅音簇可以出现在单词尾（如 milk、tart、ask、tent、raft、jumps、length 以及其他很多例子）。与之相比，在西班牙语中，在词首有 12 种不同的辅音簇，它们都由两个辅音组成，而在单词结尾没有辅音簇。西班牙语中没有以 /s/ 开头后接辅音的单词。我们可能注意到，西班牙语成人使用者在发出 school，spoon 和 stop 这些单词的词首辅音簇时有困难，这很可能是因为这种辅音簇不存在于他们的母语里，因为西班牙语里对应 school 这种英语单词的词通常以 /ɛs/ 开头，比如 escuela。

与英语一样，北美西班牙语的发音在不同地区存在较大的差异。然而，英语里的方言区别主要在于元音的发音（参见以下有关方言的一节），而西班牙语的区别主要在于辅音，这让我们难以普遍化不同方言地区儿童的辅音习得过程。在建立习得时间常模时，一个尤为重要的不同点在于西班牙语的一些方言把单词尾的 /s/ 替换成 [h]。

1. 单语儿童的音系习得：比较英语和西班牙语

以上总结的一个解释是西班牙语的音系在某种程度上比英语音系更简单：西班牙语具有更小的辅音和元音语音系统，有更少的词以辅音结尾（我们知道词尾辅音比词首辅音习得更晚），更少类型的词首辅音簇，并且单词结尾不存在辅音簇。考虑到这些不同，我们或许期望西班牙语的音系发展比英语更快。但这并不是实际情况，可能因为西班牙语单词平均比英语单词更长。学习西班牙语的单语儿童看起来和学习英语的单语儿童遵循相同的普遍时间表（Catano, Barlow, & Moyna, 2009; Goldstein & Iglesias, 1996; Jimenez, 1987），用辅音正确率（如前所述）对准确度的比较表明，两组单语儿童的单个单词和对话言语里的辅音准确度都很高。

尽管整体表现很相似，但是如果我们观察习得那些容易出错的辅音的时间表时会发现，其不同之处非常明显。在学习西班牙语的儿童中，擦音 /s/、pero（但是）里的闪音 "r" 和 perro（狗）里的颤音 "r" 的正确产出都较迟才出现；在学习英语的儿童里，较晚习得的辅音包括浊擦音 /ð, ʒ/ 和流音 /l, r/。如前所述，英语里的 "r" 的发音和西班牙语里闪音或颤音 "r" 的发音都不相同。

2. 双语儿童的音系习得：比较英语和西班牙语

我们或许期望学习西班牙语和英语两种语言的儿童的音系发展会比只学习一种语言的儿童更慢；对这一观点的支持证据情况不一。大多数研究表明，使用辅音正确率评估，双语儿童的准确度与他们的单语同龄人相当（Goldstein, Fabiano, & Washington, 2005; Goldstein & Washington, 2001）。然而，在这两种语言中产出的错误本质上也观察到了不同之处。例如，戈德斯坦（Goldstein）和华盛顿（Washington）（2001）研究的 4 岁儿童，在说西班牙语时比在说英语时更有可能在试图发出辅音簇时省略辅音，也更有可能省略词尾辅音。

一些针对 3~4 岁儿童的研究显示出单语和双语习得之间的不同。法比亚诺－史密斯及其同事（Fabiano-Smith & Barlow, 2010; Fabiano-Smith & Goldstein, 2010）发现，单语儿童和双语儿童说英语的时候，整体的辅音准确度是相同的；但是在说西班牙语时，单语儿童的准确度比双语儿童更高。尽管存在这些区别，双语儿童在习得时并没有推迟——他们的表现介于自己年龄段的"正常"范围内。一项针对英语的研究（Gildersleeve, Kester, Davis, & Pefia, 2008）表明，双语使用者对英语音系的习得和单语者不同，表现出更多的错误和更罕见的错误模式。整体而言，这些研究表明，学习两种语言并不比学习一种语言更困难，尽管习得的一些方面可能会需要稍长的时间。

英语的地域差异和民族差异

在美国，很多人只有在长大后才会了解到周围习得英语的地域差异和民族差异。但是研究英语中的地域差异和民族差异（社会语言学的一部分领域）、了解儿童所学习的语言变体，对于教育者和言语语言治疗师是很重要的。原因如下：不同地区和民族背景的人发音不同，他们听到的言语语音也不同。我们在第 2 章有关言语感知发展方面的一节里讲过，10~12 月龄儿童开始变得不再能分辨不在他们母语（同时也必然是他们母语的母方言）里相对的语音，尽管如果他们足够早地开始使用一种新的语言或方言（大致是 5 岁之前），也可以自然地重新获得之前所有的能力。

把 pin 和 pen 这样一组单词发成同样发音的成人可能认为自己实际上发了不同的音，因为这两个词拼写不同。教授阅读的教师需要知道他们自己以及所教的学生发出单词的方式，这样他们才能找出学生能够自己试出哪些词，而哪些词需要记忆。

如果学生和教师对 pin 和 pen、cot 和 caught、merry 和 marry 的发音都是一样的，那么他们必须单独记忆这些词的拼写（就像我们必须记忆 pair、pare 和 pear, to、two 和 too 一样）。儿童无法听出自己母方言里不存在的发音区别，而教师也不太可能听出他们自己母方言里不存在的区别。

言语语言治疗师也需要知道他们的客户所学习的语言变体中正常的发音，这样他们就无须"纠正"一个人的地区和民族方言中实际正常的语音（除非这是一名想要"减少口音"的客户，想要学"普通美式"英语使用者的口音）。

除非我们把儿童和他们的家长或者稍微年长的朋友进行比较，让他们在同样的设定下说出同样的单词，否则我们难以分辨发音形式与我们自身不同的儿童到底是正确的还是错误的。家长来自纽约、把 bang 发成 [bɪəŋg] 的儿童，或者来自西部、把这个词发成 [bɔŋ] 的儿童，和来自中大西洋、发出 [bæŋ] 的儿童都一样正确。

当然，如果我们在学习用语音学方式转写话语，或者在教其他人这方面的内容时，我们也需要注意发音中的方言差异。本章的两位作者来自美国的不同地区：对卡罗尔·斯托尔 – 加门来说，dog 读作 [dag]（dahg），和 log[lag] 押韵；而对丽丝·门恩来说，dog 的发音是 [dɔg]（dawg），和 log [lag]（lahg）一点都不押韵。本章中的一些国际音标转写也反映了这些差异；"正确"的转写是能够准确地捕捉到被转写的人的言语的转写，而不是与词典发音相一致的转写。

截至目前，我们已经讨论了地域方言，但是民族方言也同样重要，特别是非洲裔美式英语（AAE），也被称作非洲裔美国白话英语（African American Vernacular English, AAVE）。非洲裔美式英语的成人和少年使用者会根据他们的说话对象和场合的正式程度选择使用更多或更少的明显的非洲裔美式英语特征，但是幼儿可能会先学会那些较为随意的模式。这些模式中的一部分与语言发展评估相关，也与使用能让儿童理解的阅读教学方式有关。库佩奇（Coppedge）、康纳（Conner）、曼森（Mason）和维勒曼（Velleman）（2009）汇报称，由于非洲裔美式英语倾向于省略一些普通美式英语中存在的词尾辅音，并简化词尾辅音簇，学习非洲裔美式英语的儿童会比处于同一词汇水平的学习普通美式英语的儿童产出更少的词尾辅音。他们研究中的刚刚开始说话的幼儿，比词汇量相等的学习普通美式英语的儿童更少使用词尾辅音，也更少尝试说带有尾辅音的成人单词。

皮尔森及其同事（Pearson, Velleman, Bryant, & Charko, 2009）研究了一些稍微年长的儿童，发现了一种平衡：与学习普通美式英语的儿童相比，学习非洲裔美式英语的 4 岁儿童倾向于更早地产出 /s/、/r/ 和 /z/ 这样的"晚发展辅音"，也更早地掌握词首辅音簇。这个结果的一种可能的解释是学习非洲裔美式英语的儿童需要在词尾位置掌握相对更少的辅音或辅音簇，因此他们可以更多地关注音系的其他方面。

会话演讲中的发音

一个单词的发音取决于语言使用者所使用的言语风格。语言使用者用来朗读单词表、把新单词展现给幼儿的高度自觉的言语风格，和与同一方言背景的家人或旧友深切交谈时使用的没有自觉的言语风格之间存在很大差异。我们更可能在缺少监督的言语风格里听到最为明显的地域变体和民族变体。

语言使用者通常意识不到，他们在对话中的发音和仔细朗读单词表时，同一个词的发音差距可能会有多大。例如，在"I have to leave now"（"我现在就得走"）这句话里，have 和 to（必须）通常会按照单独一个词的方式发音，发音是 [hæftə]（hafta）。除非特别强调，"Want to"（想要）和"going to"（将要）则会分别变成 wanna / wannu 和 gonna / gonnu。很多语言使用者把对话插入短语 y'know（你知道）的发音缩减成了近似于 [jõ]（yo，但是带有鼻元音）。美国人尤其容易受到两个元音间夹有 t

的单词（比如 water）拼写的欺骗；很多人认为他们应该发音为 [watɚ]，也以为自己真的如此发音，实际上，正常且正确的美式发音则接近于 [wadr][wada] 乃至 [wɔdɚ]，这取决于语言使用者所处的地理位置。中间的辅音并不是 Tina 里的 [t]，它是一个闪音或者弹音，类似于我们在讨论西班牙语时介绍的 [ɾ]；在更为进阶的文献里，我们通常采用这一符号而不是 [d]。

英语所有方言的使用者也都会简化各种词尾辅音簇，特别是当接下来的词也是以辅音开头的时候（比如 George an' Mary）。他们会省略非重音音节的元音，部分清化短语结尾的浊塞音和浊擦音，省略非重音宾语代词里的 /ð/ 和 /h/（"Push 'em over here""I see 'er"），诸如此类。尽管幼儿在命名过程中经常孤立地听到名词，但他们通常会在短语里听到大多数其他单词，而他们试图发音的"目标"必须被认为是这些短语形式（也就是 hafta, wan'em, couldja 这一类形式）。因此，have、want 和 you are 这样的单词，被发成 I haf a cat, What does he wan, I see dja，除非是在错误的语境里，否则都不能算是错误。

本章要点

音系主要是关于一种语言的语音之间的关系：它们由于发音方法所造成的语音相似之处，通过最小对显示出来的对比，它们可能出现的语音组合模式，以及不同音位对应同一语素的各种变体的方式。学习说话的儿童必须学会产出正确的语音，把它们按照所学语言要求的顺序排列，并识别同一音位代表的不同音段。如果他们在同时或先后学习两种语言或同一语言的两种方言，他们需要学会两种说话方式的音系。

人类天生具有聆听和产出语音的生物学基础，这一基础持续由语言经历塑形，包括对不同的语音和语音序列的反应。正常婴儿出生时就具有听辨语音之间各种差异的能力，但在 10~12 月龄时，他们的声学感知开始趋向于成人，即他们对周围一切语言中不是音位差异的语音差异都逐渐失去敏感性（参见第 2 章）。婴儿似乎也以生物学决定的方式经历声音产出在最早几个月的发展，因为失聪对声音产出的负面影响只在学语期开始后出现。在学语期晚期，个体差异和周围语言的影响逐渐出现。从学语期到言语的过渡是逐渐产生的：早期单词倾向于使用儿童在学语期晚期更喜欢的语音和语音序列。

我们用描述性的特征来衡量儿童在发音方面的部分成功，观察他们尝试发出相关的语音时相连的近似之处。英语儿童音系的普遍模式包括浊化所有的词首塞音、用牙槽处发出齿龈音和软腭辅音、鼻音和 / 或发音位置同化，以及辅音簇简化。这些模式可以分别描述为针对词首清塞音、两种不同的鼻音 / 发音位置、同一单词内连续两个辅音的制约条件。当成人和儿童的对应模式有规律地出现在某一儿童的言语中，我们可以用规则描述成人词汇和儿童形式之间的关系，描述正确和错误的演绎。即使当成人 – 儿童对应模式还不足以规律到形成规则时，儿童单词所遵循的制约条件也可能很容易被观察到。

早期儿童词汇通常以小组方式出现，这一小组词的共同特征可以被抽象为模板，并书写成被称为正则式的公式。最终，儿童能够克服限制复杂语音模式的制约条件，学会把不同种类的语音放在同一个单词里，变得更为接近成人的模型。单词小组扩张并融合，致使模板作为描述逐渐不再有用，而规则变得更加有用。

儿童之间的个体差异可以体现在他们服从音系制约条件的策略上，也可以体现在他们个人的规则和正则式上。有些儿童会尝试说出整个短语，另一些则尝试说出单独的单词；有些会回避（公开）尝试自己无法发音的单词，另一些则自由地重新编排成人词汇，使其能够适应他们已有的常规发音。

出现非正常音系发展的儿童可以基本被划分为两种：问题成因可以识别的儿童，如脑瘫或听力损失的儿童；以及问题成因无法辨别的儿童。在大多数情况下，他们的发展路径和正常习得模式的儿童的发展相似，但是较为缓慢，即他们的发展出现了"延迟"。一小部分儿童的发展在本质上存在差异；我们称这些儿童展示出了"异常"的发展模式。音系障碍的出现与"可理解程度"的下降相关——成人难以理解儿童所说的内容。非正常发展可能也会与之后的阅读学习困难相关。

在小学期间，儿童会学习分辨英语重音系统的某些部分，在之后的学习时间里他们会熟悉基于拉丁语的英语单词展现出的一些关系。这些关系十分重要，因为它们能够降低学习新单词时所需的记忆负担。

对儿童来说，家长对发音的公开改正可能和其他习惯性行为的改正一样（缺乏）效果。然而，当儿童学习发出单个单词的时候，母亲在说出内容词汇时，词首辅音和元音的发音准确度都有所提升。除此之外，当儿童开始用功能词汇表达成人语法编码的语法关系时，母亲会更清楚地发出功能词汇。可能成人言语里这种微小的改变的确会帮助儿童学习他们周围的语言。

美国的很多儿童在主要说西班牙语的家庭中成长。在这些儿童长大时，他们会习得两种语言的音系和语言模式。研究表明，学习两种语言的音系系统并不比学习一种语言更困难，尽管习得的某些方面可能会花费略长的时间。

儿童音系问题

1. 思考本章中提到的儿童甲。

pot [bat]   back [bæk]

top [dap]   day [deɪ]

cat [gæt]   game [geɪm]

正如我们所说，她不仅在恰当的条件下（见右列）在单词词首使用浊塞音，也在需要对等清塞音的情况下（见左列）使用浊塞音。我们从中可以看出，尽管她能够使用正确的发音位置，但她还没有学会在单词开始发出清塞音。（我们可以说她有一项限制单词首发出清塞音的制约条件，这一制约比忠实表现成人模型单词的清浊的制约条件更强。）

如果她遵循我们以上所见的模式，她会如何发出以下的单词来符合她的制约条件？请用国际音标表示答案，不要采用英语拼写。她会说对其中的任何一个单词吗？

（a）pull　　（b）tummy　　（c）kiss　　（d）baby

2. 儿童甲有多种可能的方法来改变以浊塞音结尾的单词，这样她可以说出它们。最常见的策略是省略或清化词尾塞音。再或者，她可以不改变任何发音，而是直接回避她认为困难的单词。也就是说，她可以简单地拒绝尝试说任何以浊塞音结尾的成人单词。

（1）我们已经知道她不介意把单词词首的清塞音变成相对应的浊塞音，但是我们不知道她是否会随意改变词尾塞音的清浊。如果儿童甲不想省略或清化词尾的浊塞音，她会拒绝说出以下的哪些单词？

（a）dog　　（b）bad　　（c）duck　　（d）buzz　　（e）top　　（f）pig

（2）假设儿童甲愿意省略词尾浊塞音。请把问题 2（1）中违反她制约规则的单词用国际音标写成她可能会发音的方式。（我们假设她会像问题 1 里一样可靠地把词首清塞音变成浊塞音。）

（3）现在假设她偏向于清化词尾浊塞音。在这种情况下，她会如何发出问题 2（1）中违反她制约规则的单词？请用国际音标标记她的发音。

3. 思考本章中提到的儿童乙。以下是他对最早 6 个单词的处理方法：

pot [pat]（正确）   back [bæt] (bat)

top [tap]（正确）   day [deɪ]（正确）

cat [tæt]   game [deɪm] (dame)

他可能会如何处理以下单词？

（a）pull   （b）tummy   （c）kiss   （d）baby

4. 如果除了文中讨论的无法发出软腭音，儿童乙不存在其他发音困难，他会如何发出以下单词？

（a）bed （b）car （c）pig （d）pick （e）big （f）bike （g）get

特别兴趣部分

对语言学有特别兴趣的读者

有关制约条件的更多内容。优选理论（Optimality Theory）把可以发出的语音和语音序列的制约条件进行形式化（Bernhardt & Stemberger, 1998; Stemberger & Bernhardt, 1999）。优选理论把一系列的典型偏向设立为语言使用者选择不会违反的制约条件。例如，"每个音节必须以辅音开始，之后跟随一个元音"（在一系列人类语言中都成立，并且也是大多数学习英语的儿童的偏好，虽然这一点在学习威尔士语或芬兰语的儿童身上并不明显）或"辅音簇中的塞音必须具有同样的发音位置"（在很多成人语言中成立，同样也是儿童的偏好之一）这样的制约条件。某一特定语言使用者或语言较为难以克服的制约条件据称比较容易克服的制约条件"排位更高"。优选理论把克服制约条件的过程形式化为降低其制约条件排位。在描述使用表 3-2 第 3 列模式的儿童时，优选理论认为，儿童认为"忠实表现成人音节结构"比"除非其中一个辅音是 /w/，否则两个辅音不能一同出现"更为重要。

对言语语言治疗有特别兴趣的读者

计算辅音正确率（PCC）的规则如下（以前文中的 6 个单词为例）：

单词	儿童形式	目标形式	辅音正确率
ball	[ba]	[bal]	1/2（儿童正确发出了两个辅音中的一个）
doggy	[dadi]	[dagi]	1/2
juice	[dus]	[dʒus]	1/2
milk	[mɪk]	[mɪlk]	2/3
bananas	[nænæ]	[bənænəz]	2/4
woof	[wʊf]	[wʊf]	2/2

（1）决定每个单词中儿童正确发出了多少辅音，多少辅音出现在成人形式中，计算出儿童–成人辅音比；这一比例显示在上文的"辅音正确率"一栏中。

（2）把辅音正确率一栏的分子相加，得出儿童形式中正确辅音的总数，在这一例中一共是 9 个。

（3）把辅音正确率一栏的分母相加，得出目标单词的辅音总数，在这一例中一共是 15 个。

（4）用第二步和第三步中的总数计算出整体的儿童–成人辅音比，这一比例是 9/15。

（5）把这一比例换算成百分比，即 60%。

因此，在这一组单词中，儿童正确发出了 60% 的辅音。作为练习，我们可以计算表 3-3 的后半部分的单词辅音正确率；我们的答案应该是 54%（7/13）。（在我们计算时，需要记住有时英语书写形式中的两个字母代表国际音标及口语形式中的一个音；例如，单词 three 以 ð 和 r 两个辅音开头。）

建议研究项目

这些活动非常耗费时间，如果按照所有细节实行，那么可能需要花费数周的时间才能完成。

1. 给一名 12~30 月龄儿童的牙牙学语或言语录音，记录下儿童伴有的活动。在这一环节之后，尽快转写儿童发出的声音，尽量把它们按照本章中讨论的发声类型进行分类：语音游戏、对话式牙牙学语、原始词及单词。你在区分这些类型时遇到问题了吗？如果有，遇到了什么问题？你还需要什么附加信息？有没有你无法确认的话语？有没有不属于以上类型的话语？如果有，是什么特点让它们无法被划分进这 4 种主要的类别里？你会把它们叫作什么？

2. 找到一名言语相对可以辨认但单词发音尚不成熟的儿童。在儿童玩耍时录下半小时的话语并进行转写。或者你也可以在网上找到一个音频清晰的样本视频。你能发现儿童改变成人单词的方式里的规律性吗？儿童可能会遵循什么样的制约条件而让他的单词发音和成人模型有所差别？你能找到儿童可能依赖输出的正则式吗？有没有成人语音或语音序列和儿童发音的方式明显不同？如果你找到了一些规律性，用规则描述它们。这些规则有特例吗？这些特例的形式是否更接近于成人单词？

语义发展
学习单词的含义

宝拉·乌切利（Paola Uccelli），
哈佛大学教育学院终身教授

梅瑞迪斯·L.洛维（Meredith L.
Rowe），哈佛大学教育学院教授

芭芭拉·亚历山大·潘（Barbara
Alexander Pan），哈佛大学教育
学院

在幼儿的成长过程中，理解单词和产出单词哪一个在前？儿童在理解或产出单词之前，有能力参与有意义的交流互动吗？哪些因素会对儿童学习单词的方式做出贡献？通常在什么语境下，儿童会产出自己的第一个单词，又是为了达到什么目的？单词和含义的习得到底在什么年龄段才发展完全？我们鼓励大家在阅读本章寻找答案之前先暂停一下，思考以上问题。

在开始，我们需要强调，单词和含义的习得并不是同时完成的。在这一通常被称为**语义发展**（semantic development）的过程中，儿童学习单词含义和关联不同含义的策略会随着他们语言内在表征的逐渐发展而发生变化，从而重新建构。语义发展是学习如何与他人交流、如何以特定目的使用语言的复杂活动的一部分。非常年幼的儿童在理解单词本身之前就理解成人话语中的语用意图。最早期的理解发生在情感、社交和语境层面。家长的言语的韵律轮廓在特定的语境下传递着不同的信息：安慰、激动或不适（Soderstrom, 2007; Cristia, 2013）。一名听到父亲问"想要出门和点点（Spot）玩吗？"的幼儿可能是在响应一系列不同的情境线索：某一天，家里的狗在后院开心地蹦跳，父亲拿着球，可能还指向门口。儿童只会非常缓慢地逐渐像成人一样理解和使用单词，把它们剥离出语境，在一系列情境中灵活地使用它们。

【学习目标】

阅读本章之后，学生能够：

◆ 讨论幼儿学习映射单词和指代对象的关系的方法。

◆ 了解儿童对早期单词的表现与成人之间出现差异的地方。

◆ 解释影响早期词汇增长速度和范围的主要影响因素，重点关注成人输入的影响。

◆ 列出并定义词汇发展的更为高级的方面，如语素分解、歧义处理，以及对比喻性语言的使用，解释这些技能为何对后期学业成就极为重要。

◆ 描述儿童早期词汇发展可能受益或受到负面影响的情况，解释这些情况为何会辅助或阻碍词汇的发展。

◆ 应用本章所学的概念，探索有可能促进儿童词汇发展的活动。

在这一章中，我们描述单词及其指代物的关系，以及一些试图解释儿童如何习得与表现含义的理论。我们主要阐述有关儿童早期单词的已知情况，以及当代研究者试图解释儿童早期单词和单词含义有关数据的方法。我们也会展现后期语义发展的研究，这些研究主要检验当单词逐渐开始互现关联、形成更加复杂的**语义网**（semantic network）时，语义系统发展的方式。最后，我们描述儿童逐渐产生的、把单词作为独立于含义存在的物理实体的意识，并讨论这一元语言发展对一系列语言使用的寓意。在本章中，我们会考虑这些技能对单语和双语儿童学业成功的相关影响。

单词和指代对象的关系

当我们说儿童习得单词含义的时候，我们到底指的是什么？如果几个成年人都知道同一个单词的含义，那么他们共同知道的又是什么呢？首先，我们需要注意到单词的含义存在于一种共同语言的使用者之间，而不是在物体的世界里。单词是一个指代**指代对象**（referent）的符号，但是指代对象本身并不是单词的含义。假设我们对儿童说"看这条狗"，这条狗是指代对象，但并不是"狗"的含义，如果这条狗跑了或者被卡车撞了，这个单词依然存在含义，因为含义是一种认知建构。

我们假设儿童学到"狗"指的是她的狗。这个单词和这条狗之间的关系是什么？根据一个人所说的是英语、德语、西班牙语、汉语或者尤卡坦玛雅语，狗可以被叫作"doggie"（英语"狗"）、"Hund"（德语"狗"）、"perro"（西班牙语"狗"）、"狗"或者"pek"（尤卡坦玛雅语"狗"）。狗本身没有任何本质特征能让一个名称比另一个名称更恰当或合适：名称和物品之间的关系是任意的，语言使用者通过一种语言的社会惯例同意用某一个特定的单词称呼这种动物（Morris, 1946）。指代对象（狗）和代表它的符号（单词"狗"）之间的关系是象征性的。非语言的标记也可以共享这种象征性的本质。例如，用于表示停车的红灯是纯粹象征性的，因为在红颜色和停车这一行为之间不存在明显的关联。只要我们都同意某种颜色的灯的含义，那么我们可以同意使用蓝灯甚至绿灯来表示"停车"。

对于一些词来说，单词和指代对象的关系并不是任意的。举个例子，如果有人说"书'砰'的一声掉了下来"，那么"砰"这个词和它所指的实际的声音并不是任意的，因为这个词就是在试图模仿这个声音。布谷鸟的名称也不是任意的：它代表这种鸟实际发出的声音。用来模仿实际声音的单词被称为拟声词。但是，当我们比较不同语言中的拟声词的特征时，它们也会反映一些文化惯例。例如，我们问问自己：公鸡打鸣是什么声音？在英语里，公鸡的声音是"cock-a-doodle-doo！"然而，在西班牙语里，公鸡的声音是"kikirikí！"正如语言学家费迪南·德·索绪尔（Ferdinand de Saussure）所记载的，即使世界各地的公鸡会发出很相似的声音，不同的语言也会选择些微不同的拟声词对其进行描述。尽管存在这种文化上的任意性，与其他类型的单词不同，拟声词试图模仿或重新发出它们指代对象的声音，尽管拟声词比起其他类的单词的任意性更低，儿童依然需要学习它们。

当我们知道儿童最早的单词或**原始词**（protoword，参见之前的第 3 章）和它们的指代对象并不完全任意时，我们应该不会感到吃惊；火车被叫作"呜呜"，而狗被叫作"汪汪"。这些词里的一部分属于儿化语的词汇，成人在试图与婴儿交流的时候也会使用它们（参见第 2 章）；另一些则是儿童自己创造的。与完全任意的象征性的单词相比，儿童可能更容易学习和自己的指代对象直接关联的单词。一些研究已经表明，幼儿认为名称和指代对象之间存在本质上的联系。他们认为，如果不改变物品的本质，就无法改变物品的名称。例如，很多年前，维果茨基（Vygotsky, 1962）注意到，很多儿童认为，如果我们把狗叫作"牛"，那么它会开始哞哞叫。

我们还是认可一下儿童的观点，因为有关名称的本质恰当性的信念也是古代哲学家辩论的内容之一。柏拉图在公元前 4 世纪写作他的《克拉底洛篇》时，就讨论过名称和指代对象之间是否具有天然关系这一问题。柏拉图时期的不规则论者相信这种关系是无法解释的，而类比论者认为，通过谨慎的词源学研究，我们可以揭示单词的本质（Bloomfield, 1933）。以英语为例，我们可以说"蓝莓"（blueberry）之所以叫这个名称是因为它指的是一种蓝色的莓果，而"卧室"（bedroom）的名称源于它是放床的房间。古希腊类比论者还宣称，只要我们努力观察，我们也可以寻找到醋栗（gooseberry）和蘑菇（mushroom）背后的天然联系。这种人类完全想要创造出秩序的欲望能在现在的很多**通俗词源**（folk etymology）中找到，并且可以解释为什么这么多年来，大学生和幼儿都会认为手绢（handkerchief）的得名是"因为你把它拿在手里然后'阿嚏'打喷嚏"（Berko, 1958）。

心理图像

尽管含义是一种心理表现或概念，但这并不意味着含义是心理的图片。即使有些人的确可以把单词视觉化，但是也有很多单词（如"高兴"或"嫉妒"）并不存在可以图像化的指代对象，然而我们依然知道它们的含义。即使有人知道一个词的图像，它也可能十分个人化。例如，"狗"可能会让一个人想到棕色可卡犬，而会让另一个人想到金毛寻回犬。除此之外，图像倾向于独特性；共享含义的语言使用者可能会有非常不同的内在图像。一个语言使用者对于房子的心理图像可能是一栋公馆，而另一个人对房子的心理图像可能是简陋的乡间小屋。最终，为了让含义在交流中发挥作用，含义并不能仅仅存在于个人的内心，而是必须在一个言语共同体里共享。因此，含义是一种社会建构。

概念

儿童在语义发展中的基本任务之一是习得范畴概念（例如，了解"狗"这一单词指代一整类动物），并能够把这一个单词延伸到该范畴中恰当的新个体上。举个例子，一名儿童知道她家里的爱尔兰雪达犬是一条狗，当她第一次遇见一条小小的约克夏㹴犬时，她又怎么知道那也是一条狗呢？理论家在描述儿童习得范畴概念的本质特征上出现了分歧。一种观点认为，儿童通过学习某一范畴的根本语义特征习得范畴；另一种观点则认为，他们会先习得这一范畴的原型例子；还有一种观点认为，他们在分配范畴成员时采用了概率性的策略。我们会依次讨论这些理论。

儿童是如何知道这两个动物都应该被叫作"狗"的呢？

持语义特征（semantic feature）观点的人认为，儿童针对每个范畴概念会学习一系列区别性特征（Clark, 1974）。一开始，儿童理解"狗"这个词可能会仅仅适用于他们自己的狗，但是他们很快就会理解，如果其他动物共享一小组重要的特点，他们也可以被叫作"狗"：狗会活动，是温血动物，有四条腿，会汪汪叫。另一些理论家提出，范畴是以一系列具有权重的特征定义的，而不是所有特征都一样重要。这样，儿童的任务就是了解哪一个特征对于某一范畴的成员最为重要。例如，"汪汪叫"这一特征对"狗"的概念可能会有较大的权重，因为大多数狗的确会汪汪叫，而其他的温血四肢哺乳动物却不会。

根据原型理论（见表 4-1），当儿童习得单词的含义时，他们习得的是原型（prototype）或者概念的典型例子，只有在之后才会识别和原型相差甚远的范畴成员。苹果、柯利犬和玫瑰分别是水果、狗和花的原型的范例。成人更容易从记忆中获取一个范畴的原型成员（Rosch, 1973）。比起企鹅，知更鸟有更多典型的"鸟"的特征；因此，人们认为知更鸟是更好的"鸟"的样例，当被问到知更鸟是不是鸟的时候，他们也会更快地把它归类。

表 4-1　范畴中的原型成员和非原型成员

范畴	原型成员	非原型成员
蔬菜	胡萝卜	茄子
狗	柯利犬	吉娃娃犬
水果	苹果	番茄
鸟	知更鸟	企鹅
花	玫瑰	剑兰
椅子	扶手椅	王座

　　另一种略微有所不同的观点认为，儿童并不以本质特征或原型分配范畴成员，而是以概率为基础。第一次见到企鹅后，儿童（以及成人）会认为它可能是一种鸟，因为它拥有一些像鸟的特征，比如有喙和翅膀。因此，尽管它不会飞也不会鸣叫，它依然符合鸟这一范畴的基准。

　　一些研究者，特别是史密斯和梅丁（Smith and Medin, 1981）指出，尽管儿童按照范畴习得概念，概念本身之间的本质也存在差异。例如，像"三角形"这样的概念是**全然概念**（classical concept），它们可以毫无歧义地被定义：所有的三角形必须有三个角，否则就不是三角形。而"鸟"则是**概率概念**（probabilistic concept）的一种。大多数鸟——但并不是所有鸟具有很多共同之处，但是它们并不只存在一组本质特征。除此之外，按照等级结构组分类，有些概念具有相当明显的边界，而另一些则不是。例如，大多数成人可以很明确地区分什么是狗，什么不是狗，知道狗属于动物这一上位范畴。与之相反，颜色概念具有模糊的边界。即使是成人也难以统一非主要颜色的名称（Braisby & Dockrell, 1999）。考虑到概念之间的这些区别，任何一种理论都不可能解释儿童的范畴概念的本质。

　　接下来，我们将思考儿童习得单词及其含义的行为和发展理论。

语义研究的理论方面

学习理论

有关儿童习得第一批单词的方法最简单的解释之一就是他们通过联合学习学会它们。学习理论预测，在某一刺激下的重复暴露（例如，听到家长说"猫猫"）与特定的经历（看到家里的猫出现）相配对，会让儿童把"猫猫"一词的发音和家里的猫联系起来。最终，婴儿会对这个词单独产生反应，当他们听到这个词时，就好像猫会出现一样——他们会四处看它或者会激动起来，准备和它一起玩。"猫猫"这个词和实际的猫联系起来这一情况足以让学习过程发生，这样它们可以至少引起一些相同的回应（有关学习理论的进一步讨论，参见第 7 章）。

学习理论可能能够解释单词与物品之间最早期、最简单的联结。儿童对周围环境中的新奇事物格外敏感，倾向于把新单词与新物品联系起来（Smith, 1999）。因此，他们习得最早的一批单词，比如奶瓶和毯子这样有实际的指代对象的词，可能都是通过联合学习学到的。然而，单纯依赖联合学习，会导致学习过程缓慢且艰难，产生较大的个体差异，并且会出现很多错误。之后我们会看到，在开始的阶段过去之后，幼儿的单词学习并不是缓慢而错误重重的。正相反，这一过程迅速、可以预测，并且极为准确。如果儿童不是单纯依靠联合学习学到单词，那么他们是怎么做到的呢？

发展理论

与行为模型相反，发展理论在一个更广的背景环境下考虑语义发展，这包括儿童正在展开的社交、认知和语言能力。儿童通过使用不同领域的技能学习单词的含义。出生后的几个月里，在他们开始产出单词之前，婴儿正在为语言发展积极地做准备。克拉克（Clark, 1993）的理论认为，所有儿童在开始学习语言时，都已经发展出了一套本体范畴（ontological category）；它们是关于世界构造的概念。本体范畴包括物品、动作、活动、关系、状态和特征。这些是所有语言中语言使用者都会指代的基础范畴。

即使婴儿拥有一系列本体范畴，他们面临的任务也令人望而却步。发展理论试图解释儿童习得第一批单词的方式、儿童早期单词的指代范围与成人不尽相同的原因，以及儿童对词语的语义理解逐渐趋向成人化的过程。让我们来思考一下，婴儿为了能把听到的单词对应到指代目标上，他们必须了解言语交流的哪些方面。让我们假设这样一个例子：婴儿正在家中，家里的狗鲁弗斯（Rufus）正躺在旁边的地毯上，它的面前放着一块骨头。婴儿听到母亲说出以下这些单词：鲁弗斯、狗、骨头、看。婴儿一开始可能会假设"狗"这个单词只适用于自家的狗，然而，幼儿最终必须了解单独一个标签可以适用于不止一个个别的例子（也就是说，"狗"不仅可以指代自家的鲁弗斯，也可以指代很多不同的狗，包括在公园里看见的狗，书中的狗，乃至狗粮罐头上的图片）。如果婴儿不具备这种洞察力，他们就无法开始理解指代的本质，也无法就物品、动作和特征进行交流（Clark, 1993、2009）。然而这种理解只是我们解决映射这一难题的其中一步。不仅仅是"狗"这一标签可以指代很多不同的狗，一条特定的狗也可以用不同的方式标记（鲁弗斯、赛特犬）。除此之外，当儿童听到一个新单词，这个单词可以指代一个行为（如吠叫）、一种特征或状态（如睡觉）或者物品的一部分（如狗的尾巴）。

儿童可以用来回避单词 – 概念对应的困境的方法是，依靠他们对其他人注意力和意图状态的基本理解，以及这些状态与可能传达的内容之间的联系（Tomasello, 2003）。为了成为高效的单词学习者，儿童必须慢慢理解，他们听到的一个新单词可能和说者注意的一项物品或活动有关。如果婴儿只是简单假设他听到的单词可能和在场的某些东西有关，或者指代某些他所注意的东西，那么他会仅仅依赖于联合学习，毫无疑问会出现很多对应错误。格拉汉姆（Graham）、尼尔森（Nilsen）、柯林斯（Collins）和欧利内克（Olineck）（2010）的研究显示，24 月龄婴儿在听到成人产出一个不熟悉的标签词时，会检查成人是否和自己注意同样的物品或活动，如果不是，他们会调整自己的注意力来匹配成人的注意之处。托马塞罗（Tomasello）和巴顿（Barton）（1994）也有类似的发现：当两岁大的儿童听到成人说："我们去找 toma吧！"他们会期待"toma"指的是成人在找到时表现出满意的对象，而不是在寻找过程中一路拒绝的对象。这种与周围的人建立和维持共同注意重点的能力，以及对他人的意图和目标指向行为的基本理解，对儿童有效的单词习得至关重要（L. Bloom, 2000; Tomasello, 2003）。

其他理论家认为，孩子们被一些词汇原则（principle）限制了可能的词汇参照映射的数量。例如，幼儿倾向于认为他们听到的新单词指代一件物品（Golinkoff, Mervis & Hirsh-Pasek, 1994），甚至这个单词指代的是整个物品而不是其中的一部分（Markman & Wachtel, 1988）。这两种倾向可能会让儿童在寻找"狗"这一标签的指代对象时，倾向于排除家里的狗下垂的耳朵或是在起居室里跑来跑去的样子。其他词汇原则认为，儿童倾向于避免使用两个标签指代同样的指代对象（Hansen & Markman, 2009）。根据这一互斥原则（principle of mutual exclusivity），我们所举例子中的儿童会倾向于排除"骨头"指代鲁弗斯的可能，因为鲁弗斯已经有名字了。尽管这一原则在一些语境下，特别是早期单词学习中可能有用，但这一倾向可能会使后续学习上义词、下义词及已知单词的同义词时变得更为困难。克拉克（2007）提出了另一种略微不同的儿童词汇原则：单词含义必须具有反差。根据反差原则（principle of contrast），儿童并不会完全排除鲁弗斯作为一个新标签"骨头"的可能指代对象，但是他们会假设"骨头"这一单词的意义和"鲁弗斯"这一单词的意义并非完美重合。

尽管儿童可能会在一定程度上依赖词汇原则，但是这种默认假设可能被他们的语言和世界知识覆盖。例如，阿克塔（Akhtar,2002）发现幼儿依靠语段语境来决定一个新单词指代的是形状还是材质。当儿童听到"这是圆的；这是方的；这是 dacky"，他们会把这个新单词解释为指代形状。然而，当他们听到"这是光滑的；这是毛茸茸的；这是 dacky"，他们会放弃任何形状或物品整体的倾向，转而把 dacky 一词解释为指代物品材质。贝朗格（Bélanger）和霍尔（Hall）（2006）发现，大多数 20 月龄幼儿能够通过冠词出现与否区别专有名词（"那是 Daxy"）和可数名词（"那是一个Daxy"）。霍尔（1994a）发现，当儿童长大后，他们会用到"狗通常有专有名词，而毛虫通常没有"这一世界知识，把"这条狗是 Zav"里的"zav"解释成专有名词，而把"这条毛虫是 zav"里面的"zav"解释成一个形容词。根据霍里奇（Hollich）、赫舍 – 帕塞克（Hirsh-Pasek）和格林科夫（Golinkoff）（2000）的研究，儿童在学习单词时会使用多种提示，并在不同的发展阶段以不同的方式权衡这些提示。在刚刚开始学习单词时，儿童可能会更依赖感知信息，如一种行为的实际性或一个物品的可见的形状，而在之后才会更多地依赖社会和语言提示。在学龄前，儿童不再严格遵守物品整体指代这样的词汇原则。例如，他们在学习"毛皮"这个单词时，更有可能听到这个词和一件熟悉的物品一起使用，并以属格句法标明，比如"看看这条狗的毛皮！"（Saylor & Sabbagh, 2004）。无论儿童采取何种假设，使用何种来源的社会和世界知识，他们最初的映射都会偶尔出现错误。正如我们之后所见，儿童依靠来自成熟语言使用者的输入和反馈来测试、修正他们的标签——指代对象映射。

快速映射

尽管单词映射存在种种挑战，仅 18 月龄儿童只需要接触几次新单词，通常也不需要成年人的直接指导，就可以建立最初的单词——指代对象映射（Houston-Price, Plunkett & Harris, 2005）。这一被称为快速映射（fast mapping）的现象引发了近年来的一系列研究。研究者调查的问题包括以下内容：儿童在有限接触单词之后，到底学会了单词的什么内容？他们的最初映射和成人的单词使用之间是否存在可以预测的区别？儿童需要接触多少次新单词才能建立起最初的映射？他们能够记忆这种映射多久？不同类型的单词（名词、动词、描述词）学习难度相等吗？快速映射存在年龄区别吗？偶然性学习和直接教学的效率相同吗？

凯瑞和巴特雷特（Corey and Bartlett, 1978）最先演示了快速映射的过程：他们为3 岁和 4 岁的儿童在课堂活动的过程中提供了不熟悉的单词。儿童并没有接受这些单词的直接教学，而是简单地提到"把绿色的托盘递给我，不是蓝色的，而是绿色的"这样的例句。研究者发现，大多数儿童在一周之后依然记得有关目标单词语音和含义的一些内容（如该单词是颜色词）。随后的研究发现，学龄前儿童可以在至少 1 月龄时对快速映射的标签有印象（Markson & Bloom, 1997），这种能力可能能够帮助儿童，即使他们不经常接触这些新单词，也不会很快忘记它们。尽管儿童对非语言事实的记忆不如成人，马克森（Markson）和布鲁姆（Bloom）发现儿童能够在几周之内都记住快速映射的单词，记忆时间和成人一样久。和大多数学习方式一样，将学习时间分散在几天内比集中在同一天之内学习相同次数更有助于成功学习单词（Childers & Tomasello, 2002）。在这方面，学习新单词的两岁儿童和为考试复习的大学生似乎遵循相似的学习准则。

最后，有证据表明，两岁以上的儿童在学习名词时，偶然性学习和明示（ostension，物品被明确标记的过程）的学习效率相当（Jaswal & Markman, 2001）。这一发现的一种理论认为，当缺乏成人的标记或指示时，儿童可能会更密切地注意输入中的语义和语法信息（Hall, Quantz & Persoage, 2000）。例如，当儿童听到"妈妈在喂雪貂"这句话之后，他们可能会使用他们所知的"喂"这一单词的含义（人只会喂有生命的物品）去为"雪貂"这个单词寻找一个有生命的指代对象。

早期语义发展的研究

在人生第二年开始的时候，大多数儿童都开始自行产出一些单词。有趣的是，"妈妈""爸爸""狗狗"和"水"更可能是不同儿童之间共有的早期单词，而"花瓶"和"警察"则不是。这些模式表明，儿童最开始会产出的单词与其在社交上和智力上最为有意义的事物相关联（Anglin, 1995）。

研究儿童的词汇可能是研究语言习得最古老的方法。开始使用单词标志着儿童有了能让他们学习并完全参与到社会活动中的新工具。除此之外，单词使用还被认为能够为儿童的心智的组成和功能提供明显的迹象。最早的研究，有些可以追溯到 18 世纪（如 Tiedemann, 1787），几乎一贯地基于作者对自己孩子的观察，并以日记的方式记载。在 19 世纪和 20 世纪前半叶，很多心理学家都为自己孩子的发展记录日记。这种方式依然是一种宝贵的能够追溯儿童个体语言发展的方式。然而，日记本身可能会具有误导性，因为人们常常难以抗拒只记录罕见或有趣的现象而忽略日常普遍现象的诱惑。近些年，一些研究者找到了增加并改进日记研究的方法；他们为参与研究的家长提供儿童有可能在第一年内习得的单词的核对清单（Dale, Bates, Reznick & Morisset, 1989），然后比较家长对儿童实际语言使用的汇总，从而证实他们的判断。这种核对清单能够帮助家长组织他们的观察，并提醒他们记录下儿童理解并说出的更为普遍但重要的内容，以防被家长忽略。第 2 章提到过的麦克阿瑟 – 贝茨早期语言与沟通发展量表（CDI）（Fenson et al., 2007）是最常用的清单之一，因为它被用来跟踪儿童语言发展中最早的接收和表达阶段。现在，麦克阿瑟 – 贝茨早期语言与沟通发展量表已经被翻译成多种语言并标准化，用来生成不同语言的词汇发展的常模。这些常模用来表明典型发展的儿童在前 30 个月内的产出词汇（儿童学会在恰当语境里产出的单词）和接收词汇（儿童学会并以不同程度理解的单词）的普遍发展模式。

早期单词是什么样的

当儿童开始习得最初的词汇时，他们已经接触了大量的语言，并具有了一系列经验。通常，儿童的早期单词倾向于完成社交目的。换而言之，儿童开始使用单词来以问候和告别与他人建立连接（如说"拜拜"），或参与仪式性和玩乐性言语（如"躲猫猫"）（Ninio & Snow, 1996）。除此之外，儿童的早期单词倾向于标记他们环境中的有形物品，并通常以常规活动、游戏和模仿的形式呈现。当早期单词用于指示外部世界时，它们可能会以一种非常规的方式使用。例如，韩礼德（Halliday）的儿子奈吉尔（Nigel）会在早晨用"糖浆"一词指代薄煎饼上的枫糖浆，但不在其他语境里使用这个词。

在人生的第 2 年里，儿童开始以大约每周一词的速度学习单词，之后则达到每天一词。这一开端结束之后，在前 5 年里，学习单词的速度飞速增长，儿童在醒着的每两小时里会学习一个新单词（Tomasello, 2003; Fenson, Dale, Reznick & Bates, 1994）。一些研究者识别出了一个词汇量激增（vocabulary spurt）阶段，在 18 月龄前后出现的习得词汇数量的迅速增长。然而，另一些研究则认为词汇习得最好被描述为一种渐进的过程，儿童在其中成为越来越熟练的单词学习者（P. Bloom, 2000）。词汇量激增可能在某些儿童身上表现得很明显，但研究表明并不是所有儿童都会在他们的单词产出中体现出猛然的增长（Ganger & Brent, 2004）。针对词汇发展的大规模研究能够促进我们对儿童词汇习得个体差异程度的理解。例如，一项采用麦克阿瑟 – 贝茨早期语言与沟通发展量表的对 2000 多名儿童的研究表明，这一样本中的 2 岁儿童平均可以产出量表里的大概 300 个单词，但个体差异也很明显，典型发展的儿童的得分呈正态分布，最低分数是 56 分，最高则是 520 分，如图 4-1 所示。

产出单词差异

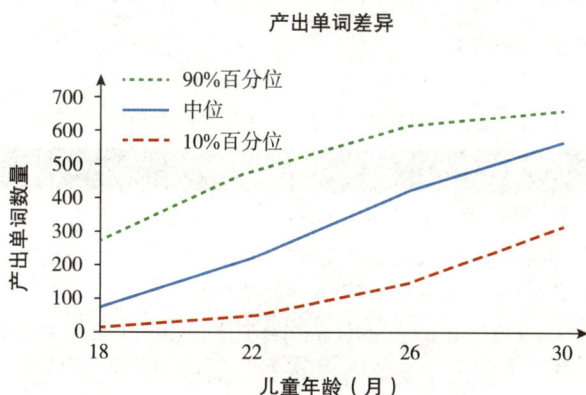

图 4-1　儿童在麦克阿瑟—贝茨早期语言与沟通发展量表的得分差异

数据来源：儿童词汇发展的开放数据库，采用创作共用 – 署名 4.0 协议。参见 Frank et al.（出版中）。

　　儿童早期产出词汇里的单词受到很多因素的影响。早期单词倾向于共享语音特征、频繁在儿童听到的言语中出现，并且比后期习得的单词更短（Storkel, 2004）。研究者分析了儿童前 50 个单词的音系，研究了儿童的单词模仿，并试图教 1 岁儿童学习新单词（Schwartz & Leonard, 1982）。这些研究的结果表明，儿童更容易发出的单词通常包括在他们的早期产出词汇中，但是儿童偏爱的语音模式存在明显的个体差异。

　　研究认为，儿童在 20 月龄时可以使用特定的语音信息学习相似的单词。在英语和法语的单语儿童身上进行的实验研究表明，20 月龄儿童能够学习两个体现出辅音对比的单词，如 [duk] 和 [dut]。然而，同样的儿童还不能同时学习两个仅仅体现出元音对比的单词，如 [da]/[di] 或 [dro]/[dry]（Nazzi, 2005; Werker, Fennell, Corcoran & Stager, 2002）。有趣的是，尽管幼儿先学习发出元音，再学习发出辅音，但是在早期单词学习时，他们能够先从辅音对比中受益，再从元音对比中获得信息。内斯珀（Nespor）、佩里亚（Peña）和梅勒（Mehler）（2003）提出，元音和辅音在言语处理和语言学习中发挥着不同的作用，他们认为辅音更有助于单词辨识。在新单词的第一次可靠的成人化的产出之前，幼儿会逐步尝试近似于成人单词的语音序列，他们倾向于在恰当的语境里连贯地使用这一形式（Roy, 2011）。幼儿听到自己的发音与成人之间的差别，从而逐渐让他们的产出接近常规的成人形式（参见第 3 章）。

从开始时，儿童的词汇就包括来自各种语法词类的单词；他们的前 50 个单词代表了成人语言中能够找到的所有重要的语法词类（见表 4-2）。但是，说英语的儿童的前 50 个单词里，普通名词平均占比将近 40%，而动词、形容词和功能词各占 10% 以下。当儿童的产出词汇超过 600 个时，大概 40% 是名词，25% 是动词和形容词，15% 是功能词（Bates et al., 1994）。

表 4-2　儿童最早的单词：20 月龄以下的儿童的词汇范例

分类	词汇范例
音效	baa baa, meow, moo, ouch, uh-oh, woof, yum-yum
食物和饮料	apple（苹果），banana（香蕉）cookie（曲奇），cheese（奶酪），cracker（饼干），juice（果汁），milk（牛奶），water（水）
动物	bear（熊），bird（鸟），bunny（兔子），dog（狗），cat（猫），cow（牛），duck（鸭子），fish（鱼），kitty（小猫），horse（马），pig（猪），puppy（小狗）
身体部位和衣服	diaper（尿布），ear（耳朵），eye（眼睛），foot（脚），hair（头发），hand（手），hat（帽子），mouth（嘴），nose（鼻子），toe（脚趾），tooth（牙齿），shoe（鞋子）
家庭与户外词汇	blanket（毯子），chair（椅子），cup（杯子），door（门），flower（花），keys（钥匙），outside（外面），spoon（勺子），tree（书），tv（电视）
人物	baby（宝宝），daddy（爸爸），gramma（奶奶），grampa（爷爷），mommy（妈妈），[（儿童自己的名字）]
玩具和车辆	ball（球），balloon（气球），bike（自行车），boat（船），book（书），bubbles（泡泡），plane（飞机），truck（卡车），toy（玩具）
动作	down（下），eat（吃），go（去），sit（坐），up（上）
游戏和日常行为	bath（洗澡），bye（再见），hi（嗨），night-night（晚安），no（不），peekaboo（躲猫猫），please（请），shhh（嘘），thank you（谢谢），yes（是）
形容词和描述词	all gone（都没了），cold（冷），dirty（脏），hot（热）

在名词里，最早学会的单词是那些最容易从周围环境中加以区分的词，比如有生命的物品和移动的物品（Gentner, 2006）。大多数说英语的儿童在早期学习的不同的名词比动词或其他关系词更多，但是他们会频繁连贯地使用关系词，比如"那个""那里""不""更多"和"啊哦"（Gopnik & Choi, 1995）。使用核对清单所统计的名词数量比儿童实际使用的数量相对略多，可能是因为家长更容易注意到自己孩子话语中的名词（Pine, Lieven & Rowland, 1996）。对儿童名词使用的估测也因语境而异，在不同语言之间，读书时比玩玩具时观测到的使用量更高（Tardif, Gelman & Xu, 1999; Ogura, Dale, Yamashita, Murase & Mahieu, 2006）。使用比例在每个儿童之间也存在差异（参见第 8 章），在不同语言之间也不尽相同。例如，一些研究表明，在学习汉语或韩语的儿童早期词汇中，名词偏好不明显（Choi & Gopnik, 1995; Tardif et al.,

1999）。然而名词偏向（noun bias）似乎是一种相当明确的现象，学习西班牙语、荷兰语、法语、希伯来语、意大利语、英语的儿童的家长都汇报称儿童习得的名词比例比其他词类高，尽管这些语言之间存在惊人的结构差异（Bornstein & Cote, 2004）。近期，针对双语儿童的研究为我们对名词偏向的跨语言差异的理解指出了一条光明大道。我们会在本章稍后仔细探讨双语现象。宣（Xuan）和多拉根（Dollaghan）（2013）研究了汉英双语幼儿的跨语言名词偏向，这些儿童每种语言的早期词汇在 50~300 词之间。他们发现，尽管两种语言中名词都比动词多，儿童在汉语中名词的平均比例（38%）明显低于英语（54%）。与此同时，儿童在汉语里比在英语里学会了更多的动词。为什么在开始名词比其他种类的单词习得得更快呢？我们提出了几种可能的解释。一种猜想认为，儿童的词汇反映出导向他们的输入。在宣和多拉根（Dollaghan）（2013）的研究中，他们并不清楚是什么引起了语言之间的不同。然而，他们观察到儿童早期词汇中的很多词是重叠词，包括一个词根以及一个完全相同的重复（如英语里的"呜呜"choo choo，汉语里的"奶奶"）。有趣的是，他们同时发现儿童在汉语里（但不在英语里）学会的所有动词都可以作为重叠词出现（参见第 3 章）。这些结果指出，成人输入，特别是重叠词的输入，可能是影响早期词汇发展的因素之一。研究表明，在成人对说英语的儿童的话语里，对不同种类物品所贴的标签比对行为、特征或关系所贴的标签更多（Goldfield, 1993）。除此之外，名词通常出现在母亲对儿童所说的话语的第一个词或最后一个词中，并且会被多次强调，这让它们更为明显（Wai Han & Nicoladis, 2010）。另一种解释认为，名词在习得时比动词更受欢迎的原因是名词比动词更倾向于指代更明确、更实际、更容易辨认的指代对象。动词的语言和概念的复杂程度可能是儿童一开始依赖于普遍目的动词（如做 do、去 go、来 come、做 make、拿 get）的原因（Clark, 1993）。很明显，儿童并不是首先发现动词映射较为困难的人。吉列特（Gillette）、格莱特曼（Gleitman）和莱德勒（Lederer）（1999）给成人播放母子互动的视频，其中的名词或动词被嘟嘟声代替。被试者的任务就是猜测省略的单词。当被代替的单词是名词时，被试者猜对单词的比例是 45%。然而，当嘟嘟声掩盖动词时，被试者只能猜对 15%。对"想"和"看"这样的心理动词的成功回应甚至更少。这些结果表明，识别动词的恰当指代对象可能比名词普遍更具挑战性。近期，一项名为"单词学习的统一发展理论"的提议（Maguire, Hirsh-Pasek & Golinkoff, 2006）认为，语法范畴并不能为我们了解早期单词学习提供最佳的解释。马奎尔（Maguire）、赫舍－帕塞克（Hirsh-Pasek）和格林科夫（Golinkoff）提出了形状、可个体化性、具象性和可想象性的"SICI 连续体"。这一理论不再争论儿童首先学习的是名词还是动词，而是提出了一种更为全面的解释：无论语法形式如何，儿童的早期词汇倾向于指代形状可靠一致的概念，这些概念可以更容易地与其他概念区别开（可个体化性），在感知上更为明显具象（具象性），并且可以轻松地引起内心图像（可想象性）。考虑到一种语言中有不同种类的名词和动词，这一理论预测高度抽象化的名词（如"想法"或"正义"）比其他名词（如"狗"和"杯子"）习得的时间明显更晚，而一些具象的动词，如"跳舞"和"吃"，在发展早期就能学会。

也有证据证明，儿童语义发展的早期就开始形成基础的语义网络。例如，克拉克发现，儿童通常一次在一个语义域中加入多个新单词，就像 1 岁的达蒙（Damon）在一个星期内就学会了"蚂蚁""甲虫"和"瓢虫"，在之后的一个星期里学会了"青蛙""蛇"和"鳄鱼"。语义网络也可以通过**选择性注视范式**（preferential looking paradigm）进行观测。斯戴尔斯（Styles）和普朗克特（Plunkett）（2009）观察发现，与在目标单词之前放置一个无关名词相比，用一个相关的语义域的单词启动一个目标单词会吸引儿童更持久地注视目标。儿童在他们经历的一切事物里寻找联系、关联和概念整体，而这也包括语言。既然如此，我们也无须惊讶于儿童的早期词汇可以用他们接收到的相关的单词数量进行预测；也就是说，如果家长给儿童输入的单词具有更多的语义近邻词，那么这一单词就能更快被习得（Hills, Maouene, Riordan & Smith, 2010）。

语义关联也很明显地表现在幼儿习得恰当的单词之后，仍然不恰当地使用某些词。鲍尔曼（Bowerman, 1978）曾经全面地分析了一名儿童早期话语的细节，观察到在这类情况下，使用错误的单词和正确的单词之间存在一些语义重叠。这种现象的一个例子是两岁的克里斯蒂（Christy）在之前相似的语境里正确地使用了"穿上"（put on）之后，又说出了"爸爸放上了（take on）裤子"。"穿"和"放"都指代一种会改变物品位置的行为。鲍尔曼认为，这种替代的最恰当的解释是"在一个特定的语境里，当语义相关的单词之间出现竞争时，选择了错误的单词"。

这名幼儿把他的椒盐卷饼叫作"pan"，这个词在西班牙语里指面包，在这里被他用来指代很多种食物。

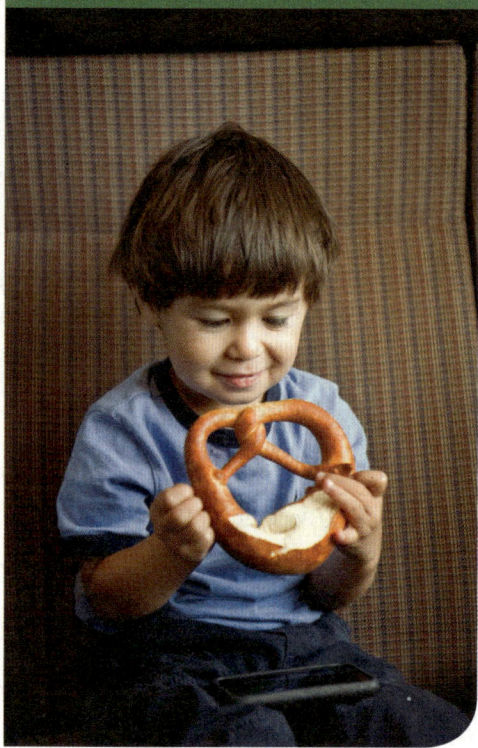

非常规的单词 / 含义映射

当儿童在一种与成人单词含义不连贯但有所关联的语境或方式下使用一个单词时，我们称这种现象为过度扩展（overextension），例如把狗叫成小猫，把棉花球叫成雪，或者是用衷心的"拜拜"来问候一位访客。因此，过度扩展这一术语产生于儿童把某一单词扩展到超出成人单词概念的情况。当儿童只用一个单词表达成人概念里所允许的有限的一小部分语境时，我们称这种现象为扩展不足（underextension）。儿童把会游泳的鸟叫作鸭子，会飞的鸟叫作鸟，不会飞的鸟叫作鸡，这种情况下"鸟"一词就用于一组范围缩小的指代对象（Clark, 2007）。过度扩展和扩展不足在 1~2 岁儿童的言语里很常见，最多能占他们产出词汇的 1/3（Clark, 1993）。然而，在儿童两岁之后，除非通过实验诱导，否则这种非常规的映射逐渐变得少见（Bloomquist, 2007）。

儿童对单词的扩展能告诉我们什么呢？它们最多能显示儿童分类世界的方式，以及他们认为自己经验中的哪些方面与某些单词相关。梅尔维斯（Mervis）和梅尔维斯（1988）以及其他人都指出，儿童的范畴在一开始并不一定与成人的范畴相匹配。鉴于此，我们必须对这种现象多加注意。一些研究者（如 Hoek, Ingram & Gibson, 1986）注意到，我们并不清楚儿童所说的单词能在何种程度上被认为是他们内心世界结构的准确表现。尽管一些儿童的非常规映射来自他们和成人不同的内在单词概念，我们对过度扩展和扩展不足也可以给出其他合理的解释：

- 儿童的一些过度扩展现象可能反映出词汇获取问题，一个更早习得的、更熟知的标签（如"狗"）可能会代替一个最近习得但更为恰当的标签（如"麋鹿"），并且被用于不恰当的语境下（Hoek, Ingram & Gibson, 1986）。
- 在其他时候，尽管儿童的概念与成人相符，但是他们可能还未能习得恰当的标签。他们可能选择使用一些单词在语义上代替他们还不知道的单词。例如，杰尔曼（Gelman）及其同事的研究表明，儿童在单词产出时（当他们需要自己产出合适的单词时）比在单词理解时（当他们只需要为一个给出的单词选择适当的指代对象时）更容易出现过度扩展现象（Gelman, Croft, Fu, Clausner & Gottfried, 1998）。
- 儿童可能会用类比的方式使用单词，点评他们所注意到的相似之处（Nelson, Benedict, Gruendel & Rescorla, 1977）。因此，一名指着圣伯纳犬说这是一头牛的儿童可能只是想说这条狗看起来像头牛。

- 在其他情形下，儿童可能出于幽默的目的而过度扩展单词。当一名已经会使用"帽子"这一单词的两岁儿童把一个翻倒的碗放在头顶上，咯咯笑着说"帽子"时，我们能够很确信他是在开玩笑。

因此，研究表明，儿童的非常规映射只有在一些时候才反映出不完整的分类技能（McDonough, 2002）。在其他情况下，过度扩展和扩展不足可能会反映出范畴的结构；也有可能是词汇获取错误、语义替代、类比，乃至玩笑。

虚构词

伯科（Berko, 1958）在一项早前的研究中发现，学龄前儿童和一年级儿童经常能够发明新的单词来指代实验者说明的含义。在这一结构化的情形里，儿童和成人都被问到这样的问题："你会如何称呼一个工作是'zib'的人？"尽管儿童极少使用典型的成人策略用添加后缀来生成派生词（derived word）（一位 zibber 以 zib 为生），但是他们经常能够用其他手法创造新词［如创造复合词（compound word）zib-man］。

儿童也经常在他们自己的言语里自发地创造或虚构单词。有时，他们会交互使用虚构词和常规单词。例如，儿童会在同一句话里使用"蜂屋"（beehouse）和"蜂巢"（beehive）（Becker, 1994）。在其他情况下，儿童会发明新单词来填充他们词汇中的空缺。克拉克（1981）在针对这一课题的早期研究中发现，当儿童忘记或不知道通常使用的单词时，会出现这种空缺。用 pourer（倒水的物品）指代杯子、plant-man（种树人）指代园丁，这样的创造很常见。学龄前儿童经常从他们知道的名词里创造出需要的动词，就像一名儿童把饼干放在汤里的时候说，"我在饼干着我的汤"（Clark, 1981）。克拉克发现，儿童的词汇创新遵循相当常规的准则。

- **简化**。这反映在儿童会用常规的单词来描述不常见但很明显的作用（例如，"枕头"用作动词，意为向某人扔枕头；Clark, 1993）。
- **语义透明性**。很明显，在用 plant-man（种树人）代替园丁这类创新中，虚构词的含义比常规词的含义更为明显，更方便记忆。
- **具有能产性**。儿童会把成人经常使用的形式作为新单词的基础。例如，英语里很多表示"做某事的人"的单词以 -er 结尾（teacher 教师，player 玩家）。因此，儿童会创造"cooker"（做饭的人）和"bicycler"（骑自行车的人）这些施事名词。

理解和产出之间的区别

根据纳尔逊（Nelson）及其同事（1977）的研究，单词的理解要求儿童在听到单词时期望或做出某事。最基础层面的单词产出要求儿童在恰当的时间和地点说出单词。通常，产出词汇延迟于接收词汇。例如，根据母亲一方的汇报，大多数 16 月龄儿童能够理解 100~200 个不同的单词，但只能产出不到 50 个单词（Bates et al., 1994）。

多年以来，对儿童词汇理解研究感兴趣的研究者依靠儿童选择或指出由实验者标记的物品或图片这一类任务进行研究。这一实验方法并不理想，原因有二。其一，一些单词，如动作动词，它们的指代对象难以描绘。其二，尽管婴幼儿的注视行为暗示他们能够理解标记过的指代对象，但是他们通常无法可靠地触碰或指出要求的指代对象。近期，研究者开始采用一种名为选择性注视范式的手段来测试婴幼儿的单词理解水平（首先被 Golinkoff, Hirsh-Pasek, Cauley & Gordon 描述，1987）。在这一范式里，婴儿坐在被蒙着眼睛的母亲的膝头，面向两台视频显示器（参见第 5 章）。单词或句子通过放在中间的扬声器播出。与此同时，视频片段在两台显示器上播放，其中一台显示器上显示的物品或动作序列与儿童听到的单词或句子匹配，而另一台显示器上的内容则不匹配。婴儿更喜欢注视能够匹配他们所听内容的视频片段，如果他们理解了单词或句子，他们会更久地看相匹配的显示器。奈格勒斯（Naigles）和杰尔曼（1995）用这一手段研究得出，把牛叫作"狗狗"的孩子注视牛的图片的时间依然比注视狗的图片的时间更长，这说明幼儿的潜在概念可能比他们产出词汇所显示的更为成人化。因此，较产出词汇而言，接收词汇可能能够更准确地反映儿童的概念知识（Gershkoff-Stowe, Thal, Smith & Namy, 1997）。接收系统和表达系统显然并不完全重叠，我们需要更深入的研究从而完全理解两个系统的构成和特征。

成人言语如何影响儿童语义发展

其实，在儿童自己开始使用单词之前，成人的标签和注视行为就能够使儿童把注意力集中在物品上；类似地，婴儿的发声和视觉行为为成人提供了儿童感兴趣想要交流的内容的线索。成人对幼儿所说的言语中，很大一部分针对的是此时此地（Shatz & Gelman, 1973; Snow, 1972）或即将发生的活动（Bloom, 2000）。很多单词都伴随着手势，能够额外辅助儿童映射物品指代对象（Zammit & Schafer, 2011）。当成人在游戏时指代一件物品时，与不占视觉主导地位的情况相比，如果这件物品在婴儿视野里占视觉主导地位，婴儿更容易学会这一物品的标签（Baldwin, 1995; Yu & Smith, 2012）。这种高度信息化的标签，特别当它们是儿童第一次接触某一特定单词时，它们能够辅助儿童推测单词的指代对象，从而促进单词的学习过程。儿童能够通过在之后反复接触同一单词确认自己的推测（Medina, Snedeker, Trueswell & Gleitman, 2011）。成人和儿童注意力倾向的结合可能可以解释仅 13 月龄儿童就可以在接触几次单词之后学会理解新单词（Woodward, Markman & Fitzsimmons, 1994）。与接受更少信息化的输入的儿童相比，家长在日常互动中提供更多高度信息化的标签的儿童在数年之后会具有更大的词汇量（Cartmill et al., 2013）。成人也可以让儿童参与命名游戏，从而给儿童更多的机会练习自行产出物品标签（Ninio & Snow, 1996）。在这些互动中，家长为儿童指向特定的物品并对其命名，然后帮助儿童说出名称。当儿童学习语言时，家长对他们所说的言语能够为他们所学的范畴提供更加丰富的信息。例如，在读书活动里，家长不仅提供标签（"这是一只蝙蝠"），还更进一步解释"蝙蝠住在山洞里。蝙蝠有大翅膀"（Gelman, Coley, Rosengran, Hartman & Pappas, 1998）。

成人为儿童提供的标签不一定总是与他们和其他成人和更年长的儿童使用的标签相一致。有时候，成人对很小的幼儿说话时，会使用错误的标签指代物品，在一些情况下教给他们在成人标准看来错误的标签使用。梅尔维斯夫妇（1982）给 10 位母亲和她们 13 月龄的孩子一些玩具玩，并录下她们的话语。他们发现，母亲为孩子命名了几乎所有的玩具，同时也经常根据孩子可能如何对它们分类而对一些玩具使用了错误的名称。例如，一只玩具猎豹通常被称为"小猫猫"，而一辆玩具卡车则被称为"小汽车"。家长为什么会对儿童使用错误的物品标签呢？根据梅尔维斯夫妇的解释，儿童向他们的父母提供信号表明他们可能会如何分类物品。尽管婴儿在一开始会用同样的方式对待所有物品（啃咬、触摸、摇晃、猛砸），但最终他们会开始区别对待它们。到那一阶段，他们会握住布娃娃，而在地板上推玩具汽车。儿童对物品的区别对待在基础层面上显示出他们如何为物品分类。通过根据儿童自己的分类来为儿童标记物品，家长可能在演示单词是如何使用的。也就是说，他们往往使用在微小方面有所区别但属于同一范畴的物品共享名称。

母亲的命名实践可以被看成基于儿童自身分类世界的方式（Golinkoff, Shuff-Bailey, Olguin & Ruan, 1995）。与之相反，父亲似乎较少参与这样的活动，而是在和幼儿互动时展现出其他特征明显的现象（Bernstein Ratner, 1988; Leech et al., 2013）。母亲选择的名称倾向于遵循罗什（Rosch）及其同事（1976）所说的基础层级范畴（basic-level category）。这类范畴内含的最基本的准则是强调范畴内的相似之处，而不是范畴之间的相似之处。因此，因为猎豹比其他物品更像猫，它们会被标记成"猫"。

定义基础层级的第二项准则是最普遍的层级，在这一层级，物品由于其形式、功能、构成部件（Poulin-Dubois, 1995）或动作而相似。因此，对成人来说，即使一个猫头鹰储蓄罐和一个圣诞节装饰的名称和功能都不一样，但由于它们都是圆形的物品，很可能让幼儿可以用同样的方式对待（滚动它们）。在梅尔维斯夫妇的研究中，它们都被母亲们和球归为一类，也被称为"球"。

幼儿的母亲在教孩子们基础层级单词时和教更普遍或更具体的单词时，采用的是不同的策略（Hall, 1994b）。在教基础层级单词时，母亲使用的是明示；她们会指着物品说"这是一辆拖拉机"。但是当教上位词的时候，她们采用包含的策略，同时提及基础层级单词和上位词。例如，她们会说，"汽车、公交车和火车，它们都是交通工具。"当母亲们教"乘客"这种比基础层级单词更为细化的词汇时，她们会提供一个包括基础层级单词和新词的解释。例如，她们会说，"这头猪是一名乘客，因为它在坐车。"或者"乘客是一名坐车的人。"家长会明确地解释罕见词汇，或者把它们放在一个能让儿童想到预先知识或现实世界经验的语境里，从而为孩子对罕见词汇的习得提供特别帮助。例如，乔治的母亲在晚饭时向 4 岁的乔治解释痉挛是什么："痉挛就是你的胃收紧的时候，因为你吃了东西，所以会觉得疼"（Beals, 1997）。

母亲的言语同时也显示了能够影响儿童理解并使用与自己内在状态相关的单词的方式（Tingley, Gleason & Hooshyar, 1994）。在英国进行的一项受到广泛引用的研究中，杜恩（Dunn）、布雷瑟顿（Bretherton）和蒙恩（Munn）（1987）发现，经常和幼儿说话的母亲会为儿童的一系列内在状态进行标记，包括意识的质量（如无聊）、生理状态（头晕）和情感状态（高兴）。在两岁左右，儿童会自行使用很多表示内在状态的单词，特别是那些关于睡眠、痛苦、不快、温度、疼痛和快感的单词。这一研究中更引人注意的发现是，母亲会对女儿们使用更多的标签，而在两岁左右，女孩们比男孩们明显更经常提及自己的感觉状态。更近期的研究也发现了相同的结果（如 Aznar & Tenenbaum, 2015）。重要的是，这种家长对感情和心理状况的谈话会在之后影响儿童心智的发展（参见第 9 章）和对他人的共情能力（Ensor et al., 2014）。婴儿自身的交流技能会影响母亲们使用内心状态词汇的频率。当儿童开始指点发声之后，母亲能够更恰当地评论婴儿"想要"和"需要"的事物（Slaughter, Peterson & Carpenter, 2009）。因此，与发展的其他很多方面一样，家长和儿童的交流风格是双向的：家长回应儿童，儿童也回应家长。

除了这些导向幼儿的特别词汇，很多文化里的成人乃至更年长的儿童似乎都会把他们语言的其他方面与儿童的能力水平相匹配（Shatz & Gelman, 1973）；一些输入语言的特征可以促进语义发展。特别是当幼儿开始理解使用单词之后，输入语言的发音会更清楚、缓慢，通常带有夸张的语调和话语之间明显的停顿（Liu, Tsao & Kuhl, 2009; Soderstrom, 2007）。除此之外，单个单词的话语很常见，需要教授或关注的单词通常被放在句子的末尾，带有特别着重的音高和重音（Wai Han & Nicoladis, 2010）。布伦特和西斯金德（Brent & Siskind, 2001）观察到，在家中和9~15月龄儿童交谈的母亲通常在孤立语境下产出单词，在很短的时间里数次进行这一行为。他们还发现，婴儿能否习得一个单词取决于在孤立语境下听到该单词，而不是听到单词的总次数。因此，导向幼儿的言语比对其他成人的言语通常更为仔细构造，可理解性也更强，而对成人的言语通常充满发音模糊的单词、错误的开头，以及构造有问题、不完整、单词边界模糊的句子。这种更清晰、更准确、更简单的输入语言可以辅助儿童从语流中分隔单词，感知正确的发音。

成人为了与幼儿共享社会、情感和实物的话题而与其交流，但是在这一过程中，他们也为儿童提供了语言的反馈。一些反馈是非语言性的，比如当孩子在摇篮里叫"妈妈"的时候母亲出现，或者在孩子要饼干的时候拿来咸饼干。如果孩子真正想要的不是饼干，而是曲奇，他会得到有用的发现（也许会令他失望）。纠正性的反馈也可以以语言形式出现。例如，当一名儿童把悠悠球标记成球，成人可能会提供正确的标签，并伴有重要特征的描述（例如：这是一个悠悠球，看见了吗？它会上下移动）。这种对儿童语言错误的对比性重塑可以帮助正常的语言学习者（Saxton, 2005）。

正如我们至今所见，大多数针对语言输入的研究都只聚焦于家长和儿童之间的一对一交互，这在西方很多中产阶级家庭中十分典型。在这些详细记载的语言互动中，**共同注意**（joint attention）（儿童和家长的双向参与）和**共享重点**（joint focus）（关注于同一物品或活动）都被认为是有效学习的必要因素（Tomasello, 2003）。然而，

儿童接触"自行车把"和"辐条"这种罕见单词通常源自与成人共享的活动的语境中。

话语直接导向儿童的一对一交互并不总是在围绕幼儿的语言环境中占据主导地位。在世界上的很多文化里，成人并不以对话对象的方式与幼儿交流，儿童主要作为观察者和听者进行学习（Rogoff, 2003）。例如，巴布亚新几内亚的卡库里族儿童，即使几乎从来不参与和成人的一对一对话，也成功地完成了语言发展（Schieffelin & Ochs, 1986）。近期，一系列有前景并有趣的研究正在关注儿童从旁听的言语里学习单词的情况，从而扩

展了交流语境的范畴。一些研究不再强调成人和儿童的共同注意（或者双向参与），而是认为在一些情况下，共享重点本身就足以促进有效的单词学习。换而言之，儿童似乎可以通过共享重点从旁听的言语里学会单词，而无须直接参与到对话。如果记忆负担不重，18 月龄儿童就可以从旁听的言语里学会新单词（Floor & Akhtar, 2006）。有趣的是，一些研究认为，有在日常生活中观察多个成人的先前经验的儿童可能对第三方对话更具观察力，最终帮助他们能更好地从旁听的话语里学会单词（Shneidman, Buresh, Shimpi, Knight-Schwarz & Woodward, 2009）。然而，在多种文化中比较儿童导向言语和旁听话语对儿童词汇发展的有效性的研究发现，儿童导向言语比旁听话语在儿童的语言学习中起到了更重要的作用（Weisleder & Fernald, 2013; Shneidman & Goldin-Meadow, 2012）。这一系列研究扩展了我们对能够在语言发展中影响单词学习的语境因素范围的理解。

词汇发展的个体差异：家庭因素与学校因素

词汇知识是一个具有极端个体差异性的语言领域。很显然，这种差异来自两个方面：个人和语境。一名熟练记忆音系表达、已经知道大量单词和概念，以及了解"单词"和"定义"的儿童能够更为有效地学习新单词（Nagy, 2007）。然而，这些个人特征也明显受到语境特征的影响。儿童的词汇发展会受到导向他们的言语的数量的影响。正如我们所见，儿童可以在听到单词一两次之后迅速地做出有关其含义的假设。然而，深入的学习需要在不同语境里多次接触单词（Hoff-Ginsberg & Naigles, 1999）。因此，接触到大量成人输入的儿童比接触到更多有限输入的儿童发展出更丰富的词汇也就不足为奇了（Hoff & Naigles, 2002; Huttenlocher, Haight, Bryk, Seltzer & Lysons, 1991; Ramirez-Esparza, Garcfa-Sierra & Kuhl, 2014）。

针对家庭语言环境的研究表明，儿童词汇习得的重要预测要素包括单词的数量、种类以及语境丰富度（参见第 10 章"家庭内的读写经历"一节）。在哈特（Hart）和黎斯利（Risley）（1995）的一项经典研究中，他们发现，与受过高等教育的中产阶级家长相比，社会经济地位较低和受教育水平较低的家长平均倾向于在儿童导向言语里使用较少的、较单一的单词，从而导致孩子的词汇有限。哈特和黎斯利的研究揭示的这一所谓单词差距，是从美国 42 户家庭的 9 月龄到 3 岁之间儿童的语言交互的分析中得出的。其后的研究也发现，9 月龄儿童的接收词汇（Halle et al., 2009）、14 月龄儿童的手势产出（Rowe & Goldin-Meadow, 2009），以及 18 月龄儿童的词汇处理能力（Fernald, Marchman & Weisleder, 2013）都明显地受到社会经济地位差异的影响。研究表明，这些早期平均社会经济地位在沟通能力上的差异会对词汇习得造成长期影响，部分原因是儿童在早期接触到的语言差异。然而，也有研究表明，在不同社会经济水平的儿童中，词汇技能的分布存在较大的组内差异，也有较大范围的重叠。例如，潘（Pan）、罗伊（Rowe）、辛格（Singer）和斯诺（Snow）（2005）对来自较低社会经济地位的乡村家庭的 108 名单语儿童的长期研究表明，儿童在 14 月龄、24 月龄和 36 月龄时产出的词汇具有相当大的差异。儿童的词汇发展和母亲的词汇多样化（不同单词的数量）以及母亲一方的语言和读写技能呈正相关。除此之外，儿童的词汇增长与母亲抑郁状况呈负相关。换而言之，来自较低社会经济环境的母亲，如果她们使用的词汇多样性更高、读写能力更强，并且没有抑郁症状，那么孩子的词汇增长率较高。罗德里格兹（Rodriguez）及其同事在针对社会经济地位较低的家庭的研究中扩展了要素的范围，他们发现 3 岁的儿童的词汇可以通过以下因素预测：儿童参与读写活动的频率、母方参与的质量，以及家中适合年龄的学习材料的可利用性（Rodriguez et al., 2009）。最后，尽管传统上很多研究都着重于母子交流，更近期的研究发现父亲在儿童的词汇发展中也起到了重要作用。例如，杜尔斯马（Duursma）、潘和莱克斯（Raikes）（2008）发现，在社会经济地位较低的家庭里，父亲为幼儿读书的频率可以预测一年之后儿童的接收词汇分数。类似地，其他使用社会经济地位较低样本的研究也发现，父亲对幼儿的对话的数量和质量比母亲对话的影响更能预测儿童的词汇技能（Pancsofar & Vernon-Feagans, 2006, 2010; Malin, Cabrera & Rowe, 2014）。

随着时间的推移，词汇知识的来源从基本来自家庭和看护者扩展到来自一系列其他来源，如课堂环境、同龄人互动，以及阅读和其他媒体的接触。

词汇知识是读写发展和之后的学业成就的重要预测要素。当学生的词汇不足以帮助他们理解他们所读的内容时，期望让他们从阅读中学习词汇是不现实的，因此我们需要对其予以明确的指导（Stahl & Nagy, 2006）。在加拿大进行的一项研究表明，词汇分数在前 25 个百分位以及在经济条件优越的学校就读的一年级学生，其表现甚至优于就读于条件较差的学校的四年级学生（Biemiller & Slonim, 2001）。很多住在贫穷的社群、就读于条件较差的学校的学生比条件更好的学生明显知道更少的单词，但是我们需要强调一点：社会经济条件本身并不会阻拦词汇发展。在本章之后的章节我们会讨论到，研究表明，当家庭和学校提供最佳的环境条件时，儿童可以在一种或更多种语言里获得恰当的词汇本领（Dickinson & Tabors, 2001）。

双语儿童的词汇发展和评估

很多人假设单语是"典型"的语言状态，但是我们必须记住，双语或多语是世界上上亿人的生活常态。现在，全世界大概 2/3 的人口在某种程度上是双语者或多语者，在美国有将近 20% 的人口说除英语之外的语言。当研究者研究双语儿童时，新的、复杂的问题出现了。一个重要的问题就是，与发展单一词汇系统的单语儿童相比，双语儿童在发展两个词汇系统时是否会进展缓慢。另一个密切相关的问题就是如何更好地评估双语儿童的词汇。作为一种资源，双语为不同的个人、教育与职业世界打开了新的大门，很多人都在思考双语发展是否会与社会认知代价或收益相关。

截至目前，研究发现，如果将两种语言都考虑在内，双语儿童的词汇发展速度与单语儿童相同（Pearson, 2002）。为了理解这一点，让我们想象一下自己是生活在美国一个西班牙语家庭的儿童。在家中，所有和家庭、食物、亲属以及其他面对面对话的话题都是用西班牙语谈论的。在学前班和小学，我们用英语学习有关学校的单词。因此，根据我们听到和使用概念的语境，我们在一种语言中只学习特定的一套概念。当把幼儿在两种语言中知道的不同的词汇概念相加时，这一估算的概念词汇量和单语者相当（Pearson, 2002）。然而，可能并不意外的是，双语儿童在每一种语言的词汇量比单语儿童更小（Hammer et al., 2014）。我们有一个例子可以帮助阐释这些发现：如果我们测量一名葡萄牙语英语双语幼儿的概念词汇（英语概念加葡萄牙语概念再减去重复概念），他的词汇量可能和一名英语单语幼儿相当；但双语儿童的英语词汇量会比单语儿童的英语词汇量小。然而，我们需要强调的是，很多双语儿童在单语儿童的差异的正常范围之内。总而言之，双语儿童在每一种语言的词汇的发展倾向于比只学习一种语言的儿童略为缓慢，但他们的发展依然普遍在差异的正常范围内，至少对于他们的强势语言是如此（Hammer et al., 2014）。很显然，如果只用一种语言评估双语儿童，那么他们所知道的另一系列单词将无法被观测。这也是研究者强烈建议用两种语言评估双语儿童的原因（Bedore, Pefia, & Garcia, 2005; Pearson, 2002）。对于 5 岁以下的儿童，使用 CDI 这样的清单来评估双语儿童的词汇时，向两名以上汇报者（如家长和学前班教师）询问儿童所知道的单词，可能比只询问一名成年汇报者更为可靠、有效（Vagh, Pan & Mancilla-Martinez, 2007）。

关于双语的成本与收益的研究发现，与处于类似社会地位的单语者相比，即使是流利的双语者，在他们的每一种语言（而不是合并词汇）中，接收性词汇量都略少，在理解和产出单词时更缓慢。然而，双语不仅带来这些词汇成本，也带来了与计划、问题解决、认知灵活度及其他脑力要求较高的任务的认知收益，如在记住信息时改变注意力的集中点，或者忽略干扰物集中注意力（Bialystok, 2007, 2011）。

随着时间的推移，在理想的环境条件下，双语使用者能够在两种语言中发展出容量较大和深度较深的词汇。约瑟夫·康拉德（Joseph Conrad）和罗萨里奥·费雷（Rosario Ferré）这样著名的双语作家为这种双重成就提供了典型的案例。然而，当环境条件不甚理想时，在家庭和学校说不同语言的儿童可能会面临极大的学业挑战。近期的研究表明，在家中说英语之外的语言的双语儿童，以及可能在较为不利的环境下成长的美国双语儿童，词汇是他们的弱项。和之前记载的来自不同社会经济群体的单语儿童的词汇差距一样，研究表明，美国社会经济条件较差家庭的双语儿童需要明确的单词指导以适应学校的语言和读写要求（Tabors, Pdez & Lépez, 2003; Uccelli & Paez, 2007）。即使是在美国的英语环境中完成大多数或全部教育的双语学生，他们在中学阶段也会持续显示出词汇差距。有趣的是，研究发现，双语儿童的词汇知识和单语儿童的词汇知识以同样的速度发展，甚至更快；然而，因为他们起步的词汇量更小，在普通的指导条件下，这一差距看起来难以弥合（参见第 11 章）（Mancilla-Martinez & Lesaux, 2010）。

为了更好地支持双语儿童的词汇发展，我们需要知道有助于在两种语言中学习单词的因素。儿童的每一种语言的发展取决于他们收到的每一种语言的母语输入量；接触语言会受到一系列因素的影响（Hoff et al., 2012; Hoff, 2013; Parra, Hoff & Core, 2011）。研究认为，与单语儿童的情况一样，丰富的语言环境，包括叙事交换、阅读图书、跟随儿童兴趣的延伸对话，都是与双语儿童的语言发展相关的因素。因此，我们应该鼓励双语儿童的家长用强势语言（通常是他们的第一语言）和他们的孩子交流。作为补充，发展中的双语儿童会从与第二语言的熟练使用者进行有意义的、常规的互动（如在学前班环境里）的机会中获益（McCabe et al., 2013; Place & Hoff, 2011）。

在入学之后及小学和中学的时间里，我们必须准确地评估儿童在学校使用的语言的水平，让指导能够顾及儿童词汇。现在，家庭语言非英语的儿童参加的很多学前项目都是只使用英语的项目。针对出生于西班牙语家庭、参加只用英语的沉浸式"启蒙计划"（Head Start）的儿童的研究表明，儿童的英语水平在两年期的项目中有所上升，但他们的西班牙语水平却有所下降（Hammer, Lawrence & Miccio, 2008; Lépez, 2012）。其他针对真正的、由英语和西班牙语一起授课的双语学前项目的研究发现，英语技能可以在儿童西班牙语技能发展不受影响的情况下上升（Winsler et al., 2003）。很明显，我们还需要更多的研究来识别及提供能够为发展中的双语儿童的语言发展提供优化的项目。

后期语义发展

词汇的重要性不仅在于更大、更深的词汇系统能够让使用者更精确、灵活、有效地表达自我，也在于词汇和阅读理解之间的紧密联系。如果学生不明白文本中单词的含义，那么他们就无法理解所读的内容（Arya, Hiebert & Pearson, 2011），因此也就无法学习学业成功所需要的内容方面的材料。实际上，很多学生在学业方面挣扎的原因是他们的词汇知识不足以帮助他们理解学校老师教授的口语和书面语（Snow & Uccelli, 2009; Uccelli & Meneses, 2015; Uccelli, Phillips Galloway, Barr, Meneses & Dobbs, 2015）。

在针对后期词汇习得的研究中，研究者对以下两种结构体进行了区分：词汇的广度和深度。词汇广度（vocabulary breadth）是指知道的单词的数量。词汇深度（vocabulary depth）则是指对不同种类的单词知识的掌握程度：①单词的语音和拼写；②单词的形态结构；③能够出现该单词的句子类型；④单词的多个含义与单词联想；⑤单词恰当使用的场合；⑥单词形式和含义的来源。语言使用者对单词具有不同程度的认识。四年级的儿童可能知道"苦"是一种"令人不快的味道"，但是他们可能不知道，和所有语言里的很多单词一样，"苦"有多个含义；它还可以（在比喻用法中）指代愤怒和怨恨的感觉，或者是刺骨寒冷的天气，也可以被用作名词。一名四年级的学生可能知道"不满的"（disgruntled）一词和一些负面情绪有关，但会不恰当地用它来描述一块造型怪异的曲奇。随着语言使用者多次接触一个单词，了解它的各种使用语境，他们对一个单词有关知识的积累会逐渐增多。

估测词汇广度最为可靠的方法是基于单词族，因为研究者假设，如果语言使用者知道一个单词族里的一个单词，他们也会知道这个单词族里的其他单词。单词族（word family）包括一个基础单词，它的屈折变体，以及一些常规的派生形式（如drive、drives、driving、driver）。儿童在学校学习期间面临巨大的词汇学习任务。据推测，一名 5 岁的英语母语者有大概 4000~5000 单词族的词汇量。在入学之后，学生每年学习 2000~4000 个词，在高中结束时大概能达到 40 000~50 000 个（Graves, 2006; Stahl & Nagy, 2006）。这一成就的一部分是由儿童进行形态分解（morphological decomposition）的能力的成长而达到的。形态分解是指把一个新单词厘清为构成它的派生语素和屈折语素，从而从旧有的知识中获得新的含义、构成新的单词。这一技能与儿童的词汇量增长及阅读理解水平提高具有直接联系（Kearns, 2015; Kieffer & Lesaux, 2008; McCutchen & Logan, 2011）。因此，我们并不奇怪于语言专家鼓励教师和言语语言病理学家在课堂活动中加入意在改善儿童形态分解技能的活动（Apel &

Werfel, 2014）。几乎所有语言发育迟缓或存在障碍的儿童（参见第 9 章）都在这一任务中出现困难，而这也进一步抑制了他们积累新词汇的速度。

然而，正如我们之前所说，词汇习得不仅仅包括把新单词和概念加入一个持续扩张的列表里；与此同时，语义发展也反映在对已经习得的词汇的各种知识的渐进之中（Stahl & Nagy, 2006）。当然，由于儿童的语义系统本身逐渐复杂，评估儿童语义知识也会出现困难。儿童不仅学习新的单词和概念，同时也在单词和概念之间建立各种连接，从而充实与巩固自己对已有单词的知识。

儿童的单词联想（word association）的发展性变化表明，儿童词汇中的单词连接越发紧密。一系列单词联想任务都能体现这些变化。在这类任务的一个早期案例中，纳尔逊向儿童给出一个范畴名称，如"动物"或"家具"，让他们提供尽可能多的范畴成员的名称。在这项组类任务（set task）中，纳尔逊发现 8 岁儿童能够提供的范畴成员数量几乎是 5 岁儿童的两倍。除此之外，只有 5 岁儿童会将"肉"和"冰激凌"纳入蔬菜范畴，将"墙"和"门"纳入家居范畴，这说明他们对范畴还不能像更年长的儿童一样完整定义。语义网络在儿童期稳定成长并经历重组；纳尔逊所使用的任务现在通常被称为语义词汇流利测试（semantic verbal fluency tests）。在多种语言中，它们被有效地规范化，同时在很多心理教育及语言测试中被用于区分典型和延迟语言发展（Crowe & Prescott, 2003）。

最早一批研究儿童词汇流利的研究者中的布朗（Brown）和伯科（1960）采用了自由单词联想（free-word association）任务，发现了儿童的回应中存在组合 – 聚合转换（syntagmatic-paradigmatic shift）的证据。在给予一个特定单词并要求说出下一个想到的单词时，幼儿倾向于回复和刺激单词在句法上相关的单词；也就是说，他们给出在普通句子里跟随刺激单词的单词（组合回应）。例如，在回应刺激单词"吃"的时候，儿童有可能说"午饭"。在 7 岁左右，儿童则开始回复和刺激单词属于同一语法范畴的单词（如"吃"—"喝"）。尽管这一回复模式的趋向从小学一年级到大学期间都在不断变化，最大的区别显示在一到二年级之间。有关这一转换的解释包括普通认知策略的转换、儿童对这一任务的解释的发展性变化、对定义单词的特征知识的改变，以及与阅读习得相关的认知重组（Cronin, 2002）。

研究和实践的联系

如何提供最优的指导条件，从而为所有学生提供发展高水平语言和读写技能的有效机会，这是当前测试研究者、教育者和政策制定者面临的一个具有挑战性的问题。研究认为，从长远的角度来看，早期干预能够在儿童语言发展方面体现最深远的影响（Heckman, 2011、2013）。由研究指导的学前干预显示出前景良好的结果；这些干预注重教师的专业训练，设计的课程主要是为幼儿提供参与扩展讨论的机会，从而让他们在早期就可以拓展词汇及进行概念学习（Weiland & Yoshikawa, 2013）。考虑到词汇发展的区别在早期就已显现，近期的其他倡议计划则把家长作为消除单词差距的努力的一部分。一些干预主要注重增加儿童所听到和产出的词汇的数量，而一项记载良好的项目是基于证据的"玩耍与学习策略"回应式抚养干预（Landry, Smith, Swank & Guttentag, 2008）。这一干预计划采用受过训练的家长协调者以及亲子互动的视频，从而增进亲子联系，最终加强儿童的社会情感、语言和认知发展。一项由芝加哥大学的达娜·萨斯金德（Dana Suskind）博士引领的家长导向的家访干预——"3000 万单词计划"，也带来了一些前景良好的结果。这一干预旨在改善家长对儿童语言发展的知识，影响家长对幼儿说话的方式，从而减少社会经济群体之间的差异。在这一干预里，在 23 对母子（12 个实验组，11 个控制组，孩子介于 17~36 月龄之间）参与了为期 8 周每周 1 小时的家访之后，家长的知识、家长的语言输入和儿童的语言使用在短期之内有了明显的增长（Suskind et al., 2015）。近期，罗得岛州的普罗维登斯市收到了彭博慈善基金会对"普罗维登斯谈话"的资助基金，这是一个和"3000 万单词计划"相似的家访项目。（由于这种干预即使在儿童开始说话之前也非常重要，因此这两个项目在第 2 章中都曾经被简单提及。）尽管这类项目中的很多都前景喜人，但由于它们还都处于开端阶段，因此在当前还没有确定的结果。这类抚养干预的真正影响在很大程度上取决于它们如何评估和构建家庭的优势与更广阔的需求。

综上所述，学校和校外的丰富的语言环境可以帮助所有儿童，使他们在面对学校语言和读写要求时做出更好的准备。以研究为基础的早期干预项目，为学前班教师和 / 或家长提供信息、教导他们为何与如何培育幼儿的语言发展，看起来是可以构架儿童的词汇和概念学习的一种前景喜人的方式，尤其是当这些项目在设计时注重文化特征，在回应家庭的优势和需求时，这些干预项目可以辅助缩小机会差距，也就是儿童所经历的学习资源和机会的不平等与不公平的分布。成功的计划和实践需要遵循以下准则：①儿童学习他们听到最多的内容；②儿童学习他们感兴趣的事物和活动的单词；③互动的、回应性的环境会构建语言；④儿童在富有意义的语境中学得最好；⑤儿童需要听到单词和多样化语言结构的例子；⑥词汇和语法发展是相互作用的过程。以上准则是由哈里斯（Harris）、格林科夫和赫舍 – 帕塞克（2011）所提出的由研究衍生的准则。

元语言发展

本章的重点是儿童语义知识的发展，在其中单词象征或代表着特定的含义。一旦我们知道单词的含义，我们就无须注意到单词本身，以此意识到它们所传递的信息。然而，随着语义知识的发展，儿童逐渐意识到语言比简单的符号具有更大的潜能。儿童开始把词汇当成物品进行注意，继而能够操纵它们学习读写，完成许多非字面意义的表达，如使用隐喻、创造双关语，以及使用反讽。这些语言使用依赖于**元语言意识**（metalinguistic awareness），或者语言作为物品的本质的知识。元语言意识是在中学阶段逐渐发展起来的（更多讨论参见第 10 章）。

单词 - 概念意识

在儿童可以灵活使用单词之前，他们必须具有内隐的理解，知道单词与它们的指代对象是可分离的。正如本章之前所说，幼儿经常认为一个物品的名称是它的内在属性之一。之后，儿童学到单词本身并不是物品的固有属性，这让他们从单词的字面意义出发，开始采用隐喻的立场。

一旦儿童知道单词与其指代对象是可分离的，他们就可以开始分别思考单词和物品的特性。他们学到，尽管单词及其指代对象有时会共享特性，大部分时间则不然。例如，"大象"（elephant）和"河马"（hippopotamus）都是用于大动物的大词；但是，其他大词，比如"蚊子"（mosquito）和"蜻蜓"（dragonfly），都指的是很小的昆虫。与之相似，slip（滑倒）、slide（滑行）和 slink（溜走）这些词的语音都带有平滑运动的含义，但是"番红花"（crocus）和"日落"（sunset）的发音和它们指代对方的美丽毫无关系。

儿童以正式的方式明确地比较和对比这些特性的能力只会在几年之内逐渐发展，但是即使是很小的幼儿偶尔也会意识并思考单词的物质属性（Chaney, 1992）。例如，即使是 1 岁的儿童也会在理解言语时容忍和他们不一样的口音（Schmale, Cristia, Seidl & Johnson, 2010），有些评论说这种发音的差异不会影响含义的表达。2~3 岁的儿童也会自发地使用韵文，其中包括暗中比较匹配单词内的音系序列，他们还意识到有些单词中会包括其他单词（如"花园"garden 包括"兽穴"den）。儿童对音系序列的意识有时会与他们假设形式和含义之间的关系的倾向合并，使他们在读音相似的单词之间做出错误的语义相似预测。我们知道的一位 4 岁儿童基于她对番茄（tomato）的认识，认为龙卷风（tornadoes）是大量旋转着的红色空气；另一名知道鹰（eagle）的儿童，则想知道比格犬（beagle）是不是一种会飞的狗。

一些检验儿童对"单词"这一元语言观念的发展的研究要求儿童能够用语言描述这些概念。例如，在一项有关单词意识的著名实验里，帕帕安德罗普楼（Papandropoulou）和辛克莱尔（Sinclair）（1974）向学龄前和小学儿童展现了一系列元语言任务，其中包括给儿童读一列单词，问他们每个"词"是不是真实存在的单词，并让他们解释元音。研究者发现，在研究涉及的年龄里，儿童对单词的认知和他们用语言描述这些概念的表现都随着年龄的增长而有所改善。具体而言，年长的儿童意识到内容词和功能词都是单词，而年幼的儿童有时认为后者不是单词；此外，年长的儿童在解释构成单词的要素时更为熟练。

现在，我们知道音系意识（phonological awareness）（见第 3 章讨论）与元语言意识都在预测不同语言的儿童的读写技能中起着至关重要的作用（McNeill & Everatt, 2013）。如第 10 章所述，儿童入学之时，语言学习的过程已经扩展到包括使用语言进行学习的过程；到那一阶段，音系、形态和元语言意识都会丰富儿童的阅读经验，同时也使他们由此获益（Li & Wu, 2015）。

单词 - 含义意识：幽默、隐喻和反讽

幼儿和学龄前儿童会发现韵文和有意的无意义话语这样的单词游戏十分有趣，在某些情况下甚至会极为可笑（更多讨论参见第 10 章）。语言的很多幽默用法，如双关和谜语，依赖于语言使用者分离语言不同方面（如语音形式和含义）的能力（早期个例研究参见 Horgan, 1981 和 McGhee, 1979）。家长通过早期共同阅读图书这样的方式开始给非常年幼的儿童提供接触语言的幽默使用的机会（Hoicka, Jutsum & Gattis, 2008），为儿童后续的长期发展奠定了基础，让儿童逐渐不仅在笑话出现时发笑，还可以掌握解释这些话语有趣的原因的能力（Bergen, 2006）：基于单词的语音属性（有时称为双关）、单词具有多种含义（词汇歧义），或者笑话的其他特征。儿童对双关和谜语的享受与对偏爱的词的兴趣一样，在小学中年级开始变得格外强烈。到 9 岁的时候，大多数儿童不仅能够理解谜语中的幽默，还能够解释其来源。因此，一些小学教师称为"三年级幽默"的现象是儿童主动实践巩固元语言技能的公开的标志。与语言发展的其他方面一样，发展更为超前的儿童可能会更早地学会使用和理解语言幽默（Bergen, 2009），而几乎所有语言发展异常或延迟的儿童（参见第 9 章）都会出现使用或理解笑话和谜语的缺陷，由此增强他们语言障碍的社交影响。

除了由于幽默效果而使用语言，儿童也学习用其他非字面方式使用语言，如隐喻和反讽。温纳（Winner, 1988）是第一批研究隐喻和反讽发展的学者之一；隐喻（metaphor）主要用于解释含义，而反讽（irony）通常用于评价和批评。理解语言的

隐喻式使用在一开始是很重要的，因为它为儿童解释交流提供了产出和理解的额外策略。实际上，很幼小的儿童也会因为交流目的而自发地使用及理解一些种类的隐喻，随着年龄的增长，他们对隐喻的使用越来越熟练，更少依赖于特定语境（Rundblad & Annaz, 2010），并且在学龄前就开始理解反讽（Angeleri & Airenti, 2014）。此后，除了解释这一功能，隐喻也开始用作了解新概念和相对不熟悉的知识领域的重要工具。隐喻性语言和隐喻性思考的解释和问题解决功能在人的一生中都至关重要。同样，对反讽的理解和理解隐喻性语言的限制都会进一步阻碍语言发展迟缓或异常的儿童的社交和教育成就的取得。

使用和理解反讽不仅包括理解单词和短语能够具有与它们字面含义不同的意思，也包括理解说者意图传递的含义可以与表面含义完全相反。反讽最常用于表达讽刺（sarcasm）（即为批评或侮辱的意图）。在解释讽刺时，成人依靠语境暗示和语调暗示。因此，如果说者在看到显而易见地笨拙的失球之后评价"接得好"，即使这一评价的语调完全中性，成人听者也会考虑非字面的或讽刺的解释。较语境暗示而言，儿童似乎对语调暗示更为敏感（Dews et al., 1996）。因此，尽管语境和字面意思之间存在明显的错位，如果在表达这一评论时没有使用典型的嘲弄的语调，他们还是可能不会把"接得好"解释为讽刺的评价。研究表明，即使在语调暗示出现时，8岁以下的儿童也很难理解讽刺，对反讽的理解需要能让自己置身于说者的角度这一成熟的能力（也就是所谓的心理推测能力，参见第8章）。因此，儿童对反讽的掌握也是儿童期一项旷日持久的发展（Glenwright & Pexman, 2010），而且可能在听者凭直觉理解说者意图的能力受到限制时受到损害；这包括孤独症谱系障碍（ASD）（Pexman, 2008），甚至是由前语言失聪导致的单纯的语言经历和知识受限从而引起的缺陷（O'Reilly, Peterson & Wellman, 2014）。家庭对话为这一技能的发展提供了支持语境，因为在语境中听到反讽和讽刺时，即使是学龄前儿童也能更好地理解家长和兄弟姐妹的视角（Recchia, Howe, Ross & Alexander, 2010）。缺乏这种支持时，讽刺可能会被错误解释：我们知道的一名一年级学生带着明显的微笑下了校车，告诉大家说他非常尊敬的一名三年级学生认为他的新笔记本很整洁。当被问到他是如何知道那位年长的儿童对他的新物品如此印象深刻时，这位一年级学生立刻回答，"因为我把它拿给他看的时候他说'可真了不起！'"反讽和讽刺是元语言意识的另外一个方面，与同龄人的交流可以为幼小的语言学习者提供重要数据，以及一个用于锻炼发展中的交流技能的平台。

单词定义

定义单词需要使用语言来解释语言的元语言技能（Benelli, Belacchi, Gini &

Lucangeli, 2006）。我们需要这些不同的元语言技能，因为建立成人化的定义是一个双重过程：首先，语言使用者需要具备有关需要定义的单词的含义的恰当语义知识；其次，语言使用者需要熟悉定义的正式结构，即定义性体裁。

定义的结构多种多样，但是最为重要的也是通常最容易被接受的是亚里士多德式的格式："甲是做丙的乙。"其中，甲是概念，乙是上位词（一个单词所属的范畴），而丙是帮助我们识别概念的特定信息。例如，"猫是喵喵叫的动物。"随着语言发展的进行，儿童会逐渐更善于通过包含重要信息种类为单词建立语义独特的定义。有时，他们会更熟练于产出传统的定义体裁，尽管这一任务似乎更具挑战性（Johnson & Anglin, 1995）。

在一项较早的对定义能力的研究中，维伦（Wehren）、德里斯（DeLisi）和阿诺德（Arnold）（1981）发现 5~11 岁的儿童和大学生在单词定义方面有发展性的进步，他们一开始着重于个人经历，之后逐渐趋向于使用性质更普遍、更社会化共享的信息。在学龄早期，儿童对单词的定义是具象的（对指代对象的形象或功能进行描述）、个人的、附加的（Snow, 1990）。当让一名 5 岁儿童定义 "猫" 这个词时，他可能会说，"我的猫在我的床底下生小猫。"在小学期间，这种功能性的、个人的定义逐渐被替换为抽象的回应：同义词、解释、对范畴关系的详述（Kurland & Snow, 1997）。

另一个被证明和定义技能发展息息相关的因素是对定义性体裁的暴露，特别是经由阅读和学校活动的暴露。因此，我们毫不意外地发现，在一项研究中，六年级学生的表现强于没有上过高中的成年人，但不如受教育水平较高的成年人（Benelli et al., 2006）。研究说英语的青少年的研究者也有类似的发现：擅长阅读的人比不擅长阅读的人更善于给出定义（Nippold, Hegel & Sohlberg, 1999）。斯诺（1990）的观点与这些发现相一致：对良好定义的常规形式（定义性体裁）的知识，以及练习聆听和给出定义的频繁机会，对发展成人化的定义技能是必要的。

当学习新词出现困难时

词汇学习对于很多语言发展迟缓或存在障碍的儿童来说是很困难的；但是，这种困难的原因由于是基于特定人群的而有所不同。失聪儿童或听力受损的儿童在口语的词汇量上平均明显晚于典型发展的同龄人。大多数出生时听力严重受损的儿童（90%以上）的父母都听觉良好。生于失聪家庭的一小部分失聪儿童，如果自出生后就一直接触手语（如美国手语），他们在语言学习上则具有优势。事实上，自出生后就接触手语的儿童和他们学习口语的同龄人在相同甚至更早的时间开始习得单词，他们的词汇发展和听觉良好的儿童遵循相似的轨迹，只是方式不同（Newport & Meier, 1985）。

然而，对于没有接触手语，而是使用助听器或人工耳蜗的听力受损的儿童，单词学习通常会出现延迟。例如，萨兰特（Sarant）及其同事（2009）发现，他们所追踪的将近 70% 的儿童，无论是使用人工耳蜗还是传统助听器，其听力水平都低于年龄段平均水平。这一"词汇差距"导致听力受损的儿童在技术革新的情况下读写水平依然持续较低（Harris, 2015）。失聪儿童和听力受损的儿童所具有的单词学习的问题强调了词汇发展中口语（或手语）输入的重要性。

很多患有特定性语言障碍（specific language impairment, SLI）的儿童同样也存在单词学习问题，占该类人群的 7% 左右。在语言发展的早期，患有特定性语言障碍的儿童通常在词汇方面晚于典型发展的同龄人一整年左右，在发展过程中也一直存在单词映射问题（Alt & Plante, 2006）。这种延迟可能表明，这些患儿在其心理词汇库习得单词之前需要更多地接触该单词。格雷（Gray, 2003）发现，在实验环境里，患有特定性语言障碍的儿童需要两倍的新词展示才能习得新单词；研究者还发现，患有特定性语言障碍的儿童在面对命名任务时通常反应较慢、准确度较低（Messer & Dockrell, 2006）。患有特定性语言障碍的儿童的词汇表现也更为匮乏，他们的词汇定义和同龄人相比缺乏细节（Mainela-Arnold, Evans & Coady, 2008）。特定的寻词问题或忘名症（anomia）也见于一部分特定性语言障碍患者。这些儿童在获取他们似乎理解的常见概念所对应的单词时会有显著困难（Newman & German, 2002）。这一问题的原因可能是语义或音系编码过于浅层，导致儿童在常规的对话交互速度中只能部分获取概念或单词形式（Sheng & McGregor, 2010）。这会引起词汇选择的"接近失误"现象，如"那个男孩和我一个大小 [岁数]"（that boy is the same old [age] as me）。

患有智力障碍的儿童因为普遍的认知发展有延迟，通常也会在语义发展中有所延迟。例如，患有唐氏综合征的儿童通常比正常发育的儿童更晚开始产出单词，这一人群的词汇发展也更为缓慢（Berglund, 2001）。患有孤独症谱系障碍的儿童，特别是低功能孤独症的患儿，在与他人进行共同注意时存在困难，也可能导致单词学习问题。因此，低功能孤独症患儿的表达语言的开端年龄和发展轨迹都会出现延迟现象（Kover, McDuffie, Hagerman & Abbeduto, 2013）。与之相反，尽管高功能孤独症患儿的社交互动有所限制，他们的发展轨迹和典型发展的同龄人却更为相似（Tek, Mesite, Fein & Naigles, 2014）。很多语言障碍患儿的家长都担忧双语学习环境中的挑战。韩布里（Hambly）和冯伯纳（Fombonne）（2014）发现，在同时恰当地接触两种语言之后，有证据显示语言技能较强的儿童能够成功地发展双语词汇。

沙弗尔（Schafer）、威廉姆斯（Williams）和史密斯（Smith）（2013）发现，患有孤独症谱系障碍儿童的早期词汇与正常发育的儿童及唐氏综合征患儿不同，倾向于包括语义联想较为稀少的词汇（参见前面章节中有关单词联想的内容）。重要的是，和我们之前所说的典型发展的亲子对情况类似，家长对孤独症谱系障碍患儿输入的质和量也是预测后期语言发展的一项重要因素（Bang & Nadig, 2015），这意味着，尽管儿童由于有限的对话回应度而难以多样化地表达自己，专业人士也需要帮助家长维持丰富的输入风格。

因此，与词汇技能较低的儿童共处的家人、教师和治疗师需要记住，很多更高级的社交语言的使用需要灵活丰富的单词知识。

总而言之，由于所述人群的不同，单词学习的困难可能具有各种原因。我们难以想象被诊断患有或有风险患有语言障碍的儿童不需要充实自己的词汇、不需要了解特意针对交流迟缓本质的其他语言目标，也不会从这两者中受益。此外，词汇学习困难经常会导致这些人群在儿童期中期到青春期出现学业困难，因为词汇延迟的儿童常常会有阅读能力延迟，使其从文本中掌握词汇更为困难（Mancilla-Martinez et al., 2010）。

从积极的方面考虑，大量研究表明，为在成长过程中可能出现词汇知识延迟风险的儿童设计的专门针对词汇增长的干预行为相当有效（Marulis & Neuman, 2013）。在一项涉及 7000 多名儿童的干预的元分析中，这些儿童无论采取何种特定措施，平均词汇量都上升了近一个标准差。遗憾的是，正如本章及本书其他部分所述，社会经济地位差异即使在干预之后也会持续存在。在具有较差词汇学习风险的儿童中，家境贫困的儿童在开始时词汇分数最低，通过干预获得的收益也最少，这强调了我们需要尽早采用激进的方式来弥合由社会不利地位导致的不平等的学习机会而造成的语言和阅读差距。

终身事业

尽管词汇习得在 6~18 岁之间最为迅速，但语义发展贯穿于人的一生。作为成年人，我们不仅继续在自己的词汇中添加新词，也继续根据更丰富的经历和我们语言社群里的社会文化改变而微调着旧有单词的外延。对语言的思考和分析导致词汇重组持续进行；如果我们要以最为适合、有效的方式使用我们的语言，在人生中处理一系列的交流任务，这一灵活性是不可或缺的。

本章要点

单词及其指代对象由社会惯例决定，以一种任意的、象征性的方式相关。因此，我们学习词汇含义需要学习自己所在的语言社群如何标记物质和内心世界。发展理论家认为，非常年幼的儿童对他人的意图有原始的理解，也拥有一些能够帮助他们快速建立最初的单词–指代对象映射的倾向或准则。例如，儿童可能假设单词会指代整个物品而不是其中一部分。由能力更强的语言使用者提供的反馈允许儿童确认或推翻自己最初的假设，逐渐使他们的映射和所在的言语共同体保持一致。

在说英语的儿童的早期词汇中，名词通常多于动词或功能词汇，可能是因为名词的指代对象更具象、更容易辨别，也可能是因为它们在对幼儿所说的话语中更常见。儿童早期言语中非常规的单词–含义映射（过度扩展和扩展不足）可能能够反映词汇获取错误这样的语言处理限制、内在的概念差异，乃至有限词汇的类比使用。即使是非常年幼的儿童也会创造性地使用语言来表达类比、讲笑话，系统性地创造自己的单词。

成人对幼儿的言语中的很多特征被认为能够辅助儿童的语义发展。缓慢清晰的发音和夸张的语调可能可以帮助幼儿分割语流，辨识新单词。对于此时此地的谈论和用基础层级词汇标记物品也有可能简化映射任务。家长的言语为儿童提供了他们应习得单词的充足信息，听到更多详尽的言语的儿童会拥有更大的词汇量。

当儿童长大之后，与成人的扩展对话对支持词汇习得至关重要。儿童不仅继续学习新单词、学习熟悉的单词的新含义，也在单词之间建立联系。在其中，他们学习哪些单词含义相似，哪些含义相反，哪些是其他单词的下位词，哪些在音系上有关联。除了单词的语义知识，儿童也开始发展元语言认识，知道单词本身也具有值得思考和讨论的特性。语义网络的发展和我们内在词汇的持续重组，贯穿人的一生。

建议研究项目

向三到五年级的儿童询问以下词汇："苦的"（bitter）、"明亮的"（brilliant）、"国家／乡村"（country）、"相似"（similar），以及"结构"（structure）。就每个单词，让儿童完成以下任务：

（1）你对这个单词了解多少？选择一个回答：我不了解；我了解一点；我了解得很清楚。

（2）你能用这个单词造句吗？

（3）写下你能想到的所有与这些词相关的单词。（给他们 3 分钟写下这些单词。）

（4）你能定义这个单词的含义吗？

当你收集完这些答案之后，请思考词汇广度和深度的建构。这些学生对这些单词所知多少？不同年级之间有差别吗？不同单词之间有差别吗？这些定义信息量有多大，具有什么结构？他们对自己了解单词的程度的回答与他们在其他任务中的表现有关联吗？

把单词放在一起
学龄前形态和句法的理解和产出

安德拉·朱可夫斯基①（Andrea
Zukowski），马里兰大学帕克
分校

【学习目标】

阅读本章之后，学生能够：

◆ 描述并评估婴儿／幼儿在交流发展
最初阶段的语法理解的方式，以
及儿童在这些阶段显示出的已有
认知的内容。

◆ 举例说明英语及其他语言的早期
多单词话语的形式和功能。

◆ 解释儿童掌握英语语法语素的顺
序，以及这一顺序可能的成因。

◆ 讨论英语语法的发展可能与其他
语言语法的发展有所不同的原因。

◆ 列举一些更具挑战性的语法结构，
描述儿童在学习、理解和使用它
们时的发展模式。

在经历了孩子何时会开口说话、说话时会说什么的几个月的等待和好奇之后，当孩子第一个单词脱口而出时，家长终于得到了回报。在这一重要的时刻按期到来的几个星期之后，儿童的词汇量开始迅速增长，每天都会学到新的单词。在最初阶段，幼儿在一系列语境中使用自己的单词，最常见的是用来说明物品、进行社交互动，尽管他们每次都用一个词来传递信息。然而，父母和儿童依然一起开心地炫耀着这些最早期的语言成就，而这也代表着儿童完全掌握语言的开端。

在几个月之后，通常是在人生第二年的后半段，儿童到达下一个重要的里程碑：他们开始把单词放在一起，组成最早的"句子"。这一新的阶段标志着一个重要的转折点，即使是最简单的双单词语句都能显示出**句法**（syntax）存在的证据。也就是说，儿童并不是随意地组合单词，而是把单词以一种系统的方式组合起来，组成合乎规则的句子。针对第一个单词组合出现的时间点的研究发现，这一现象和数种发展因素相关，其中包括儿童产出第一批单词的时间，他们理解50个左右单词的时间，以及1岁左右时母亲对儿童的交流的回应程

---

① 作者和编者感谢海伦·塔格－弗鲁斯贝格（Helen Tager-Flusberg）
对本章之前版本做出的贡献。

度（Tamis-Lemonda et al., 1998）。

句法的重要之处在于，即使儿童的单词量有限，句法也能让其能够表达无穷无尽的新信息。语法规则发展的一个重要的特征就是它几乎是悄无声息发生的，不存在明显的指导痕迹。有意并认真教导自己的孩子新概念和新单词的父母从来不会主动教句法。而当父母改正儿童早期非成人化的多词话语时，他们的纠正通常更注重儿童所说的内容，而非所说的方式（Brown & Hanlon, 1970）。

尽管家长和其他人基本上都会忽略儿童对语法规则的使用和偶尔的误用，儿童语言研究者和语言学家却研究了世界上几乎所有的语法应用。数年来谨慎而仔细的研究得出了一个详细描述英语和其他语言的句法发展过程的概况，尽管这一成就背后的机制仍然被持续热议（参见第 7 章）。在本章中，我们描述学龄前时期出现的语法发展的主要阶段，侧重于各种语法结构习得的顺序。在每一阶段，我们着眼于提取儿童语言中普遍而不变的特征，描述与发展当时的语言所契合的潜在的语言规则和类别的知识。然而，就儿童最早说出的句子究竟是基于成人语言范畴（包含名词、限定词等）还是更浅层的内容（基于词汇的单词组合）这一问题，以及儿童早期语法和成熟的成人语法到底有多相似这一更普遍的问题，理论文献中依然存争议（e.g., Valian, Solt & Stewart, 2009; Tomasello, 2003; Yang, 2013）。然而，儿童在产出他们的第一批单词之前，就已经能够很好地理解他们的语言里的很多语法规则了。因此，我们会先描述儿童理解的内容，之后再转向描述儿童在学会把单词放在一起创造语句的技能之后所能够产出的内容。

儿童早期句法的理解

家长普遍相信，自己的孩子几乎在开始使用第一批单词时就可以理解多单词话语了，理解能力明显远早于产出能力。祖辈经常说"人小耳朵灵"。但是儿童的理解比产出真的更超前吗？如果是，又到底超前多少？遗憾的是，直到最近，这方面的研究还总是有互相矛盾的结果。显然，比较不同研究的一个难点在于，当研究者保证儿童不依靠语境解读语言信息时，他们使用了不同的方式来评估理解。用于评估理解的不同手段包括日记研究（记载了儿童能理解和不能理解的条件）、演示任务（实验者让儿童用玩具演示出句子内容，例如"让女孩亲吻鸭子"）、指导任务（儿童被要求完成一条指令或是回答问题），以及图片选择任务（儿童必须选择能够完美表现出测试的语言形式的图片）。麦克丹尼尔（McDaniel）、麦克基（McKee）和科恩斯（Cairns）（1996）提供了有关这些和其他研究不同发展阶段儿童语言语法知识的优秀的回顾。

20 年前，格林科夫和赫什－帕塞克首先采用了选择性注视范式来评估 12 月龄婴儿的语言理解情况。这些研究者通过这一手段发现，即使在一单词阶段，17 月龄儿童也可以用语序来理解多单词话语（Hirsh-Pasek & Golinkoff, 1996）。他们的方法是让儿童坐在家长的腿上，距两台视频显示器距离相等（参见图 5-1）。家长闭上眼睛或带上眼罩，不试图与儿童进行任何交流，而儿童观看两段同时播放的彩色视频。语言信息通过放在中间的扬声器和视频场景同时播放，让儿童注意其中一台显示器。实验者隐藏起来，直接观察儿童的眼动，并记录在每一节试验时儿童观看两段视频所花的时间。赫什 – 帕塞克和格林科夫（1993）用这一范式衡量对各种语言特征的理解情况。例如，在测试语序理解的实验中，他们采取的一项重要比较方式是利用视频来观察年龄很小的幼儿聆听"饼干怪兽在咯吱大鸟"（Cookie Monster is tickling Big Bird）这样的句子。其中一段视频场景是饼干怪兽在咯吱大鸟，而另一段同时播放的视频则显示大鸟在咯吱饼干怪兽。由于 17 月龄儿童的确花了更长的时间看前一段视频，因此格林科夫和赫什 – 帕塞克（1995）总结称，儿童在开始使用双单词句子之前就可以理解语序了。除此之外，赫什 – 帕塞克（2000）还发现，当儿童开始使用双单词话语时，他们已经能够识别黏着语素了（语素是单词内更小的包含独立含义的单位；黏着语素是必须附着在其他单词或语素上的语素，例如上文饼干怪兽例子中的 -ing）。这一知识可能可以用于辅助建立婴儿语言中的语法。

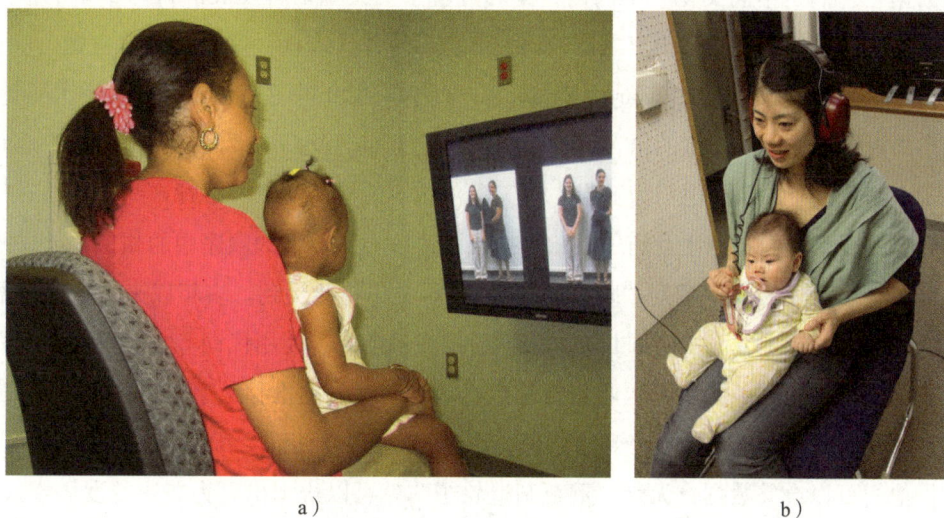

a）　　　　　　　　　　　　　　　　　　b）

图 5-1　测试幼儿的语言能力

　　研究者现在能通过实验获得非常幼小的儿童的语言能力的见解。实验手段包括用来衡量在伴随言语信号的情况下，儿童对视觉刺激的注意力的选择性注视范式（a），以及用来衡量对音频刺激的注意力的条件转头（b）。

近期，研究者能够用生物电信号的方法检测儿童能够理解和无法理解的内容，例如使用事件相关电位（ERPs，对这一手段的更多讨论参见本章后文"知识与处理"一节）。伯纳尔（Bernal）、德阿纳－兰伯茨（Dehaene-Lambertz）、米洛特（Millotte）和克里斯托弗（Christophe）（2010）发现，刚刚开始产出多单词话语的 24 月龄法语母语儿童对合乎语法的和不合语法的近乎相同的句子表现出不一样的大脑反应（先前句法的语境引向期望动词，不符合语法的句子则出现了名词；反之亦然）。通常，两岁大的法语学习者只有在一年之后才会产出像研究里的例句那么复杂的句子，而这也显示在早期发展中，句子产出比句子理解延迟。

这些研究表明，正如家长一直认为的那样，理解的确早于产出。赫什－帕塞克和格林科夫（1996）提出，非常幼小的儿童使用一系列线索来帮助自己理解语法形式。这些线索包括韵律、语义和句法，以及他们听见话语时所处的环境和社交语境。因此，儿童可以使用从语境中聆听成人言语所获得的知识来指导自己习得语法形式。

研究句法发展

我们所知道的句法发展的内容，显然主要来自研究儿童具体所说的内容。针对儿童在家中和父母说话的长期研究，提供了大量以转录文本形式存在的未经处理的数据。它们是不同文化、不同语言学习环境下的儿童语言发展的格外丰富的信息源。首先系统地研究儿童语言发展的研究者包括罗杰·布朗、路易斯·布鲁姆（Lois Bloom）和马丁·布雷恩（Martin Braine），他们都在 20 世纪 60 年代到 70 年代早期，以小组为单位描述了儿童的语言成长过程，特别是布朗及其同事，他们长期集中地研究了 3 名儿童（团队称他们为亚当、伊芙和莎拉）的早期发展。尽管这些儿童的一些行为有所区别，但布朗注意到了儿童掌握英语语法不同方面的顺序中的相似之处，并且描述了语言发展的一系列"阶段"，我们在后文中将会提到。多年以来，对某一语言的语言发展特定方面（例如儿童如何学习组成疑问句、使用代词等）感兴趣的研究者们，会从一组其他儿童身上收集新的数据。随着时间的推移，事实变得越发明显：如果研究者共享自己已经收集到的数据，研究将会更加便捷；当研究者提出新的问题时，他们可以合并数据，无须"重新制造轮子"就可以辨识出更为普遍的发展模式。因此，在 20 世纪 80 年代早期，卡内基梅隆大学的布赖恩·麦克维尼（见第 7 章）创建了一个重要的数据库，其中包括了成百上千段学习不同语言的儿童的转录文本。该数据库被称为儿童语言数据交流系统（CHILDES），它不仅是开放获取式的数据共享系统，同时也包括用于分析转录文本的计算机程序（CLAN）（MacWhinney, 2000；儿童语言数据交流系统获得了美国国家卫生研究院的长期支持，数据和软件可通过网络获取）。截至目前，这一数据库包括了涉及 34 种语言、将近 6000 万单词的儿童语言，还包括很多音频和视频。其中，典型发展儿童和语言障碍儿童的样本都有所代表。研究者使用这些数据发表了成千上万篇论文，我们在本章中讨论的一些关于语法发展的事实也都是基于这一数据资源进行研究的。

为了找出儿童在各个阶段所了解的语法知识，研究者必须检验一整套言语语料库（一系列样本），寻找不同的模式和规则，同时把某一时期的语言和之前之后的情况进行比较。

自发言语数据是有关不同语法发展阶段的儿童产出错误的特别重要的信息源。通常，错误是有关儿童潜在语言知识最为有趣的线索（Stromswold, 1996）。对自发性言语的研究能够告诉我们很多有关儿童产出的语言的内容，但是它们无法有效地告诉我们儿童可以或不能理解的内容。它们也不能告诉我们，如果有机会，儿童可能会说出什么。由于这些局限，自发性言语数据需要由控制更为精细的实验性研究进行补充，这些实验可以用于测试儿童对各种句法形式的理解，或是测试他们在更不自然、控制更强的场合里产出或判断特定结构的能力。门恩和伯恩斯坦·拉特纳（2000）对可以用于研究幼儿语言产出的各种手段进行了详细的回顾。

进入复杂的语言系统

儿童在语言习得中面对的最困难的问题之一就是如何进入这一系统。儿童如何成功地把自己听到的持续不断的语流分解成单词和语素这样基础的单元呢？他们是如何学习把特定的语音序列映射到含义上的呢？他们又是如何找出自己语言中的基本语法范畴，如名词、动词、形容词的呢？即使发展最早期的幼儿只能给我们提供极少的线索，这些依然都是儿童语言研究者必须在自己的理论中解释的有关语言习得的一些基础问题。

在众多研究者中，莫甘（Morgan, 1986）提出了一项受到一些实证支持的有趣假设。莫甘认为，如果成人在自己的言语中向儿童提供边界位置的信息，不仅是单词之间的边界，还有短语之间的边界，那么语言习得的任务将成为可能并得到简化。

的确有证据表明，不仅在英语中，在法语和日语等其他语言中，父母都会提供有关单词和短语边界的强烈的语调和韵律证据（Fernald et al., 1989）。更重要的是，也有证据表明，儿童对停顿中所包含信息的明显性十分敏感（Jusczyk, 1997; Soderstrom, Seidl & Kemler Nelson, 2003）。例如，索德斯托姆（Soderstrom）及其同事发现，即使是还没开始说话的 9 月龄儿童，也可以仅仅通过时长区分不同的短语，例如"男式新手表"（new watches for men）和"牛羚观察人类"（the gnu watches for men）。沙迪（Shady）和格肯（Gerken）（1999）发现，在测试理解口语的能力的研究中，非常幼小的说英语的儿童对韵律提示和其他由看护者提供的提示都很敏感。石（Shi）、莫甘和阿洛潘纳（Allopena）（1998）把这一研究扩展到学习其他语言的儿童身上，发现看护者对学习土耳其语或汉语的儿童的言语包括类似的音系和声系线索，使得儿童可以区分不同的词汇和语法范畴。

当儿童把语流分解成单词之后，他们可能会使用其他信息来辨别单词（如名词或动词）和短语（如名词短语和动词短语）的句法范畴。一些研究者认为，儿童可以利用含义或者语义，使用"物品倾向于名词、动作倾向于动词"的先天知识，帮助他们决定单词的句法范畴（如 Pinker, 1984）。其他人则认为，分布信息可以帮助儿童完成这一任务（Mintz, 2003）。相关分析也显示，在英语、西班牙语和法语中，属于同一"常见框架"（例如在 the 之后，在 on 之前）的单词连贯地属于同一范畴（在本例中是名词；Chemla, Mintz, Bernal & Christophe, 2009; Weisleder & Waxman, 2010）。还有人认为，韵律信息和经常出现的功能词汇的相关信息合并在一起，可以帮助儿童在他们了解很多内容词汇之前就能构建话语的粗糙句法骨架，而婴儿在聆听言语时的确采纳了这些线索（Christophe, Millotte, Brusini & Cauvet, 2010）。儿童在最早的句法发展阶段可能会使用以上所有的信息。

双单词话语

布朗所确定的第一阶段贯穿于儿童最早尝试多词话语的阶段，此时儿童的大多数话语只有两个单词长，但也有一些可能长达三个甚至四个单词。布朗把这一阶段称为"第一阶段"。表5-1列出了一些以英语作为第一语言习得的不同儿童的双单词句样例。学习其他语言的儿童会产出与这些句子极为相似的话语。

我们观察这些例子之后就会发现，儿童早期说出的句子有一些有趣的特征。首先，从一开始，儿童的语言就极具创造力；很多句子成人都不会以同样的方式说出。第一阶段的儿童说出的特定的单词组合是独一无二的、全新的，而不仅仅是模仿成人的句子。其次，这些句子和成人的句子相比是简单的，而这种简化是以一种系统的方式体现的。某些被称为内容词汇或开放词类（open-class word）的单词在儿童语言中占主导地位，因此，这些早期的"句子"基本由名词、动词和形容词构成。这些大型词类之所以被称为开放词类，是因为它们可以随着语言的演化而自由地吸收新成员。最常见的开放词类单词是名词，其在早期便融入了儿童的语言使用（Imai & Gentner，1997）。与之相反，功能词汇或称**封闭词类**（closed-class word），在语言发展的早期阶段通常不会出现。一种语言中的封闭词类（包括介词、连词、冠词、代词、助动词和屈折变化）的内容范围更加狭小，也不会轻易发生改变。在儿童最早说出的句子里，这些功能语法要素的缺失给我们带来了简化的印象。我们还可以注意到，一些单词在某一儿童的语料库里极为常见［表 5-1 中第一列的安德鲁（Andrew）更经常使用"更多"（more）和"拜拜"（bye-bye），并把它们和其他词合并］，这些单词的顺序也都相当符合规则。最后，如果我们观察儿童谈论的内容，就会发现某些话题（如从属、位置和再现）非常普遍。

表 5-1　双单词话语的例子

安德鲁	伊芙
更多汽车（more car）	拜拜宝宝（bye-bye baby）
更多麦片（more cereal）	爸爸熊（Daddy bear）
更高（more high）	爸爸书（Daddy book）
多读（more read）	爸爸蜂蜜（Daddy honey）
外面更多（outside more）	那里爸爸（there Daddy）
没有更多（no more）	那里便盆（there potty）
不尿尿（no pee）	更多布丁（more pudding）
不湿（no wet）	妈妈台阶（Mommy stair）
都湿了（all wet）	妈妈酒窝（Mommy dimple）
都没了（all gone）	妈妈做（Mommy do）
拜拜三花猫（bye-bye Calico）	妈妈熊（Mommy bear）
拜拜回来（bye-bye back）	吃它（eat it）
拜拜汽车（bye-bye car）	读它（read it）
拜拜爸爸（hye-bye Papa）	看男孩（see boy）
妈妈来（Mama come）	更多曲奇（more cookie）
看漂亮（see pretty）	

注：第一栏的话语来自 Braine（1976）；第二栏话语来自 Brown and Fraser（1963）中伊芙的转录文本。

很长时间以来，儿童语言的调查者都对如何概括第一阶段语言的特征充满兴趣。随着研究者将重点从一个重要特征转向另一个，这些特征描述也发生了一系列改变。然而，这些改变并没有反映出数据的差异，而是反映出不同研究者强加于数据的类型的差异。挑战在于，对于刚刚开始习得语法的儿童来说，了解的语法类别或规则既不能太少，也不能太多。

电报式言语

第一阶段语言早期的特征描述注重开放词类和封闭词类的对比。布朗和弗雷泽（Fraser）（1963）把儿童的双单词话语称为**电报式言语**（telegraphic speech），因为省略封闭词类之后，这些话语类似于电报。当然，电报现在已经过时，连西联汇款最后一次传送电报都已经是 2006 年 2 月的事了。然而，就像用现在的智能手机发送短信消息一样，电报鼓励消息发送者节省他们要写的词汇，最终导致了像 "Broke‐send money（缺钱—寄钱）" 这样的信息。（如果布朗和弗雷泽的研究比实际晚 50 年进行，可能儿童早期简化的单词组合就被叫成 "短信语" 了！）

第一阶段语言基本由开放词类构成的想法来自对英语习得的研究。近期的、针对习得诸如意大利语（Caselli, Casadio, & Bates, 1999）、土耳其语（Aksu-Koc, 1988）或希伯来语（Levy, 1988）等其他语言的儿童研究发现，在最早期，习得这些语言的儿童也开始习得一些封闭词类语素。这些语言具有更丰富的形态语素系统，可能更少依赖于内容词汇（及其在话语中的语序）来表达基础的语法关系。洪（Hung）和彼得斯（Peters）（1997）发现，韵律能够帮助学习汉语的儿童在这一发展阶段习得封闭词类语素。

正如今井（Imai）和根特纳（Gentner）（1997）所提出的，对其他语言习得的研究也引出了一个问题：名词是否总是先于动词习得。在学习其他一系列语言的儿童身上观测到了英语式的名词的早期优先模式（Klammler & Schneider, 2011; Bornstein et al., 2004），但一些研究者报告称在其他语言里动词并不晚于名词出现，如韩语（Gopnik & Choi, 1995）和汉语（Tardiff, 1996）。

为了调查这些表现不一的结果，桑德拉·瓦克斯曼（Sandra Waxman）及其同事为 24 月龄婴儿播放一系列动作简单的视频（如女孩抚摸狗狗），试图 "教" 他们新的名词和动词。婴儿听到一个句子——有时包括一个新名词（例如 "女孩在抚摸blick"），有时则包括一个新动词（例如 "女孩在 blick 狗"）。当新单词以名词的形式出现时，婴儿显示出他们知道 "blick" 意味着狗。这一发现在 3 种语言背景（英语、韩语和汉语）中的婴儿身上都很稳定。这意味着，在 24 月龄时，无论婴儿习得的是什么语言，名词学习既快速又轻松。当新单词以动词的形式出现时，婴儿通常明白 "blick" 意味着抚摸的动作，但是在各种语言背景下，对于所有婴儿而言，动词习得的结果比名词习得的结果更不稳定。然而，语言背景依然以一种有趣的方式影响着学习进展。当动词出现在丰富的语言语境中时，即句子里采用名词短语来表述动词的施事者和受事者（"女孩在 blick 狗"）时，与动词出现在贫乏的语言语境即句子中没有施事者和受事者（"blicking"）的情况相比，说英语的幼儿更擅长在前者情况下学习新动词。说韩语的幼儿则显现相反的模式。这一语言特定的区别反映了儿童所听到的输入的特征：在韩语中，名词短语却通常在测试场景这样的环境下被省略，但是在英语里，名词短语却很少被省略。因此，尽管对所有幼儿而言，学习新名词的含义比学习新动词的含义似乎更容易，但实际也存在哪一种类型的句子更能辅助学习新动词的语言特定的区别，而 24 月龄儿童已经显示出对这种差异的敏感性（Arunachalam et al., 2013; Waxman et al., 2013）。

语义关系

　　针对世界各地处于第一阶段、主要使用双单词话语的儿童的研究显示出这一阶段的一项普遍特征：儿童语言所表达的只有很小一部分语义关系（semantic relation）（话语中单词的含义之间的关系）。布鲁姆（1970）在她对 3 名美国儿童的研究中首先发现了这一点。之后，布朗（1973）把这一发现拓展到了学习芬兰语、瑞典语、萨摩亚语、西班牙语、法语、俄语、韩语、日语和希伯来语的儿童身上。表 5-2 列出了布朗（1973）发现的 8 种最为普遍的组合含义，每一种都举出了一些例子。从这些例子中我们可以发现，儿童在第一阶段中都大量谈论物品：他们指向物品并且为它们命名（指示）；他们谈论物品在哪里（位置），是什么样子（限定），主人是谁（从属），谁在对它们做事（施事者 – 物品）。他们还谈论施加在物品上的动作（动作 – 物品）以及向某些位置的导向（动作 – 位置）。儿童普遍关注物品、人和动作以及它们之间的关系。正如布朗（1973）指出的，这些概念正是儿童在皮亚杰所设述的感知运动阶段的认知发展刚刚完成时形成的分化。

表 5-2　第一阶段普遍出现的语义关系集合

语义关系	例子
施事者 + 动作	妈妈来（mommy come）；爸爸坐（daddy sit）
动作 + 物品	开车（drive car）；吃葡萄（eat grape）
施事者 + 物品	妈妈袜子（mommy sock）；宝宝书（baby book）
动作 + 位置	去公园（go park）；坐椅子（sit chair）
实体 + 位置	杯子桌子（cup table）；玩具地板（toy floor）
拥有者 + 从属物	我的泰迪熊（my teddy）；妈妈裙子（mommy dress）
实体 + 限定	盒子发亮（box shiny）；蜡笔大（crayon big）
指示 + 实体	那个钱（dat money）；这个电话（dis telephone）

早期语法

儿童早期双单词话语的另一个重要特征是它们连贯的语序。布雷恩（1976）记载了习得不同语言的儿童在早期对于语序规则具有产出能力的使用。然而布雷恩发现，儿童最早的双单词组合比布鲁姆或布朗提出的情况具有更为有限、词汇更为特定的范围，他称其为**有限范围公式**（limited-scope formulae）。

平克（1984, 1987）依靠第一阶段言语的研究成果（例如，儿童最早期说的双单词话语指代物品、动作、施事者等的倾向），主张儿童采用语义作为进入语言系统的"自扩展"方式。根据平克的语义自扩展假设，儿童倾向于期望指代实体物品的单词是名词，指代动作的单词是动词。这一假设认为，这些倾向是天生的，能够帮助儿童猜测单词的句法范畴，因此儿童可以学会它们的分布特征（例如动词和名词与特定语法屈折词、功能词等一起出现的情况）。当儿童学会这些分布性质之后，他们可以继续辨别其他不指代实体物品或动作的名词和动词（如"知道"know、"想象"wonder、"不快"unhappiness）。同样，根据这一假设，儿童还具有一种倾向，认为指代动作施加者的表达是语法主语。这一倾向使儿童可以学习主语的语法特征，之后又可以让儿童继续辨别句子中不作为施加者的其他主语（如"玛丽收到一封信"）。

"我的狗狗。"拥有者 + 从属物是儿童在刚刚开始组合两个单词的第一阶段言语中表达的语义关系之一。

句法规则的本质

当然，双单词话语不会让儿童语言更为接近成人语言。尽管儿童语言研究者之间存在理论分歧，但所有人都同意，当儿童成长为成人时，儿童语法最终也会变为成人语法。因此，有关成人语法的知识非常重要，因为它们能够提供参照的框架，使我们能够比较儿童发展中的语言。当我们研究儿童更长的话语的发展时，成人语法知识便尤为重要。

我们对句法规则本质的很多理解主要来自语言学家，他们关注成人语言使用者产出的合乎语法的句子（即习得过程的自然终点）中所隐含的规则的。最为具有影响力的语言学体系来自诺姆·乔姆斯基，这一语言学体系被称为**普遍语法理论**（universal grammar theory, UGT）理论。乔姆斯基自 1957 年开始发展这一体系，之间经历了数次修改。其中一个著名的版本是管辖与约束理论（government and binding theory, GBT）（Chomsky, 1981, 1982）。尽管之后还有更新的理论发展出来（Chomsky, 1995），但在本章中，我们还是聚集于管辖与约束理论，因为它在关于语法发展的研究中依然有着巨大的影响力。我们首先描述这一语言学理论中的一些重要概念和特征。

根据乔姆斯基的理论，任何语法理论（如普遍语法）的目标都是与世界上所有语言的语法［普遍性（universality）的目标］相一致；同时，理论上而言，也必须能够解释为什么世界各地的儿童在短短几年间，通常不需要或只需要很少的指导和纠正，就能习得其母语的语法［可学习型（learnability）的目标］。乔姆斯基认为，句法理论是语言知识的理论，从本质上讲，它是我们如何把语言表现为一系列内心准则的理论。乔姆斯基相信，我们对语法的心理表征是独立于其他认知系统的，也就是说，语法的准则和规则与其他认知系统不互相共享，而是高度特定化的。

管辖与约束理论的中心思想认为，语法中的数种要素联系着语言表达的不同层面。图 5-2 提供了主要要素的简化视图。最为核心的是两个层次：捕捉句子（语法的基础单元）中主语和宾语之间内在关系的深层结构（d-structure）；捕捉句子单词表面线性安排的表面结构（s-structure）。为了理解为什么我们需要两层结构，我们可以考虑以下的两个句子：

John is easy to please.［约翰很容易（被）取悦。］

John is eager to please.［约翰很渴望取悦（别人）。］

这两个句子看起来具有同样的表面结构：名词—动词—形容词—动词不定式。

然而，它们的含义却明显不同。在第二句里，"to please"（取悦）这一动词的主语是约翰，但在第一句里则是其他人。这一主语、谓语及其他内容中潜藏的语法关系的区别可以由非常不同的深层结构进行解释。从发展的角度来看，我们必须思考一个问题：儿童是如何在只接受表面结构的情况下，掌握他们所听到的句子的潜藏的语法关系（深层结构）的？

图 5-2 同时展现了表面结构和深层结构各自具有的数个要素。表面结构包括两部分：语音形式（phonetic form），即句子的实际语音结构；能够捕捉句子含义的逻辑形式（logical form），这一部分把语法和认知的其他方面连接起来。深层结构则由语法的两个要素提供信息：短语结构规则（phrase structure rules）和词汇。短语结构规则是用来规定单词构成短语和句子的方法的规则。词汇详述了句子中每个词语的一些重要特征（形态音系特征、句法特征等）。词汇和短语结构规则一同生成了句子的深层结构。

短语结构规则有时可以表示为以下的"重写规则"：

NP → N（名词短语→名词）

NP → Determiner+N（名词短语→限定词＋名词）

VP → V+（动词短语→动词）

VP → > V+NP（动词短语→动词＋名词短语）

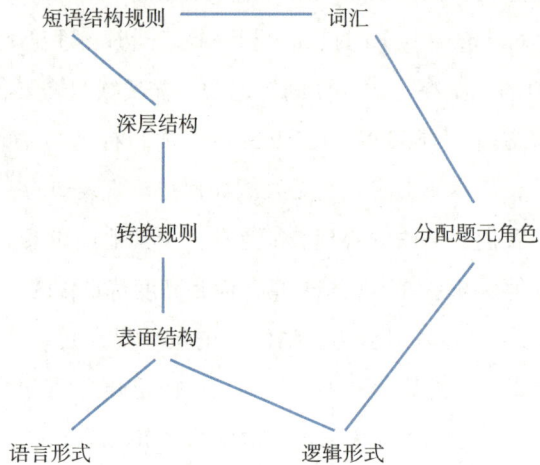

图 5-2　语法的主要要素

　　这些例子显示了两种建构名词词组（NP）和动词词组（VP）的方法。短语结构规则不仅规定了组合特定单词的规则，如 dogs（复数的狗）和 that dog（"那条狗"），同时规定了组合特定句法范畴的单词和短语的规则，如名词和名词短语。因此，它们是短语的抽象模板。我们需要注意，两个名词短语都有一个作为中心成分的名词，两个动词短语也都有作为中心成分的动词。句法理论认为，所有短语都有一个中心成分，或者头位（head），它的句法范畴定义了短语的句法范畴（所有 X 短语都具有范畴为 X 的头位）。除此之外，句法理论还认为，整个句子或短句也是一种具有头位的短语。句子的头位被认为是一种名叫屈折（Infl）的句法范畴。屈折头位包括句子时态相关的信息，例如句子到底是现在时还是过去时。屈折位也是 could（可能）和 will（将来）这种助动词出现的位置，这是因为助动词与名词不同，它们被认为天然就具有时态（这也是为何在同时具有助动词和主动词的句子里，主动词从来不因时态而变位；换言之，在我们构成英语过去时的时候，我们要么说 **was** running 要么说 **did** run）。建构屈折短语（即为句子）的短语结构规则是

　　InflP（or S）→ NP Infl VP（屈折短语 / 句子→名词短语＋屈折＋动词短语）

　　在这一规则里，名词短语是句子的主语，而屈折和动词短语一起构成了句子的谓

语。屈折被认为是一种**功能性范畴**（functional category），和动词、名词是内容词汇的**词汇范畴**（lexical category）相反。另外一个功能性范畴的例子是**标句词**（Comp, complementizer）。标句词（像英语中的 that、if 或 whether）是一种用来把一个短句（屈折短语）嵌套在另一个短句里的词。例如，当一个短句是动词的直接宾语时，就像以下两个动词短语"hope that the Red Sox are winning the game"（希望红袜队可以赢得比赛）和"doubt whether the train will be on time"（怀疑火车能否准时到达）。标句词短语（CompP）是由一个标句词和一个屈折短语组成的，如下规则所述：

标句词短语→标句词 + 屈折短语（CompP → Comp + InflP）

若以 hope（希望）和 doubt（怀疑）这些动词开头的动词短语把整个短句作为自己的直接宾语，则以以下的短语结构规则构建：

动词短语→动词 + 标句词短语（VP → V+ CompP）

如下文所述，标句词短语同时也被认为在疑问句的构建中有所涉及。

短语结构规则也可以由如图 5-3 所示的树状图表示，其中包括单独的对应之前部分重述规则的树状图。

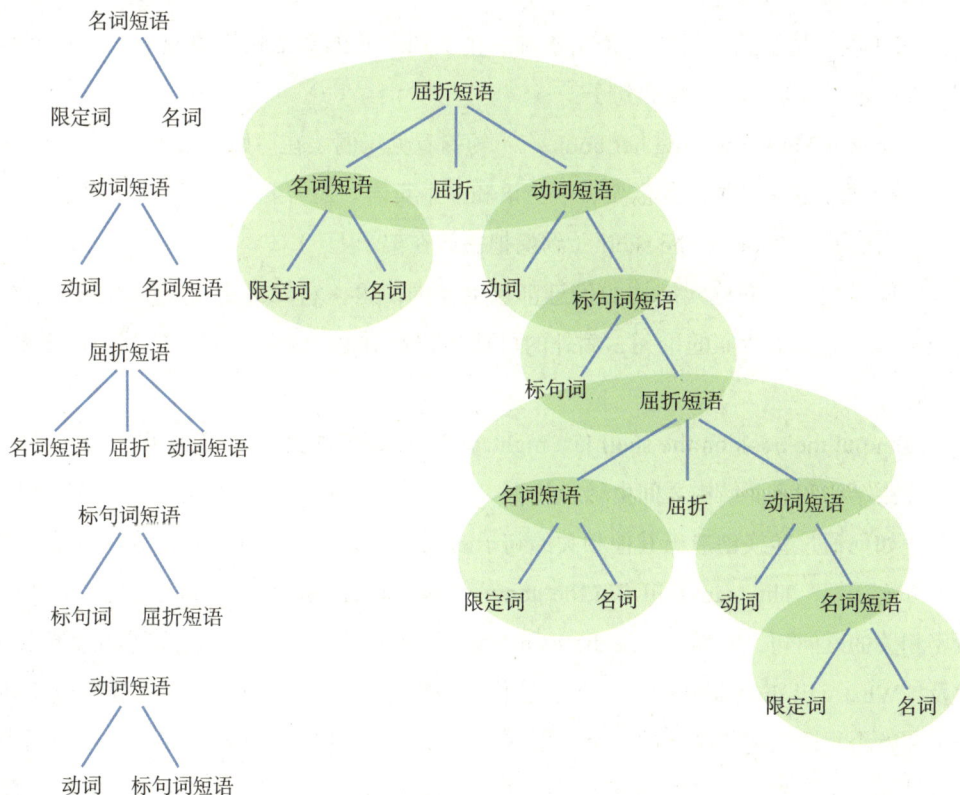

图 5-3　对应不同短语的树状图，以及它们组合构成一句复杂句子的例子

短语结构规则和树状图是用来代表相同信息的不同方式，它们可以自由互换。对应不同短语结构规则的树状图可以连接成环环相扣的谜题般的结构（见图 5-3），从而表达某一句话中所有的阶梯式结构关系。尽管很多人都会宣称自己不知道如何"绘制句子的树状图"，但他们日常产出和理解的句子都能显示出他们具有图 5-3 中表示的阶梯式结构的内隐知识。

词汇为句子提供特定的"单词"或词语，这些词语成分将插入图 5-3 所示句法结构树的底部。词汇和字典类似，包括每一词语的句法范畴（名词、动词、形容词等）。它同时包括这些词语需要的句子结构，这对于动词来说格外重要。让我们思考一下以下的动词：

run（跑）

see（看）

put（放）

由于不同的动词出现在不同的句子结构或不同的论元结构中，词汇中的每个动词会包括不同的信息。run（跑）这个词只需要一个主语：

John runs.（约翰跑。）

see（看）这个动词需要一个主语和一个宾语，它的宾语可以既是一个简单的名词短语，也可以是一个完整的句子：

John sees Mary（writing her book）. ［约翰看见玛丽（在写她的书）。］

put（放）这个动词不仅需要一个主语和一个宾语，还需要一个特定的位置：

John put the book on the shelf.（约翰把书放在架子上。）

不同动词的不同论元结构的信息都包括在词汇里，它们对于组织恰当的短语结构至关重要。除了所需的论元，额外的可选择的短语也可以加入句子的其他短语里。例如，

John put the book on the shelf last night.（昨晚，约翰把书放在了架子上。）

深层结构和表面结构之间由**转换规则**（transformational rules）连接，这是具体限制句子如何通过转换创造出其他相关的句子的规则。例如，所有的人类语言都提供系统的方式，把"The team will win the game"（这支队伍会赢得比赛）的陈述句转变成紧密相关的疑问句，例如"Will the team win the game?"（这支队伍会赢得比赛吗？）以及"What will the team win?"（这支队伍会赢得什么？）。转换规则包括把头位（词语）和整个短语从树状结构的一个位置移动到另一个位置，这通常会导致句子中词语的线性顺序的重置。图 5-4 展示了疑问句"What will the team win?"（这支队伍会赢得什么？）背后可能暗含的移动。转换的另一个例子是源于主动句［例如，"Someone shattered the window"，有人打破了窗户］的被动句构成［例如，"The window was shattered"（窗户被打破了）］。

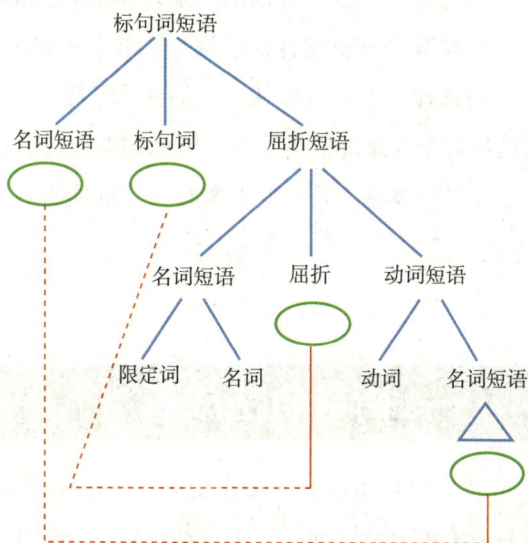

图 5-4　英语疑问句 "What Will the Team Win?"（这支队伍会赢得什么？）形成背后可能存在的移动

词汇同时也通过**题元角色**（thematic roles）或**语义角色**（semantic roles）的分配联系着表面结构的逻辑形式这一部分（见图 5-2）。来自词汇的动词给句子的每一个主要名词短语分配一个角色，如施事者、受事者、接收者、位置：

John　　　gave　　the book　to Mary　at school.（约翰在学校把书给了玛丽。）
施事者　　　　　　受事者　　接收者　　位置

在普遍语法中，这些要素和规则系统被认为是普遍存在的。除了这些普遍存在的规则，语法还具有处理世界上各种语言的句法和形态差异的系统，那就是**参量**（parameter）。参量是以极为有限的方式产生差异的语法特征，在所有语言中可能只存在 2~3 个选择或"设置"。参量的例子之一是**无主语参量**（null-subject parameter）。在英语中，每句话都需要一个外显的主语（选择一）；然而，像意大利语和西班牙语这样的语言允许在表面结构中省略主语，导致在句子的语音形式中出现了"空"主语（选择二）。所以，在意大利语里我们能说：

Sta piovendo.（Is raining.）（在下雨。）

如果想让这句话合乎英语的语法，我们必须加入一个 it 作为主语，尽管这个代词并不指代任何事物。这种代词被称为形式主语，只有需要主语的语言才会有形式主语代词。意大利语和英语之间还存在其他由于无主语参量而产生差异的特征，在这种情况下，语言变化可以描述为包括某一参量下一系列相互关联的句法特征的简练系统。

从理论上讲，每种语言的骨架至少可以由一系列参量的独特的组合来进行描述。有假设认为，儿童出生时具有语言普遍特征的知识、参量（如无主语参量）的知识，以及每个参量可能存在的选择。这一假设认为，当儿童暴露于自己的母语环境中时，输入的语句可以用于选择每个参量的恰当设置。我们在本章之后的内容里会看到参量的概念，特别是无主语参量的概念，是如何引发有关儿童早期语言的一些有趣但仍有争议的研究的。

衡量句法成长

我们如何区别儿童在学习造出更长、更接近于成人的句子时处于发展常模呢？对大量儿童的研究为我们提供了英语母语儿童在合并单词、使用简单句子的年龄段的优秀的常规化数据。这些数据中的一部分来自麦克阿瑟 – 贝茨的一系列家长汇报量表（Fenson et al., 2007；在第 4 章中有所讨论），这些量表提供了有关儿童早期阶段语言能力的极为可靠的信息。现在，这些量表可以在 40 种不同的语言和方言中使用。

组合性语言的开始时间存在明显差异。一些儿童在 15 月龄时就开始产出组合性语言，而大部分儿童产生这一行为的平均时段大概是在 18 月龄；在两岁时，几乎所有的儿童都会产出一些单词组合（Bates, Dale & Thal, 1995）。尽管儿童的发育速度存在明显差异，年龄并不是预测语言发展的最可靠因素，但儿童所说句子的长度是其句法发展的可靠指示信号；句法知识中的每一个新要素都会增加儿童语句的长度。

罗杰·布朗（1973）在对亚当、伊芙和莎拉的经典研究中，介绍了一种衡量儿童话语长度的方式，它被称为**平均话语长度**（mean length of utterance, MLU），之后也广泛用作儿童早期句法发展的指标数据。平均话语长度基于儿童在自发言语转录文本中的平均句子长度。这一长度由具有含义的单元的数量，即语素的数量决定，而并非基于单词。正如第 1 章中讨论过的一样，语素包括简单的内容词汇（如猫 "cat"，玩 "play"，吃 "eat"，红色 "red"）、功能词汇（例如不 "no"，定冠词 "the"，你 "you"，这个 "this"），以及词缀或语法屈折（如 un- 表否定，-s 表复数或第三人称单数现在时，-ed 表过去时）。每个新语素（或带有含义的最小单元）的加入都反映了新语言知识的习得。因此，至少在发展非常早期的时候，具有相似平均话语长度的儿童可以被认为具有复杂等级相同的语言。

　　要想计算某一儿童的平均话语长度，我们通常需要大概时长半小时的对话的转录文本，以获得 100 句儿童话语。儿童的语言必须被分成不同的话语，这些话语必须被分拆成语素。布朗（1973）提供了判断学习英语的儿童的语素构成的细节规则（见表 5-3）。这些规则成为儿童语言分析时被广泛使用的规范，也被用于之前所说的 CHILDES 项目中。免费的 CHILDES 程序现在可以相当轻松、准确地计算世界上很多语言里的平均话语长度。在纵向式研究中，连续时间点上计算的平均话语长度逐渐增加。图 5-5 展示了布朗及其同事研究的 3 名儿童的平均话语长度根据时序年龄的分布，以及数年之后收集的更大范围的儿童的数据。明显地，平均话语长度在不同儿童身上以不同速度增长。在布朗追踪的儿童中，伊芙的平均话语长度提升最为突出，显示出极快的语言发展速度；而莎拉和亚当在平均话语长度方面显示出更为渐进的、更不连贯的增加。因此，对研究者和临床工作者来说，能够比较标准化样本和某一儿童的典型话语长度，从而判断儿童在学习创造更长话语的过程中是否处于正常阶段，是非常重要的。

表 5-3　计算平均话语长度的规则

1. 除非转录文本的第二页涉及某些复述或背诵内容，否则从文本的第二页开始。如果情况如前者，则从第一段不是复述 / 背诵的段落开始。数出前 100 句符合下列规则的话语。

2. 只能使用完全转录的话语，不能有空缺。用括号括起来的部分话语表示有疑义。

3. 包括所有具体的话语重复（在记录中用加号标记）。口吃是指对同一单词的重复尝试；在产出的最完整形式中计算该单词一次。在少数情况下，某一单词因为强调或类似原因进行重复（"不，不，不"），计算所有出现的次数。

4. 不计算"嗯"或"哦"这样的话语填充词，但是需要计算"不""是"（yeah）和"嗨"（Hi）。

5. 所有的复合词（包括两个以上的自由语素）、专有名词和程式化重复语句都算作一整个单词。例如：生日（birthday）、rackety-boom（一部童话故事里卡车的名字）、呜呜（choo-choo）、呱呱（quack-quack）、安安（night-night）、口袋书（pocketbook）、跷跷板（see saw）。这一判断的标准是没有证据表明儿童的这些语素可以独立产生功能。

6. 把所有动词的不规则过去式（got, did, went, saw）按一整个语素计算。这一判断的标准是没有证据表明儿童会把这些单词与现在式相关联。

7. 把指小词（"狗狗" doggie, "妈妈" mommy）按一整个语素计算，因为儿童在使用这些后缀时不具有能产性。指小词是儿童使用的标准形式。

8. 把所有的助动词（is, have, will, can, must, would）计算为独立的语素。把所有的连接动词（gonna, wanna, hafta）也计算为独立的语素。后者按照一整个语素计算，而不是视同 going to 或 want to，因为有证据表明儿童是以整体使用它们的。把所有的屈折都计算为独立的语素，如属格 {s}，复数 {s}，第三人称单数 {s}，规则过去式 {d}，以及进行式 {ing}。

9. 范围内的计量服从以上规则，但计算时计为整个转录文本的平均话语长度，而非 100 句话语的平均长度。把语素的数量除以话语的数量，即可得出平均话语长度。

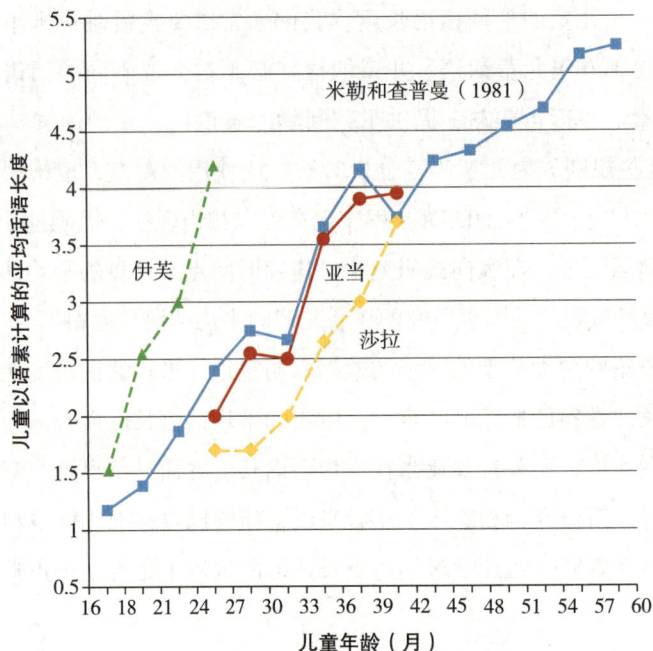

图 5-5　平均话语长度和时序年龄之间的关系

罗杰·布朗长期研究的 3 名儿童与米勒（Miller）和查普曼（Chapman）（1981）研究的 123 名儿童的年龄 – 平均话语长度关系比较。米勒和查普曼的数据点基于横断面研究中每组 4~12 名儿童的平均值。

　　布朗采用平均话语长度，把句法发展的主要时期分成了以下 5 个阶段。从我们之前讨论过的第一阶段开始，在这一阶段，平均话语长度介于 1.0~2.0。之后的阶段每升一段，平均话语长度增加 0.5。因此，第二阶段介于 2.0~2.5，第三阶段介于 2.5~3.0，第四阶段介于 3.0~3.5，第五阶段介于 3.5~4.0。当平均话语长度超出 4.0 左右之后，这一度量标准所基于的一些假设就不再成立，更长的句子也不会简单地反映儿童对语言的认知；因此，在语言发展的这一阶段以后，平均话语长度失去了作为指标数据的价值。在之后的阶段，发展句子得分及产出句法指数能够提供更多的信息。我们将在后面讨论。

　　在计算外语的平均话语长度时，特别是计算德语、俄语或希伯来语这种高度屈折的综合语时，会产生一些问题。在这些情况下，确定儿童言语里算作语素的成分比较困难，很容易获得虚高的数据。例如，一个西班牙语短语 las casas（the houses，房子的复数）能得多少分？有人可能会称限定词 las 可以获得 3 分（冠词、语法阴性、复数），另外两分则给"房子"的复数。这样，一名英语使用者只能获得 3 分，而学习西班牙语的儿童能获得 5 分。现在依然还有人尝试把平均话语长度这一概念延伸到其他结构上有所不同的语言中（Bowerman, 1973），或者把这一衡量方法修改到可以解释跨语言区别（Dromi & Berman, 1982）。在一些语言里，以单词而非语素计算话语长度被证明是相对有用的（如 Hickey, 1991）。我们采用相似的指标数据衡量一系列语言之间的语言发展，就可以寻找句法发展主要阶段中具有的普遍且不变的特征。

研究者还开发了其他衡量句法发展的方式。其中一个例子是由霍利斯·斯卡布罗（Hollis Scarborough, 1989）提出的**产出性句法指数**（index of productive syntax, IPSyn）。这一衡量方式也需要儿童的 100 句自发性话语的转录文本。研究者采用斯卡布罗提供的计分表记录儿童对 4 个范畴的各种结构的使用，每一种结构最多有两项不同的使用方式：名词词组（如名词、代词、冠词、复数结尾、复合名词）、动词词组（动词、介词、动词词尾、主动词、情态动词、时态）、疑问句和否定句（不同等级的复杂度），以及句子结构（简单句、复杂句、补语句、连词句、不定式）。每一结构使用时都会得分，总分是所有得分的总和。产出性句法指数的测量值与平均话语的长度高度相关，这说明它是一种有效的语法发展测量方式。然而，它的优势在于，在平均话语长度超出 4.0 之后，它依然能够提供有用的测量，至少能到儿童 5 岁左右；同时，它还具有改编到其他语言中使用的可能性。产出性句法指数需要辨识特定句法结构的训练，计分过程耗费时间，但一些研究组开发出了计算产出性句法指数分数的自动化方式（Hassanali, Liu, & Iglesias, 2014; Lubetich & Sagae, 2015）。现在，我们可以使用CLAN 的软件自动计算英语和日语的产出性句法指数，其他语言的类似程序也在开发之中。

让我们暂停一下，思考语言学习的这些早期阶段，以及它们和成人语言知识的理论相互联系的方式。非常早期的儿童语言的证据是如何符合管辖与约束理论中提出的语言学假设的呢？这一问题的一个回答由英国语言学家安德鲁·拉德福德（Andrew Radford, 1990）提出：语言系统的大部分在第一阶段时尚不存在，儿童在这一阶段拥有词汇和深层结构中有限的短语结构规则。拉德福德特别指出，说英语的儿童在第一阶段时只有词汇范畴，他们语法中不存在屈折和标句词这样的功能范畴。转换规则也不存在；然而，深层结构的确会被分配到语义角色，从而产出表面结构。这些想法和我之前讨论过的其他有关第一阶段语言的描述非常相似，但拉德福德使用了管辖与约束理论的术语和框架。

海姆斯（Hyams, 1986、1989）提出了另一个用管辖与约束理论解释第一阶段语法的方法。如果我们观察表 5-1 中包括动词的第一阶段话语的案例（例如，"吃它"，eat it），就会注意到很多话语缺少主语。根据海姆斯的理论，这些话语是无主语参量造成的结果，所有这一阶段的儿童都以无主语参量开始，这允许他们的句子中没有主语（意大利语和西班牙语的设定）。如果这一想法是正确的，那么说英语的儿童最终必须把这一参量的设置切回到另一个选项上。学习无主语语言（如意大利语或西班牙语）的儿童则相反，他们在一开始参量设置就是正确的，所以对他们来说语法的这一方面已经是完整的。然而，我们需要关注的问题是，处在双语学习环境里的儿童身上会发生什么。在西班牙语和意大利语这种无主语语言中，成人语言使用者把主语位空出来的语境，恰好是非无主语语言的成人语言使用者使用代词的语境。例如，英语句子"While John is eating, he（John）is talking on the phone"（当约翰吃饭时，他（约翰）在打电话）和意大利语"Mentre Gianni mangia, parla al telefono"（逐字翻译："当詹尼吃饭时，在打电话"；Sorace & Serratrice, 2009）。实际上，证据显示，和说同样无主语语言的单语儿童相比，同时习得一种无主语语言和英语的双语儿童会在无主语语言中滥用主语代词。这点在西班牙语英语双语、意英语双语、希伯来语英语和希腊语英语的双语儿童身上都有显现（Paradis & Navarro, 2003; Serratrice, 2007; Argyri & Sorace, 2007）。

即使海姆斯的假设具有理论依据引人注目，其他研究者也提出了一些重要的批评。瓦利安（Valian, 1990）指出，如果参量以特定设定作为发展的起点，其中会有一些逻辑问题。她还提供证据，即使在语言发展早期的美国儿童会省略主语，他们事实上也比同一发展阶段的意大利儿童明显使用更多的句子主语，这说明他们对需要表达主语的要求具有一定的敏感性。此外，英格汉姆（Ingham, 1992）汇报了一例案例研究，发现英语必备的句子主语的习得和包括儿童语法在内的其他发展并不关联，而这一相关性是海姆斯的理论预测出来的。

有关儿童早期语法本质的争议、管辖与约束理论的作用，以及概念化儿童早期语言系统的最佳方式目前尚在争论之中。对语法习得一个阶段的全面调查，强调了在理解语言发展的任务中，儿童语言发展的理论和细节观察的重要性。

发展语法语素

当我们观察儿童在经历第一阶段之后的语言时，我们会注意到两个重要的变化：一是儿童开始合并两种或更多的基础语义关系，句子也从而变长。例如，施事者＋动作和动作＋物品可以被合并，产生施事者＋动作＋物品，就像"亚当打球"（Adam hit ball）。二是一些屈折和其他封闭词类单词的逐渐出现，"就像一种错杂的常青藤一样，在名词和动词这些主要的建筑砖块之上和之间开始成长，而这些砖块之前限制了第一阶段"（Brown, 1973）。习得英语主要语法语素的过程是缓慢而漫长的。有些语素直到儿童入学之后才会完全掌握。例如，某些不规则过去式动词。但是，这一过程早在平均话语长度接近 2.0 的时候就已经开始了，之后我们会讨论有关一小组共计 14 个英语语法语素的习得的主要研究成果。

布朗和他的同事考特尼·卡兹登（Courtney Cazden, 1968）通过亚当、伊芙和莎拉的纵贯式数据（Brown, 1973）研究了这些语素的发展。选择这 14 个语素的原因是，它们不仅非常常见，同时也方便辨认需要他们产出合乎语法的句子的语境。

布朗的 14 个语素

语法语素微妙地改变着句子的含义。布朗研究的语素组包括两个介词（在……中用 in，在……上用 on）、两个冠词（不定冠词 a、定冠词 the）、标记属格（'s）和复数（-s）的名词屈折、标记进行时（-ing）的动词屈折、规则动词（例如"他走"he walks）或不规则动词 irregular verbs（如"他有"he has）的第三人称单数现在时、规则动词（如 he walked）和不规则动词（如 had）的过去式，以及动词 to be 的主要使用方式：作为可以缩合（I am walking 或 I'm walking）或不能缩合（I was walking）的助动词，以及作为可以缩合（I am happy 或 I'm happy）及不能缩合（This is it，此时不能在保留屈折的情况下缩略两个 /s/）的主动词和系动词。

为了标明这些语素的发展，布朗仔细调查了每一句儿童话语，辨认是否需要任何语素让它达到成人标准的合乎语法。语言语境（话语本身）和非语言语境都可以用来决定哪一个语素是必要的。例如，当儿童指着一本书说"那本书"（that book）时，我们知道需要有一个系动词（'s 或 is）和一个冠词（a）。再比如，如果有好几本书放在桌子上时，儿童说"两本书桌子"（"two book table"），我们知道"书"（book）需要带复数 -s，在"桌子"（table）一词前需要介词 on 和冠词。布朗以这样的方式通读了 3 位研究对象从第一阶段到第五阶段的转录文本，识别了每一语素的所有必要语境。然后，他检查了在不同的发展阶段，这些语境到底有多少是由恰当的语素填充的。据此，他计算出了儿童在每一个自发性言语的样本里实际产出的每个语素的百分比。这一衡量方式的优点在于，它不依赖于实际使用频率，因为使用频率可能在儿童之间或不同时段之间差别很大。

每一个语法语素的习得过程是渐进的——它们不会同时出现在所需的语境里。正相反，在语素的习得过程中，直到它们持续准确存在之前，频率有时会出现明显的波动。

习得顺序

布朗报告的最重要的发现是，这 3 名研究对象在习得这些语素的顺序上具有明显的相似之处。布朗将"习得"定义为在 90% 的必要语境中提供语素的情况。最早习得的一部分语素包括两个介词、复数和现在进行时的屈折。最后习得的语素是可缩略的系动词和助动词，即使到第五阶段也没有达到习得的标准。表 5-4 展示了这 14 个语素的平均习得顺序。

表 5-4　布朗研究的 3 名儿童的 14 个语法语素的平均习得顺序

语素	示例
1. 现在进行时	（sing*ing*; play*ing*）
2/3. 介词	（*in* the cup; *on* the floor）
4. 复数	（book*s*; doll*s*）
5. 不规则过去式	（*broke*; *went*）
6. 属格	（Mommy*'s* chair; Susie*'s* teddy）
7. 系动词（不可缩合）	（This *is* my book; yes, it *is*）
8. 冠词	（*The* teddy; *A* table）
9. 规则过去式	（walk*ed*; play*ed*）
10. 第三人称规则现在时	（he climb*s*; Mommy cook*s*）
11. 第三人称不规则现在时	（John *has* three cookies）
12. 助动词（不可缩合）	（She *was* going to school; *Do* you like me?）
13. 系动词（可缩合）	（*I'm* happy; *we're* hungry）
14. 助动词（可缩合）	（Mommy*'s* going shopping）

解释习得顺序。有什么可以用来解释这种不变的发展顺序？为什么所有儿童都认为进行时屈折（-ing）比过去式屈折（-ed）更简单，而冠词（a, the）比复数结尾更难？一种可能的解释是，儿童更经常听到的语素会更早习得。布朗用以下方法测试了这一频率假设。他在儿童达到第二阶段、开始使用这些语素之前检验了每一位儿童的家长的言语。他计算了每名家长使用每个语素的次数，把这些频率和儿童习得语素的顺序进行比较。但是这些数据之间没有关联。例如，家长言语里最常见的语素是冠词，但冠词并不是最早习得的语素之一。尽管介词在家长的样本中并不常见，但它们很早就能被儿童习得。因此，总而言之，频率并不能很好地解释这 14 个语素发展的特定顺序。

另一方面，布朗（1973）的确发现，语言复杂度能够很好地预测习得顺序。复杂度可以以两种方式定义：语义（一个语素里编码的含义数量）和句法（一个语素所需要的规则数量）。布朗以一种保守的方式定义复杂度，称其为累计复杂度。只有共享同样的含义或语法规则的语素可以进行恰当的比较。同时需要甲和乙两方面知识的语素在概念上比只需要甲或乙方面的知识的语素更为复杂，但是它并不能和需要丙方面的知识的语素进行比较。

如果我们观察累计语义复杂度，就会发现复数语素只编码了数量，（规则或不规则）过去式语素编码了"早于某事"，现在进行时语素编码了暂时持续性。由于系动词和第三人称单数语素同时编码了数量和"早于某事"，我们可以预测这些语素会比复数或过去式语素习得更晚。表 5-4 中显示的顺序证实了这一预测。我们也可以预测，编码了数量、"早于某事"及暂时持续性的助动词会比以上所有语素习得得更晚，因为它包括了所有的含义。这一预测同样也经由数据证实。

从句法角度来看，我们会有一个有趣的发现：习得较早的语素只涉及词汇范畴，而习得较晚的语素都涉及功能范畴，特别是屈折（现在和过去时，助动词）。事实上，一系列广泛的实证性调查引出了一项假设：幼儿会经历一个认为主句中的时态是非强制的阶段——所谓的**不定式自由使用阶段**（optional infinitive stage）。由于布朗的习得顺序的标准是，儿童在必要语境中达到 90% 的语素产出率，所以，如果儿童的确经历了认为时态并非强制要求的阶段，这可以解释时态相关语素比其他语素在发展中出现得更晚的原因。

不定式自由使用

学习英语的儿童经常会产出缺少时态（过去时、现在进行时等）和人称标记（在英语中，唯一的常规人称标记是第三人称单数，例如"he goes"他走）的句子。因此，他们会产出"Elephant fall down and camel fall down"（大象倒下了，骆驼倒下了）（亚伯，29 月龄；Kuczaj，1976）和"I bump my head"（我撞了我的头）（内奥米，24 月龄；Sachs，1983）这样的句子。尽管这种没有时态的动词（又称非限定动词）在嵌入其他句子时是可能存在的（例如"I didn't see the elephant fall down"，我没看见大象倒下），但主句（非嵌套句子）需要时态标记。这些早期错误可能并不令人感到吃惊，因为儿童肯定会在一个时期里还不知道动词的时态形式是什么样的。然而，更有趣的是，儿童似乎有一个阶段会同时产出包括没有时态的和带有时态的同一个动词的句子。例如，亚伯在产出包括不带时态的"fall"（倒下）的句子之后，过了几秒，他又产出了一个包括带有时态的"fall"的句子："He fell down!"（他倒下了！）（没有人在这两句话之间纠正过他）重要的是，当儿童在这一阶段产出具有时态的动词形式时，他们几乎总是能够选择正确的时态形式。这一证据用来显示 3 岁之前的儿童已经对英语屈折系统有了很多的了解。有观点认为，儿童在这一阶段里唯一不知道的事情是时态在主句中必须被明确标记（Wexler, 1994）。因此，这一阶段被称为不定式自由使用阶段（没有时态的动词也可以被称为不定式；Pierce, 1992）。研究者采用了多种研究方式（诱导产出、自发产出、语法判断），发现说英语的儿童在 3 岁时还在主动产出非限定性（没有屈折）的主句，直到 4、5 岁时才会停止产出（Rice, Wexler, & Hershberger, 1998）。然而，有观点认为，具有特定性语言障碍的儿童经历了不定式自由使用的延长期（Rice & Wexler, 1996；参见第 9 章）。

儿童词法的能产性

即使我们普遍认同儿童不能也不会通过重复听到他人使用的特定例子学会语言中的词法规则，也有一些研究者认为，在初始阶段，儿童对语言语素的使用是和某些特定的词汇形式相结合的，并不像成熟的成人系统一样反映相同的复杂度或相同的句法范畴。例如，派恩（Pine）和利文（Lieven）（1997）认为，儿童早期对 a 和 the 这些限定词的使用是与特定的名词相结合的，并不会反映任何更深层次的理解，例如这两个词属于限定词这一句法范畴。然而，这一论点所基于的证据受到了瓦利安、索尔特（Solt）和斯图尔特（Stewart）（2009）的质疑，他们认为，对数据恰当分析之后，结果恰好相反。尽管当前就如何描述发展最初阶段的语言系统依然存在争论，但是有证据表明，在 3~4 岁时，儿童正在习得一个受到规则制约的系统。首先，儿童会犯一些令人感兴趣的错误——这些错误都是因为在不该使用某项形态规则的时候使用了这一规则。例如，即使之前曾经使用过正确的不规则形式，儿童也常常把复数 -s 加在例外的名词之后（如 mans, foots, teeths, peoples），或者在不规则动词上使用规则过去式的 -ed（如 falled, goed, broked）。这种泛化错误（overregularization errors）是儿童词法规则的能产性和创造性的绝佳证据来源，这些是儿童不会从成人那里听到的形式。

词法规则的有效使用的其他证据来自伯科（1958）的一项先驱性研究。伯科设计了一项诱导式产出任务，在任务中，实验者给儿童展示一些生造出来的生物和动作。之后，儿童接收到要求给新名词加上复数和属格屈折、给新动词加上进行时、第三人称现在时和过去式结尾的语言语境。图 5-6 展示了这一研究的两个例子。总的来看，伯科发现，学龄前和一年级的儿童在面对这些无意义的单词时表现良好，尽管他们的表现明显受到高度限定、有些人工化的实验条件的制约。即便如此，能够给新名词和新动词提供正确语素的能力，毫无疑问地证明了儿童具有内化的英语形态规则知识，而不是通过模仿他人而机械地学会这些语素。

这是一个 wug。

现在这是另一个。
有两个。
有两个 _____。

这是一个知道如何 rick 的人。
他在 rick。他昨天做了同样的事情。
他昨天做了什么？

图 5-6　Wug 实验的两个例子

（描述选自 Berko, J.（1958）. The child's learning of English morphology, *Word*, 14, 150-177.）

　　儿童对英语中规则和不规则形态的知识，特别是过去式的结尾，是平克及其同事的一系列重要研究的核心（Marcus et al., 1992）。基于自发言语分析和实验研究，他们发现过去式泛化错误实际上相当罕见（介于 5%~10%），但是对某些动词来说，这些错误会一直持续到儿童期中期。平克根据这些发现认为，在习得规则和不规则形式时有两种不同的机制。规则形式涉及由规则制约的机制，规则要求在需要表达过去时的语境里加入 -ed 结尾，而不规则形式是直接从词汇中获取的，因此需要记忆系统。乌尔曼（Ullman, 2001）把这些系统与他所称的陈述性 – 程序性语言模型相结合。这一双机制假设受到了基于联结主义的模型的批评（参见第 7 章），联结主义模型只需要一项机制即可计算出正确的过去式结尾（Rumelhart & McClelland, 1986）。联结主义模型采用它们接收到的输入内容来学习动词结尾，不需要假设任何规则。双机制和联结主义阵营之间的辩论在当前的心理语言学文献中依然激烈地持续着（McClelland & Patterson, 2002; Pinker & Ullman, 2002）。

跨语言数据

　　现在越来越多的研究聚焦于其他语言的语法语素的习得。一些基于英语的发现也受到了儿童习得其他语言的数据的支持。例如，儿童习得波兰语（Dabrowska, 2001）、希伯来语（Berent, Pinker, & Shimron, 2002）、西班牙语（Clahsen, Aveledo, & Roca, 2002）和其他语言的记录都包括了大量泛化错误的例子。

　　在一系列英语以外的语言中，如法语、丹麦语、瑞典语、德语、荷兰语和俄语

（法语：Pierce, 1992；丹麦语：Hamann & Plunkett, 1998；瑞典语：Platzack, 1990；荷兰语：Haegeman, 1995；俄语：Bar-Shalom & Snyder, 1997）也都观测到了不定式自由使用阶段。在这些语言中，很多儿童早期话语包括不定式的证据甚至比英语中更为明显，因为在这些情况下，儿童不对动词进行屈折变化时，产出的动词形式是特定的不定式［例如法语的 dormir，意为"睡觉"（to sleep）］。与英语一样，在说这些语言的儿童产出具有时态的形式时，这些形式在语境中总是恰当的，这证明儿童知道自己的语言中有很多有关时态作用的知识，但是缺少主句中必须使用时态的知识。

多年以来，人们认为学习意大利语和其他罗曼语族语言（如西班牙语）的儿童不会经历不定式自由使用阶段（Guasti, 1992）。然而，格林斯特德（Grinstead）、德拉·莫拉（De la Mora）、维加–门多萨（Vega-Mendoza）和弗洛雷斯（Flores）（2009）称，这一点可能并不属实。在说西班牙语或意大利语的儿童的言语中寻找不定式自由使用的研究者假设，这些非限定形式会和说德语的儿童一样，以实际的不定式动词形式出现［例如，西班牙语的 cantar 意为"睡觉"（to sleep）］。如果以这种方式计数，说西班牙语的儿童的不定式自由使用比例极低。根据格林斯特德及其同事的观点，研究者忽略了说西班牙语和意大利语的儿童的非限定形式可能会以光秃动词的形式存在。格林斯特德及其同事认为，决定什么应该被算作非限定式的问题受到西班牙语和意大利语一类语言无主语特征的影响而加剧；因此，像"Canta"这样的儿童话语可能代表了带有第三人称单数（例如，不显现的 el 或 ella）空主语的屈折正确的现在时动词，也可能代表了一个带有并非第三人称单数（例如，不显现的 yo 或 Usted）空主语的光秃动词词干。为了避免自发性产出数据中这种难以避免的问题，格林斯特德及其同事使用了一种接收性的语法选择范式（Pratt & Grinstead, 2008），他们给儿童提供了两句话，问他们哪一句更好。格林斯特德、维加–门多萨和古道尔（Goodall）（2010）采用这一方法，得出一些 3 岁的说西班牙语的儿童在高达 37% 的情况下会接受主句中没有屈折的动词。

一个泛化错误的例子是，儿童在解释如何平衡时说 "the importantest thing to do is to not look down"（最重要的事情是不要向下看）。

不同的句子情态

在第二阶段之后，当语法语素开始出现时，儿童语言中的主要变化就是不同类型句子的发展，如否定句、疑问句和祈使句。尽管儿童在语言发展的第一阶段就一定会说"不"、提出问题和要求，但直到第三阶段（平均话语长度达到 2.5）时，他们才会开始习得这些表达式的成人形式。在更早的语言发展阶段中，儿童依赖于不同的极为类似于成人的语调模式标记不同的**句子情态**（sentence modality）（Bassano & Mendes-Maillochon, 1994）。儿童逐渐开始掌握用于标记句子情态的形态句法手段，这些是被用来补足早期习得的韵律手段。在本节中，我们会重点阐述两种不同句子情态的发展过程：否定句和疑问句。

否定句

布朗的学生之一厄休拉・贝卢吉（Ursula Bellugi），对亚当、伊芙和莎拉的纵向转录文本中的**否定**（negation）表达进行了分析（Bellugi, 1967；在 Brown, 1973 中有细节总结）。她区分了完整的否定式习得的 3 个主要阶段。在第一阶段，把句子转换成否定句的方法是把否定标记"没有"（no）和"不是"（not）放在句子之外，通常是放在句子前。很多话语以这样的形式出现：

No go movies.（没有去看电影。）

No sit down.（没有坐下。）

No Mommy do it.（没有妈妈做。）

在下一阶段，否定词移入句子内，挨着主动词；但是，这时助动词系统还没有被有效使用。在这一阶段，贝卢吉汇报了以下这些例子：

I no like it.（我不喜欢。）

Don't go.（不去。）

I no want book.（我不要书。）

最后一个时期（通常，在第五阶段时才到达）的特征是不同助动词的出现，儿童的否定句类似于成人的形式。以下否定句会在这一最后时期产出：

You can't have this.（你不能拿它。）

I don't have money.（我没有钱。）

I'm not sad now.（我现在不伤心了。）

贝卢吉对否定句的分析侧重于句法形式的发展。由于英语助动词系统很复杂，儿童需要花费很长时间去完整习得英语中的否定句的表达。

布鲁姆（1970）很快批评了贝卢吉的方法。她认为，第一阶段产出的几乎所有句子都没有主语，因此，实际上否定标记被正确地放在动词或谓语旁边。在很少的具有主语而"没有"（no）在句子之外的句子中（例如"No Mommy do it"），布鲁姆推断这并不是在否定句子，而是在向前指称，即它在回指之前的话语。在这个例子中，这句话的含义是"不，我想让妈妈做这件事"。布鲁姆的论点的目的是质疑否定句习得第一阶段的存在。然而，德维利尔斯夫妇（de Villiers & de Villiers 1979）指出，现有文献中的关键句子太少，难以判定这一问题。好在他们自己的孩子学会了如何说"no（不）"，并且在习得过程中产出了大量的关键句（de Villiers & de Villiers, 1979）。

德维利尔斯夫妇发现，他们的儿子尼古拉斯（Nicholas）在第一阶段产出了两种不同的否定句。其中一种证实了贝卢吉对"no+ 句子"规则的分析，其中的"no"并不是向前指称，而是否定句子。但与此同时，尼古拉斯也产出了否定标记在句子中、邻近动词或谓语。因此，他自己用两种不同的规则生成否定句。他用"no+ 句子"表达拒绝，用内含的"no"的形式表达否认。他们在第二个孩子夏洛特（Charlotte）发现了和伊芙身上同样的模式，但是并没有在亚当的言语里发现类似的情况。

这种模式从何而来？德维利尔斯夫妇认为，儿童从家长的言语中学会了这些。伊芙的家长和尼古拉斯与夏洛特的家长（但并没有亚当的家长）使用一种礼貌但间接的方式表达拒绝，从而不经意间构成了"no+ 句子"的形式，他们会说，"No, I don't think you should do that.（不，我不认为你应该这么做）。"

因此，我们看到，否定句的发展反映了句法、语义和输入要素之间复杂的交互，这些要素会在学习不同语言的不同儿童的早期阶段以不同的方式组合。否定句的习得已经在一系列语言中被广泛研究，包括意大利语、土耳其语、希伯来语、日语、韩语、法语、俄语、德语、荷兰语、美国手语、汉语、瑞典语、波兰和拉脱维亚语（就跨语言发现的总结及所有相关文献的引述，参见 Dimroth, 2010）。这些研究一并描述了语言中普遍和特定要素的复杂的相互作用，它们可以决定儿童完全掌握以各种形式、各种含义表达否定的速度。

疑问句

1. 单句疑问句

在英语和其他语言中，我们可以用多种方式，针对不同的目的，提出不同种类的疑问句。例如，我们可以简单地在陈述句中使用上升的语调来表示我们在提问："妈妈累了？"（"Mommy is tired?"）在最早的阶段，儿童似乎依赖于上升语调（Klima &

Bellugi, 1966）。我们同样可以通过把句子的主语和助动词进行调换来组成疑问句 "Is Mommy going?"，这被称为**一般疑问句**（yes/no question）或是非疑问句，因为它们需要的回应就是 "是" 和 "否"。这一句法规则更为复杂，儿童通常在第三阶段才开始掌握。

另一种不同的疑问句则用来获得比简单的 "是" 和 "否" 更为复杂的回答。这被称为**特殊疑问句**（wh-questions），在英语中以 wh- 开头的疑问词开始，例如 "什么"（what）、"哪里"（where）、"哪个"（which）、"谁"（who）、"谁的"（whose）、"何时"（when）、"为什么"（why），以及 "如何"（how）。对这些问题的回答更为复杂，包含更多的信息。这些疑问句同样要求倒装主语和助动词的规则，同时还需要在句子开头正确地放置恰当的疑问词：例如，"When is dinner?"（什么时候吃晚饭？）或 "Why are we staying home?"（我们为什么待在家里？）儿童一开始提出特殊疑问句时，不带助动词：

What that?（那什么？）

Where Daddy go?（爸爸去哪儿？）

然后，他们会加入助动词，但不会连贯地把它和主语相调换：

Where are you going?（你去哪儿？）

What she is playing?（她在玩什么？）

最终，儿童能够把所有必需的句法规则统合起来，连贯地产出形式正确的特殊疑问句。

克里马（Klima）和贝卢吉（1966）假设，由于一般疑问句只需要一条规则（主语和助动词倒装），而特殊疑问句需要两条规则（特殊疑问词放置和主语 – 助动词倒装），我们应该发现，儿童会先产出正确的、倒装的一般疑问句，然后是倒装的特殊疑问句。他们对亚当、伊芙和莎拉提出的疑问句的分析支持了这一假设。然而，使用更多儿童样本的后续研究并没有找到倒装较晚发展的证据（Santelmann, Berk, Austin, Somashekar, & Lust, 2002）。很多儿童反而在相同的时段里，在两种疑问句中都采用了倒装规则。

针对特殊疑问句中助动词出现的仔细分析发现，如果助动词出现，通常是倒装的，否则它基本不会出现在句子中（Stromswold, 1995; Valian, 1992）。德维利尔斯及其同事（1990）探索了一些儿童的自发性言语，发现在不同的时间点上，每个儿童都会在不同的特殊疑问词（什么、如何、为什么）引导特殊疑问句里使用倒装助动词，在疑问句中使用倒装助动词 [例如 "How did you know that?"（你是怎么知道的？）] 和表达嵌入式特殊疑问句 [例如 "I saw how you played the game."（我看见你如何玩这个游戏）〕之间存在紧密的发展关系。德维利尔斯（1995）认为，这些发展反映了标句词（参见本章最开始"句法规则的本质"一节）这一句法范畴的习得。然而，罗兰德（Rowland）和派恩（2000）认为疑问句基于词汇组合而出现，我们无须假设儿童语法中存在抽象的功能范畴。

研究者更加同意儿童习得不同特殊疑问句的顺序。布鲁姆、梅尔金（Merkin）和伍顿（Wootten）（1982）发现，"什么"（what）、"哪里"（where）和"谁"（who）是他们长期追踪研究的儿童样本最早提出的疑问句。在此之后，他们的研究对象才就"何时"（when）、"如何"（how）和"为什么"（why）进行提问。

有什么因素可以用来解释这一不变的习得顺序？一种可行的决定因素是语义或认知复杂度。编码"什么""哪里"和"谁"疑问句的概念早在第一阶段的早期言语中就得到了统合；与它们相比，"如何""何时"和"为什么"这些疑问句里应用的概念涉及方式、时间和因果的编码，因此概念更为抽象，发展也更为靠后。

2. 否定疑问句

最早由贝卢吉（1971）观测到的一项有趣的发现是，即使儿童在肯定疑问句中连贯地倒装主语和助动词，他们可能也会在否定疑问句中出现错误，产出和成人有所差异的形式，例如"What you don't like?"（你不喜欢什么？）；而成人通常在类似语境下产出"What don't you like?"这些错误在自发性言语中通常表现得不明显，因为即使是成人也很少使用否定疑问句。然而，这些错误在诱导产出研究中能够被稳定地观测到，有些被试儿童甚至已经 5 岁了（Guasti, Thornton & Wexler, 1995）。这些疑问句的困难似乎是由于助动词有一个缩合的否定式，因为在这一阶段，如果否定式不缩合在助动词中，那么儿童从来不会在主语和助动词倒装中出现错误。也就是说，他们不会产出"What you do not like?"或"What you not like?"这样的疑问句，而是始终产出正确的"What do you not like?"有些儿童在同一阶段里还会产出相关的错误，会在否定疑问句中使用两个助动词，例如"What do you don't like?"这一错误似乎表现出儿童不情愿对主语和 don't 进行倒装的，以及对句子要求主语 – 助动词倒装的理解二者之间的妥协。我们现在还不知道儿童最终如何克服这一问题。

3. 长距离疑问句

特殊疑问句也可以由复合句形成，这也包括多个分句的句子。例如，特殊疑问词的移动可以施加在多个分句的句子上，比如"Mary told Jane that we should get something"（玛丽告诉了简我们需要拿到一些东西）和"I think Mary told Jane that we should get something"（我认为玛丽告诉了简我们需要拿到一些东西），把它们变成以下的**长距离疑问句**（long-distance questions）：

What did Mary tell Jane that we should get?（玛丽告诉了简我们应该拿到什么？）

What do you think Mary told Jane that we should get?（你认为玛丽告诉了简我们应该拿到什么？）

在这些例子中，特殊疑问词"什么"从嵌套最深的分句的末尾（"我们需要拿到什么"）进行了长距离地移动（越过了一个以上的分句）。特殊疑问词的长距离移动受到一系列由成人语言使用者遵守的制约因素的限制。例如，一些句法学家认为，长距离特殊疑问句包括了多个移动步骤：一个特殊疑问短语必须以连续的跃动或循环每次移动一个分句，每次都落在标句词短语（CompP）内部、分句的最顶端，直到达到句子开始最高位的标句词短语位置。如果另一个特殊疑问短语已经占据了一个嵌套分句的标句词短语内部的位置，那么一个特殊疑问词无法通过这个位置，也就阻挡了长距离特殊疑问词的移动。

有证据显示，3 岁大的儿童就已经有了有关这些复杂问题的特征的知识。一项证据来自一些儿童产出长距离疑问句时出现的错误。克瑞恩（Crain）和索恩顿（Thornton）（1998）发现，一小部分 3~5 岁的儿童会经历一个阶段，他们会同时产出最高位分句（句首位置）和

嵌入分句（句中位置）的标句词短语里的特殊疑问词。这一产出的结果是"Who do you think who is in the box?"（意为"你认为谁在盒子里？"正确形式是"Who do you think is in the box?"）和"What do you think what Cookie Monster eats?"（意为"你认为饼干怪兽吃什么？"正确形式是"What do you think Cookie Monster eats?"）这样的疑问句。这些非成人的疑问句表明，儿童在理解与构建长距离疑问句时需要把一个特殊疑问短语以小跃动的方式从一个标句词短语移动到另一个标句词短语中。唯一的错误是在临时（句中）位置和最终（句首）位置同时发出了特殊疑问短语。即使这些语言的成人使用者不允许这一模式的存在，这一模式也在习得荷兰语、西班牙语和法

语的儿童中都有所发现（van Kampen, 2009; Jakubowicz & Strik, 2008; Gutierrez, 2006; Oiry & Demirdache, 2006）。这一有趣的错误甚至在学习英语的日语、加拿大法语或保加利亚语母语第二语言成人学习者身上也有所体现（Slavkov, 2015）。这些成人英语学习者的母语都不允许出现句中特殊疑问词。这一广泛观测到的错误的一个有趣的问题在于，一些语言的确允许句中特殊疑问词。研究者在继续研究为什么儿童和成人学习者都会无意地产出句中特殊疑问词的错误，模仿他们从来没有接触过的语言中合乎语法的疑问句。

学龄前儿童的后期发展

儿童开始上学时，他们已经学会了自己语言中的大多数形态和句法规则。他们可以用多种方式使用语言，他们的简单句、疑问句、否定句和祈使句都与成人产出的十分类似。在学龄前时期、第四阶段的后期，儿童开始使用和理解更为复杂的语法结构，但是他们的习得只会在几年后完成。在本节里我们会简单地考量 3 种这样的结构：被动式、并列和关系从句。

被动式

英语中的被动式（passive）结构相对罕见，它被用来强调句子的宾语或者动作的接收者。例如，如果我们想强调玻璃，那么可以说"玻璃被狗打碎了。"毫不意外的是，被动式在儿童的自发性言语的转接文本中极为罕见，罕见到除非研究者特意试图在实验环境下诱导，否则难以进行研究。即便如此，人们依然聚焦于儿童处理被动句的方式。因为在英语的被动句中，施事者和对象的顺序（与主动句内顺序相比）是相反的，所以，这一特定的结构可以让我们了解儿童是如何习得语序规则的，毕竟这一规则在英语句法中占据主要地位。

最早有关儿童产出被动句能力的研究来自霍尔甘（Horgan, 1978）的一项产出性研究。她使用一套图片诱导一组 2~13 岁的儿童产出被动句。她发现年龄更小的儿童的产出中，完整被动式少于不需要施事者的缩短被动式 [例如，"窗户被打破了（the window was broken）]。她还发现儿童的完整被动式与缩短被动式之间存在话题差异。完整被动式几乎总是有有生命的主语（如女孩、男孩、猫），而缩短被动式总是具有无生命的主语（如台灯、窗户）。由于这些差异，霍尔甘认为，完整被动式和缩短被动式的发展是分开的，至少对于幼儿来说是不互相关联的。事实上，一些研究者认为儿童的缩短被动式并不是真正的被动式，这也能够解释这些句子和儿童早期产出中的完整被动式具有不同模式的原因。这一观念认为，当儿童产出"窗户被打破了"（the window was broken）的时候，"打破"（broken）是一个形容词，而不是 break 的过去分词。"形容词型被动式"被认为是从词汇中产生的，这一点和被认为从语法转换中产生的真正的被动式有着本质区别（Wasow, 1977）。

　　大多数研究聚焦于儿童对被动句的理解。贝弗（Bever, 1970）完成了一项最早期的针对被动句理解的研究。他比较了 2 岁、3 岁和 4 岁儿童对主动句和被动句的理解。其中一些句子在语义上可以倒转，也就是两个名词都有可能是施事者或对象，例如"男孩亲吻了女孩"（"The boy kissed the girl"）（主动）或"男孩被女孩亲吻了"（"The boy was kissed by the girl"）（被动）。有些句子在语义上无法倒转，也就是说只有一个名词可以作为施事者，例如"女孩拍了拍狗"（"The girl patted the dog"）或"狗被女孩拍了拍"（"The dog was patted by the girl"）。

　　意料之中，贝弗发现儿童理解不可逆被动式早于可逆被动式。儿童直到四五岁的时候才能正确地演示可逆被动句，这使得被动式在说英语的儿童中发展较晚。贝弗的结果中最为有趣的一方面是 3 岁儿童和一些 4 岁儿童在可逆被动句中出现的系统性错误。他们连贯的调转施事者和对象。当给他们"汽车被卡车推着"（"The car was pushed by the truck"）这样的句子时，他们会让汽车推着卡车，仿佛他们实际上听到的是主动句。

　　后续的理解方面的研究确认，学习英语的儿童直到四五岁时才能掌握**动作动词**（actional verbs，如"亲吻""拍"）的被动式。有趣的是，他们对被动式的掌握甚至晚于包括所谓**心理动词**（psychological verbs，如"看"和"喜欢"）的句子（Fox & Grodzinsky, 1998; Hirsch & Wexler, 2007）。例如，赫什（Hirsch）和韦克斯勒（Wexler）（2007）发现，7 岁之前，儿童在理解"巴特被玛吉看到了"（Bart was seen by Marge）的句子时，表现只达到随机选择水平，而他们到了 9 岁时也只能达到 90% 的正确率。

　　贝弗提出，三四岁时，儿童已经发展出了英语语序表示主要句子关系的普遍化的抽象规则。他们知道英语语句主要使用名词→动词→名词顺序，在主动式里表达施事者→动作→对象。因此，当他们听到被动句时，他们会忽略其中的"was"和"by"（相当于"被"），推断这一被动的名词→动词→名词顺序的含义和主动式相同。后续的很多实验证明了贝弗的发现，三四岁的儿童使用的策略通常被称为语序策略。然而，针对其他非英语儿童的研究表明，这并不是一项普遍的策略。一些非印欧语系语言（塞索托语、祖鲁语）发展的研究发现，学习这些语言的儿童事实上比学习英语等语言的儿童更早掌握被动式结构（如 Demuth, 1990; Suzman, 1987）。例如，习得因纽特语的儿童在 3 岁时就能频繁地使用被动式（Allen & Crago, 1996）。德姆斯（Demuth）针对习得塞索托语（非洲南部的一种语言）的儿童的研究发现了类似的结果：这些儿童在他们两岁左右就开始在日常对话中使用被动式；在他们 4 岁时，这一使用非常频繁。德姆斯（1990）认为，这是因为塞索托语的主语总是标记着一句话的话题，很多动词都可以被动化，所以被动式是一种基础且相当常见的结构。德姆斯还认为，一种语言的类型和某种语言中被动式的重要程度会影响被动式发展的时间。

并列

儿童在很小的年龄就开始合并句子用以表达复杂或复合的命题，最早可以上溯到两岁半左右，儿童用来组合句子的最简单、最常见的方式是用"和"（and）来连接两个命题。针对幼儿用"和"表达并列（coordination）的发展的研究发现，与我们已经观察过的其他结构一样，它的发展不仅取决于语言复杂度，还取决于语义和语境要素。

针对自发性言语中的并列的发展，已经出现了一系列互相独立的研究。不同的并列结构进入儿童言语的顺序成为引起研究者兴趣的问题之一。根据语言学家的研究，并列主要有两种不同的形式：①句子并列，即两个（或更多）完整的句子连接在一起，如"我在推马车，我在拉火车"（I'm pushing the wagon and I'm pulling the train）；②短语并列，即句子中的短语连接在一起，如"我在推马车和火车"（I'm pushing the wagon and the train）。这两种形式之间似乎没有一个严格的习得顺序。布鲁姆及其同事（Bloom, Lahey, Hood, Lifter, & Fiess, 1980）汇报称，在他们长期追踪研究的 3 名儿童中，这两种形式基本同时出现于儿童的言语中。他们的第四位观察对象，与亚当、伊芙、莎拉一样，先使用短语并列，再使用句子并列；亚当、伊芙和莎拉的并列用法发展由德维利尔斯、塔格 – 弗鲁斯贝格和白田（Hakuta）（1977）进行了研究。这些研究里唯一没有观测到的习得顺序是，句子并列早于短语并列。

在布鲁姆及其同事（1980）的长期研究中，他们发现并列习得的过程也受到语音因素的影响。他们的 4 位观察对象使用"和"表达一系列含义，这些含义以固定的顺序发展。最早发展的含义是添加（连接的句子之间没有依赖关系），如"也许你能拿这个，我能拿那个"（Maybe you can carry this and I can carry that.）。几个月之后，儿童开始用"和"表达时间关系（两个句子因时间顺序或同时发生而相关），例如"乔瑟琳回到家，脱下了毛衣"（Jocelyn's going home and take her sweater off.）。之后，"和"用于表达因果关系，例如"她在鞋上放了绷带，这让它感觉好了一点"（She put a bandage on her shoe and it maked it feel better.)。一些儿童继续使用"和"表达其他含义：①物品说明，如"它看起来是钓鱼用的，你用它钓鱼"（It looks like a fishing thing and you fish with it）；②反意关系（表达对立的含义），如"因为我之前很累，我现在不累了"（Cause I was tired and now I'm not tired）。但以上这些更为少见，在儿童语言中变化更多。这一研究非常重要，因为它强调了使用一个连接词"和"可以表达的多种含义。因此，在并列发展的早期，儿童使用"和"的时候语义受到了限制；然而，随着儿童逐渐进步，其在语言中加入了更多的语义灵活性和句法复杂性。

关系从句

　　儿童在 3 岁左右会达到第四阶段，开始产出和理解一些带有嵌入式**关系从句**（relative clause）的句子。布鲁姆及其同事（1980）在他们的长期研究中报告称，关系化比并列发展得更晚，而且仅仅用于表现有关物品或人的信息。例如，"是你昨天晚上去的那个"（"It's the one you went to last night"）（彼得，34 月龄；Bloom, Hood, & Lightbown, 1974）。采用自发性言语样本的对关系从句的研究发现，儿童言语中带有关系从句的句子的实际数量很少，这一点令人失望。也许儿童在回避关系从句，因为句法上过于复杂；或是儿童缺少在自然环境中使用它们的情形，因为周围语境的知识由说者和听者共享，无须单独说明。无论这一空缺的原因为何，早期自发性言语所产出的小样本的确让衡量这些结构知识发展的形式变得困难了。为了解决这些问题，研究者采取诱导手段，增加儿童试图产出关系从句的概率。诱导产出研究允许研究者探测句子中一系列位置的各种关系从句类型。在这些研究中，儿童被要求描述一个听者无法观察到的场景，其中有两个相同的物品。为了能够成功交流，儿童需要使用关系从句或相似的结构来具体描述正确的物品。图 5-7 展示了一张用于诱导关系从句的刺激图片样例。

　　汉伯格（Hamburger）和克瑞恩（Crain）（1982）确认了之前对自发性言语的研究，并发现 4 岁的儿童能够成功地产出修饰动词的宾语关系从句，例如："拿起正在挠斑马的海象。"（Pick up the walrus that is tickling the zebra.）在英语中，这些从句有时被称为**右支关系从句**（right-branching relative clause）。图 5-3 和图 5-4 显示，我们可以用带分支的树状图表达句子结构；如果进一步延伸"树状"比喻，那么右支关系从句指的就是一种添加在动词右侧的名词词组（动词的直接宾语）的从句，因此增加了树状图右侧分支的数量。

图 5-7 用于诱导关系从句的刺激物样本

实验者首先用"这个人正在跑过一头大象，这个人正在对一头大象说话"（This man is running past an elephant and this man is talking to an elephant）来描述这张图。然后其中一个人变成蓝色，实验者问："哪个人变成了蓝色？"目标回答（跑过大象的男人，The man who is running past the elephant）是一个主语空缺关系从句。

塔格－弗鲁斯贝格（1982）为儿童提供了产出右支关系从句和**中嵌关系从句**（central-embedded relative clause）的机会。中嵌关系从句修饰主句的主语，因此在英语中它们出现在主句的中间，介于主语和谓语之间，如"坐在椅子上的熊之前跳来跳去"（The bear who is sitting in a chair jumped up and down）。在这个例子里，主句是"熊之前跳来跳去"（The bear jumped up and down），中嵌关系从句是"坐在椅子上的"（who is sitting in a chair）。

塔格－弗鲁斯贝格发现，当儿童开始使用关系从句时（在 4 岁左右），他们可以在两个位置很好地产出从句。然而，塔格－弗鲁斯贝格也发现，如果主句更为复杂，同时包括直接宾语短语和间接宾语短语，如"男孩把狗给了熊"（The boy gave the dog to the bear），4 岁的儿童就只能为最后的宾语（熊）添加关系从句，而不能给主语或直接宾语加入从句。所以他们会说："男孩把狗给了拿着马车的熊。"（The boy gave the dog to the bear who is holding the wagon.）儿童似乎一开始就认为，与在句子中间相比，在句子末尾加入关系从句最为简单，可能是因为这种结构能够将句子处理的制约因素缩减到最小（参见 Hakuta, de Villiers & Tager-Flusberg, 1982）。

我们之前讨论过的诱导产出研究的结果都没有涉及**宾语空缺关系从句**（object-gap relative clause）。无论在右支位置出现还是在中嵌位置出现，关系从句都可以用它们中哪里"包含"空缺的方式进行分类。在"男孩骑着的马"（the horse that the boy rode）这一名词短语里，关系从句"男孩骑着的"（that the boy rode）缺少一个动词"骑"（ride）的直接宾语，所以这一类关系从句被称为宾语空缺关系从句。针对成人的心理语言学研究发现，宾语空缺关系从句比在主语位置出现空缺的**主语空缺关系从句**［subject-gap relative clause；如"在挠斑马的海象"（the walrus that is tickling the zebra）］明显更难理解（Gibson, Desmet, Grodner, Watson & Ko, 2005; Traxler, Morris & Seely, 2002）。毫无意外地，在诱导产出研究中，与主语空缺关系从句相比，幼儿更难产出宾语空缺关系从句，有些儿童甚至在一个测试阶段从来不产出困难的类型（Bar-Shalom, Crain, & Shankweiler, 1993; McDaniel, McKee, & Bernstein, 1998; Zukowski, 2009）。此外，在理解研究中，幼儿难以正确解释在中嵌位置包含宾语空缺关系从句的句子，而相对更容易解释在同一位置包含主语空缺关系从句的句子（de Villiers, Tager-Flusberg, Hakuta & Cohen, 1979）。

越来越多的针对其他语言里关系从句的研究正在进行。在诱导产出研究中，当儿童习得使用类型上有明显区别的语言（如西班牙语和汉语）时，宾语空缺关系从句比主语空缺关系从句多出来的特定的难点会反复出现（e.g., Cole, Hermon & Tjung, 2005; Pérez-Leroux, 1995）。有趣的是，这一困难顺序和在世界上各种语言中观测到的语法模式相吻合：没有哪种语言只有宾语空缺关系从句而没有主语空缺关系从句，反而很多语言只有主语空缺关系从句（Keenan & Comrie, 1977）。很多人认为，这一模式与人们更难处理宾语空缺关系从句的现象有关。

已有的研究表明，刚刚开始产出关系从句的学龄前幼儿在一段时间内会持续遇到理解和产出某些关系从句的困难。实际上，他们对关系从句类句子的表现受到处理限制的高度制约，这让我们难以衡量他们对这一结构的句法结构知识的理解（参见本章最后一节"知识与处理"）。

学龄前之后

在我们结束句法和形态发展这一话题之前，我们必须注意，即使在学龄时期，儿童也持续发展着这一语言领域。某些结构在儿童入学时还没有完全掌握。近年来，由于管辖与约束原则的核心内容而得到大量关注的领域是儿童对**前指称代词**（anaphora）的认识——在句子中将不同代词形式连接到其指代对象、指代人物和物品的方式。此外，包含没有外显主语的不定式从句的几种结构在学龄前时期之后依然为儿童带来了不少麻烦。我们会讨论这些问题重重结构中的一种："约翰很容易取悦。"

（John is easy to please. ）

前指称代词

分析以下的句子：

约翰说罗伯特伤害了他自己。（John said that Robert hurt himself. ）

约翰说罗伯特伤害了他。（John said that Robert hurt him. ）

我们知道，第一个句子中的反身代词"他自己"必须指代罗伯特（罗伯特一定是被伤害的那个人）。与之相反，第二句中的前指称代词"他"可以指代除罗伯特以外的任何人（罗伯特不能是被伤害的那个人）。根据管辖与约束原则，这一知识包含在约束原则里，是我们语法的一部分。这两句话描述了两项约束原则（A 和 B），它们可以被简单定义如下：

约束原则 A：反身代词必须在同一分句中由其指代对象约束。

约束原则 B：前指称代词不能被同一分句中的指代对象约束。

从发展的角度来看，我们可以提问儿童何时开始了解的这些准则。就儿童对这些准则的知识，已经出现了数十项研究，使用了一系列任务和范式。其中之一是钱（Chien）和韦克斯勒（1990）的研究。在一项实验里，儿童被要求判断和图片配对的句子的真值。在这项研究里，研究者发现 6 岁的儿童已经了解了约束原则 A，但在使用代词时依然会出现错误（约束原则 B）。有些人认为，约束原则 B 的语法知识直到六七岁才会正式建立（约束原则 B 的延迟效应）；另一些人则认为，儿童缺乏一些重要的语义知识（Foster-Cohen, 1994）。很多针对约束原则 B 的研究出现了不同的结果，有些确认习得困难，有些则没有。康罗伊（Conroy）、高桥（Takahashi）、利兹（Lidz）和菲利普斯（Phillips）（2009）总结了所有的研究，得出结论认为：考虑到采取的实验手法的不同，实验要素可能可以解释儿童在约束原则 B 的研究中失败的现象。他们报告了 3 项新研究，在避开了有问题的实验环境之后，即使是 4 岁的儿童也能遵循约束原则 B（而当有问题的实验环境被重新包括之后，儿童们又出现了失败）。这表明，约束原则 B 的知识很有可能在儿童很小的时候就出现了。

解释不定式分句中的"空"主语

在本章开头，我们提过，尽管"约翰很渴望取悦"（John is eager to please）和"约翰很容易取悦"（John is easy to please）在表面上很相似，但这两句话的结构非常不同。在一种情况下，"约翰"被认为是嵌入分句"取悦"（to please）的主语；而在另一种情况下，"约翰"则被理解为是嵌入分句的宾语，而主语并没有说明。克罗默（Cromer, 1970）给儿童两个玩偶（一头狼和一只鸭子），让他们演示这样的句子 "The wolf is glad to bite"［狼很开心咬（东西）］与 "The wolf is easy to bite"［狼很容易（被）咬"］。他发现，幼儿在演示两种句子时都会让狼（句子中指明的动物）咬鸭子。6 岁的儿童有时会让没有被指明的动物做出咬的动作，但他们还是没有学会哪个形容词需要这种解释，而哪个形容词又不允许这种解释。其后对更年长的儿童的研究（Cromer, 1972）表明，儿童直到 11 岁左右的时候表达能力才能达到成人水准。尽管这些结构表达特别困难的原因依然未知，但一项令人着迷的长期研究显示，如果能够周期性地让他们演示这两种句子，即使不提供任何反馈，儿童在这些结构上的发展也可能会加速。克罗默（1987）首先测试了一组共 33 名 8 岁的儿童，发现他们通常表现不佳：只有 15% 的孩子能以成人的方式解释 "狼很容易（被）咬"（The wolf is easy to bite）。之后，他每 3 个月都对儿童进行同样的测试，持续了 1 年，但不给儿童的表现提供反馈。一年之后，当时已经 9 岁的儿童中，有 54% 的表现类似于成人。与之相对应，在一项分组（cross sectional）研究中，只有不到 20% 的儿童表现得像成人。克罗默的发现似乎能够解释，虽然儿童自行完成了自身发展的大多数工作，但在一些情况下，简单的输入操控可以加快他们的发展，即使只是给儿童提供更多 "思考" 特定结构的机会（参见第 7 章）。

知识与处理

在儿童期早期，儿童的语法并不是唯一进行发展的系统。与此同时，儿童实时理解和产出句子的能力也在发展。儿童具有生成某一句子所需的语法知识，但产出或理解句子，所需的要素更多。话语是单词的线形串，每一次展开一个词。为了产出句子，儿童需要把一个想法映射到表达这个想法的句子结构上，在这一结构的恰当部分插入词语，再按照正确的从左到右的顺序说出这些词语。理解句子也与之类似，儿童必须把所听到的线形的单词串转变成言语信号中无法听到的阶梯式结构，再基于此计算说者所意图的信息。

即使对成人来说，我们也不了解语言处理系统和语法系统连接的方式。例如，语言使用者如何 "找到" 能够恰当地表达想法的结构，如何在大多数时间里成功地回避产出违反语法规则的句子，在意识到自己出错的时候如何成功地 "恢复"（有关成人语言产出最为详细的模型，参见 Levelt, 1989）。儿童的产出和理解过程系统很显然随着时间、精力、发展、经历而发展和改善，但是检验这一发展的工作才刚刚开始。

（有关句子理解时，儿童 – 成人之间重新分析句子含义的差异，参见 See Trueswell, Sekerina, Hill, & Logrip, 1999；有关儿童句子中不流利的比例，反映产出不同句法结构的自动化程度的差别的研究，参见 Rispoli & Hadley, 2001。）

在幼儿中观察到的一些模式可能不是或不仅反映了不成熟的语法系统，还反映了不成熟的处理系统。例如，我们还记得学习英语的儿童直到四五岁时才会产出包括动作动词在内的被动句。被动句的延迟发展可以反映不成熟的语法（不了解被动结构），或者反映不成熟的处理系统（这一系统难以"寻找"或利用被动结构，因为它在英语中很不常见）。有关语言处理方面的解释证据来自一项对 3 岁左右儿童（2 岁 11 个月到 3 岁 6 个月）的结构启动研究。本契尼（Bencini）和瓦利安（2008）发现，和重复主动句的儿童相比，如果儿童先被要求重复一个完整的被动句，他们更容易用完整的被动句描述新的活动（使用词语不重复）。这一结果与学习频繁应用被动式语言的儿童能够在 3 岁左右轻松地产出被动式的跨语言结论完美吻合。也就是说，3 岁儿童的语法能力包括被动式，但很少有机会听到被动式的儿童可能难以采用这些结构，因为它们在语言中被使用的频率太低了。

对儿童语言处理感兴趣的研究者近来开始使用衡量不在儿童有意识控制之下的快速回应的手段，例如眼动和脑电波活动模式，后者由脑电图（electroencephalography, EEG）进行测量。例如，在针对成人的研究中，研究者发现了大脑对一系列语言处理要素做出特定回应的稳定证据。这些回应是和特定种类的语言刺激产生时间锁定的头皮电压变化，它们通过头戴的电极帽以非侵入式的方式进行衡量。例如，当成人听到一个单词和句子的开头在语义方面不一致时，例如"我在咖啡里加了奶油和狗"（I take my coffee with cream and DOG），他们对于意料之外的单词（狗）的回应反映为在单词开端后 400 毫秒左右达到顶峰的负向电压偏离（N400），在头皮中央区域最为明显（Kutas & Hillyard, 1980, 1984）。N400 的幅度因单词期望程度不同而有所不同，意外程度较高的单词比中等意外程度的单词引发的 N400 幅度更大。N400 反映了涉及语义处理的过程，可能可以与听者预测之后出现的单词的语义信息能力相关（Kutas & Federmeier, 2000）。当成人听到句法范畴出乎意料的单词时，我们可以观测到另一种很不同的大脑回应，如"交易员劝卖掉股票"（The broker persuaded TO sell the stock）或"狗吃掉了马克斯祖母的照片"（The dog ate Max's OF picture his grandmother）。在这种情况下，成人大脑会在第一个在句法方面出乎意料的单词出现约 600 毫秒之后，在头皮后部的位置产生正向电压偏离，以此作为回应（Friederici & Weissenborn, 2007）。这一回应被称为 P600。P600 反映了涉及句法处理的过程。由于这些电位是为了回应特定的语言"事件"而产生的，例如出现出乎意料的单词，所以它们被称为事件相关电位。这两种不同的大脑反应的存在证明，成人在处理句子时，会根据语境自动衡量每个词的语义和句法的"恰当"程度，这两种恰当程度的计算涉及不同的脑部过程。

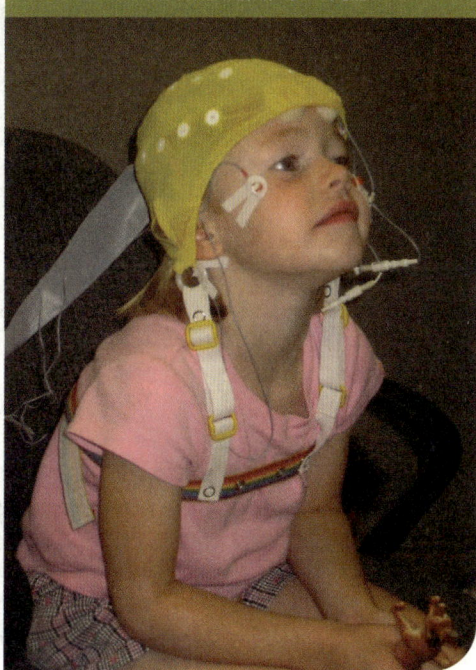

一名 5 岁的准备开始脑电图实验的儿童。

儿童语言研究者近期的兴趣是，幼儿是否能够对语义和句法上的出乎意料的单词展现出类似于 N400 式和 P600 式的反应。如果儿童具有这种能力，这些要素在哪个年龄时首次出现，又会如何随着发展而变化。截至目前，对成人和儿童调查最为全面的事件相关电位要素是 N400。在一项最早的针对 N400 的发展性研究中，霍尔科姆（Holcomb）、科菲（Coffey）和内维尔（Neville）（1992）采用以语义异常的单词结尾的句子［例如，"儿童学习用手指阅读书写"（Kids learn to read and write in finger）］和以"最佳完成"的单词结尾的句子［"我们在动物园看到了大象和猴子"（We saw elephants and monkeys at the zoo）］，测试了 5~26 岁的儿童和成人。"最佳完成"单词是二年级和三年级儿童在被要求填写句子最后一个单词时，超过 80% 的儿童所选择的单词。在一项（针对所有年龄段的儿童）研究中，句子以口语方式播放，而在另一项（针对 7 岁以上的儿童）研究中则以书面形式展现。在两种展示模式中，所有年龄组都观测到了 N400 式的反应，但他们也发现了一些有趣的差异：最年幼的孩子对语义异常的词汇展示出幅度最高的 N400（最大的 N400），到达峰值延缓时间也最长（最缓慢上升的 N400）；5~15 岁的儿童的 N400 的峰值幅度和峰值延缓时间明显出现线性下降，之后则趋于稳定。这些 N400 方面的与年龄相关的变化可能展示出儿童预测之后出现单词的语义信息的能力的发展变化，这也可能会影响句子理解的速度和能力的发展变化。

令人惊讶的是，少有研究检测在句子语境下，N400 作为对意外单词的回应（近期 Benau, Morris & Couperus, 2011 对 10 岁儿童的研究除外）；大多数关于儿童 N400 的发展性研究都集中在那些意想不到的单词上，因为它们与图片不匹配。尽管这一研究领域依然处于起步阶段，但这些早期研究成功表明，这种方式可以成功地用于幼儿，并能揭示语言处理的发展变化。在接下来的几年里，我们可以期待有更多这一类研究的出现。

本章要点

　　我们跟随儿童经历了从第一阶段最开始到学龄前结束的句法和形态习得的过程。在这几年里，儿童发展出了极为丰富且复杂的语言系统。他们从使用两个词表达几个简单含义的阶段发展到了用多单词句子表达抽象复杂想法的阶段。但是，这一类研究的发展尚未结束。儿童在就学的早期几年继续习得完整的结构知识，如被动式、并列和关系从句。这些都是在没有正式指导，只有极少非正式指导和纠正的情况下完成的。这一发展的过程受到语言、语义和语境要素的影响，三者一同决定了语法发展的顺序。语法习得的确是儿童时期最显著也最神秘的成就之一。

建议研究项目

1. 为了完全了解自发性言语样本的丰富程度以及它作为儿童语言系统数据源和相关知识的工具，我们强烈推荐以下这一研究。首先，你要收集言语样本，或者从儿童语言数据交流系统里下载转录文本。大多数研究者依靠儿童与母亲之间自然交互的录音，时长 1 小时的录音足以获取儿童言语的有用样本。如果你想收集自己的样本，你需要先积攒一组玩具，例如带有家具和适当人物的玩偶屋、一组积木、动物和农场，以及橡皮泥，这些玩具能够诱导母子双方的评论。在几分钟的热身、让孩子熟悉你的存在之后，把录音设备打开，让儿童和母亲自然地玩耍。请确认你的行为不会打扰他们。为了辅助之后的编码，记录进行的活动和儿童话语的所关联的语境是很重要的。

　　在这一环节结束之后，录音需要趁着对活动和对话还有新鲜的记忆时尽快转录。把页面从中间分为两半，母亲的言语在右，儿童的言语在左。有关语境的记录可以放置在任何相关的地方。每一句新的话语需要另起一行，这样便于阅读编码和转录文本。判断新话语或句子的开始并不容易。试着用下降的语调或暂停标记话语间的分隔。

　　以这种方式创造好转录之后就可以开始分析了。首先可以计算儿童在样本中的平均话语长度（MLU），遵循表 5-3 中列出的规则。平均话语长度可以提供儿童当前所在阶段的迹象。如果说的不是英语，计算平均话语长度就可能更为棘手。你需要自行组织一套新的规则，与英语的规则相当，这将为确定儿童语言中的语素功能提供客观的标准。

转录文本可以用于分析任意数量的句法形式，取决于儿童所处的阶段。例如，你可以观察儿童谈论过去事件的细节。首先，你必须使用语境或母亲之前的话语确定儿童的每一句话语是否指向过去。如果指向过去，就把这句话语标记为过去式动词的必需语境。然后按照动词是否正确标记过去时进行编码。你可以在这一分析中针对很多不同的问题，例如：儿童更经常使用规则动词的过去式，还是不规则动词的过去式？如果母亲在之前的话语中使用了过去式，儿童会不会更频繁地使用过去式？儿童会出现泛化错误吗？

2. 用诱导产出技术补充自发言语样本作为产出数据变得越来越流行。这一手段的主要优势在于，实验者能够控制儿童应该产出的形式，这样我们就可以测试儿童的极限。一种可靠的诱导办法是让第二名实验者操纵玩偶。在这一项目里，我们建议你用玩偶诱导儿童产出疑问句。

选择一组 2~5 岁儿童的样本。你必须单独和每一名儿童见面。向儿童介绍玩偶，告诉他们他害怕成年人，只会和孩子说话，而你有一些问题想要问他。向儿童请求帮助，之后对儿童耳语以下的诱导提词，鼓励儿童问出特定的问题。下面的例子展示了如何诱导一般疑问句、特殊疑问句和否定特殊疑问句。每一个疑问句的目标回应也提供在例子中。在这些例子里，我们假设玩偶的名字是艾蒙（Elmo）。

实验者：我认为艾蒙会开车，但我不确定。帮我问问他。（I think Elmo can drive, but I'm not sure. Ask him for me.）

目标回应：你会开车吗？（Can you drive?）

实验者：艾蒙喜欢很多食物——苹果酱、比萨、胡萝卜。但这不是他喜欢的所有的食物。问问他，他还喜欢什么。（Elmo likes so many foods—applesauce, pizza, carrots. But that's not all. Ask him what else he likes.）

目标回应：你（还）喜欢什么？［What（else）do you like?］

实验者：艾蒙的确喜欢很多不同的食物，但是我确定他不是所有东西都喜欢。问问他，他不喜欢什么。（Elmo sure likes a lot of different foods. But I'm sure he doesn't like everything. Ask him what he doesn't like.）

目标回应：你不喜欢什么？（What don't you like?）

你可以继续使用这一方法诱导你自己选择的疑问句。如果你发现一名儿童出现特定类型的错误，例如 "What do you don't like?" 这样的否定疑问句错误，你可能想要跟踪更多的否定疑问句的提词，从而更好地确定儿童的模式。

为儿童提供充足的鼓励和表扬。以随机顺序展示测试句子，录下儿童说的话。

在数据可以分析之前，你需要转录你的录音。检查儿童哪句话说对了，哪句话有错误。寻找不同年龄之间的改善之处。检查不同年龄段儿童出现的错误的种类。寻找不同年龄组之间和观察对象之间正确和错误回应的系统模式。你的发现能够告诉我们疑问句句法发展过程的哪些内容？

3. 评估儿童语言理解最为适当的方式之一，是让他们用玩具表演出句子或短语。这一项目可以在非常小的、还在习得语法形态的儿童（两岁或三岁早期的儿童）身上进行。这一项目的目的是找出省略屈折和功能词（如冠词、时态结尾及介词）的儿童是否能够同样良好地理解包括和不包括这些元素的句子。

你需要选择是在语言发展早期、还在省略屈折的儿童。试着为几名两三岁的幼童进行10分钟左右的录音，检验他们的言语中是否出现了表5-4中所列的语素。当你选择好观察对象之后，你需要示范这一过程。你必须单独和每一名儿童见面。

首先，给儿童两个玩具，告诉他你要说一些话，他需要用玩具表演出来；然后给一个例句："The boy pats the dog."（男孩拍狗）如果儿童不知道该做什么，演示给他看，让他重复这个动作。全过程要用正确的语法，还要给出数个例子。

当儿童理解任务之后，再向其展示你的测试句子。其中的一半以正常的方式展示，包括所有相关的语素。由于你的观察对象很年幼，因此你需要确保这些句子足够简单，只有一个分句。另外一半句子进行展示时需要省略所有相关的语素，但在其他方面应该和正常句子相同。

普通句子：The boy puts the ball on the table.（男孩把球放在桌上）

没有屈折：Girl put book chair.（女孩放书椅子）

普通句子：The cow pushes the kangaroo.（牛推袋鼠）

没有屈折：Dog hit horse.（狗打马）

每一类（完整的以及没有屈折的）中编写出大概8个句子，收集你所需要的所有的玩具。在提供这些句子之前，把相关的玩具放在儿童面前。如实记录下儿童对玩具所做的事。

把儿童的回应编码为"正确"/"不正确"。在每一年龄组内及组间比较正常句子的正确率和缺少屈折的句子的正确率。针对幼儿产出语素之前对语素的理解，你的结果能够说明什么？

社交语境中的语言
交际能力的发展

朱迪斯·贝克·布莱恩特（Judith Becker Bryant），南佛罗里达大学

本章主要探索"交际能力"这一概念。下面这段互动来自两名 4 岁的儿童。儿童甲靠近一辆巨大的玩具车，儿童乙正坐在上面。

> 甲：假装这是我的车。
>
> 乙：不！
>
> 甲：假装这是我们的车。
>
> 乙：（不情愿地）好吧。
>
> 甲：我能开你的车吗？
>
> 乙：行呀。（微笑着从车上下来）
>
> 甲：（转动方向盘，发出驾驶的噪声）

4 岁的儿童甲已经学会通过改变自己的语言来获得自己想要的东西。在这个例子中，儿童甲请求她的朋友允许她玩玩具车。当她的第一个策略失败之后，她重新组织自己的句子，直到成功为止。这个例子说明，在儿童学习语言时，学习音系、语义和句法之外的内容同样重要。成为一名熟练的语言使用者也意味着需要知道如何在不同的社交情境下恰当、有策略地使用语言。儿童需要习得**交际能力**（communicative competence）（Hymes, 1987）。他们需要学习在与家人、伙伴、老师和他人互动时，语言是如何工作的。

现在请想象一名 4 岁的男孩对别人说："我喝了一

【学习目标】

阅读本章之后，学生能够：

◆ 列举儿童为在自身文化中顺利交流而需学习的技能，并举出相关例子。

◆ 解释自我中心如何影响幼儿的交流互动，以及其在发展过程中的变化。

◆ 分辨直接与间接的交流言语行为，如请求；并解释儿童如何学习理解与使用这两种言语行为。

◆ 分辨不同的方言、语域，并举例说明它们被用于何种语境。

◆ 解释辅助儿童交际能力发展的输入、信息、反馈的来源。

◆ 讨论常见发展障碍会对正常交际能力的提升产生何种负面影响，为何会出现相应的延迟与损害，以及儿童交际技能的适当发展为何相当重要。

口果汁又把它吐了回去。"在休息室和伙伴聊天时，这可能是一种有效的开启对话的方式（O'Neil, Main & Ziemski, 2009）。但是，如果他在餐厅里对一个陌生人说这句话，就不甚恰当。语言是否恰当取决于它是如何在特定的语境中被使用的。正如海姆斯所说，恰当性取决于语言和社会环境之间的相互作用。这是本章探索的主题之一。

因为我们使用语言的目的多种多样，交际能力也囊括了很多技能。儿童需要学会提问、请求、指示、表达赞同与分歧、道歉、拒绝、玩笑、赞扬，以及讲故事。他们必须学会文化中重要的例行**语句**（routine）和礼貌用语，比如"不给糖就捣蛋""请"和"谢谢"，"你好"和"再见"，"打扰了"，以及称呼他人的方式。他们必须学会发起、保持与总结对话；知道何时说话，何时保持安静，以及如何接话；学会有效地提供和回应反馈；学会说话切题。他们必须知道并且使用恰当的音量和语调。他们需要学会诸如"我""你""这里""那里"这样的词汇，其含义会随着说话人和听话人的身份发生变化。他们必须学会选择使用不同的语言风格，理解语言风格如何显示社会群体身份，决定使用术语、方言和特定语言的时机，决定是否以及何时谈论特定的话题，以及选择使用诸如"LOL"或"OMG"这类缩写的场合。在一些非英语语言中，儿童要学习尊称代词与一般人称代词（比如西班牙语的 tu 和 usted，相当于汉语中的"你"和"您"），或者各种词汇和短语系统（如日语中的丁宁语、尊敬语与谦让语）。学习多种语言的儿童必须学习与不同的人对话时使用不同的语言。在这些技能之外，儿童还要学习如何对他们的听众和交流环境保持敏锐的知觉。

"不给糖就捣蛋"这样的例行语句是儿童发展中的交际能力的必要部分。

我们可以认为听众和场景（交流语境）包含多个层次。直接语境包括了前序的对话、任务和环境设定、听者与说者之间的关系，以及听者的特征。同时存在的宽泛语境则包括了儿童生长交流于其中的文化。要想成为有能力、有效率的交流者，语言使用者就必须考虑所有的语境。

在本章中，我用宽泛的"交际能力"一词表示在社交场合中对语言的恰当使用。其他学者也采用"语用能力"（pragmatic）、"语段能力"（discourse）和"社会语言能力"

（sociolinguistic）等术语来表示相同或者相近的行为。

交际能力的习得中包括了许多技能，需要儿童对各种语境变化做出反应，所以这一过程显然较为复杂。然而，即使是年龄较小的儿童，也都明显地展现出了一些能力。

本章开头部分将介绍社交语境中特定语言技能的发展，之后将探讨有关幼儿难以习得交际能力的原因，然后列举儿童习得交际能力与矫正问题的相关证据，最后将讨论儿童习得交际能力的重要性。

社交语境中的语言

交际能力需要在社交语境中恰当地使用语言，这是因为交流行为对语境极为敏感，很难用明确的发展阶段来描述。儿童在实验环境下和日常接触中通常表现得大相径庭，与陌生人和较为熟悉的人交谈的方式也不一样，而这导致很难对他们的能力水平进行定义和衡量。本节重在讨论能够为发展提供较为明显信息的几项领域：非自我中心语言、请求、对话技能与语言变体的选择。

非自我中心语言

最早衡量儿童交际能力的学者之一是让·皮亚杰（Jean Piaget）。在《儿童的语言和思维》（*The Language and Thought of the Child*, 1926/1974）一书中，皮亚杰认为幼儿较成人在思维和行为上更以自我为中心。皮亚杰将自我中心（egocentrism）定义为无法理解他人的知识、感情、思维和感知。自我中心交流的范例包括儿童提问但不等待回答，向电话挥手而不是对祖母说"你好"，或是谈论在公园见到的"那个男孩"，但不解释究竟是哪一个。

在观察了 22 名 4~7 岁的儿童在学校的每日活动之后，皮亚杰得出了结论。儿童的自发语言中，近一半是自我中心语言。社会言语的用量随着年龄的增长而增长。皮亚杰也进行了更为正式的实验，让 6~8 岁的儿童复述故事、传递信息，向同龄人叙述水龙头或喷水器是如何工作的。实验再一次证明，儿童的语言相对更加以自我为中心：儿童会不加介绍而称呼故事角色为"她"或"它"，忽略重要信息，不以正确的顺序介绍活动，似乎假设他们的听者已经了解了他们所说的内容。皮亚杰根据这些数据总结出儿童在 7.5 岁之前处于自我中心状态。

近期的研究者采用皮亚杰式的研究方法，证明儿童在特定情境下具有使用非自我中心语言的能力。这些研究主要调查了指示交流（referential communication）。指示交流是指从一系列相似物件中挑出一项物件描述而使听者可以辨别出来的能力。例如，孩子希望母亲能从一整个书架上的书里找出一本特定的书从而做出描述。

德卡特（De Cat, 2013）让 2.5~4.5 岁的以法语为母语的儿童使用一本简单的图画书给一位蒙住双眼的实验者讲故事。当提及实验者不可能知道的信息时，所有年龄的儿童都普遍准确地使用了不定冠词 un 和 une（相当于英语的 "a/an"，汉语中的 "一个"），使用比例随着年龄的增长而提高。当儿童的母语包括更为复杂的定向与不定指示词时（与英语、法语、德语相对，例如汉语、日语、土耳其语和芬兰语），这一技能的相关证据出现较晚（Kuntay, Namakura & Sen, 2014）。指示交流任务的需求也影响了学龄前儿童使用非自我中心交流的情况（Schulze, Grassmann & Tomasello, 2013）。学龄前儿童在日常情境下的表现优于实验情景中的，在使用熟悉物品时（如动物）表现优于使用不熟悉的物品（如抽象图形）（Graf & Davies, 2014）。由此证明，学龄前儿童在为事故或罪案提供证词时，可能会遇到额外的挑战（Battin, Ceci & Lust 2012）。

霍夫（Hoff）以另一种方式探索自我中心这一问题，研究 1.5~3 岁的儿童是否会根据听者的身份改变说话方式。霍夫让儿童分别和 5 岁、8 岁的哥哥或姐姐或母亲两人玩玩具，并对过程进行了录像。在与母亲对话时，儿童使用了更丰富的词汇，他们最愿意回答母亲的问题，其次是 8 岁的哥哥或姐姐，最后则是 5 岁的哥哥或姐姐。霍夫认为，她的研究结果至少可以部分地解释为，母亲和兄弟姐妹对年幼儿童的语言的支持程度存在差异。因此，我们在将她的研究结果作为非自我中心语言的证据时，需要格外留意。

双语儿童为针对听者变化语言的现象提供了更多的证据（参见第 11 章）。杰纳西（Genesee）与其同事（Genesee & Nicoladis, 2007）证明，在与习惯和他们使用单种语言的父母交谈时，2~3 岁的法英双语儿童可以恰当地变换使用法语和英语。这一年龄段的儿童也可以在与陌生人交谈时选择恰当的语言，并且根据成人混合语言的程度调整自己混合法语和英语的用量。

那么，学龄前儿童能够进行非自我中心的交流吗？这个问题的答案取决于语境，在这里则是任务的类型。当学龄前儿童熟悉相当简单的任务并且有动力去完成它们时，他们的语言并不会表现为完全自我中心。这一结论看起来与皮亚杰的理论不相符合。皮亚杰发现，学龄前儿童有时使用自我中心语言，有时则使用更为社会化的语言。他们并非天生自我中心，而是有可能在某些场合中表现出自我中心的行为，比起年龄较大的儿童和成人，学龄前儿童更可能表现得自我中心，特别是在认知、语言和社会化要求较高的时候。

请求

请求是交际能力中有趣的一部分，至少有两个原因。首先，听者必须知道，依语境不同，非常不同的请求形式可能有同样的目的和效果（反过来，同样的形式可能有不同的效果）。让听者给说者拿来一本书的句子就是这样的例子。有些句子以间接方式提出这一请求（如"我好无聊""你还记得我借给你的那本书吗？"），另一些则非常直接（如"给我那本书"）。成人被认为可以通过考虑间接请求（indirect request）的形式和使用的语境来推断它们的含义。研究者感兴趣的问题是，幼儿是否具有这样的理解，因此他们研究了儿童对间接请求的理解。

其次，有效的说者在不同的情境下使用不同的请求，从而考虑语境的影响。说者可以使用很多请求的形式，不仅限于直接或间接结构，还涉及是否包括强化请求（如"要不然""现在"）或软化请求（如"请"或理由）的单词或短语。因此，研究者感兴趣的话题是儿童产出请求的方式，以及他们是否意识到了请求的形式与功能之间的关系。

1. 间接请求的理解

观察性和实验性研究都表明，学龄前儿童按照回应动作请求的方式回应间接请求。两岁儿童用同样恰当的方式回应他们的母亲以疑问句提出的请求和直接请求（Shatz, 1978），3 岁和 4 岁的儿童在打电话的人提问"你爸爸在吗？"或有人暗示"这里很吵"的时候做出恰当的回应。其他有关学龄前儿童把间接请求理解为请求的证据可以从儿童拒绝此类请求的方式中找到。

切尔奇（Church, 2009）和加维（Garvey, 1975）观察了学龄前儿童之间的争端。当儿童不想遵循间接请求时，他们通常会为自己辩解，解释自己不能进行要求的动作（如"我不行"）、缺乏意愿（如"我不想"）、缺少履行的义务（如"我没必要"），或者他们不应该作为被要求履行义务的恰当人选（如"不，是你"）。儿童的反馈表明，他们把间接请求视作请求，同时也理解他们可以合理地提出请求和需要回应的条件。

实验同时表明，学龄前儿童理解间接请求的意图。莱奥纳德及其同事（Leonard, Wilcox, Fulmer, & Davis, 1978）评估了儿童对于"你能如何吗"（Can you X?）和"你会如何吗"（Will you X?）这类嵌套祈使句的理解。儿童观看日常互动的录像带，其中有一名成人用嵌套祈使句向另一名成人提出请求。儿童判断听者是否答应了这一请求。即使 4 岁和 5 岁的儿童在这些请求中也比偶然表现得更好，即使请求本身要求听者停止或改变行为。

对幼儿来说，暗示这一类的间接请求可能并不难理解。因为一些间接请求在日常言语中极为常见，它们可能不需要逻辑伦理或对形式和语境进行有意识的考量（Gordon & Ervin-Tripp, 1984）。学龄前儿童可能会惯例性地听到"午饭时间到了"这样的要求（意为"收拾干净洗手"），此类要求的意图因而变得明显，回应也更像是条件反射。除此之外，伴随的非语言行为可能能够帮助消除间接请求意图的歧义。非常规的、习惯化程度较低的间接请求理解较晚（Cameron-Faulkner, 2014）。

2. 请求的产出

很多语境因素影响成人在不同情形下使用的请求的形式。这些因素包括两名对话者的角色、是否处于个人设定或带有交易要素，请求行为是否通常能满足听者的期待，以及两人之间的相对地位或权力。大多数针对儿童的研究集中于地位。普遍而言，与成人一样，儿童倾向于对地位较低的听者使用带有语义增强词的直接请求，而对地位较高的听者使用带有语义缓和词的间接请求。例如，学龄前儿童很有可能对同伴使用祈使句［如"给我一个 X"（Gimme an X）］，对成人使用更为间接的请求［如"我能要一个 X 吗？"（May I have an X?）；"你有一个 X 吗？"（Do you have an X?）］（Goodwin & Kyratzis, 2011; Gordon & Ervin-Tripp, 1984）。在角色扮演中，学龄前儿童让支配性较强的玩偶比顺从的玩偶提出更多的直接请求（Andersen, 2000）。这些儿童甚至会做出微妙的区分，对更强大的、支配性更强的同伴提出比弱势的同伴更为间接的请求（Wood & Gardner, 1980）。至少在某种程度上，学龄前儿童能够意识到请求形式和说者与听者的相对地位之间的关系，并且能够识别请求所传递的社会信息。

学龄前儿童报告称，带有语义增强词的直接请求比带有语义缓和词的较为不直接的请求更为"专横"，后者则更为"友善"（Becker, 1986）。当被要求做出专横的和友善的请求时，这些儿童做出的专横的请求比友善的请求更直接、更令人恼火。换言之，一个同伴用地位较高的人的方式提出要求是专横的，而一个人用地位较低的人的方式提出请求则更友善。请求本身并无专横和友善之分，而是特定语境中由特定人群使用的形式让请求充满了社交方面的差别。

总而言之，学龄前儿童很擅长理解和产出不同的请求形式。他们能恰当地回应间接请求，也能理解它们所使用的条件。他们在和比自己权力更大或更小的人说话的时候，也会系统性地改变自己的请求形式。

对话技能

在交流时理解其他人角度的能力和使用请求的能力是对话的要素，它们甚至比交际行为本身更为复杂。对话要求儿童转换话轮、保持话题并解除误解。

1. 转换话轮

尽管我们假设成人有负责话轮管理的责任，但幼小的婴儿同样也可以转换话轮（Stephens & Matthews, 2014）。与更大的儿童及成人相比，学龄前儿童缺少对话轮的准确计时，他们倾向于依赖于说者说完话的明显线索，而不是期望即将出现的对话边界，这通常导致话轮之间的长时间停顿或无关评论的插入和打断（Casillas, 2014）。

"呃"（uh）、"嗯"（um）和"你知道"（y'know）这些对话补白能够帮助年龄更大的儿童更有效地接过对话或保持自己的发言（Hudson Kam & Edwards, 2008）。他们借助这些对话补白能够更准确地计算话轮的时间，在对话中出现更短的停顿。熟练的打断技能至少会在青春期期间持续发展。

在面对面的双人对话中，话轮掌握是一项挑战。当对话者多于两人时（Blum-Kulka & Snow, 2002; Butler & Wilkinson, 2013），或者使用辅助与替代沟通系统（AAC）时（Clarke & Wilkinson, 2010），儿童甚至感觉更加困难。当年龄更大的儿童同时使用不同的交流模式（如短信或社交网络）时，有些不是实时交流的模式，其带来的挑战更为明显。

2. 保持话题

幼儿依靠语音游戏和重复这种简单的方式保持语音互动的进行，而学龄前儿童的对话更为合作化（Pan & Snow, 1999）。学龄前儿童更擅长解释话题和主题（Casillas, 2014; Ninio & Snow, 1996），他们可以讨论一天中的活动，享受长时间的装扮游戏，就不同的电视节目进行长时间的争论。就像下面一段 4 岁女孩之间的对话一样（O'Neill, Main, & Ziemski, 2009）：

朱莉亚：你看不看《巴尼和朋友》，因为我喜欢看。

梅根：我看。《天线宝宝》简直让我疯狂！

朱莉亚：我不喜欢《天线宝宝》。

梅根：我有些时候喜欢，有些时候不喜欢。

朱莉亚［对刚刚坐下的埃莉斯说］：我喜欢《天线宝宝》，你喜欢《天线宝宝》吗？

埃莉斯：我也喜欢《天线宝宝》。

朱莉亚：我也是，不过比起《天线宝宝》，我更喜欢《亚瑟》。

然而，有些类型的对话对学龄前儿童格外具有挑战性。即使学龄前儿童拥有很多使用电话的经验，电话对话依然引发了很多问题（Warren & Tate, 1992）。

维持面对面对话的方式之一是使用衔接手段（cohesive device）。它们提供了将对话链接到早期对话部分的方法。理解取决于建立联系。例如，4 岁的本（Ben）问道："爸爸在哪儿？"他的哥哥萨姆（Sam）回答："他在这儿。"代词"他"能够帮助连接对话的不同部分，而无须再重复之前的短语（"爸爸在这儿"）。另一种类似的手段是省略（ellipsis），即说者略过之前所说的部分内容。例如，在上文中有关《天线宝宝》的对话里，当梅根说"有些时候不"的时候，省略的信息（"喜欢《天线宝宝》"）可以通过回指对话前文出现过的更完整的形式而获得。这些衔接手段，以及其他诸如连词（如"因为""所以""那么"）等方式，在学龄前阶段（Garvey, 1984）及之后（Berman, 2009，另参见第 5 章有关前指称代词的讨论）变得越来越常见和多变。

3. 提出及回应反馈

为了让对话能够流畅进行，听者必须在困惑时提出具有信息的反馈，而说者必须对这些反馈进行恰当的回应。当幼儿被明确要求的时候，他们可以重复或证实自己的话语。2~3 岁的单语儿童和双语儿童可以修复由于歧义、单词选择、发音错误及听不清造成的对话中断（Comeau, Genesee, & Mendelson, 2010）。在学龄前期的晚期，很多儿童可以提出并回应需要更详细回答的问题，如下文从加维（Garvey, 1984）的书中选出的两名 3 岁儿童之间的互动对话：

女孩："但是……呃……司机，我必须开这辆车。"
男孩："什么车？这辆车？"（触摸一辆木质汽车）
女孩："是的。"

然而，学龄前儿童的语言表达通常不连贯，当对方的交流不明确时经常难以要求对方进行解释，在听者的反馈不明显时（Matthews, Butcher, Lieven, & Tomasello, 2012），或周围情形不够熟悉或不自然时（Garvey, 1984），就难以修复自己的言语。学龄前儿童偶尔会自发地在自己的话轮中修正自己的错误，避免交流失当（Casillas, 2014）。小学阶段的儿童在对话中更善于达到相互理解。之后，儿童才能在恰当的时候插入"嗯哼"（"uh-huhs,"）、"对，我明白"（"rights, I sees."）或点头，来表示自己一直在听对话，能够完全理解内容（Garvey, 1984; Turkstra, Ciccia, & Seaton, 2003）。这种回应被称为反馈语（back-channel feedback）。

在学龄前阶段，儿童能够越发熟练地转换话轮、保持对话主题、应对误解和对话中断。

学龄前儿童是相当优秀的对话者，而年龄更大的儿童仅从成人一方需要更少的对话辅助，便能够更好地进行连贯、持续的对话。学龄中段及年龄更大的儿童能够对听者做出更多的反馈，包括能够促进对话的鼓励性的插入语，如"我知道你是什么意思"。即使是微妙的反馈（如听者的表情差异），也能够诱导澄清解释。这种交际能力在成人时期也在持续发展着（参见第 10 章，以及 Berman, 2004; and Pan & Snow, 1999）。

语言变体的选择

交际能力的另一个方面涉及说者对语言变体的选择。例如，一个人在学校里正式演讲时，他的说话方式会与在邻居家玩耍时不同；在和一起打游戏的朋友讨论策略时，他的说话方式会与兄弟姐妹讨论电视节目时不同；在面对面说话时，他的说话方式和在发短信时会不同；在和年长的古巴裔祖父母说话时，他的说话方式会和在与年轻的欧美邻居说话时不同。这些语言变体包括语域（register）、方言（dialect）和语言。语域（有些时候也被称为言语代码或文体）通常被认为是因参与者、环境和话题而异的语言形式。方言通常被认为是和特定地区、特定的人群相关的语言的互通形式。语言则是群体间通常不互通的形式。这三种形式之间的区别并不总是很明显：它们经常是基于社会和政治的考量，而非语言学因素（Linguistic Society of America, 1997）。

没有一种语言变体天生比另一种语言变体更为恰当（尽管听者会对语言变体产生很多刻板的印象和偏见）。语言变体包括那些和种族、性别、社会群体认同相关的变体。我们需要记住，这些变体只和某些群体相关——在群体成员之间存在重大差异。同时，与交际能力的其他方面一样，某一变体是否恰当主要取决于使用它的语境。

1. 语言和种族：非洲裔美式英语

非洲裔美式英语（African American English, AAE）是一种由非洲裔美国人所说的英语变体，成人使用的特征是其系统的、由规则制约的音系、句法（Rickford, n.d.; Washington, Terry, & Seidenberg, 2013；参见表 6-1）及语用特征。最能区别非洲裔美式英语和其他英语变体的音系特征包括一系列简化过程，如辅音调换和结尾辅音簇缩减。例如，"ask"变成"aks"，"desk"缩减为"des"。句法特征包括为动词添加一般过去时的"had"，如"The car had broke his bike"（车撞坏了他的自行车），以及主语－动词不一致，例如把"she says"说成"she say"。有些俗语是非洲裔美式英语中独有的或者源自其中。这些短语包括"straight"（不错）、"phat"（优秀）、ashy（苍白的）、"kitchen"（后脖子上爆炸式的头发；Alim, 2012; Rickford, n.d.; Smitherman, 2006）。它还具有一些语用特征，例如大声对话和意指（signifying，也被称为"斗嘴"；sounding、capping、playing the dozens）。意指是一种言语争论的形式，允许使用者对社会上重要的议题做出间接的评论。它使用风趣的、出乎意料的双关、讽刺、羞辱和反讽（Smitherman, 2007）。例如，说唱和嘻哈语言都是与之相关的言语活动。非洲裔美式英语的另一项语用特征是使用话题相关（而不是话题中心）叙述，我们会在第 10 章中讲述更多的内容。

表 6-1　主流美式英语（MAE）和非洲裔美式英语（AAE）之间的区别例子

	主流美式英语	非洲裔美式英语
音系		
辅音删除		
词尾辅音簇缩减	desk	des
词首和词尾辅音删除	don't	'on
辅音替换		
词尾辅音清化	pig	pik
以 /f/ 和 /v/ 代替词中或词尾 /th/	bath	baf
辅音调换		
sk 和 sp 对调	ask	aks
句法		
现在时 is/are 删除	They are all right	They all right
复数 -s 删除	A lot of times	A lot of time
一般过去时 had+ 动词	The car broke his bike	The car had broke his bike
系动词删除	He is nice	He nice
主语—动词不一致	She says	She say
以 "be" 代表习惯性	They are usually cold	They be cold
以 ain't 代替 didn't	You didn't know that?	You ain't know that?
多重否定	It's not raining anymore	It not raining no more

资料来源：基于 Rickford（n.d.）和 Washington et al.（2013）。

与其他英语形式一样，儿童产出的非洲裔美式英语和成人的有所不同。遗憾的是，只有很少的研究关注这一形式使用的发展性的变化，也很难区分非洲裔美式英语的音系模式和发展中尚未成熟的音系形式。学龄前儿童可以可靠地产出 20 多个非洲裔美式英语的形态句法特征（Terry, Brown, & Stuckey, 2015），使用说唱和意指这样的语用表现也有所体现（DeJarnette, Rivers, & Hyter, 2015）。尽管产出非洲裔美式英语特征的能力会在小学期间继续发展，然而语言使用者使用的非洲裔美式英语的量在这些年间有所下降（Van Hofwegen & Wolfram, 2010），这可能是因为学习读写而出现了影响（Terry et al., 2015）。

很多非洲裔美国人说一种带有音系、句法和语用特征的英语变体。

除了年龄，社会经济地位、性别、语言及社会语境影响儿童使用非洲裔美式英语的频率和他们产出的特征（Craig & Grogger, 2012; Washington et al., 2013）。低收入非洲裔美国人比中等收入非洲裔美国人更常用非洲裔美式英语，男孩比女孩更常用，但是这些群体区别在 10~11 岁时消失（Craig & Washington, 2005）。

2. 语言和性别

一些研究认为，存在女性言语语域和男性言语语域，或者是所谓的"性别方言"。整体而言，男孩和女孩产出的语言具有更多的相同点而不是不同点。和交际能力相关的最为连贯的区别是，在和同龄人互动时，女孩更倾向于使用更具合作性和支持性的、缓和的言语风格，而男孩倾向于使用更具控制性的、果断的言语风格（Hwa-Froelich, Kasambira, & Moleski, 2007; Lanvers, 2004; Leaper, 2015; Leaper & Smith, 2004; Leman, Ahmed, & Ozarow, 2005; Sheldon, 1990）（需要注意的是，Kyratzis, 2007 描述了学龄前女孩对同龄人使用相当强硬的言语的能力）。女孩通常拓展其他人的意见，提议进行共同的活动。与之相反，男孩更可能产出"你必须"（you have to）或者"如果你不（if you don't）这样的短语（Sheldon, 1990）。类似地，学龄前女孩的故事更可能描述稳定、和谐的关系（如家庭关系），而男孩的故事更可能包括冲突、动作和干扰（Nicolopoulou, 2002）。

男孩和女孩对话中的一些文体区别在德哈特（DeHart, 1999）对同性二人互动的观察中明显地体现了出来。在下面的例子里，两组 4 岁的儿童在玩一套过家家玩具。首先，我们来考查女孩之间的合作性对话。

詹妮弗：我能拿那张桌子吗？

派翠西亚：好呀。（把桌子递给詹妮弗）

詹妮弗：谢谢。要不……

派翠西亚：哦，这里有另一张床，我可以用。（拿来一块新积木）

詹妮弗：是的，你有了一张小床。

派翠西亚：我这里有两张床，爸爸一张，妈妈一张。

詹妮弗：不，那个是我的。我把它弄掉了。

派翠西亚：哦，不！（掉了一块积木）好了，（把积木递给詹妮弗）这是你的。

再和两个男孩之间的例子进行对比。

迈克尔：（取笑）哈哈哈哈……我拿到了这个人，我拿到了这个人，哈哈……

阿兰：哈哈哈哈哈……我拿到了这个人。

迈克尔：（取笑）两条棕毛狗我都拿到了，我拿到了两条狗。我拿到了其中一条小狗。

阿兰：我拿到了一条棕毛狗。（把玩具拉向自己）啊哈哈哈哈……我拿到了。

迈克尔：嘿，你得把它们散开（打乱阿兰的玩具，阿兰把它们拉回来）再拿它们。

阿兰：啊。

迈克尔：别。（打了阿兰的头）阿兰，这不仅仅是你的。你别那么贪心。我们一起把它们放好。（阿兰把玩具套装中的积木甩向迈克尔）哇，把那个给我。（向积木伸出手）

阿兰：不。

儿童在他们使用性别相关言语风格的程度上有所不同。除此之外，他们使用这些文体的倾向随着语境的变化而改变。与异性的同龄人相比，学龄前儿童更可能对同性的同龄人使用这些文体（Killen & Naigles, 1995），比对兄弟姐妹来说，更倾向于对同龄人使用（DeHart, 1996）。

3. 不同角色的语言

儿童理解不同语言形式和语境的另一个迹象来自角色扮演的方式。也就是说，他们在扮演角色时以不同的方式说话，以此显示对语域的认识。安德森（Anderson,

2000）要求 18 名 4 岁、5 岁、6 岁和 8 岁的儿童扮演家庭情景、课堂情景和医院情景。儿童用不同的韵律（大多数通过音高差别，但也通过语调、音量、语速和音质）、词汇和句法来标记不同的角色。在家庭情景中，儿童使用低沉响亮的声音扮演父亲，用更高的音高扮演母亲，使用甚至更高的音调、同时经常采用鼻音和哭喊声扮演儿童。在假装让儿童对父亲说话时，他们会比假装对母亲说话使用更多的间接请求，如"你可以帮我系扣子吗？"儿童更可能对母亲使用直接请求，如"给我爸爸的手电筒"（Andersen, 2000, 236 页）。当扮演父亲的角色时，儿童经常使用直接、绝对而有力的言语，而扮演母亲时，他们使用更为礼貌、有所保留的、间接的言语（例如经常使用"宝宝困了"这一类的暗示）。安德森、布里苏埃拉（Brizuela）、迪皮伊（DuPuy）和戈纳曼（Gonnerman）（1999）观察发现，4~10 岁的中等收入家庭的法语单语儿童和工薪阶层西班牙语英语双语儿童具有类似的行为；加西亚 – 桑切斯（Garcia-Sánchez）（2010）对 8~11 岁移民到西班牙的摩洛哥女孩的观察也得出了相同的结论。

随着年龄的增长，儿童能够使用更多的语言手段区别角色的不同（Andersen, 2000; Andersen et al., 1999）。在一开始，他们主要依赖于韵律特征和不同的言语行为，然后加入了不同的词汇和话题，最后使用了句法。年龄较大的儿童也更善于在角色扮演中维持这种对比。

4. 语言和社会认同

年龄较大的儿童越来越意识到他们选择语言变体的社会意义，并可能在多语言同龄人群体中强制实施单语实践（Evaldsson & Cekaite, 2010）。患有或没有特定性语言障碍的西班牙语英语双语儿童在语言评估中转而使用英语，对学校中英语拥有更强的社会支持明显敏感（Gutiérrez-Clellen, Simon-Cereijido, & Leone, 2009）。类似地，非洲裔美国儿童长大之后，如果认为在学校语境里会被孤立或交流效果低下，他们会在学校中更少地使用非洲裔美式英语的语域（Alim, 2005; Godley & Escher, 2012）。然而，非洲裔美式英语的使用者和其他人可以通过转换语域来表达权力、团结感和包容（Craig & Grogger, 2012; MacRuairc, 2011）。

双语儿童会在某些情境里选择说学校里使用的语言，从而和大多数人保持一致，在其他情境里，他们可能会选择说他们的母语，从而认同自己的文化遗产（Liang, 2006; Pagett, 2006）。语言中的**语码转换**（code switching，将在第 11 章中进一步讨论）使儿童能够控制参与或排除出对话的人选，并标记熟悉程度（D'warte, 2012; Rampton, 2014; Reyes & Ervin-Tripp, 2010）。

青春期的儿童使用不同的语言语域来标记自己的身份，如运动狂（jock）、书呆子（nerd）、私校学生（preppie）或瘾君子（stoner），把自己与其他社会群体、儿童和成年人区分开。例如，让我们想想和"山谷女孩"（valley girl，指美国洛杉矶一带的中产阶级年轻女子）或"冲浪小子"（surfer dude）语域相关的词汇和语调。青少年采用语言，通过取笑、侮辱、诚恳或讽刺的赞美、标签和关系性敌对的语言形式和一些人产生联系，把另一些人边缘化（Eckert, 2003; Ittel, Azmitia, Pfetsch, & Müller, 2014; Roberto & Eden, 2010）。

社交网站、论坛上的帖子、博客和参与多人在线角色扮演游戏允许用户用复杂的、无法在面对面的即时交流中使用的语域持续地建构（以及再建构）他们的身份。从用户名到个人页面、头像、缩写和"颜文字"，在青春期的身份发展时期，有很多可以使用的满载含义的选择（Dean & Laidler, 2013; Michikyan, Subrahmanyam, & Dennis, 2014）。最近，由于数字时代的原住民使用即时通信、短信和视频聊天，青年人倾向于用社交媒体和朋友实时联络，因此为多平台的、复杂的同时交流创造了机会（Calvert, 2015）。

正如我们所见，儿童有很多可以使用的语言变体，包括方言和语域。很多非洲裔美国学龄前儿童在习得非洲裔美式英语的特征后，在不同的情境下以不一样的方式使用它们。女孩和男孩的风格不太一样，与男孩相比，女孩通常以合作性更强的方式和同龄人交流。在玩耍中，幼儿展示出与不同身份相关的语域的基本知识。在他们入学之时，儿童明显掌握了一些由文化决定的交际要素。当儿童迈入青春期时，语言具有了更强的社会重要性。

习得交际能力的挑战

前面的讨论表明，儿童必须在不同的语境中调整自己的语言。例如，他们必须学会，在户外玩耍时可以叫喊，但在室内必须使用更轻的声音，甚至在电影院或教堂这种环境中保持安静。类似地，他们必须学会，可以和家人及医生讨论上厕所的事情以及最近生病的细节，但不能对陌生人提及此事；足球队的队员可能会理解足球术语，但他们必须和非球员使用其他的词汇。儿童不仅需要习得交际行为的全部技能，也必须能够识别不同语境的特征，并使用期望中的、恰当的、有效的行为。对儿童而言，这很显然是一项困难的任务。

与第5章描述的形态和句法规则不同，交际能力通常没有严格的规则（Becker, 1990; Callanan & Siegel, 2014）。在特定的语境里，使用或省略特定的交际行为会被认为相对恰当或不恰当。例如，儿童如果要有礼貌、行为恰当，不一定非要说"请"，还有其他方式可以提出礼貌的请求，例如："我可以拿一张纸巾吗？"缺乏硬性的、快速的规则可能让儿童难以学习是否及何时展现不同的行为。

让交际能力习得变得困难的第二个因素是，很多礼貌形式没有明确的指代对象，比如"请"这一形式具体意味着什么并不清楚。除此之外，一些似乎具有具体含义的形式，例如"谢谢你"（在这一情况中是表达感谢），经常被期望用于一些含义相悖的场合（例如，需要恰当地感谢朋友为生日烤制的难以下咽的蛋糕）。因此，这一学习过程可能和第 4 章中所描述的其他单词的学习过程不同。

在一个社交场合（如家庭）中符合要求的交际惯例，通常和其他场合（如学校）中的惯例不同。这些惯例在某种程度上明显不同，儿童可能会难以在学校环境中学习并做出调整，因而得到负面的评价，这些问题可能在具有语言障碍的儿童身上表现得特别明显（van Kleeck, 2014）。家庭和学校不匹配的影响可能会在家庭文化常规和教师课堂文化常规不同的儿童身上显著体现。

文化之间的交际差异包括沉默、眼神交流、音量、语速、提问、正式程度、话轮转换在对话中使用的方式。例如，一些加拿大的因纽特幼儿花很多时间和同龄人玩耍，通常有很多儿童同时说话，但他们和成人说话的经验较少。那么当这些儿童开始上学，说话时不举手、总是同时说话的时候，非因纽特人的教师可能会认为他们没有礼貌（Genesee, Paradis, & Crago, 2004）。与此类似，母语是阿拉伯语的儿童认为对长辈的直接请求是不礼貌的，因而可能会误解课堂要求的意图，从而可能不愿意参加课堂活动，因为他们不熟悉包括讨论和提问的课堂形式（Shatz & Wilkinson, 2013）。其他非英语母语的语言使用者及其他文化群体中的儿童可能会在使用教学语段系统的课堂上和文化上不熟悉的社交互动中遇到困难（Gratier, Greenfield, & Isaac, 2011; Moses & Wigglesworth, 2008）。教师、言语语言治疗师（American Speech-Language-Hearing Association, 1998; Pearson, Conner, & Jackson, 2013）、医疗工作者和其他工作者了解文化差异并就此调整自己的工作之后，他们就可以获得更为全面、有效的行为样本，并能更恰当地做出评估（Lynch & Hanson, 2011; Rojo, 2010; Shatz & Wilkinson, 2013）。

儿童如何习得交际能力

习得交际能力是一件难事，但儿童能获得帮助。家庭和学校有多种方式为这一习得过程做出贡献。除此之外，儿童的知识、认知能力和学习交际的努力，都能促进他们的交际发展。

家庭影响

普遍而言，我们可以说看护者使语言"社会化"。他们使用语言帮助他们的孩子成为社会和文化中有能力的成员，而这一能力一部分反映在儿童的语言使用中（Schieffelin & Ochs, 1996）。

从出生开始，儿童实际上开始接受一些交际行为的信息，这会帮助他们迎合自己的社交需求。我们可能见过很多家长握着他们前语言时期小小婴儿的手挥动，说一些"对维楚勒夫人说'嗨'"或者"爸爸再见"之类的话。

正如第 2 章所述，对话中的很多结构内容都能在婴儿和看护者的早期互动中学到。在"躲猫猫"这样的社交游戏或常规活动中，以及物品的给和拿过程中，动作和话语（如使用"你好""请"和"谢谢你"）相当有条理，并且可以预测。这些游戏为儿童提供了一小部分社交上重要的短语的明确且连贯的信息。在这些互动中，婴儿也学习了话轮转换、交流双方让互动持续的责任、注重于主题或话题的方式以及让互动连贯的方式。看护者寻找不同的方式让婴儿加入互动，帮助婴儿回应、参与，就像他们真的在对话一样（Ninio & Snow, 1996）。

当儿童展现出一些基本的交际能力，开始更主动地参与互动，能够期望常规活动中的行为顺序之后，看护者会调整自己的互动（Becker, 1990）。就看护者如何在儿童学龄前期间进行调整，已经有了一些有趣的研究。格利森（Gleason）和温特劳布（Weintraub）（1976）用磁带录下了万圣节晚上要糖的孩子来到两家时发生的事情。他们同时追踪了两名母亲和她们的孩子挨家挨户敲门要糖的过程。很多家长要求孩子说"不给糖就捣蛋"和"谢谢"，通常用"说"来提词。他们的教导可以在以下的例子中看到（Gleason & Weintraub, 1976）。

女孩的母亲：（接近一栋房子）别忘了说"谢谢"。（儿童走向门边，再回到人行道上）你说"谢谢"了吗，苏（Sue），你说"谢谢"了吗？

苏：说了。

女孩的母亲：很好。

男孩的母亲：里奇，你说"谢谢"了吗？

女孩的母亲：你说"不给糖就捣蛋"了吗，苏？

男孩的母亲：（接近另一栋房子）你会记住说"不给糖就捣蛋"和"谢谢"吗？

女孩的母亲：（儿童走向门边，她在人行道上对他们喊）别忘了说"谢谢"！

为了重复并扩展这些发现，我对 5 个家庭进行了为期 1 年的纵向式研究（Becker，1994）。家长录下自己和学龄前孩子在家中的日常互动，特别是在晚餐时段，那是一个语言社会化极为丰富的语境（Snow & Beals，2006）。

首先，家长对各种交际行为做出了评价。他们提供了他们期望儿童所说的话的输入（例如"请"、礼貌的请求、"再见""不给糖就捣蛋"的常规活动、称呼语、俚语）、他们期望儿童说话的方式（使用恰当的音量、语调且发音清晰）、儿童应该说话的时机，以及保持话题的方法。

家长在对学龄前孩子的交际行为的评价和反应中使用了一系列策略。他们用多种方式进行鼓励，做示范、强化、偶尔提出假想性的情景、在事实之后评价行为，并对儿童对交际的评论再做出评论（见表 6-2）。

表 6-2　家长对学龄前儿童交际能力的输入的分类

提示语
对错误或省略的直接评价：明确指出错误或省略的行为，或说明儿童必须做出或改正这一行为。例如，"嘴里有东西的时候别说话""咳嗽后要说'不好意思'。"
对错误或省略的间接评价： 暗示错误或省略，例如"你说什么了""有魔法的词是哪一个"
期望建议： 在省略或错误之前建议做一项行为；例如"不要忘了对爸爸说'安安'"
示范
教育弟弟妹妹： 对弟弟妹妹的行为做出评价，为学龄前儿童做示范。例如，母亲问："你要说什么？"弟弟 / 妹妹："谢谢。"母亲："不用谢。很好！"
强化
在学龄前儿童的恰当使用之后提供言语强化。例如，"我喜欢你说 [某句话] 的方式"
其他输入形式
假想情境：以教导为目的提出假想的情境。例如，"如果这只猩猩走过来说'嗨'，你该怎么说"
追溯评价：在事实过去很久之后评论儿童行为的恰当性。例如"她（之前在午饭时）自己背下来了祈祷词，一字不差！我真的很高兴"

资料来源：Becker, J.（1994）. Pragmatic socialization: Parental Input To Preschoolers. Discourse Processes, 17, 131-148.

这些发现的最为有趣的方面之一是，家长的大多数输入是间接的。尤其是家长对错误和省略的间接评价，平均占据了所有输入的 61%（不同家庭之间范围在

49%~91%）。采用间接方式教导交际能力似乎很有风险，因为儿童可能不明白自己应该做什么。家长采用很多间接输入的结果和直觉相反，因为家长相信展现这些能力很重要，也能反映出他们自己的社会化能力（Becker & Hall, 1989; Bryant, 1999）。有人可能会认为，家长为了能够最大化孩子正确表现的机会，行为会更加直接。尽管这些并不是实验结果，我们不能由此得出因果结论，但间接行为有可能会在认知方面向儿童提出更多的挑战，比直接的、明确的输入提供更多关于交际常规的信息（Ely & Gleason, 2006）。事实上，学龄前儿童的母亲认为，间接回应能帮助儿童"思考，而不是只是重复""让（他们）自行理解"，从而给儿童增加了认知负担，（Bryant, 1999）。此外，随着儿童长大，输入甚至会变得更为微妙（Howard, 2012）。

家长并不是将交际技能社会化的唯一的家庭成员。我们在很多文化中观测到了兄弟姐妹促进恰当的行为（Gleason, Hay, & Cain, 1989）。例如，一名 5 岁的美国小女孩指导她的妹妹"吃东西时不要说话"（Gleason et al., 1989）。

一些研究者认为，不同的家庭成员为交际能力的习得以不同的、可能非常重要的方式做出了贡献。也就是说，与儿童最为亲近的家庭成员（如作为主要看护者的母亲）相比，和儿童不太亲近（如作为次要看护者的父亲）或缺乏能力和动机调整儿童行为（如哥哥姐姐）的家庭成员，可能会给儿童施加更多的压力，使他们的交流更为明确恰当（Barton & Tomasello, 1994; Gleason, 1975）。在这一观点里，父亲和兄弟姐妹为儿童设下挑战，让他们调整、拓宽自己的交际技能，以此让他们为和陌生人说话、谈论不熟悉的话题做好准备。因此，父亲和兄弟姐妹可能作为通向外界世界的"桥梁"，从而"带领儿童改变自己的语言，从而让自己能被理解"（Gleason, 1975）。

有些证据支持这一架桥式假设。与母亲相比，在婴儿的父亲身上能观察到更多的交流中断，他们在同样的物品或动作上花费更少的关注时间，更难以成功调整自身、关注儿童当前的注意力，做出更多的离题的回应，更经常要求解释说明（Tomasello, Conti-Ramsden, & Ewert, 1990）。学龄前儿童的父亲比母亲更多地对儿童使用祈使句（Gleason, 1975）。在晚餐时的自发性叙述谈话中，母亲比父亲更倾向于邀请他人参与对话（Merrill, Gallo, & Fivush, 2015）。一项文献回顾（Lanvers, 2004）和一项元分析（对很多研究的统计回顾；Leaper, Anderson, & Sanders, 1998）显示，在不同的研究之间，母亲比父亲在言语上更支持儿童（如表扬、认可）。普遍而言，父亲比母亲更不常了解儿童的需求。当然，母亲和父亲交流上的差异通常会和家长与孩子参与的不同活动的影响。

我们需要注意，缺乏支持的对话互动并不一定是一件好事：无法给学龄前儿童时间让他们回应请求的家长，更可能有话轮转换技能更弱的孩子（Black & Logan,

1995）。一般来讲，父母通过鼓励与孩子的对话来培养其交际发展的技能（Resnick & Snow, 2009）。

　　毫不意外的是，哥哥姐姐比父亲更不理解儿童、在对话中更少做出回应。霍夫 – 金斯伯格（Hoff-Ginsberg）和克鲁格（Krueger）（1991）观察了幼儿与学龄前的哥哥姐姐、七八岁的哥哥姐姐及母亲的互动。年龄更大的哥哥姐姐比学龄前的哥哥姐姐在对话表现上更接近母亲，但两组哥哥姐姐都不会按照自己年幼的弟弟妹妹的年龄适当地调整自己的言语。托马塞罗和曼奈尔（Mannle）（1985）发现了类似的情况：婴儿的学龄前哥哥姐姐比母亲更少认可婴儿的话语。曼奈尔、巴顿（Barton）和托马塞罗（1991）发现，即使婴儿对母亲和哥哥姐姐以类似的方式对话，这些差异依然存在。普遍而言，哥哥姐姐比母亲更为直接、更不具有回应性，在维持与年幼弟弟妹妹的对话时、考虑婴儿的对话不成熟时，更不擅长使用相关的手法。

　　兄弟姐妹还可以通过其他方式影响交际能力。一些研究者认为，儿童很愿意参与母亲和哥哥姐姐之间的对话。因此，他们学会了如何有效地加入对话（Barton & Tomasello, 1991），如何在这一复杂的三方对话中维持话题、掌握话轮（Barton & Tomasello, 1994; Hoff-Ginsberg & Krueger, 1991）。如果兄弟姐妹影响了交际能力的习得，我们会期待第一胎儿童和之后出生的儿童在交际技能上有所差别。霍夫 – 金斯伯格（1998）在 1.5~2.5 岁的儿童身上研究了这种可能性。尽管像之前的实验所显示的一样，第一胎出生的儿童展现出更先进的词汇和语法发展，之后出生的儿童在和母亲互动时具有更为先进的对话技能。

　　年幼的弟妹还有观察母亲和兄姐之间对话的机会，从而接触到各种各样的交流风格。即使没有哥哥姐姐的学龄前儿童也可以在晚饭、聚会、学校等环境下加入多名儿童和成人的对话。这种多方对话和双方对话的运作方式不同（Blum-Kulka & Snow, 2002; Casillas, 2014）。多方对话允许儿童听到更多的话语，听到更多样化的词语，观察假设不同的对话角色。这样的对话要求儿童能应付参与者不同程度的背景知识，以及在寻找参与的方式时更为果断而机灵。

　　这一节主要集中于描述美国中等收入家庭的文献，因为大多数研究都针对这一群体进行。然而，社会和文化在成人注重的交际行为和社会化行为的方式

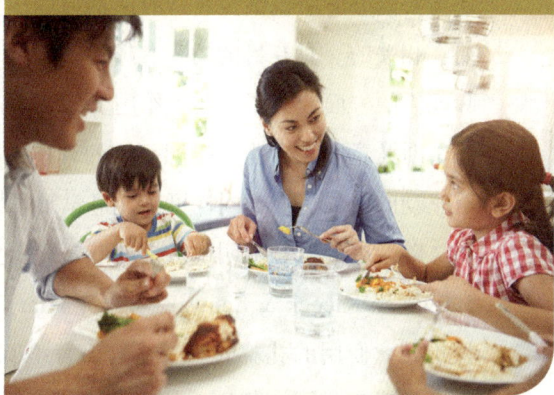

家庭用餐时间是用于交际发展的丰富的语境。

上存在明显差异。例如，加拿大的部分因纽特族家长认为，儿童在 5 岁之前不会讲道理。这些母亲通常不会和婴儿说话，也不会把他们的发声看作说话。他们不会训练或排演语言形式（Genesee et al., 2004）。这些儿童最终的确会习得交际能力，但很显然，他们是通过观察周围语言使用者的对话而学习的。（有关其他文化中交际能力的社会化的信息，参见 Aukrust, 2004; Blum-Kulka & Snow, 2002; Burdelski & Cook, 2012; Callanan & Siegel, 2014; Küntay, Nakamura, & Sen, 2014; and Schieffelin & Ochs, 1986.）

我们需要注意到这些文献中的局限性。首先，我们不能得出因果结论，因为这些研究都是描述性的、关联性的。我们没有对家庭影响交际能力习得的方式做出实验性研究或者干预。其次，结构相似的家庭中也存在很多差异，并不是所有母亲的行为都一样，父亲和兄弟姐妹也是如此。例如，戴维森（Davidson）和斯诺（Snow）（1996）没有发现来自中等收入家庭、受过良好教育的幼儿园儿童的父亲会比母亲使用更具有挑战意味的语言，这和一些早先的研究相冲突。我们把针对少数家庭的研究进行普遍化时，也一定要小心谨慎。然后，语境比家长的性别更能影响家长的行为（Lewis, 1997）。最后，环境、任务和其他情境特征强烈地影响着家庭成员和儿童互动的方式。

学校和同龄人的影响

有效地听和说是美国州立共同核心标准计划（2015）中的目标之一。为儿童提供机会、鼓励儿童以多种目的、在不同的情境下、面向不同的听众说话的教师也帮助儿童学习如何有效交流（Resnick & Snow, 2009）。儿童尤其需要多种交际经验来学习语言的功能、不同语段的形式，以及恰当使用语言的方法。有价值的经验包括儿童和教师之间以及儿童之间的非正式对话（此外还包括和校长、其他教师、家长和社群其他成员的对话）、游戏、小组项目、讲故事、角色扮演，以及课程中的交流整合。儿童还需要能够聆听说话流利、有所回应的成人。儿童不仅需要作为谈话的接收方，还需要在相关的、具有目的的、有趣的日常情境中发展交际能力。教师在帮助儿童发展交际能力的方面起到了重要的作用。

对儿童而言，能够接触一系列有趣的材料、在教室中的一角或中心进行互动、拥有互动的扩展机会，同样可以促进学龄早期的交际能力。

除此之外，教师明确教授一些管理课堂中特定的交际行为的规则（Lo & Howard, 2009; van Kleeck & Schwarz, 2011; Yifat & Zadunaisky-Ehrlich, 2008），鼓励、示范和评价儿童使用的礼貌的和失礼的语言（Burdelski & Cook, 2012）。优秀的教师会在学龄开始时宣告限制规则（如不许叫喊）和规范规则（如集中注意力，跟从常规），并尝试矫正儿童对这些规则的违反行为。与之相对应，有一些规则必须由儿童自己从进行中的互动中推断。例如，教师通常不会明确教导儿童只有老师能够提出新的话题。

学校同时为儿童提供和同龄人互动的机会。同龄人可能会以各种各样的方式影响交际能力。他们可能会和兄弟姐妹一样是相对不合作的对话对象，因此要求儿童更清楚、有效地交流。和同龄人的互动很频繁、持续、在情绪上富于吸引力，从而能够促进叙述和其他交际技能（Nicolopoulou & Richner, 2004）。同龄人也会参与和成人 – 儿童言语不同的交流形式（Blum-Kulka & Snow, 2004），但是，他们可能会改正或促进同龄人的交际行为，这点与成人类似（Mökkönen, 2012; Stude, 2007）。他们特定种类的幽默和分歧、谈论的话题以及针对语言的明显社会化，为儿童提供了可以补足与成人之间的对话情形的交际经验。第 10 章将进一步探索同龄人之间语言的不同方面。

儿童获得交际能力的认知和努力

家庭和学校影响交际能力的习得，部分是因为他们支持儿童的认知、语言能力和社交取向，并以此为基础继续发展（Bosco, Angeleri, Colle, Sacco, & Bara, 2013; Snow, 1999）。

1. 知识和认知能力

交际能力需要大量的知识。说者必须拥有一套完整的词汇、常规行为和语言变体，他们必须知道关于情境和关系的内容。特定的认知技能被认为是特定交际技能的基础（O'Neill, 2012）。例如，对空间视角的理解是习得作为指示用词的"我"和"你"的先决条件（Loveland 1984），而执行功能（executive function）和抑制控制是成功的指示交流的必备条件（Graf & Davies, 2014; Nilsen & Graham, 2012）。其他可能影响交际能力的普遍技能包括有关脚本的知识和测试交际假设的能力。

2. 脚本

当儿童拥有熟悉的日常活动的抽象知识时，他们就能够更好地进行交流（Goodman, Duchan, & Sonnenmeier, 1994）。这种抽象的知识被称为**脚本**（script）。脚本是我们在记忆中表现熟悉的活动的方式。这些表征包括有关动作顺序的信息、物品常见功能的信息、相关人物角色的信息，以及在活动中使用的语言种类——一个人看到的、所做的、所说的事情及其顺序。例如，去参加生日聚会的脚本可能包括包裹礼物、准备贺卡的信息，穿衣打扮的信息，在门口和主人打招呼的信息，参加聚会游戏的信息，唱生日快乐歌的信息，吃蛋糕和冰激凌的信息，看礼物打开的信息，以及在离开时感谢主人的信息，等等。对脚本的熟悉能够减少认知方面的需求，儿童由此可以更集中于对话本身。对脚本的熟悉也能支持理解。最后，由于对话对象对活动具有互通的知识，因此他们的交流会更加有效。学龄前儿童如果共享脚本知识，就能够更好地维持话题，出现更少的误解（Short-Myerson & Abbeduto, 1997）。

3. 假设测试

我们需要记住，儿童并不是交际能力的被动习得者（在这一方面远非如此）（Becker, 1990）。他们在自身经验中自然地发现规则，并组织这些经验。他们把交际行为、常规和含义与特定的情境及语境条件联系起来，从而"发展出有关偏好和预期的感觉"（Schieffelin & Ochs, 1996）。他们形成有关交际常规的假设，用试错、提问和评价交际行为的方式来测试这些假设。就像他们过度扩展词汇、泛化语法规则一样，幼儿有时会错误地使用交际常规。婴儿经常会在给予和接受物品的时候同时说"谢谢"，或者搞反了，说"你好"和"再见"（Gopnik & Meltzoff, 1986）。过度扩展显示，婴儿的行为超出了他们的环境提供的例子，他们自己在形成有关交际行为的推论。

随着年龄的增长，儿童会为自己的假设寻求验证。例如，我的研究中的一名学龄前女孩被教会说"是，爸爸"和"是，妈妈"。有一天，她对她的父亲说："爸爸，我刚刚造出了新的句子：'不，爸爸。不，妈妈。'这样对吗？"（Becker, 1990）

很明显，学龄前儿童知道自己需要学习交际常规的特定方面，包括需要说出的单词和应该说出的时机、方式与原因。他们主动、有意识地获取这种信息的努力可以在以下这段母亲和学龄前儿子的对话节选中发现，其中这名儿童正尝试搞明白他应该把谁称为"先生"（sir）。

> 男孩：妈妈是先生吗？
> 母亲：妈妈不是先生。爸爸、比尔和查理是先生。妈妈是女士。
> 男孩：你因为什么是女士呢？
> 母亲：我为什么是女士？因为我是女人呀，我是女性。（Becker, 1994）

4. 心理推测能力、社交取向和语言能力

针对非典型人群的研究表明，心理推测能力（theory of mind）、社交取向和普遍语言能力也与交际能力的发展相关。（参见第 9 章。）交际能力的持续障碍是患有孤独症谱系障碍（ASD）的儿童的核心特征（American Psychiatric Association, 2013; Kim, Paul, Tager-Flusberg, & Lord, 2014）。这些儿童在心智方面存在较明显的局限性。

难以理解别人的目的、动机和信念，这让他们难以考虑听者的需求（Graf & Davies, 2014）。事实上，患有孤独症谱系障碍的儿童的心理推测能力技能和他们的语用能力呈正相关（Bennett, Szatmari, Bryson, Duku, Vaccarella, & Tuff, 2013; Lam, 2014; Losh, Martin, Klusek, Hogan-Brown, & Sideris, 2012），在心理推测能力方面的干预能够为这些儿童的语用相关的社交行为带来改善（如 Feng, Lo, Tasi, & Cartledge, 2008; Turner-Brown, Perry, Dichter, Bodfish, & Penn, 2008）。他们倾向于习惯性地使用特定的词汇，反复使用一些短语。患有孤独症谱系障碍的儿童只会为了有限的社交功能而使用语言。他们在发起对话、对等回应、添加新信息维持对话、保持话轮，以及恰当回应要求解释的请求这些方面都有问题。注视和手势这样的非语言行为通常不会融合到对话中。无论儿童的整体语言水平如何，这些症状越明显，对话障碍就越严重（Hale & Tager-Flusberg, 2005; Reboul, Manificat, & Foudon, 2011）。

与之相反，患有唐氏综合征的儿童的心理推测能力发展更好，比患有孤独症谱系障碍的儿童更擅长社交。正如我们可以预测的那样，唐氏综合征患儿显示出更好的对话技能。和他们其他的语言技能相比，交际能力相对是强项，尽管他们的能力水平和心理年龄相关（Richardson & Thomas, 2009）。例如，唐氏综合征患儿会由于一系列社交目的而使用语言，能够维持对话的话题，对其他人做出恰当的回应，比较擅长对反馈做出回应，以及修复对话。然而，他们无法使用一些更先进的语言技能，可能会损害礼貌和服从这样的社交功能，遇到要求他们推断意图含义的间接形式时可能会遇到困难。

家长听力完好的失聪儿童可能会生活在缺乏丰富的交际互动机会的环境里，即使这些互动本身富有关爱、积极向上的气氛。尽管年幼的失聪儿童和听力完好的儿童一样可以发起对话，但他们通常难以清楚地表达交际意图、提出评价、提出问题、维持修复对话、产出连贯的叙述（Lederberg, 2006）。更好的语义和句法能力与更强的交际能力相关（Lederberg & Bcal-Alvarez, 2011; Lederberg & Everhart, 2000）。考虑到早期对话经历对整体语言能力的重要性，一些研究者提倡与手语母语者进行大量接触，或者早日植入人工耳蜗（Surian, Tedoldi, & Siegal, 2010）。（然而需要注意的是，家长失聪的失聪儿童的交际能力发展和听力完好的儿童更为相似。）

总结一下，家庭和学校为儿童提供了在不同语境中其间恰当的语言的机会。母亲、父亲、兄弟姐妹、教师和同龄人提供不同种类的信息、反馈、机会和压力，从而为交际能力的习得做出了不同贡献。儿童把自己的知识、学习交流的兴趣、认知和语言技能以及社交取向，以不同的程度带入这些互动中。交际能力的习得过程会产生很多影响，毫无疑问，也有很多不同的渠道完成了这一目标，这一观点与语言习得的社交互动理论相一致，我们会在第 7 章中讲述有关内容。

5. 当交际能力出现困难时

在习得与文化相适应的交际能力时，很多因素都会对这一过程的典型发展做出辅助，但在一些情况下，儿童会无法恰当地发展或展现这些技能。如上文所述，一些儿童（特别是患有孤独症谱系障碍的儿童）会出现交际能力方面的典型缺陷。一些基于实证方法的干预措施可以增强这些儿童的交际基础，让他们的交际能力进一步得到发展。美国国家孤独症中心于 2015 年的报告展示了基于实证方法的干预方式的相关信息。在评价这些干预方式时，反馈者们采取了一系列缜密的标准，以此进行科学性的衡量。他们特别评估了这些干预方式的效果总结，考虑了研究设计的质量、目标技能或行为的衡量方式、干预的精确度、参与者的诊断过程、干预效果的普遍性和持续性。这篇文献分析总结了 14 项后续效果良好的干预手段。表 6-3 列出了能够对患有孤独症谱系障碍的幼儿的交际能力有所帮助的一些干预手段的类别。更多信息可以在普雷洛克（Prelock）和麦考利（McCauley）（2012）的文章中找到。

表 6-3　能够改善孤独症谱系障碍患儿交际能力的干预手段的分类

行为干预：通常在目标行为出现之前改变情境化的活动，或者在目标行为之后改变环境；实行行为分析，早期集中行为干预，行为包含项目，语言训练
示范：采用直接或视频示范展示目标行为
写实教学策略：围绕儿童兴趣、日常材料和情景展开的结构化教学互动
同伴培训：在社交互动中让典型发展的同伴发起谈话并回应
核心反应训练：采用行为方法，针对社交互动的动机和开端等广泛领域，而非单独的行为
脚本化：练习作为交际行为模范的脚本
基于故事的干预：采用书面故事解释社交情境，如线索、视角和恰当的回应

资料来源：改编自 National Autism Center（2015）。

普雷洛克（2011）认为，临床从业者在为孤独症谱系障碍患儿设计治疗方案时，必须考虑一系列的因素，包括儿童在语言和交际中反映出的需求，家庭的价值观和优先事项，以及他们自己的特长。她的建议适用于所有干预项目。

交际能力为何重要

有几个原因使得交际能力在儿童生活中处于重要地位。交际能力对于课堂理解和工作是必要的，它能够预测之后的读写技能，也与受同龄人与成人欢迎的程度相关。毫不意外，在之后的人生里，交际能力对个人找工作和职业生涯中的表现也至关重要。

首先，一定程度的交际能力是儿童在校表现优秀的必需因素之一（Duff, 2010; Heller, 2014; Lo & Howard, 2009; Resnick & Snow, 2009; Thagard, Hilsmier, & Easterbrook, 2011）。说话是一种获得与展示知识的机制。儿童必须学会学校中重视的那些交际实践。这些实践包括对教师和同龄人说话的时机和方式，称呼教师的方式，展现知识、获得信息的恰当方式，理解间接语言的方式（比如了解学前班教师说 "Use your words"（动口不动手）时，意味着建议儿童用语言而非行为解决争端），在不同的学校场景（如操场、午餐、课堂）中恰当地改变语言的方式。交际能力（或缺乏交际能力）影响儿童从与同龄人和教师的交流中学习的机会，也影响教师对儿童能力和动机的评判（Reaser & Adger, 2010）。无论学生使用口语还是手语，交际能力都与小学和中学的阅读与数学学业能力相关（Thagard, Hilsmier, & Easterbrooks, 2011）。

交际能力的另一个重要的作用是，其中一些要素在早期学龄时期能够预测（也可能是辅助儿童发展）后期的学业技能（Reeder, Shapiro, Watson, & Goelman, 1996）。例如，叙述技能可以影响书面读写技能，因为它们都促进儿童享受故事，帮助儿童学习故事的概念组织、目的和语言常规（Griffin, Hemphill, Camp, & Wolf, 2004; Snow, Porche, Tabors, & Harris, 2007）。里德（Reeder）及其同事发现了语用意识和早期写作技能之间的关系（Reeder & Shapiro, 1997）。他们认为，拥有归因说者的意图和动机、区分所说和所意味的区别的元语言技能，能够帮助儿童理解社交互动无法提供线索的书面语言（Reeder & Shapiro, 1996）。儿童在不同社交语境下恰当地转变方言的能力能够预测其阅读能力，这可能是因为二者都要求元语言意识技能（Craig, Kolenic, & Hensel, 2014; Craig, Zhang, Hensel, & Quinn, 2009; Terry, Connor, Thomas-Tate, & Love, 2010）。类似地，布鲁姆 – 库尔加（Blum-Kulka）和斯诺（2002）认为，在多方谈话中理解不同视角的能力能够辅助文本理解。作为叙述基础的视角理解，也可以解释 3~4 岁儿童叙述的产出甚至能够预测儿童两年之后的数学水平的原因（O'Neill, Pearce, & Pick, 2004）。

交际能力重要的第三个原因是，有能力的儿童比能力不足的儿童更受人喜爱。本书的作者之一琼·伯科·格利森（Gleason et al., 1989）回忆她的孩子年幼时一起拼车的经历。其中一个男孩在她送他到门口下车时从来不说 "谢谢"，她从来没有忘记，也没有原谅他。

我们都知道，周遭那些粗鲁、要求很多、总是打断别人的人，并不令人感到愉快。发明交际能力这一术语的戴尔·海姆斯写道："一名儿童如果能够产出所有的符合语法的话语，却不知道该使用哪一句，不知道何时该说话、何时该停止，那么他就是文化上的怪胎。"（1967, P.16）有趣的是，言语语言治疗师也会根据他们的交际能力为儿童做出社交评判（American Speech-Language-Hearing Association Joint Subcommittee of the Executive Board on English Language Proficiency, 1998）。

实际证据支持了格利森和海姆斯有关交际能力和受人喜爱之间的关系的印象（Lansford, Putallaz, Grimes, Schiro-Osman, Kupersmidt, & Coie, 2006），即使是在患有特定性语言障碍和孤独症谱系障碍的儿童中也是如此（Laws, Bates, Feuerstein, Mason-Apps, & White, 2012）。很多研究者发现，善于加入正在进行中的社交互动、言语上回应性更明显的儿童，比不擅长这些方面的儿童更受欢迎（Samter, 2003）。也就是说，能够使用问候、建议、请求加入、为互动做出明显贡献等语言策略对儿童是有利的（Craig & Washington, 1993）。肯普尔（Kemple）、斯佩兰萨（Speranza）和海曾（Hazen）（1992）观察到，受同龄人欢迎的 3.5~5.5 岁儿童（与不受欢迎的儿童相比）更擅长发起并维持连贯的对话。这些儿童能够明确地把交流导向特定的同伴，当其他人试图和他们交流时，他们能做出恰当，他们回应，并能够同时照应两名玩伴，而不是其中一人。除此之外，在和不熟悉的儿童互动时，受人欢迎的学龄前儿童比不受欢迎的儿童更善于回应，也更能够继续连贯的对话。其他研究者也有类似的发现（Black & Logan, 1995）。能够用名字称呼同伴而不是直接说"嘿，你"这样的简单小事，都会对受欢迎程度造成影响。交际能力在青春期继续与受欢迎程度相关。在一场国际青少年在线峰会上，同龄人认为那些更多使用包含性代词、提出更多问题的青少年，比说话说得更多的青少年更适合成为领袖（Cassell, Huffaker, Tversky, & Ferriman, 2006）。

交际能力和受欢迎程度之间的因果关系很复杂（Black & Logan, 1995）。肯普尔及其同事（1992）认为，一些交际技能（例如做出相关的评价、正面及时地回应同伴的能力）为幼儿最开始受欢迎的程度做出了贡献。之后，在儿童受欢迎或不受欢迎的名声建立之后，交际技能出现了其他区别。也就是说，不受欢迎的儿童为了防止被拒绝，可能会回避和同伴交流。他们较差的交际技能导致他们在交际中处于较低的地位，进而让自己更难以参与能够帮助自己更好地学习技能、探索自身概念的正面互动之中。

在小学阶段，以下技能都和同龄人之间的受欢迎程度相关：能够调整信息迎合听者需求、提出恰当问题、发起并保持对话、清楚地交流意图、在加入群体时对全体成员发言、做出更多正面而非负面评论、用言辞说服及安慰对方（Brinton & Fujiki,

1995）。交际能力对受欢迎程度的影响进一步受到了由普雷斯（Place）和我进行的实验的支持（Place & Becker, 1991），在这一实验中，小学女生更喜欢展现出交际能力的陌生女孩，而不是做出粗鲁请求、打断他人或谈话跑题的陌生女孩。

儿童和他人是否能和谐相处并不是小事。同伴关系的质量会影响到儿童未来的心理健康。和同伴关系不好会使儿童在之后出现学业问题，心理失调的风险也会上升。

本章开始时，我们提供了一个学龄前儿童的对话例子，用来描述交际能力的重要性。现在让我们以另一个例子结束本章内容。在这一例子中，戴维（David）和乔什（Josh）是两名 4 岁的儿童，彼此是朋友，他们走来走去，假装自己是机器人（Rubin, 1980, 55 页）。

戴维：我是一台导弹机器人，可以从手指发出导弹。我可以从任何地方发出导弹——从我腿上也可以。我是一台导弹机器人。

乔什：（嘲笑地）不，你是台放屁机器人。

戴维：（抗议地）不，我是台导弹机器人。

乔什：不，你是台放屁机器人。

戴维：（很受伤，几乎要哭出来）不，乔什！

乔什：（意识到戴维很生气）我是台便便机器人。

戴维：（又开心了起来）我是台嘘嘘机器人。

乔什改变自己语言的能力再一次向我们显示，幼儿的语言在社交语境中到底有多么强大的作用。

本章要点

交际能力是在社交语境中恰当地、有策略地使用语言的能力。也就是说，它包括知道一个人应该交流的内容、地点、方式和对象。交际行为包括常规活动、礼貌用语、对话技能，以及方言、语域这样的语言变体。儿童习得交际能力是很重要的，因为它能帮助儿童在学校中获得美好的校园生活，能够预测之后的读写技能，并与儿童在同龄人中的受欢迎程度相关。

研究表明，学龄前儿童能够使用一系列交际行为，并针对不同的听者、在不同的情境下调整自己的交流方式。他们能够理解形式并不明显与功能相匹配的间接请求，并向不同地位的听者产出不同的请求形式，这表明他们对形式和权力之间的关系有所理解。他们能够转换话轮，保持对话的主题，有能够给出并回应反馈的基础技能。学龄前儿童同时也在习得和种族、性别、社会角色和身份相关的语言变体。尽管他们在很多方面具有相当的交际能力，但他们的能力依然会随着年龄的增长而逐渐成熟。

习得交际能力的任务很难，家庭和学校在习得过程中都起到了作用。母亲、父亲和兄弟姐妹使交际行为社会化，每一方都为学龄前儿童施加互补的压力，让他们能够更恰当地交流。教师和同龄人也为交际发展提供了机会。儿童的经验、他们的知识和认知能力，以及他们构成有关交流的天然倾向也推动了习得过程。

建议研究项目

1. 思考某一特定话语在不同语境中的差别。例如，"干得好！"（Good job!）这句话可以用来称赞一名清理了自己房间的儿童，也可以讽刺评价一名儿童在午餐时碰洒了牛奶。写下一句话，并描述可能产出它的不同语境（例如场合或对话参与者）。同时，解释听者如何在决定句子含义的时候考虑语境和句子。

现在思考特定的含义（如赞成）在不同语境中表达的不同的方式（例如对朋友说"是啊"（Yeah）；对海军上级说"是的，长官"（Aye, aye, sir）；对老派的大叔说"好的，好的"（Okey, okey）。如果说者在意料之外的语境中使用了这些表达中的一种，会表达出超出赞成以外的含义。例如，如果我家6岁的孩子对一个简单的请求回答说"是，长官"（Yes, Sir），他可不仅仅是同意去做我要他做的事情！考虑以下的情境：一位教授从她的学生那里收到了写有不同称呼的电子邮件："亲爱的布莱恩特教授"（Dear Professor Bryant）、"亲爱的布莱恩特夫人"（Dear Mrs. Bryant）、"嗨教授"（Hey Prof）和"朱迪"（Judy）。她会如何理解这些邮件，又会对写这些邮件的学生们做出什么样的评价？解释你的回答。

2. 在1918年，芝加哥妇女俱乐部宣传，要让儿童保证作为"更好言语运动"的一部分（Robbins, 1918）。儿童被要求保证"我会用好的美国话说"是"（yes）和"不是"（no），从而替代"嗯哼"（'um-hum'）的哼哼声，或是"哎"（ya）、"耶"（yeh）和"没"（nope）。"我会尽最大努力改善美国人的言语，避免大声、粗声地说话，尽可能清晰地发出不同的语音，说话清楚、真诚、令人感到愉快。"首先，用本章中提及的材料，分析为什么"恰当的美国人的言语"可能对儿童有利。其次，从相反的角度使用本章中的内容进行讨论，这为什么是一种误导的努力。

3. 1946 年，本杰明·斯波克（Benjamin Spock）博士在他那本著名的介绍儿童养育建议的书（《斯波克育儿经》）中写道："良好的礼节是自然形成的。教孩子说"你好吗"（How d'do）或"谢谢"（Thank you）其实是最不重要的一步。第一步是让他喜欢别人……告诉儿童如何讲礼貌并不是错误。我只是说，需要首先培养孩子对他人的感情，之后良好的礼节就会自然形成，太早、太用力地推进交际礼貌则会适得其反。"（264~265 页）。就本章中你所学到的内容，讨论你是否赞成这一建议。

语言习得的理论方法

约翰·N. 博阿农三世 (John N. Bohannon III), 巴特勒大学教授

约翰·D. 邦维安 (John F. Bonvillian), 弗吉尼亚大学

本书的大多数章节讨论了儿童在学习语言的过程中所做的事情。然而，本章采用了一种不同的方法：它描述了试图解释儿童如何完成这一卓越功绩的理论和模型。著名语言学家诺姆·乔姆斯基（1957, 1965）提出，描述、模型和理论在理论适当性的完整分类中占据不同部分。

描述适当性（descriptive adequacy）是乔姆斯基提出的分类的第一层，要求区分语言行为和非语言行为。语言习得研究在完成这一描述目标的路上已经有了长足的发展。然而，儿童语言具有创造力，很可能有无限的变化。因此，我们很可能无法完全详尽地列出所有可能的语言产出，即使这些产出只是来自儿童。即使我们可以详尽而完整地列出这一列表的内容，它也不具有解释力量，因为它几乎不能表达对于产生这一现象的机制的任何理解。

当我们辨别出能够描述正在生成中的语言行为的有限数量的统一准则后，我们就达到了位于第二层的模型适当性（model adequacy）。上述准则预测了有关发展的已知事实，但不一定是学习语言的儿童实际使用的准则。第二层的代表理论是可学性理论。大多数由儿童言语转录文本得出的语法都在试图决定所观察的数据中能够总结出的规则。但是，很少有研究者会坚持认为，他

【学习目标】

阅读本章之后，学生能够：

◆ 阐明以下用来解释儿童语言习得机制的理论的主要前提：行为主义、先天主义 / 语言学方法、交互主义、认知 / 信息处理、手势 / 基于使用的理论。

◆ 评估支持或削弱这些理论的数据，以充分说明儿童语言习得的典型（及非典型）模式。

◆ 确定哪一种方法最具说服力，并解释原因。

◆ 讨论语言发展的某些方面用某种方法比其他方法更好的可能性，并解释哪种方法能够更好地解释本书其他章节中讨论的儿童习得的特定技能。

们的语法就是儿童在说话和理解言语时实际使用的规则。

理论适当性（theoretical adequacy）是最后一层，也是最具有雄心的一层。当我们发现一系列有限的规则不仅能够解释观察到的语言现象，还是学习语言的儿童实际使用的机制时，我们就达到了这一层。

在我们的观念中，语言习得的理论不仅需要解释儿童所说的内容，也需要解释他们最后能像成人一样说话的方法。这一发展性的角度显然为研究者带来了更进一步的思考。换而言之，我们既不能在不知道成人目标时就随意瞄准理论之箭，也不能在不理解射箭机制时就一击即中成人语言的目标。

理论方法的区别特征

语言习得研究和猜想可以被分为数种不同的普遍理论方法。本章之后的部分试图对这些互相竞争的方法做出概述，并就它们对稳态语言和语言发展的解释的几个维度进行比较。这些特征包括：①结构主义与功能主义的区别；②能力与表现的区别；③先天主义与经验主义的区别。

每一种理论方法的研究手段和相关数据本章都会提及。重要的是，我们需要知道描述的一些区别在某种程度上是人为进行两极划分的。我们之后会明显看到，有些极端的立场，与其说是完全相对的，不如说是互补的（对于结构主义与功能主义的讨论，参见 Zimmerman & Whitehurst, 1979）。然而，采用这种对比应该能够帮助我们理解不同理论之间决定性的相似之处与不同之处。

结构主义与功能主义

行为的结构化描述试图探索能够观测的数据之下不变的过程或机制。乔姆斯基的语法结构和沃森（Watson）的刺激 – 反应联结都是这种结构的例子。行为的功能性描述想要建立环境或情境变量与语言之间的可预测的关系。语言的功能理论的目的是预测及控制不同语境和个人的语言言语行为。结构主义与功能主义的区别可以用下面的例子进行解释。如果一名儿童说"我想要牛奶"（I want milk），结构主义者会分析这句话语的形式，发现它由主语（我）、主动词（想要）和宾语（牛奶）构成。他们可能会把这句话作为证据来证明儿童知道英语中管辖主动陈述句（主语→动词→宾语）的语序规则。这一规则应该能使儿童从这句话中创造出无数相似的句子。功能主义者会检验"我想要牛奶"这一话语产生的情境。他们可能会决定，如果这句特定的话语在母亲在场时说出，那么通常之后会跟随一杯牛奶。因此，这句话语的出现由语境（母亲在场、饥饿或口渴）及其后果（获得一杯牛奶）共同决定。这句话的实际形态被认为是不重要的。我们需要注意，在这一情况下，结构主义者和功能主义者描述的是语言行为的不同方面，前者描述的是句法，后者描述的是语言的语用、社交使用。这些视角是互补的，为了完整解释儿童的语言行为，两者都是必要的。

能力与表现

能力是指个人的语言知识或者能从语言行为中推测出的内在规则；表现是指语言使用的实际例子。换而言之，能力和表现的区别在于个人的抽象语言知识和对这一知识的使用情况。例如，一名成熟的英语使用者也许会说"她昨天就在家"（She will be home yesterday），尽管在思考之后，他会意识到这句话是错误的。这一类错误通常被归类为表现问题，如注意力或记忆的小错，而并不是对英语语法规则的无知。由于能力的概念，这一区别十分重要。例如，我们必须谨慎对待用于决定语法规则的话语，不能包括表现错误。由于这一原因，这些年来，很多研究者（如 Gleitman, Gleitman, & Shipley, 1972; Poll, Betz, & Miller, 2010）采用语法性判断而非语言使用来探索语言使用者的语言能力。除此之外，我们需要注意，只有结构主义者通常才在意能力，功能主义者更关心表现。

先天主义与经验主义

这一维度的侧重点在于儿童或语言习得过程中的环境。这是持续讨论了很久的先天–后天问题的又一个例子。一方面，先天主义者坚持认为语言过于复杂，而与其他任何已知的学习方式相比习得过于快速，因此语言系统的一些关键方面一定是先天的。与之相对应，经验主义者关注环境的影响和儿童所浸入的交互性语言语境的实质。

语言研究者通常并不严格地依附于先天主义和经验主义连续体的任何一个极端。很少有人会反对"儿童的天生能力和语言经验共同决定语言"的论点。早期的发展过程在许多语言和语境中都是不变的，所以没有先天的成分。类似地，非常有限的语言经验只会导致极少的语言，或者根本没有。本章、第 9 章和本书其他部分对失聪和忽视对儿童语言发展的影响让我们清楚地了解到，有限的语言输入会损害儿童的语言发展。认识到这两个因素的必要性并没有阻止理论家更侧重其中之一而淡化另一因素。这两个因素很少在同一理论里获得同等的重视。

评价研究方法

研究语言习得的主要方法之一，是用常用的理论方法与每一理论试图解释的数据进行对比。研究者所采用的方法通常决定了他们认为相关的数据和研究方法。遗憾的是，这一情况有时会导致研究精力完全分散，一些人追求一小组儿童的语法变化的纵向式研究，另一些研究者则对大量儿童进行实验，以改变特定语言行为发生的频率。发展的视角和研究对象的选择也取决于研究者的理论观点。例如，认为语言是一种人类中独有的、由句法结构构成的机制，其发展取决于个体成熟程度的人，可能会观察人类儿童成熟过程中的语法。他们会认为对成人和非人类动物的研究大部分是无关的，实验本身也是毫无成果的。与之相反，认为语言和其他运动差别不大、通过同样方式学习的人可能会试图强化大猩猩的交流行为。

乍一看，本章中描述的这些理论方法如此不同，以至于它们甚至没有试图回答相同的问题。当理论方法相差如此之大时，还有没有可能达成共识？在任何科学事业中，研究方法和策略的差异最终还是会趋于一致。也就是说，一个人检验某一问题的方面越多，越有可能会发现一个解决方案。除此之外，需要解释的语言行为的广泛范围（第 3 章所说的语音、第 4 章所说的语义等）也需要足够多的差异性来回答所有重要的问题。在本章之后的部分，我们概述了一些互相竞争的理论方式。它们主要被分为两组：古典理论方式和交互性理论方式。在历史上，古典理论是最早出现的互相反对的理论：它包括了行为主义理论和语言学理论。尽管在过去 50 年的实证研究中，这两个理论都没有完整地存活下来，但它们的准则依然是现代理论和模型的基础。交互主义的阵营可以再细分为认知方式、社会方式和使用 / 手势方式。每一领域则根据之前勾勒出的区别（如结构主义—功能主义）进行概述。最后，我们会简单地对所有理论进行评价，以强调每一理论的优势和劣势。

经典行为理论

整体假设

所有的行为理论都共享一个重点：语言行为可以观察和衡量的方面。在可能的时候，行为主义者在解释语言行为时，会回避依赖于意图或语法规则的"隐性知识"这些构想的心理主义解释。因为这些心理过程不易被定义，也难以直接衡量，所以行为主义者寻找的是与特定语言行为（回应）一起出现并可以预测回应的可以观察的环境条件（刺激）。这并不是说行为主义者否认内在的机制，他们认为外在的机制具有大脑基础，为了更好地理解行为，人们有必要对这样的神经过程进行研究。行为主义者拒绝的是没有特定物理相关性的内在结构或过程，例如语法（Zimmerman & Whitehurst, 1979）。

很明显，行为主义者强调表现多于能力。实际上，很少会有行为主义者承认存在和可观察的行为相分离的能力或任何知识。斯金纳（Skinner, 1957）认为，行为科学家不应该接受语言单元（如单词和句子）的传统分类，而是需要像检验其他行为一样检验语言。行为科学家必须寻找如实出现的功能单元，并能预测功能单元出现形式的关系。

行为主义者也关注学习，因为他们认为语言是一种技能，和其他行为并没有本质区别。例如，沃森（1924）宣称，"正如我们普通理解的那样，尽管语言很复杂，但它在一开始也是非常简单的一种行为。实际上，它是具有操纵性的习惯。"斯金纳（1957）称，语言是一种特殊的行为，仅仅因为这是一种只能靠其他人进行强化的行为。语言只会对其他人造成影响，而不会产生强化效果，也不会强化自身。对学习的强调把行为主义者明确地放在先天主义和经验主义连续体的经验主义一端。尽管他们承认人类具有允许自身说话的生理结构（例如，对嘴唇、舌头和喉的精细的运动控制），但说话这一过程的学习依然依赖一系列准则，和老鼠学习走迷宫一样。说话（及理解言语）必须通过强化、模仿和后续对成熟行为的接近（又名为塑形），由环境中的刺激物进行控制。儿童通常被视作环境压力的被动接收者，就像一块具有延展性的黏土被塑造成新的形态一样。行为主义者很少承认儿童会反过来影响他们的环境。事实上，斯金纳（1957）称，语言使用者应该被认为只是一名"感兴趣的旁观者"，在语言行为或发展的过程中没有任何主动作用。

行为主义的语言学习

解释行为变化的最简单的方法之一，是通过环境中刺激物和生物体的某些回应的联结或关联。形成这一关联的过程被称为**经典条件反射**（classical conditioning），任意的语言刺激和内部回应之间形成的关联经常被引用为单词含义的来源（Staats, 1971）。例如，儿童可能会以以下方式学习"热"（hot）这一单词：一名好奇的婴儿触摸加热板（无条件刺激物，unconditioned stimulus, UCS），导致生理疼痛（无条件反应 unconditioned response, UCR）。当婴儿的母亲在触摸前喊出"热！"的时候（条件刺激物，conditioned stimulus, CS），这个词和热源的基本刺激相联合，逐渐能够诱发婴儿的回应（条件反应，conditioned response, CR），这一反应与对热源本身的反应相似。当条件刺激物（单词）能够诱发条件反应后，它就可以被用作无条件刺激物来改变对另一个条件刺激物的回应。例如，如果一个新的条件刺激物，例如"火"（fire）这一单词，频繁和"热"这一单词共同出现，它可能会诱发与"热"的反应相似的条件反射。多个刺激物和一个反应之间的关联导致刺激物之间的关联的形成。因此，不仅任意的语言条件刺激物能和特定的内在含义（条件反应）相关联，单词之间也可能通过刺激物 – 刺激物关联进行连接。经典条件反射以这样的方式来描述单词和单词含义之间的相互联系。

尽管行为主义者采用经典条件反射的准则解释儿童接收性词汇的发展，为了解释产出性言语，还需要添加额外的学习准则。最经常用来完成这一角色的学习形式是操作性条件反射（Moerk, 1983; Osgood, 1953）。操作性条件反射和自发的、非反射性的行为改变相关，而这一改变来自这一行为导致的环境后果。简而言之，最频繁获得奖励的行为会倾向于被重复，而导致惩罚的行为则不会再次发生。语言习得的所有行为主义解释都假设儿童的产出性言语由环境施事者（如家长）提供的差别性强化或惩罚进行塑形。行为主义者假设，儿童最接近于成人言语的言语会受到奖赏，而没有意义的或不恰当的言语会被忽略或受到惩罚。家长逐渐改变他们的强化措施，最终把强化限制在有意义的、与成人相似的话语上。

在发展过程中，行为主义者假设儿童的看护者勤奋地训练儿童展现语言行为。"说再见。""再见。"成人以这种方式为儿童提供了成熟的言语案例以及模仿成人言语的训练。当儿童成功地模仿了成人刚刚发出的语音后，就会受到奖赏。除此之外，成人在狗出现的时候会提供"狗"这个单词、在男孩出现的时候会提供"男孩"这个单词，诸如此类。由于所有类型的学习（如经典条件反射、操作性条件反射和模仿）合并起来，都引导和控制儿童的语言行为，因此，接收性和产出性词汇的习得开始加速。行为主义者假设，语言发展的过程大部分由训练的过程而非成熟的过程决定，比如他们假设儿童的单词组合和单个单词的习得方式非常相近。

家长通过塑形和模仿训练训练简单的单词组合，并为之后出现的类似成人的单词串近似模仿提供奖励。一些行为主义者把这些单词组合解释为反应链，第一个单词和当时的语境作为第二个单词的刺激物，而第二个单词与语境作为下一个单词的刺激物，由此展开。这些单词链又被称为**马尔可夫句子模型**（Markov sentence models）（Mowrer, 1960）。很明显，儿童无须听到每一个可能出现的单词链或者单词串就要产出和理解它们。儿童只需要拥有单词对之间、单个单词和环境语境之间，以及单词和内在调解（mediating）含义之间的关联即可。

行为主义的解释假设，回复单元的复杂度逐渐上升。正如语音在婴儿期塑形为单词，单词是功能性的反应单元，单词组合是新的更大的回应单元。怀特赫斯特（Whitehurst, 1982）认为，一些单词模式［例如，"男孩的鞋子"（the boy's shoe），"男孩的自行车"（the boy's bike），"男孩的狗"（the boy's dog）］成为语法框架［"男孩的 X"（the boy's X）］，在其中允许插入具有相似特征的新单词［"男孩的牙刷"（the boy's toothbrush）］。需要注意的是，大多数行为主义者并不把这种语法框架看成真正的语法规则。根据斯金纳（1957）的研究，一条"规则"是一种特定的语言行为，即使没有暴露于已经建立的偶发事件之中，它依然可以引起各种回应。对斯金纳而言，儿童最终根据正式的语言规则说话的事实并不意味着儿童早期言语是受规则制约的，因为幼儿不能用语言描述或指明规则（如"在动词词干上加上 -ed 在创建过去式"）。斯金纳假设，儿童的言语并不是受规则制约，而是直接、单独由偶发事件塑形。

学习的基础过程（经典条件反射与操作性条件反射）被假设为引导及控制儿童语言行为逐渐增加的复杂度。尽管所有这些过程在进入成人期之后也会继续发挥作用，但儿童期快速的学习似乎也需要其他的学习准则，这些准则能帮助儿童快速习得复杂的行为。因此，行为主义者依赖于模仿，认为模仿是语言学习中尤为重要的因素，因为它无须对言语回复——艰难回应，就可以通过捷径抵达成熟的行为。模仿可能是观察到的行为的完全相同的复制品，但它并不仅限于完全相同的复制品（Bandura & Walters, 1963）。儿童通过模仿表现出的行为可能只和模型行为在一部分上相似。怀特赫斯特（Whitehurst）和瓦斯塔（Vasta）（1975）认为，儿童可以通过模仿习得语法框架，在话语出现的新语境中，用自己的适合语境的单词来替换。模仿也并不限于在时间上紧随模型行为的行为；模仿可能会延迟很久之后才出现。当儿童成功模仿了新单词和新形式之后，行为主义者就会假设强化会从成人一方或是从儿童本身一方出现。模仿这一过程本身就是强化，这一事实认为儿童会随着时间的推移更频繁地使用模仿。因此，模仿成了相对灵活的、经常使用的学习策略，能够使复杂语言行为的快速学习成为可能。

总而言之，行为主义者侧重于学习涉及的简单机制。语言发展被认为是把环境中的各种刺激与内在回应，以及把这些内在回应与外在的语言行为连接起来的问题。语言发展被看作通过同时进行经典条件反射、操作性条件反射和模仿，从随机的言语化到成熟的交流的发展。儿童习得语言花费的时间被认为是受家长训练手段的影响，而非受儿童成熟与否的影响。除此之外，行为主义者通常不认为儿童具有规则的知识、具有意图或含义，或具有从语言环境中抽象化重要特征的能力。他们反而认为，某些环境刺激引发并强化了儿童的某些回复。因此，语言习得的顺序基本上由任何时间点内最为显著的环境刺激所决定。根据行为主义方法，强化的学习准则在语言习得过程中具有重要作用。

评价行为主义方法

1. 支持证据

大多数词汇含义的习得方法显示，语义习得涉及不同质量和强度的联结网络（Smith, 1978）。这些联结在最初是如何习得的，单词含义实际上是由这些联结习得的吗？通过谨慎的行为调整手段，如塑形和强化，很多具有有限言语技能的儿童在学习说和使用语言的方面获得了巨大成就，特别是患有孤独症的儿童［很多人遵照了由洛瓦斯（Lovaas）1977 首先开发的过程；参见 Ospina et al., 2008 和第 9 章］。因此，无论典型语言发展中行为训练的作用如何，这一方法在培养具有某些语言习得障碍的儿童的语言技能方面极为有效。

模仿的效果也受到了行为主义者的广泛研究（相关回顾参见 Speidel & Nelson, 1989）。这些研究中通常有一名成人示范者，在不同句子语境中使用特定的语法形式。遗憾的是，成人示范仅仅提供全新语法例子的情况并没有引出足够有力的证据来说明典型发展的儿童总会学习模范形式。在一项早期研究中，怀特赫斯特和诺瓦克（Novak）（1973）在两种条件下对儿童展示新的语法形式。在第一种条件中，成人只是向儿童示范目标规则。第二种条件涉及"模仿训练"，如果模仿没有自发出现，成人就会鼓励儿童重现语法形式。这种"模仿训练"在让儿童在新句子里使用目标语言规则这一方面更为有效。

本章后续讨论的当前一些经常使用的方法能够反映句法框架的早期行为主义提议。托马塞罗（2003）和谢姆拉（Chemla）、敏茨（Mintz）、博纳尔（Bernal）和克里斯托弗（Christophe）（2009）把母亲的儿童导向语言划分为数种句法类型（如特殊疑问句、祈使句等）。托马塞罗更进一步地把句法类型按照构成话语的初始的单词进行分类［如"你是不是＿＿＿＿"（Are you＿＿＿＿）、"什么＿＿＿＿"（What did＿＿＿＿）、"让我们＿＿＿＿"（Let's＿＿＿＿）］。分类后发现，母亲对自己孩子说的言语中超过 50% 以 52 个初始单词框架中的成分开头，而有 45% 的句子的开头是 17 个单词之一。研究显示，家长采用这种框架的频率与英语（St. Clair, Monaghan, & Christiansen, 2010）和其他语言中（Weisleder & Waxman, 2010）儿童语言发展的速度相关。行为主义者还发现，对幼儿的话语具有回应的环境可以培养这些儿童的语言发展。母亲对婴儿的牙牙学语做出相对的回应，能够明显鼓励婴儿用自己语言中的音位发出更多的牙牙学语（Goldstein & Schwade, 2008）。除此之外，母亲对儿童早期表达性输出的回应模式通常与儿童达到一系列语言发展关键点的成就相关（Tamis-LeMonda, Bornstein, & Baumwell, 2001; Tamis-LeMonda & Song, 2013）。也就是说，对儿童的语音行为回应更多的母亲，其子女通常表现出更快的语言成长。

2. 反向证据

以上大多数研究都涉及改变表现水平与习得新行为之间的重要区别。很明显，增加已知语法结构的成人化使用和教儿童使用新的语法规则是两个完全不同的命题。换言之，行为主义者必须通过实验在他们假设的对象（即儿童）身上测试他们的假设和关系。此外，行为主义者必须在儿童的自然家庭环境中为他们的关键要素（如塑形、强化）找到证据。如果一个在实验室中有效的学习因素没有在儿童的自然环境中出现，那么这个因素就无法解释语言习得。很多研究者（如 Morgan, Bonamo, & Travis, 1995; Pinker, 1994）辩称，无论这些手段在实验室中多么有效，儿童在家中都并不会经历细心的塑形和教导。麦克尼尔（McNeill, 1966）的一个广为引用的例子说明了儿童成熟的重要性和家长刻意指导的失败之处。

儿童：没有人不喜欢我。（Nobody don't like me.）

母亲：不。说，"没有人喜欢我。"（Nobody likes me.）

儿童：没有人不喜欢我。

（以上重复 8 次）

母亲：你听好，说："没有人喜欢我"。

儿童：哦！没有人不喜欢我。

在这则轶事里，仔细耐心指导的失败之处十分明显。早期研究（Brown & Hanlon, 1970; Hirsh-Pasek, Treiman, & Schneiderman, 1984）发现，家长不会因为儿童产出了语法正确的话语就明确奖励或表扬他们，也不会因为产出了不合乎语法的句子而惩罚他们。相反，无论话语的语法恰当与否，当语义关系正确时，家长都更可能以"好"或者"对"这种表扬来回应，还有数据质疑儿童语言中模仿的指向性。最近的研究表明，母亲模仿儿童的发声和儿童模仿成人模范一样频繁（Pelaez, Virues-Ortega, & Gewirtz, 2011）。此外，成人对儿童早期语言尝试的模仿也与语言成长相关，这使得经典的行为塑形理论变得更为复杂。

语言"只是另一种行为"的假设也不太可能完全准确。有大量的数据显示，人类具有独特的构造，与处理其他信息相比，能够以不同的方式检测和处理语言信息。正如第 2 章所叙述的那样，婴儿在婴儿阶段早期展现出一系列不太可能习得的言语感知技能。

总而言之，行为主义方法并没有达到它原本的目的，即预测并控制典型发展个体的语言行为。尽管语言表现可以在实验室中进行塑形，但研究者们难以：①在家庭环境中找到类似指导的明确例子；②证明儿童的语言收获可以通过强化进行操控。行为主义方法也无法解释儿童和成人创造新句子的方法。尽管行为主义方法出现了重大的失败，但我们需要记住，语言习得是一种学习的方式，必须综合考虑普遍学习机制的一些方面，而行为主义方法在这些方面具有广泛的研究基础。完全忽略学习方法无异于"倒洗澡水时连着孩子一起倒掉"。

语言学方法

整体假设

语言学方法通常假设语言具有结构或语法，并在某种程度上和语言使用相分离。这一独立的规则系统决定了句子在任何语言中是否"合乎语法"或是否被允许存在。语法包括一系列数量有限的规则，在该语言的所有使用者之间共享，允许生成无限数量的双方可以互相理解的句子。语法规则和数学的规则（如结合律、交换律）相似，这些数学规则就是用有限数量的定理解决无限的问题。乔姆斯基（1957）认为，为了能够解释一种语言的母语者可以产出无穷数量的句子，恰当的语法必须具有生成性或创造性。任何语言的成人使用者只需要使用简单的语法规则、插入不同的词语，就都可以产出并理解他们从来没有说过或听过的句子。乔姆斯基（1957）认为，真正的语法必须能够描述语言使用者对所有允许的话语的知识（能力），而不是实际上产出的话语（表现）。

多年以来，乔姆斯基一直在改写或抛弃他原本的想法。例如，他放弃了深层结构和表面结构的区别，因为这两者容易受到误导。在乔姆斯基的语言理论中，在 20 世纪 80 年代被称为管辖与约束规则的版本（参见第 5 章），之后被名为"最简方案"的理论取代（Chomsky, 1995）。

在乔姆斯基的理论中，大脑分管语言的部分被称为**语言机制**（language faculty）。这一机制的初始状态是由基因决定的，除了患有严重疾病的个体特例，人类物种之间基本相似（Chomsky & Place, 2000）。描述这一初始状态的理论被称为**普遍语法**

（universal grammar）。普遍语法包括世界上所有语言共有的语法规则系统和范畴。乔姆斯基把语言机制的初始状态描述为类似于连接着一个开关盒子的固定网络。这个固定网络包括语言机制的准则和特征，如同一系列有限数量的通过经验设定的开关。如果这些开关以某一特定方式设定，那么产出的就是法语；如果以另一种方式设定，则会产出毛利语。在这一理论里，每一种人类语言都是一种特定开关设置——参量设置的产物。

尽管语言机制的结构尚未被发现，但乔姆斯基（1995）仍然提出了它可能具有的准则和特征。语言机制必须包括至少两种要素：一个涉及信息储存的认知系统，以及接触这些信息并以不同方式使用它们的表现系统。此外，乔姆斯基还假设认知系统和两个表现系统互动，一个是发声–感知系统，另一个则是概念–意图系统。在和发声–感知系统的接合点（称为**语音形式**，phonetic form），语言机制的认知系统连接发音系统。在和概念–意图系统的接合点（称为**逻辑形式**，logical form），语言机制的认知系统连接概念系统，根据乔姆斯基的叙述（1995, 2 页），"这种'双接合点'的性质是传统的把语言视为'带有含义的声音'的表达方式之一，这一描述可以追溯到亚里士多德身上"。

乔姆斯基设计用来解释语言的大多数系统（1957, 1965, 1982）都有一些共有的元素。所有理论都具有分离的语义、句法和音系子系统，以及说者想要说的内容（意图或概念）与话语实际表达含义的形式（口语形式）之间的分离。所有理论都包括灵活的句法系统，同样的意图可以用多种方式表达（如"她打了我"和"我被她打了"）。相反地，一种表面口语形式，例如"She was killed by the river"，可以被解释为（或产生自）两种不同的概念（即"河流杀死了她"或"有人在河边杀了她"）。因此，学习语言的儿童需要面对的最重要的任务之一，就是把有意义的概念映射到语言环境提供的具有歧义的口语例子上（Pinker, 1994）。乔姆斯基（1980）也推进了这一观点，认为儿童无法通过环境中的经历习得语言，因为他相信儿童无法接收到充足的有用的语言相关的输入。这一论点被称为**刺激缺乏**（poverty of stimulus）。如果儿童的语言环境如乔姆斯基所说的一样有限而退化，那么儿童语言学习的大部分都必须依赖天生的能力或结构。

追随语言学方法的理论家们辩称，语言是人类天生的。很多年来，这一立场都是合理争论的来源。研究者在主张某一行为源自先天时，所意味的内容不同，这也进一步助长了争论。考虑到一系列预期的经验，一些人认为天生是指发展过程中的一系列制约因素（Elman, 1999）。乔姆斯基（1988）及其他很多人的想法更为激进，他们认为人类具有受基因决定的语言能力，这一能力演化成为语法，既和其他的认知形式不同，又独立于其他认知形式（如普遍学习或记忆）。儿童能够快速学习不同语言的事实导致"儿童必须在脑子里有一套普遍语法，这是所有语言的语法共享的计划"（Kandel, Schwartz, & Jessel, 1995, P.639）。当语言参量在发展中设定完成后，它就会限制语言所允许的形式。

这些有关语言本质和儿童面对的学习情境的假设包含重要的寓意。首先，"语言学习的输入和输出之间有着形式上的鸿沟"（Pinker, 1987）。普遍而言，这意味着儿童在言语中听到的内容只是间接地与正式的参量设置相关，参量本身则被认为是语言学系统的最终产物。如果语言学习涵盖儿童形成一系列有关准则和参量的假设，那么在不同的含义和语言的口语句子之间有太多的歧义，这是毫无经验的学习者无法学习的。事实上，即使语言的本质难以破解，世界各地的儿童也能够掌握自己的母语，这一事实被称为**可学性问题**（learnability problem）。其次（与行为主义者相反），语言学家假设儿童从来不会被告知哪一句话是正确的、哪一句话是错误的，他们既不会从自己听到的言语中接触到，也不会在对他们自己的产出错误的纠正中接触到（Morgan et al., 1995; Pinker, 1994; 另见其他研究）。

语言习得机制与发展

理论上，天生的语言要素被标记为**语言习得机制**（language acquisition device, LAD; Chomsky, 1965; Lenneberg, 1967），它赋予儿童语法分类和可能的转换规则的大量信息（McNeill, 1970）。在儿童语言中，语法习得装置在未经处理的语言上运行，产出儿童母语的特定的抽象语法。语言习得机制被认为是大脑生理功能中的一部分，是专门化的语言处理器。正如翅膀帮助鸟儿飞翔，语言习得机制为儿童提供足够的天生的语言知识，帮助他们说话（Pinker, 1994）。这些天生的知识必须包括所有语言共有的方面。因为儿童在一开始具有学习任何语言的能力，语言习得机制的特征不能仅限于一种语言，如英语。语言习得机制的本质及其伴随的机制是语言发展研究者争论的焦点（参见 Morgan, 1990）。

麦克尼尔（1970）在早期的构想中认为，儿童天生具有"强大的语言普遍要素"，例如"句子"和语法分类的概念，以及音系的一些方面，这些方面都是语法正常发展所必需的。自此之后，其他人把天生的语言能力限制为一些以特殊方式对待语言环境的固有的约束条件和倾向（Wexler, 1999）。儿童被认为是"小密码学家"，必须使用他们固有的语言知识解码他们的母语。儿童在语言环境中，会对一系列语言"参量"进行设定。例如，听到英语的儿童会逐渐"设定"用语序表达单词之间的关系，而另一名听到意大利语的儿童可能会"设定"使用屈折。

　　语言学方法显然倾向于结构主义和天生主义连续体的一端。语言学家寻找儿童、文化、语言之间的共性，以此探索能从所有语言共有的特征中推导出的固有机制。正如平克（1994）所说，"个体之间的差异太无聊了！"我们需要注意的是，语言学方法认可语言环境经验的需求。然而，这一方法坚持认为，环境只是用来触发具有生理基础的语言系统（语言习得机制）的发展成熟，或者用来设定特定的参量，而不会塑造或训练语言行为。此外，语言学方法更倾向于能力而不是表现，尽管这两个概念在研究中都被认为是合适的话题。他们强调能力，因为能力反映了语法的正式组织，而儿童的表现太容易受到错误的影响，这和语言的结构无关。

　　在这一理论中，当假设某些重要部分在出生时就出现之后，儿童习得语言时的任务会明显变得更简单。新生儿立刻开始察觉环境中语言方面极为重要的声音。在他们成熟的过程中，他们只会产出在语言环境中出现的语音。这一过程可能会得到一些内在模仿倾向的辅助，儿童通过这些倾向自动模仿在成人身上可以看到的面部运动性活动（与不同语音相关的嘴唇和舌头配合）（Nagy, Pilling, Orvos, & Molnar, 2013）。当儿童的音系技能成熟时，儿童同时对环境中的指代对象形成原始的、未标记的概念，如"牛奶"（Nelson, 1981）。在某一时刻，儿童可能会听到成人说："你想要点牛奶吗？"然后总结出"牛奶"是用来指代牛奶这一原始概念的标签，即使并没有特别向他们教授这个单词。儿童使用"牛奶"这一单词来代表这一概念，而不是用字串中其他单词的原因，是儿童具有把单词分类到恰当语法类别里的机制。换言之，儿童可以通过成人言语里不同的使用模式，几乎自动地区分名词和动词。

　　很多人猜测，儿童对语言使用和含义中的共性格外敏感。例如，名词通常用于指代物品，动词通常用于指代动作或关系。除此之外，这些词类以及物品和动作之间，各自倾向于和其他单词以可预测的组合方式出现。因此，在"He snurt himself"这句话中部出现的"snurt"传达了大量信息表明这个词也可以在"Can I snurt the bread?"或"I snurted until my brains fell out."这些句子里使用。这些决定性的组合线索也可能由单词和语法语素的组合的例子中产生，例如 -ed 这个语素通常意味着词根是动词（Lidz, Gleitman, & Gleitman, 2003）。儿童从习得自己的一个单词开始，快速进展到意识到"所有东西都有名字"（Bates, Bretherton, & Snyder, 1988），这促使他们的词汇量大幅增长。尽管儿童现在知道很多词，但他们在这一阶段每句话只会使用一个词。虽然每个词都单独出现，但语言学方法通常假设有语法关系制约着每个单词。也就是说，每个词作为一句话，都被视为儿童意图的直接表达。儿童在这一阶段不把更多的单词放在一起的原因只是由于记忆或注意力方面的表现限制。儿童对以阶梯结构组成的句子结构的概念随着时间进一步进行区分，形成了名词短语、动词短语及其他。因此，儿童用环境提供的数据测试他们自己探索出的语法，从一单词阶段发展到双单词阶段，之后发展到多单词话语。有人把这一过程称为**假设测试**（hypothesis testing），以强调儿童在句法规则习得中的主动作用（Ninio, 2011）。

评价语言学方法

1. 支持证据

支持语言学方法的研究遵循几种不同的方式。其中一种支持的观点认为，语法概念是含义和所说内容之间的关联方式。这一观点能够支持乔姆斯基（1965）所认为的外在句子和潜在意图之间的区别。除了我们需要用区分潜在概念的直觉来解释歧义句，一些实证数据还可以证明，语法结构不同，语言处理模式也会出现不同。早期研究表明，如果被试在处理句子时听到一声"滴答"声，无论这一声实际出现在何时，他们都会认为它出现在最为邻近的语法成分处（Garrett, Bever, & Fodor, 1966）。因此，对句子的感知是由语言学家描述句法组织规则（按照语法成分进行分析）决定的。进一步讲，受试者倾向于使用特定的句子结构而不是其他形式（Bock, 1987）。因此，研究认为，句子的理解包括主动处理阶梯形的句子结构，从而决定含义。

在儿童的自发言语中也找到了语言规则形成的证据，主要采用了对一小部分儿童长期的深入观察。（有关这类研究的经典回顾，参见 Brown, 1973。）很多研究集中于泛化这一现象。泛化被定义为对一条语法规则的不恰当使用，例如，儿童可能会说"I eated a cookie."（我吃了饼干。）这句话可能会作为用于证明儿童知道构建规则动词的过去式的规则（词根添加 -ed），而把这一规则泛化在不规则动词上使用。布朗和贝露姬（1964）总结说，儿童一定在推测语言的潜在规则，因为他们从来不可能在成人言语中听到这些错误。在进行这一观察不久之后，很多研究发现（并持续发现）不同语言和文化背景的儿童身上类似的规则使用的证据，包括但不限于西班牙语（Clahsen, Aveledo, & Roca, 2002）、德语（Szagun, 2011）、俄语（Slobin, 1966）和日语（Hakuta, 1977）。这一跨文化或跨语言的视角也证明是有关语言的生物学基础数据丰富来源（Slobin, 1986）。由于语言习得机制被认为在所有儿童身上都起作用，所以它必须能够允许习得任何语言，所以不同语言之间类似的发展模式会被作为语言习得机制运行的证据。斯洛宾发现，无论成熟语言使用者使用的母语的语序如何，幼儿总是使用主语→宾语语序，因此，这一语序可能是普遍存在的。麦克尼尔（McNeill, 1966）认为，语言习得机制也能允许儿童假设名词、动词和其他语法类别的存在，因为这些语法类别在所有语言中都存在，并在发展较早的阶段习得。

　　婴儿令人惊异的言语感知能力也可能支持语言的成熟性发展。很多研究（见第 2 章）记录了儿童在出生后几个月内对辅音和元音的范畴感知。保前（Homae）、渡边（Watanabe）和多贺（Taga）（2014）记录发现，婴儿的大脑对语言声音和非语言声音会有不同的回应。因此，儿童似乎对人类语言的声音格外敏感，能够迅速地达到成人水平的语音区别能力。除此之外，婴儿期牙牙学语的早期模式在很多语言和情形下都极为相似（Levitt & Uttman, 1992）。

　　有关儿童天生具有生成符号、系统性地组织交流表达方式的能力的一些证据，来自一项对 10 名失聪儿童的长期研究。这些失聪儿童的家长听力正常，并选择不对他们使用手语（Goldin-Meadow, Özyürek, Sancar, & Mylander, 2009），而且努力地锻炼自己的孩子开口说话能力。然而，这些努力并未取得成效。因此，这些儿童在关爱他们的环境中成长，但环境没有提供给他们有用的语言模型。在他们发展的早期，所有 10 名儿童都被观测到产出了几种不同的手势，被称为"家用手势"（Goldin-Meadow & Mylander, 1984, 1990）。儿童使用指示性的手势表示周围环境中特定的物品、人和位置。在大多数情况下，这些手势都包括指点。另一种特征明显的手势是风格化的夸张姿势。这些模仿性的手势与儿童指代的行为或物品明显相似。第三组手势被称为标记，它与大多数美国人说话时的手势相似：标记的例子包括以点头表示同意、伸出一根手指表示"等一下"。通过组合使用这些手势，儿童能够表达一系列语义关系。

　　10 名儿童之一的戴维（David）成为后续研究的中心对象。对戴维的手势产出的系统分析表明，他的手势交流随着他长大而逐渐更像语言。戴维学会了指代不在场的物品（Butcher, Mylander, & Goldin-Meadow, 1991），并随着手势用作名词或动词而改变自己特征性的手势（Goldin-Meadow, Butcher, Mylander, & Dodge, 1994）。最终，戴维的很多手势开始在结构上与失聪人士使用的正式手语相似。也就是说，他的很多手势和手语中的手势使用相同的位置和移动（Singleton, Morford, & Goldin-Meadow, 1993）。因此，尽管戴维接受了很少（甚至没有）有用的输入，但他似乎创造出了一种具有一系列语言共性的交流系统。接收有限语言输入的儿童具有创造有效的、与发展正常儿童的语言在很多方面相似的交流系统的能力（Goldin-Meadow, 2003）。这一研究路线扩展到了世界各地的一系列社群中，这些社群中的失聪儿童被注意到发展出了包含已有语言主要特征的家用手势系统（Goldin-Meadow, 2011; Goldin-Meadow et al., 2009）。

　　先天论理论的更多支持来自其他 3 种来源。首先，与作为第二语言习得手语的学习者相比，未能在语言发展关键期接触手语的失聪儿童表现出更差的成人手语能力（Mayberry, 2010）。其次，对沉浸在第二语言中的非母语使用者的研究认为，可能会存在一个关键期，在关键期之后语言习得变得困难乃至不可能（Johnson & Newport, 1989）。此外，对 13 岁前都几乎完全被剥夺了语言输入的吉尼的研究表明，在多年的集中训练之后，她仍然没能习得句法，尽管她的语义和认知能力已经有了更正常的发展（Curtiss, 1981；参见第 1 章的讨论）。关注语言的物种特定性的人决定，只有人类具有创造和理解语言符号的无限可能的组合的能力（Terrace, Bever, & Bever, 1976）。最后研究确认，人类婴儿能够比非人类灵长类动物学会更复杂的"像语法的"序列；后者即使在大量训练之后，也无法做到这一点（Saffran, Hauser, Seibel, Kapfhamer, Tsao, & Cushman, 2008; Zuberbühler, 2015）。

在 20 世纪 90 年代早期，戈普尼克（Gopnik）（1990; Gopnik & Crago, 1991）跟踪研究了英格兰一位患有名为**特征盲视失语症**（feature-blind aphasia）的语法障碍的患者，其家族中似乎具有孟德尔式的显性遗传模式。戈普尼克（1990）特别汇报称，患病的家族成员在过去式 -ed 这样的语法语素上出现问题：他们似乎无法进行正常的语法普遍化，而是要单独学习每个动词的过去式（有关这一家庭的其他讨论，参见第 9 章）。问题根源的基因（称为 FOXP2）似乎编码了一种用来绑定其他基因一起激活的蛋白质，这一基因的功能之一可能和人类语言的演化有关（Vicario, 2013），尽管其他基因在典型语言能力和一系列人类交流障碍中也有所涉及（参见 Vargha-Khadem, Gadian, Copp, & Mishkin, 2005; Rodenas-Cuadrado, Ho, & Vernes, 2014; 以及第 9 章有关儿童期言语和语言障碍的基因基础的进一步讨论）。

一些语言学家试图测试某些语法的正式可学性，就像数学家在证明定理式测试一系列公理的恰当性一样。可学性理论家（Pinker, 1984; Wexler & Culicover, 1980）声称，如果语言习得需要通过学习句法规则进行，那么这些规则必须可以学习，或者在某种程度上可以从环境提供的原始语言数据中探索出来。他们的基本假设是，儿童听到的单词串样本都是可以存在的句子的正面的例子或者"真实的"范例，他们不会接收到**负面证据**（negative evidence），也就是有关无法接受的单词串的信息（正如我们在"行为主义"一节所述），这种学习情境被称为**文本展现**（text presentation）。在没有任何相关错误的信息下，儿童永远不会获得正确的规则，所以儿童掌握的一些规则一定是天生的，或者一些其他的可能性必须先验并排除在外（Grimshaw & Pinker, 1989）。莫甘（Morgan）及其同事（1995）调查了一种负面证据对儿童发展中的语言可能存在的影响。莫甘及其同事（1995）使用了布朗发布的亚当、伊芙和莎拉的数据，采用了成熟的时序回归分析，检测时间的推移对儿童句法习得的错误纠正的影响。他们汇报称，家长的纠正和儿童之后使用正确形式之间有着明显的负相关关系。他们总结认为，成人的纠正也被称为**重塑**（recast），实际上妨碍了语言发展。普遍结论认为，语法无法以任何已知的准则习得，因此必然大部分是天生编纂的。

2. 反向证据

具有讽刺意味的是，这些假设在 20 世纪 60 年代被认为是语言学方法的强项，而现在则受到了严肃的批判。一些语言学家过于局限地关注语言能力，抛弃了很多成人和儿童的数据，认为这些数据和语言学理论无关。现在很多人同意，这些语法和心理学理论一样，是无法被测试的（参见 Morgan, 1990）。在正式地测试语法可习得性上也存在相似的问题（如 Chomsky, 1957）。在韦克斯勒（1982; Wexler & Culicover, 1980）说明早期语法是"不可习得的"之后，乔姆斯基（1982）用一个改进过的系统替代了它，辩称所测试的语法在描述上并不准确。这些变化的成人语法让其他研究者对发展机制的系统检验变得更为困难。这就像弓箭手试图击中一个瞄准了许久的标靶一样。除此之外，总结认为语法不能以任何已知的方式习得，并不等于总结认为语法是天生的。平克（1984）把它称为**想象缺乏**（poverty of imagination）假设，也就是说，仅仅因为有人无法想象某一特定行为习得的方式，并不一定意味着它并不是学习获得的（也就是天生的）。

平克的假设是针对先天主义者的另一重要论点的文字游戏。这一论点认为，儿童听到的语言输入不够广泛或完全符合语法规则，因此不足以允许语言的完整学习。这一论点被称为**刺激缺乏**（poverty of the stimulus）。在研究者检验了自然的成人对话之后，这似乎是一个合理的假设：成人言语中总有错误的开头、省略（不完整）的语句，甚至偶尔还有用词错误。然而，在近几年，研究者使用了家长－儿童交互中的实际的转录文本，用来作为计算机学习算法的输入，获得了惊人的成功。这意味着，对学习语言的儿童所给出的输入，可能足以引导他们学习句法（Xuan-Nga Cao, Stoyneshka, Tornyova, Fodor, & Sakas, 2008）。

可能语言学方法最为薄弱的一点就是有关于文本学习的假设或者负面证据的缺乏（Pinker, 1984, 1989）。没有负面证据的假设在可学性理论中是如此重要，以至于它可以被看作是决定性的证据（Moerk, 1991b）。如果我们向儿童提供了任何有关他们语言中的句子的可接受性的信息，那么"可学性"的复杂的论点将会分崩离析（参见 Bohannon, MacWhinney, & Snow, 1990; Valian, 1999）。实际上，近来逐渐达成的共识认为，家长以不同的方式回应儿童产出的合乎语法和不合乎语法的话语。尽管家长很少对儿童的语法提出赞成或反对的明确信号，但他们可能会提供儿童需要的负面证据来辅助他们的语法发展。博阿农（Bohannon）和斯坦诺维茨（Stanowicz）（1988）检测了与儿童对话的家长和其他成人。他们发现，90% 以上的成人会在儿童说出合乎语法的言语之后做出准确的模仿，而 70% 以上的成人的重塑或扩展性模仿都跟随在儿童的语法错误之后。在这一语言计划中，家长和非家长的成人很少会重复儿童的语言错误，儿童的语言错误反而会被立即换成语法正确的其他形式。在法语中，二人也观测到了类似比例的成人正确地使用其他形式（Chouinard & Clark, 2003）。乔伊纳德（Chouinard）和克拉克（Clark）推测，当成人话语中明显的意图含义和儿童话语中的意图含义相同、但语法形式不同时，儿童会以直觉知道成人的话语是纠正性的反馈。

成人的重塑性回应的使用明显会对儿童的语言使用和发展产生影响。当儿童听到展示正确语法使用的重塑性回应之后，他们比在对话的其他时段有 3~8 倍的可能性尝试去重复正确的形式（Farrar, 1992）。一些研究（如 Proctor-Williams & Fey, 2007; Saxton, Backley, & Gallaway, 2005）检验了纠正性重塑对典型发展儿童之后的语法发展的影响。当成人使用纠正性重塑时，儿童的语法使用有着即时和长期的改善；当重塑跟随儿童的错误时，结果尤为明显。这些发现促使萨克斯顿（Saxton）、休斯顿 – 普莱斯（Houston-Price）和道森（Dawson）（2005）提出，成人的重塑和儿童不合语法的话语之间的直接对比能够辅助语法发展。重塑的正面效果也在成人和儿童第二语言习得者身上得到了验证（Oliver & Grote, 2010）。

我们该如何解释这些纠正性重塑对儿童语言发展的影响的发现呢？最重要的是，语言学方法有关学习语言的儿童无法接触到负面证据的中心假设是错误的。成人对儿童的言语错误有着区别性的回应，并会提供重塑，而儿童对这些反馈非常敏感。然而，我们现在还不能决定，这些负面证据在儿童成功的语言发展中是否必要。

类似地，把 FOXP2 称为“语法基因”可能还为时过早。我们现在知道遗传性的基因缺陷不仅仅限于语法，而是损害了这一家人言语的大多数方面和语言使用。而在此之后，语言残疾又与大量的基因相关。莫甘及其同事（1995）针对重塑的妨碍效果的汇报也能够以不同的方式进行解释。博阿农、帕吉特（Padgett）、纳尔逊（Nelson）和马克（Mark）（1996）采用了正式的建模程序，测试了莫甘的统计程序的恰当性。他们发现莫甘的时序分析无法区分以下 4 个模型所生成的数据：①重塑完全决定语法学习；②重塑辅助其他学习；③重塑抑制学习；④重塑完全与语法学习无关。

我们也能批评其他一些支持语言学方法的证据。语言的发展并不像人们所认为的那么快。正如本书其他章节所述，复杂规则（如关系从句）和句法细微之处的习得一直持续到 4 岁之后，乃至成人阶段（Chomsky, 1969; Nippold, 2006）。语言学方法普遍弱化了不同语言环境的影响。以最极端的情况来考虑（如 Pinker, 1994），这一观念认为语言习得机制可以从任何语言文本展现中建构语法，无关其抽象程度、复杂程度或其中的错误。然而，只通过电视接触语言的儿童并不会学习语言。在一项经典的个例研究中，萨克斯（Sachs）和巴德（Bard）（1981）研究了一户家庭，其中父母均失聪但孩子听力正常，家长为了强调言语，选择不向孩子使用手语，而孩子接触英语口语的途径基本上都来自电视。最年长的孩子在 4 岁进入学前班时，只有很少的产出言语，有很明显的发声问题，尽管他能够组合单词，但是没有语法。在接受典型发展的英语使用者，以及学校教育和言语治疗后，这名男孩的口语很快改善到了正常水平。这一例子（以及第 2 章中关于无意中听到的语言似乎不影响儿童语言发展的研究结果）表明，简单的语言接触并不足以促进正常的语言学习。

乔姆斯基关于语言本质的观点一直在不断变化和发展。2002 年，豪瑟（Hauser）、乔姆斯基和费奇（Fitch）提出，所有语言的典型特征均是递归。递归的能力是指语言或手语使用者在短语中插入或嵌套短语的能力。他们声称，这一能力让人类能够生成本质上数量无限、含义广泛且不同的复杂话语。豪瑟及其同事同时认为，正是这一递归的能力能够区别人类语言和其他所有动物的交流系统。对乔姆斯基（2011）而言，从更早期、更原始的交流形式中发展出人类语言的关键正是递归能力的习得。豪瑟及其同事进一步推进了这一观点，认为递归能力是在人类独立进化较晚的阶段由单个基因变化而瞬间形成的。

然而，这一项把递归作为语言基石的描述也受到了挑战。一种批评认为，递归更接近于认知能力而非语言能力（Corballis, 2011）。另一项对乔姆斯基的观点的严肃挑战来自埃弗雷特（Everett）（2005, 2009），他声称（巴西西北部的）皮拉罕语不具有递归，尽管皮拉罕人能够以递归的方式进行思考。除此之外，还有说法认为其他语言也缺乏递归，例如新几内亚的雅特穆尔语（Corballis, 2011; Evans & Levinson, 2009）。如果递归在这些语言中的确不存在，那么有关递归的普遍性和本质的说法就需要重新考量，甚至被否认。然而，正如尼尼奥（Ninio）（2011）所认为的，忽略潜在的语言学模型就像是在没有标靶的情况下瞄准语言之箭，无论这些模型的实质到底是什么。

交互主义方法

整体假设

如果经典行为主义和语言学方法是理论连续体两端中最为极端的互补观点，那么交互主义方法可能就是二者之间的妥协，这一方法承认并经常接受两方之间更为有力的论点。正如名字所示，交互主义者认为很多因素（如社会因素、语言因素、成熟 /

生物因素、认知因素）都会影响发展的过程，这些因素之间互相依赖、互动、改变对方。不但认知或社会因素会改变语言习得，语言习得也会反过来改变认知和社交技能的发展（Vygotsky, 1962）。因此，不仅这些变量之间会出现交互，它们的因果关系也是相互的。

有 3 种基础的交互主义方法：认知、社会和基于使用的手势方法。在认知理论中，我们讨论让·皮亚杰的理论及其对语言发展的寓意。接下来，关于人类认知（感知、问题解决、记忆）的知识的增长，鼓励学者应用信息处理范式分析语言行为。我们会集中讨论**竞争模型**（the competition model）（Bates & MacWhinney, 1987）。第二种交互主义方法着重于儿童与其他人的互动。语言习得产生于社交互动，并在此基础上发展。这一方法需要把社会因素视为语言发展中的起始性要素。最后，海克尔定律认为发展的过程追溯进化的过程，作为这一定律的演变，**使用和手势方法**（usage and gestural approach）产生于史前原始交流系统进化的描述（Rizzolatti & Arbib, 1998）。这一方法认为，符号从手势的自然相似性中发展而来，而单词产生于这种手势（Tomasello, 2008）。

认知方法：皮亚杰的理论和信息处理模型

让·皮亚杰的认知理论和传统的语言习得理论共享很多重要的特征。二者都强调内在结构是行为的最终决定因素，并在不同语言和环境中出现的不变的习得顺序中获得支持。它们同时也都认为，语言的基础本质是用于表达意图的符号系统。通常，认知研究者通常会对能力与表现之间的区别，以及潜在意图与说出的话语之间的区别持保留意义。尽管有这些相似之处，这两者之间也存在一些主要的理论差异。最重要的是，皮亚杰假设语言本身并不是单独的天生特征，而只是认知发展造成的几种能力之一。根据皮亚杰（1954）的观点，语言由理性组织或制约；基础的语言发展必须基于或由更基础的认知的普遍改变衍生而出。因此，认知发展的顺序大体上决定了语言发展的顺序。

1975 年，皮亚杰和乔姆斯基会面，并就语言的先天性进行了辩论。乔姆斯基断言，认知发展的普遍机制无法描述语言抽象、复杂、仅限于语言方面的结构。除此之外，他重申了自己的观点：语言环境不能解释儿童语言中出现的结构。因此，语言或语言规则和结构的某些部分，必然是天生的。皮亚杰则坚持认为，语言复杂的结构既不是先天的也不是习得的，而是儿童当前的认知功能水平及当前的语言及非语言环境的持续交互的结果。这种交互主义方法被称为**建构主义**（constructivism），与严格的先天主义或经验主义相反。贝茨和斯奈德（Snyder, 1987）解释称，语言中出现的结构不一定与外界现实相似，也不一定与儿童开始用于探索环境的简单的、内生的认知模式相似。这一结构是：

　　一系列交互所产生的必然出现的新的解决方法。由于这一结构必然出现，它不一定必须是天生的，自然也就没有必要把良好的基因浪费在一定会出现的结果上。这一方法应用在语言方面，认为语言的语义和语法结构都是必然出现的解决方案，用于在非语言的认知含义及社交意图与高度受限的语言渠道之间建立互相映射的关系。(Bates & Snyder, 1987)

　　传统的语言学方法和认知交互主义方法在各自认为与解释儿童语言习得相关的数据上存在分歧。虽然两者都区分能力与表现，但语言学家常常坚持只有能力对语法理论是重要的，表现因素只是令人厌烦的附加困难。不过，对皮亚杰的支持者而言，表现"局限"提供了一些最为有用的数据。他们假设儿童的认知能力在质和量上都与成人有所区别。因此，儿童用来推断世界的不同方式会影响其处理语言习得任务的方式。儿童的语言表现，包括他们的错误，都不仅能够体现他们对语言结构的知识，还能体现知识的结构。决定语言表现的认知制约因素和能力被认为是儿童语言能力的基础。

　　为了说明认知发展和语言发展的关系，我们来检验皮亚杰（1954）对智力发展的解释的最早阶段。从出生到 18~24 月龄的发展阶段被称为感知运动智力阶段。根据皮亚杰（1945/1962, 1936/1963）的观点，儿童在使用语言之前，需要完成或基本完成感知运动阶段。这一发展阶段被描述为"前语言"阶段，因为儿童还没有习得使用符号所必需的心理表达技能。单词由于能够表达或指代物品、活动和特征，因而成了典型的符号。在皮亚杰的解释里，感知运动期的儿童只能通过对世界的直接知觉（感知）和他们对外界施加的活动（动作）来理解世界。

　　在人生的第二年，儿童构建起客体恒常性的概念，知道物品除自己的感知之外还具有永久性的特点。这一概念的习得通常通过评价儿童在客体恒常性任务中的表现进行衡量。如果幼儿在物品被藏起来以后可以精确地找到这个物品，那么皮亚杰会把这一行为解释为儿童形成了这一隐藏物品的心理图像或表达。皮亚杰同时把儿童之间的象征性玩耍视为使用心理表达技能，因此这一行为也与语言发展相关。

　　皮亚杰的支持者辛克莱尔 – 德茨瓦特（Sinclair-de Zwart, 1969）认为，感知运动时期的儿童没有必要使用符号来表达环境中的物品，因为这些物品要么就作为它们的指代对象存在于环境之中，要么就不在场，对儿童来说完全不存在。当儿童习得客体恒常性之后，他们可能会开始用符号代表不再存在的物品，这些符号也就成了儿童最开始的真正的单词。在这一观念里，客体恒常性是语言的必要先决条件。

与之类似，假设认为其他认知发展在反映于儿童的语言技能中之前就已经出现了。例如，儿童最早的单词组合假设为依赖于儿童对现实世界的物品和人之间的语义关系的感知（Bowerman, 1982）。当儿童意识到有生命的物品通常会在无生命的物品身上发生行为时，他就会把表达这些概念的符号以相似的方式组合起来。因此，儿童最早的语法由不同的语义类别构成，有生命的参与者（主语）之后是动作（动词），然后是没有生命的接受者（宾语）。只有在发展后期，更抽象的语法类别（比如主语、谓语、名词词组、动词词组及其他）才会通过重新组织这些更为原始的语义范畴的方式而形成。这一语言的重新组织被认为是反映了内在认知模式的重组。

总而言之，皮亚杰式的手段仅仅把语言视作一组人类普遍认知活动中的一种表现。认知系统的恰当发展被看作是语言表达的必要先决条件。认知交互主义者的主要任务则是辨识认知成熟的顺序，并解释这些认知发展反映在语言习得中的方式。

评价皮亚杰的理论

（1）支持证据。皮亚杰的语言习得模型把语言描述为从儿童的认知发展中产生，或者与这一发展紧密相连。检验这一模型的研究者寻找证据表明，某些基础认知能力出现在儿童的表达语言之前，或者与儿童的表达语言同时出现。贝茨、贝尼尼（Benigni）、布雷瑟顿（Bretherton）、卡马约尼（Camaioni）和沃尔泰拉（Volterra, 1979）注意到，多个早期语言发展重要时间点的达成时间经常和各种非语言成就同时出现或相关，例如物品的符号性游戏、手势和声音的模仿，以及工具的使用。其他人则注意到了认知发展和语言发展重要时间点的达成时间的强相关关系（Rose, Feldman, & Jankowski, 2009）。在一岁半之后，很多儿童身上会出现突然的词汇量增长和话语增多（通常称为词汇爆发）（Bloom, Lifter, & Broughton, 1985；另外参见Ganger & Brent, 2004）。进一步而言，在大多数儿童身上，这种词汇量的戏剧化的增长，通常和他们感知运动发展的最后一个阶段的完成同时发生。

研究还指出了与语言习得其他方面相关的非语言成就。艾弗森（Iverson, 2010）讨论了运动计划和儿童早期语言技能的共同发展。其他研究者，如赫尔－伊斯列（Herr-Israel）和麦克库恩（McCune）（2011），他们注意到儿童大概在20月龄时开始把两个或多个单词组合在同一语调轮廓内，或者把两个或多个手势合并在同一个计划好的动作单元内。此外，贝茨及其同事发现，多单词言语和多计划手势的出现之间存在明显的相关性。这些结果联系在一起，表明从单个单词到多单词话语的过渡属于更为普遍的向"片段化"转移、安排高阶运动计划的一部分。

斯洛宾（1979）的研究进一步认为，某一特定的能产性语素（如时态或复数标记）的习得，跟随着儿童对语素所编码的语义特征的理解。换而言之，儿童直到知道语素标记所指的概念之后，才会在自发的产出言语中用语法方式标记关系。斯洛宾（1982）以此为基础，认为新的功能首先会以旧有的形式表达，而新的形式首先会表达旧有的功能。例如，儿童必须首先理解"过去"这一原始概念，才能用旧有的形式讨论过去的活动（例如用"前几天"指代时间的移位），而在此之后，他们可能会使用新的形式（如主动词的过去式标记）。另一个相关的论点（Bowerman, 1982; Sinclair-de Zwart, 1973）认为，施事者、动作和受事者的认知－语义范畴能比主语、动词、宾语这些抽象的句法形式更恰当地描述早期句子。实际上，基于认知语义范畴的早期语法似乎是认知－交互主义方法最明显的优势。另外，患有特定性语言障碍的儿童（参见第9章）也在习得一些皮亚杰式技能的过程中出现迟缓，例如守恒概念（Mainela-Arnold, Evans, & Alibali, 2006），尽管这一关系的方向性仍不明确（有可能更早期的语言能力能够培养可以衡量的认知技能），但也有可能相反：语言的精通需要一定的认知水平。

（2）**反向证据**。认知方法认为，语言本身并不是天生的，为了让语言出现，可能需要一些非语言认知的先决条件。然而，有数种批评意见针对皮亚杰式的认知观点。很多把认知和语言发展潜在关联起来的研究假设，在发展同一时刻出现的能力（例如客体恒常性的习得和词汇爆发的开端）共享基础的认知机制。除此之外，认知和语言成就的正相关通常被认为反映了因果关系。正如柯蒂斯（Curtiss）（1981）及其他人（Newport, Gleitman, & Gleitman, 1977）在数年前所注意到的那样，与年龄有关的相关性和共同发展经常出现，比如第一颗白齿在儿童说第一个单词前后长出，但是这种类似的共同发生的情况很少被认为是有因果关系的。

一种更好地分析这些关联的办法是辨识出总是出现在特定语言成就之前的认知成就。如果任何儿童在没有展现出假定的认知技能先决条件的情况下发展出了语言技能，那么这一假设就可以被明确推翻。遗憾的是，正如贝茨和斯奈德（1987）指出的那样，我们很难找到这种明确的例子。但是，有充分的例子可以质疑皮亚杰的感知运动时期的结束或近似结束是语言使用先决条件这一观点。跟随失聪家长学习手语的儿童通常在能够理解客体恒常性或结束感知运动时期之前，就展现出符号性的手势使用，并把手势组合起来（Bonvillian, Orlansky, Novack, & Folven, 1983）。与此类似，一小部分儿童在口语发展方面十分早熟，而他们的认知发展则以正常速度进行（Ingram, 1981）。考虑到这些发现，我们必须大量修订皮亚杰的语言产生模型。可能儿童在使用语言之前需要掌握的认知技能，是能够认识并识别物品，并知道物品在看不见的时候依然存在的能力。辨别物品并简单寻找不在场的物品的能力，在儿童完成所有感知运动技能之前的几个月就已经出现了。

正如之前所说，辛克莱尔－德茨瓦特（1973）认为，物品概念的发展应该早于儿童的第一个真正的单词。但在一些情况下则并非如此。然而，有逐渐增加的证据表明，更为特定的认知成就与某些语言发展的重要时间点相关（Corrigan, 1978; Gopnik, 1984; Gopnik & Meltzoff, 1987）。例如，"消失"这方面单词的发展（如"都没了"）和客体恒常性的习得相关；"成功和失败"类的词汇（如"你看！啊哦"）则与儿童对方式－结果的理解（以洞察力而非试错解决胃疼）出现的时间大致相同；某些分类或分组物品的方式在儿童18月龄左右进行发展，而这与儿童的词汇爆发处于同一时间。戈普尼克和梅尔策夫（Meltzoff）（1987）在他们的特定性假设中声称，儿童会学习与一段时间之内感兴趣的特定认知问题相关的特定单词，从而避免评估认知与语言之间的因果关联中出现的一些陷阱。他们并没有尝试回答"鸡和蛋到底先有哪个"的问题，而是集中于一些认知和语言活动同时发生的事实。语言和感知运动发展紧密相连的观点在近些年有所强调，研究者开始意识到个体的运动技能和相关的语言过程之间建立了特定的大脑皮层链接（Pulvermüller, 2005; Iverson, 2010）。例如，婴幼儿通常在完成一些动作的语境下学习特定的动作词汇，而这样的对应能够帮助婴幼儿建立语言的皮层中心和运动系统之间的神经元联系。

最后，对特例儿童的研究发现了一些语言和认知技能可能相互分离的情形。患有特纳氏综合征①的儿童在认知任务中得分较低，但会展现出正常的语言技能（Temple & Shephard, 2012）。对在严密隔绝的环境中成长的儿童吉尼的个例研究（Curtiss, 1981）发现，语义和认知发展是平行的（二者在训练中均正常进步），但句法和形态则明显不同（二者均出现了延迟）。在其他案例里，句法和形态发展正常甚至提前发展，但很明显由于认知的缺陷，语义发展出现了延迟。因此，柯蒂斯（1981）论称，句法和形态的习得在某种程度上一定独立于其他认知发展。威廉氏综合征②（参见第9章讨论）为我们提供了另一个认知能力（受损）和语言（相对正常）相互分离的例子。尽管对非典型语言发展的个例研究无法提供具有说服力的反例，但它们仍能提醒我们：不应该对语言习得的认知基础一概而论。

总而言之，皮亚杰的认知发展决定语言发展的笼统断言受到了一系列研究者的严肃质问。除此之外，尽管这一领域有很多相关的证据，但研究手段的问题阻止我们进

---

① 一般指先天性卵巢发育不全。

② 因第七对染色体有缺失而在胎儿时期发育缓慢，出生时个子小、体重轻，智力有不同程度的障碍。

一步对大多数数据做出明确的因果解释。对已有研究的检验表明，如果我们继续针对认知和语言的特定关系进行研究，应该会有更明显的结果。

信息处理方法

最近出现的语言学习的认知理论方法之一是从信息处理范式中衍生而来的，这一范式在人类记忆、感知和问题解决的实验中较为常见。从本质上讲，人类信息处理系统是一种从环境中编码刺激物、解释刺激物，在记忆中储存刺激物的表现以及对它们进行操作的结果，并允许信息获取的机制。正如我们之前所说的那样，一种描述语言习得的方法是以成熟的语言使用开始，然后考量促进这一系统发展的可能的方法（Gleitman & Wanner, 1982）。关于成人语言处理及记忆的本质有大量的证据，这一方法认为，无论儿童有多么无知，他们在质的方面均与成人相似。简而言之，儿童是从新手转变向熟练状态的信息处理器。

目前存在多种语言的信息处理理论方法，我在此聚焦于其中一种名为竞争模型的理论（Bates & MacWhinney, 1989; MacWhinney, 1989, 1999）。这一模型强调语言学习中的结构和功能，但是以全新的方式出现。特别的是，其中涉及的功能是交际功能，如建立话题、请求、辨别位置等。结构是语言用来产出编码这些交际功能的口语词串的语言机制。正如贝茨和麦克温尼（1987）所述，结构来自它所服务的交际功能："在这一立场上，语法经常表现出对交际无用的形式的观点是完全陌生的。"（P160）。竞争模型这样的信息处理模型意在讨论语言的表现而非能力，但是它们的立场认为，用来在任何时间（即使是发展中）产出语言表现的结构，也是允许语言学家做出语法判断的同样的结构（能力）。因此，尽管这一方法明确说明为语言表现建模，它也可能被用来解释语言能力的本质。

在解释竞争模型的细节之前，我们有必要区分信息处理的两种基本形式。在**序列处理**（serial processing）中，每一次只有一个操作；而在**并行处理**（parallel processing）中，多个操作可以同时进行。之前讨论的语言学方法主要依赖于序列处理，首先形成意图，再实施语法实现功能（如被动式、疑问句），而语法实现功能也以序列方式进行。除此之外，当前的语言学方法构想也认为，语序这种天生的语言参量是在处于语言环境中顺序形成的。

更近期的认知方法假设，语言理解和语言产出都涉及并行处理。在并行处理中，处理器网络之间相互连接，多个操作或决定同时进行。这种网络被称为**并行分布处理器**（parallel-distributed processors, PDP; Rumelhart & McClelland, 1987）。并行分布处理网络的例子参见图 7-1。并行分布处理模型由一系列称为**激活焦点**（activation nodes）的处理单元组成。它们意在近似或模拟脑中的神经元个体或神经元组。每一个焦点都与其他焦点进行连接，之间通路的连接强度不同。[因此，这些模型有些时候也被称为**联结主义模型**（connectionist models）。]这些通路意在模拟大脑中连接神经元的树突和轴突。和神经元一样，激活焦点是进行决定的机制。它们通过强度不同的通路从其他焦点获得输入，再对输入做出权衡，然后"决定"是否"发射"，把信息送入后续的层面。例如，构成"bat"这个单词的一系列语音特征会被送入这一网络的最早的输入层面（图 7-1 的最左端）。其导致的激活模式（每个焦点的决定）被传递给模式关联者网络的第一层。最初的单词特征经过进一步修改，然后输入模式关联者的第二层。输出的联结被称为解码网络，它使用这些修改过的单词特征，生成另一个用来表达语音序列的激活模式（图 7-1 的最右端）。所有学习在中间名为"模式关联者"的节点上发生。系统"学习"新模式（例如构成复数）的方法是通过改变输入模式从编码到输出层的传送方式。

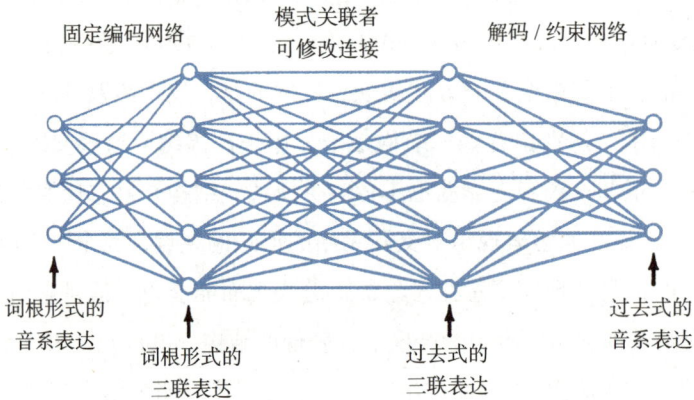

图 7-1　基本的模型结构

注：基于 "Learning the Past Tense of English Verbs:Implicit Rules or Parallel Distributed Processing" [p.201]，D. Rumelhart and J. McClelland, 1987, in B. MacWhinney(Ed.), Mechanisms of Language Acquisition, Hillsdale, NJ: Erlbaum. 在许可下重印。

　　关联者焦点之间的联结的相对强度会根据系统生成的输出模式能否成功匹配某一标准而进行调整。例如，系统可能会试图生成"house"（房子）的复数，"house"的语音表达会以激活强度的模式进入关联者网络。关联者网络把另一个激活模式输送到解码网络中。标准的复数"houses"会与输出进行比对。如果系统实际上生成了匹配的"houses"，那么决定这一猜想的模式关联者中的关联就会保留在此。然而，如果系统生成了不匹配的结果[例如，当给出"mouse"（老鼠）这一单词时，它会生成"mouses"，和标准复数"mice"不相符]，那么会导致模式关联者的联结出现退化调整。如果一个输出焦点本来应该被激活，但事实上并没有被激活，那么之间的联结会小幅度进行加强。如果输出焦点本来不应该被激活但实际被激活了，那么之前的联结的强度会以同样的小幅度减弱。在词根形式充分展现之后（如 mouse, house, horse, moose 以及它们相对应的正确的复数形式），系统最终会通过这些渐近调整，聚合在每一个词根的正确的复数表现上。我们需要注意，这个系统也会经历一个错误阶段，因为发音类似的单词会导致泛化错误。在上面的例子中，在接受 house 和 houses 之后，一个并行分布处理网络可能会在收到 mouse 的时候回应 mouses，因为两种激活模式是类似的。

贝茨和麦克温尼（1989）以并行分布处理模型为基础，提出了他们的竞争模型。他们认为，并行分布处理网络可以被视为允许所有已知的句法形式、单词和语音模式同时竞争，表现任何特定的含义及任意交际功能。例如，mice 和 mouses 都可以作为可能的激活模式而出现。二者中最终使用哪个取决于两者当前的激活水平。在发展的过程中，最能够成功匹配成人言语的模式最容易再次出现（并加强），而错误的原始的模式则会最终消失。这一关键的匹配功能发生于儿童的回应与儿童所听到的成人言语的标准相匹配时。因此，从宏观角度来看，并行分布处理模型以及特定的竞争模型，都是经验主义的而非先天主义的。儿童从为他们提供的例子中学习言语。他们不需要任何先天的倾向或制约因素来学会最终像成人一样处理语言。

从竞争模型中，我们可以对语言发展的过程做出极为特定的预测。学习的出现取决于形式—功能匹配的可能性。因此，最常对儿童使用的形式会比更少见的形式更早习得。这一现象被称为线索可利用性，可以用来解释为何来自英语家庭的儿童学会英语形式而非西班牙语形式，也可以用来解释儿童先学会更频繁的动词形式（is, was, were）、再学会少见的形式的原因，尽管这一现象更不明显。学习英语的儿童比学习意大利语的儿童更早学会语序形式，因为意大利语的语序在句子中并不能很好地展现单词的作用。

总而言之，语言表现的竞争模型是并行分布处理信息处理系统的特定的改编。这一模型中表现的语言学习机制采用了和之前提出的理论中完全不同的认知结构。它们不是行为主义的刺激—反应关联，也不是语言学家所提出的相互关联的规则系统，而是包括了多层联结网络，用来解释语言输入、生成言语。并行分布处理网络工作的方式允许我们预测语言发展的过程。根据竞争模型，某一特定语言形式的掌握速度由语言系统中的形式—功能关系的本质及这些关系展现给儿童的方式所决定。因此，在这一系统中，语言学习是经验主义的——唯一需要的先天结构是强大的并行分布处理学习机制。

评价信息处理方法

（1）**支持证据**。并行分布处理过程在成人认知中频繁被牵涉。语义记忆可能以不同语义强度的网络构成。当单词出现时，它们会激活或启动相关的单词。在经典例子中，听到"护士"这个词之后，人们会快速识别"女人"和"医生"这些在语义上相关联的单词（Meyer & Schwaneveldt, 1971），以及 purse 和 hearse 这些在音系上相关联的词（就启动效应的深入讨论，参见 Hoey, 2005）。因此，预先处理会在整个系统或与**启动**（priming）刺激相关的信息网络中引起扩散性的激活。我们可以轻松地示范这一现象。当一位朋友大声地说 5 次"silk"（丝绸），然后快速回答下面的问题："牛喝什么？"大多数人会轻松地回答"milk"（牛奶），尽管在仔细思考之后，他们会意识到牛很少喝自己产出的奶。"milk"这个词进行了双重启动，首先是由于"silk"的相似发音，其次则是因为"喝"与"牛"之间的语义关联。这一启动效应微妙地改变了语言网络的当前状况，使得某一特定的回应（milk）比其他的回应更容易出现。

功能核磁共振影响研究发现了广泛传播的语义网络在大脑皮层中的表达（Binder, Desai, Graves, & Conant, 2009）和句法启动现象（Reitter, Keller, & Moore, 2011）。例如，之前对被动句的频繁接触会导致之后更可能使用被动句，即使话题和词语都有所改变。并行分布处理模型最早在过去式习得的计算机模拟上进行了测试。鲁梅尔哈特（Rumelhart）和麦克莱兰（McClelland）（1987）为一个并行分布处理模拟输入了400 多个不同的动词和它们的过去式。输入的频率和儿童可能接触的频率相匹配，也就是说，take/took 这样的不规则动词更为常见，并且在 walk/walked 这种规则动词出现之前。尽管这一模拟本身并没有学会任何规则（例如"添加 -ed 形成过去式"），学习的模式和平克（1991）所发现的儿童的模式极为相似。模拟一开始能够正确地使用每个动词，之后则进入了泛化阶段，最终只在规则动词上使用规则并正确地产出例外形式。任何全新的动词都会被规则化。除此之外，儿童的泛化倾向和不同的动词类型有关，他们更经常把 blew 发成 blowed，而不是把 sang 发成 singed（Bybee & Slobin, 1982），并行分布处理模拟也显示了类似的模式。并行分布处理模型的强项之一就是这些极为具体的预测，它们和语言学理论中"泛化会出现，最终会消失"的模糊预测恰恰相反（Elman, Bates, Johnson, Karmiloff-Smith, Parisi, & Plunkett, 1996）。

并行分布处理方法的最后阻碍之一是句子的阶梯组织结构。联结主义网络和儿童一样，必须能够从句子中提取短语结构组织（而它是阶梯性的，参见第 5 章），尽管句子每次都是以单词形式出现的。埃尔曼（Elman, 1993）设计了一个使用暂时记忆结构的网络。这个网络包括了一个单独的神经焦点循环，其影响主要来自最近的输入，而活动随着时间的推移迅速消失。这个系统被设计用来"猜测"句子序列的下一个单词。研究的要点是把 "The dog who bit the cows was large"（咬了牛的狗很大）这类句子提供给这一系统。最关键的一点是，系统能够 "猜测" 主动词匹配的是真正的句子主语 "狗"，而在顺序上最接近的是名词 "牛"。令人惊讶的是，埃尔曼（1993）设计的这一网络最终可以完成以上的任务。然而，这并不是结果的全部。如果给这一网络提供包含它需要处理的嵌套分句的成人式的句子，它就无法成功地学习这一阶梯性结构。只有网络在一开始接收简单短句时，或者学习网络的记忆循环从很有限的容量开始时，这个系统才会继续发展，提供恰当的分句信息。

后续的一篇文章（Rohde & Plaut, 1999）显示，埃尔曼（1993）的网络在没有限制网络记忆或简化输入时，依然可以正确地学习分句信息。他们设计了一个允许关系从句的简单语法。与埃尔曼（1993）的不限制语义关系的示范不同，罗德（Rohde）和普劳特（Plaut）设计了只有少数现实的语义限制的词汇（专有名词无法对自己产生作用，如 "玛丽追赶玛丽"）。他们发现，这个系统在限制输入和无限输入的情况下都可以学习，但当输入充分时，在无限制输入的情况下能够更好地学习关系从句。因此，学习句法系统并不像语言学方法或埃尔曼（1993）认为的那样，是个困难的问题。

对信息处理方法最强大的支持来自它在竞争模型中的应用。在竞争模型中，句法形式的统计性质（可使用性和可靠性）决定了它们习得的速度，因此连续表明特定含义的线索应该首先习得。一项在多种语言（法语、英语、意大利语、土耳其语和匈牙利语）中对数种相关线索（格位标记、语序、语义）的全面回顾支持了这一预测，几乎没有例外（Bates & MacWhinney, 1989; MacWhinney, 1987）。即使预测内容和假设的 "普遍现象" 相反时，预测也是正确的。平克（1984）提出，儿童把语序作为最初的线索，依赖它而不是其他诸如格位标记等线索来解释句子含义；然而，说土耳其语的儿童掌握格位标记的时间远早于掌握语序的时间，而土耳其语中拥有极为可靠的格位标记系统（Slobin & Bever, 1982）。竞争模型也可以解释双语者和第二语言学习者身上观察到的很多行为（Ping, 2009）。

（2）反向证据。考虑到这一模型和语言学立场所共享的假设，它也容易受到同样的批评。例如，竞争模型也假设文本展现的存在（对语言错误没有纠正性反馈）。因此，儿童必须天生具有极强的学习机制。考虑到证据显示纠正性反馈的确经常出现，这些学习机制可能比实际必要的更为强大。根据简约原则，如果所有可能的解释都同样能够很好地描述数据，理论家就必须使用其中最为简单的一种。每当环境中的信息能够解释儿童的行为时，把它们归因于能够达到同样目的的内在过程是低效的或冗余的。尽管竞争模型基于儿童实际可以接触到的语言线索，但它也严重低估了这些线索所嵌入的对话社交语境。实际上，罗德和普劳特（1999）承认，他们的模型之所以功能强大，可能正是因为不存在上下文。换言之，他们的系统在一个简化的世界中学习句法，这个世界里不需要：①解码进行中的社交情境；②决定说话的对象；③决定达成特定现实世界目标的方式；④同时学习句法。可能需要语言描述和在社交上操纵的语言外语境给学习者带来了更多的挑战，因此需要在所有任务中都使用简化的输入，从而才能继续学习。因此，从强有力的并行分布处理模型中建立的学习模式，可能并不能普遍化为儿童学习语言的方式。

让并行分布处理网络如此吸引人的一个因素可能最终被证实会带来误导。并行分布处理模型仿造了大脑神经元的组织，这也是它的吸引人之处。因此，我们可能会想要采用这一模型，因为它和生物系统在表面上相似，事实上，正如研究者在这一模型改进之后不久发现的那样，对神经元及并行分布处理焦点的工作方式的进一步研究表明，两者之间大有不同（Grossberg & Stone, 1986）。除此之外，福多（Fodor）和派利夏恩（Pylyshyn）（1988）从理论角度攻击了并行分布处理方法。他们认为，并行分布处理网络仅仅是语言学规则表达的机制。尽管并行分布处理网络不包括任何语言学规则或是普遍的准则和参量集合，它们表现得就像这些规则存在一样。因此，并行分布处理系统只是语言学表达的无趣手段，和计算机芯片对优雅的数学公式进行计算的方式一样。此外，并行分布处理模型能够很好地解决可以一次全部展现出来的问题，比如图片和图像。它们难以处理的只是顺序呈现的问题，而自然语言也正是这样的问题。实际上，更强大的并行分布处理模型（如上所述）只有在它们的全部任务只是猜测句子中的下一个单词时才会成功，而这并不能恰当地模拟儿童在学习母语时所做的事情。最终，并行分布处理竞争模型只是一个简单的句子处理器，只需要文本展现就可以成功（Rohde & Plaut, 1999）。就像纯粹的语言学模型没有详述社交互动驱使语言学习的方式从而表现不佳一样，并行分布处理也有类似的缺陷。如上所述，语言学习并不是在缺乏社交互动的情况下进行的。

社交互动方法

社交互动方法也合并了传统的行为主义和语言学立场的多种方面。例如，社交互动主义者通常认同语言学家的观点，认为语言存在结构、遵循某些规则，导致它与其他行为不同。然而，这一方法和行为主义者同样强调环境在产出这些结构方面的作用。社交互动主义者特别认为，人类语言的结构可能源自语言在人类关系之间所起到的社交 – 交际功能（Bates & MacWhinney, 1982; Ninio & Snow, 1999）。更为成熟的语言结构反过来可以允许更多变、更成熟地和他人进行社交关联的方式。图 7-2 描述了行为主义、语言学和社交互动主义理论所强调的可能存在的因果联系的方向。

行为主义方法把儿童视为家长使用的语言训练手段的被动受益者。在这一观点里，儿童从一个时期到另一个时期的语言发展（图 7-2 中的箭头 c）被认为是家长行为的唯一结果（图 7-2 中的箭头 a）。语言学方法把儿童视作主动的、特定化的语言处理器，他们持续发育中的神经系统引导着发展。语言学方法认为，儿童在任何时间点都可能会影响其家长所说的内容（图 7-2 中的箭头 b），无论家长在语言经历中为儿童提供了什么内容，也只是一个触发要素，引导儿童天生具有的语言能力走向成熟。社交互动主义者并不赞同这些观点，他们认为儿童暗示家长（箭头 b）提供儿童语言发展（箭头 c）所需的恰当的语言经历（箭头 a）。交互主义者把儿童及其语言环境视作一个动态系统，两者都需要对方：①提供在发展任何时间点的高效的社交交际；②改善儿童的语言技能。

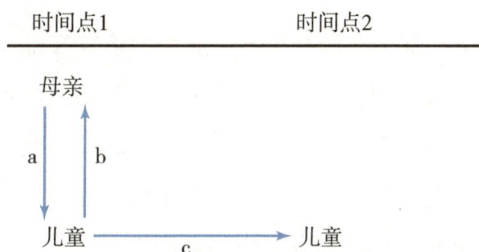

图 7-2 语言习得中的影响的可能方向

和语言学家提议的一样，社交互动主义者同意儿童必须习得语法技能。他们也寻找儿童、文化和语言之间的共通形式（Bohannon & Warren-Leubecker, 1988）。另一方面，这些技能可能是在社交语境中，通过更为简单的机械联系和模仿进行学习发展的（Moerk, 1991a）。因此，尽管这一方法试图解释语言结构，但与语言学方法相比，它对结构形式和发展时间的专注程度更低。

与此同时，语言在社交交际中的功能被认为是发展过程中的中心。语言学方法试图把儿童的语言发展抽象化，与行为主义者强调的日常功能相剥离。然而语言学家描述的复杂的语法系统对儿童毫无作用（也可能不会发生），除非这些系统具有实际的功能，比如理解对方并让他人理解自己。人类是社会机体，如果在习得交际系统时，语言和社交技能之间毫无关系，那么整个系统就会显得十分古怪。社交互动方法可以被看作解释儿童不断改变的语言抽象系统的一种尝试，其手段是检验这一抽象系统衍生自运转中的社交交际的可能方式（Berko Gleason, 1977; Tomasello, 2003）。

在这一方法中，能力 – 表现问题并不像行为主义或语言学方法那样尖锐。由于交互主义者承认语法结构的存在，因此他们也追求儿童语言能力的解释。相反，儿童真正了解的语言的内容（能力）只能通过他们在社交对话语境中所说的和所理解的内容（表现）进行衡量。例如，交互主义者意识到儿童的家长通常承担交流的任务，在语音方面强调重要的内容词，放缓言语速度，频繁重复自己的话语，并且为了辅助交流而提供重要的非语言线索，例如指点（Berko Gleason, 1977; Snow, 1972, 1999）。有人认为，尽管幼儿的语言系统非常原始，但家长提供了鹰架（scaffold）或支持交流结构（Bruner, 1978），从而能够允许交流有效进行。因此，儿童在语言方面经常会显得比他们实际的表现更为成熟。多年之前，维果茨基（Vygotsky, 1962）提出，对幼儿来说，语言一开始只是社交互动的工具。儿童逐渐在私人互动中使用语言，在玩耍中大声说话，或者描述自己的意图。结果，语言最终成为儿童行为结构的来源，管辖或者引导他们的思想。因此，在发展的过程中，在儿童内化语言形式时，语言的作用从社交关联格局转变成了私人工具。

托马塞罗（Tomasello, 2003）的社交基于应用的语言习得理论和乔姆斯基的普遍语法理论存在本质区别。普遍语法假设人类具有天生的语言学习装置，只需要相对最少的输入就可以让儿童成功发展出语法，托马塞罗（2003）则提出，语言习得更多的是普遍的认知和社交过程的产物。社交互动理论中认为，语法主要利用模式发现等认知技能，在儿童和成人看护者的反复互动中逐渐产生。托马塞罗（2003）并没有像普遍语法那样强调天生的语言规则和范畴的出现，而是辩称儿童语言学习的解释只需要很少的普遍认知和社交过程。

社交互动主义者认为，仅凭天生的语言机能并不能解释儿童对语言的掌握，此外，语言能力远超于条件反射和模仿，还包括交际的非语言方面：话轮转换、互相注视、共同注意、语境和文化惯例（参见 Ninio & Snow, 1999）。很多社交互动主义者指出，导向儿童的言语［有时称为妈妈语、儿童导向言语、婴儿导向言语（CDS/IDS）］的特殊本质是一种重要的经历，它能可以辅助正常语言的发展，有时甚至是必需的。天生的语言倾向为了成熟，必须和环境进行交互。

1. 社交互动语言学习

看护者为儿童提供恰当语言经历的角色在互动方法中得到了强化。在解释儿童最终形成的能够恰当分割语音流的能力时，成人不寻常的发声行为（妈妈语或儿童导向言语）被视为和儿童天生的语言识别能力同样重要。母亲也花费大量的时间和她们的婴儿进行面对面的社交互动，展示上文中提到的发声行为。社交互动主义者相信，在观看成人产出儿童语言中典型的夸张语音时，儿童成熟中的控制自己发声器官的能力得到了辅助（Field, Woodson, Greenberg, & Cohen, 1982）。除此之外，母亲和婴儿之间社交游戏互动的培养模式也被认为是之后转换这些对话模式的基础（Stern, Beebe, Jaffe, & Bennett, 1977；参见第 2 章）。

交互主义者相信，语言具有内在的结构，儿童在言语中表达自己的意图。但是儿童如何把他们的意图映射到语言编码上呢？很多人观察到，无论儿童说了什么，儿童的看护者（通常是母亲）都会为儿童的言语赋予意图和含义。即使儿童只是在发出牙牙学语，母亲也会试图解释他们的发声，仿佛它们具有实际含义。在家长继续试图解密这些发声时，重要的事件开始了。这些事件被格林科夫（1983）称为对话回合，包括了儿童和家长之间的含义协商。例如，儿童可能会在饥饿时发出 "glub" 的声音，母亲会通过当前的语境和她对儿童过去行为的了解解释 "glub" 的含义，并为儿童提供牛奶。如果儿童因为牛奶不是意图物品而继续吵闹，那么母亲会继续提供不同的食物，直到儿童停止吵闹，然后可能会总结出儿童 "glub" 的话语是对终结对话的物品的索取。在此之后，母亲会把 "glub" 这一话语视为对终结之前对话的食物的要求。因此，内在的结构映射不是天生的，而是通过社交互动进行协商或常规化的。

祖寇 - 哥德林（Zukow-Goldring, 2001）强调了手势在早期交流中的重要性。婴儿期的一种能够明显预测第一批单词的出现时间的儿童行为就是指示（Liszkowski, Brown, Callaghan, Takada, & de Vos, 2012）。相关的把儿童的注意力引向单词的指代对象的看护者行为，在关注点是名词时是提供物品（对婴儿举起球，说 "球"），在关注点是动词时则是演示。当儿童导向言语的使用者做手势时，他们的手势通常和口语单词同步，这能够辅助婴儿推测哪一个语言编码和指代对象相对应。手势的重要性也体现在交流中断的对话回合中。在含义协商失败之后，手势占据了更为中心的位置，把儿童的注意力导向其他含义。

社交互动方法同时认为，一些早期语言可以由家长教授，儿童可以通过机械学习或模仿而习得。尽管教授语法形式的过程中会有一些明显的失败（如 McNeill 的例子），家长坚持教授儿童社交常规，例如 "再见" 和礼貌的例行语句（Berko Gleason & Weintraub, 1976）。我们还不知道这种有意的教导对语言发展的其他方面是否重要，但是我们相信这种教学可以辅助语言的社交应用。除此之外，成功教授社交常规行为意味着教授语言的其他方面可能会同样有益。

发展的过程持续强调儿童的语言环境的作用。学者们假设，儿童的成熟程度和当前语法技能水平与提供给儿童的语言数据相互作用，从而决定之后发展的路线（参见 Hirsh-Pasek & Golinkoff, 1996）。如果我们假设儿童从他们的语言环境中连贯的内容中（如主语在动词之前，复数以结尾的 -s 表示）能够推断出语法规则，那么让数据或

由于家长的语言对儿童的语言发展起到促进作用，因此社交互动主义者强调家长输入的作用。

需要解决问题的复杂程度与儿童的语言水平相一致，就会让儿童的任务变得简单。也就是说，看护者试图给在语言方面所知甚少的儿童提供语法上更简单的输入（儿童导向言语）。当儿童长大、语言技能提升之后，环境所提供的数据的复杂程度也会提升。这可能并不是提供特定的语言指导，而只是努力辅助交流。当儿童无法理解家长的话语时，家长的陈述通常会简化重复。由于对儿童所说的言语的复杂程度主要由儿童自身所给出的提示所决定（Bohannon & Marquis, 1977），有些人可能会认为这一观点下的语言习得可以被看作由自己掌握速度的课程。

在上述互动的对话系统之外，家长也可能对儿童产生其他影响。语言学习的交互观点认为，家长提供的语言例子中有一些例子对儿童格外突出。斯诺（1999）认为，当家长提供的语言编码与幼儿的注意力并行时，能够辅助儿童的把含义映射到语言编码上的过程。家长不仅必须谈论儿童周围环境中的事物，还需要把自己的评价重点放在儿童正在注意的物品上。这就是之前第 2 章讨论过的共同注意（JA）。有观念认为，当儿童拿着或玩弄一个球时，使用"球"这个单词能够增强含义的映射（把一个球和"球"这个单词相对应）。在婴儿期到儿童早期之间，这一现象的广泛出现对儿童的词汇及早期句法发展可能是必要的。在患有孤独症、缺乏共同注意技能的儿童身上，改善家长和儿童对共同注意的使用能够改善儿童的语言表达能力（Kasari, Paparella, Freeman, & Jahromi, 2008），这一事实可能强化了以上论点。

类似地，当不成熟的句子和更为成熟的版本一起出现时，儿童可能会注意到这两者之间的差距。萨克斯顿（Saxton, 2005）提出，家长对自己孩子的话语的重塑是特别有利的事件；典型发展和出现语言发育迟缓的儿童都会使用这一方法来改变自己的语法，达到更为成熟的版本。例如，儿童感到口渴，看到母亲打开冰箱，想要一杯牛奶，然后说出"要牛奶"；母亲立刻把儿童的话语扩展重塑成几种不同的形式："哦，你要一杯牛奶吗？请给我一杯牛奶好吗？"成熟形式和原始形式之间的对比被认为能够在环境语境、儿童的目的以及编码目的和指代对象的语言形式高度一致的情况下，向儿童强调句法上的差别。

尽管我们在讨论语言发展时倾向于注意家长－儿童的互动，但我们需要意识到，现在很多幼儿在大多数清醒的时间里都在学前教育的环境中。这些环境下的语言输入来源之一是学前教育的教师。教师们产出的语法复杂的话语的数量和他们所教的三四岁儿童的句法理解水平正向相关（Huttenlocher, Vasilyeva, Cymerman, & Levine, 2002）。在教师对学习英语的儿童的语言的复杂程度及儿童的语言收获方面也观测到了相似的发现（Gamez, 2015）。在学前教育环境中，另一语言输入和互动的来源是幼儿的同龄人。当语言技能水平较低的幼儿和语言技能水平较高的同龄人一起度过一年之后，这些表现较差的儿童在语言成长方面获益明显（Justice, Petscher, Schatschneider, & Mashburn, 2011）。学习语言的幼儿的环境又一次明显地在他们的语言发展中发挥了重要的作用。

　　交互主义方法也承认，简单的模仿可能对语言发展起到了重要的作用。尽管并不像行为主义方法所坚持认为的那么重要，但儿童可以测试通过模仿其他形式所得出的语言假设（Stine & Bohannon, 1983）。儿童最可能模仿他们只部分理解的形式，有证据显示，他们更可能模仿类似于成人的形式，而不是和他们的产出更相似的缩减形式（Bredin-Oja & Fey, 2014）。这可能是习得形式的过程和模仿所起到的社交 – 对话作用之间的互动。斯坦（Stine）和博阿农（1983）认为，模仿部分理解的形式（如关系从句），可能是儿童在对从这一形式中能够生成的语法进行测试。与此同时，模仿是一种部分理解的对话信号，通常会导致对原句整句话的重塑。例如，成人告诉儿童："开门的男人是你的叔叔。"（The man who opened the door was your uncle.）儿童模仿："开门的男人？"（Man who opened the door?）家长回应说："是的，你叔叔开了门。"（Yes, your uncle opened the door.）这种包括模仿、假设测试和重塑的对话互动可能合在一起演示了新的形式和与它们等同的转化方式。

　　总而言之，社交互动方法假设语言发展基本习得语法技能的结果。儿童也假设为具有一系列偏向于语言学习情境的先天倾向，在儿童寻找与语言相关的准则时，这些情境会对儿童加以限制。另外，为了给儿童提供发展所必需的语言经验类型，环境被认为几乎和儿童一样受到限制。语言发展被视作有序的交互过程，其中社交互动辅助语言习得，而语言习得允许更为成熟的社交互动。

2. 评价社交互动理论

　　（1）支持证据。社交互动方法的优势之一是其兼容性。因为交互主义者相信，语言从儿童的语言和认知能力及他们的社交语言环境的相互作用中产生，所以这一立场借用了其他领域的方法和优势。因此，这一方法的很多支持证据都已经在之前展现过了。这一立场的出发点是围绕面向儿童的语言（妈妈语或儿童导向言语）所扮演的角色。与其他立场不同的是，社交互动方法从母亲－儿童的对话中发掘证据，证明儿童导向语言的简化和"微调"性质有助于习得过程。

在儿童出生之后不久，成人就明显倾向于使用特定形式的语言。尽管婴儿具有对言语和非言语刺激区别对待的能力（Vouloumanos, Hauser, Werker, & Martin, 2010），儿童导向言语简化（通过有差别的韵律重音）并强调了重要的语言区别（Soderstrom, 2007; Cristia, 2013）。儿童导向言语基本在所有语言中都能观测到，所有的成人语言使用者（包括父亲）在和儿童说话时都会使用（Weisleder & Fernald, 2013; Bernstein Ratner, 2013; Leech, Salo, Rowe, & Cabrera, 2013）。儿童导向言语的作用在第 2 章中提及的研究里甚至更为重要，它表明儿童在出生之后到整个儿童期内都更偏爱聆听这一类言语。除此之外，正如第 2 章讨论的那样，比起其他母亲的儿童导向言语，婴儿更倾向于听到自己母亲的儿童导向言语（DeCasper & Fifer, 1980）。很明显，婴儿偏爱这类言语，如果有机会，婴儿会在出生后几小时之内就去寻找自己母亲的声音。儿童导向言语的不同方面，特别是清楚的话语和更慢的语速，能够帮助婴儿把单词和指代对象相关联（Song, Demuth, & Morgan, 2010）。越来越多的文献把儿童导向言语的特征与儿童之后的语言发展的特定积极结果联系起来（Ramirez-Esparza, Garcia-Sierra, & Kuhl, 2014）。

儿童导向言语的数据也产生了一些问题。其一，哪些变量控制着儿童导向语言里观察到的语言修改？这一问题的回答似乎很明显也很直接：当和语言方面更不成熟的人交流时，简化的、夸张的言语更为有效。更为有效的交流所需的具体数量的简化似乎由听者给出的反馈所决定，这一反馈能够告知说者——听者的对前文的理解是否恰当。儿童似乎很少做出成人对话中定期出现的、用来标记成功交流的点头和"嗯"。听者缺乏这些信号可能会暗示说者进行简化。我们的确知道婴儿导向言语根据儿童的反馈而出现不同；早期发展性残疾则会让这一相互关系出现变化（Smith & Trainor, 2008; Saint-Georges et al., 2013）。

博阿农及其同事（Bohannon & Marquis, 1977; Bohannon, Stine, & Ritzenberg, 1982; Warren-Leubecker & Bohannon, 1982, 1983）也坚持认为，听者在控制自己所听到的言语中发挥了非常积极的作用。他们发现理解反馈是一种强大的信号，能够诱使成人和至少 3 岁的儿童产出简化的言语。简而言之，儿童不太可能对更长的、更复杂的句子表现得理解，当儿童显示出失败时（"什么""啊"），成人倾向于缩短并简化自己的后续言语。简而言之，这一系统的效果会导致在针对任何儿童的言语中，句法和概念复杂度都会进行微调。除此之外，由于儿童控制着对他们所说的话语，因此大多数语言使用者应该会使用类似的儿童导向言语，由此能够避免语言环境中可能出现的令人迷惑的差异。当儿童理解更复杂的句子的能力提升之后，他们会表现出成功理解了句子，语言环境也随之发展和改变。

萨克斯（Sachs, 1983）详细汇报了这一过程。在他的女儿内奥米（Naomi）自发使用过去式之前，萨克斯在对她的儿童导向语言里很少采用这一形式。但当内奥米的言语里第一次出现由过去式词尾 -ed 标记的动词之前，萨克斯发现她明显地更经常使用这一形式。这是随机现象吗？显然不是。交互主义的解释认为，内奥米无法理解这一形式的信号限制了她的母亲对这一形式的使用，直到内奥米自己开始努力形成时间迁移的原始概念（参见之前对认知方法的讨论）。由于内奥米开始对母亲使用的一些过去式单词表现出理解，母亲对这一形式的使用有所增加。这可能为内奥米提供了有关过去式用法的充足的语言数据，并以习得这一形式所需要的儿童导向言语中典型的简单句子出现。

其二，与儿童导向言语对发展中儿童的可能的益处有关。儿童导向言语的益处可能会辅助之前语言学方法所提及的"含义映射"问题。儿童导向言语的特征之一是所讨论的话题通常比较具体，而且是儿童短暂注意的物品。成人引导儿童的注视，并使用言语的话题决定对话内容。托马塞罗（Tomasello）和法拉尔（Farrar）（1986）在他们的文献回顾中总结，如果母亲花更多时间讨论儿童注视模式中出现的物品，子女会更早地产出第一批单词，而且拥有更大的初始词汇量。正如第 2 章与本章前文所提及的，我们已经知道在共同注意期间进行交流能够正面地影响典型发展和发展障碍的儿童的语言发展（Farrant & Zubrick, 2012）。由于语义形式的大部分都在儿童注意力集中于这一形式的含义时提供了，因此含义映射可能并不像一些人假设的那么神秘。

一些研究解释了儿童导向言语可能对儿童语言习得比较重要的一些特征（就这一话题的大量研究的回顾，参见 Weisleder & Fernald, 2013 及 Bernstein Ratner, 2013），一项早期研究（Bonvillian, Raeburn, & Horan, 1979）表明，当句子更短、成人语速更缓慢、语调更明显时，幼儿更能够成功地模仿全新的句子。另一项早期研究（Furrow, Nelson, & Benedict, 1979）发现，对 18 月龄儿童使用更长、更复杂句子的母亲，其子女在 9 个月之后在语言方面的进展最少。换而言之，母亲越多地使用儿童导向言语，子女就能够越快地习得语言。正如前文所述，模仿与扩展相合并，以及简单的重塑，都能够与语言发展正相关。当帮助语言发展延迟的儿童时，这些方法格外有效（Cleave, Becker, Curran, Van Horne, & Fey, 2015）。如前所述，这些成人的回应倾向于追随儿童的语言错误。在帮助儿童采用母语正确形式时，成人的重塑可能是必要的。

尽管通过实验操纵环境、刻意减缓儿童的语言学习速度有违伦理，但有些家长很不幸地自行做出了这样的改变。在忽视儿童的情况下，负责照顾儿童的人通常无法为儿童发展中的身体、感情和智力能力提供最基本的恰当支持。与控制组的母亲相比，忽视儿童的母亲的母亲—儿童互动整体频率明显更低，尤其是当来自母亲的语言指示互动水平严重受到抑制时。因此，母亲—儿童的语言互动成了针对儿童忽视与虐待的干预中重要的一部分（Thomas & Zimmer-Gembeck, 2011）。除了互动频率下降，与恰当抚养儿童的母亲相比，忽视儿童的母亲对她们的年幼的孩子说话时，使用的单词和合乎语法的语句更少（Christopoulos, Bonvillian, & Crittenden, 1988）。

这些发展的后果是否与这种贫乏的环境相关？梅利特（Merritt）和克莱因（Klein）（2015）总结了有关被忽视或虐待的儿童的恶劣语言发展的大量文献。在一项早期研究中（Culp, Watkins, Lawrence, Letts, Kelly, & Rice, 1991），受到忽视的儿童的语言接收能力和语言表达能力都延迟了 6~9 个月。被识别为受虐待和忽视的儿童延迟了的 4~8 个月，受到虐待但没有被忽视的儿童延迟了 0~2 个月。与语言技能不同，这 3 组受到不良对待的儿童在认知发展水平上没有区别。根据这些结果，研究者总结道："语言发展在缺乏亲子语言交换的环境中极容易受到损害。"（Culp et al., 1991）有关言语忽视对儿童发展的影响，近期最有说服力的大规模案例来自对留在低端孤儿院里基本无人照顾的孤儿的研究（Windsor, Moraru, Nelson, Fox, & Zeanah, 2013）。更早的收养、照顾、安置能够缓和语言的负面影响，而两岁之后还留在孤儿院的儿童，在语言成就方面显示出长期的劣势。

（2）反向证据。社交互动立场的一个问题是它的领域过于宽泛，包括了儿童正在发展的认知和语言能力，同时强调社交互动的中心作用。这种欢迎其他所有方法的倾向让我们难以衡量它的解释力。与皮亚杰的认知方法及信息处理方法一样，社交互动理论超出了数据收集"达到了惊人的程度"（Bates et al., 1983）。因此，它的很多解释建立在未经测量的直觉和假设上。由于这一方法的细节并没有被细化，因此我们可能很难寻找到真正的反面证据；另一方面，它对儿童导向语言提出了一些基本假设。

两个不同研究领域的发现对社交互动理论提出了质疑。一方面，不使用手语的听觉正常的家长的失聪孩子很明显在自己的手语交流系统的发展中起到了主导作用；这些系统具有很多类似语言的性质（Goldin-Meadow, 2003; Goldin-Meadow & Mylander, 1990）。（这一研究在本章之前的部分作为支持先天语言学理论的证据讨论过。）这一研究中的儿童显示出生成他们自己的手势、语言符号并以系统的方式组合的能力，这一点与先天主义观点相符。尽管这些发现被用于支持先天技能对语言发展的贡献，但社交互动的重要方面也不能被忽略；重要的是，儿童并不是在交流真空的环境中发展出自己的手势的。在照顾这些儿童、教他们言语技能的时候，家长频繁和儿童进行互动。这些互动可能会涉及共同注意的建立，还可能包括家长使用一系列面部表情和非手语的指示姿势（如指点、展示）来表达他们的意图。除此之外，当儿童开始产出自己的手势时，家长会对儿童的手势做出回复并使用儿童的手语，这都起到了支持作用。家长回应和使用儿童手势的模式可能可以帮助手势交流系统牢固地建立起来。

尽管研究者连贯地记录了儿童导向语言不同于成人之间的言语模式的某些特征，但这些差别的存在本身并不能证明儿童导向言语对于学习语言的儿童是必需的，甚至是有用的。相反，有关儿童导向言语特征在母亲言语中的相对广泛性和儿童语言成长的相关性研究显示，这些特定的输入特征，只具有微小的影响。除此之外，贝克（Baker）和纳尔逊（Nelson）（1984）称，我们不可能只用简单的相关性研究来决定语言发展中"谁引导谁"。只有控制儿童导向言语特征的频率、检验其对儿童语言习得的影响的实验研究，才能够规避这些问题。近期有关重塑对接受语言治疗的儿童的影响的元分析，说明了对这一悖论的部分解决方法（Cleave et al., 2015）。这些研究认为，重塑能够辅助学习之前没有使用过的句法形式。遗憾的是，儿童导向言语的其他特征并没有经过实验检验，所以有关其效果的结论尚未成熟。

儿童导向言语的另一个问题是，它与其他言语语域之间特征差异过大（参见第 10 章）。即使学习语言的儿童需要儿童导向言语，也很有可能这一功能里只有一部分特征是决定性的。大多数有关儿童导向言语的研究聚焦于整体的衡量，例如平均话语长度或者特定语法类型的使用频率，以及类似的对儿童语言增长的普遍衡量。尽管母亲提供的大量语言刺激明显与儿童的语言成长相关，但数量上的关系并不能证明儿童导向言语"教给"儿童语言结构。为了测试这些观点，我们必须检验非常特定的语言输入类型，把它们和特定的儿童语言输出的测量关联起来。当我们以这样的方式缩窄我们的重点时，我们可能会发现，儿童语言的一些方面非常敏感，容易受到语言输入的影响，另一些方面则相对不受影响。

这里汇报的相关性研究在线性关系的统计假设上也存在问题，很多批评者已经提及了这一点。这种线性假设在概念上暗示，"如果一些母亲的输入是好的，那么输入得越多越好"（Bates et al., 1983, P.43）。首先，由于语言发展需要语言输入的最低量或临界量，所以这一想法在达到某一点之前可能是对的，但是之后更多的输入可能会无关紧要。其次，当参与研究的儿童的年龄范围比较广泛，直接假设年纪最大的儿童能像年纪最小的儿童那样从儿童导向言语中获得更多好处，是不恰当的。例如，平均话语长度的最大简化会要求母亲使用单一单词的话语。这种程度的简化可能对 1 岁儿童能够发挥最大的好处，但它肯定会阻碍 4 岁儿童后续的语言习得（Bohannon & Hirsh-Pasek, 1984）。

总而言之，尽管在测试其基础主张的手段上存在问题，但社交互动方法似乎具有不错的前景。社交互动采用行为主义的经验主义视角，认可语言数据的环境来源的重要性。它同时也把儿童视为专业化的语言处理器，不仅需要学会语言的编码，还要在之后通过对话把其再教给他们自己的孩子。

姿势与基于实用的方法

在姿势与基于实用的方法中，语言的根源被描述为主要包括交际指向和标志性或哑剧式的姿势。我们可以认为，把姿势交流视作构成人类语言根源的焦点，意味着早期人类交流与非人类灵长目动物之间出现的姿势交流差别并不大。植根于姿势交流的人类语言最可能首先作为手势 – 视觉符号交流系统出现。从这一角度来看，口语只是在人类历史中较为晚期的时间出现的，其基础是存在已久的以姿势和手势交流塑形的神经系统（Corballis, 2010; Stokoe, 2001）。除此之外，口语技能的发展在进化和发展过程中都被看作社会上和认知上较晚的发展（Tomasello, 2003, 2008）。

姿势与手势的起源

大多数研究者讨论了语言的本质，研究了儿童学习母语的方式，但其重心一直都是口语及其发展。只有在最近的数十年间，研究者才扩展了重点，包括了失聪群体使用的手语。对例如美国手语这样的手语的系统研究显示，它们是完整的、真实的语言（Emmorey & Lane, 2013）。认识到手语是完整的语言之后，一些语言学家和神经语言学家进一步扩展了这一观点，认为人类语言最有可能以一种视觉 – 姿势交流方式产生（Armstrong, 2008; Amrstrong, Stokoe, & Wilcox, 1995; Corballis, 2002; Stokoe, 2001）。也就是说，我们的人类祖先可能基本通过视觉 – 手势和姿势进行交流，口语直到人类进化相对后期的时间才出现。根据这一方法，口语近期快速变为大多数人的主导交流方式的原因是基于一套由数百万年有效的姿势交流系统塑形的、充分建立的神经结构。

一个解释早期人类的视觉 – 姿势交流早于口语出现的原因的假设认为，早期姿势（或视觉及运动）交流可能基于猿人身上已经出现的神经机制（Arbib, 2005; Rizzolatti & Sinigaglia, 2008）。**镜像神经元**（mirror neuron）就是它们的祖先：镜像神经元不仅会在个体产出某一特定动作时激活，也会在观察其他人产出的同样（或类似）动作时激活。因此，如果一个个体能够做出一种运动行为，镜像神经元就可以让这个看到其他人做出同样行为的个体理解这些行为（Corballis, 2010; Rizzolatti &

Sinigaglia, 2008）。也就是说，个体能够通过自己完成这些动作的能力理解他人的动作。镜像神经元系统大致位于大脑负责手部控制和人类语言产出的句法部分的脑区附近（Binkofski & Buccino, 2004）。大脑同一区域的不同机制的出现让一些研究者提出，镜像神经元在人类的姿势交流系统和其后的语言产生中起到了至关重要的作用（Ferrari, Gallese, Rizzolatti, & Fogassi, 2003）。

用手势或姿势表示物品或动作的能力经常吸引研究者，因为它们反映了语言的产生。在这一方法里，早期人类之间可能会以哑剧式的姿势有效地交流，模仿不同活动中涉及的动作，用姿势比画他们提及的物品的形状（Corballis, 2012）。指点在早期交流中也起着重要的作用，因为它能够让个体指示自己提及的特定的物品或动作。除此之外，近年来，研究者（Fay, Arbib, & Garrod, 2013; Fay, Lister, Ellison, & Goldin-Meadow, 2014）尝试让参与者在不产出能够辨识的单词的情况下尽量彼此交流信息，从而模拟早期的交流情景。研究者发现，有动机的手势（通常是标志性的手势或姿势）的使用很明显是作为最准确、最有效的交流方式而出现的。

如果我们采取这一观点，认为人类语言产生自姿势和手势交流，那么这一重点的改变可能会让我们质疑之前长期存在的有关语言本质的观念。在这些定义的特征中，我们必须重新考虑单词及其所表达的概念之间的任意性或象征性的关系、语言句法的优越性，以及语言能力由基因决定、只在人类中存在的观点（参见第 1 章）。

传统上，语言学强调单词及其所代表的概念之间的象征性或任意性的关系，把它视为语言的重要的定义性特征。然而，如果我们检验不同手语中的手势，就会发现很多手势明显与它们所代表的概念相关联。也就是说，手势可以模仿物品、动作和性质，这一特点能把很多手势与几乎所有的口语单词区分开。手势的这种哑剧式的特征被称为象似性。此外，很多手势和姿势的代表方面大体和语言的语义要素等同。形象高度近似的手势也具有交流优势，因为它们与所指代的物品、动作和性质相似，可能可以相对容易地被他人理解。象似性的手势和姿势可能是早期人类交流的有效方式，而当它们和发声一起出现时，也可以连接更为随意的口语话语。

乔姆斯基在 20 世纪 50~60 年代在语言学领域引起了剧变之后，句法（单词组合的规则）成为很多研究者认为的语言最为重要的属性或定义性特征。有关世界上语言结构相似性的宣称作为语言的一种特质的证据，说明这一特质由基因决定。在世界上所有语言背后，都存在一种特别的人类符号操纵神经机制（Pinker, 1994）。然而，这一语言观出自对口语的研究，很多分析只在全球语言体系中很小的一部分——印欧语系中进行。如果我们检验手语传递信息的方式，那么这些基本的句法要素，例如话语中明显的主语和谓语成分，将不再那么明显。

另一个视觉 – 手势符号与口语单词不同的特征是手势可以在产出中合并移动。也就是说，在让手势移动时，一个人可以表达动作，这是动词的性质之一。这一移动也可以表达动作的位置或方向，取决于动作产出的地点。此外，如果已经建立了手势产出的语境，那么手势的移动位置和方向也可能能够具体描述动作的施事者和动作的受事者或对象。手语者也可以改变通过改变他们做手势的方式（如放缓或加速）表达额外的信息，而无须增加某一段手语话语中的手势数量。事实上，斯托克（Stokoe, 2001）认为，一个单独的象似性姿势或手势，在包括上文所说的移动之后，可以表达一句完整的口语句子能表达的同样的信息，而不需要掌握明显的句法规则。考虑到手势和姿势的这些特征，很明显它们有能力成为早期人类之间相当高效有用的交流方式。

如果我们采用这一观点，认为语言从其姿势与手势交流的根源发展出来，那么语言能力仅限于人类的断言就明显是不准确的。对非人类灵长目动物的姿势和手势交流的研究（例如 Gardner, Gardner, & van Cantfort, 1989; Patterson & Cohn, 1990）表明，非人类灵长目动物能够习得重要的手势词汇，也能够在人类看护者教它们做手势的时候，把手势合并为短小的话语。与之相反，很多教非人类灵长目动物用言语交流的尝试一直未能成功（参见第 1 章）。对猿猴姿势行为的研究还有一项不太出名的发现：猿猴能够在没有人类指导的情况下产出自己的交流姿势，有些姿势具有象似性的要素（Tanner & Byrne, 1999）。把这些研究结合在一起考虑，人类和非人类类人猿具有同样的祖先，也共享很多与语言相关的能力。除此之外，从猿猴姿势和手势交流到早期人类的交流和语言的过渡，也许会比传统上描述的过程更为密切。

乔姆斯基（1965）同时提出，产出和理解语言的能力基本上是人类遗传和独特生理构造结果，而不是普遍认知能力与社交互动的产物。然而，对婴儿的姿势交流的研究表明，社交互动在早期交流和语言发展中起到了重要的作用。在产出指示性的口语单词之前，婴儿通常会产出一系列的交际性姿势。这些姿势经常包括伸出胳膊想要被抱起来，向看护者展示或给予物品，以及交际指向。这些姿势不仅能够让婴儿有效表达自己的需求（Dimitrova, Moro, & Mohr, 2015），还表现出婴儿逐渐意识到看护者是值得互动的有感觉的存在。在婴儿产出的不同的交际性姿势中，交际指向的行为可能会起到尤为重要的作用（Tomasello, 2008）。这种指点用来指示或细化周围环境中特定的物品或活动。指点还具有决定性的交际功能，它们能够有效地把他人的注意力导向附近的事物或活动。例如，一个交际指向可以对他人表达自己想要特定的物品或活动，或者对它们感兴趣；也可以用来让别人注意迫近的危险。交际指向在早期交流中建立明确的指代手语具有特殊重要性。对当今的人类婴儿和早期人类来说，交际指向的动作为更为近似语言的交流设立了舞台。

　　总而言之，语言很有可能产生于姿势这一观点背后的论证如下：我们最近的近亲猿猴用姿势交流的能力远超过它们用语音交流的能力；灵长目的镜像神经元系统和人类大脑的语言回路之间的关系是相似的或等同的；手语处理和口语处理所涉及的神经根基高度相似；指点和其他交际姿势的使用在非常幼小的儿童的早期语言发展中起到了非常重要的作用；在试图模拟人类交流系统的研究中，人们能够相对轻松地学习有动机的（象似性的或指示性的）手势或姿势，从而有效地交流。和乔姆斯基（Chomsky, 2011; Hauser et al., 2002）认为人类语言在近期突然出现（不连贯性理论）的宣称相反，支持语言从姿势中产生的学者（如 Corballis, 2012; Stokoe, 2001）认为人类语言可能是逐渐演化的（连贯性理论）。在后者的理论中，在我们成为两足行走的生物之时，就能够借助双手进行更为有效的交流，当我们的大脑容量开始增加并在功能上出现偏侧化时，人类交流能力就开始改变。托马塞罗（2008）认为，语言的根源来自交际性姿势，特别是交流性指示。这一观点在早期人类语言起源和现今的婴儿身上都成立；前者的交流很有可能主要包括指点和象似性的、哑剧性的姿势，而后者的交流行为为之后的语言产出和理解奠定了基础。

基于实用的理论

　　托马塞罗（2003）的基于实用的语言习得理论也和乔姆斯基的普遍语法理论存在本质上的区别。托马塞罗（2003）认为，语言习得主要是更为普遍的认知和社交过程的产物。基于实用的理论认为，语法主要是在儿童寻找模式的认知技能中和与成人看护者反复的交流中形成的。托马塞罗没有像普遍语法方法那样强调天生的语言规则和范畴的存在，而是声称只需要一小部分普遍认知和社交过程，就能够解释儿童语言习得。

　　语言更多地被看作社会现象，因为儿童在社交互动过的语境里学习语言。在这一方法里，语言习得依赖于更为基本的建立共同注意、学会读懂他人的意图、学会像成人一样对待物品的能力（模仿学习）。在这种社交互动和学习框架里，成人看护者和幼儿之间的最初的共同基础是共同注意。婴儿在 1 岁之前开始看向成人注视或指点的位置。这种共同注意的框架帮助幼儿和成人看护者分辨彼此注意力所集中的物品或动作。出生第一年的婴儿也通常学会与别人建立目光交流，引发各种交流动作，例如展示或给予物品。这些行为显示，婴儿逐渐理解成人看护者是有感觉的、有知识的存在，具有特定的交际意图。此外，共同注意框架帮助儿童认出看护者提及的物品或动作。这反过来能够帮助儿童学会这些物品或动作的名字或标签。在幼儿学习、模仿成人有意图的动作时，儿童能够更好地理解这些行为的本质，并知道可以如何变化来修改它们。同时，当儿童在和成人的互动交换中产出这些动作时，这能够帮助儿童理解其他人对这些动作的看法。当幼儿努力理解他人的话语时，幼儿的能够区分他人意图的能力也能延伸到语言领域。

儿童语言习得早期的重要一步是理解使用语言符号或单词的能力的发展。这种语言符号不仅在认知领域代表了概念，也具有重要的社会要素。赋予概念特定的名称或标签是一个语言社群中社会惯例的产物。除此之外，在和其他人互动时或者把另一个个体的注意力引向环境中出现的特定的物品或动作时，儿童也会使用到这些语言符号。

对托马塞罗（2003）而言，模式搜寻能力是一种能够辅助幼儿语言习得的认知或感知机能。这一早期出现的能力在语言发展的不同方面都是必要的。在学习语言符号时，认识相似物品或动作之间的不同模式有助于形成不同的概念范畴。例如，形状相同的物品可能能以同样的名称进行称呼。对感知运动行为的相似性的认识，能够帮助儿童学习物品的分类和动作的种类。也就是说，功能相似的物品或动作有可能以同样的名称或语言符号来代表。托马塞罗也指出，很幼小的儿童善于识别声音输入顺序出现的模式。这种分辨儿童听到的话语中的模式的能力能够反过来帮助儿童构建话语。

在幼儿习得产出语言符号的能力之后，他们开始合并这些语言符号，形成两个或三个单词的组合。托马塞罗观察到，这种组合物品的能力不仅仅局限于语言领域。婴儿经常组合动作产出一系列有目的的感知运动行为，而动作在心理层面的合并构成了儿童在肢体层面产出这些动作的基础。除此之外，在环境中听到大量他人产出的话语，自己产出更多的单词和单词组合，都能够有效辅助幼儿的早期单词组合的发展和使用。儿童从成人看护者那里听到的大量话语中，很多都是为儿童的直接注意力框架量身定做的，因此这些话语更容易理解。

在基于实用的理论中，随着儿童逐渐更容易也更频繁地处理并产出单词组合，儿童开始感知到这些话语结构中的相似之处。这种逐渐发展的在话语间创造结构映射的能力是语法发展中重要的一步。正是这种能够分辨话语中模式和相似之处的能力，让儿童意识到了语言结构更为抽象的本质。

当儿童反复听到并产出包括特定单词的一些语法结构时，托马塞罗认为，这些结构得到了确立。也就是说，频繁重复的语言行为随着时间的推移变得习惯化或者自动化。此外，在这些结构习惯化之后，它们就很难再被改变。托马塞罗还观察到，一些使用形式牢固地建立之后，儿童更不会用自己之前从来没有听到过的新方式来使用这些形式或结构。相反，儿童更可能在新的语境中学习其他可以使用的形式或构造。更复杂的形式只会在大量的时间和使用之后出现。基于实用的理论与这种方式认为，语言规则是**后生的**（epigenetic），只有在探测并暂时使用更简单的结构中的模式之后才会出现。

　　总而言之，托马塞罗（2003, 2008）在他的语言习得理论中有效地综合了心理学、语言学、人类学和哲学等不同领域的广泛的发现和想法。他以采用语言植根于交际性姿势的观点开端，在这些姿势中，他强调了交际指向的关键之处，交际指向在建立指示和儿童与看护者之间的共同注意中是必需的。从这一点开始，托马塞罗参照认知感知处理的研究中的结果，对语言符号的学习以及学习语言结构中逐渐产生的模式认知的能力进行了讨论。在这些过程中，儿童通常深入地涉及能够辅助他们的语言习得的社交互动。

评价姿势与基于使用理论

　　人类语言的姿势起源的一项重要的局限性是，姿势和口语并没有留下任何人工造物的痕迹，而史前语言学家也无法标记它们被使用的时间。除非创造出时间机器，否则我们无法观察最早的语言系统。古埃及法老做过一项误导"实验"，试图通过在隔离现有口语的环境中抚养儿童，从而研究人类语言起源，而这一"实验"无法发现"个体发生过程总结系统发生过程"的证据（参见第 1 章）。此外，即使受到隔离的现代儿童身上产生了一些可靠的模式，这一结果也不能被推广到生活在数百万年前、与现代儿童存在基因差异的儿童身上（Bonvillian, Garber, & Dell, 1997）。

　　尽管我们无法重新创造语言产生的条件和首先开始交流的灵长目类人生物，但研究人类和他们的近亲处理手势、姿势和动作的方式能提供有效的信息。我们逐渐了解婴儿和非人类灵长目动物看待社会世界的方法，而这能够通过类比在未来引出重要的研究突破（参见 Egan, Bloom, & Santos, 2010）。婴儿和猴子都展现出对人类意图的稳固理解，当蒙眼的人类表现出他们看见了本应不知情的重要视觉信息时，婴儿和猴子也都会更久地注视相应的场景（Flombaum & Santos, 2006）。另一个包含可能线索的领域是姿势对于典型发展的儿童和残疾儿童的口语习得的影响。例如，艾弗森和戈尔丁－梅多（2005）发现，在他们检验的 10 名儿童样本里，就大多数词汇而言，在掌握特定口语词汇之前就已经出现了指代性姿势。此外，单词和姿势能够共同预测最早的双单词话语的发展。与之相反，很多教非人类灵长目动物使用言语交流的尝试都持续失败（参见第 1 章）。

　　基于使用理论（usage-based theory）关注幼儿交流和语言发展中交际指向的重要性和共同关注的建立（Tomasello, 2008）。此外，缺乏指点可能意味着婴儿交流发展中出现了问题（Goldin-Meadow & Alibali, 2013）。

因为托马塞罗的理论相对较新，所以它还没有足够的时间恰当测试自身准确的预测。儿童是否会先掌握他们看护者最常用的形式（Ninio, 2011）？对最初形式的掌握是否能够预测更复杂的结构会以和最初形式掌握相同的方式出现（Tomasello, 2008）？只有时间和后续研究能够提供这些问题的答案。

本章要点

尽管我们在试图识别语言习得实际涉及的过程中遭遇了挫折，实际上，任何发展心理学家都不会相信语言习得的根源是魔法。我们无法发现语言习得中简单的、可以方便观测的过程的原因，可能是因为语言习得对发展中的儿童如此重要，所以不存在简单的过程。换而言之，"成功完成交流"这一任务加诸儿童身上的压力实在太大，有可能有很多种方式可以达到这一目标，在每一条路线上也可以包容大量的差异（参见第 8 章）。

行为主义方法在解释语言发展时，可能过于依赖太过简单的准则。尽管强化能够解释老鼠寻找食物的过程，却无法解释普通的人类儿童搜寻交际能力的过程。另外，一些行为主义机制，例如模仿及当前以镜像神经元出现的形式，继续作为语言学习过程的必备部分而起着作用。

相互竞争的阵营之间也存在无须承认的一致观点。关于模仿的更详细的模型（Bandura & Walters, 1963）包括了一种名为"普遍去抑制化"的过程。在这一过程中，观察外界的学习者更可能做出模型观察的普遍行为类别中的一种行为。这意味

从左至右。交互主义者：伊丽莎白·贝茨（Elizabeth Bates）（1947—2003）和布莱恩·麦克温尼（Brian MacWhinney）（卡内基梅隆大学）先天主义者：史蒂文·平克：（Steven Pinker）（哈佛大学）。

着，学习者一直能够接触到目标行为，而模仿只是停止抑制行为，使得这一行为可以表现出来。因此，模仿在天生语言参量中起到"释放"的作用，而这一点和最近的先天主义立场（Pinker, 1994）及支持并行分布处理模型的"启动"效应极为相似。很显然，任一阵营的研究者都可能因为我们随意进行比较而感到不安。然而这里的论点并不是轻

易形成的。行为主义方法为担忧的发展心理语言学家提供了很多信息。正如皮亚杰认为认知发展遵循衍生论（epigenetic，复杂的认知过程从更简单的功能中建立起来）那样，有可能语言学习至少有一部分依赖于行为主义者所描述的更简单的技能（Moerk，1992）。实际上，当我们仔细检验时，习得基础的准则在大多数理论方法中都有所体现。例如，纳尔逊（1977）的重塑这一概念可以被认为是特定形式的模仿或示范，当儿童出现语言错误的时候以反馈的形式出现（Bohannon & Stanowicz, 1988; Farrar, 1992）。

　　当前，语言学方法也体现出多种弊端。首先是先天主义－经验主义的问题以及**命名谬误**（nominalist fallacy）。当研究者认为他们给一个现象提出一个特别的名字就足以解释这一现象时，他们就陷入了这种谬误。当观察者难以解释儿童语言中某一形式的起源时，他们理应意识到，把这一现象标签为"天生"，既不能帮助我们决定它和其他形式的关系，也不能预测它在发展过程中出现的时机（Pinker, 1994）。另外，如果可以避免命名谬误，那么使用信息理论来决定特定的语法形式的学习性拥有不错的前景。韦克斯勒和卡利科弗（Culicover）（1980）以及平克（1984）的研究都尝试为语法习得所需要的最少的准则建立模型。他们发现，除非给儿童信息说明某些句子不被语法允许，或者语法的某些方面源自天生，否则语法本身是无法习得的。如果这一方法可以用来测试新的语法和其他的假设，那么一些心理过程的可能的组合和其他竞争的语法可以在先验的情况下被排除。

　　很多心理学家都不愿意接受天生的语言习得机制允许幼儿在没有正式指导的情况下快速习得复杂语法这一观点。很多学者不愿意接受的重要原因是，这种装置或结构的出现与演化研究的结果和我们所知的人类语言起源的发现不符。自主言语所必需的发声结构和它们相对应的大脑皮层控制在人类进化过程较为晚些的时候才出现，距今有 10 万 ~17 万年（Corballis, 2002）。口语开端的这一可能存在的时间线让口语成为人类进化过程中非常晚近的活动。很多学者认为，如果存在一个为语法设计的语言习得机制只在进化的近期出现，和人类发声结构几乎同步产生，那么这一发展与进化中常见的渐进发展并不相符。

　　如果我们认为口语建立在手势交流的框架上，向现代语法的言语的过渡会更为合理。口语和手语的产出有着重要的相似之处，二者都涉及较快的序列移动的产出，对大多数人来说二者都由大脑左半球控制。有学者（如 Corballis, 2010; Stokoe, 2001）提出，在人类语言进化中，交际性姿势和手势符号先于言语出现。有关非人类灵长目动物的手势和姿势产出的研究、大脑侧化优势与言语和手势的关系，以及当今人类交流中姿势和言语的综合，都为这一立场提供了支持。

发展心理语言学的学生在完全拒绝语言学方法之前，需要首先思考语法的逻辑本质（Ninio, 2011）。产出和解码言语的语言内在结构可能会在语言学方法中有进一步的探索。只要语言学家允许儿童的表现数据与儿童语言能力的结论相关，那么我们就可以获得能够达到乔姆斯基（1965）第三层理论适当性（心理真实性）的连贯的解释。如果我们没有一个描述成人语言组织本质或儿童正在形成的语法的进展的系统，任何有关语言或其习得的解释就都只是大量杂乱无章的数据。

针对行为主义方法和语言学方法之间的争端，一种明显的解决方案就在多种交互主义方案的贡献之中，这些方案都为研究提供了重要的焦点。认知方法强调，语言只是儿童习得的复杂认知技能中的一种。此外，语言的结构和学习过程受到儿童在习得时的思维本质的制约。信息处理理论家强调语言学习的认知处理需求，他们检验提示重要交际功能的语言线索的可利用程度和可靠度。他们认为，需要处理的信息的本质决定了发展的过程。社交互动方法强调了语言学习的社交语境，没有这一语境，语言学习不可能进行，可能也没有必要进行。这一方法寻找社交互动中允许正常语言学习进行的关键方面。最后，使用和姿势方法包括了发展中的认知和社交互动。和早期的类人猿一样，儿童在刚开始社交互动时使用指代指点和象似性的姿势。姿势交流体系为之后使用手语符号或语音符号的交流奠定了基础。只有在简单的形式自动化之后，更灵活的、复杂的语言形式才会出现。

这三种交互主义的方法在未来似乎最有前景，可能因为它们兼容并包的本质。交互主义者认识到了历史上出现过的理论阵营的优势，从中自由地借用了这些观点。交互主义者避免严格坚持简单的关联或者强势的先天机制，因此可能可以避免更为明显的陷阱。在语言理论合并了一个普遍学习系统，能够准确、详细地叙述心理上可行的语言机制，以及儿童在自然设定中发展语言所需的环境变量之前，语言学习过程依然是未知的。

建议研究项目

1. 阅读斯金纳（1957）的著作《言语行为》。就他对语言描述和习得这一问题的立场写一篇概要。把斯金纳的术语（如触发、祈令和自我附着）和语言学家使用的传统的语法范畴进行比较。

2. 找一些朋友玩下面的游戏，每次一个人。（见图7-3），看他们能否解决你提出的谜题。这一图像提供了一个简单的概念形成问题，最顶端的一组刺激物作为

"母方例子",下面的各组刺激物则作为"儿童回应"的机会。请注意,每一刺激物都有几种特点,包括尺寸(大、中、小),形状(圆形、三角形、方形),图样(空白、竖条纹、横条纹)和位置(左、中、右)。开始游戏时,你选择12种刺激特征中的一种作为"正确"的特征,但不要告诉"儿童"参与者。例如,如果"左"是正确的"语言"规则,你要指向最顶端"母方"一组中最左边的刺激物。参与者需要试图猜测下列编号的组别中所有正确的形式。我们可以用它测试很多语言学习的假设形式:

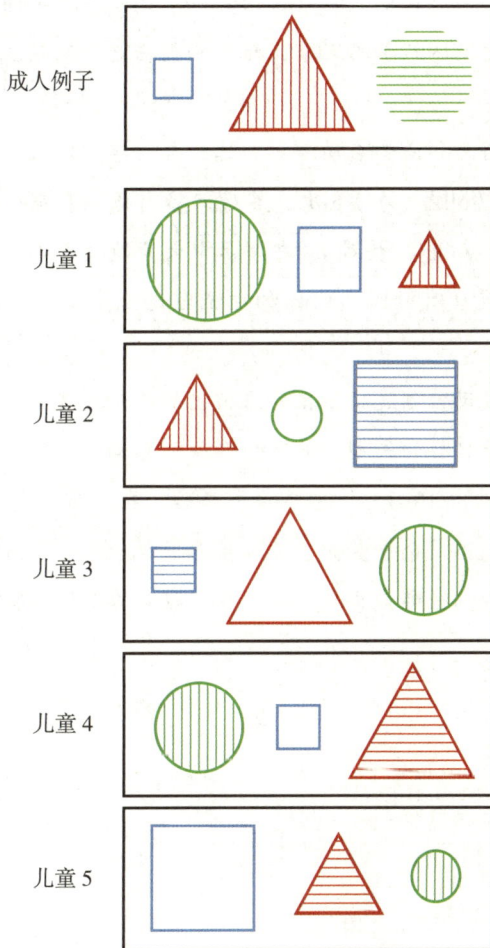

图 7-3　简单的概念形成问题

A. 无负面证据假设。无论参与者选择什么,对他们做出选择的回应表现出喜悦,并记录下他们的选择。当参与者选择错误的刺激物时,不必不进行纠正。提议给祖母打电话说"宝宝"。在几名参与者参与之后，比较回应所得出的模式，看他们是否抵达了同样的结果（如"左"）。

B. 含蓄的负面证据。和上文一样进行，然而，每当参与者做出了正确的选择时，指向他们做出的选择说"那个"。当参与者出现错误时（例如指向了任何不是最左的刺激物），指向左边的刺激物说"那个"。从不告诉参与者它们是否正确，对他们"说话"（参与游戏）一事表现出喜悦。在几名参与者参与之后，比较他们的选择模式。他们是否在你选择的规则上达成了一致？如果你从来没有告诉他们是否正确，那么他们是如何完成这一点的？

把你的数据和形式语言学习理论者（平克或韦克斯勒）的理论立场进行比较。阅读法拉尔（1992）的文章，与你的数据进行比较，简单讨论负面证据的问题。

3. 设计你自己的语义和语音启动演示。选择启动单词以及意图引发错误回答的问题，例如，说"folk"（人）5 次，然后回答问题"鸡蛋的白色的部分是什么？"很多人会回答"yolk"（蛋黄）。在演示中大声地拼出（而不是念出）你的启动单词。这种情况也有效吗？以各种主流理论为基础，讨论你的结果中的不同之处。

4. 为常见的物品或动作创造出一系列象似性的手势或姿势。当创造每个手势符号时，考虑采用什么样的手型，涉及什么样的移动，以及在什么情况下这一手势会出现。当创造出 10~15 个这样的手势后，在全班面前或者朋友面前使用它们，让对方记录下每个手势的含义。按照意见一致的百分比排列这些手势。最容易理解的手势都有哪些共同之处？最难理解的手势又有哪些共同之处？

语言发展的差异
对研究和理论的寓意

贝弗利·A.哥德菲尔德（Beverly A. Goldfield），罗得岛学院

凯瑟琳·E.斯诺（Catherine E. Snow），哈佛大学教育学院 Henry Lee Shattuck 教授，美国教育心理学家、应用学家

英格丽德·A.威伦伯格（Ingrid A. Willenberg），澳大利亚天主教大学

研究语言发展的心理学家和语言学家通常都会寻找年幼的语言学习者，在牙牙学语、最初单词、早期句子以及句法时的共性。学者们会对学习语言共性产生兴趣，很大程度上来自一项无可否认的事实：所有正常发展的人类婴儿都拥有学习语言的能力。然而，在同一语言社群内部以及不同语言社群之间，儿童学会说出的单词和句子之间存在有趣的差异，也有彼此重叠的标志性事件。让我们来看看两名英语学习者的例子。约翰娜（Johanna）在 18 月龄时已经积累了相当数量的单个单词的词汇量，能够为她的世界中重要的物品和实体提供标签。她可以谈论食物（香蕉、苹果、奶酪）、衣物（袜子、鞋子、帽子）、动物（鸟儿、猫）、家用物品（钥匙、灯）和玩具（娃娃、球）；非名词的单词相对少一些：嗨（hi）、拜拜（bye-bye）、上（up）、下（down）、不（no）。她的很多单词都是从和家长一起玩命名游戏的过程中学到的，她也同样会在游戏里使用这些单词。洗澡时，家长会引出"鼻子""牙齿""眼睛""耳朵""脸""头发""肚子"等单词。在阅读图画书时，约翰娜也能有机会展现自己的词汇量。

18 月龄的凯特琳（Caitlin）也掌握了一些描述吃的、穿的、玩的物品的单词。但是，她的词汇包括了很多非名词的单词，比如那里（there）、漂亮（pretty）、好（nice）、呸（yuck）、唉哟（ouch）、不（no）、拜

【学习目标】

阅读本章之后，学生能够：

◆ 描述幼儿在言语分割、早期词汇和早期句法发展方面如何表现出正常范围的差异。

◆ 解释早期语言发展中一些典型差异的来源，包括儿童个体交际风格、社会经济因素及双语接触对语言输入的影响。

◆ 讨论为什么儿童学习语言的特定语言特征可能会导致不同语言群体的语言发展状况发生变化。

◆ 选择语言习得典型差异的某一特定方面，并讨论这一差异对第 7 章所讨论的语言习得不同模型可能产生的影响。

拜（bye-bye）、啊哦（uh-oh）、下（down）、上（up）；还有一些短语，比如我们走（let's go）、祝福你（bless you）、坐下（sit down）、大家好（hey you guys）、让我看看（lemme see），其中一些可能是因为哥哥姐姐的存在和影响而出现的。凯特琳会用恰当的旋律式（如"你在哪儿？"<"Where are you?">）或重读式（"别摸！"<"Don't touch!">）语调说出这些短语。和约翰娜一样，凯特琳也喜欢读图画书，但是这一语境引发她产出更多"对话"而不是标签。有一次，凯特琳坐在妈妈身边，拿着一本熟悉的书，翻到自己喜欢的一页，产出了一段长 27 秒、韵律多变但完全听不清的话语，其间夹杂着停顿、手势和逐渐增长的叙事动力。

在满 12 月龄、能说出第一批单词之后，约翰娜和凯特琳都分别有了巨大的进步。她们谈论熟悉的实体和活动，使用一些相同的单词。然而，这些早期词汇之间存在明显的差异，研究者也注意到了其他语言学习者的早期单词和句子中的差异。这些研究都在努力寻找描述这些差异的最佳方式。约翰娜和凯特琳注意到了环境的不同方面吗？她们是在以不同的目的使用语言吗？她们是用不同的方式分割自己听到的言语吗？她们的看护者使用的语言也有区别吗？或者，更为宽泛的社会经济因素，包括家长和儿童互动的社交设定和参与对话的目的，也可能影响我们所见的差异。我们必须

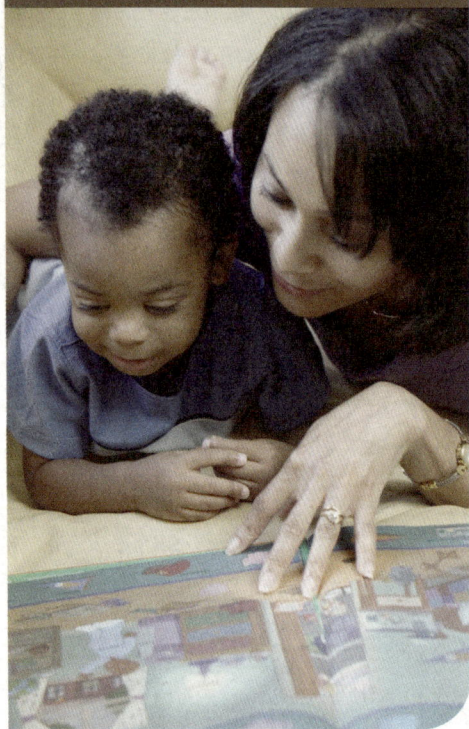

图画书引发一些儿童产出标签，而另一些儿童则会产出活跃的对话。

考虑到用来观察发展的样本的特征和所用的方法。从家长汇报中收集到的数据可能与言语录音样本之间存在系统性的区别；儿童在亲子游戏、家庭晚餐或者和兄弟姐妹对话时，我们估计能观察到更多的区别。

我们在学习英语的婴儿身上已经探索了这些问题的大多数方面。当我们从其他语言里搜集更多的证据之后，便可以开始解决不同语言展现出来的问题，了解个体为了解决学习说话这一任务所采用的一系列方案，包括学习一种以上语言的儿童的数据。之后，这些解决方案还能对一系列理论提议带来影响，例如早期词汇发展与语法之间的关系、支持语言习得的是不同的模块还是普遍学习机制、一批习得单词的最显著特征会在何种程度上受到名词及物品标签的学习准则的影响。

本章以追溯语言差异的研究的历史开始，

检验语言学习不同层级的差异、儿童和看护者特征、社会和语言因素的影响，最后考虑这些数据为当前的理论辩论所能提供的信息。

个体差异在儿童语言研究中的历史

　　语言差异这一话题并非一直是儿童语言研究者的兴趣所在，当前的一些文献可能只对它略有提及。考虑儿童语言研究的历史是理解这种分歧的最佳方式。在致力于记载语言习得普遍模式的研究进行了几十年之后，对语言差异的关注才正式出现。尽管研究者通常会汇报语言发展速度的差异（并认为这一问题不重要而不予进一步讨论），但他们更强调儿童在发展顺序中的相似性。一方面，这种对共性的强调源自一种实际性的需求，因为我们需要有关发展本质和发展顺序的基础信息；另一方面则来自儿童语言研究的语言学理论产生的影响。乔姆斯基（1957）的**转换句法**（transformational syntax）为解释成人语言能力的结构性准则提供了一种崭新而连贯的方式，但这种方式可以跨越语言之间及语言之内的差异性。儿童语言研究针对的问题和使用的方法都直接源自这一新的理论在习得方面的应用。儿童语言研究关注结构的问题，意在记录管辖儿童早期句子的普遍规则。

　　在这一阶段，对语言普遍特征的关注携带了一些研究儿童语言的方法论的假设。例如，由于我们认为所有正常发展的儿童都能够构建相似的规则系统，因此对单个或少数儿童进行的纵向研究成为一种普遍的研究范式（例如 Braine, 1963; Brown, 1973）。很多研究观察了跨语言的共同的结构和发展阶段（如 Slobin, 1968）。尽管这一范式指导了很多研究，概述了语言发展的主要维度，但也让我们更倾向于观察数据之间共有的模式。一些儿童被研究者选择的原因，是因为他们的言语更方便理解和记录。发音不清晰或者在早期言语中带有"杂乱的"术语式的单词串的儿童更少被包括在内。与之相似，在一个预测性较明显的儿童言语语料库中，超前出现的、模仿性质的、不经由规则产生的话语通常被划分进异常或混杂的类别，从而排除出后续的研究。

　　有几个原因导致了由语言差异这一研究兴趣所代表的范式改变。首先，语言学理论变得更注重成人语言的语义和语用方面，儿童语言研究也从对句法的单独侧重开始慢慢转变。在 20 世纪 70 年代，研究者开始对早期单词和句子的含义及功能感兴趣。20 世纪 80 年代，儿童语言研究的领域开始扩展之后，研究逐渐开始偏离普遍的习得顺序，并获得了一定的意义。研究者采用更大量的儿童样本研究早期语言的含义、功能和形式，自此发现儿童在这三个维度之间都有所差异。

当前的研究注意力开始集中于之前被排除的儿童和儿童话语，这也促进了差异性的报告的逐渐增多。发音不良的儿童和产出早期术语化句子的儿童得到了研究（Adamson & Tomasello, 1984; Peters, 1977, 1983）。一些研究者在没有对儿童的语言或语言环境的代表性做出先验决策的情况下研究儿童。基于每月 1 小时录音环节的小样本纵向研究，让位给了在 6 个星期内进行 30 小时录音的大样本技术（如 Lieven, Salomo, & Tomasello, 2009）和明确的跨语言比较（如 Bornstein et al., 2004; Bornstein & Cote, 2005; Stoll, Abbott-Smith, & Lieven, 2009）。我们同时也能从对来自不同语言社群的儿童（如 Slobin, 1985, 1992, 1997）和能够反映不同文化与社会经济群体的大样本（如 Hart & Risley, 1995; Hoff-Ginsberg, 1998; Hoff, 2003; Rowe, Raudenbush, & Goldin-Meadow, 2012）的研究中收获良多。我们在本章后续会检验和语言社群、双语习得以及社会经济地位（SES）相关的差异。

针对语言差异的研究意在探索以下的一个或者多个问题：①语言学习以什么样的方式出现差异？②什么要素会影响这些差异？③语言差异对我们理解习得过程、提出恰当的语言发展理论以及阐明发展中的认知、社会及语言因素的互相关联有什么寓意？

早期单词的差异

纳尔逊（1973；另参见后续 Hampson & Nelson, 1993）对早期单词发展的研究是最早注意到年幼的语言学习者之间差异的研究。纳尔逊收集了 18 名儿童（7 名男孩和 11 名女孩）的产出性词汇的日记数据。每一名儿童产出的前 50 个单词按照其内容或儿童对这个单词的首次使用而进行分组（名词性单词、动作单词、修饰词、个人社交单词、功能词）。纳尔逊发现，所有的儿童都习得了熟悉的人、动物、食物、玩具、车辆和家用物品的单词。但是儿童在习得名词性单词的比例上有所区别。10 名指代型（referential）的儿童的早期词汇中主要包括了有关物品的单词。这些儿童从单词阶段按照预期进入了双单词阶段。在开始组合单词之前，词汇量达到 50 个单词左右时，经常会出现突然的新单词量激增。在 24 月龄时的后续言语样本中，早期对物品标签的偏好和对物品的谈论呈正相关，和对自身的谈论呈负相关。

8 名表达型（expressive）的儿童则以另一种方式发展。与前一组相比，他们有更少的物品标签，但是有更多的代词和功能单词。他们也习得了更多的个人 – 社交表达式，这些表达式通常比单个单词更长。从很早的时候，这些孩子就开始使用短语，例如"走开"（go away）、"停下"（stop it）、"别做"（don't do it）和"我想要"（I want it）。他们向句法组合的过渡更不清晰，也没有以新词汇的快速增长作为标志。

尽管这两组儿童在习得 50 个单词时并没有年龄差异，但指代型儿童同时包括了早语者和迟语者，他们比表达型儿童学习单词的速度更快；表达型儿童展现出更缓慢、更稳定的学习状态。

纳尔逊认为，这些差异反映了儿童对语言学习方式的不同假设。指代型儿童学习的是如何谈论和分类环境中的物品。表达型儿童更具有社交性，习得的是谈论自身和他人的方式。

尽管纳尔逊为语言发展的研究引入了一个重要的新方法，但后续研究也指出了一系列与原有的指代 – 表达区别有关的问题。首先是数据收集问题。在语言学家和心理学家观测记录发展的方面，父母的报告一直是儿童语言数据的宝贵来源。家长会和他们的孩子在家内外的各种语境中交谈，家长同时通常是儿童最早的、持续最久的对话对象。然而，家长可能偏向于注意一些单词而忽略另一些单词。例如，与儿童实际使用的单词相比，家长汇报了更多的名词、更少的动词（例如 Bates, Bretherton, & Snyder, 1988; Benedict, 1979; Pine, 1992b; Tardif, Gelman, & Xu, 1999）。另一方面，儿童可能知道一系列只会在特定语境中使用的标签。"狮子"（lion）、"月亮"（moon）和"豆子"（peas）这些词可能会分别在图书阅读、睡前和晚餐时间诱导产生，但是在录音的玩耍环节更少出现。在任何情况下，我们预计儿童的词汇被判断为"指代"或"表达"的程度会根据研究者获得儿童词汇的信息而出现变化。

另一个问题则是关于儿童实际使用他们知道的各种单词的频率。即使在名词占儿童汇报词汇将近一半的情况下，这些名词也可能没有像其他单词那样频繁得到使用（Pine, 1992b），因此，单词个体与儿童词汇的单词类别的分布呈现出不同。

最后，纳尔逊的原始分类方法是形式和功能特征的混合体。例如，"门"（door）这个单词，在"儿童抚摸门"中出现时，可以被划分为名词性单词；但当儿童看起来想要开门外出的时候，也可以被视为行为单词。混淆形式和功能标准使得解释指代和表达之间的差异出现了一些混乱。在没有有关儿童实际使用单词的方式的独立观察证据时，我们无法证实纳尔逊关于指代 – 表达差异的提议能够反映儿童对语言功能的不同假设。

一些后续研究直接观察了儿童早期言语的功能差异。派恩（Pine, 1992a）收集了 7 名儿童最早习得的 100 个单词的数据，并为不同功能的言语样本录音进行了编码，包括了提请注意、标签、描述、要求和反对。尽管儿童在使用普通名词的比例上存在明显的差异（在 50 个词时介于 28%~54%，在 100 个词时介于 35%~67%），但在任何一种词汇量水平上，指代词汇和任何功能范畴都没有任何关系。

因此，尽管儿童在所学的单词种类上有所区别，但我们没有连贯的支持证据能够证明具有更多名词的儿童会在更多命名语境、更少社交语境下使用语言。很多乃至大部分早期单词都有着多种功能，单词使用的分布、功能和频率之间相互关联，但依然是早期词汇发展的不同方面。

一些研究确认了儿童早期单词的指代 – 表达区别的某些变体。有些儿童习得了更多用来标记和描述物品性质的普通名词或单词，而另一些儿童习得了很多描述自己动作和状态的单词，并使用了更多的短语（如 Bretherton, McNew, Snyder & Bates, 1983; Goldfield, 1987; Lieven, Pine & Barnes, 1992; Pine & Lieven, 1990）。然而，需要注意的是，指代 – 表达维度并不是二元的，而更像是一个连续体。大多数儿童习得了相对平衡的指代 – 表达语言，只有一些儿童习得的单词分布足够极端到可以被视为明显的风格或策略。然而，对这些极端情况的仔细研究能够帮助我们理出对所有儿童的词汇发展都有作用的可能的机制与发展过程（参见图 8-1）。

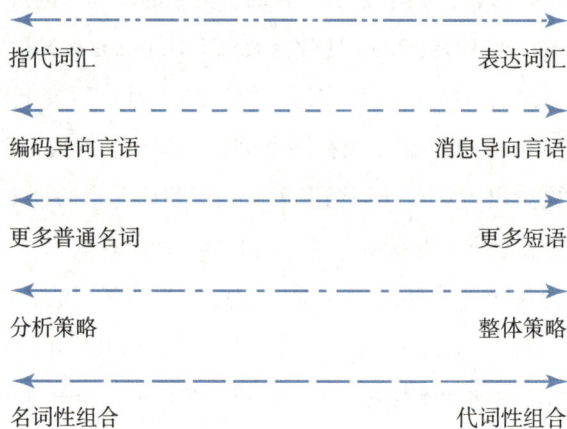

指代词汇	表达词汇
编码导向言语	消息导向言语
更多普通名词	更多短语
分析策略	整体策略
名词性组合	代词性组合

图 8-1　早期语言发展的个体差异的维度

分割语流

使用形式和 / 或功能特征描述儿童早期言语的高难度，使得研究者开始考虑用其他的方式来概念化个体差异。有些儿童在单一单词阶段习得更长的、短语似的话语的倾向表明，儿童可能会在他们从成人话语中分割出的语言单元的长度方面有所区别。我们在介绍中描述的凯特琳的早期语言就是这种短语性言语的例子。我们需要注意，凯特琳的短语有 2~3 个单词长，但是各个单词都不是单独出现的，这意味着这“一组”单词是以一个整体学会的。此外，她以成人似的语调产出这些短语。

尽管在儿童导向话语中，更短的话语、夸张的语调、停顿、重复和重音模式都可以辅助语流分割，但儿童必须从连续话语的原始材料中构建自己的词汇。他们选择的单元可能是单个单词，也可能是更长的短语。一些研究汇报说，一些儿童倾向于音节和音段，另一些儿童则注意到统一更大的言语序列的韵律语调（Echols, 1993; Peters, 1977, 1983），赛斯（Seth）和丹尼尔（Daniel）是这些不同策略的代表：

> 像赛斯这样偏重形式的儿童注意“横向”的信息，如音节的数量、重音、语调模式……丹尼尔这样倾向于单词的儿童则更注意在单个（通常带有重音）的音节里的“纵向”分割信息，集中于辅音和元音的细节（Peters & Menn, 1993）。

在儿童早期的音系系统里，还有一项与这些不同的分段策略相关的差异。弗格森（Ferguson, 1979）描述了谨慎的和冒险的习得方式。有些儿童的早期话语似乎是基于优雅有序的音系规则组合生成的，他们产出的是成人使用词汇的儿童形式，非常具有预测性。这些儿童（例如史密斯的研究对象阿玛尔，1973）要么在模仿和自发形式里连贯地使用自己的规则系统，要么抗拒模仿那些违反他们输出限制的单词。相反，另一些儿童使用相当松散的音系系统，在产出大多数单词时使用不同的方式，有选择性地使用自己的音系规则。具有松散音系系统的儿童通常能够轻松地把模仿（及渐进）的形式归并到自己的词汇里，并很有可能通过直接的示范显示出产出的改善状况。

普朗克特（Plunkett, 1993）认为，发音流畅和发音准确在早期言语中是反向相关的。短语性的言语说明分割的段落超出目标成人单词。这种表达式在产出时更偏流利，但在单独的音段发音上更不准确。发音准确是语流分割没有达到成人目标单词的另一种策略的结果，儿童在其中注意的是次词汇单元的准确产出。

平均而言，婴儿能在 7.5 月龄时从连续的言语中分割出单词（Jusczyk & Aslin, 1995）。然而，近期研究汇报了这一能力开端时间上的巨大差异及其对后续词汇发展的影响。英语学习者 1 岁以内言语分割任务的表现与 24 月龄时母方对产出性词汇的报告相关（Newman, Ratner, Jusczyk, Jusczyk, & Dow, 2006; Singh, Reznick, & Xuehua, 2012）。此外，在学习荷兰语的婴儿中，只有那些在 10 月龄时进行单词分割任务时表现出更成熟的事件相关电位的儿童，能够在 16 月龄时准确地认出理解测试中的单词

（Junge & Cutler, 2014）。分割能力"上线"的年龄与映射单词和含义的认知资源、文字记忆及输入语言的特征相结合，可能会影响感知上更为明显的语言单元的类别。维曼（1993）认为，学习者注意到的语音可能是他们经常听到的、知道自己可以产出的语音，这导致每个儿童都可能有独特的发声过滤系统。我们会在本章后半部分探讨母方言语和输入语言的特征。

利文（Lieven）及其同事（1992）创造了"冻结短语"（frozen phrase）一词，用它来指代真正的单词组合开始之前的短语性言语。他们把冻结短语定义为包括两个或更多之前从来没有在儿童言语中作为单独单元出现的单词的话语。他们检验了 12 名接受长期观察的儿童的样本中的普通单词、个人 – 社交单词和冻结短语的数量。他们发现，个人 – 社交单词随着词汇量的增长而减少，这意味着这些单词可能不是表达风格的稳定的定义性特征。另一方面，在比较前 50 个词和第 51~100 个词时，儿童词汇中的普通名词和冻结短语的比例相对稳定。在两个词汇阶段，二者的数量都呈负相关。这一结果模式说明，冻结短语和普通名词可能能够更准确地定义早期词汇发展的两种方式。此外，当习得 50 个和 100 个单词时，这两者的数量和年龄之间都没有显著相关，这意味着在这一发展阶段，两种策略都没有显示出更强的优势。

彼得斯（Peters, 1977, 1983）描述了她观察到的儿童习得短语性言语和发音更清晰的单个单词的方式。她把这两种言语类型分别命名为完形型和分析型。然而，正如派恩和利文（1993）指出的，从成人言语中分割出短语的过程也是一种分析过程。有区别的是儿童从所听到的言语中提取出的单元的长度。儿童早期言语中短语性言语的出现引出了一系列有关词汇和句法之间关系的问题。我们会在回顾早期句法发展的差异的证据之后再回归这一话题。

早期句子的差异

在纳尔逊关于早期单词差异的研究完成两年之后，布鲁姆、莱特布朗（Lightbown）和胡德（Hood）（1975）称，儿童在早期多单词言语阶段也有所差异。他们发现，他们所观察的 4 名儿童说出的句子有着同样的内容（他们谈论一系列共同的语义范畴，如重现、否定、动作、状态），并以同样的顺序出现。但是，这 4 名儿童早期所说的句子的形式有所不同。4 名儿童都使用枢轴策略编码否定、不存在［没有 X（no + X）、不再有 X（no more + X）］和重现［更多 X（more + X）、另一个 X（nother + X）］。这一策略把一小组功能单词中的一个和一大组不同的内容单词中的一个进行组合。埃里克（Eric）和彼得（Peter）采用同样的方式表达动作、位置和从属关系，他们把全能代词和内容单词组合在一起，产出了"我结束"（I finish）、"玩它"（play it）、"坐这里"（sit here）和"我的卡车"（my truck）这样的话语。在同一个阶段，凯瑟琳（Kathryn）和吉娅（Gia）用组合内容单词的方式表达同样的语义关系，例如"吉娅推"（Gia push）、"摸牛奶"（touch milk）、"毛衣椅子"（sweater chair）和"凯瑟琳袜子"（Kathryn sock）。

布鲁姆及其同事（1975）称，儿童采用了两种不同的组合策略。两名男孩使用的代词策略，允许他们不需要依赖于特定的词语就可以开始编码物品和活动之间的关系。因为他们在单一单词话语和包括"没有"（no）和"更多"（more）的句子里使用各种各样的单词，他们的策略不能简单归因于词汇里没有充足的标签。另外，两名女孩更倾向于用特定的名词谈论同样的含义。当平均话语长度（MLU）接近 2.5 时，这两个系统开始重合，采用**代词策略**（pronominal strategy）的儿童开始合并内容单词，而采用**名词策略**（nominal strategy）的儿童开始在话语中使用代词。

一些研究者辩称，儿童最早的句子反映了特定的单词组合，而并非更为抽象的语义规则或句法规则的实例（如 Childers & Tomasello, 2001; Lieven, Pine, & Baldwin, 1997; Theakston, Lieven, Pine & Rowland, 2002）。如果这一论点属实，我们应该猜测早期语法发展中出现了更为明显的差异，儿童在表达句子含义时会使用不同的单词和模式。例如，早期的代词风格会以一些机械短语开始，例如，"我的瓶子"（my bottle）、"我做它"（I do it），最终演化为具有能产性的模式，例如"我的球"（my ball）、"我的饼干"（my cookie）、"我的妈妈"（my mommy）、"我找到了它"（I found it）、"我得到了它"（I get it）、"我看见了它"（I see it）。柯（Ke）和姚（Yao）（2008）提出了一套量化儿童和看护者言语的差异的网络方法。他们从纵向研究数据（12 名 20~24 月龄儿童在 1 年的时间里录制的 34 次走访内容）中构建了儿童的单词网络。单词网络通过检验转录文本数据中的词语搭配关系（每个单词和它在话语中紧邻的单词）而构建，然后对儿童使用的不同单词的数量（网络大小）与儿童在组合言语中使用单词的能力（网络密度）进行分析。乔尔（Joel）和露丝（Ruth）为两种不同的发展轨迹提供了范例。乔尔是发展较早的指代性语言使用者，他使用很多单词，但以有限的方式组合它们。另外，露丝是相对发展较晚的表达性语言使用者，她用词较少，但有更灵活的语言组织模式。对母亲所用语言的网络分析显示两位母亲具有并行的言语特征。

这些数据也表明，像平均话语长度这样的笼统衡量方式会掩盖儿童扩展话语长度的不同。有些儿童会把强调语义内容的句子放在一起，而另一些儿童会关注于合乎语法的句型（Rollins, Snow, & Willett, 1996）。处于平均话语长度相同水平的儿童，可能会展现出完全不同的语法系统知识。

我们会在下一节展现关于早期句法的不同研究手段更多的证据；在下一节里，我们会回顾针对在早期单词到早期句子阶段接受观测的儿童的研究。

单词和句子风格的稳定性

我们所见到的儿童在分割听到的言语、表达早期含义、把结构加入语言时所使用的策略的差异可能只是表现出不同的融入语言系统的起点，但也有可能是在发展过程中持续出现差异的早期征兆。那么，这些差异到底有多么稳定呢？

一些证据表明，儿童的早期单词偏好能够反映在他们最早的单词合并形式中。纳尔逊（1975）跟踪调查了她原本的指代 – 表达样本儿童之后的语言发展，发现指代语言的使用者在早期所说的句子中夹杂大量的名词。随着平均话语长度的增加，这些儿童的代词使用有所进步，名词使用则有所滞后。来自表达组的儿童一开始就有数量均衡的名词和代词使用。这一组中，代词的使用变化很小，但是随着平均话语长度的增加，名词有所增多。

利文（1980）报告称，她所观察的 3 名儿童的早期句子看起来是从他们的单一单词言语的特征中衍生出来的。其中一名儿童的单个单词和早期结构，如"那里"（there），"妈妈"（mommy），"那里朱利安"（there Julian）和"那里妈妈"（there mommy），并不是用于表达指代，而都是用来获取成人注意的。另外，两名儿童在他们的单个和多个单词话语中都更倾向于描述人和事物的特质和动作。

正如我们之前所见，一些儿童，比如凯特琳，在学说话的早期阶段习得了一些短语。纳尔逊的表达性语言使用者产出了"走开"（go away）、"停下"（stop it）、"别做它"（don't do it）、"我想要它"（I want it）。这些短语都是从成人言语中分割出更大单元的结果。然而，我们还不清楚这些早期单元和后期语法发展的关系。一些研究者认为，早期的短语性言语和之后的分析型产出没有关系。贝茨及其同事（1988）跟踪调查了儿童从说出第一批单词到说出早期句子的发展。在儿童 10 月龄、13 月龄、20 月龄和 28 月龄时，贝茨和同事用观察和家长采访评估了儿童的语言。贝茨及其同事报告称，在婴儿 13 月龄时展现出高水平理解和灵活的名词产出的分析风格（analytic style），能够预测其在 28 月龄时较为超前的语法发展。另一方面，体现出早期机械风格（rote style）或整体风格（holistic style）的变量则与之后的语法进展无关。

然而，派恩和利文（1990，1993）认为，与年龄相关的横断面的衡量手段混淆了策略差别和发展层面不同所导致的差异。随着儿童词汇总量的增长，名词比例也在增长，在同一年龄段接受评估的具有不同词汇水平的儿童在其词汇的名词数量上也会有差别，这与他们特定的风格或策略无关。因此，对差异的评估必须基于可比较的词汇总量（这一点和纳尔逊原本的研究相同）。

然而，贝茨及其同事（1993）采用了词汇水平控制，再一次报告称，早期短语性言语和后期语法发展无关。而派恩和利文（1993）认为，早期冻结短语能够预测后期成效明显的单词组合。这一明显的分歧部分可能源于年龄差异和用来评估风格差异与语法进程的方法。贝茨及其同事（1993）采用家长调查数据发现，儿童在 20 月龄时使用的封闭词组（介词、冠词、助动词、疑问词、代词、量词和连词）单词数量与 26 月龄时在句子中包括的表达语法复杂度（介词、冠词、助动词、系动词、情态动词、属格、复数和时态标记）的单词和屈折程度无关。派恩和利文（1993）使用了家长汇报和儿童在 11~20 月龄的录音，汇报称冻结短语的比例和具有能产性的单词组合的数量正相关，而普通名词的比例和句子产出没有关系。因此，这两项研究关注的是两个不同的发展时期有所不同的语法方面。

儿童的冻结短语习得让研究者重新考虑早期句法发展背后的过程。短语性言语允许一些儿童把短语分割成带有空缺的框架，在空缺中可以填入其他词语，从而衍生出组合模式（Pine & Lieven, 1993）。彼得斯（1977, 1983）也认为，短语性话语可以作为单个词语存储、获取和使用，之后再进行分析，分解为具有能产性的组成部分。她把短语性言语最终的分解称为裂变，以与组合单元形成句子的互补过程相区分，后者被她称为聚变。儿童个体在开始学习句法时，可能会偏向于其中一种方法。详细的纵贯式研究显示，儿童通过在特定词语周围建立分布模式［如"想要 x"（want x），"有一个 x"（there's a x），"x 在做什么"（what's x doing）］的方法，组成了很多早期句子。正如我们之前所说的，特定模式可能可以比普通的语义（如施事者＋动作）或句法（如动词＋宾语）关系更精准地表现出早期语法发展的特点。也就是说，儿童首先孤立单个片段，然后寻找前后出现的模式。然而，儿童在他们孤立和组合的片段的大小（单词、惯用句或部分分析的短语）上有所区别。

另一个能够预测不同语言水平之间的某种稳定性的差异维度是模仿成人言语的倾向。因此，明显倾向于模仿韵律模式的儿童可能会在单一单词阶段习得短语单元和单个单词，在早期句子阶段产出更多语义价值较低（如代词）但频率较高的词语，也具有更为杂乱的音系系统。有研究汇报了模仿性和表达倾向、产出更长话语倾向、互通性较低倾向之间存在关系（Bloom et al., 1975; Ferguson & Farwell, 1975; Nelson,

1973），但是其他研究发现，使用指代语言的儿童会进行更多的模仿，从而认为这些区别更主要是在于儿童模仿的内容，而非他们模仿的数量。使用表达语言的儿童模仿更大的单元和社交表达，而使用指代语言的儿童倾向于模仿物品标签，特别是他们不知道的标签（Leonard, Schwartz, Folger, Newhoff, & Wilcox, 1979; Nelson, Baker, Denninger, Bonvillian, & Kaplan, 1985）。

策略和风格的差异在幼儿时期相对稳定，这一证据显示出了扩展更具广度的纵贯性研究可能会发现更为显著的稳定性。例如，儿童会不会在面对和语言相关的任务（如学习阅读）时显示出同样的偏好？布西斯（Bussis）、齐坦丹（Chittenden）、阿玛雷尔（Amarel）和克劳斯纳（Klausner）（1984）发现，早期学习阅读的儿童可以被分为两组：有些儿童使用更为含义所驱动的阅读策略，他们通常会在开始阅读之前预览文本、研究图画，理解内容的含义，还可以轻松略过自己无法阅读的段落，有些时候还为自己无法解读的部分编造替代段落。另一些开始学习阅读的孩子对文本相当忠诚，他们谨慎地朗读出不知道的单词，为自己建造高度有序的文本表达。长期的纵贯性研究可能可以帮助我们了解，偏爱数据收集这种保守分析策略的幼小的语言学习者是否也会在阅读时坚持同样的策略，而那个更爱冒险的使用整体性策略的同龄人也会保持自己偏好的策略。

差异的来源

考虑到我们在上文描述的差异不仅存在，而且十分稳定，接下来出现的问题就是能够解释其存在的原因。差异性是否反映了儿童因素，如社交程度、感知处理机制的分别或者认知风格？它会不会反映出看护者和儿童互动谈话的方式的不同？它会不会展现出人类社会中不同语言的不同特征？换而言之，集中于单个单词的英语学习者，其语言会不会更接近缺少形态变化的汉语；而在成人产出词缀的位置包含音节空缺的整体性学习者的语言，会不会更像土耳其语或波兰语？

儿童因素

可能儿童语言学习者之间最明显的差异就是学习速度的区别。一些儿童在过第一个生日左右就开始说话，而另一些可能还要再等上 6 个月甚至更久才会使用单词。当词汇量到达 50 个单词时，很多儿童展现出了"词汇爆发"，预示着一个单词学习速度急速上升的阶段（Goldfield & Reznick, 1990）。18 月龄，儿童的平均词汇量是 75 个单词，但也有一些完全正常的两岁儿童可能词汇量更少（Fenson et al., 1994）。

然而，我们描述的风格或策略差异并不只是观察不同发展速度的儿童得到的结果。具有相对指代或表达言语的儿童在同样的年龄达到语言发展的关键时间点，当与后期词汇和语法衡量相比时，两种风格都不具有更明显的优势（Bates et al., 1993; Hampson & Nelson, 1993; Pine & Lieven, 1990）。

正如我们之前注意到的那样，儿童可能会对统合整个短语的韵律旋律或组成单个单词的音节音段有着不同的敏感程度。我们可以从支持语言习得的多种机制的发展不对称性中找到这些差异。也就是说，注意力、感知和记忆力是否成熟到能够处理、存储、分析输入语流的速度的差别，可能会影响儿童产出的语言单元的大小和形式。贝茨及其同事（1993）以及其他研究者注意到，与更年长的学习者相比，更年幼的学习者在应对语言习得问题时，只能使用更少的记忆量和更少的分析技能，他们也经常产出自己不完全明白的形式。另一方面，可能有些儿童在犯错误的问题上更为谨慎，也更不情愿说话——简而言之就是害羞。害羞的儿童通常说话更少，语言复杂程度也更低，这会一直稳定持续到幼儿园乃至一年级（Evans, 1993）。霍甘（Horgan, 1981）也认为，年幼和年长的语言学习者之间的区别可能取决于他们谨慎或者冒险的倾向。有15 对具有同样平均话语长度但年龄至少相差 6 个月的儿童参与了这项研究。学习速度更快（更年幼）的学习者倾向于使用更多名词和更复杂的名词短语，同时产出更多的语法错误。而学习速度更慢（更年长）的学习者使用更少的名词短语，但是他们会使用更复杂的动词短语，在理解任务上更超前。

霍甘认为，学习更慢的儿童是更为谨慎的语言学习者，具有良好的接收能力，但是在展现语言技能时更为谨慎。他们可能会更加注意语言结构的细节，这反映在他们对更多助动词和不同语法结构的使用上。学习更快的儿童犯错误更为频繁，他们是冒险者，特别是在语法结构的细节方面尤为如此。库柴伊（Kuczaj）和马拉索斯（Maratsos, 1983）在观察的儿童身上也发现了在学习新句法形式时倾向于冒险和在掌握内容之前谨慎前进的类似差别。

我们现在还没有纵向数据能够证明开始语言习得较为缓慢的儿童就是那些害羞的儿童，但是很明显，害羞的儿童可能在学习第二语言时更为缓慢（Fillmore, 1979），在使用第一语言中更难成为能力强的交流者。

其他需要考虑的儿童因素包括纳尔逊（1973）提出的因素：有些婴儿以物品为中心组织自己的世界，而另一些婴儿注重于人。儿童对语言的用处（组织分类物品或谈论自身及他人）的不同假设源自这些不同的经历组织。指代型儿童的母亲更经常报告称自己的孩子喜欢操纵玩具，这支持了早先存在的认知差异可能影响儿童言语风格的观念。

对儿童语言和玩耍的研究为映射到物品和社交偏好方面的语言差异提供了理论支持。一方面，习得更多指代言语的儿童更注意玩具（Rosenblatt, 1977），也更擅长操纵物品、进行空间构建（Wolf & Gardner, 1979）。与之相似，产出更多名词＋名词组合的儿童在物品分类任务中表现得水平更高（Shore, Dixon, & Bauer, 1995）。产出更多表达言语的儿童更面向成人（Rosenblatt, 1977），更愿意参与有社交象征意义的游戏（例如和玩偶聊天或假装在打电话）（Wolf & Gardner, 1979）。

然而，哥德菲尔德（1987）认为，与物品或社交行为的绝对数量相比，对物品的共享注意的片段对指代语言习得的贡献可能更大。习得更多名词性短语的儿童与他们那些指代性不强的同龄人在玩玩具的时间上或社交行为的频率上并没有区别。然而，产出更多名词性短语的儿童更经常向母亲展示、给予或带来玩具，从而引发两人对物品的共同注意。与同龄人相比，表达言语更多的儿童对物品的兴趣并不弱，却也并非更善于社交。然而，与分享和展示玩具相比，他们更可能暂停或离开玩具玩耍，转而寻找社交注意。用物品调节社交互动的不同之处可能反过来会影响家长对儿童使用的语言。儿童的指示动作通常会诱导母亲产出标签（Masur, 1982），经常指向物品的儿童就会习得更多名词（Goldfield, 1990）。

输入因素

儿童在与任意数量的对话对象交流的过程中学会说话，这些对话对象包括家长、日间托儿所看护者、兄弟姐妹和同龄人。每次社交接触都会提供独特的语言变体的来源。例如，克莉丝朵（Crystal）可能从哥哥那里学到了一些短语性言语［如"让我看看"（lemme see）、"你知道吗"（you know what）］。其他研究者也注意到，后出生的儿童倾向于习得更多短语性言语（Nelson et al., 1985; Pine, 1995）。托儿所甚至能够提供更丰富的语言范例。

尽管成人对儿童的言语有很多共享的特征，但其间也存在明显的不同，不仅是本书中多个章节提及的儿童接触的输入数量，还包括家长对儿童说话的方式和鼓励儿童说话的方式。母方语言风格中有稳定的差异，包括母亲偏爱使用的用来指导行为、诱发对话或教导儿童的语言（Olsen-Fulero, 1982）。除此之外，母方语言风格的至少一些方面与儿童言语的差异相关。

更少的名词、更多的社交表达以及更多的动词和指代他人的或者指导儿童行为的母方话语以某种方式相关（Della Corte, Benedict, & Klein, 1983; Furrow & Nelson, 1984; Goldfield, 1987; Nelson, 1973; Pine, 1994）。另外，更多名词则和用于指代描述物品及要求加强物品名称的母方话语相关（Della Corte et al., 1983; Furrow & Nelson, 1984; Goldfield, 1987; Hampson, 1988）。尽管母方话语名词的出现频率和儿童的言语风格无关（Furrow & Nelson, 1984; Nelson, 1973），但母方描述中的名词数量和儿童最早习得的 50 个单词中的名词的比例有关（Pine, 1994）。因此，考虑名词等特定语言形式和家长言语的语用焦点（家长谈论的内容和目的）之间的关系成了一项重点。

当然，相关性并不能告诉我们家长言语在何种程度上能够影响儿童语言，或是否反之亦然。相关性只是说明了家长和儿童可能在寻找不同的互动和对话机会。大量的儿童指代语言可能源自某些常规化的命名游戏，例如指出书中的动物并说出它们的名称，或是抚摸五官并说出名称。

纳尔逊（1973）观察发现，指代型儿童习得的前 50 个单词中有 28% 都是在指代身体部位，几乎肯定是从这一类常规活动中学习到的，而表达型儿童中没有人习得了身体部位的标签。另外，表达型儿童学会了很多通常用于标记到达、出发和社交互动的常规的社交表达［如"嗨"（hi）、"拜拜"（bye）、"请"（please）、"谢谢"（thank you）、"走吧"（let's go）和"天呐"（Oh dear）］。具有更多表达性言语的儿童的母亲倾向于使用很多这种刻板型的言语（Nelson, 1973; Plunkett, 1993）。躲猫猫是一种包括了常规化语言的游戏，很多文化背景不同的家长和婴儿都喜欢它。

输入语言特征对儿童语言风格的影响程度在实证支持方面情况不一，也在持续引发理论争议。汉普森和纳尔逊（1993）在把儿童根据语言风格进行分组之后，展示出了儿童 13 月龄时的母方语言和 20 月龄时的儿童语法之间的关系。他们发现，只有在自发性言语中名词占 40% 以上的儿童之间，母方言语中的名词和儿童的平均话语长度才呈现显著的正相关。在产出更多表达性言语（少于 40% 名词）的儿童中则没有这种正相关关系。这两组在 13 月龄时早语者和迟语者数量相仿，在 20 月龄时二者的平均话语长度也没有区别。因此，具有不同语言学习方法的儿童可能会以不同的方式使用输入的某些选择性方面。这意味着，我们在检验输入对习得的效用的研究中，有必要考虑个体差异以及儿童策略和看护者言语风格重合的程度。

社会经济地位

我们之前描述的一些输入差异也可以随着家庭社会经济地位的变化而看出来，特别是当社会经济地位与母方的教育水平相关时。与低社会经济水平家庭的家长相比，高社会经济地位家庭的家长倾向于在和儿童谈话时更经常使用物品标签，更少使用指示性言语（Hoff-Ginsberg, 1991, 1998; Lawrence & Shipley, 1996）。然而，最为连贯的发现则在于社会经济水平和词汇发展速度之间的关系。在第 4 章里讨论过的一项里程

不同语境提供了语言学习的不同机会。

碑式的研究里，哈特和黎斯利（1995）发现来自收入中等偏上的家庭的儿童在 3 岁之前平均产出 1200 个不同的单词，而来自社会孤立、单亲、依靠福利生活的家庭的儿童只能产出大概 600 个不同的单词。正如读者在阅读此处时所了解的那样，哈特和黎斯利将这些差异归因于一个简单的因素：儿童所听到的语言的量。哈特和黎斯利通过每个月时长 1 小时的录音推断：来自收入中等偏上的家庭的儿童在 3 岁之前已经听到了 3000 万个单词，而来自依靠福利生活的家庭的儿童只能听到 1000 万个单词。

哈特和黎斯利的研究发现预兆了后续一系列的研究，指出了 3 个重要的、目前已经广为显现的事实，这 3 个事实已经超出了低社会经济水平家庭的儿童听到的语言更少、倾向于习得更小的词汇量这一主要发现。其一，来自低社会经济水平家庭的儿童，平均比高社会经济水平家庭的儿童学习语言更慢，特别是习得的词汇量更少，达到一些语言发展转折点的时间也更晚（如 Arriaga, Fenson, Cronan, & Pethick, 1998; Farkas & Beron, 2004; Hoff-Ginsberg, 1998）。这些差异在 18 月龄时就已经显现了，不仅反映在词汇量上，也反映在处理速度和效率上（Fernald, Marchman, & Weisleder, 2013），因此预示着这些儿童的词汇增长更缓慢且更吃力（Fernald & Marchman, 2012）。其二，与教育水平较低、收入较低及 / 或生活压力更大的家长相比，教育水平更高、收入更高的家长平均对自己的孩子说话更多，更愿意回应儿童的语言，鼓励儿童说更多的话（如 Hoff, Laursen, & Tardiff, 2002; Lawrence & Shipley, 1996; Rowe, 2008）。其三，儿童语言发展的不同，特别是在词汇习得速度方面，明显与输入的数量（如 Hoff, 2003; Huttenlocher, Haight, Bryk, Seltzer, & Lyons, 1991; Pan, Rowe, Singer, & Snow, 2005）和质量（Rowe, 2012; Weizman & Snow, 2001）相关。

哈特和黎斯利的报告中还有其他两点得到的注意相对较少，但是它们对了解和思考社会经济地位差异对语言技能的影响依然同样重要。其一，家长输入数量的差异在哈特和黎斯利分辨的三组人群中的任意一组之内都相当明显，这种差异预测了社会阶层群组内部的儿童语言成就。换言之，社会经济水平和语言输入量的关系不是决定性的，任何社会阶层的儿童，如果听到的语言较少，就只有较少的机会学习语言（如 Huttenlocher, Vasilyeva, Waterfall, Vevea, & Hedges, 2007; Pan et al., 2005; Pungello, Iruka, Dotterer, Mills-Koonce, & Reznick, 2009）。其二，话语的数量和话语的质量明显相关。换言之，说话多的母亲会使用更多不同的词，谈论各种话题，引导儿童更多地参与幻想游戏、叙述和解释（Beals & Tabors, 1995; Weizman & Snow, 2001）。此外，说话更多的母亲对儿童的回应也更多，更可能谈论儿童的注意力集中点，也更可能向儿童示范他们想说的内容（Carpenter, Nagell, & Tomasello, 1998; Tamis-LeMonda, Bornstein, Baumwell, & Damast, 1996）。因此，我们很难决定对接触大量话语的正面效果反映的只是数量的作用，还是和高质量相关的丰富的、详细的、具有回应的话语的作用。

　　一种深挖质量与数量问题的方法是思考一种家庭中常见的和幼儿一起进行的活动：家长和儿童一起读书。中等收入的家庭平均拥有更多的儿童图书，他们的孩子也更经常阅读它们。一些阅读项目明确设计为向低收入家庭儿童提供图书。读书是"高质量"互动的极佳语境，因为图书提供了有趣的话题、新鲜的单词、吸引人的图片和重复与提问的机会。阅读绘本的经历能够有效预测儿童的语言发展结果（Senechal, LeFevre, Hudson, & Lawson, 1996），在低收入家庭之间也不例外（Raikes, Pan, Tamis-LeMonda, Brooks-Gunn, & Constantine, 2006）。与受教育更多的母亲相比，社会经济地位较低的母亲（Fuller, Bein, Kim, & Rabe-Hesketh, 2015）自发与儿童一起阅读图书的倾向更低。然而，针对提升阅读效果的指导是有效的，比如提出开放式问题、鼓励儿童讲故事、用图书作为参与性强的详细对话的语境（Whitehurst, Falco, Lonigan, & Fischel, 1988）。这种互动被称为"对话阅读"，有明显证据表明它们对语言发展有帮助（Mol, Bus, De Jong, & Smeets, 2008）。此外，虽然家长大量参与和儿童一起阅读图书的可能性存在社会阶层差异，但与其他互动方式相比，在阅读图书时，收入中等偏上和普通收入家庭之间的互动风格差异更不明显（Snow, Arlman-Rupp, Hassing, Jobse, Joosten, & Vorster, 1976）。

　　在美国，互动风格和儿童语言发展结果方面的社会阶层差异解释多种多样，十分复杂。这些差别和种族群体及移民状态相关（Tamis-Lemonda, Song, Leavell, Kahana-Kalman, & Yoshikawa, 2012），这意味着在文化方面也有区别。低收入家庭可能偏爱说话更少、更为服从的儿童。生活在贫困、高压力与狭窄居室的家庭可能不像拥有更多教育、社会及财富资源的家庭那样，有充足的感情资源去关注回应幼儿。可能婴儿期的小小差异会随着年龄的增长而逐渐变大。开始说话较早的儿童可能会引发家长提供更多的回应，从而拥有更多的语言经历，而说话较晚或者不活跃的儿童会从自身方面减少语言的接触，在低社会经济水平的家庭中尤为如此（Farran & Haskins, 1980）。无论解释如何，我们可以清楚地看到，受社会阶层影响而产生的语言发育结果的差异很明显，因为语言发展与亲子互动的模式相关。考虑到儿童语言技能和轻松学习阅读之间存在稳定的关系（Snow, Burns, & Griffin, 1998），这些差异会对儿童入学学习读写的准备程度有明显的影响。

语言因素

儿童可能以自己的偏好与倾向为出发点开始学习语言，看护者可能也会强调语言的某些方面或是在一些领域提供更丰富的输入。除此之外，语言本身也会给学习者带来不同的问题。这些差异可能会与学习者本身以及输入因素相互作用，从而使差别更为明显。

每种语言都能被看作以自己的方式利用人类具有的详述、普遍化和规则学习的能力。英语学习者相对能利用韵律语调和单词分割。波兰语等斯拉夫语族的语言则要求学习者学会几十种不同的名词结尾，包括每种格位（其阳性、阴性、中性不同形式的6个格位）的结尾（Smoczynska, 1985）。这一模式在综合（synthetic）特征下变得更为复杂。例如，一个特定的表示阳性、单数、属格的综合后缀，可能与阴性单数属格或阳性单数属格后缀没有任何语音关系。由于斯拉夫语族语言的名词从来不会脱离格位与语法性别标记后缀单独存在，因此儿童几乎不可避免地需要选择冒险策略，因而产生很多错误，因为他们无法立刻学会整个语言范式。另外，土耳其语也具有很多后缀，但它们是黏着（agglutinated）的，而不是综合的；也就是说，各个词缀以可预期的顺序排列在一起。土耳其语学习者可能受益于韵律方法的使用，他们用影子音节来代替还没有学到的词缀，因为这一方法能够准确地创造出可以放置之后需要学习的内容所需要的空缺。因此，填充词和影子音节的使用可能在一些语言的学习者中更为常见，而在同一语言的学习者之间存在差异（Peters, 2001）。

遗憾的是，除了英语以外的语言习得数据相对稀缺，缺少能进行差异检测的大样本研究。在丹麦语（Plunkett, 1993）、德语（Stern & Stern, 1928）和挪威语（Simonsen, 1990）环境中，研究者都观测到了倾向于单词和倾向于语调的婴儿。在希伯来语（Berman, 1985）、匈牙利语（MacWhinney, 1985）、法语（Clark, 1985）、意大利语（Bottari, Cipriani, & Chilosi, 1994）和葡萄牙语（Scarpa, 1990）环境中，也都找到了倾向于整体韵律的学习者。和彼得斯（1977）的观察对象敏（Minh）一样，埃尔森（Elsen, 1996）观察的倾向于语调的德语婴儿在命名常规活动和看图画书的时候使用了一些指代性言语。一些学习英语的儿童展现出了捕捉和利用整个单词而不是单词的形态变化的倾向，而这引出了一个问题：在因纽特语或希伯来语中，"单词"难以从含义改变所引起的大量形态变化中分辨出来，我们想知道这类儿童在学习这些语言时会有什么样的表现。跨语言分析也显示出了比英语使用者身上辨别出的更为复杂的模式。在 20 月龄的法语学习者身上，专家观察到了 3 种模式：强调名词，强调短语和填充语，强调动词、形容词和语法词（Bassano, Maillochon, & Eme, 1998）。

　　语言同样在儿童提取出特定词类（如名词或动词）的难易度上有所区别。在英语中，名词可能比动词更为明显，因为儿童会在主谓宾（SVO）句子的开头和结尾听到它们，而名词比动词的语法屈折更少；在产出中，语用因素也更偏向于名词而不是动词（Goldfield, 1993, 2000）。另外，日语、韩语和汉语都是强调动词的语言，名词指代对象可以被频繁删除，因此动词会出现在句子结尾（Clancy, 1985; Rispoli, 1989; Tanouye, 1979; Tardif, 1996）。这些语言之间的区别似乎对语言学习者有所影响。正如我们所见，学习英语的儿童在前 50 个单词中对名词的侧重存在个人差异；不过，名词学习依然是词汇习得的一个重要方面，在 50~200 词之间，名词的比例通常会上升（Bates et al., 1993）。与之相反，日语、韩语和汉语学习者通常在开始比英语学习者习得更多动词、更少名词（Choi, 2000; Gopnik & Choi, 1991, 1995; Kim, McGregor, & Thompson, 2000）。汉英双语幼儿显示出两种输入语言的特征，在英语中比在汉语词汇中有更多名词、更少动词（Xuan & Dollaghan, 2013）。当儿童在单词学习任务中接受观察时，这些语言偏向依然很明显。说英语的儿童能够在 18 月龄时把新的标签映射到行为和物品上，但在 14 月龄时还无法做到；汉语使用者能够在 14 月龄和 18 月龄学会动作的新标签，而无法学会物品的新标签（Chan, Tardif, Chen, Pulverman, Zhu & Meng, 2011）。

　　意大利语拥有主语脱落语言强调动词的一些特征，但意大利语的动词在形态上更为复杂多变，与汉语不同，意大利语不是无主语语言。与名词类型和名词单词相比，说意大利语的母亲使用更多的动词类型和动词单词（Camaioni & Longobardi, 2001）。然而，生活在市区的意大利儿童比生活在乡村的同龄人习得更少的动词（Bornstein & Cote, 2005），这可能反映出市区的家长倾向于使用更多的标签和描述，而乡村的家长着重于指令语（Camaioni, Longobardi, Venuti, & Bornstein, 1998）。然而，频率不能决定一切，名词在母方所用语句末尾出现的频率预测了名词的增加，而动词在母方所用语句开头出现的频率则预测了动词的增加（Longobardi, Rossi-Arnaud, Spataro, Putnick, & Bornstein, 2015）。总而言之，意大利语的输入更像英语而不是汉语，而就像英语学习者一样，学习意大利语的儿童比学习汉语的使用者产出更多的名词、更少的动词（Bassano, 2000; Tardif, Shatz, & Naigles, 1997）。

双语语言学习者

　　正如发展差异根据儿童习得的特定语言而改变一样，学习一种以上的语言也会引起差异。在第 11 章里，我们会更详细地讨论双语现象；但在本节里，我们讨论双语儿童在发展过程中可能会出现的特定的差异，以及学习不同语言的双语儿童之间有所差别的方式。

在人生前三年同时习得两种语言的儿童在本书中被称为双母语学习者（BFL）或同步双语者（De Houwer, 1996）。顺序双语者，即在第一语言已经建立起来之后学习第二语言的学习者，会在第 11 章中进行讨论。双母语学习者的发展的重要问题包括：双语发展和单语发展存在质的差异吗？儿童的两种语言会互相影响吗？双语儿童和他们的单语对应者会表现出相似的发展速度吗？

有稳固的证据能够驳斥二者之间存在质的差异：双母语儿童在两种语言中分别沿着与单语同龄人相似的路线发展，展现出类似的发展阶段（De Houwer, 1996; Paradis, Genesee, & Crago, 2011）。也有证据支持双语言系统假设：双母语习得可以被看作第一语言习得乘以二，双语儿童具有两个分离的语言系统，正如在法德双语儿童最早的多单词话语中的不同语序模式所展现的那样（Meisel, 2006）。儿童的语码混合行为虽然一开始被视为有限语言能力的证据，其目的是用来填补词汇知识中的漏洞，但也显示儿童具有分离的语言系统。有迹象表明，儿童的语码混合话语服从每一种语言的不同的语法制约规则，从而也提供证据说明存在语言特定的语法（Genesee & Nicoladis, 2006）。后续的有关分离的语言系统的证据来自另一发现：电报式语言产出阶段的双语儿童能在和不熟悉的成人交流时选择恰当的语言（Genesee & Nicoladis, 2006）。

尽管研究者都认同双重语言系统假设，研究也发现了跨语言影响。尼古拉蒂斯（Nicoladis）（2002, 2003，由 Paradis et al., 2011 引用）辨识出了法英双语儿童的跨语言影响，这些儿童在任意一种语言中产出复合词时都倾向于调换语序。例如，法语中的"牙刷"（toothbrush）是 brosseàdents，翻译成"刷子 – 牙"。类似地，英汉双语儿童在关系从句中产出错误，而这些错误不会在英语单语或汉语单语儿童的产出中出现（Yip & Matthews, 2000）；德英双语儿童比单语儿童在德语动词词组中更经常出现语序错误，而这些错误反映出了英语的语序规则（Dopke, 1998）。研究表明，虽然跨语言影响是双语者身上的正常现象，但这一影响大多数情况下是暂时的（Paradis et al., 2011），没有证据表明它会影响发展的顺序（Michina-Mori, 2005）。

尽管近期的研究提供了可靠的证据说明双语儿童发展速度较慢（如 Hoff, Core, Place, Rumiche, Seňor, & Parra, 2012），就双语儿童是否和单语儿童以同样的速度发展这一问题有正反不一的证据。然而，尽管有发现表明双语者存在发展延迟，特别是他们的非支配语言（Hoff et al., 2012），但双语者的表现依然在单语习得常规水平的最低值之上（Paradis et al., 2011）。双语儿童的每一种语言都比同龄的单语者词汇量偏小，但他们的概念词汇（任意一种语言内表达的语义概念的总数）和单语者数量相似（Junker & Stockman, 2002）。戴维（David）和魏（Wei）（2008）发现，双语者和单语者产出类似比例的名词和动词，但是在整体单词量和翻译对等词（两种语言中均有表达的语义概念）的比例上存在明显的差异。

我们观察到的双语者发展较慢的现象，尤其是语法和语义的发展速度，和接触语言的差异有关，并不能作为证据证明双语环境会危及正在的发展语言能力（Hoff et al., 2012）。由于提供给双语儿童的语言输入分布在两种语言中，因此我们有理由假设双语儿童可能在每种语言中接收到的输入比单语儿童接收到的更少。当家长的输入包括更复杂的、词汇更多样的话语时，双语儿童倾向于在对应的语言中产出更长的、词汇更多样的话语（David & Wei, 2008）。向双语儿童提供的语言输入也有可能因为与儿童进行语言互动的社会文化差异而有所差异。例如，在英语的看护者 – 儿童互动中，物品名称占有很大的比重，而在亚洲文化里，互动倾向于围绕恰当的行为和亲属关系进行，这些差异也显示在儿童的词汇里（Chan & Nicoladis, 2010）。

由于双母语习得较为复杂，具有很多场合特定的变量，因此我们只能做出很少的总结性陈述。双母语学习者组内具有高度差异：他们习得带来不同挑战的不同语言，在第一次接触第二语言的年龄上有所差别，同时也受到其他为单语学习者带来个体差异的因素的影响，如输入、社会经济地位等。

语境：儿童、看护者和语言的相互作用

正如我们所见，儿童因素和看护者因素都预测了儿童用来解决不同语言带来的问题的方法的差异。研究方面的挑战在于理解可用的学习机制与环境支持相互作用的方法。一种方法认为，语言是在构成儿童及其对话对象的日常生活的无数种语境中学习和使用的。纳尔逊（1981）观察发现，语言使用的语境决定了输入的形式和功能。正如我们之前注意到的那样，图书阅读可能是对所有社会经济地位水平的孩子习得物品标签都极为有效的一种语境。儿童生活中的其他情景，如吃饭、穿衣、和兄弟姐妹或同龄人玩耍、玩玩具、互相打闹、童谣和歌曲等，为输入和习得提供了相当不同的语境。每一种语境均提供了一种习得语言某些方面的独特机会：整个单词或短语、物品标签或描述动作和状态的单词、描述或要求、韵律准确度或音段准确度。因此，随着语境范围的变化，学习语言的机会也会有所变化（见图 8-2）。

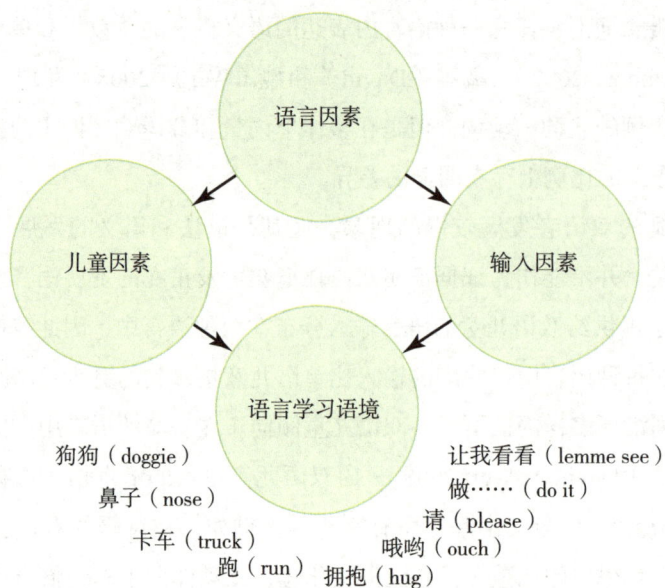

狗狗（doggie）

鼻子（nose）

卡车（truck）

跑（run）　拥抱（hug）

让我看看（lemme see）

做……（do it）

请（please）

哦哟（ouch）

图 8-2　儿童语言发展个体差异的来源

对于学习两种语言的儿童来说，语言学习的语境在每种语言内和语言之间也有所不同。此外，儿童和看护者的兴趣也会影响构成一对特定亲子的日常活动和常规行为的语境种类。哥德菲尔德（1987）发现，能够最好地预测词汇差异的要素是儿童和看护者变量的组合。在这一样本里，约翰娜是指代型的典型儿童。她给出明确的证据表明，对物品的共同注意是一种熟悉而有趣的互动语境。在她尝试吸引母亲的活动中，几乎有一半（48%）都包括展现或给予玩具。此外，她的母亲的言语明显且连贯地支持用来命名物品的单个单词的提取和习得。母方言语中最大的一类是谈论玩具（41%），母亲在所有玩耍的过程中都强调了物品的名称，从图书阅读［"洞里的蛋那本书"（egg in the hole book）、"看！看见树了吗？"（Look! See the tree?）］到玩球［"哎呀这是一个球"（Ayy it's a ball）］和过家家（"这是一个女人——你可以把女人放在卡车里"（Here's a woman—you can put the woman in the truck）］。在约翰娜习得的前 50 个单词里，名词占 76%，而只有一个短语［"找到你了"（get you）］。

其他儿童可能会经历更注重儿童行为、表现或社交游戏的语境。有着高度表达性言语的儿童凯特琳在发起社交时，只在 18% 的场合里使用了玩具。她更经常暂停玩耍，看着她的母亲微笑。此外，凯特琳的母亲也更喜欢让自己的孩子进行社交游戏，比样本中的其他母亲更常使用会话惯用语和常规用语。母亲的话语中，几乎一半（48%）都是使用疑问句和指示语来鼓励女儿的表现，还邀请她参与共同的游戏。在凯特琳习得的前 50 个单词中，61% 是社交表达性言语，正如我们之前指出的一样，其中很多都是短语。

　　然而，大多数儿童可能在参与各种语境的过程中学会更为均衡的名词、短语和社交表达性言语的混合。彼得斯（1983）发现，敏的分析性语言和完型性语言的使用通常和特定的语境相关联。单个单词的话语更有可能出现在为书中图片命名的情景里，而完型性语言通常从歌曲和故事书的童谣中复制而来。

个体差异对语言习得理论的寓意

　　语言习得具有个体差异这一事实对语言发展研究的理论和方法都具有寓意。现代语言研究的早期项目都假设习得的普遍方面是研究的恰当对象，不同语言和儿童之间的差异现象是无关紧要的。因此，小样本研究成了常态，没有人尝试选择能够代表不同习得方法种类的儿童。我们现在发现，个体差异能够告诉我们儿童从他们参与的语言互动中提取信息的过程。评估个体差异的程度和种类能够帮助我们建立关于儿童学习方法的理论，而不是仅仅描述他们知道的内容。此外，侧重对英语学习者的研究限制了我们报告的数据和建构的理论。英语是一种形态变化相对简单的语言，很少有机会能够使用简单句中的语序变化。因此，语言学习方法的正常差异范围可能被英语的特征限制，我们有可能会误以为英语学习者的特征（如以名词开始习得的倾向）是所有语言学习者共有的特征。

　　像约翰娜这样在早期语言学习中，习得以名词为主的、发音清楚的、单个单词的儿童在大量语言发展研究中很有代表性。然而，跨语言研究显示，非名词性语言在学习非英语语言的儿童的早期言语中更为常见。学习意大利语的儿童比学习英语的同龄人学会更少的名词（Camaioni & Longobardi, 1995），而日语、汉语和韩语使用者都早早地开始学习动词（Clancy, 1985; Gopnik & Choi, 1991, 1995; Tardif, 1996）。因为英语使用者（包括家长和研究者）重视名词，所以我们很多研究的努力都限制在了理解管辖物品标签学习的准则上。这一对名词的侧重可能会误导他人。例如，和名词不同，非明示性语境比明示性语境更有助于动词学习（Tomasello & Kruger, 1992）。我们把单词学习的解释限制在名词方面，就有可能错过很多儿童引入学说话的任务中的认知和语言资源。

　　凯特琳这样学会了很多短语的表达性语言使用者在文献中更为少见。然而，短语性言语的早期使用可能比之前所提及的更加常见。更长的表达性短语在整个单个单词阶段中都有出现，在社会背景不同的儿童的样本中更为常见（如 Lieven et al., 1992）。

对短语性言语的注意能够带来方法论上的改进，也能改进决定儿童语言单元的长度和能产性的标准（Lieven et al., 1997; Plunkett, 1993）。联结主义模型也显示，存在能够从连续的"言语"中分割出大于单个单词的单元的神经网络。这些模型显示，学习者（网络）和 / 或输入的微小区别可以生成极为明显的输出差异（Elman, 1990; Redington & Chater, 1998）。联结主义模型也提供了一种可能非常有价值的方法工具，用以探索一种学习机制在何种程度上能够解释我们描述的在同一领域之内和之前被划分为不同语言模块的不同领域之间（如词汇与句法）的个体差异类型。个体差异存在于语义、形态、句法方面，从第一批单词到早期句子之间具有连续性，这一事实能够反驳语言发展中严格的模块化解释。

鉴于成人日常言语中重要的一部分都由以整体储存获取的短语构成，因而对儿童使用短语性言语的影响很大。这些惯用语包括习语（如 kick the bucket，"死去"）、词组搭配（如 sheer/pure coincidence，"纯属巧合"）、修饰语（如 by and large，"大体上"）、句子框架（如 please pass the x，"请递过某物"）及标准情景话语（如 can I help you?"我能帮助你吗？"）（Nattinger & DeCarrico, 1992; Pawley & Snyder, 1983）。雷（Wray, 1998）认为，惯用语表现了重要的社会语言功能，能够减缓每次我们有话要说时从零开始构建话语的负担，特别是在交流中能够预测的情景里。尽管句法理论主要集中于由规则生成的结构，但最近的理论构想（如 Cullicover & Jackendoff, 2006）开始讨论复杂结构和相关含义的存储和获取，下一步就是探索儿童习得、存储和产出所有在交流上有效的话语的过程。

收集语言习得数据的方法基于所有儿童以同样的方式进行发展的假设而建立。因此，很多儿童自发性言语的分析都基于在玩玩具时被诱导产出的话语，儿童通常在这一过程中和实验者提供的一套新鲜的玩具进行玩耍，把模仿和日常语境作为话语来源的儿童可能会在这一全新的情境中处于相对不利的地位，他们需要在更为熟悉的日常活动中进行观察。类似地，短语性言语可能会在和兄姐的互动中受诱导而连贯地产出。

我们还需要注意，不同的文化在鼓励支持不同的儿童倾向的程度上有所差别，这点极为重要。对于美国的中等收入母亲来说，命名是一种合理而聪明的使用语言的方式，因此高度指代型的儿童的表现是恰当而有益的；但在卡鲁里部落（巴布亚新几内亚的部落）的母亲看来，命名是"毫无目的的讲话"（Schieffelin, 1986）。美国母亲可能相对不太看重模仿技能，但该技能对于由看护者指导重复模版话语进行学习和完成社会功能的儿童来看，则是至关重要的，比如卡鲁里族（Schieffelin, 1986）、瓜拉艾族（Watson-Gegeo & Gegeo, 1986）和巴索托族（Demuth, 1986）的儿童。很多人提出语言学习环境存在文化差异，以此来反驳环境对语言学习的强烈影响；我们考虑到有关研究的情况，把差异视为一种需要理解的事实，以它为证据说明儿童拥有很多可以使用的学习语言的机制，在不同的文化和语言环境中以不同的方式使用。

本章要点

我们回顾了语言学习很多层面的个体差异：第一批单词和早期习得的句子的内容、形式和功能，儿童、看护者和输入语言的特征，以及文化和社群带来的贡献。需要重申的是，我们在凯特琳和约翰娜这些儿童身上观察到的差别可能反映的是偏好与倾向，而非二元分别。被划分为高度模仿的儿童也会产出很多非模仿的话语。使用代词的儿童则产出一些名词性单词组合。指代型的儿童并非不能产出社交性的表达言语。语言习得是一种极为缓和（buffered）的过程，具有很高的成功率；大多数儿童很明显地控制了很多有助于语言发展的不同策略和机制。

我们现在还剩下一个问题：这些差异从何而来。有观点认为，儿童对语言和其他认知问题领域的不同处理反映了基础的性格差异（例如冒险倾向），或是信息处理方式的不对称。这些假设还有待后续的跨领域研究对它们进行恰当的测试。哈迪－布朗（Hardy-Brown, 1983）认为，我们可以采用行为遗传学领域的研究设计来理清遗传因素和环境对习得的速度和风格的个体差异的影响。这些方法可以包括对收养儿童的研究，评估生父母和养父母的认知和语言能力，并把这些数据和儿童发展中的语言技能做比较。与此同时，个体差异的存在不仅对理论有所反馈，也对研究和教育实践产生了影响。我们可以应用我们所知道的个体差异的知识，修正并改善收集语言数据、指导阅读、教授外语、对有语言发育迟缓或异常发展风险的儿童进行干预等活动的方法。

认识到有很多种方式学习语言、正常发展的儿童之间在完成这一任务时有所差别这一事实，能够帮助我们更有创造力地思考治疗、干预和教育。单纯一种治疗或教育方法很难在所有儿童身上都奏效，而一种方法的失败并不意味着我们不可能成功。出现语言发育迟缓或存在障碍的儿童和正常发展的儿童一样，可能会使用或回避模仿，也可能会仔细搜寻规则，或者鲁莽地尝试不同的话语，还可能会更轻松地参与社交游戏，或者需要习得指代性的词汇。这些偏爱都和成功的语言习得相兼容，也都可以由家长、教师和治疗师使用。

建议研究项目

1. 为了检验语境的影响，请为一名处于使用单个单词阶段的儿童和家长在不同情境下使用的言语进行录音，这些情境可以包括图书阅读、洗澡、户外玩耍、玩玩具、用餐时间。按照纳尔逊（1973）的指代－表达区别，分析儿童在每个语境中产出的单词。

2. 给3对不同的看护者－儿童的互动进行录音（儿童需要处在相同的年龄和／或词汇水平上）。按照交际意图（如派恩使用的描述与行为指导）编码家长的言语。家长在这些维度有差异吗？

3. 请两名家中有两个孩子的家长记录一周时间内孩子的所有独特的言语产出。这些孩子，特别是有兄弟姐妹的孩子，是否产出了短语性言语？

Chapter 9

非典型语言发展

娜恩·伯恩斯坦·拉特纳，马里兰大学教授

正如第 7 章所说，大多数儿童能够迅速且轻松地习得语言的复杂程度，因此我们很难建立起一个能够解释这种超凡成就的恰当而完整的理论。在本章中，我们会检验语言发育迟缓和存在障碍的一些主要原因和模式。因为一系列原因，儿童语言障碍的研究非常重要。最重要的原因之一，是对无法完成典型学习的个体的研究能够允许我们检验有关正常习得过程可能的先决条件的断言。正如马库斯（Marcus）和拉巴利亚蒂（Rabagliati）（2006）所说："人类发展障碍……为语言的基因、神经和行为基础提供了特别的见解，因为它们提供了一种在自然情况下研究实验室里无法控制的因素的方法。"

例如，当智力有缺陷的儿童无法迅速或恰当地学会使用语言时，我们就可以验证认知发展在语言发展中起到的可能的作用的假设。反过来，认知严重受损但语言相对完好（如威廉氏综合征所显现的那样）的情况可能会让我们质疑认知和语言之间的关系。当我们检验聋儿或听力受损的儿童所经历的语言困难模式时，我们强调了培养语言学习的过程中与成人输入充分接触的作用。其他机能领域没有缺陷但无法掌握语法规则的儿童（如特定性语言障碍）的例子，让我们思考语言是不是人类能力的一种分离的"模块"。因此，正常语言习得的理论必须能够预测这一过程可能会以何种方式受到干扰，从而出现一系列儿童语言学习障碍。

研究儿童语言障碍的另一个重要原因是，它可以引

【学习目标】

阅读本章之后，学生将能够：

- ◆ 解释听力损伤对语言发展和学业表现的影响，包括儿童接受放大器或植入人工耳蜗之后的情况。
- ◆ 描述智力障碍儿童的典型语言发育迟缓或存在障碍特征，解释他们可能出现差异的原因，例如患有唐氏综合征、X 染色体易裂症以及威廉氏综合征的儿童。
- ◆ 明确阐述近 5 年来孤独症谱系障碍的识别和管理出现的变化，并总结当前对早期筛查和干预的建议。
- ◆ 对特定性语言障碍（SLI）的语言特征和前述的症状做出区别；比较与对比试图解释患有特定性语言障碍的儿童难以按照常规速度掌握语言技能的原因的各项理论。

导我们把典型语言习得过程的发现应用到实际问题上：我们能给经历语言习得困难的儿童提供什么样的帮助？通过检验某些儿童在语言发展过程中遭遇的延迟和障碍的特定模式、回顾我们所知的典型语言发展的顺序和本质的知识，我们可以更有效地将我们的尝试集中于治疗他们的困难。

在没有治疗的情况下，延缓或异常的语言发展可能会导致阅读能力受到抑制，口语和写作技能低下，甚至社会行为及社会心理调整出现问题（U.S. Preventive Services Task Force, 2006）。有语言障碍病史的儿童在教育和职业发展方面都成果不佳，尽管这些可以用有效的干预和社会支持网络进行纠正和协调（Johnson, Beitchman, & Brownlie, 2010）。我们发现，如果干预在儿童语言学习的最早时段进行，那么几乎所有的发展障碍都会有最佳的反馈效果，"越早越好"这一点也许并不会令人吃惊。我们同时发现了在儿童发展中出现的能够使更早的干预成为可能的更早的标记或风险征兆（有关特定例子，也可参见第 2 章）。最后，如果我们能够辨别出使儿童出现交际障碍的环境或身体因素，我们也许就能够进行干预，减少形成长期语言技能困难的儿童数量（McLeod, McAllister, McCormack & Harrison, 2014）。

美国预防医学工作组（2016）在最近的一次调查中估计，言语和语言障碍影响了 5%~8% 的学龄前儿童。我们在本章会描述语言失调的一些主要模式。针对每个案例，我们会回顾影响儿童发展的已知因素、当前理论试图解释他们的交际困难的本质的方式，以及我们能够帮助这些儿童改善语言技能的措施。这些主要的语言障碍综合征涉及患有听力受损、智力障碍、孤独症谱系障碍或特定性语言障碍的儿童。

尽管本章会分别简单地讨论一些案例，强调患有这些障碍的儿童在交际发展中遇到的特别的挑战，但我们需要注意的是，我们担忧的很多行为和很多治疗方式都跨越了这些障碍的种类边界。很多障碍拥有共同的风险因素特征（如基因 / 家庭病史），患儿几乎毫无例外地落后于同龄人的常见领域（如词汇发展；语言发育迟缓对社交、教育和职业成功的影响），以及在对这些儿童进行干预支持的过程中，普遍关心的问题也近似。事实上，近些年我们逐渐发现，在孤独症谱系障碍、智力障碍和特定性语言障碍这些障碍中，其症状和功能需求存在明显的重合现象。

在本章的最后，我们会简单谈论一些和语言障碍相对的导致言语产出困难的疾病。这些言语障碍包括发音迟缓或障碍（在第 3 章中首先提及）及口吃。很多遭遇语言发展障碍的儿童在言语和语言方面都经历了困难，这可能是因为潜在的障碍影响了两个方面（如听力受损），或者因为我们现在知道发展性交流障碍的共病比例（患有一种障碍的儿童出现另一种障碍的可能性）较高（参见以下文献，例如 Macrae, Tyler, Nippold, & Larrivee, 2014; Eadie et al., 2015）。

引起非典型语言发展的因素

　　当儿童的各种表现没有跟上发展的关键时间点时，家长会感到不安，这一点可以理解。他们最常问的一个问题是："为什么我的孩子不一样？"他们想知道为什么他们的孩子听不见，或者患有智力障碍、自闭症谱系障碍的一种，或者特定性语言障碍（或者为什么他们的孩子在没有确定的发展性问题诊断时出现了发展延迟）。近些年情况逐渐明朗起来，这些病症的很大一部分显然有着至少一部分基因基础。在一些情况下，我们无须基因检测就可以发现；在美国，识别出现发展存在障碍的儿童并给予他们法律支持已经有了 50 多年的历史，足以让第一代得到《**残疾人教育法案**》（ Individuals with Disabilities Education Act, IDEA ）帮助的儿童有了自己的子辈（和孙辈）。跟踪那些在 20 世纪六七十年代首先得到识别的儿童的家庭的纵向式研究，为我们提供了障碍风险传递的见解，这些障碍包括特定性语言障碍（ Rice, 2012 ）、读写困难（ Leij et al., 2013 ）、音系障碍（ Eadie et al., 2015 ）和口吃（ Kraft & Yairi, 2012 ）。

　　孤独症逐渐被视为一种"谱系障碍"，具有程度不同的严重性和相当广泛的可能相关的发展干扰，这一观念也引发了泛**孤独症表型**（ broad autism phenotype, BAP ）这一观点的发展。反过来，评估儿童家庭成员中泛孤独症表型特征的能力表明，孤独症谱系障碍患儿的一些亲戚可能共享一些与孤独症谱系障碍相关的更为细微的特质或行为（ Taylor et al., 2013 ）。此外，现有记载也显示患儿的兄弟姐妹也有一定被诊断为孤独症谱系障碍的风险（ Miller et al., 2015 ），这为孤独症谱系障碍的基因基础提供了证据，而这一基础也通过在实验室情况下识别特定标记得到了进一步解释。

　　然而，我们需要谨慎对待这一问题，尽管我们了解了很多有关儿童不同发展障碍的特定基因标记，现在也逐渐出现证据说明，包括孤独症谱系障碍及智力障碍在内的神经发展障碍"在表型（行为）特征方面展现出重叠，具有相当高的共病比例，共享基因和环境风险因素"（ Kiscr, Rivero, & Lesch, 2015 ）。此外，我们尚且不能从基因信息的复杂性中筛查出与大多数发展障碍相关的特定基因标记（ Wright et al., 2015 ）。最后，正如我们会在本章后半部分所提及的，如果家长、教育者和治疗师理解儿童交际需求 / 改善的领域，他们就需要在帮助儿童的工作中更加切实地基于证据，帮助指导儿童在这些领域的进程，而不是试图把特定的基因特征和特定的一系列干预目标和策略联系起来。

　　我们也识别了另一些大致可以被认为是环境性发展障碍的诱因。例如，母方疾病或孕期辐射会伤害正在发育的胚胎，导致胎儿听力损失（如巨细胞病毒 [CMV]，Tvrdy, 2011 ），也可能与儿童之后的孤独症谱系障碍的诊断（参见 Lyall, Schmidt, &

Hertz-Picciotto, 2014）或智力障碍的形成有关。母亲或正在发育的儿童暴露于有毒物质，例如铅和其他重金属微粒（如受污染空气、水、土壤或者臭名昭著的涂料），与一系列影响儿童的言语和语言习得的发展问题相关（Lanphear, 2015）。母方的药物滥用，例如使用可卡因，会有极大的可能造成儿童交流（及其他）障碍（Lewis et al., 2013）。母方滥用酒精是胎儿酒精综合征这种主要智力障碍的唯一成因（Proven, Ens, & Beaudin, 2014）。

有一个不幸的事实能与本书每一章都有所提及的一个主题相呼应：很多孕期风险在低社会经济地位的家庭中有所增加。在这些家庭里，母亲和新生儿的健康状况及监测会比高收入家庭的情况更恶劣（Donkin, Roberts, Tedstone, & Marmot, 2014）。因此，现实证明，较低的社会经济地位本身就是本章所讨论的很多病症的风险因素。

交流发展和严重听力障碍

在过去的一个世纪里，听力损伤的原因和发病率出现了戏剧般的变化。在现代药品和免疫计划出现之前，严重的儿童期疾病就可以导致严重的失聪；像风疹这样的母方感染也会导致同样的结果，而二者也都可能导致儿童患上其他方面的残疾，例如失明和脑损伤。谢天谢地，在过去的数十年间，早期儿童期严重听力损伤的发生率有了明显下降。当前，学龄儿童严重听力损伤的发生率已经基本稳定在了1.1%左右（Mitchell & Karchmer, 2006）。听力障碍患儿的大多数都被诊断为**前语言失聪**（prelingually deaf）（Mehra, Eavey, & Keamy, 2009），也就是说，他们的听力损伤在出生时就已经出现，或者发生在他们学会说话之前。自2005年起，美国出生的90%以上的婴儿都接受了新生儿听力筛查（Centers for Disease Control, 2005）。在这一命令推行之前，美国儿童诊断出明显听力损伤的平均年龄在两岁或以上（Schirmer, 2001）。现在，大多数患儿在出生6个月内就可以确诊；研究显示，在儿童预计产出第一个单词之前，在出生后6个月内进行诊断和恰当的干预，能够明显改善语言产出效果（Meinzen-Derr, Wiley, & Choo, 2011）。

先天出现听力障碍、声音感知仅限于超过60**分贝**（decibel; dB）或高于婴儿哭声强度的儿童，将逐渐无法发展和正常儿童类似的自发性口语。声音感知超出90分贝的先天听力严重受损儿童被认为在功能上完全失聪，在没有教育或治疗干预的情况下，无法自发地发展出言语和语言技能。即使语言展示的模式（如书面语言）能够避开这些儿童的听觉感知问题，他们最终也会显示出语言理解困难。

听力受损的严重程度和类型多种多样。普遍而言，儿童由于听力受损而残疾的程度取决于听力受损的严重程度、受损原因以及能够恢复一些听力水平的辅助设备的使用，以及出现听力损伤的年龄（Scheetz, 2012）。尽管助听器（HAs）和**人工耳蜗**（cochlear implant, Cl）可以为儿童提供能够听见之前听不见的声音的能力，他们不能恢复正常的听力功能，特别是在严重及完全失聪的情况下。传统的助听器放大了传递进内耳剩余听力的语音信号，而人工耳蜗直接刺激听觉神经。

西兹（Scheetz, 2012）估计，现在在发达国家中有 90%~95% 的先天聋儿接受了人工耳蜗植入。类似地，在 1 岁之前接受人工耳蜗植入的儿童数量（Cosetti & Roland, 2010）也有了显著增长。事实上，人们逐渐预计一些植入人工耳蜗的儿童能够获得与听力正常儿童几乎相同的交际能力。然而，这一成就的水平并不统一，而是取决于本章随后会讨论的一些因素。

先天（congenital，在出生时即出现）或在前语言时期（在儿童开始学习语言技能之前，这是大多数儿童显著听力受损出现的时期）的听力损失比之后出现的听力损失对语言习得的过程干扰更大（有关听力衡量和障碍的讨论，参见 Schirmer, 2001）。

第 2 章描述了儿童在出生后第一年里从周围的声音系统里收集的海量信息。能够接触到周围语言的儿童，即使仅仅只接触一会儿，也能比没有这类接触的儿童展现出更高的语言成就。即使是著名的海伦·凯勒（Helen Keller），在出生后 19 个月之内就失去了视觉和听觉，也能够在她的老师安·沙利文·梅西（Anne Sullivan Macy）的全力帮助下学会语言和言语，能有这样惊人的能力，可能也是因为在被猩红热夺去听力和视力之前，她曾经短暂地接触过言语。

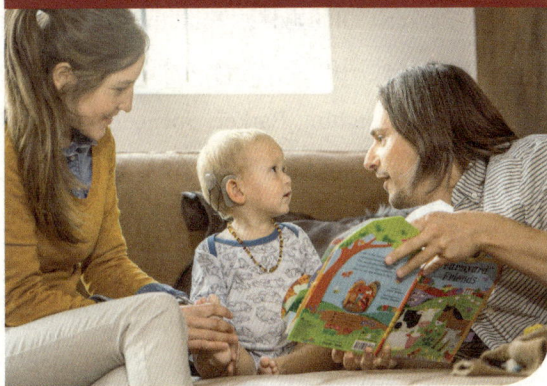

如果人工耳蜗植入得足够早，那么它能够帮助很多患有完全听力损失的儿童可能达到与年龄相符的言语和语言技能。

除此之外，一些观点认为，听力损失的**病理**（etiology，病因）可能会影响儿童的语言进展。在患有重度听力损失的儿童中，30%~40% 也患有其他可能能够严重影响他们掌握言语和语言技能的伴生残疾（Meinzen-Derr, Wiley, Grether, & Choo, 2011）。

理解**严重**听力障碍影响儿童对语言输入的接触方式是一件重要的事情。并非所有的对话都以面对面进行，聋儿会错过在他们视野之外发生的对话。我们可能低估了我们从周围发生的语言交换中获得的重要信息的程度。因此，即使完全失聪的儿童能够在对话中集中注意说者的脸，**读唇**（lipreading；又称**言语阅读** speechreading）也并不能保证他们能够成功解读对话。读唇是应对听力损失的简单解决方案，但这不过是西兹（2012）讨论的有关失聪的众多错误观念之一。很多语音，比如软腭音和流音，都是在口腔后部发出的，难以从嘴唇上区分。此外，英语及其他语言里的很多语音在发音时口形相似，但在声学上有明显区别，例如 /p/、/b/ 和 /m/。

95% 以上的失聪儿童都出生在家庭成员听力健全的家庭中（Kushalnager et al., 2010），这意味着家长和幼儿在语言发展的关键的早期数年里没有共享一种可以互通的交流系统。生于使用手语作为偏好的交流方式（并能在儿童出生之后把他们包括进自己的语言系统里）的失聪家庭的失聪儿童，为我们提供了后续会提及的有趣的比较情形。成长在不使用手语的家庭的失聪儿童很少能发展出自己的原始手语（Goldin-Meadow, 2007），这一点和语言习得的先天性质理论的讨论更为相关，因为这些儿童并没有掌握任何现有的人类语言。

在本书各版成书期间，能够使用现代听力辅助技术的儿童的教育成功率出现了稳定增长。吉尔斯（Geers）、布雷纳（Brenner）和托比（Tobey）（2011）用十多年时间跟踪调查了一群植入人工耳蜗的儿童；他们发现 75% 以上的儿童在高中时都已经融入了**主流教学**（mainstreamed；包括完整的常规课堂教学）。斯宾塞（Spencer）、巴克（Barker）和汤姆林（Tomblin）（2003）称，很多植入人工耳蜗的儿童能按照相应的年级水平使用语言、进行阅读，这些是使用传统助听器的儿童很少达到的水平。同一研究组（Tomblin, Barker, Spencer, Zhang, & Gantz, 2005）还发现，在 12 月龄前后植入人工耳蜗的儿童与后续发展阶段植入人工耳蜗的儿童相比，有着更优秀的表达语言能力。即使在这么早的阶段，丰富的输入也能够有效地帮助儿童学习言语和语言。

因此，尽管人工耳蜗能够比传统助听器提供更多的优势，但也需要广泛的教育辅助为言语、语言和读写能力提供正面效果。接受人工耳蜗植入的儿童的语言水平成果明显高低不一，原因尚且不甚明了（Geers, Spehar, & Sedey, 2002），但明显与社会经济因素及儿童是否出现其他伴生残疾这两者有关（Hyde & Power, 2006）。很多患有听力障碍的儿童也会出现进一步损害语言发展的伴生病症，如孤独症谱系障碍（Szarkowski et al., 2014）。

语言发展

儿童的听力损失通常影响言语和语言发展的所有部分。在人工耳蜗出现之前，患有听力障碍的儿童语言成就通常停滞在三四年级的水平上（Scheetz, 2012）。幸好，在技术改善、接触程度和教育法令的影响下，一些患有听力障碍的学生的这项差距上有所缩短（Easterbrooks & Beal- Alvarez, 2012）。

普遍而言，听力有障碍的儿童在词汇成就方面较弱，因为他们的词汇输入可能会出现抑制，这也反过来抑制了其他可以在词汇辅助下自主发展的方面，例如语法，甚至语言的社交使用。即使在人工耳蜗的辅助下，输入也可能因为受到影响而变差，或是儿童难以接触。更重要的是，现在我们发现：在发展早期，声音信号出现接触障碍可能与**工作记忆**（working memory, WM）的削弱有关（Kronenberger et al., 2013），因为工作记忆能够暂时存储信息并进行复述，使得这些信息能够被有效地储存进长期记忆里。

词汇发展

儿童在 1 岁之前植入人工耳蜗后，他们习得第一批单词和双单词组合的进程可能还会落后于听力正常的同龄人，但是发展的路线大致相同（Nott, Cowan, Brown, & Wigglesworth, 2009）。然而，随着时间的推移，很多患有听力障碍的儿童，甚至是那些使用人工耳蜗的儿童，其词汇输入暴露与听力正常的同龄人相比也偏低。正如本书第 10 章会讨论的那样，正常发展的儿童每年仅从接受其他语言使用者、电视、环境文字和阅读的附加暴露之中就能够学会大约 3000 个词，而患有听力障碍的儿童可能会错过其中一些机会。

语法发展

普遍而言，失聪学生难以理解很多正常发展的儿童也感到困难的结构：违反英语常规的主谓宾（SVO）模式的结构，例如被动式、嵌套从句和疑问句（Friedmann & Szterman, 2011）。然而，失聪学生对情态动词、助动词、不定式和动名词也会出现特定的问题。即使接受了人工耳蜗植入和强化的听说教育，聋儿的语法技能也比词汇技能发展更慢（Koehlinger, Van Horne, & Moeller, 2013）。我们可以从西兹（2012, 178~180 页）所记载的典型的写作样本中观察到这些困难的合并效果。

　　我的宠物。我有一条狗名字是里奇，我姐姐和里奇在一起。玩绿色的球开心里奇。我想操场。里奇洗澡完了接着准备里奇喜欢的食物吃光和水。然后里奇小床软睡觉。（一名五年级失聪儿童的写作样本）

　　My pet. I have dog name is Rickey and my sisters with Rickey. Play green ball fun Rickey. I want playground. Than Rickey bath finish next ready Rickey favorite feed eat all and water. Than and Rickey little bed soft sleep.

我哥哥问我家人说买新小猫。我哥哥说"请买宠物小猫"，我家人说"好"。我哥哥很开心。我家人和哥在车里。他们去动物商店。我哥哥最喜欢黑猫。我哥哥买小猫。我哥哥想把小猫叫"洛基"（Lucky）。（一名十年级失聪儿童的写作样本）

My brother ask my family talk about buy new kitten. My brother said "please buy pet kitten" then my family said "fine." My brother was happy. My family and brother in car. They go to animal store. My brother favourite black kitten. My brother was buy kitten. My brother want name kitten is Lucky.

总之，生活并不总是完美的。我希望我能倒回我的整个人生，在不伤某个人心的情况下正确地活一回。不仅如此，这也可以和学校、家庭、朋友和你自己有关。就像，你在学校的时候，在一次考试时拿了个大大的不及格。这个成绩会拉低一切，你想重考一回。有些老师不同意，但如果你能重考一回，你很幸运。如果不能，那么继续好好学习就会很困难。（一名十一年级失聪的写作样本）

Anyway, life is not always perfect. I wish I can rewind my whole life and do it the right way without break somebody's heart. Not only that, it can be relate to school, family, friend and yourself. Like, while you in school, you got one big fat F on your test. That grade pull everything down, and you want to retake it. Some teacher don't approve it, but if you got it retake then you're lucky. If not, then it is hard to keep up with a good work.

这些写作样本中明显的重复风格和对简单句式的滥用能够反映出句法水平发展对课堂演练的依赖。教学通常集中于简单句。有担忧认为，对语法的过度强调可能会牺牲更大的关注点，例如使用语言进行有效交流（McAnally, Rose, & Quigley, 2007）。对简单句结构的强调也可能会影响阅读和写作能力。大概 1/4 的失聪学生来自非英语母语家庭，他们把英语作为第二语言来学习，这也使这一模式变得更为复杂（Gallaudet Research Institute, 2008）。

阅读和写作能力

我们使用写作样本来阐述失聪儿童所表现的一些特性类型的语言错误。很多错误可以追溯到受抑制的词汇技能或掌握语法规则时的困难。然而，其他因素也可以影响聋儿的读写表现。在英语这类字母语言中，音系意识能力对于解读各个字母串、识别目标单词来说是至关重要的。早期人工耳蜗植入可以辅助儿童发展音系意识技能（Johnson & Goswami, 2010）。

语用技能

少有研究检验听力障碍或聋儿的语用发展。然而，对语言输入接触的减少可能会影响语用发展，较低的语言能力也可能影响所有患有交流障碍的儿童的语用技能；一些研究已经确认了这一问题。在一组患有听力障碍的儿童中，无论儿童是否已经植入人工耳蜗或使用传统助听器，他们的语用技能都有所损害（Thagard, Hilsmier, & Easterbrooks, 2011）。至关重要的一点是，语用技能预测了儿童在主流课堂里的学业进程。因此，成人在听力障碍患儿发展掌握较为缓慢的语言使用的广义语用方面对儿童进行帮助是很重要的。正如本书所有的章节都在强调的那样，语言对于社交发展和教育成果都至关重要。

失聪儿童语言发展的教育方法

本书的很多读者都太年轻，没有看过奥斯卡提名电影《失宠于上帝的孩子们》（1986）中描绘的学生在特殊教育学校就读的戏剧化场景。在美国，这些场景已经不是今天大多数患有严重听力障碍的学生所在的典型教育环境了。即使是 10 年前，大约 3/4 的失聪儿童或严重听力障碍患儿都在地方的公立学校就读（Antia, Reed, & Kreimeyer, 2005），这一数字还在持续上升。此外，大多数聋儿或严重听力障碍患儿都出生在家长听觉良好的家庭中，因此无法在人生早期接触**美国手语**（American Sign Language, ASL）。他们被嵌入主流教育环境，和听力正常的同学们一起学习。在一些情形里，有人估计 95% 以上的听力严重受损的儿童正在经受"听说语言"（LSL）的教育（Miller, 2014）。

由于这一原因，本书之前各版中大量有关协助失聪儿童的优先教育方式的讨论已经不像之前患有严重听力障碍的儿童在特殊项目或聋人特殊学校里进行教育的时代那样相关了。普遍而言，听说读写的目标包括了读唇的指导；（通过放大器和声学训练）最大化利用残余听力的指导；增加词汇、句法和语言语用使用暴露的语言刺激；以及改善言语的发音辅助。在教育项目中已经出现了一些"有品牌的"方法；其中之一是**听觉语言治疗法**（auditory verbal therapy），特别是在进行人工耳蜗植入的儿童的教育中已经有了有疗效的记载（但并没有证据显示它优于其他手段）（Brennan-Jones,

White, Rush, & Law, 2014）。

在儿童的早期阶段，特别是在其接受人工耳蜗植入之前，口语输入通常由手势系统进行加强。人们开发了一系列手势系统来与口语一起传达英语句子结构的手语表达（其他语言使用者也有另外的系统）。这些系统把英语口语中使用的单词和语法语素翻译成明显可见的手部形态和姿势。西兹（2012）提供了有关最常用手势系统的一个系统回顾。大多数美国系统享有一些共同特征：他们通常在词汇方面使用了一些美国手语（又名 Ameslan）的手势，发明新的手势来传达美国手语单个手势不表达的语法概念（例如冠词、助动词和屈折语素），产出复制英语句法结构的句子。这一结果更像是一个试图说外语（例如法语）的人把法语词语放在英语的语法框架里 [如用 "mon fröre's voiture"，而不是用正确的形式 "la voiture de mon fröre" 来表达 "我哥哥的汽车"（my brother's car）]。例如，"*The* boy is *eating*"（男孩在吃东西）这句话包括了一些美国手语不包括的元素（用斜体表示）。手势系统通常会为这些元素创造新的手势，并按照书写的方式打手势，但美国手语则会更接近于英语中的 "Boy eat-eat-eat"（男孩吃吃吃）；美国手语中的重复移动表明了进行语体，冠词则并不必要。

即使是在接受了人工耳蜗植入的儿童中，手势交流在日常生活里也扮演着重要角色。一项相对较近期的研究（Hyde & Punch, 2011）发现，将近 20% 的家长和 30% 的教师会继续和植入人工耳蜗的儿童使用手势交流。研究给出了多个使用合并输入的原因，从实用性（如需要在人工耳蜗无法工作或不能佩戴时交流；人工耳蜗必须在游泳、洗澡等活动中取下）到教育性（认为更多输入能够更好地培养语言发展），再到社会性（使用手势被认为能够帮助儿童维持聋人的身份认同感）。近期的一篇文章考虑了如下问题："所有的聋儿都需要学习手语吗？"（Mellon et al., 2015）。共识认为，只要听觉能力能够持续加强，即使已经计划植入人工耳蜗的儿童，也可以从早期手势中获益；从婴儿期就确诊为听力损失的角度考虑，"这一方法似乎比仅仅重视口头交流的方法更明显受欢迎"。

有一种手势系统在其定位上与其他系统有所不同，与帮助儿童读唇输入的关系更为密切：它就是**口手标音法**（Cued speech），一少部分失聪儿童及他们的老师 / 家长会使用它，用靠近口部的手形来区别读唇。和其他手势系统一样，它也在一些场合下被用来辅助人工耳蜗所带来的好处（Leybaert & LaSasso, 2010）。

成长在失聪家庭的儿童在教育成果方面可能会拥有身为家中唯一一个听力障碍患者而成长的儿童所不具备的优势。一些证据显示，把美国手语作为第一语言，能够帮助失聪儿童发展更好的英语技能，和知道第一语言能够为第二语言学习提供基础的方式相同。第 3、4 和 11 章的信息特别提出了一个原因：当家长和儿童共享一种语言、能够轻松相互交流时，它能够使输入概况更为丰富，而互动则能够引发更好的语言成果。当出现交流困难时，比如听力正常的家长试图使用新习得的手势和婴幼儿交流时，在某种程度上输入的量和质都有削弱。因此，应对失聪儿童的最紧要的工作就是尽早识别及处理听力损失。越来越多的数据表明，在 1 岁之前进行早期识别、语音放大及人工耳蜗植入及早期的幼儿语言刺激项目，关系到严重听力损失或完全永久听力损失的儿童所能达到的最佳语言成就（Moog & Geers, 2010）。

任何能够最大化失聪儿童及周围人之间发展完整的语言交流的机会的交流系统都可能改善失聪儿童掌握语言的进程。家长的社会经济地位和对儿童教育项目的参与也和语言水平的发展相关。康纳（Connor）和茨沃兰（Zwolan）（2004）发现，尽管在植入耳蜗之前使用综合沟通法的儿童在手术干预之前有更大的词汇量，但社会经济地位比交流方式能够更强力地预测最终接受人工耳蜗植入的儿童的读写水平成果。由于一系列原因，贫困家庭的儿童更难以出现较好的读写成就，包括家长对语言和读写干预的支持，以及对人工耳蜗或助听器功能的监控。在美国及其他国家进行的其他跟踪儿童期听力障碍的研究中也出现了种族和经济差距论点（Marschark, Shaver, Nagle, & Newman, 2015; Hyde & Power, 2006）。现在还有讨论集中于手势输入在应对听力障碍患儿或失聪儿童中的作用。然而，专家们越来越相信，成功与不成功的差别在于支持儿童之后读写发展的策略，而不是用来教授读写技能的方式。因此，本书第 10 章提出的最大化儿童后续的语言和读写技能的准则也逐渐被认为是需要用来引导失聪人士教育的概念。

美国手语作为第一语言的习得

出生在失聪家长家庭的美国失聪儿童是少数，但他们中的很多人在成长过程中会学习美国手语作为他们的第一语言。美国手语是世界语言中的一种独特的语言，具有自己的句法、语义和构成规则。有关美国手语的语言学和心理语言学特点，埃莫里（Emmorey）和雷恩（Lane）（2014）提供了优秀的记录。美国手语并非基于英语语法，它自己有表达主谓宾关系、时态、复数等内容的规则，和英语中的概念并不相同。美国手语和世界上的其他手语一样，对英语使用者或其他手语的使用者都不是含义透明的。也就是说，一个人如果不知道美国手语的特定规则，就无法轻松地跟进理解对话。

从出生后就学习美国手语的儿童，以及一些听力正常但由于家长一方听力正常、一方失聪而同时暴露于口语和手语环境的儿童（Prinz & Prinz, 1981），他们对美国手语习得从根本上确认了听力障碍儿童的语言缺陷植根于输入不足，而非其他可能的原因。也就是说，以美国手语作为第一语言学习的儿童普遍会在与习得口语的儿童相同的年龄时，发展出第一批手语单词。美国手语和口语的发展过程中有着明显的相似程度（Holowka, Brosseau-Lapré, & Pettito, 2002）。早期美国手语使用的双单词阶段中，早期口语产出里可以见到类似的语义关系也是其主要特征。语法特征的泛化和词汇含义的过度扩展也有所记载。此外，在比较使用美国手语的婴儿和相近年龄的学习口语的婴儿时，我们观察到了加速的词汇和组合语言的使用（Bonvillian, Orlansky & Novack, 1983）。巴恩斯（Barnes, 2010）给出了手语作为第一语言习得的相关研究的简洁回顾。

向听力正常的典型发展及发展滞后婴儿教授手语

当前，对用手语增进典型发展听力正常幼儿的早期语言发展的兴趣正在逐渐上升。这一兴趣部分基于相关研究，认为婴儿在发展出产出不同语音所必要的技能之前，可能有能力使用手语，因此可以从家长为他们提供早期交流"更简单"的方式的有意努力中受益。阿克雷多罗和古德温（2002）进行了向典型发展婴儿教授手势的早期研究，之后则演变成一系列流行的产品，如婴儿手势。

菲茨帕特里克（Fitzpatrick）、提贝特（Thibert）、格朗皮埃尔（Grandpierre）和约翰斯顿（Johnston）（2014）在一项近期的系统回顾中总结称，没有足够具有说服力的证据证明，使用婴儿手势能够正面影响儿童的早期语言发展；然而也没有证据表明使用手势不利于口语发展，这是一项由来已久但没有记录的担忧。因此，我们毫不惊讶地看到婴儿手势逐渐被用于丰富那些听力正常但有其他发展性残疾的儿童和他们家长之间的交流互动，特别是因为成人可以用口语无法做到的方式帮助塑形和强化手语交流。研究显示，家长对诊断为唐氏综合征的婴儿使用手势（参见本章后续讨论）可能可以培养早期的交流发展（Özçalişkan et al., 2015）。

手语和大脑

我们在本书第1章中调查了口语发展和所使用的神经基础。但当儿童不再学习听觉语言而是学习视觉语言的时候，又会发生什么？当视觉输入在语言上产生重要影响时，其情况和手势对以手语为母语的失聪人士手语者相同，这一输入由大脑主导半球（通常是左半球）通常用来处理口语的区域进行处理，尽管非主导半球在视觉空间任务中也通常处于激活状态（Sakai, Tatsuno, Suzuki, Kimura & Ichida, 2005）。然而，因为像美国手语这样的语言需要一些口语不需要的视觉空间处理，以手语为母语的失聪人士手语者在阅读文本和观看手势及用手指拼写的序列时既使用了同样的区域，又使用了不同的区域（Emmorey, McCullough, & Weisberg, 2015）。神经成像研究也显示了在关键期学习口语或手语作为第一语言的人群，与之后学习其中一种而无法达到类似母语者水平的人群之间语言处理模式的明显相似之处（Malaia & Wilbur, 2010）。大脑损伤也会像影响针对听力健全个体的研究所预测的那样，以一系列不同的方式处理手语使用者的语言（see Rogalsky et al., 2013）。

你有听力障碍的风险吗

在结束本节之前，我们想要注意一下，在西方社会里，有一部分人口的听力损伤发生率近年来正在逐年增长：那就是青春期到青年这一时期（Shargorodsky, Curhan, Curhan, & Eavey, 2010）。现在大概有 1/5 的青春期人口可能有可以衡量出的听觉损伤。这一增长可能可以归因于年轻人对噪声的暴露，基本是因为听音乐时的音量过大。

智力障碍与交流发展

认知残疾和语言习得过程

通过标准化认知测试表现的衡量，大约有 1% 的儿童会被认定为患有**智力障碍**（intellectual disability）。尽管越来越多的人不满意于用智商（IQ）衡量心理发展，但 IQ 依然继续被用来衡量和描述智力水平。智力方面的残疾之前被称为弱智，但现在大多数领域都更偏向使用智力障碍（ID）一词（Schalock et al., 2007）。美国精神发育迟缓协会（AAIDD）用受抑制的普遍智力功能，以及"交流、自我看护、家庭生活、社交技能、社群使用、自我导向、健康安全、实用学业、休闲及工作"等领域的适应性行为的限制这两方的合并证据作为标准来定义智力障碍（Luckasson et al., 2002）。传统上，轻度智力障碍的智商表现介于 50~70，中度智力障碍的智商分数大概在 35~50，重度智力障碍的智商分数介于 20~35，而完全智力障碍的智商分数介于 20~25；大多数患有智力障碍的个体都被分类于轻度智力障碍（Owens, 2013）。在智商低于 50 的儿童中，大部分都存在严重的语言障碍，智商相对较高的儿童也可能会经历语言障碍。

智力障碍可能源自一系列不同的病理。由于伴生障碍的广泛出现，我们更加难以了解智力障碍影响语言发展的具体方式。被诊断具有智力障碍的儿童可能还会患有脑瘫、癫痫、听力与视力损伤，及注意缺陷多动障碍（ADHD）。在具有智力障碍的儿童中，最集中研究的类型包括患有**唐氏综合征**（Down syndrome, DS）、**威廉氏综合征**（Williams syndrome, WS）或 X 染色体易裂症（and fragile X, fra X）的儿童。很多患有孤独症谱系障碍的儿童（参见本章下一节），也会被同时诊断为具有智力障碍（Bennett et al., 2014）。

唐氏综合征是最为普遍的造成智力障碍的基因原因，它的特征包括与心理年龄相比相对更弱的语言表现，而智力障碍的常见遗传形式 X 染色体易裂症会带来相对更少的语言问题（和心理年龄相比），但会出现有缺陷的发音且流利度有所欠缺（Barnes et al., 2009）。临床医生对普遍认知和语言之间关系感兴趣的理论家常常都对患有威廉氏综合征的儿童感到好奇，这种疾病较为罕见，患者的认知，特别是视觉空间技能，出现了障碍，但是语言似乎完好无损，甚至早熟（Martens, Wilson, & Reutens, 2008 提供了对威廉氏综合征的研究的有价值的总结）。在过去的 20 年里，认知技能和语言技能的明显分离让一些人假设语言是一种模块化的、不依赖于普遍智力的技能。研究也汇报了另一些患有智力障碍的个体出现认知和语言分离的罕见例子（Smith & Tsimpli, 1995），但是威廉氏综合征是这一宣称所基于的最有名的疾病。

贝露姬、米尔斯（Mills）、杰尼根（Jernigan）、希科克（Hickok）和加拉伯达（Galaburda）（1999）的经典案例比较了一名患有威廉氏综合征、智商 50 的 17 岁少年（样本 1）和一名患有唐氏综合征、智商 55 的 18 岁少年（样本 2）。

1. 很久以前，天黑的时候……男孩有一只青蛙。男孩看着青蛙，坐在椅子上，桌子上，狗透过……抬头看着罐子里的青蛙。那个晚上，她睡着了，睡了很长时间，狗是这样的。但是青蛙没打算睡觉。青蛙出了罐子。当青蛙出来的时候……男孩和狗都还在睡觉。第二天早上是个美丽的早上。天很亮，太阳很好很温暖。突然他睁开了眼睛……他看到罐子，青蛙不在了。罐子是空的。青蛙找不到了。

（Once upon a time when it was dark at night ... the boy had a frog. The boy was looking at the frog ... sitting on the chair, on the table, and the dog was looking through... looking up to the frog in a jar. That night, she sleeped and slept for a long time, the dog did. But the frog was not gonna go to sleep. The frog went out from the jar. And when the frog went out ... the boy and the dog were still sleeping. Next morning it was beautiful in the morning. It was bright and the sun was nice and warm. Then suddenly when he opened his eyes ... he looked at the jar and suddenly the frog was not there. The jar was empty. There was no frog to be found.)

2. 青蛙在罐子里，罐子在地板上，罐子在地板上。就是这样。凳子坏了，衣服在那里。

（The frog is in the jar. The jar is on the floor. The jar is on the floor. That's it. The stool is broke. The clothes is laying there.）

但是，很多研究者认为，尽管威廉氏综合征比其他智力障碍病理成因对形态句法的损害更小，但形态句法的损害依然很明显（参见 Mervis & Becerra, 2007）。通常认为，患有威廉氏综合征的儿童掌握的词汇与他们的心理年龄相比极为成熟，很显然比唐氏综合征患儿更成熟，但依然比典型发展的儿童水平更低。威廉氏综合征的患儿更擅长掌握具象的词汇，而不是指代相对概念的词汇（时间、大小、数量）（Mervis & John, 2008）。语言发展的其他领域，例如前语言言语感知技能，早期词汇积累概况和早期语用技能，都显示出延迟的征兆。威廉氏综合征患儿在追随注视等非语言语用线索方面，比唐氏综合征患儿缺陷更明显（John & Mervis, 2010）。尽管威廉氏综合征患儿的语法能力相对更强（例如构成新的复合词的能力）（Zukowski, 2005），但在大多数例子里依然和认知能力相一致（Mervis & Becerra, 2007），只是强于唐氏综合征患儿（Brock, 2007）。仔细的检查显示，在使用被动式等特定语法形式时，威廉氏综合征患儿会出现损害（Perovic & Wexler, 2010）。威廉氏综合征患儿的这些受抑制的语言能力的证据削弱了认知和语言之间分离的论点，或者语言机能模块化的论点（参见第 7 章）。此外，梅尔维斯（Mervis）和贝西拉（Becerra）（2007）注意到，威廉氏综合征患者在认知机能测试中获得的分数和在语言测试成绩有强相关关系。他们观察到，大多数威廉氏综合征患儿能从语言治疗中受益，特别是针对复杂词汇、比喻语言和语用的治疗，但是除非出现频繁的语法错误，否则大多数儿童都不会受到治疗。布洛克（Brock）（2007）总结称，"很多（之前）做出的有关语言……威廉氏综合征（选择性保留）的语言能力，在某种意义上言过其实"（P121）。

和其他智力障碍情况一样，近期有研究关注跟踪威廉氏综合征患者在成年之后的机能水平。尽管其适应性技能上持续得到改善，语言成长似乎出现了停滞，相对只显现出很少的增长（Howlin, Elison, Udwin & Stinton, 2010），这与考虑到正常水平的生活经验而在人生过程中词汇量一直稳定增长的典型发展的成人不同。特别是在唐氏综合征的案例里，非语言技能可能会逐渐超过语言技能。

欧文斯（Owens, 2013）提出了一个解释其他智力障碍疾病中语言不足的多方面模型。在这一模型里，他提出，患有智力障碍的儿童具有恰当的注意力，但比起典型发展的同龄人，他们在注意周围环境中相关刺激物方面具有更多问题。此外，从婴儿期开始，具有智力障碍的儿童就有处理声学刺激的困难，将近25%的唐氏综合征患儿都展现出某种形式的声学处理困难（Rondal, 2009）。

在处理输入刺激时，智力障碍患儿更不擅长采用高效的组织策略协助语言信息的储存和获取。这些策略的例子包括为了帮助记忆物品而创建关联以及辅助获取而进行概念分类。把储存的知识应用于新的场合需要迁移或普遍化，这是大多数患有智力障碍的个体极为弱势的领域。最后，患有智力障碍的儿童的短期及长期记忆能力都有削弱（Owens, 2013）。在处理口语和书面语中至关重要的音系工作记忆也有所损害（Schuchardt, Maehler, & Hasselhorn, 2011）。有证据表明，听觉信息比视觉信息记忆效果更差，非语言输入比包括语言信息的输入记忆效果更好（参见 Fidler, 2005）。视觉、语言和听觉工作记忆技能尤其能够预测唐氏综合征患儿语言成长之间的个体差异（Næss, Lervåg, Lyster, & Hulme, 2015），而非语言智商的粗略测量并不能就估计语言或言语技能方面提供特别有效的信息（Cleland, Wood, Hardcastle, Wishart, & Timmons, 2010）。和正常发展的幼儿一样，自发的手势使用能够预测早期词汇习得，也能够作为早期词汇习得的桥梁，尽管这一过程在智力障碍患儿身上表现得更为明显（Zampini & D'Odorico, 2009）。

在《残疾人教育法案》提供的恰当帮助下，患有唐氏综合征的儿童能够获得几年前无法想象的成就。

智力障碍患儿，特别是唐氏综合征患儿的语言发展的缓慢速度可能会导致这些儿童在语言习得敏感期结束、第一语言学习能力消失之时仅仅具有最低限度的语言技能（参见第7章）。因此，我们毫不意外地发现，3岁之前进行的早期干预对于培养必要的技能是很重要的（van der Schuit, Segers, van Balkom & Verhoeven, 2011a, b），但为了保持进度，干预也必须持续进行。有证据支持响应教育/前语言社会环境教学（PMT），这一方法训练幼儿在和家长互动时使用手势、发声和共同注视（Kaiser & Roberts, 2013）；前语言社会环境教学现在已经按照常规教授给智力障碍患儿和孤独症谱系障碍患儿的家长。类似的强调使用辅助交流策略的项目（如手势），也能产出良好的结果（van der Schuit et al., 2011a, b）。

大多数研究发现，智力障碍患儿的语言发展路线与心理年龄在 10 岁以下的典型发展儿童的路线相似，而在到达这一水平之后，语言能力模式就会和典型发展模式存在质的区别。然而，查普曼及其同事（Thordardottir, Chapman, & Wagner, 2002; Chapman, 2006）记载了唐氏综合征患者在青春期时持续的语言能力发展，在部分程度上反驳了关键期假设；因此，他们强烈宣称表达语言技能应该作为患有唐氏综合征的青少年干预的持续重点。事实上，很多接受主流教育的青春期唐氏综合征患者在高中阶段能够成功融入课堂，这是前几代人都无法想象的成就。在这些学生毕业之后，现在在大学校园中有很多正在成型的项目继续帮助患有智力障碍的成人接受教育、发展生活技能。

语言发展

与生理年龄同龄的典型发展儿童相比，患有智力障碍的儿童通常展现出受到抑制的语言能力。然而，研究者更关心探索这一人群所特有的语言产出和理解模式以及识别能够预测掌握某些语言技能的可能因素。这两个问题在辅助智力障碍患者的语言能力的发展方面都有着重要的意义。

被诊断出智力障碍的儿童展现的语言技能不应被描述为异常，而应被描述为延迟。也就是说，他们的语言产出和理解发展模式与更年幼的典型发展的儿童的模式极为接近。普遍而言，**心理年龄**（mental ages, MA）是智力障碍患儿语言能力的一个较好的预测因素。此外，还有证据表明这一人群在英语（Chapman, 2006）和西班牙语（Galeote, Soto, Sebastián, Checa, & Palacios, 2014）等其他语言中的形态句法和句法技能方面经历了相对严重的困难，但是在语用语言能力方面相应的困难比语言发展大致估计的困难相对更小。

我们在唐氏综合征患儿身上注意到了一些特定的模式，大概 15% 的患儿可能同时被诊断患有孤独症谱系障碍（参见本章后半部分）（Warner, Moss, Smith, & Howlin, 2014）。在 3 岁时，唐氏综合征患儿平均落后于典型发展的同龄人大概 20 个月，在 4 岁时差距则在两年以上（Berglund, Eriksson, & Johansson, 2001）。朗达尔（Rondal, 2009）估算，很多唐氏综合征患儿需要花 4~5 年时间达到 18 月龄的心理年龄，需要 15 年达到 6 岁的心理年龄。然而，在恰当的刺激和干预下，唐氏综合征患儿个体的机能能够达到更高的水平。

从语言发展的最早阶段开始，唐氏综合征患儿在早期词汇发展中就展现出巨大的异质性；在一项横跨两年的研究中，一些儿童习得了不到 50 个单词，而另一些儿童则习得了 400 多个单词（Vandereet, Maes, Lembrechts, & Zink, 2010）。然而，如果我们和第 4 章中描述的典型发展儿童的词汇发展速度相比，患儿的词汇发展速度会逐渐明显放缓。第 4 章中提到的一个特定的儿童词汇学习准则在唐氏综合征患儿身上出现了严重损害：这就是新名称 / 无名类别准则，它允许典型发展的儿童能够快速建立假设，认为任何新出现的单词必须与互动中观察到或说明的任何尚未命名的新类别建立联系（Rondal, 2009）。当儿童收到双模式输入（口语和手势或符号）和支持时，将大大有利于词汇增长（Vandereet, Maes, Lembrechts, & Zink, 2010）。

对后期词汇发展的研究产出了多样的结果，结果显示，词汇可以高于、低于或符合非语言认知技能（Roberts, Price, & Malkin, 2007）。唐氏综合征患儿也在表达句法发展中显示出延迟，这一延迟甚至超过了词汇习得的延迟（Finestack & Abbeduto, 2010）。

唐氏综合征患儿的语言能力整体比类似心理年龄的其他病理的智力障碍患儿更低。此外，表达语言技能比理解和非语言认知技能更为延迟（Chapman, Hesketh, & Kistler, 2002）。贝格隆德（Berglund）及其同事（2001）评论称"唐氏综合征患儿为了达到相对应的语法水平，普遍比（正常发展的）儿童需要相对更大的词汇量"。句法理解能力预测了唐氏综合征患儿的叙述表现，这意味着他们所尝试构建的故事比同等平均话语长度的更年幼的对照组儿童更复杂（Miles & Chapman, 2002）。

在唐氏综合征患儿长大之后，他们能够构建比自己的语言年龄所能够预测的更为成熟的叙述（Boudreau & Chapman, 2000），也能创造出通过标准化测试组匹配的具有同等阅读单词能力的同龄人所能达到的书面叙述水平（Kay-Raining Bird, Cleave, White, Pike, & Helmkay, 2008）。此外，在一些案例里，一些处在青春期的唐氏综合征患者在习得了更广泛的生活经验之后，具有了相对较强的接收词汇技能（Roberts, Price, & Malkin, 2007），尽管在语法理解、语言工作记忆技能和无支持叙述任务中可能会观测到更多缺陷（Chapman, 2006）。一些语言技能可能会随着年龄的增长而下降；此外，我们现在知道很多唐氏综合征患者会发展出阿尔茨海默病，这是一种会损伤语言功能的痴呆（Grieco, Pulsifer, Seligsohn, Skotko & Schwartz, 2015）。

反过来，在发展过程中，大多数唐氏综合征患儿都会保持相对更强的语用技能，尽管记录表明，一小部分患者也会同时被诊断为孤独症，其特征则是语用功能的严重缺陷（Roberts, Price, & Malkin, 2007）。语用功能的一些部分，如鉴赏幽默，在某种程度上有所抑制；由于大多数幽默需要成熟的语言技能，因此很多唐氏综合征患者发现理解非语言幽默（肢体或视觉上辅助的幽默）更为简单，这也并不令人惊奇（Degabriele & Walsh, 2010）。在恰当的干预和学业支持下，很多唐氏综合征患儿能够在普通的学校环境中获得很好的成就。此外，越来越多的数据表明，如果家庭和学校能够提供恰当的支持，唐氏综合征患儿就能在双语环境中有着和单语环境中同样良好的表现。因此，似乎并没有理由限制唐氏综合征患儿仅仅使用一种语言来最大化其语言成果（Feltmate & Kay-Raining Bird, 2008; Edgin, Kumar, Spanó & Nadel, 2011）。

因为多种原因，唐氏综合征患者也会出现非典型的音系发展。其中一些原因列举如下：一些患儿的舌头相对较大（巨舌症），使得语音难以在正确的发音位置上进行发音。患儿的口腔运动能力也比典型发展儿童更弱。听力损伤的比例和语音处理困难进一步使语音的表达变得复杂，而受到抑制的听觉记忆让音系表达的存储变得更为困难（Rondal, 2009）。

正如记录显示，X 染色体易裂症具有自己独特但多样的交流缺陷模式。它是最常见的男孩智力障碍的遗传原因；女孩通常受影响较少，在机能和外貌上的缺陷较轻。男性患者具有典型的身体特征，在儿童后期和青春期逐渐更为明显。X 染色体易裂症患儿在年龄较小时可能会出现词汇和语法能力的延迟开端及发展，伴随着口腔运动障碍的证据（较差的吮吸和进食能力，发展性的发声错误）。费恩斯塔克（Finestack）、里奇蒙德（Richmond）和阿贝杜托（Abbeduto）（2009）提供了 X 染色体易裂症患儿常见的交流特征的概述。其中一些症状和孤独症谱系障碍的症状（参见后一节）相似，例如社交回避、对环境刺激过于敏感，这说明描述相对较完整的 X 染色体易裂症的基因缺陷可以帮助我们理解孤独症谱系障碍的潜在基础（Cook, Nuro, & Murai, 2014）。事实上，很大一部分 X 染色体易裂症患者也被诊断为患有孤独症（McCary & Roberts, 2013）。在一大组患有 X 染色体易裂症的幼儿中，一半以上的患儿不会说话，学习使用增强交流策略进行交流（Brady, Skinner, Roberts, & Hennon, 2006）。

除了和非语言认知技能相对相关的词汇和句法延迟，患有 X 染色体易裂症的男孩的言语速度和发音模式也会限制他们的互通性，在与他人对话时，他们也经常会出现话题和短语的**持续性**（perseveration；重复）（Murphy & Abbeduto, 2007）。普莱斯（Price）及其同事（2007）比较了患有 X 染色体易裂症、唐氏综合征及典型发展的男孩，观察到患有 X 染色体易裂症、并发或没有并发孤独症的男孩在一系列语言领域出现了抑制发展，包括词汇、语法形态和句子结构，以及语言理解。X 染色体易裂症患儿的表现略优于唐氏综合征患儿，但所有人都明显需要基于各自特定的优势和劣势进行干预。语法能力的劣势在青春期一直持续（Finestack & Abbeduto, 2010），患有 X 染色体易裂症的青少年依然表现得略优于患有唐氏综合征的同龄人，但两组患者在和典型发展的同龄人比较时，都有明显受损的语言技能。

向智力障碍患儿教授语言

在本节中包括的不同种类的智力障碍疾病中，每一种都有各自相当独特的困难特征，尽管劣势之间也有所重叠。一个还没有回答的问题是，不同亚型的智力障碍是否会对不同语言治疗方法产生不同反应（Fidler, Philofsky, & Hepburn, 2007）。有证据显示，在唐氏综合征等疾病确诊之后，治疗越早进行，特别是在出生之后立刻开始治疗，语言干预结果越能够最大化（Fey et al., 2006）。欧文斯（2013）总结了一些对智力障碍患儿进行语言干预需要考虑的相关要素和方法。例如，最近的一项干预研究显示，在很多典型发展儿童身上可以观察到的词汇"爆发"（见第 4 章）之前，积累至少 50 个单词的基础词汇，能够"自扩展启动"多单词话语和语法的发展（van der Schuit et al., 2011a, b）。

无论**普遍化**（generalization）的过程在已知案例和全新环境之间是有微小的还是巨大的差别，智力障碍患儿尤其难以把语言技能从临床环境普遍化到日常自发使用。对于这一组儿童而言，和其他具有语言障碍的儿童一样，如果治疗采取语用导向方法，把功能交流作为基础目标进行强调，那么治疗会最为有效。换言之，我们需要小心地选择日常环境中交流所需要的词汇和句法。汉纳项目（"交谈需要两个人"）在患有唐氏综合征的幼儿中的应用显现出了一些功效（Girolametto & Weitzman, 2006），这一项目也强调能够刺激语言成长的亲子互动中的功能语境。

在交流障碍的严重案例中，可以考虑**辅助与替代沟通**（augmentative or alternative communication, AAC）系统或设备的使用（有关这一治疗手段需要考虑的相关要素的回顾，参见 Beukelman, Mirenda, Garrett & Light, 2012）。这类替代口语交流的例子包括使用交流板，从而允许儿童选择符号或图片与他人交流，以及之前讨论过的手势系统的使用。这两个系统都能提供一些"可教学性"的优势；也就是说，儿童的手可以塑形，他们的产出比尝试发出可以听懂的语音能够更轻松地获得强化。然而，适当的、系统的设计会因受到为发展障碍使用者的认知、注意及注视策略提供数据的研究的影响而进行改进（Light & McNaughton, 2012）。尽管一些业内人士和家长担心使用辅助系统会抑制口语技能习得的开展，但很多通过非语言系统进行早期干预的儿童之后会进展到口语交流阶段。事实上，近期有一项元分析针对检验辅助与替代沟通系统在口语能力的共生发展上的影响的研究结果进行了分析，结果显示，几乎 90% 的案例都在进行辅助与替代沟通系统的干预之后，出现了言语方面的收获（Millar, Light, & Schlosser, 2006）。

和其他障碍一样，家长咨询也可以辅助进行语言成长。例如，唐氏综合征和其他一些智力障碍的病理不同，通常很早就可以做出诊断，这使得我们可以在亲子互动上进行早期干预。本书的其他章节强调了家长的互动风格对儿童语言发展做出的贡献，以及儿童自身在诱导产出和家长对话的模式中的作用。由于这些影响都是双向的，与典型发展儿童的家长相比，智力障碍患儿的家长以及其他语言发展迟缓或异常患儿的家长可以使用更多的祈使句，提出更少的疑问句。这大概是因为儿童能够更好地回应这些话语。然而，这种交流风格可能会与语言发展放缓相关，即使在典型发展人群中也是如此。因此，这些研究发现能够引导家长采用对儿童持续的语言成长更为有帮助的输入风格（de Falco, Venuti, Esposito & Bornstein, 2011）。和本书其他章节中所说的一样，智力障碍患儿得到的输入的量，无论是通过对话方式还是采用辅助与替代沟通系统的协助（如上所述），都能够影响儿童在学习更有效交流中的进展程度（Brady, Thiemann-Bourque, Fleming, & Matthews, 2013）。

　　除此之外，还有一些比较流行的用来应对患有智力障碍患儿的方法。有些缺乏相关的支持证据，因此我们不推荐使用。例如，一项针对某些流行的基于感知疗法的系统回顾发现，很少有证据能够支持这些手法的效果（Barton, Reichow, Schnitz, Smith & Sherlock, 2015）

孤独症谱系障碍

整体特征

　　在本章讨论的诸多疾病中，可能并没有第二种疾病能像孤独症这样在过去的几年中引发了爆炸般的研究结果发表和诊断标签修订；从本书上一版出版到现在，有数千篇全新的关于孤独症的同行审议文章进行了发表。在研究孤独症谱系障碍的领域里，即使是寻找合并小小课题的人，也可以很快熟悉"用勺子挖海滩"这种令人沮丧的类比是什么滋味。在接下来的章节里，我们将努力总结近期有关孤独症谱系障碍的主要发现，并特别集中于本书的课题——语言之上。

　　2013 年修订的《精神疾病诊断与统计手册》大幅度改变了**孤独症谱系障碍**（autism spectrum disorder, ASD）所使用的术语。之前使用的一系列术语，例如**广泛性发展障碍**（pervasive developmental disorder, PDD）和**阿斯伯格综合征**（Asperger's syndrome, AS），都不再被认为是诊断类型。

　　世界上最大的为孤独症家庭提供支持的组织"孤独症之声"总结了自本书上一版

出版以来最重要的改变，以下内容是从他们的网站上摘抄而来。

1. 现在我们使用孤独症谱系障碍这一广义术语涵盖之前的一系列子类别，例如广泛性发展障碍和阿斯伯格综合征。

2. 之前，个体需要在社交障碍、语言／交流障碍和重复／受限行为3个方面符合标准。现在，这三个领域被减为两个：社交–交流障碍和受限兴趣／重复行为。

3. 在之前的版本中，被诊断为孤独症谱系障碍的个体需要在社交互动、交流或重复行为的12项缺陷中展现出至少6项。从2013年起，孤独症谱系障碍的诊断需要一个人展现出3项社交交流障碍，以及受限活动／重复行为类别里的至少两项症状。此外，还添加了一个新症状：对感知输入反应过激或反应过低，或对环境中的感知方面有着不同寻常的兴趣。

4. 为了使诊断成立，这些症状需要在当前可以进行观察或者以病例历史作为参考（例如成人进行后期诊断）。

5. 正如本章其他部分的讨论所提出的一样，越来越多的基因疾病似乎与孤独症的症状相关；因此，如果个体有其他已经辨别的基因或医学疾病，就要在诊断中注明（例如，儿童是否诊断患有X染色体易裂症、蕾特氏综合征）；此外，由于孤独症谱系障碍在和干预相关的功能特征上存在明显的差异，因此从业人员必须衡量儿童的语言水平和智力障碍，以及伴生医学疾病的出现，如癫痫、焦虑、抑郁和／或肠胃（GI）问题。

6. DSM-5还添加了一个名为社交交流障碍（SCD）的新类别。这允许我们诊断没有出现重复行为的社交交流残疾。专业人士还需要通过明确辨别至少两种受限的重复行为或受损的社交交流来记录症状的严重性（有关DSM-V修正中产生的其他变化的额外回顾，参见Lai, Lombardo, Chakrabarti, & Baron-Cohen, 2014）。

和一些智力障碍或听力损失不同，孤独症当前无法在婴儿期确诊。大多数家长在自己的孩子两岁之前开始担心其行为，通常是由于语言发育迟缓和异常的人际行为（Jonsdottir, Saemundsen, Antonsdottir, Sigurdardottir, & Olason, 2011）。因为我们会在之后强调孤独症谱系障碍的早期干预的重要性（和其他发展障碍一样），儿科医生和"孤独症之声"一类的支持组织开始发起活动，让家长更为清楚孤独症谱系障碍的早期警告迹象，其中一些甚至在孩子几个月大的时候就可以明显出现。

家长对于后期孤独症谱系障碍诊断的明显的前语言标记可以做出回应，包括通过对孩子 1 岁生日聚会录像的回顾分析所发现的儿童缺乏对名字的反应以及异常注视行为（Nadig et al., 2007），异常的面部处理（Keehn et al., 2015）或早在 9 月龄时就出现的有限的手势使用（Gordon & Watson, 2015）。因此，美国儿科学会目前建议儿科医生采用正在开发的用来评估孤独症谱系障碍通常会损害的交际和社交行为的评估工具，在 18 月龄和 24 月龄的健康婴儿检查中筛查孤独症（Zwaigenbaum et al., 2009）。

正如本章开始时所讨论的那样，孤独症的基因基础有了越来越多的证据，已经被诊断为孤独症的儿童的弟弟妹妹有更高的风险也被诊断为孤独症。这允许更多未来的研究能够跟踪调查已经诊断为孤独症谱系障碍的儿童尚在婴儿期的弟弟妹妹，用以辨别一系列能够用来进行孤独症谱系障碍早期辨别的先兆行为或相关行为，同时也能让我们对这一障碍有更好的了解。在本书的上一版成书之后，在这一方面又出现了成百上千项研究，我们无法一一进行说明；然而，它们一同传递的信息是明确的：我们在几年前使用的传统的"等待观察"的年龄界限之前，就可以辨别出孤独症的警告迹象。这些对"高危"婴儿的研究辨别了一系列孤独症的早期特征，包括精细和粗略运动发育迟缓，以及接收和表达语言发育迟缓。

在近期一项规模较大的研究中，早在儿童 6 月龄时出现的一些家长的担忧，特别是就儿童对感知输入回应，以及运动发展或行为的担忧可以预测 3 岁时孤独症谱系障碍的确切诊断（Sacrey et al., 2015）。在 18 月龄时出现的一小组警告迹象能够高度预测一大组有孤独症风险的弟妹的孤独症诊断（Chawarska et al., 2014）："眼神较弱交流且缺乏交流手势；眼神交流较弱且缺乏想象玩耍行为；眼神交流正常，但缺乏给予动作并出现重复行为"。本书的第 3 章讨论了典型的早期音系发展；另一项孤独症的早期标记可能是之后被诊断为孤独症谱系障碍的儿童早期发声的量与质（Plumb & Wetherby, 2013）。一些对孤独症谱系障碍患儿的兄弟姐妹的研究也跟踪了患儿的哥哥姐姐，以辨别能够解释孤独症本质及各个通过基因传递的泛孤独症表型特征（Ben-Yizhak et al., 2011）。

一些孤独症患儿的语言发展正常，但是交流能力有所退化；巴格（Barger）、坎普贝尔（Campbell）和麦克多诺（McDonough）（2013）对总计跟踪 3 万例孤独症患儿的研究进行了元分析，发现几乎 1/3 的案例报告称儿童至少在一个领域出现了技能退化，通常在 21 月龄前后。有一项事实与本书相关：儿童很少会在语言方面出现退化（在之后被诊断为孤独症谱系障碍的儿童中占不到 14%）；大多数被诊断为孤独症的儿童的交际意愿出现得较晚，或根本没有努力，而并不是"失去"语言能力。

蕾特氏综合征是一种特征为孤独性行为、智力障碍以及早期交流能力突然退化的障碍（参见 Bartolotta, Zipp, Simpkins, & Glazewski, 2011）。这种障碍影响女孩，由特定的基因变异造成。在婴儿时期，症状也包括运动延迟和睡眠失调，在进入早期儿童期之后还包括动作僵硬、无法控制手部、抽搐和脊柱侧弯（脊椎出现变形）。和有关孤独症谱系障碍的文献进行整体比较时，当前有关患有蕾特氏综合征的女孩的语言干预的数据相对有限（Sigafoos et al., 2009）。

成因

正如本章之前所说，孤独症应该是一种高度遗传的基因障碍，辨别引起孤独症的实际基因的工作得到了孤独症基因组计划组织（Szatmari et al., 2007）的支持，目前已经辨别了大量候选基因（Betancur, 2011）。孤独症谱系障碍个体特征的异质性让我们明白，这并不是一种单一的只有一种病因的障碍（Fakhoury, 2015），本章所探讨的多种神经发展障碍可能会在基因特征上享有更多的相同点，而非不同点（Kiser, Rivero, & Lesch, 2015）。

考虑到近期基因研究的发展暗示了这种重叠的基因标记，一系列研究发现，有孤独症患儿的家庭中会出现更高比例的其他儿童语言障碍，这也并不令人惊讶（Constantino, Zhang, Frazier, Abbacchi, & Law, 2010）。康斯坦蒂诺（Constantino）及其同事发现，在孤独症患儿的兄弟姐妹中，大概有11%可以以传统标准被分类为孤独症谱系障碍，还有20%出现语言发育迟缓，其中一些也展现出了类似于孤独症谱系障碍的特征。

孤独症背后的神经心理缺陷的具体本质还没有出现一致的研究观点。比较孤独症患者和没有孤独症谱系障碍的同龄人的研究发现，二者之间有多种大脑皮层区别。一项重要发现证明，在孤独症的症状首先辨识的时期里，大脑正在加速生长（Courchesne, Campbell, & Solso, 2011）。截至目前，解剖学的发现包括了大量大脑重量和尺寸的异常（参见 Lainhart, 2015）。研究发现了大脑区域的异常生长轨迹，例如早期额叶皮层的过度增长和后期大脑皮层和杏仁体一些区域的退化（Courchesne, Campbell, & Solso, 2011）。

研究报告中提及的微妙的神经差异并不能直接预测孤独症患儿展现出特定行为的原因。一些电生理学研究检测到了孤独症谱系障碍患儿在语言和非语言声音信号处理以及面部识别方面的异常（参见 Mevel, Fransson, & Bölte, 2015 的回顾）。我们难以对孤独症谱系障碍患儿进行功能处理和成像研究，因为他们具有明显的行为限制，通常会限制我们仅仅研究高功能的孤独症谱系障碍患者。因此，现在看来，我们很难定位产生传统上用来描述孤独症的特定社交、语言和认知症状的神经基底。

即使我们检验了孤独症谱系障碍的神经基底，我们还是不清楚这些缺陷出现的方式。人们反复宣称免疫和疫苗可能会引发孤独症谱系障碍，但这一担忧毫无根据。在本书之前的版本中，我们强调了孤独症并非由婴儿免疫（如麻风腮疫苗）或制造过程中的任何原材料引起。这一毫无根据的假设所造成的不幸的后果是，接收这些危险的、可能会导致死亡或残疾的儿童期疾病免疫的婴儿数量在减少，最终导致一段时期致命麻疹的爆发。我们在这一版中同样强调，没有有效的证据证明免疫和孤独症谱系障碍之间存在相关关系，相关组织现在强烈要求所有儿童都应该接种疫苗。尽管就不断增长的孤独症谱系障碍的确诊出现了不少担忧，也有证据显示本章中提及的所有发展障碍的汇报病例都有所上升，但这是因为在世界范围内有关残疾儿童的辨识、转诊和教育的局面在转好（Atladottir et al., 2015）。

孤独症谱系障碍特有的社交和交流缺陷

在孤独症谱系障碍的大多数病例中都暗含了一系列独特的缺陷：无法习得及使用共同注意技能、符号使用及心理推测能力。这些概念在其他章节中都有所讨论，特别是第 2 章和第 6 章，因此我们只会在此进行简单回顾。

1. 共同注意（JA）

对患有孤独症谱系障碍的幼儿的研究和对有孤独症谱系障碍风险的弟弟妹妹的实验研究显示，他们跟踪他人注视或者注意对话对象感兴趣的目标或活动的能力在早期出现了障碍（Meindl & Cannella-Malone, 2011）。重要的是，教会患有孤独症谱系障碍的幼儿对共同注意的邀请做出回应的尝试和语言发展的改善相关（Yoder, Watson, & Lambert, 2015），尽管近期一项研究表明，并非所有改善共同注意的干预都能够在语言技能方面引发持续的改善（Paparella & Freeman, 2015）。

2. 心理推测能力

瓦伦斯基（Walenski）及其同事（2006）注意到，很多孤独症中的行为可以归因于孤独症谱系障碍患儿独特的无法发展出所谓心理推测能力的问题：心理推测能力指的是对环境中的其他人的意图和心理状态的理解。他人仅仅被看作"用来满足行为目标的方法"；孤独症患儿使用成人的胳膊作为工具够到自己拿不到的东西、而不是请求帮助的表现即可以说明这一概念。典型发展的幼儿部分通过跟随说者的视线决定指代对象，从而在对话中映射新单词的含义。然而，通过注视跟踪他人的意图在孤独症谱系障碍患儿身上出现了明显的障碍（Vivanti et al., 2011）。

语言

埃格斯蒂（Eigsti）、德马切纳（de Marchena）、舒（Schuh）和凯利（Kelley）（2011）展现了一系列极佳的孤独症交流缺陷的调查。有 20%~25% 的孤独症患儿无法达到多于 5 个单词的口语词汇，而达到最低标准的患儿中有 2/3 在表达和接收语言技能方面有显著的缺陷；剩下的 1/3 在语言结构方面有良好的能力，但在语用方面出现困难。因此，孤独症有着各种不同的语言特征和情形。研究者仔细检验了习得了一些语言技能的患儿的语言，尝试查明他们的交际困难是植根于孤立的语言技能障碍、不同技能领域之间的发展"零散"（Eigsti et al., 2011），还是源自语言或认知缺陷的更为整体的模式。

正如我们所预计的那样，会说话的孤独症谱系障碍患儿的单词发展落后于正常发展的同龄人，尽管发展状况和儿童的心理年龄分数大致相符（Kover, McDuffie, Hagerman, & Abbeduto, 2013）。此外，一些约束常规发展人群中的婴儿和幼儿单词习得的知名倾向（参见第 4 章），例如把新物品和新单词联系起来的倾向或者互斥性，在孤独症谱系障碍中的发展都有延迟（参见 Eigsti et al., 2011 的讨论）。

孤独症谱系患儿形态和句法发展的文献相对有限（参见 Eigsti et al., 2011 的回顾）。句法发展有所延迟，但发展模式符合典型，依赖于相对较为有限的语法结构，并且对引发社交互动的形式（例如疑问句）的使用有所减少。反向使用人称代词（例如，把"你"按照"我"使用）能够反映出孤独症患儿概念化对话中的角色和视角上的困难（Tager-Flusberg et al., 2009）。

传统上，大多数观察者把孤独症中的语言缺陷视为主要位于语用或社交领域的缺陷。交流发展中的语用异常出现在口语产生之前，甚至会一直持续到儿童在交流发展中出现足够的进步、不再达到孤独症谱系障碍诊断的严格标准的时期（Kelley, Paul, Fein & Naigles, 2006）。如之前所说，孤独症患者不会像典型发展儿童那样，经常和看护者进行前语言对话（使用身体移动、面部表情或学语声）。对母亲建立共同关注的尝试反应更多的儿童，在建立表达语言方面有更为良好的预后效果（Meindl & Cannella-Malone, 2011）。然而，即使是在语言方面最为擅长的孤独症患者，在用语言建立或维持共同注意时也极为困难。典型的孤独症行为描绘了形式－功能的分离：语言发展并不是由社交驱动激发的，逐渐产生的形式并没有被用来辅助社交互动。

模仿言语

孤独症患儿的模仿言语行为尤其引人注目。有汇报称，约 75% 的孤独症患儿都在某一时段出现了模仿言语（Loveland & Tunali-Kotoski, 2005）。模仿言语是重复在他人言语中听到的语言的行为，可能以多种形式出现。立即模仿言语在模范语言展现之后很快就会出现。很多典型发展儿童也可能在回复看护者的话语之前进行重复，这可能是在复习他们所听到的内容。另一方面，延迟模仿言语是在第一次听到模范语言之后几小时、几天乃至几星期之后出现的话语或短语重复。这在孤独症患儿的模仿言语中尤为常见。此外，在性质上，患儿可以以实际话语说出重复言语，也可以有所调整；经过调整的重复包括在原有模范的结构上进行微小的改变。范·桑滕（van Santen）、斯普劳特（Sproat）和希尔（Hill）（2013）在文献回顾中发现，模仿言语也在患有其他发展语言障碍的儿童的言语中出现过。

有证据表明，模仿言语可能是孤独症患儿为了参与对话互动而使用的一种交流策略，当患儿发展出更为自发的交流言语时，其出现频率可能会减少（Loveland & Tunali-Kotosk, 2005）。模仿话语可能是一些孤独症谱系障碍患儿逐渐把大的语言单元分解成更小的、具有含义的语言让步的"垫脚石"。

治疗

对于本书的大多数读者来说，判断一种治疗方法是否能够改善孤独症谱系障碍患儿的交流能力远超于学术问题；几乎所有人现在都知道自己的家庭或社交圈子中是否有人患有孤独症谱系障碍了。然而，决定干预是否有效是一件复杂的事。我们首先需要区分质量足以达到或不能达到在专业期刊上进行发表的个例报告，以及那些成功发表但样本较小或者结论相对比较初步的汇报。在孤独症和其他能够明显影响病人及其家庭的主要疾病中，有很多相对没有依据的干预建议，有些从科学视角上不甚恰当，有些则只是用来从绝望的家长手中欺骗钱财（Shute, 2010）。因此，我们还会简单回顾一些没有相关依据的经过研究的治疗方法。很多组织都提供了特征清单，用以区分可靠与不可靠的汇报，从而用来解释治疗建议质量。

奇克蒂（Cicchetti）、道森（Dawson）和博尼尔（Bernier）（2013）称，对确诊为孤独症谱系障碍的儿童的更有效的早期干预的开发已经取得了长足的进步。赫斯（Hurth）、肖（Shaw）、伊泽曼（Izeman）、惠利（Whaley）和罗杰斯（Rogers）（1999）列举了一些能够减少孤独症对儿童发展影响的公认做法，而这些方法在本书过去的几个版本中都没有任何改变。

1. 干预的提供越早越好。近期的元分析显示，即使对只是具有孤独症谱系障碍风险的儿童进行干预，都能提供可以衡量的正面效果（Bradshaw, Steiner,

Gengoux, & Koegel, 2015)。

2. 干预在涉及方面和频率上都需要集中进行，儿童每周可能需要 25 小时的指导教学才能取得功能上的收获（National Research Council, 2001）。

3. 家长和家庭成员需要一同参与选择的任何治疗方法。与其他很多发展障碍一样，家长在干预阶段和实行阶段的参与，在孤独症谱系障碍的正面结果中是一项记录在案的要素（Strauss, Mancini, & Fava 2013）。

4. 治疗必须包括并注重交流的社交和语用方面。

5. 指导必须系统化，但是要根据儿童个体的优势和劣势进行定制。

6. 干预的重点在于教授普遍化方法（帮助儿童让回应超出教授案例的范畴）。

此外，塔格 – 弗卢斯贝格及同事（2009）强调，自发性语言样本和家长汇报比标准化测试成绩更为重要。其中的原因是，在孤独症谱系障碍疑似出现的最早年龄（1~3 岁）时，有限的标准化语言测试并不十分可靠。这一组研究人员也强调用表达结果来衡量典型语言发展中的成就（参见本书之前章节的内容）。这些建议基准在塔格 – 弗卢斯贝格及其同事（2009）的文献中有着详细的定义，包括了达到第一批单词、单词组合、句子产出和语用恰当使用的标准。

孤独症谱系障碍治疗的研究范畴每天都在增长，我们几乎不可能总结有记载使用在一些患有孤独症谱系障碍的幼儿和学生群组（和个例研究汇报相对）身上的基于证据的现有的干预方法。对于有治疗结果记载的疗法案例，我们强烈建议读者参考最近由王（Wong）及其同事（2015）撰写的最新的全面回顾。

大多数主要的治疗范式可以被置于一个连续体上，一端是**行为干预**（behavior intervention），另一端则可以被称为"发展社交语用方法"，其他的治疗方法则位于二者之间。凯恩（Kane）、康奈尔（Connell）和佩勒奇亚（Pellecchia）（2010）使用自然主义和认为方式对比了几乎相同的概念。

行为方法最常与已故的伊娃·洛瓦斯（Ivar Lovaas, 1996）一同提及，她最早发现一些孤独症谱系障碍患儿对使用离散尝试学习的行为操控范式产生了响应。在传统的行为方法中，教师提供指导或提示，儿童进行回应，回应得到结果化（正确时获得表扬或者某种加强，错误时获得语言反馈），教师尝试指引儿童达到实际期望的回应。**应用行为分析**（applied behavior analysis, ABA）设计用来增加在这些更传统的模型中学到的技能普遍化的可能性。对基于应用行为分析设计的项目的一项元分析显示，它们在儿童的语言技能方面有着显著的收获（Virués-Ortega, 2010）；紧跟着，模仿洛瓦斯的原始项目所改造的计划的结果，在产出智商和行为的可观改善方面效果最佳（Eldevik et al., 2009）。对普遍紧随着这些规则进行的项目完成的五项独立元分析的总结表明，这些方法在增加智商衡量及产出其他功能性收获方面都有效果（Reichow, 2012）。这些方法在治疗患有孤独症谱系障碍的青少年和成人方面也依然有效（Roth, Gillis & DiGennaro Reed, 2014）。治疗结果会受到治疗提供者的训练、治疗时机和总共的治疗时长的削弱。这种削弱可能会引起一些担忧，因为随着这些项目越来越流行，出现了很多采用志愿治疗师的由家长管理的治疗项目，而不是经过职业指导的临床项目。然而近期的研究表明，训练项目的确能够培训出基于社群的、能够为孤独症谱系障碍患儿提供正面结果的治疗师（Shire & Kasari, 2014）。人们普遍同意，应用行为分析并非直接教授新的技能，而是能够减少孤独症患者出现有问题的或自我伤害的行为。一项回顾提出，应用行为分析能够有效改善孤独症的反复行为（Boyd, McDonough, & Bodfish, 2012），个例汇报也持续地显示出它的价值。

基于典型亲子语言学习互动中有益行为的发现做出干预策略的治疗模型包括了偶发语言教学（Hart, 1985）、**核心反应训练**（pivotal response training, PRT）（Koegel & Frea, 1993）和社会环境训练（Kaiser, Yoder, & Keetz, 1992）。对这些更为"自然主义"的教学方法的系统回顾发现，这些方法在教授特定类型的技能时效果良好（Pindiprolu, 2012）。布朗纳（Brunner）和承（Seung）（2009）发现，社会环境教学和核心反应训练具有"在经验上显示出的效用"，能够改善儿童的交流和适应技能（Baker, Ericzén, Stahmer & Burns, 2007）。一项元分析（Kane et al., 2010）特别比较了更为自然主义的和更为"人工"（由治疗师主导）的语言干预。他们发现了一些值得后续研究的令人惊异的趋势；自然主义干预在培养某一语言目标的起始习得时效果最佳，而对这一技能的普遍化则需要更多的"人工"训练和实践。

在过去几年中，本书第 7 章提出的有关成功交流发展的基础的概念关注让其他研究者尝试发展更为基于社会和语用的项目。**孤独症及相关交际障碍儿童的治疗和教育方案**（Treatment and Education of Autistic and related Communication-Handicapped Children, TEACCH）（Campbell, Schopler, Cueva & Hallin, 1996），是一项包括教学环境物理特征的改变、日常时间规划的可预测性、个人以目标为导向的工作站、辅助儿童完成任务的线索，以及其他要素的多面项目。一项文献回顾（Brunner & Seung, 2009）发现，尽管孤独症儿童及具有相关交际障碍儿童的治疗和教育方案被使用广泛，当前就其有效性的证据令人惊异地"有限并只有试探性"，一项更近期的由维鲁埃斯－奥尔特加（Virues-Ortega）、胡里奥（Julio）和帕斯特尔－巴里乌索（Pastor-Barriuso）（2013）进行的元分析也得出了类似的结论。在美国，孤独症及具有相关交际障碍儿童的治疗以及教育方案以及应用行为分析是目前家长要求最多的两种对孤独症谱系障碍患儿的干预措施。尽管这两种方法通常在哲学倾向上相对立，但一些研究者发现它们共享一系列相同的前提，其中一些在本节早期有所列举（Callahan, Shukla-Mehta, Magee, & Wie, 2010）。多年前，美国国家科学研究委员会（2001）建议同时使用自然主义及发展性方法向孤独症谱系障碍患儿教授语言，从而使患儿的交流能力最大化，更好地激发技能普遍化的潜能。对治疗进行成功回应的另一项作为中心作用的先决条件是培育孤独症谱系障碍患儿的成人看护者或教师对技能发展的注意力；帕滕（Patten）和沃森（Watson）（2011）回顾了一系列能够提高儿童从治疗互动中获益的能力的干预措施中所共有的家长训练特征。

和其他儿童或成人语言障碍一样，很多汇报孤独症治疗效果的研究只涉及少量的参与者，这通常让研究者或家长难以判定那些改善一小部分儿童交流能力的"有效"的方法，是否真的是基于科学方式并进行了科学衡量，以及能否有意义地普遍扩展到更多儿童身上。一种能够统合多个小规模语言干预研究及其他领域（如医学、心理学或社工）干预研究的逐渐完善的方法，就是进行所谓的元分析（meta-analysis）。在元分析中，大量小规模研究的发现可以按照共同元素进行合并，从而查明一种疗法是否有更大的效果（或没有效果）。我们在本章中选择讨论了不同治疗方法的元分析的结果：在给出充足的设计和细节之后，元分析能够翻查大量小规模研究，辨别并显示出有效及无效干预方法的趋势。

孤独症儿童难以和他人交流、可能会在一些教育情境中经历超负荷感知的事实使得人们开始探索基于技术的针对孤独症谱系障碍的干预。格林斯潘（Grynszpan）、怀斯（Weiss）、佩雷兹－迪亚兹（Perez-Diaz）和盖尔（Gal）（2014）进行的一项元分析总结道，由电脑和平板电脑辅助的项目在不同的严重程度上都有着相对较强的有效性证据。

与一些应对智力障碍患儿的手段一样，对于不使用语言的孤独症患儿的一些治疗方式采用了辅助与替代沟通（AAC）——用手势和视觉符号辅助或替代语言交流策略（有关这一方法的调查，参见 Beukelman, Mirenda, Garrett, & Light, 2012）。甘茨（Ganz）及其同事（2011）合并分析了很多小规模单个被试者汇报的结果，提出采用辅助与替代沟通能够在交流方面获得适中的收获，特别是在儿童年纪更小、除孤独症谱系障碍的基本诊断以外没有其他复杂并发症的情况。一些结果数据支持使用图片交换交流系统（PECS），在这一方法里，不使用语言的孤独症患儿受训使用想要的物品的图片来引发请求。一项对图片交换交流系统的回应的元分析显示，在不同研究中，交流能力有适中的增长，这说明图片交换交流系统有作为有效治疗方法的可能性。然而，接受图片交换交流系统疗法的孤独症谱系障碍患儿在言语方面的收获可以忽略不计，甚至出现了负面效果（Flippin, Reszka, & Watson, 2010）。哈特（Hart）和班达（Banda）(2010）进行的另一项独立的元分析基本认同这一评估结果，但是他们找到了一些更为正面的言语结果。图片交换交流系统是少数几种和另一种疗法进行对比的孤独症谱系障碍疗法。在两组各 18 名儿童中，图片交换交流系统在使用图片线索增加与检验者的交流中比社会环境教学效果更好（Yoder & Lieberman, 2010）。最近，基于平板电脑的干预生成系统也参与进了和图片交换交流系统的比较，二者都能够改善孤独症谱系障碍患儿的交流发展（Ganz, Rispoli, Mason, & Hong, 2014）。

　　在障碍较轻的儿童中，有证据表明社交技能发展疗法效果良好（Carter, 2015），尽管当前的研究在质量和范围上都有限制。为了获得最大的收益，治疗可能需要更高的强度且需要更加符合每个儿童特定的需求。这种干预是绝对必要的。贝里尼（Bellini）和阿库利安（Akullian）(2007）进行的一项元分析发现，视频示范和自我示范（孤独症谱系障碍患儿观看自己进行一项期望行为的录像）在高功能孤独症谱系障碍患儿身上产生了社交交流和功能性技能上的客观的收获。布朗纳和承（2009）总结了自我示范的现有文献，同意这一方法在应对孤独症谱系障碍的儿童身上有效果。由此看来，在一系列同伴引导的干预中利用课堂同伴相当有效，而最近两项系统回顾也显示了这一点（Watkins et al., 2015; Whalon et al., 2015）。

　　考虑到资源的限制以及最近对展现出孤独症谱系障碍症状学的儿童的早期辨识和治疗的强调，有些人提出担忧：随着后学龄阶段学术和社交语言使用（参见第 10 章）的要求大大超过了基本的交流能力，年纪更大的高功能孤独症谱系障碍学生会被远远抛下（Norbury, 2015）。

　　与治疗方法的强调不同，近期的一些对孤独症谱系障碍的有效疗法的元分析注重治疗的目标，例如共同注意或象征性游戏。怀特（White）及其同事（2011）提供的证据表明，治疗能够改善普遍化的共同注意技能，尤其是在嵌入自然主义环境之后。用以改善共同注意的治疗方式在理论上和实践上都很重要，并且能够生成正面的影响（Morgan et al., 2014）。相反，尽管心理推测能力障碍被认为是孤独症症状的部分基础，但改善心理推测能力的治疗并没有改善孤独症谱系障碍的其他社交和语言症状（Begeer, 2014）。

　　尽管只有少量证据能够证明治疗效果，但有迹象表明，一些干预方式难以产出交流方面的成果。考虑到患儿家庭通常可以理解地寻找所有可能有效的治疗方法，不起效的疗法的证据是很重要的。例如，在辛哈（Sinha）、塞洛夫（Silove）、惠勒（Wheeler）和威廉姆斯（Williams）(2006）的一项对已发表的研究进行的元分析中，听觉整合疗法（AIT）没有展现出可以观察到的益处。美国言语语言听力协会

（ASHA, 2004）也质疑听觉整合疗法是否在治疗孤独症及其他交流障碍中展现出了有效的证据。类似地，基于感知的治疗也没有强力的证据基础（Case-Smith, Weaver & Fristad, 2015）。最后，辅助交流，一种在本书前几版的时代中流行过又过气的方法，也在最近的对已发表的研究的系统回顾中显示了没有效果（Schlosser et al., 2014）。

无论采取什么手段，语言产出与诊断年龄、初期认知与语言水平及儿童获得的言语语言干预的数量明显相关（Koegel, Ashbaugh & Bradshaw, 2014）。因此，尽管仍有人对建议所有 24 月龄儿童进行筛查的成本效益权衡持保留意见，而且这种筛查在科学上和公共政策方面有所争议（Camarata, 2014），但孤独症谱系障碍的早期辨识和早期集中干预依然至关重要。近期一些研究特意评估了为展现出孤独症谱系障碍症状的非常幼小的儿童提供的干预。兰达（Landa）、霍尔曼（Holman）、奥尼尔（O'Neill）和斯图尔特（Stuart）（2011）发现，当传统的密集交流干预加入教授共同注意与社交参与的语音模仿这些特定目标进行辅助之后，具有孤独症谱系障碍的幼儿在社交参与方面有了前景良好的成果。

在本书这一版本中，我们从大量的孤独症谱系障碍有效治疗的合并汇报中所寻找到的乐观态度并没有缓和我们的担忧：孤独症谱系障碍对语言、社交、智力及功能性长期成果的全局影响依然需要人们冷静看待。然而，通过对孤独症谱系障碍的"理想结果"的仔细观察我们发现，在越来越多的案例里，早期诊断为孤独症谱系障碍的儿童和典型发展的同龄人具有几乎相同的功能。尽管这方面的数据依然有限，但这些儿童的诊断更早，比后续诊断为高功能孤独症（HFA）的儿童接受更为密集的行为干预，而非药物干预（Orinstein et al., 2014）。

特定性语言障碍

普遍特征和流行程度

在显示出语言发育迟缓或存在障碍的儿童中，最大的一部分儿童不具有任何听力障碍、认知障碍或孤独症。此外，他们也没有明显的大脑机能障碍征兆，尽管有可能或疑似出现较轻的大脑机能障碍。这种儿童的语言障碍展现为他们唯一明显的发展障碍。因此，他们通常被诊断为**特定性语言障碍**（specific language impairment, SLI）。一项本领域的主要期刊近期发表了一期特刊，讨论了决定儿童接受这一诊断的时机的复杂性（参见 Bishop 2014 及同一期的其他文章）。一项大规模研究发现，在 6000 多名 5 岁儿童中，基于他们实际的语言和非语言测试表现，有 7% 以上的儿童可以被认为在语言方面有特定性障碍（Tomblin et al., 1997），这些儿童中的大多数在 4 年之后的语言技能功能依然低于年龄期望值（Tomblin, Zhang, Buckwalter, & O'Brien, 2003）。

常规的辨识特定性语言障碍的标准包括以下几项（Leonard, 1998）：语言测试成绩比平均值低 1.25 个标准差以上，表现智商至少达到 85，在常规层面的听力筛查评估表现正常，近期没有中耳炎病史，口腔运动结构和功能正常，社交互动也显示出基本典型的模式。很多研究者和临床医师也使用描述性衡量来定义特定性语言障碍（参见 Leonard, 2014a）：在限定性动词形态（过去式、第三人称单数标记、系动词和助动词形式的使用）、非单词重复和音位区分任务等方面出现缺陷。学者们提出这些额外的特征主要并不是为了让儿童有资格接受治疗而定义这一障碍，而是保证研究者研究的是类型相似的儿童。

特定性语言障碍患儿的语言特征

普遍而言，对特定性语言障碍患儿的语言能力的研究显示，患儿的语言发展最好被描述为在质量上有所延迟，而并不是异常，但这一特征描述也存在争议。大多数患儿以"迟语者"开始自己的人生，这一诊断现在可以在 2 岁左右做出（Rescorla & Lee, 2001）。很多迟语者实际上在 2~4 岁能够有良好的语言进展，这也是特定性语言障碍不建议在 4 岁之前做出诊断的原因（Paul & Norbury, 2012）。然而，尽管很多迟语的儿童可以赶上同龄人，但在 2 岁时出现交流发展延迟的儿童中有将近 40% 会持续经历言语和语言使用的不成熟模式，展现出其他的语言问题，并有之后教育失败的风险（Rescorla, 2005）。

还有逐渐增长的担忧认为，我们需要区分迟语者和前一节讨论的孤独症谱系障碍患儿。很多特征似乎能够区分有特定的学说话困难的幼儿和孤独症谱系障碍患儿。埃利斯·魏斯莫（Ellis Weismer）及其同事（2011）注意到，即使病症较轻的孤独症谱系障碍（能够说话）患儿也比心理年龄相似的迟语者的语言发展更为缓慢。此外，恰当的共同注意和手势的使用在区别不同分组的幼儿身上也有作用（参见 O'Neill & Chiat, 2015）。

即使迟语不是本章讨论的其他病症的征兆，但这一证据也逐渐显示出，现在出现语言发育迟缓的学龄前儿童以后可能会成为患有学习障碍的学生。研究者估计，很多这样的儿童最终会在阅读方面受到抑制（Duff, Reen, Plunkett & Nation, 2015），特别是那些有阅读困难家族病史的儿童。对迟语儿童的主要纵向研究，例如由莱斯利·雷斯科拉（Leslie Rescorla）及其同事（2013）进行的研究显示，尽管一些迟语者在就学之后能够培养出正常水平的语言技能，但他们在高中毕业时的测量分数持续并明显低于和他们在长期研究中相匹配的典型发展儿童所达到的水平。因此，特定性语言障碍是一种在人生的各个阶段出现不同症状的障碍，在儿童期问题更为明显，在学龄晚期及之后则缺陷更为隐蔽。

词汇

1. 早期词汇模式

一些时候，与语言技能更为典型的同龄人相比时，特定性语言障碍患儿在所有语言任务的表现都相对较差。一些研究认为，他们的语言发展在一开始就出现了延迟，核心的单个单词词汇的出现比预期落后几乎整整一年。家长词汇汇报的常规化研究特别注重于幼儿中的一部分（大概占所有幼儿的 10%~15%），这些儿童的理解相对较好，但词汇表达较差，而且在两岁时还缺乏组合言语（Rescorla & Alley, 2001）。这些早期语言发育迟缓（ELD）或"迟语"儿童中相当大的一部分在成熟之后依然展现出语言和发声发育迟缓，尽管一些"晚成"儿童在语言表现方面能赶上他们的同龄人（Paul & Norbury, 2012）。正如之前所述，有言语及语言发育迟缓家族病史的儿童比没有这种病史但说话较晚的儿童更有可能出现持续的问题，但研究者还不能辨别其他能够让业界人士预测一组迟语者中谁更需要未来干预、谁又能自发赶上同龄人的可能的风险因素（参见 Duff et al., 2015）。

2. 后期词汇模式

甚至直到成人期，特定性语言障碍患者的词汇量也比未患病的同龄人更低（Rice & Hoffman, 2015）。考虑到临床上更重视他们在采用恰当句法和形态组织句子的问题，我们也需要记住词汇问题。更年长的特定性语言障碍患儿依然会出现缓慢的单词映射，这可能是因为他们在音系工作记忆方面出现了问题（Jackson, Leitao, & Claessen, 2015）。这些儿童可能需要几乎两倍数量的新单词展示，才能在实验状态下学会单词（Gray, 2003），并且会比未患病的同龄人依靠更少的表达词汇和更高比例的普遍全能（GAP）名词和动词，例如"东西"（thing）或"做"（do）。其他研究者发现，特定性语言障碍患儿在面对命名任务时普遍反应更慢、精确度更低（Coady, 2013），有更为粗糙的词汇表达，以至于他们的单词定义缺乏同龄人能够提供的细节（Mainella-Arnold, Evans, & Coady, 2010）。换而言之，特定性语言障碍患儿的词汇同时缺乏"广度和深度"（McGregor, Oleson, Bahnsen, & Duff, 2013）。估计有 25% 的患有语言障碍的儿童有明显的词汇获取困难（Messer & Dockrell, 2013）。这一小组特定性语言障碍患儿会出现词汇搜寻问题或者忘名症（anomia），也就是说，他们在获取他们似乎能够理解的常见概念的单词时遇到了明显的困难（Newman & German, 2002）。这可能是由于较为浅层的语义或音系编码出了问题，使得儿童只能在典型的对话互动节奏中部分地获取概念或单词形式（Li & McGregor, 2010）。我们可以想象，这种浅层对应可能会导致一些单词选择的"近似错过"，例如"这个男孩和我是一个老（年龄），我们两个有一样的强壮（力气）"（"That boy is the same *old [age] as me, and he has the same *strong [strength]"），"我们不能炉（煮）食物"（"We can't *stove [cook] that food"）。而当儿童年龄增长，试图使用更为复杂的单词时，把形状不佳的饼干称为"不满的"（"disgruntled"）。这种对证命名（confrontation naming）或单词获取问题可能会导致带有迂回（circumlocution）特征或努力绕开词汇获取障碍的言语。一位特定性语言障碍患儿的母亲说，她的儿子要求早餐吃"圆圆的英国的东西"（英式松饼）；另一位特定性语言障碍患儿则以下面这种方式标签发声测试中的图片："在我哥哥的裤子上"（拉链）"你用它吃早餐"（勺子）。还有其他一些儿童难以处理的有歧义的单词或者语言的隐喻使用。例如，一项常见的语言测试要求儿童提供词组里目标单词的多个定义，例如"The noise of the fans disturbed the boy"（电扇 / 粉丝的噪声打扰了男孩）。一名 12 岁的特定性语言障碍患儿对自己的表现感到灰心，在知道这一任务的本质的情况下依然无法提供这个简单句子的两个含义。

最后，当特定性语言障碍患儿获得了一个单词的一种含义之后，可能就难以再获得其他含义了，这导致在消除歧义时出现问题，或者使用不恰当的单词。我的一名同事提供了一个好笑且有说服力的例子：一名 4 岁的儿童把一张煎鸡蛋的测试照片严肃地标记为大脑（可能是回应当时一则反对毒品滥用的公益广告中，在类似的图片下标记警告"这是你吸毒之后的大脑"），但日常的证据都显示事实并非如此。

特定性语言障碍患儿也难以从句法语境中推断新单词的含义。舒尔曼（Shulman）和顾伯曼（Guberman）（2007）发现，特定性语言障碍患儿在从周围的句法线索中学习新（无意义）动词的恰当本质时，甚至比高功能孤独症患儿的表现更差［例如，动词是及物动词或不及物动词："狗在 zirp 猫"（The dog is zirping the cat）与"狗和猫在 zirp"（The dog and cat are zirping）］。

所有这些描述都清楚地显示，词汇发展应该是应对特定性语言障碍患儿的所有家长、教师和治疗师的关注重点。然而，一项近期的研究认为，大部分观察到的干预方法都以相对基础的单词为目标，而不是针对在学业课程中获益所需要的更丰富的单词组，对这一问题需要引起更多的注意（Justice et al., 2014）。

形态句法

大部分特定性语言障碍患儿并不是以词汇表现为基础来进行辨别的；辨别他们的特征主要是他们无法达到典型句法产出，有时伴有理解缺陷，有时则没有。和典型发展的同龄人相比，这类患儿使用语法语素的能力和使用各种各样简单及复杂句结构的能力尤其受到了抑制。在学习英语的儿童中，这种形态缺陷尤为注目。特定性语言障碍患儿难以掌握的特定结构包括复数、属格、时态和主谓一致标记、冠词、助动词、系动词（在英语中表现为 to be）、介词，以及 "I need to go now"（"我要走了"，其中 to go 是不定式）这种结构中的标句词（to）（极为详细的回顾参见 Leonard, 2014b）。

即使在特定性语言障碍儿童和**语言年龄**（language age, LA）相似的儿童进行匹配后，这种困难也非常明显；在这里，语言年龄以平均话语长度（MLU）进行衡量，这是一种使用语素衡量话语长度的方法（参见第 5 章）。因此，即使话语长度相同，特定性语言障碍患儿会比典型发展的同龄人包含更少的语法屈折。此外，动词和名词的形态敏感度比我们基于儿童的词汇技能所预测的水平发展更低下（Pawlowska, Robinson, & Seddoh, 2014）。

比起误用或错误安置（英语的）语法语素，特定性语言障碍患儿更可能省略语法语素。在以上列举的这些屈折形态中，障碍最为显著的是系动词及助动词 "be" 的动词屈折和主谓一致、时态标记（Leonard, Camarata, Pawlowska, Brown, & Camarata, 2006）和助动词 "do"。代词使用时的格位混乱（例如用宾格的 me 代替主格的 I）也很常见。图 9-1 提供了一些特定性语言障碍患儿的语言样本，其中显示出了这些模式。

儿童年龄较大之后，阅读和写作都会特别受到派生形态［用前缀和后缀产生单词变体 (例如 medicine/medical; please/pleasant)］的影响，而不再是屈折形态［表达语法（如 runs; played）参见 Critten, Connelly, Dockrell, & Walter, 2014］的影响。这一现象有着严重的自我加强后果，有这些问题的儿童会更难以在阅读中解读新单词，而这恰恰是学龄后期语言学习的基本方式（参见第 10 章）。

随着特定性语言障碍患儿长大，他们的形态缺陷可能会逐渐变得不明显，但是像图 9-1 的第三个和第四个例子里表现的那样，较为高级的句子结构使用和描述连贯性的问题会变得更明显。在这一时间点，特定性语言障碍开始明显影响学业成就，语言能力的缺陷会影响儿童掌握文本阅读、完成作业和创作文本的能力。

母亲：	你知道如何开卡车吗？（Do you know how to drive a truck?）
儿童（三岁）：	没门！（No way!）
母亲：	没门？（No way?）
儿童：	哦，我变大了，我成人，我邮递员？（Oh me get big me grow up me mailman?）
母亲：	等你成人了，长大了，你能做邮递员吗？你会给我送邮件吗？有多少信呢？（When you grow up and get big, can you be a mailman? Would you bring me the mail? How many letters?）
儿童：	很多。（Lots.）
儿童：	我拿着一些我的大大大包。（Me take some my big big big bag.）
母亲：	你会在你的大大大包里带着它们？（You're gonna bring them in your big big big bag?）
儿童：	对的。我带我的卡车……我带苏打水卡车。（Yes. Me bring my truck ... Me bring soda truck.）
母亲：	你要开苏打水卡车？你知道吗，狗会对邮递员叫。狗对你叫，你会怎么办？（You'll drive in a soda truck? You know, dogs bark at mailmen. What will you do when dogs bark at you?）
儿童：	不我进去。（No me come in.）
母亲：	你不进去吗？（You won't come in?）
儿童：	不。（No.）

［2 岁 11 个月的特定性语言障碍患儿（Gleason, 1998, P.101）］。

特洛伊（Troy）：	这消防员。这铃铛（表示消防警铃）。［This the fireperson. This the bell（indicating the fire alarm）］
母亲：	紧急情况下铃铛会响吗？（Does the bell ring in an emergency?）
特洛伊：	不。铃铛，它有……车出来。（No. The bell, it has ... the car come out.）
母亲：	铃铛响的时候车会出来？（The cars come out when the bell rings?）
特洛伊：	（点头）电话也会这么做！［（Nods）The telephone do that, too!］

［4 岁 7 个月的特定性语言障碍患儿（Plante & Beeson, 1999）］

"有个马戏团，他们有这些其他的手。他在里面有这些其他人 / 所以他首先进了火车 / 他没有进火车因为他能飞 / 所以他 / 泰勒先生。他很高兴 / 他不关心火车是不是坏了 / 那么这个小男孩提摩太，小老鼠，他上去，他们找到了一艘船 / 他们坐船出海 / 然后河马 / 不 / 大象必须睡在一张小床 / 床塌了，他们试图（无法辨认）河马在那里……"

"So a circus was there and they had these other hands. He had these other people in it/so he first got in a train/and so he didn't get in the train cause he could fly/so he/Mr. Tyler. He was happy/he didn't care if the train was broke down/and so this little guy, Timothy, a little mouse, he gets on and they found a boat/so they sailed on the boat/and so hippopotomus/no/the elephant had to go up in a tiny bed/so the bed broke down and they try to(unintelligible) hippopotomus up there…"

［一名 9 岁的特定性语言障碍患儿重述《小飞象》的故事（Nelson, 1998）］

"有些人在《美丽新世界》这本书中有所改变。其中一个人是那个野蛮人，他是个理智、镇静的人。他彻底地改变了很多，变成了一个疯狂、狂野、感情用事的人。作者阿道司·赫胥黎，写这本书写得很好，他能够改变这个角色来结束他的故事。"

"Some people change in the book Brave New World. One person is the Savage, he is a sane, calm person. He was radically change a dealth to an insane, wild, emotional person. The auther, Aldous Huxley, wrote the book very well and was able to change this character to end his story."

（一名 13 岁的特定性语言障碍患儿的学术写作样本）

图 9-1　和特定性语言障碍患儿的对话例子

语用

我们可能会预料，在表达语言方面有问题、可能还会有微妙的理解缺陷的儿童会在很多社交情境中出现困难。因此，我们毫不意外地发现，很多特定性语言障碍患儿在一系列语用功能方面经历了困难（St. Clair, Pickles, Durkin, & Conti-Ramsden, 2011），尽管这些儿童的语用缺陷在研究中并不像形态句法的问题那样广泛出现。在大型的国际研究中，即使在迟语者中，语言发育迟缓也会与问题行为相关（例如 Henrichs et al., 2013）。不过，语用缺陷似乎能够直接反映语言知识和使用的障碍，这让特定性语言障碍患儿在功能上更像更为年幼的儿童，展现出明显的社交障碍（Katsos, Roqueta, Estevan, & Cummins, 2011）。在研究中，特定性语言障碍患儿产出更少的恰当的请求，对他人请求的恰当回应也更少，或者对他们的对话对象的信息或解释需求展现出更低的敏感度。特定性语言障碍患儿更不善于进入或引导对话（Liiva & Cleave, 2005），并且展现出受到抑制的叙述能力（Wetherell, Botting & Conti-Ramsden, 2007）。

一些特定性语言障碍患儿还展现出按照字面意思解释语言的倾向，这种模式会导致一些语用后果。一名患有特定性语言障碍的儿童对"你的零食看起来不错"这一共享零食的微妙的间接请求的回答是："是的，它吃起来也很好吃！"这种按照字面含义解释话语的倾向，会导致儿童忽略很多对话背后的意图。

由于语用缺陷在儿童在群体环境中会进一步恶化，我们毫不意外地发现，特定性语言障碍患儿的同班同学很少会把他们选作自己偏爱的同班同学（Gertner, Rice, & Hadley, 1994）。一项符合逻辑的结果是，很多特定性语言障碍的患儿有着明显较低的自尊心（Jerome, Fujiki, Brinton, & James, 2002）。目前我们仍不明白，在这些儿童身上，语用缺陷和句法缺陷究竟是分别产生的，还是说语用缺陷能够归因于微妙的语言缺陷，抑或语用缺陷实际上限制了某些句法技能的发展或展示。例如，在一项研究中，特定性语言障碍患儿比典型发展的同龄人更难以提供一个故事角色在特定场合下可能感受到的感情的解释。这一问题与语言能力有关，但它可能完全植根于较差的语言技能中，或者并非如此（Ford & Milosky, 2003）。因此，有证据分别部分证明每一种立场，不同的特定性语言障碍患儿可能会展现出相对的语用－句法障碍的不同模式。

我们还能在学龄前的特定性语言障碍患儿身上观察到社交能力受到抑制这一特征（McCabe, 2005）。在学龄时期还残余语言问题的儿童在进入青春期时会有更大的风险出现社会心理失调，与未患病的同龄人相比更少参与亲近的社交关系（Wadman,

Durkin, & Conti-Ramsden, 2011）。当儿童诊断出能够影响社交互动的伴生疾病时，例如注意力缺陷多动障碍（ADHD），这一风险会进一步上升（Snowling, Bishop, Stothard, Chipcase, & Kaplan, 2006）。这些发现强调了语言发育迟缓的早期诊断和干预的重要性，以及在帮助特定性语言障碍避免社交障碍时可能需要的超出言语语言治疗的监控和支持。

伴生问题

一些特定性语言障碍患儿也在出现语言困难的同时展现出发声障碍。考虑到很多早期语言发育迟缓的幼儿身上也发现了音系发育迟缓，这一情况并不令人感到吃惊（Rescorla & Bernstein Ratner, 1996）。一些特定性语言障碍患儿在对话和叙述中也相当不流利；一些患儿经常重复语音和单词，到了足以错误地被标记为口吃的程度（Boscolo, Bernstein Ratner, & Rescorla, 2002; Finneran, Leonard, & Miller, 2009）（有关口吃的更多信息参见下一节）。

正如之前所说，很多特定性语言障碍的患儿在进入青春期和成人期之后，还会继续在语言的不同方面出现困难（Rescorla, 2005; Wetherell, Botting, & Conti-Ramsden, 2007）。在这些发展的后期阶段，他们的问题更不明显。患有语言问题的青少年和成人可能会使用及能够处理较不成熟的句法，而不是产出明显的语法错误。他们可能在有歧义的单词和句子、比喻和隐喻性语言、跟随课程和故事的根本主旨方面出现困难。因此，他们有极大的可能出现阅读困难或阅读障碍，特别是在阅读相连的文本时出现困难，以及难以解读单独出现的单词。**阅读障碍**（dyslexia）是一种能够伴生于特定性语言障碍，也能够独立出现的不同的障碍（Nash, Hulme, Gooch, & Snowling, 2013）；在很多案例中，阅读困难可能隐含的问题实际在于听觉和 / 或语言处理障碍。例如，患有阅读困难的读者难以把英语母语者和自己不熟悉的语言（如汉语）的母语者进行对比区分，因而无法为英语母语者所说的段落提供一个恰当的卡通头像（Perracchione, Del Tufo, & Gabrieli, 2011）。因为特定性语言障碍患儿在后期出现阅读问题的风险更高，所以他们在接受阅读指导时需要更仔细地监控。一些近期的针对特定性语言障碍患儿的学前项目开始使用为了防止后期阅读困难而设计的干预，包括很多项目训练音系意识或者语言的语音和字母表阅读 / 书写系统中的字母的方式（Roth, Troia, Worthington, & Handy, 2006; Snowling & Hulme, 2011）。

正如本书其他章节所说的一样，我们关心整个人生过程中的语言发展。特定性语言障碍在成人阶段产生持续的影响。通常而言，直到最近，成人语言能力的测试都被设计为用于评估中风或其他影响老人语言的主要神经疾病的后果。这些测试并不适合评估语言知识和使用中更为微妙的缺陷。因此，我们需要针对可能影响教育、职业或社交功能的成人障碍的更为敏感的衡量方式（Fidler, Plante, & Vance, 2011）。

最后，本书的很多章节强调了语言发展和障碍的数据在不同研究站点之间共享为研究者所累积的益处。除了知名的儿童语言数据交流系统（在本书其他章节有所讨论）中有一部分专门针对非典型语言发展的儿童，现在还有专门共享特定性语言障碍患儿的大规模研究的数据库正在开发之中（EpiSLI: Tomblin, 2010）。

成因解释

一些研究者提出，特定性语言障碍患儿只是代表了儿童语言才能的典型分布的最低一端。然而，考虑到近期的研究，普遍的共识是特定性语言障碍反映了某一水平的内在的大脑机能失调，尽管这种失调并不非常明显。如果我们假设语言障碍源自大脑机能失调，那么我们可以推断这些儿童可能会展现出多样的语言和非语言表现模式，这取决于假设的损伤程度和位置。

在很多案例里，有证据显示有家庭遗传的特定性语言障碍的要素（Nudel et al., 2014）。然而，还没有人辨别出"语言基因"，或者解释一个单一的基因失调会如何干扰语言能力的典型习得和使用。基因研究越来越多地使用显示出特定性语言障碍的抑制的表现衡量，例如音系工作记忆以及语言形态技能，来研究可能存在的基因要素（例如 Evans, Mueller, Gamazon, Cox, & Tomblin, 2015）。越来越多的证据表明，在孤独症谱系障碍（参见前一节）和特定性语言障碍之间存在一些共同联系（Whitehouse, Bishop, Ang, Pennell, & Fisher, 2011）。由于特定性语言障碍至少有一部分可以遗传，因此有特定性语言障碍的家长可能会发现，他们并不享受一些特定的、与更好的儿童语言发展之间有关联的任务，例如扩展自己孩子的语言、参与共同阅读等（请回忆环境因素对儿童语言发展可能造成的影响，特别是第 2 章和第 4 章的内容）。

特定性语言障碍的模型

了解特定性语言障碍行为模式背后的机制是很重要的。如果我们能够找出导致儿童语言学习困难的因素，我们就可以发展更为特定的早期辨别方法和有效的治疗方法。此外，了解一些儿童出现语言学习困难的原因能够为试图解释典型语言习得的模型提供信息，因为预测成功习得的模型也必须能够预测不够理想的发展所产生的情况。

很多模型都试图解释特定性语言障碍。以下是最有影响力的几个理论：

- 特定性语言障碍患儿患有听觉信号时序处理的缺陷。塔拉尔（Tallal）及其同事（有关这一系列研究的总结，参见 Tallal, 2003）在一系列研究中表明，特定性语言障碍患儿难以处理快速的声学活动，这种困难在婴儿晚期时就可以观察到，甚至是先于表达语言问题明显出现（Benasich & Tallal, 2002; Choudhury, Leppanen, Leevers, & Benasich, 2007）。此外，他们还把他们的结果进行扩展，发展了一套产出效果惊人（但仍有争议）的治疗方案（Tallal et al., 1996）。他们为治疗研究中的儿童提供选择性延长放大的言语刺激信号进行练习，之后则逐渐降回正常值。汇报称，很多参与这一干预方案（现在以 Fast For Word 为名广泛销售）的儿童在治疗前和治疗后进行的语言标准测验中有着重大的收获，尽管功能方面的收获并没有被确切记录。然而，当这一项目单独使用或者和传统语言疗法一起使用时，一系列重复实验都无法再现这一项目的作者所汇报的语言和阅读技能的改善水平（Fey, Finestack, Gajewski, Popescu, & Lewine, 2010; Strong, Torgerson, Torgerson, & Hulm, 2011）。在一项大型实验中，吉尔兰（Gillam）及其同事（2008）发现，使用这一产品的儿童所做出的改善并没有超出使用丰富语言使用的商业计算机软件或传统语言疗法所获得的改善。

  然而，有关特定性语言障碍患儿可能存在的听力处理缺陷的争论一直在持续，而描述这些缺陷的本质的研究也一直在进行（如 Malins et al., 2013）。由于大多数任务的回应速度和本质可以受到特定性语言障碍中的语言缺陷的影响，也能够为特定性语言障碍的可能成因提供信息，因此对特定性语言障碍的听力处理缺陷的研究有可能会在接下来的数年中一直有所讨论。然而，特定性语言障碍的这一理论解释了一项有趣的跨语言发现：以汉语为母语的特定性语言障碍患儿在区别只有声调不同的单词时尤为困难（Wong, Ciocca, & Sun, 2009）。

- 特定性语言障碍患儿难以处理语音重要性或明显程度较低的语法形态（"表面假设"；Leonard, 2014a）。在比较英语、意大利语和希伯来语特定性语言障碍患儿的数据时，莱昂纳德（Leonard）观察到了一些普遍的语言构成模式，这些模式暗示，特定性语言障碍患儿在处理这 3 种语言中语音重要性较低（时长较短、非重音）或表达匮乏（不常见）的语素时，能力受到了限制。对这些语素的使用可能会进一步受到它们对含义所感知的贡献的影响。例如，特定性语言障碍患儿经常难以使用较短的、非重音的、带有极少语音重要性的形态标记，而相似的不带有形态信息的低重要性形式却没有出现那么大的问题。

因此，与"rocks"（岩石）最后用来标记复数的 [s] 相比，儿童可能能够更有效地感知和使用"box"（盒子）最后的 [s] 音。然而，在比较特定性语言障碍患儿和轻度听力障碍患儿在动词形态产出方面的表现时，诺伯里（Norbury）、毕晓普（Bishop）和布里斯科（Briscoe）（2001）发现了错误模式中的区别，这种区别并不强烈支持纯粹的感知明显度理论。一些学者也质疑特定性语言障碍反映的究竟是语言知识的真正缺陷，还是它不过是在一个相对脆弱有限的语言系统上互相竞争的语言压力所带来的结果。莱昂纳德及其同事观察到，很多特定性语言障碍患儿能够在一些有限的语境中自发产出困难的形式，但在另一些语境中则不行。他们认为，当儿童的系统超负荷运转时，它无法满足所有要求，交流的一些方面因此会不完美地执行。当一项语言任务的其中一方压力很大时（例如所需句法很复杂），儿童产出的其他方面就更可能包括错误（例如在音系或流利度方面）。蒙特格莫雷（Montgomery）和莱昂纳德（2006）在一项实验任务中增强了屈折的声学特征，尝试为特定性语言障碍患儿的低重要性形态屈折处理提供帮助，但是患儿的表现并没有得到显著改善。

- 特定性语言障碍患儿具有不成熟的 / 不完整的语法知识。认为特定性语言障碍是语言能力较弱或上下起伏的产物的观点，与特定性语言障碍患儿具有不同的潜在语法规则系统的假设形成了对比，在前一个观点中，一些语法特征消失不见或没有发展。当儿童对不同语言形式产生的明显困难可以通过提出一个影响多个结构的概念从儿童语法中消失而解决时，这一类理论最有吸引力。一项特定的提议，也就是不定式自由使用延长期（extended optional infinitive）理论（Rice, Wexler, Marquis, & Hershberger, 2000）认为，特定性语言障碍患儿停留在了学习英语的儿童认为主句中的时态和主谓一致标记可以选择性出现的典型发展阶段（参见第 5 章）。这一语法理论会导致动词形态的使用缺陷和不恰当的代词格位分配，而这两者都是特定性语言障碍的明显特征。针对这一不定式自由使用延长期理论，存在很多担忧和争议：一些儿童使用输入语言中从来没有出现过的形式，一些常见错误不一定和患儿母语的不定式相似，患有其他类型障碍的儿童经常产出和特定性语言障碍患儿相似的错误，一些语言社群里的错误不包括动词时态形态。

- 特定性语言障碍患儿通常有较为缓慢的处理能力，导致了包括但不限于语言在内的困难。所谓的普遍化缓慢假设（Miller et al., 2006）追随认为，特定性语言障碍患儿需要额外 1/3 的时间进行一系列感知与运动的理论，认为他们展现出普遍的运动技能缺陷（Zelaznik & Goffman, 2010）。这种缓慢可能会导致其他认为特定性语言障碍是一些儿童处理能力有限的结果的假设，或者与这些假设相互作用。这一潜在的限制可能如前所说是某一缓慢的能力，或者是处理"空间"的限制，或者是在系统中竞争需求的弱势。

　　一个相关假设认为，特定性语言障碍至少一部分源于记忆缺陷，特别是音系工作记忆（参见 Gathercole, 2006 及期刊同一卷内的相关评论）。工作记忆缺陷的证据来自蒙特格莫雷及其他人的研究（参见 Montgomery, Magimairaj, & Finney, 2010 提供的更新的回顾）。对每年逐渐增多的英语和其他语言的实验数据的元分析（Estes, Evans, & Else-Quest, 2007）显示，特定性语言障碍患儿在刺激单词长度不同的**非单词重复**（nonword repetition, NWR）任务上存在明显劣势，因此削弱了他们的音系记忆容量。然而，即使是较短的非单词，也会让特定性语言障碍患儿经历比语言常规发展的儿童更多的重复困难。较慢的处理速度可能会进一步相互作用，损害音系短期记忆能力（Montgomery & Windsor, 2007）。这些能力在某种程度上可能相互继承：非单词重复方面的弱势也可以在被诊断患有特定性语言障碍的儿童的家长身上观测到，同时能够区分家庭成员中有人受到特定性语言障碍影响的家庭和没有受到影响的家庭（Kalnak, Peyrard-Janvid, Forssberg, & Sahlén, 2014）。

特定性语言障碍的现象是统一的吗

　　另一衡量特定性语言障碍理论的方法是检验这些理论预测不同语言中语言障碍的效果。尽管学习任何语言的儿童都可能显示出特定性语言障碍，研究兴趣逐渐集中于比较不同语言社群中特定性语言障碍患儿的语言残疾模式。莱昂纳德（2014a, b）总结了意大利语、西班牙语、德语、希伯来语、荷兰语、瑞典语、克罗地亚语、匈牙利语、希腊语和因纽特语（爱斯基摩－阿留申语系的一种语言）的数据。每年都有新的语言社群的特定性语言障碍症状描述。

　　这些研究的直接结果之一是让我们了解，尽管特定性语言障碍在英语中最明显地表现为无法使用屈折形态，但在其他语言中的情况相当不同，特别是那些动词屈折结尾普遍出现的语言，这些语言不允许儿童假设单独的动词词根，是语言中可以接受的单词的语言。也就是说，学习英语的儿童知道"walk"（走）和"walks"与"walked"一样都是单独的单词。学习西班牙语的儿童永远不会假设"走"的词根（caminar）能够在对话中合理使用。人们可以说 camino（我走）、caminamos（我们走）、camina（他 / 她 / 它走）以及其他形式，但在任何情况下都不会说 camin-（"走"的不定式词根）。因此，儿童所学习的语言的本质会为世界上不同语言社群的特定性语言障碍患儿带来不同的问题类型。

导致特定性语言障碍患儿的语言发展缺陷的实际机制尚不明显，但是研究开始辨识让儿童处于语言发育迟缓或存在障碍风险的某些因素。当前的研究认为，一系列因素可能让某些儿童出现语言和学习障碍倾向，其中一些可以通过预防措施进行弥补。正如之前所说，我们对基因风险因素也有了越来越多的了解。其他因素来自社会语言和社会经济方面，倾向于强调语言发育迟缓和存在障碍的早期辨识和早期治疗的需求。最后，我们目前的立场是在识别特定性语言障碍及其他发展语言障碍的前语言风险因素或标记，这些因素来自基因和行为两个方面。例如，特定性语言障碍患儿的弟弟妹妹对前语言感知任务显示出非典型的回应（参见第 2 章；Benasich & Tallal, 2002），当进行回顾时，口语发展延迟的儿童在婴儿期在这种实验室实验中的表现并没有那么差（Newman, Bernstein Ratner, Jusczyk, Jusczyk & Dow, 2006）。

特定性语言障碍患儿的语言干预

很多可以在我们在前几节讨论的患儿身上使用的语言干预准则也使用在特定性语言障碍患儿身上。卡德拉维克（Kaderavek, 2011）和纳尔逊（2010）提供了极佳的普遍治疗准则和手段案例的调查。一份交流障碍方面的主要期刊近期有整整一期都用于详细分析能够帮助特定性语言障碍及其他语言发展障碍患儿的"有用的方法"（Language, Speech and Hearing Services in Schools, April 2014）。

凯布尔（Cable）和多姆什（Domsch）（2011）的一项元分析显示，很多治疗方案能够辅助迟语幼儿进行语言发展。一项元分析显示表达词汇问题的治疗效果最佳，而表达语法问题的治疗效果证据正负不一，很少有现有研究记载接收语言障碍的治疗效果（Law, Garrett, & Nye, 2004）。普遍语言刺激并不像注重儿童需要掌握的特定语言技能的疗法那样有效（Leonard, Camarata, Pawloswka, Brown, & Camarata, 2008）。分布式的干预疗程比针对单一语法目标进行的大量练习效果更好（Proctor-Williams, 2009）。

模仿（imitation）、**重塑**（recasting）（Camerata & Nelson, 2006; Cleave et al., 2015）、示范和**扩展**（expansion）都是对这一人群有效的语言干预方式。普罗科托－威廉姆斯（Proctor-Williams, 2009）定义并详细描述了语言治疗中使用的各种方法，并总结了其他能够影响治疗效果的因素，包括花在干预环境中的时间长度。图 9-2 提供了一些使用这些方法治疗特定性语言障碍（以及本章所讨论的其他障碍）的语法障碍的例子。这些过程中的大多数都根据能够影响典型发展儿童语言成长的模式中改编而来，例如共同阅读（Sloat, Letourneau, Joschko, Schryer, & Colpitts, 2015; Mol, Bus, de Jong

& Smeets, 2008; Cole, Maddox & Lim, 2006）和重点刺激（Ellis Weismer & Robertson, 2006; Thordardottir, Cloutier, Ménard, Pelland-Blais & Rvachew, 2015），以及之前所说的模仿、重塑和扩展。然而，在治疗环境（而不是儿童日常经历的典型互动）中，几乎需要每分钟进行一次重塑才能改变儿童不正确的语言表达形式（Leonard et al., 2006）。因此，大多数研究者都认同特定性语言障碍患儿需要比无障碍的同龄人接受更多的语言目标暴露才能学会目标。治疗"剂量"的集中程度问题得到的关注相对较少，但一项研究显示，有语言障碍的儿童在每周一次的治疗中学习效果更好，而不是每隔几天就进行同样数量的治疗环节（Smith-Lock et al., 2013）。

手段	解释	范例
模仿 / 祈令	儿童被要求重复治疗师展现的示范	Clinician: I *am* rolling the clay. You are, too. Say, "l am rolling." Child: I *am* rolling. （治疗师：我在揉黏土。你也在。说"我在揉"。 儿童：我在揉。）
模仿 / 反馈	模仿的要求逐渐会消失，只包括一个问题提示	Clinician: I *am* rolling the clay. I *am* rolling. What are you doing? Child: I *am* rolling. （治疗师，我在揉黏土。我在揉。你在做什么？ 儿童：我在揉。）
模仿儿童的正确模式，或经过改正的错误模仿	成人会模仿儿童的正确言语以进行强化或做出小的改变，提供比照形式	Child: The clay *is* sticky! Adult: Yes! The clay is sticky! Child: The clay sticky. Adult: Yes, the clay *is* sticky! （儿童：黏土很黏！ 成人：是的！黏土很黏！ 儿童：黏土黏！ 成人：是的！黏土很黏！）
示范	成人示范目标形式。儿童接过话轮，创造具有目标形式的话语	Clinician: I *am* rolling the clay. I *am* pounding the clay. I *am* stretching the clay. What are you doing? Child: I *am* smushing clay. （治疗师：我在揉黏土。我在捣黏土。我在扯黏土。你在做什么？ 儿童：我在砸黏土。）
重点刺激	儿童暴露在大量包括目标形式或单词的例子中；儿童之后可能会被问到需要使用目标形式或单词回答的问题	Clinician: Here *is* green clay. Let's make vegetables. Lettuce *is* green. Cabbage *is* green. A pea *is* green. A green bean *is* green. Cucumber *is* green. Here, you make a tomato (hands child green clay). Child: No. Tomato *is* red. Clinician: That's right. Tomato *is* red. (hands child red clay) ［治疗师：这是绿色黏土。我们来做蔬菜吧。生菜是绿的，卷心菜是绿的，豆子是绿的，绿豆角是绿的。来，你做西红柿。（递给儿童绿色黏土。） 儿童：不，西红柿是红的。治疗师：没错，西红柿是红的。（递给儿童红色黏土。）］

图 9-2　一些用于治疗语言障碍的方法

手段	解释	范例
对话重塑	成人以改变措辞包括目标形式的方式回应儿童的自发语言	Child: This green clay. Clinician: That's right. This *is* green clay. It *is* green. （儿童：这绿色黏土。 治疗师：没错。这是绿色黏土。它是绿色的。）
扩展	成人以包括额外信息的方式回应儿童的自发语言	（和重塑类似，但使用了更广的目标；儿童的话语扩展包括了新的元素。） Child: This clay no good. Clinician: This clay *isn't* any good. It *isn't*. It *is* too dry. （儿童：黏土不好。 治疗师：这黏土不好。它不好。它太干了。）
延迟或缓慢表现	放缓对话的速度，等待儿童提供需要的形式	Adult: All these cans of clay *are* mine! (pulls the materials toward her and waits) Child: No, these *are* mine! ［成人：所有这些黏土都是我的。（把材料拉向自己，等待回应。） 儿童：不，这些是我的！］
鹰架理论	成人为儿童的尝试提供结构。这一结构逐渐消失，允许儿童自行产出目标	Clinician: Look at these snakes I made. This one *is* very big. This one *is* very small. And this one *is*... Child: Skinny! Clinician: Right. This one *is* skinny. And this one... Child: *is* fat. （治疗师：看我做的这些蛇。这条很大。这条很小。这条很…… 儿童：瘦！ 治疗师：对，这条很瘦。这条…… 儿童：很胖。）
直接提供规则	这对年龄更大的儿童或者第二语言学习者比对患有语言发育迟缓或存在障碍的幼儿更为有效，后者通常缺乏讨论语言规则的元语言意识	Adult: We are going to work on how to talk about one thing and more than one thing. Here *is* some clay. Here *are* some cans of clay. We say *is* for one thing and *are* for more than one thing. （成人：我们现在要学如何讨论一件物品和一件以上物品。这是一些黏土，这是几罐黏土。我们用 is 说一件物品，用 are 说一件以上的物品。）

图 9-2　一些用于治疗语言障碍的方法（续）

　　特定性语言障碍患儿以及其他形式的语言障碍患儿所面临的关键问题之一是普遍化。典型发展的儿童能够轻松地根据他们听到的各种语法例子进行类比，创造出新的句子；但患有语言障碍的儿童大多数无法办到。这也是对语言教师的挑战的关键——教授儿童能够创造出他们并没有特意学过去说的话语。即使是对语法规则的直接解释，也无法帮助一些特定性语言障碍患儿学习使用新的语言结构。我们可以在欧文斯（2010）、麦克考利（McCauley）和菲伊（Fey）（2006）、保罗（Paul）和诺伯里（Norbury）（2012）及其他人的文献中找到大量特定的流程以及关于针对儿童语言治疗方法的讨论。菲伊、朗（Long）和菲恩斯塔克（Finestak）（2003）提供了一些构建与实施语言治疗的指导准则，我们可以参见图 9-3。

1. 干预的基础目标是改善对句法和语法的理解和使用，以改善对话、叙述和说明能力，并改善其他教育上所需要的书面语和口语使用。
2. 语法应该很少是或者根本不是语言干预的单一目标。
3. 不要教儿童一步到位地掌握一种形式或能力，选择能够帮助儿童在功能上使用语言并刺激其后语言发展的中间目标。
4. 儿童必须（在发展方面）"准备好"习得目标形式，并有这一形式的交流需求。
5. 治疗师和教师需要操控儿童的社会、物理和语言环境，以提供使用目标形式的机会。
6. 在恰当的时候，治疗师和教师需要使用相应形式的阅读和写作环境扩展口语目标。例如，过去式在叙述（故事）中的使用可以比在对话中更多。
7. 治疗师和教师需要通过重音或省略操纵语段，让儿童能够更轻松地辨别目标形式。例如，有关儿童会不会做某事的争论可以为儿童提供强烈而明显的情态动词对比。
8. 把儿童的错误重塑为更成熟、更接近于成人的形式，从而帮助儿童对自己的错误和更先进的产出进行比较。
9. 总是为儿童提供完整的符合语法的示范，而不是电报式言语（参见 van Kleeck et al., 2010）。
10. 使用诱导模仿让儿童练习对比形式，但是要和以上列出的策略相结合，而不是作为单独的教学策略使用。

图 9-3　引导特定性语言障碍患儿的语言指导的事项准则

资料来源：改编自 fey, long, & finestack, 2003.

　　纳尔逊（2010）讨论了患有特定性语言障碍的学龄儿童和青少年的课堂干预，而尤克兰内茨（Ukrainetz, 2006）讨论了为特定性语言障碍儿童进行鹰架设计、让他们转而形成成功的读写和语段能力的方法。

　　并不是所有有效的干预方式都需要儿童只和言语语言治疗师互动；特别是在患有特定性语言障碍或者其他语言障碍形式的非常年幼的儿童之中，由专家指导的家长干预非常有效（Roberts & Kaiser, 2011）。此外，我们中的很多人可能认为，基于学校的"言语语言治疗"都是按照所谓的"抽出式"模型设计：言语语言治疗师和患有特定性语言障碍的学生在课堂外碰面，在治疗师的办公室里一起针对目标学习。然而，一些研究开始认为，这一模型并不像言语语言治疗师进入课堂、在课程内容之内一起锻炼技能的方式那么有效（Stephenson, 2008）。

　　越来越多的特定性语言障碍患儿都是双语者，在两种或多种语言中面临语言学习的挑战。科纳特（Kohnert）和厄伯特（Ebert）（2010）总结了了解与应对这一人群的很多挑战，以及我们在比较特定性语言障碍影响儿童不同语言表现的过程中能够获得的了解特定性语言障碍及其各种表现形式的可能收益。

在过去，儿童经常在学业环境中展现出明显困难之后才会得到诊断，接受特需服务，但现在美国的很多学校已经采用了所谓的**干预反应模式**（tesponse to intervention, RTI）方法，从而为有风险出现学业失败的儿童或似乎难以达到课程期望的儿童进行课堂指导调整。干预反应模式认为，并非所有在学校表现不佳的儿童都患有残疾。大规模筛查模式中的不良表现或者教师观察到的困难，能够引发对单独一名儿童或一整个班级的指导进行调整。对这些限制较高的方法无法做出反应的儿童或者问题似乎植根于特殊需求的儿童，之后则会按照《残疾人教育法案》转诊到其他服务机构。格林伍德（Greenwood）及其同事（2011）提供了干预反应模式的准则及其在早期儿童期教育中应用的总结。

在以下每一例中，我们假设儿童需要学习的目标形式是系动词或助动词的 be 形式。环境：儿童和治疗师一起参与玩黏土。（根据 Bernstein & Tiegerman-Farber, 2008; Leonard, 2014a; 及 Proctor-Williams, 2009 改编。）在这些例子里，斜体字代表目标单词，以帮助读者定位所预计的回应；这些词在治疗中可能有时会得到强调，但为了使语言听起来自然，这些强调需要消除。

非典型言语发展

正如第 3 章所说，很多儿童经历了非典型言语发展。和语言发展障碍一样，言语发展障碍可能从已知的器质性原因或综合征中产生，也可能从未知的病理中出现。言语障碍的主要器质性或生理原因包括听力障碍、脑瘫、腭裂，以及儿童言语失用症，这些病因都在第 3 章中有所介绍和描述。

正如第 3 章所说，儿童言语障碍中的很大一部分传统上被称为功能性发声障碍（像特定性语言障碍一样病理不明）。患有功能性发声障碍的儿童有着正

治疗师帮助患有言语和听力障碍的儿童克服音系、语法和单词知识方面的问题。

常的感知和运动技能，但是在学习语音产出时并不像同龄人一样进展良好。

普遍而言，发声发展较为缓慢或有缺陷的儿童展现出和年龄更小的典型发展儿童相似的音系模式（如需回顾这些典型模式，参见第 3 章）。因此，在典型儿童音系中出现较晚的音位会在发声障碍患儿的言语中消失或错误发音。此外，非常幼小的儿童常见的单词产出音系过程，例如辅音簇削减、尾辅音删除或清化，持续语音、滑音或流音中断（参见第 3 章），以及其他残余的言语错误，都可能会在具有言语障碍的更年长儿童的言语中持续出现。此外，句法和音系之间可能相互作用，在儿童个体身上产生不同程度的发音和语法困难（Haskill & Tyler, 2007）。如需更完整的评估及治疗儿童言语障碍的方法的回顾，请参见博恩瑟（Bernthal）、班克森（Bankson）和弗里普森（Flipsen）（2013）。

儿童期口吃

一小部分儿童无法发展出典型的流利技能。和语言及发声能力一样，流利言语在儿童发展过程中不断变化。因此，即使是典型发展的儿童也有倾向出现迟疑、重复或拉长语音、音节和单词、在话语的词之间插入"嗯""那么"这些插入语。这一行为在语言习得进展最为迅速的时期最为明显，通常是在 2~4 岁；由于这种非流利是典型存在的，因此它也被称为**发展性非流利**（developmental disfluency），且不被认为是一种问题。然而，一些儿童的流利与正常发展的水平存在量和质的差异；儿童可能或展现出更严重的非流利现象，例如每 100 个单词中有 10 个以上的重复单词、音节或语音（Bloodstein & Bernstein Ratner, 2008）。他们的非流利大多是我们在典型儿童言语中所期望的单词一部分的重复，与典型儿童言语相比有更多的单音段多次重复。大多数儿童偶尔会重复一个音节或单词，例如 "but-but I don't want to,"（但……但我不想），而口吃儿童可能会产出 "b-b-b-but I don't want to"。拉长的音段时间格外长，拉长的音质也更为紧张。最后，由于儿童在产出流利话语时持续经历困难，因此他们可能开始展现自我意识及沮丧的征兆。这种临床**口吃**（stuttering）的症状最常在 3 岁之前开始出现（Yairi & Ambrose, 2005）。

和本章所讨论的很多障碍一样，我们目前还不知道口吃的成因。和本章的其他问题相比，发展性口吃是一种令人迷惑的障碍，因为口吃在儿童经历了成功的言语和语言发展之后才会出现。此外，非常幼小的口吃患儿在经历非流利时所展现的极端不适和挣扎与这一年龄段儿童所特有的言语自我监控水平不符，很明显和言语语言技能出现其他缺陷的儿童相对不关心的态度完全不同（Bloodstein & Bernstein Ratner, 2008）。

口吃的发展有基因倾向（Yairi & Ambrose, 2005）。此外，越来越多的研究总结称，口吃患儿在听和产出言语时都会出现非典型的大脑活动模式；我们可以参照张（Chang）、肯尼（Kenney）、娄科斯（Loucks）和路德娄（Ludlow）（2009）的代表性研究，以及布拉德斯坦（Bloodstein）和伯恩斯坦·拉特纳（2008）对口吃患者和典型流利语言使用者之间解剖学和神经生理学差异的总结。一些研究者提出，口吃可能源自运动计划或协调方面的问题（参见 Olander, Smith, & Zelasnik, 2010）。由于我们已知语言对儿童言语中的口吃的频率和位置的影响（Bloodstein & Bernstein Ratner, 2008），其他研究者选择提出口吃的语言潜在基础，或者认为口吃反映了儿童系统在处理同时出现的语言生成和运动言语产出需求时的困难（Smith & Kelly, 1997）。

在学龄前出现口吃的儿童中，一半以上会在 7 岁之前康复，基本在症状出现之后较短的时间内（12~18 月龄）得到恢复（Bloodstein & Bernstein Ratner, 2008）。男孩、家族具有持续口吃病史的儿童、语言能力较差的儿童恢复较少，同时还存在其他预后指示征兆（Yairi & Ambrose, 2005）。对继续经历流利言语产出困难的儿童而言，当治疗同时包括教授更为流利的言语风格（所谓的流利度塑形）和帮助他们学会如何更为轻松地度过口吃阶段，以及避免由于害怕口吃而导致的说话恐惧和分心的附加行为这类反作用回应的发展（口吃修正疗法）时，治疗效果最佳。布拉德斯坦和伯恩斯坦·拉特纳（2008）及曼宁（Manning, 2009）提供了儿童流利度障碍的诊断和治疗的指导方针。

儿童疑似言语和语言障碍的衡量

家长通常是第一批怀疑儿童在典型发展时间流程中没有发展语言技能的人。自己的孩子在 18 月龄时可能还没有开始使用可以理解的单词，尽管他们知道的其他孩子在 9 月龄或 1 岁时就已经开始学习语言。或者，自己的孩子似乎听力不佳，再或者他所使用的句子结构与年龄相比不够成熟。我们已经识别出一些需要提醒家长寻求专业辅导的特定的警示征兆；它们包括以下延迟或异常交流发展的潜在指示信号。

- 在 12 月龄时还没有出现学语声。
- 在 1 岁时缺乏常规化的手势和姿势，如指点、挥手或飞吻。
- 在 18 月龄时没有出现口语单词。
- 在 24 月龄时产出不到 50 个单独单词，没有双单词组合。

- 无论任何年龄，均出现言语或语言退化证据。

我们该如何决定儿童的交流发展正常进行或者有问题呢？个体差异（参见第 8 章）和让儿童陷入交流劣势的非典型差异之间有什么不同？衡量疑似语言障碍的儿童的交流能力就是**言语语言治疗师**（speech-language pathologist）的任务。在评估儿童的语言技能之前，**听觉矫治医生**（audiologist）通常会首先评估儿童的听力敏锐度，从而保证儿童能够符合评估要求，把听力障碍排除出疑似的言语语言发育迟缓的可能原因。

儿童语言技能的衡量在理论上和实践上都更为困难（Paul & Norbury, 2012）。在时间有限的诊断环节里，我们很难评估有效的、符合年龄的交流者所需的全部形态、句法和语用技能。

由于语言技能包括了广泛多样的领域，针对儿童的语言能力测试数量众多、内容多样，因此我们无法在本章对它们做出简单的描述。保罗、诺伯里（2012）及纳尔逊（2010）提供了很多儿童语言能力的常用测试的大量概述性描述。我们需要注意到，很多语言表现测试的问题在于它们有限的**内容有效性**（content validity）：它们只能采样很小一部分可能的语言技能，而且通常以无法复制现实交流场景的方式进行。此外，大多数标准化语言测试都不是为衡量 3 岁以下儿童的表现而设计的。越来越多的研究聚焦于使用家长汇报衡量方法，这种方法可以可靠地辨别 20~24 月龄语言发育迟缓儿童及典型发展儿童；这些测试包括麦克阿瑟－贝茨早期语言与沟通发展量表及语言发展调查（Rescorla, Bernstein Ratner, Jusczyk, & Jusczyk, 2005），它们都被翻译成了世界各地的多种语言。这些衡量方式采用了家长对儿童使用的特定词汇、语法语素和句子模式的估计，而不是儿童言语的实际样本。

我们都知道，结构化的语言理解和产出测试需要附加自发语言样本的结构和语用分析。纳尔逊（2010）与欧文斯（2010）提供了自发性语言句法衡量的指导规则。这些评估方法耗时更长，能够产出针对儿童表达语法能力的更为完整、更具有代表性的描述。

需要进行疑似语言发育迟缓或存在障碍评估的非英语儿童和双语儿童越来越多，这为开发其他语言使用者和双语者发展的恰当衡量方法提出了巨大的挑战，双语者有特定的需求，他们的两种语言不仅都需要分别考虑以评估每种语言的功能，还需要共同分析，以观测儿童的整体语言技能。目前很少有可用的测试可以迎合这两大需求（Dollaghan & Horner, 2011）。

最后，尤为重要的是，言语和语言评估在语言方面没有偏向；例如，一些特定性语言障碍的特征，如主谓一致标记，和美式英语的一些非主流方言有所重合，因此在评估时必须有所考虑，以避免把典型发展的非主流方言使用者或少数民族英语学习者误诊为语言障碍（Roseberry-McKibbin, 2007）。逐渐有专家认为，我们应该使用专门区分语言变体和语言障碍进行区别诊断的标准化测试方法（Seymour & Pearson, 2004）。

在有关治疗的本节结束之时，我们需要注意，《残疾人教育法案》要求我们在最为包容、最少限制的环境中对所有交流障碍患儿进行治疗。在这一立法在近些年里的主要效果是增加了患有语言障碍及其他障碍的儿童融入普通课程及课堂的程度。麦克米克（McCormick）、勒布（Loeb）和谢菲尔布什（Shieffelbusch）（2003）调查了《残疾人教育法案》对交流障碍患儿的评估和治疗逐渐产生的正面影响。如之前所说，对干预反应模式的进一步使用也可以让在学业成功方面需要得到帮助的儿童尽早且更为有效地得到辨识。

本章要点

在回顾近期对多种发展性交流障碍患儿的研究中，我们发现了一些共同的主题。其中之一是基因；在过去的 10 年里，在分离孤独症、失聪、智力障碍和特定性语言障碍的基因标记方面取得了巨大的进步。这些残疾中的很多种都有可能受到多个基因的影响。尽管这种发现可能难以对这些障碍的控制立即产生影响，它们的确最终有潜能提出能够减轻特定症状、辅助更早辨识干预发展性交流障碍的治疗方法。在一些领域，例如孤独症和口吃方面，基因发现对旧有的病理理论有巨大的作用，这些旧理论一度假设，儿童抚养实践或经历会影响障碍的成因，让家长对儿童的问题产生毫无根据的愧疚感。与此同时，一个人的基因型（基因）或表型（表现出的症状）并不是注定的：在先天论、社交互动论和涌现论立场的理论辩论中也有相关的内容，我们需要注意到，有记载表明，恰当的干预（后天培养）有能力影响出现交流障碍的儿童的语言结果。对于特殊教育者、言语语言治疗师、家长和其他人来说，第 7 章讨论的先天和后天对语言结果的相对贡献的争论并不只是学术方面的练习。这是一项日常的经验性挑战，它的成功与否不仅仅会为理论提供信息，也会明显影响到儿童个体。

第二个主题有关于我们调查的各种障碍的区别和重叠。很多旧有的语言障碍定义特征有所放松。例如，一些孤独症和特定性语言障碍之间区别的传统观念需要重新修正；正如之前所说的，这两者的症状及基因病史之间存在显著的重叠。

　　为了了解各种儿童期障碍具有什么方面的独特的语言障碍，研究者逐渐开始比较不同组的儿童。尽管之前的研究可能比较了特定性语言障碍患儿和典型发展儿童，近期的研究开始使用多个比较组，例如典型发展儿童、唐氏综合征患儿及特定性语言障碍患儿（Eadie, Fey, Douglas, & Parsons, 2002）。这一研究发现，当特定性语言障碍患儿和唐氏综合征患儿按照类似任务的平均话语长度进行匹配之后，这两组儿童之间没有明显的差异。无论比较不同组的儿童、分离特定语言特征的特定基础能提供多少信息，这一方法并不简单。我们该如何匹配不同分析？是按照语言能力、非语言能力，还是智商？这几个方法都并不令人完全满意。这种粗糙的衡量标准并不能恰当地捕捉到每个儿童的残疾的行为"本质"，也不能说明哪种方法能够最好地帮助个体儿童改善交流。像我们在本章所做的那样，把儿童按照他们的基础诊断进行分组，会导致我们错过儿童展示出的个体的独特的特点。

　　总而言之，尽管大多数儿童能够轻松地掌握语言技能，其他儿童可能是较为缓慢的语言学习者，在某些情况下甚至无法习得典型的成人式的语言能力。有 4 种主要疾病能够损害语言学习的速度和成功水准，导致生活质量的终生功能影响。听力障碍限制了儿童对足够大的、可以理解的语言模型的暴露。智力障碍通常伴随较缓慢的语言发展和水平较低的最终语言能力，尽管我们现在还不清楚儿童的语言问题是直接植根于特定的认知技能缺陷，还是源自其他更为整体的行为模式。

　　孤独症谱系障碍患儿展现出通常被描述为在质量上严重异常的语言特征，缺乏语用恰当使用，并出现结构缺陷。孤独症暗含缺陷的本质还没有定论；然而，对孤独症患儿身上惊人的语言模式的分析可能能够帮助我们回答有关这一综合征反常为的来源的问题。

　　与他们的同龄人相比，患有语言发展延迟或障碍的儿童的最大一部分语言技能较弱或发展缓慢，但是他们并没有患有明显的神经、认知或感知障碍。患有特定性语言障碍的儿童被认为会展现出较弱的抽象化学习语言规则和技能的能力。很多在早期发展中显示出受抑制的语言功能的儿童显然在学龄时期及后续时期经历学术技能困难。

　　语言障碍会影响儿童使用语言的词汇、句法和语用系统，它需要和言语障碍进行区分；言语障碍影响的事儿童发出语言的音系要素（参见第 3 章）的能力。最后，尽管所有儿童在学习语言的时间段偶尔会出现非流利的情况，有些儿童会展现出语音和音节重复、语音拉长、话语的语音单词之间出现紧张停顿的模式，这些让他们被划分为口吃儿童。和我们在本章讨论的很多障碍一样，口吃的原因也不清楚，尽管运动规划和语言编码困难是目前了解与治疗口吃的两种最常被认为的成因。

　　在治疗时考虑语言发展的典型顺序并试图在治疗过程中融入当前有关典型语言习

得中的环境辅助因素的观念，对交流障碍的儿童的治疗最为有效。这也是本书其他章节能够指导未来的从业人员的原因。考虑到儿童已经知道的内容，我们可以了解儿童能够学习某些技能的时机，而言语语言教学的成功在很大程度上需要这些知识进行引导。此外，进行教授的语言技能与日常交流需求的实用相关程度极为重要。最后，介绍与强化语言技能的方式也极为重要，尽管当前研究并没有指示出一种把语言技能教授给儿童的最有效的办法。毕竟，我们辨别儿童语言残疾的工作依然强于矫正残疾的工作。对患有交流障碍的不同儿童人群的障碍基础的后续研究对于改善克服其语言障碍的方法是至关重要的。

建议研究项目

1. 把声音关掉之后观看晚间新闻或其他电视节目。试图转录播音员所说的话，并总结新闻事件或节目大纲的内容。你能做成功多少？写一篇文章讨论缺乏声音信息在何种程度上能使跟随口语对话变得困难。

2. 安排一场有关人工耳蜗的相对价值的讨论；人工耳蜗会危及世界各地所使用的手语的存活环境吗？多媒体建议：安排观看奥斯卡获奖影片《无声的呐喊》（2001）。观看这部电影之后，你原有的观念有所改变吗？阅读在各个社交网站出现的评论。这些评论有没有改变你最初的印象？如果有所改变，请说明什么改变了？如果没有，为什么？

3. 试图安排参观有听力障碍、认知障碍、孤独症谱系障碍或语言发育迟缓的儿童的学校或班级。把你的观察写下来，与课上的其他同学分享。确认自己讨论了儿童交流能力的模式和用来改善和辅助他们语言技能的方法。多媒体建议：《探索交流障碍：21世纪的文学与媒体简介》（Tanner, 2012）提供了描写患有各种交流障碍的儿童的文本和视频的例子。你的观察在何种程度上和本章的描述文本相符？你的观察在何种程度上和媒体的描绘相符？把你的观察和坦纳（Tanner, 2012）提供的一系列实际的交际障碍个例的媒体描述进行比较。

4. 如果可以，安排观察言语语言治疗师和交流障碍患儿之间的治疗互动。（很多大学、医院和学校都有自己的言语语言和听力门诊。此外，一些治疗师在自己的诊所工作。）用一篇短汇报总结你对儿童的交流问题的印象。然后，讨论并分析治疗师用来教授特定语言技能的方法。这些方法在何种程度上与本章所涉及的内容相似？如果有其他方法，和治疗师一起工作，了解这些方法使用的证据基础。

5. 如果你能够获得合适的机构准许，与一名本章中所提及的一种交流障碍的患者进行对话并录音，把他的明显的语言理解和使用与一名典型发展的同龄人或处于发展同等阶段的人进行比较。如果你分析不同的语言技能（音系、语法、语义、语用等），你在哪些方面发现了这两人之间的不同？你认为哪一些方面最需要治疗？考虑到本章调查提及的疗法，你有没有任何更偏好的治疗方式？

学龄期的语言和读写能力

吉利安娜·梅尔茨（Gigliana Melzi），纽约大学应用心理学副教授，发育心理学家

阿迪娜·R. 希克（Adina R. Schick），纽约大学

【学习目标】

阅读本章之后，学生能够：

◆ 描述儿童在学龄早期所具有的、让儿童准备进入读写能力习得的典型口语要求，即叙事能力和元语言意识能力。

◆ 解释并描述对阅读流利度、写作和拼写的发展至关重要的技能。

◆ 讨论双语言学习影响这些过程的方式。

◆ 描述特定性语言障碍、阅读困难、听力损失及其他发展性残疾的患儿在习得后期语言及读写技能的过程中遇到的典型困难，以及能够改善他们状况的方法。

在人生的前几年，儿童掌握了他们母语的雏形。这一过人的成就只需要极少的有意识的努力，而且会在各种语境中出现。到 3 岁时，儿童已经习得了大量多样的词汇。他们开始编纂多单词话语，恰当地参与对话，并且会开简单的玩笑；他们甚至开始谈论周围环境中不在场的物品和活动。当儿童在 5 岁左右进入幼儿园时，他们已经习得了相对成熟的语言控制，这一成就一度令研究者认为语言发展到此就结束了。然而，儿童未来要面对的任务尚未到来，这种任务与人生早期的发展一样戏剧化。

本章描述的是儿童在学龄时期与印刷文本互动时发生的改变。在讨论学习阅读和写作的过程之前，我们首先将目光转向口语发展的两个新趋势，这两个趋势与早期发展存在本质区别。一是儿童逐渐成长的产出相互关联的多话语语言的能力，这一点可以在他们的自述和虚构叙事中看到；二是儿童逐渐演化的有关语言系统本身的知识，这反映在他们逐渐增长的元语言意识和读写能力的习得上。我们重点扩展文段和元语言意识并不意味着其他领域的发展在滞后。恰恰相反，和之前的章节（及 Nelson, 2014）所描述的一样，儿童会继续在语言的音系、语义、句法和语用领域习得更强大的专业技能。

我们以语义发展为例，儿童的词汇量在学龄时期

继续快速增长（Nagy & Scott, 2000），他们每年会习得大概 3000 个新词（Graves, 2009）。家长输入依然是儿童词汇量增长的重要因素，复杂或罕见单词（如"机动车"vehicle、"胆固醇"cholesterol 和"獠牙"tusks）的密集度和语境能够成为未来词汇量增长的有效预测要素（Snow, Porche, Tabors, & Harris, 2007）。很大一部分新学会的单词也来自阅读（National Reading Panel, 2000），这一结论描述了读写能力的重要性以及读写能力与正在进行的口语能力发展的互相影响的方式。

词汇发展也与对世界的认知有关。在学龄期间，大多数儿童对世界的认知会快速发展。对广泛话题有着更多了解的儿童比世界知识相对有限的儿童更能轻松地习得新单词。在学习新单词之后，语义知识的广度和深度都有所增加。已有的丰富词汇能够成功辅助新单词添加进儿童的"词汇库"中（Nagy & Scott, 2000），这让整个过程首尾相接，形成一个闭环。在学龄时期出现的戏剧性的词汇成长让我们清楚地明白，儿童早期暂告一段落的词汇习得进程仍在持续。这一进程能够作为后续发展的重要基础，在大多数情况下，能够让儿童习得具有全新本质的技能，例如阅读和写作。

本章分多个相关性话题进行讨论。我们首先讨论儿童对于学业语言（academic language）这一语言形式的使用，或者与阅读和写作成功相关的、在学校环境中强调的准确成熟的语言使用（Snow et al., 2007; Snow, 2014; Snow & Uccelli, 2009）。在学龄前和学龄早期，学业语言通过叙事和解释这些扩展口语语段得到支持，然后我们会考虑元语言知识（metalinguistic knowledge）或对语言系统本身的意识。在学龄前，儿童会迅速认识到语言系统受到规则制约，特别是在他们开始深入接触文本之后，我们在本章会描述这一时期的一些发展。语言意识是我们下一个话题"读写能力"的要素之一，而读写能力意味着对阅读和写作的流利掌握。我们会描述儿童习得这些重要技能的方法以及他们在发现自己阅读困难时所发生的事情。在讨论中，我们密切注意儿童在每一个领域发展的主要技能，以及发展过程中的语言和文化差异。考虑到移民日渐增多与全球化程度的提升，我们在本章各节中也都考虑了双语言学习（dual-language learning, DLL）或双语儿童的案例（有关作为双语者的优势和劣势的详细讨论，参见第 11 章）。

在美国，双语言学习者（学习两种以上语言的幼儿）通常来自移民家庭的儿童。这些儿童在入学时说非英语的语言，而在学龄前开始习得英语。例如，当前的统计趋势显示，美国有大约 22% 的入学儿童在家中说一种不是英语的语言（Ryan, 2013）。美国的双语言学习者中有一大部分（约占 72%）是具有拉美背景的说西班牙语的儿童（NCES, 2009）。与之相比，很多说英语的单语儿童仅仅在学校环境中接触第二语言，特别是在高中阶段。尽管目前针对开始正式教学的最佳时间点存在争议，但很多高中和大学生被要求完成数年的"外语"学习。学习第二语言通常被看作一项繁杂的事务，很多青少年很少有机会在课堂之外使用他们学习的语言。因此，很多以英语为母语的青少年在进入成年时是功能上的单语者，而世界其他地区的成年人通常是某种程度上的双语者或多语者。事实上，在世界各地，多语正在成为常态，英语，特别是美式英语被认为是通用语，或者是参与全球化的国际社群所需要的语言（Dörnyei & Csizer, 2002）。

当语言使用者在保留第一语言的同时习得第二语言，以及其他人学习英语参与国际化社会，这一过程被称为附加型双语现象（additive bilingualism）。第二语言的学习通常被视作一种资产，是一种增强使用者声望及社会经济成就的方式。因此，一名生活在上海的少年可能会为了在美国上大学而上课外班学习英语，与此同时，依然保证自己能说流利的母语。与附加型双语现象相反，削减型双语现象（subtractive bilingualism）是指在学习第二语言时失去第一语言的流利程度（另见第 11 章）。正如本书的很多章节所强调的那样，削减型双语现象主要见于移民儿童。随着儿童与同龄人及非自己母语的成人出现更多的互动和谈话，新国家的主要语言逐渐代替了家长的语言；在一些情况下，家庭语言甚至遭到排斥。因此，一名 9 岁的拉美裔移民可能会回避使用西班牙语，而是更偏爱使用和新同学一样的语言。正如其他章节所讨论的那样，削减型双语现象会为儿童的发展和学习带来负面影响。因此，政策制定者和教育工作者最近的倡议旨在支持移民家庭和实践者，通过信息和教育网站促进儿童的跨语言发展。

语言发展过程横跨整个人生的概念是本书的指导准则，同样也是本章的指导准则。儿童的早期语言经历通常在与他人的日常交流中出现，最可能是和他们的主要看护者。在人生的前几年，儿童具有和乐于帮忙的、知识丰富的语言使用者互动的优势。正如我们之后所见，当儿童的语言技能较弱或不完整时，家长可以进行填补或构建鹰架（Bruner, 1983）。然而，随着儿童逐渐成熟，他们更有可能和其他儿童做伴，而在这种情况下，他们必须自己照顾自己。校园操场上和其他环境中的同龄人互动表现了儿童不断进化的交流能力的真正测验场（Blum-Kulka & Snow 2004; Nicolopoulou, 2002）。最终，同龄人互动会变得比亲子互动更为重要（Cazden & Beck, 2003; Harris, 2009; Pellegrini, Mulhuish, Jones, Trojanowska & Gilden, 2002）。当儿童开始进入更大的世界时，语言技能在他们的社会和认知发展中占据了重要的角色。此外，当儿童继续学习新的语言技能时，语言本身成了学习的渠道；这一阶段可以被视为从基础的语言学习向要学习的语言的重要性进行转型的阶段。本章将带我们抵达青春期的门槛，与前几章所描述的语言发展的早期阶段进行衔接。

学习共享口语故事

在学龄时期，儿童继续快速学习新单词。他们学习并掌握更为复杂的句法结构（Nippold, 2000），开始使用多种扩展语段的体裁。儿童最早的言语大多都嵌在周围对话语境之中，该语境主要以儿童的需求和欲望为中心。以对话本身为目的的对话并不常见，谈论不在当前语境中的人、物、事也很少见。然而，随着年龄的增长，儿童越来越多地发现，自己身处与缺乏共享知识的对话对象（如同龄人、教师等）谈话的情境中。在这种场合，儿童需要用一种让他人可以理解的、有意义的方式谈论他们自身及自己的经历。在学校场合中，儿童被要求描述不当场出现的现象，例如他们在假期所做的事情及鸟类迁徙的原因。在分享他们个人的经历和提供解释的过程中，儿童使用扩展语段（extended discourse），这是学业语言的一种形式。

扩展语段能够表达两种相当不同的思维模式：范式模式（paradigmatic mode）和叙事模式（narrative mode）（Bruner, 1986）。范式模式是具有科学逻辑的，范式思维的语言前后一致，并不冲突。很多高年级的课堂作业，例如科学课程的报告和说明文写作，都要求学生用范式模式思考并写作。与之相反，叙事模式注重于人类的意图。叙事模式的语言更为多变，能够反映故事的内容和故事叙述者的风格。尽管儿童对这两种思维模式的掌握会因个人经历和文化经历而有所差别，但就整体而言，儿童会进行发展，从而在某种程度上掌握这两种思维模式。

在家中共享口语故事

叙事（narrative）是一种以故事方式表达真实或想象的经历的语段体裁。我们在第 6 章中也广泛讨论过叙事；现在，我们想扩展之前的讨论，构建起早期叙事和学术及社交成功所需的技能之间的联系。最低限度的叙事必须包括有关同一经历的至少两句顺序独立语句（Labov, 1972）。自传或个人叙事是一手活动的故事，通常由故事叙述者亲身经历。与之相对应，虚构叙事由可以从多个角度讲述的幻想活动组成。通过分享故事，叙述者（儿童和成人一样）让自己的经历变得有意义，并探索一系列可能性（有关相关回顾，参见 Melzi & Caspe, 2015; Schick & Melzi, 2010）。

以下的例子是一名将近 4 岁的男孩的叙事的一部分。他在母亲的提示下描述了最近去消防站参观的经历。尽管叙事开头的重点是他所见的物品（消防用品、消防车），但叙事的关键描述了故事叙述者所认为的"错误"。

> 但是你知道，我没有……它没有，我，我认为他犯了个错误。他让我戴上

那个又大又沉的消防帽。但那是个错误，因为当我们回家的时候，我在……我在哭。我的眼睛开始疼，我的头也真的在疼，我的手和胳膊甚至胳膊肘都真的在疼。我回家的时候特别难受。

在这一叙事中，儿童给出了关于过去活动的语言表达。他把戴上沉重的消防帽说成是自己生病的原因，并把它作为故事的一部分。在他的叙述之后，他母亲提供了"真正"发生的事情的范式解释。在她的解释中，她以逻辑和科学的含义使用了"关联"（associated）这个词，解释清楚一个事件（戴上消防帽）在时间上和另一个事件（儿童生病）相连，但在因果上不相关。

在学龄时期，大多数儿童能够掌握讲述连贯叙事的能力（Berman & Slobin, 1994）。连贯叙述的发展开始于两岁大的儿童产出的单个语句的叙事，一直继续到青少年之间分享的短篇小说长度的个人故事。这一发展性的进步最初在和家长、看护者和其他重要人物的日常交流中得到了培养。在这些早期对话中，成人通过使用闭合式的一般疑问句引导故事的产出。在学龄前的最后阶段，随着儿童习得了更高的语言水平，成人开始使用更多开放式的特殊疑问句，帮助儿童为独立叙述故事建立鹰架（Farrant & Reese, 2000）。随着时间的推移，儿童越来越少地依赖于成人的鹰架，越来越擅长选择与融合信息，构建叙述故事。

随着年龄的增长，儿童有更多的机会参与故事叙述，他们学会用更为常规的方式组织自己的叙事。人们从很多角度分析了儿童组织叙事结构的方式，包括故事语法（关注于故事的结构元素和问题解决方面；Stein & Albro, 1997）、诗节分析（使用了诗行、诗行组或诗节的概念；Gee, 1986; Hymes, 2004），以及故事高潮分析（Labov, 1972; Peterson & McCabe, 1983）。在故事高潮分析中，传统的故事一直构建到高潮点，然后才得到消解。除了描述发生的事情［这一过程被拉波夫（Labov）称为指代］，典型的故事高潮叙事包括了评价，即叙述者对发生的事情的态度。

彼得森（Peterson）和麦凯布（McCabe, 1983）采用故事高潮分析，描述了 4~9 岁儿童的个人叙事结构的发展轨迹。最年幼的儿童讲述的是跳跃的叙事，他们在其中毫无系统地从一个活动跳到另一个活动，通常忽略了重点、因果和时间联系。最成熟的叙事形式是经典叙事，在其中，活动一直构建到故事高潮，简单暂停以进行评价，然后再获得消解。经典叙事在 4 岁儿童之间相对罕见，但占据了 8 岁和 9 岁儿童的叙事的 60% 左右。以下是一名 7 岁女孩的经典叙事（故事高潮部分以黑体显示）：

我养了一只鸟挺长时间了，我带它出去玩一会儿，但后来（当）我和它玩的时候，突然它飞得好高，我根本抓不到它。它飞得太高了，我就在叫："亚亚！"它的名字是亚亚。我在喊："亚亚！亚亚！"它没回来，它飞走了。我很伤心，我一直哭。然后妈妈说："哦，别哭了，我们要买一只新的宠物。"然后，第二天我去了学校，我感觉很累，所有人都问："发生什么了？发生什么了？"我就一直哭。我们可能会有另一只宠物吧。

评价是故事高潮分析的重要特征，它标记了故事的高潮或者关键活动，描述了故事叙述者对描述的活动的感觉，可以通过很多方式进行表达，包括内在状态词语（很伤心，哭，累了）、重复（一直哭），以及否定式，例如没有发生的活动（我根本抓不到，它没回来）。随着年龄的增长，儿童扩展他们包括的评价的类型（Peterson & Biggs, 2001; Peterson & McCabe, 1983）；对评价的持续强调也显著出现于青春期的叙事发展中。拉波夫（1972）的一项对青春期前、青春期和成年非洲裔美国人的比较知名的研究显示，从青春期前到成年期，评价的使用增长了3倍。

当儿童的语言发展到达中期时，他们能够用更为常规的方式组织自己的个人故事。

当儿童与他人互动时，他们通过分享自传叙事作为建立与维持社交关系的方式。尽管自传叙事是日常对话中最常分享的故事类型，但儿童也会参与幻想叙事。与自传叙事一样，虚构和幻想叙事也能在和看护者的日常互动中得到发展，不仅通过共享口语叙事，还能通过游戏常规过程和图书阅读互动。在5岁时，儿童已经习得了包括基础叙事要素的基础的虚构叙事的叙事体系（Hudson & Shapiro, 1991; Price, Roberts, & Jackson, 2006），以下是一名6岁女孩对母亲讲的故事。

以前有个嘓儿家族。嘓儿家族都是怪兽。还有很多其他的嘓儿家族的人。镇上没有人喜欢他们，因此他们就只是待在他们的森林里。有个小女孩叫露茜。她去摘草莓。她很害怕，因为她遇到了嘓儿家族！他们问露茜："你想回家和我们一起玩吗？"露茜决定和他们一起玩，他们玩了几个游戏，然后他们把她安全地送回了家。镇上的人说："我们喜欢露茜，但是我们不喜欢嘓儿家族，因此我们还是不要让嘓儿家族回到这里来吧。"他们带走了露茜，把她带到一栋有猛兽守护的高塔里。猛兽不让她出城堡，只给她喝点饮料，吃点食物。但是他会盯着她，所以她跑不掉。嗝儿太太，嗝儿家的男孩和女孩帮助嗝儿先生找到了露茜。即使是嗝儿家的青蛙也帮助了他们。他们找啊找，然后找到了高塔。他们一看，发现了猛兽。然后他们一看，发现了露茜。他们必须决定要带走什么，要做什么。带走露茜，或者只是避开猛兽。他们只想带走露茜。他们找到了所有愿意帮忙的人。有些人被猛兽杀死了。但不是所有人。大多数人没有死。但是猛兽死了。他们过去，找到了露茜，从此幸福地生活在了一起。讲完了。

像这里分享的这一则故事一样，虚构叙事的结构和自传叙述的结构相似，两者都包括指引和辅助细节（介绍露茜和嗝儿家族这些主要人物）、一系列和主角相关的活动（和嗝儿家族玩耍，被关在高塔里），以及评价信息（非常害怕）。然而，这两种叙事形式的发展轨迹不同。例如，儿童的个人叙事比他们的虚构叙事更为连贯。但是他们虚构叙事通常更长，也比他们的个人叙事细节更多，因为儿童在其中创造了幻想世界，而不是表现生活过的活动（Hudson & Shapiro, 1991; Mills Watkins & Washington, 2013）。事实上，儿童享受脱离现实经历、包括意料之外内容的故事，特别是那些结局和寓意都很开心的故事（Toolan, 2001）。我们可以在嗝儿家族的叙事中看到这一特点，在故事的最后，主角（嗝儿家族和露茜）获得了胜利，按照儿童自己的话来说，"从此幸福地生活在一起"。

在家庭中分享的虚构叙事受到了在学校环境中所讲述的虚构叙事的影响。例如，儿童经常会接触小说这一体裁中，作为课堂读写课程的一部分，在鼓励下去读、写和分享符合特定模型的故事。尽管儿童会继续接触幻想故事并分享，且他们所接触的大多数虚构故事尽管不是真实的，但都基于真实或者至少在可行的情境中出现。因此，想象依然在内容中起到了重要作用，但描述的活动可能会发生，叙事包括了儿童在小学和中学期间接触的基本故事元素，如情节、角色、设定、主题和视角。下面的例子是一名 8 岁半的儿童所讲述的一个想在戏剧里扮演主角的女孩的虚构故事。尽管这一故事是在口头上与儿童的母亲分享的，这里给出的故事和更年幼的儿童的叙事相比，包括了很多创意写作作业所拥有的典型特征，强调了情节发展、主要角色和基础主题。

从前有个叫莉拉的女孩，喜欢表演。她和她的姐姐编写了剧本，给家长表演。在她 8 岁生日那天，她发现有个表演课程，就去参加了。在课上表演了一点之后，她发现她要参演一部名叫《绿野仙踪》的剧。她一心想演多萝西，于是一直在练习。选角的时刻到了，但是她非常紧张。她的身体没有以正常的方式移动，她的声音变得很尖。最终，她只获得了一个矮人的角色，她感到非常失望。她回家对姐姐哭。她姐姐说："没关系。你做到最好就好。没有小角色，只有小演员。你是个大演员。"莉拉答应姐姐要做到最好。她背熟了自己的台词，也学会了其他所有人的台词和歌曲。她也喜欢自己的部分。她表演出了一个滑稽而好心的矮人。最后，演出的那天到了！莉拉蹦跳着走进剧院见到导演，其他孩子都围绕在他的身边。导演说可能要取消演出，因为多萝西的扮演者患了喉炎。"等一下，有人知道她的部分吗？"女孩子们都看着对方，最后莉拉害羞地举起了手。"好吧，"导演说，"试试看吧。"但是莉拉开始抗议，"等一下，那我要演的矮人那部分怎么办！""我们真的需要一个多萝西。"导演说。然后莉拉深呼吸了几下，完成了表演。最后她为自己感到自豪，尽管她犯了一些错误，但整部戏很顺利。她的姐姐也为她感到骄傲。讲完了。

和露茜与嚼儿家族的虚构故事不太一样，莉拉的故事更为现实，描述了一名8岁儿童可能会经历的合理的场景。这个故事更为连贯，叙述者在设定、情节和主要角色

与自传叙事一样，幻想叙事也可以在和家庭成员的日常对话中得到发展。

上做了更深入的发展。此外，故事的主题比嚼儿家族故事中的善良战胜邪恶更为复杂。在这个故事里，莉拉因为喜欢自己所做的事情、在一开始不喜欢的情境下做到最好而受到了奖赏。

总而言之，儿童一开始在和主要看护者的对话的语境中学习讲故事。在儿童期中，儿童参与了多种形式的叙事互动，逐渐对如何构建和分享不同类型的故事更为熟练。与在对话语境之间的情况一样，儿童在这些形成的叙事互动中使用的语段能够反映出文化特征，并受到文化特征的支配，最终形成各个文化偏爱的不同的叙事风格。

不同文化和语言中的口语故事

早期针对叙事使用的民族志研究强调了文化社群之间的不同，包括分享故事的频率、叙事所起到的功能，以及成人和儿童在故事共同建构中的角色（Heath, 1983;

Miller, 1982）。最近的研究集中于叙事发展的基本语境，也就是之前一节中讨论的亲子对话中的叙事使用和模式（Leichtman, Wang, & Pillemer, 2003; Melzi, 2000; Miller, Cho, & Bracey, 2005; Minami, 2002）。这一研究的发现表明，家长和儿童谈论的话题和家长引导儿童的叙事产出的方式都存在文化差异。研究者总结认为，文化价值和意识形态导向（如强调自身或他人）、特定社群中的交流模式（如以隐秘或者直接的方式进行交流），以及对好故事所包括的内容的期望，使得家长用不同的方式支持儿童发展中的叙事能力，也使得儿童在未来以不同的方式构建叙事（Fivush & Haden, 2003; McCabe, Bailey & Melzi, 2008）。

　　阐述性是在家长叙事支持中得到深入研究的一方面。通过阐述这一语段特征，家长向儿童提供或请求儿童给出维持故事线的新信息。尽管所有家长在和自己孩子的叙事互动中都使用了某些形式的阐述语言，但他们在使用的程度和方式方面都有所不同（Fivush, Haden, & Reese, 2006; Melzi, Schick & Kennedy, 2011）。某些母亲尤为偏向阐述，让自己的孩子参与到漫长的对话中，提供大多数的结构以及丰富的描述细节信息。这些母亲通过提出开放性问题，扩展儿童的话语，从而鼓励自己的孩子一起建构叙事。与之相反，阐述倾向较低的母亲通常让儿童参与更短的对话，提供很少的细节，询问更少问题且问题具有重复性，总是要求同一类信息，寻求特定的回答，而提供极少的新信息（Fivush et al., 2006）。母方叙事的阐述性能够反映出某一特定社会文化群体的社交目标（Wang & Fivush, 2005）。因此，美国儿童通常抱有个人主义的想法和自主独立的感觉，欧洲裔美国母亲通常采用阐述性更高的风格，让自己的孩子参与有关自己的对话。与美国母亲相比，其他文化（特别是亚洲）的母亲采用阐述性更低的风格（Wang, 2004; Wang & Fivush, 2005）。

　　研究者们在使用英语的亲子双人组中发现，家长在阐述交互中提供或要求新信息（也就是阐述）的程度能够预测儿童的词汇、印刷文本知识、叙事和记忆技能（Fivush et al., 2006; Reese, 1995）。当前的一些研究也开始探索不同言语和社群的儿童构建自己独立叙事（对无关的成人讲述或者与同龄人共享的叙事）的不同方式（McCabe & Bliss, 2003; Melzi, Schick, & Bostwick, 2013; Nicolopoulou, 2002）。不仅文化社群看重组织与讲述故事的不同方式，不同的语言也提供了构建结构良好的叙事的不同语言资源。例如，不同的语言在动词时态的数量和标记语域的方式上有所不同，在叙事者可以使用的形容词和副词的数量与种类方面也有所不同。这些语言差异影响了儿童叙事的结构和内容（Berman & Slobin, 1994; Gutiérrez-Clellen, 2002; Minami, 2008）。例如，说西班牙语的秘鲁安第斯山区儿童并不是像拉波夫的体系所描述的那样通过暂停叙事表达评价，而是通过脱离事件顺序，例如在故事高潮部分引入不同但相关的经历

（Uccelli, 2008）。另一个例子是日本儿童，他们通常用一种模仿俳句（一种日本文化中重要的文学形式）的结构按照主题连接在时间上没有关系的活动（Minami, 2002）。与之相似，非洲裔美国人群体重视的一种结构是话题相关风格，这一风格按照主题连接几个场景，涉及多个主要人物，并在时间和设定上不停转换（Champion, 2003; Gardner-Neblett, Pungello & Iruka, 2012; Michaels, 1991）。

考虑到叙事发展的文化和语言差异，近期的研究开始调查双语儿童的叙事（Fiestas & Pena, 2004; Kennedy, 2015; Pearson, 2002; Uccelli & Pãez, 2007）。这方面的研究还相当有限，目前的主题是比较儿童在两种（或更多）语言中使用的叙事。发现显示，一些叙事策略在语言之间有所迁移，例如整体叙事结构的复杂性和阐述性。此外，研究还表明，儿童在支配语言的叙事技能时可能会启动较弱语言的叙事技能（Anstatt, 2008）。在一项近期研究中，肯尼迪（Kennedy）（2015）检验了拉美裔学龄前双语言学习者在不同语言和任务中的叙事能力，结果显示，4 岁的儿童就可以在目标语言中进行叙事了，他们不常出现语码转换，在语码转换出现时，其主要目的是填补词汇空缺。

在课堂中共享口语故事

能够良好叙事并使用其他扩展语段形式的能力是读写能力的重要先决条件（Snow, Tabors, & Dickinson, 2001），并继续在学龄阶段与读写成就相连接。例如，在学前班和小学课堂中，教师告诉儿童通过阅读图书接触虚构故事，并通常鼓励儿童和同伴分享他们的故事（Cazden, 2001; Schick, 2014a）。当儿童在课堂上分享故事时，他们学会把自己的经历以对同伴和教师都有意义的方式组织起来。教师是一类独特的听众，他们的角色并不仅限于聆听故事，同时还通过评论、解释、提问以及评价叙事的内容和结构把共享时间作为教学活动。为课堂语境提供必要的支持和输入是教师的一项挑战，不仅因为他们可能不知道儿童的个人经历，也因为儿童可能会使用教师不熟悉的文化偏向的叙事风格。莎拉·迈克尔斯（Sara Michaels, 1991）记载了当教师不熟悉儿童受到文化影响的组织故事的方式时，在学校里可能发生的状况。一名一年级的非洲裔美国女孩构建了一段题元关联的叙事，但被老师告知她需要"谈论真真正正重要的事情""抓住一件事"（Michaels, 1991）。女孩在自己的世界里通过个人描述能够表达含义的方式受到了贬低和明显的阻拦。她被要求采用和课堂主流语段（单一经历叙事）相符合的叙事风格。尽管教授学生使用不同方式组织故事并没有本质错误，但教师对儿童文化社群的叙事风格的暗含贬低可能会导致负面结果（Mainess, Champion, & McCabe, 2002）。在一年之久的后续研究中，这位非洲裔美国儿童把自己的一年级老师描述为对她要说的内容不感兴趣的人。由于这一经历在她的受教育路线早期就已经出现过，因此，教育者需要提及这些可能存在的冲突，为培育文化和语言差异及培养所有儿童的学业成就提供教育环境（Cheatham & Jiménez-Silva, 2011）。

除了叙事，其他形式的扩展语段技能，如定义和解释谈话，在课堂语段中也十分重要。和叙事一样，儿童最初的定义和解释谈话的经历可能会在家庭中出现，家中看护者使用解释作为传递语言和世界知识的方式。在以下的例子中，一位姑姑向正在看棒球比赛的 6 岁的侄子介绍并定义一个新单词。在互动的最后，儿童掌握了单词的含义，并能够有创意地使用这个词表达他对自己队伍的感受。

儿童：看！看！这是个界外球！接界外球。大哥哟，这真让我难过。我又生气又难过。现在他们还怎么赢？（Look! Look! It was a foul pitch! A foul pitch. Oh man! That makes me so upset. I'm so angry and upset. Now, how are they gonna win?）

姑姑：你因为界外球而难过吗？这是不是很令人沮丧？（You're upset about the foul pitch? Is it depressing?）

儿童：丧？这是什么？这是什么意思，丧？（Pressing? What's that? What does that mean, pressing?）

姑姑：沮丧。沮丧是那种当让你感到伤心难过的事情发生的时候的感觉。（Depressing. Depressing is like when something happens that makes you feel sad and upset.）

儿童：丧，是这么说吧？嗯？丧？（Pressing, it's called? Huh? Pressing?）

姑姑：沮丧。沮丧的事情让你感到伤心难过，你都有点感觉要放弃希望了。（Depressing. Things that are depressing make you so sad or upset that you kind of feel like giving up hope.）

儿童：哦，对，就是这个意思。真沮丧。大都会队真让我难过。他们要怎么赢吗？真是太沮丧了！（Oh yeah, that's what this is. It's depressing. These METS, they make me so upset. How are they gonna win? They are so depressing!）

教师在鼓励使用这些扩展语段时通常非常明显。在一年级的课堂里，我们发现教师经常提供儿童遇到的词汇的定义，并采用"假装我们不知道有关蜡烛的事情"或"告诉我们如何玩，假装我们都失明了，看不见这个游戏"这些话语来诱导儿童给出带到分享时间的物品（如蜡烛、桌面游戏）的解释（Michaels, 1991）。在家庭和学龄前环境下接触扩展语段的水平能够预测对读写能力习得至关重要的一系列技能的能力水平（Dickinson & Tabors, 2001）。

获得语言意识

元语言意识的快速展开是学龄期间语言发展的一项极为引人注目的特征。正如我们在第4章所见，元语言意识是有关语言本身的知识。在构建语言时，儿童无须对语言的复杂的由规则管辖的本质具有清醒的意识。然而，随着时间的流逝，儿童通过语言游戏主动探索语言系统，导致这一系统的一些方面尤为突出（Kuczaj, 1982）。此外，进行中的认知发展和接触到的读写技能也影响了儿童对语言系统的理解（Doherty, 2000）。

我们可以从儿童改正自己言语中错误的现象里发现元语言意识在最基础的层面的先导要素（Clark, 1978）。然而，潜藏于自我改正下的意识并不一定包括对语言系统的有意识的理解；自我改正意识能显示出儿童辨别出最理想的模型或规则，暗中注意到自己的语言行为和模型与规则之间的偏差。相反，真正的元语言意识需要明确的语言系统知识。

元语言意识被认为是学业成功的关键技能，也与阅读理解和学业语言相关。元语言意识和阅读指导之间有一种双向联系（见图10-1）。也就是说，尽管语言作为系统的意识对读写能力的发展是必要的，接触阅读和写作也能反过来培养更强的语言意识。然而，与叙事一样，元语言意识在儿童能够读写之前，就在与家庭和朋友之间的日常互动的语境中开始发展。

然而，读写指导和发展能够培育获得更成熟的元语言技能

元语言技能

学习读写

图 10-1　随着儿童在认知方面有所进步、对语言拥有更多控制，元语言意识也在学龄前时期发展

语言游戏和使用语言幽默

幼儿在语言使用中尤为突出的一方面是对语言游戏的爱好。在学龄早期，语言游戏代表了儿童语言的相当可观的一部分，并且是元语言意识最早的展现。在一项研究中，幼儿园的儿童产出的话语里大约有1/4包括了某种形式的语言游戏（Ely & McCabe, 1994）。儿童对待语言的方式和对待其他物品一样，他们可以充满乐趣地开

发出各种材料的来源（Cook, 2000）。所有的语言成分都可以用来操纵，自发的语言游戏和押韵在一些时候会让儿童发明出新的、通常没有含义的单词。在以下的例子里，一名很显然不喜欢香蕉的 5 岁儿童使用重复和部分押韵放大了她的恶心的感觉。

Yuck I hate bananas.（呸，我讨厌香蕉。）

They're icky.（它们脏兮兮的。）

They're slimy.（它们滑溜溜的。）

They're gooey.（它们黏糊糊的。）（Ely & McCabe, 1994, P26）

这一自发故事的几乎诗一样的表达回应了儿童诗歌创作的更为明确的尝试。安·多克（Ann Dowker, 1989）让幼儿看图写诗。一名 5 岁半的男孩看到一张雪天的图片，写下了以下的诗行[①]：

It's a latta with a peed,

A plappa plotty pleed.

And there's a wop,

A weep,

A stop.

And yes. No.

Sledge.

Fledge.（Dowker, 1989, P192）

这一节选显示出儿童有运用语言音系特征的倾向。这一早期的语言游戏磨砺了儿童的语言技能，提升了语言音系特征意识。例如，儿童早期接触的语言游戏形式（如童谣等）与他们之后读写能力的发展呈正相关（Dunst, Meter, & Hamby, 2011），这些早期接触也是儿童用来辅助第二语言学习过程的自然资源（Cckaite & Aronsson, 2005）。课堂的指导练习利用了儿童天生爱玩的倾向，把游戏包含进来，作为教授音位意识的方式（Ehri et al., 2001）和教授第二语言的方式（Cook, 2000）。

学龄时期的儿童通过创作谜语、双关和其他合作性的语言游戏，展现了运用语言

---

① 这首诗仅为突出语音方面的重叠特征，其中有一些生造词是没有意义的，所以本诗不做翻译。——编者注

其他方面的明显兴趣。**谜语**（riddles）是依赖于音系、形态、词汇或句法歧义的单词游戏（Pepicello & Weisberg, 1983）。儿童必须能够意识到单词出现歧义的方式，才能够正确地解开谜语。在以下的谜语案例里，第一则主要利用了形态歧义，第二则采用了句法歧义（短语结构）。

Question: Where did the King hide his armies?

提问：国王在哪里藏着他的军队 / 左膀右臂？

Answer: In his sleevies.

回答：在袖子里。

Question: How is a duck like an icicle?

提问：鸭子 / 低头和冰柱有什么相似之处？

Answer: They both grow down.

回答：它们都往下长。

6~8 岁的儿童展现出对谜语热情高涨（McDowell, 1979）。儿童解开谜语的能力受到他们这一体裁的知识储备的影响，也受到元语言发展的影响。解开谜语所用的技能也与儿童的阅读技能呈正相关（Ely & McCabe, 1994）。因此，语言游戏是儿童正在发展的对语言系统的掌握的一种标记，也是一种习得语言知识的可能方式。在拥有较强口语传统的文化群体中，如非洲群体，谜语的使用更为广泛、更具有意图，并起到各种作用。在这些社群里，成人对儿童使用谜语，作为训导和灌输文化价值的方式，而儿童彼此使用谜语来解决人际关系问题，并探索语言（Jirata, 2012）。

语言幽默（verbal humor）代表了另一种语言游戏。幽默是不同文化之间共享的一种语言特征（Apte, 1985）。儿童为了成为社群中语段的完整参与者，需要熟悉这一语言中幽默的基本形式。儿童产出和欣赏语言幽默的能力随着时间的推移而逐渐提高，和他们逐渐增长的对语言所有方面的掌握密切相关。更年幼的儿童在语言的社交和情境方面有

"……它们脏兮兮的。它们滑溜溜的。它们黏糊糊的。"儿童会使用诗歌般的方式来表达恶心的感觉。）

着较有限的鉴赏力，他们比年龄更大的儿童更容易觉得"便便头"（poo-poo head）这样简单的与排泄物相关的话语很幽默。年龄较大的儿童更不容易被简单的打破语用规则的逗笑，而是更愿意关注常规的笑话和双关语中展现的语义和句法操纵。在较晚的阶段，青少年在语言幽默的理解和产出方面与成人更相似，包括第 4 章中描述的对反讽和讽刺的使用（Dews et al., 1996）。

戏弄（teasing）是另一种在不同文化社群之间出现的复杂的语言游戏，带有各种社交功能（Schieffelin & Ochs, 1986; Tholander, 2002）。例如，在墨西哥家庭中，和儿童一起戏弄他人或者戏弄儿童不仅仅是一种言语游戏，也是一种社交控制和创造亲密纽带的方式（Eisenberg, 1986）。另一个例子来自英籍孟加拉裔工人阶级少女群体，在她们之间，戏弄用来建立和维持亲密关系，表达强势态度、释放压力，并用来协调相互交叉的文化认同感（Pichler, 2006）。一些戏弄的形式高度结构化、仪式化，并需要元语言成熟。意指（也被称为 playing the dozens、snapping 或 woofing）是一种非洲裔美国群体中所见到的活动，主要出现在青少年男性中（Labov, 1972; Morgan, 2002），但在女性群体中也有所记载（Goodwin, 1990）。这种仪式性的语言游戏有很多需要遵循的规则，从而保证它的本质有趣。

意指基于之前已经建立的话语，目标是通过生成无法被超越的陈述而在智力上胜过自己的对话对象；这是一种在有听众的情况下表现和锻炼语言技能的方式。一项对小学生的研究发现，经常参与意指和对比喻语言（如隐喻）有更好的理解能力相关（Ortony, Turner, & Larson-Shapiro, 1985）。

越过语言游戏：元语言知识的种类

语言游戏和幽默帮助儿童明确理解语言作为一种系统的性质，但成熟的语言游戏和幽默也要求元语言技能。我们现在转向不同种类的和儿童的阅读与写作发展相关的元语言意识。

正如第 3 章所说，一个近些年来得到大量注意的领域是儿童对语言声音系统的意识和操纵，这被称为音系意识。音系意识特别指代对单词由语音单元组成这一事实的理解，语音单元包括较大的单元（音节）和较小的单元（音位）。例如，我们知道 "cat"（猫）这个词由一个音节和三个不同的音位 /k/、/æ/ 和 /t/ 组成。音系意识主要在 3~8 岁之间发展。儿童在学龄前的语言游戏，例如押韵和使用无含义词语，都是他们正在发展的语言音系特征意识的最初的表示信号。后续的重要发展事件包括辨识单词的第一个语音、比较两个单词的语音、把单词正确**分割**（segmentation）（或分解）为更小的单元，把分离的语音混合构成单词，并使用语音模式用来解码和拼读

（Snow，2006）。随着儿童逐渐长大，与口语和书面语进行了更多互动（如学习更多单词，学习了拼写用的字母），他们的音系意识技能会更为精细而多样。例如，大多数 5岁儿童能够正确地识别"hat"（帽子）和"cat"（猫），也知道这两个单词的词首音不一样，但他们还需要 3 年的时间才能理解，尽管"giant"（巨大的）和"jail"（监狱）以同一个发音 /dg/ 开始，但拼写完全不同（有关音系发展的完整回顾，参见第 3 章）。

　　研究者普遍认同，音系意识与儿童的读写能力之间有着明显连接。大多数研究显示，音系意识促进了读写能力的发展，也受到读写指导的促进（Castle & Colheart，2004; Chow, McBride-Chang, & Burgess, 2005）。尽管音系意识在人生中持续发展，但它最为戏剧化的发展发生在学龄早期，这是强调语音 - 符号对应的读写指导的结果。特别是在阅读的早期阶段，无论语言类型（字母系统或非字母系统），音系意识和阅读之间的稳定关联都一直存在。音系意识对后续读写能力的习得的重要性还没有良好的记载，后续读写能力的发展依赖于各种因素，例如语言的结构、书写方式和书写字体，以及儿童的指导经历（McBride-Chang，2004）。在英语和西班牙语这些字母系统语言中，音位意识能够辅助阅读和拼写。相反，在汉语这种非字母语言中，因为书面文字对应的是音节而不是音位，所以音节意识起到了更重要的作用（McBride-Chang, Bialystok, Chong, & Li, 2004）。

　　第二种元语言意识包括了在学龄时期缓慢演化的语义意识和元语义知识。儿童逐渐理解单词是语言系统的基本单元，单词的音系构成和它们的指代对象是任意的（Homer & Olson 1999）。在 10 岁左右，儿童习得了对"单词"这一术语的明确理解。在同一年龄时，儿童能够通过使用系动词和上位关系从句提供单词的正式定义（如"鸟是一种喜欢飞的动物"）（Kurland & Snow, 1997; Snow, 1990），并且开始理解非字面含义的语言形式，比如习语、明喻和隐喻。用这一形式定义单词是课堂语段中的一个常规部分，产出正式定义的能力和单词增长（Nagy & Scott, 2000）与阅读习得（Roth, Speece, & Cooper, 2002）呈正相关。

　　句法意识或元句法知识是元语言意识的第三种普遍形式。句法意识包括了儿童对句法结构的理解和他们改正句法错误的能力。费雷拉（Ferreira）和莫里森（Morrison）（1994）研究了儿童发展中的句子结构的知识，他们发现，即使在正式入学之前，5 岁的儿童也能够在 80% 的情况下辨别"邮递员运送了一个闪光的包裹"这种句子的主语。普遍而言，学校教育可能是明确的句法知识的最重要的唯一来源，因为在教育环境之外，讨论主语和动词这种术语的情况相当罕见。5 岁的儿童能够成功地改正不符合语法的句子，但是他们的改正通常反映的是他们改正句法原因引起的异常语义含义的倾向。当幼儿被要求改正句法和语义都有问题的句子（如"The baby eated the typewriter"，婴儿吃掉了打字机，其中 eated 应为 ate）的句法而非语义含义，他们的失败比例相对较高。高姆伯特（Gombert, 1992）回顾了元句法发展的证据，包括了斯奎布纳（Scribner）和科尔（Cole）（1981）进行的经典的跨文化研究，认为明确的句法意识只会从读写技能的正式教育中习得。句法意识与单词定义的成功使用（Scott & Nagy, 1997）和阅读理解的提高（Nagy, 2007; Nation & Snowling, 2000）相关。

第四种也是最后一种元语言意识是语用意识或者元语用知识，它包括语言和语言所使用的社交语境之间关系的意识（Ninio & Snow, 1996）。语用意识的典型例子包括判断指代恰当性的能力、确定可理解性的能力，以及明确描述约束语言使用的社交规则（如礼貌规则）的能力。在判断指代不恰当的消息时，5 岁及以下的儿童通常会因为交流失败而怪罪听者听得不够认真，而不是说者。在 8 岁以后，儿童能够把说者判断为问题的来源（Robinson, 1981）。休斯（Hughes）和格里夫（Grieve）（1980）也在一项研究中发现了相似的年龄趋势；在这项研究中，儿童被问到一些奇怪的问题，例如"红色比黄色更重吗？""牛奶比水更大吗？"在隐喻解释之外，这些问题需要说者解释所意味的含义。然而 5 岁儿童中很少有人会要求解释；他们反而会以一种直接的方式试图回答问题。与之相反，大多数 7 岁儿童会给出反映他们对说者意图的含义不确定的回答（如"牛奶更大，不对吗？"）

语用意识不仅需要知道如何按照文化中恰当的方式使用语言。儿童必须能够明确地说出这些规则。尽管有观察发现幼儿经常难以跟随语言使用的交际常模，例如使用礼貌语言（Berko Gleason, 1973），但也有一些轶闻证据说明幼儿可能对这些相同的规则有所意识。在一个例子中，一名在读幼儿园的女孩因为同学啰唆而责怪对方（Ely & Berko Gleason, 1995）：

马克（Mark）：我能拿起乌龟吗，约翰？

教师：现在不行。

马克：求你了，约翰。

爱丽森（Allison）：不要啰唆，当……当他（马克）一直跟他（老师）说，一直跟他说，这就是啰唆。

在儿童期晚期和青春期早期，大多数儿童对日常社交语境中约束语言使用的规则有着相当固定的理解（Berko Gleason, Hay, & Cain, 1988）。我们还不清楚元语用知识在读写技能习得中起到了什么作用。有些研究（如 Craig, Kolenic, & Hensel, 2014）显示，由方言切换造成的更强的元语用意识可能会成就更强的读写能力。

在两种语言中发展元语言意识

考虑到全球化的增长，当前对元语言意识发展的研究重新引入这一问题：双语现象是否会提升元语言技能的发展水平，为儿童提供读写能力习得的优势。大多数研究比较了双语儿童和单语儿童在特定的元语言任务中的表现（Bialystok, 2004）。这一研究整体表明，双语培养了儿童思考语言本身的能力，导致元语言技能有所提升。在双语儿童的单词意识技能上这一点尤为突出，这些儿童接触了同一指代对象下的两个标签。例如，一名使用海地克里奥尔语和英语的海地双语儿童，在学会盘子里同样的食物可以被称为 duri 或 rice（米饭）之后，会比只学习英语的儿童在更早的年龄发现单词和其指代对象的任意关系。然而，双语和其他形式的元语言知识之间的关系更为复杂，依赖不同的因素，包括儿童两种语言的水平以及读写能力指导。例如，只有完全平衡的双语儿童才会在某些特定的句法意识技能方面超过单语的同龄人，例如发觉和改正包括干扰信息的句子里基于句法的错误（Bialystok, 2004）。相反，儿童在句法意识的其他领域的水平，例如解释语法错误的水平与其目标语言的口语水平有关，而与双语无关。此外，一些研究报告称双语儿童在发展音系意识方面具有优势，例如发展察觉单词开头或结尾的音位数量的能力（如 Eviatar & Ibrahim, 2000），其他研究则没有显示出这种关系，甚至发现双语儿童处于弱势。音系意识的双语优势可能受到一系列影响因素的协调，例如儿童的年龄和课堂中正式的读写能力指导，以及语言对（language pair）所使用的文字（例如西班牙语和英语与汉语和英语）（Bialystok, 2007; Cheung, Chen, Lai, Wong, & Hills, 2001）。考虑到元语言意识和读写能力在单语儿童身上的双向影响，一个有关双语儿童的有趣的问题着眼于一种语言的元语言意识和另一种语言的读写能力发展之间的关联。大多数研究还无法向这一问题提供确切的答案，特别是因为这一问题与学龄后期相关。然而，有些研究表明，语言之间会出现迁移，特别是音系意识和单词意识的迁移，这导致研究者推断，基于一种语言的元语言意识的确能够辅助提升第二种语言的阅读能力（Bialystok, 2002; Genesee, Geva, Dressler, & Kamil, 2006）。

截至目前，我们的讨论聚焦于为儿童的读写能力习得做出准备的两种口语技能。我们现在将把注意力转向读写能力发展本身，从对印刷文本的早期接触开始。在我们接下来的讨论中，我们会跟踪两名儿童：4岁的女孩费尔南达（Fernanda）和8岁的男孩埃兹拉（Ezra）应对印刷文本的过程。

学习阅读

在家中和社群里应对印刷文本

在美国这种具有读写环境的社会中成长的儿童，比如费尔南达和埃兹拉，在不同程度上接触家中和社群中的读写，这些接触是正式读写能力教育的重要介绍。儿童对读写能力的功能和形式的最早意识被称为**读写萌发**（emergent literacy）（Teale & Sulzby, 1986; Whitehurst & Lonigan, 2002）。例如，费尔南达已经能够识别纽约地铁中的**环境文字**（environmental print）（例如 F train，地铁 F 线；6 train，地铁六号线）、收发室中的环境文字（例如家长的名字）以及熟悉的商标（例如 Tylenol，泰诺止痛片）。她还习得了一些印刷文字的惯例，包括西班牙语和英语的书面形式应该从左向右、从上向下进行阅读，文本单词之间会通过空格分开。作为一名英语西班牙语双语儿童，费尔南达的语言共享文本惯例，因此，她能够把在家中习得的阅读印刷文字的技能迁移到在学校中的英文文本互动里。与之相比，埃兹拉的两种语言——英语和希伯来语，在文本惯例的一些重要方面有所差异。例如，希伯来语从右向左书写及阅读。因此，他的技能在语言之间的迁移更少（Geva, 2008）。

当儿童学习读写能力的形式时，他们也在接触读写能力的一些作用。尽管在英语使用者的社群中，读写形式相对统一（例如阅读总是从左向右），但读写的功能会有很大的差异。例如在一些家庭中，读写能力会在多种语境中进行强调，起到一系列实际和休闲的作用。费尔南达和埃兹拉这样的儿童生长在这一类家庭里，他们经常能够遇到家长和哥哥姐姐在工作或休闲中参与阅读和写作，他们自己也可能会经常听到家长读书给他们听。生活在读写单纯作为工具用途（如阅读账单和学校通知，写下支票和购物清单）的家庭中的儿童，可能会发展出完全不同的对读写能力使用和价值的概念（Dickinson & Tabors, 2001; Heath, 1983; Purcell-Gates, Melzi, Najafi, & Orellana, 2011）。

此外，家长在主动鼓励读写萌发发展的程度上也有所不同（如 Hammer, 2001; Sénéchal & Le Fevre, 2002）。经常让儿童参与读写相关活动（字母游戏、图书阅读）的家长让儿童准备好参与基于学校的读写能力。费尔南达和她的家长经常玩字母游戏。费尔南达喊出随机的字母（例如 j-i-k-l-w-a）拼写单词，她的家长则把她拼出的"单词"读出来。这种对读写能力的注重也是向儿童传输了一个重要信息：阅读、写作、扩展语段能力在社会和文化上备受重视。一些家庭在家中的扩展语段练习和课堂上的读写练习有着连续性，来自这些家庭的儿童在入学之后就显示出明显的优势

家长和儿童共同阅读图书是发展读写能力的重要初始步骤。

（Gee, 2002; Heath, 1983）。然而，最新的研究与汉普希尔（Hemphill）及斯诺（1996）的角度相同，认为在经历家庭和学校的读写练习之间的一些差异后，儿童的读写技能增强可能会更显著，这点在来自低收入家庭的儿童身上尤其明显（Schick, 2014b）。

来自经济状况不佳的家庭的儿童有更大的风险无法习得最基础的读写技能（Snow et al., 2007）。这些区别可能来自家庭的早期读写环境，包括儿童接触的共同图书阅读。来自低收入家庭的儿童通常经历的共享图书阅读的时常通常只是中等收入家庭儿童所经历的几分之一（Hart & Risley, 1995）。尽管对于接触图书阅读的频率可能能够在一定程度上解释我们观察到的读写技能习得方面的社会经济地位差异，但其他风险因素（例如生活在贫困的城市地区）也有着重要的作用。

家庭环境支持读写技能的程度在理论和实践角度都引起了研究者强烈的兴趣（Dickinson & Tabors, 2001; Whitehurst & Lonigan, 1998）。例如，家长和儿童共同阅读图书是发展读写能力的重要初始步骤，能够培养儿童对读写技能的正面态度（Bus, 2002）。共享图书阅读不仅是获得印刷常规知识的机会，还是一个通过阅读材料刺激扩展语段的机会，也是接触新单词的途径。

不同风格的图书分享互动与特定的长期效果相联系，各种方式的最佳结果则和互动或协助性的、鼓励儿童进行语言参与的双人阅读方式相联系（Haden, Reese, & Fivush, 1996; Reese & Cox, 1999; Sénéchal, 1997; Whitehurst, Arnold, Epstein, & Angell, 1994）。里斯（Reese）和考克斯（Cox）（1999）采用实验设计评估了 3 种不同风格的图书阅读：描述者风格，在其中，家长进行描述，鼓励儿童说出标签；理解者风格，其中强调了含义、推断和预测；表演风格，在其中，家长完整地阅读故事，尽管之前有所评论，但之后会给出有关推断和评价的提示。整体而言，描述者风格在词汇和印刷文本阅读的能力方面产出了最大的收益，但是不同风格的结果依赖于儿童最初的技能水平。例如，在开始词汇量较大的儿童从表演风格中受益更多。

根据这一研究建立的阅读干预项目，例如对话阅读，鼓励母亲从儿童身上诱导信息，培育儿童的参与（Whitehurst & Lonigan, 1998）。尽管这种数据分享风格在中等收入的欧洲裔美国家庭中比较常见，但它并不一定和所有社群的读写实践相符合，因此也不一定对所有儿童都有效果。例如，在一项调查互动阅读（对话型）对词汇发展的有效性的元分析中，莫尔（Mol）、巴斯（Bus）、德容（De Jong）和斯密茨（Smeets）（2008）提出，尽管对话阅读对中等收入家庭有益，但它并不对所有人都有效，例如低收入的、具有文化差异背景的母子组合（另参见 Manz, Hughes, Barnabas, Bracaliello, & Ginsburg-Block, 2010; Reese, 2012）。此外，里斯及其同事的研究（如Reese, Sparks, Leyva, & Grolnick, 2010）表明，对于低收入家庭来说，支持儿童口语叙事技能的干预比鼓励对话型阅读的干预效果更好。

近期对于在文化方面具有差异的群体的图书分享的研究，为这一问题提供了更多的信息。研究表明，说英语的欧洲裔美国母亲使用的互动风格不一定是其他社群所偏爱的图书分享风格。在一项对秘鲁母亲和欧洲裔美国母亲在各自国家环境内的行为研究中，梅尔茨和卡斯佩（Caspe）（2005）发现，当分享没有单词的儿童图画故事书时，秘鲁母亲采用了自己作为唯一故事叙述者的讲故事风格来讲述一个有趣的故事，儿童只有极少的参与。与之相比，欧洲裔美国母亲更偏向于采用故事建构的风格，这是一种和自己的孩子一起架构故事的更具互动性的风格。卡斯佩（2009）在后续的研究中检验了生活在纽约市的说西班牙语的多米尼加和墨西哥低收入移民家庭。卡斯佩研究中的大多数母亲（68%）倾向于作为唯一的叙述者（她们采取了讲故事的风格，而非更为互动的风格）。有趣的是，在控制了母方受教育的年限和儿童的初始发展水平之后，在学龄最后，讲故事的风格反而最能帮助儿童提升与印刷文本相关的读写分数。在母子图书分享互动过程中，叙述者 – 听众差异是母亲构建鹰架的一项重要维度；在其他文化群体中也都发现了和上文类似的结论，包括东印度群岛母亲（Harkins & Ray, 2004）、巴西母亲（Zilles, Melzi, Knecht, & Lopes, 2008）和说西班牙语的波多黎各母亲（Caspe & Melzi, 2008）。梅尔茨、希克和肯尼迪（2011）认为，叙述者 – 听众的差异可以指示一项新的叙事维度，他们称之为叙事参与。

一项针对低收入家庭的拉美裔儿童的研究发现进一步证明，看护者和自己的儿童分享图书的方式对儿童正在发生的读写发展并不像对基于图书的文本和环境文字的接触那样关键，其影响也不如儿童没有在家中接触印刷文本的频率（Schick & Melzi, 2015）。考虑到斯诺及其同事（2007; Dickinson & Tabors, 2001）对多个种族的低收入家庭的早期读写环境（家庭和学校）与读写能力习得的关联的长期研究结果，以上结果并不令人吃惊。斯诺及其同事的全面调查发现，即使在控制了重要的人口变量（家庭收入、母方教育）之后，在儿童 4 岁时，家中的扩展语段的数量、家庭对话中罕见或成熟单词的密度，以及家长对读写活动（如图书阅读）的支持能在不同程度上预测幼儿园里习得的一系列语言和读写技能的发展，包括叙事产出、读写萌发（如读写常规知识、字母名称）以及接收性词汇（Dickinson & Tabors, 2001）。此外，亲子关系的质量也能够用于预测儿童的写作能力，好的亲子关系与儿童优秀的写作能力正面相关。

然而，学前班环境（包括扩展教师语段、课堂课程和课堂中接触的罕见词）是习得很多相同技能的更好的预测因素（Dickinson & Tabors, 2001）。例如，阅读理解与任何家庭测量数据都相对不相关，而是和学校因素更相关，例如对练习册这种结构化材料的练习。他们的一项更为引人注意的发现是，在家中接触理想语言和读写经历但是学前班经历较差的儿童，在幼儿园语言和读写能力测量中的得分低于平均值。换而言之，平均水平之上的家庭环境并不足以缓解较差的学前班环境所带来的负面影响。然而，来自语言和读写经验低于平均水平的家庭，但在幼儿园的经历较为理想的儿童，在幼儿园测量（叙事产出、读写萌发和接收性词汇）上表现得高于平均水平。这些发现强调了学前班在改善后期学业结果方面能起到的作用，特别是对低收入家庭儿童的作用（Dickinson & Tabors, 2001）。

阅读要素

阅读是一个复杂的过程，它包括了一系列要素，这些要素以天衣无缝的方式共同起作用，以至于对于熟练的阅读者来说，书面文本几乎能够自动地表达信息。以下列举了一些熟练阅读所需的主要要素。

- 探知字母的视觉特征，促使字母可辨识。
- 字位－音位对应规则的知识。
- 单词识别。
- 语义知识。
- 理解和解释。

第一个要素涉及探查字母表的字母的特征，引向字母辨识。文本以各种不同的形式出现，从高度规则的可阅读的印刷文本到差异极大的几乎无法辨识的手写笔记。即使是标准印刷文本也以不同的形式出现，有着明显差异的字体产出不同的图形模式。为了正确地辨认字母，阅读者必须能够提取字母的定义特征。例如，字母 A 可以以多种形式出现（参见图 10-2）。我们需要强调，即使对于熟练的阅读者，尽管他们处理字母的过程相当迅速，但每个词的字母依然会得到辨识（Rayner, Foorman, Perfetti, Pesetsky & Seidenberg, 2001）。

字母 A 的一些字体

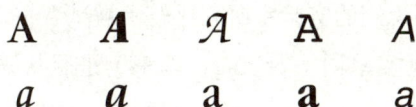

A A A A A
a a a a a

图 10-2　字母探知需要辨别很多不同的图形形式

对于阅读英语和西班牙语这些语言来说，对**字母表原则**（alphabetic principle）的理解和**字位 – 音位对应规则**（grapheme-phoneme correspondence rules）的知识是至关重要的要素（但对汉语并非如此）。根据字母表原则，字母表中的字母代表了口语中的语音。**字位**（graphemes）是书写系统的数实际图形形式或元素，例如字母表中的字母。正如本书第 3 章所说，音位是语言中的基础语音。因此，字位 – 音位对应规则定义了字母或字母组合和它们所代表的声音之间的关系。

在完美的字母表系统中，字位 – 音位对应规则需要有以下 3 个特征。

- 简单：每个符号和每个语音之间存在一一对应关系。
- 一目了然：字位的名称和所代表的语音相等。
- 完全规则：上面两种特征不存在例外。

具有接近完美的一一对应的字位 – 音位关系的文字系统被称为**浅层文字**（shallow orthographies）。西班牙语和意大利语代表了两个浅层文字的例子，意大利语或西班牙语的阅读者能够使用拼写作为可靠的发音指导，也能用发音作为可靠的拼写指导。这一透明度能够辅助阅读过程。与之相反，英语和希伯来语被认为是**深层文字**（deep orthography），字位和音位之间的关系更为多样化。例如，在英语中，字母 i 有时和自己的发音一样，例如代词 I（我，发音为 /ai/）；然而，它也可以代表很多其他语音，包括 bit（一点）中的 /ɪ/ 和 radio（广播）中的 /iy/。此外，字位代表了抽象的形式，即音位，而音位的实际语音形式会根据其他与之合并的语音（音位）产生改变。

结果，尽管学习西班牙语阅读应该相对直截了当，但像费尔南达这样的孩子，达到英语阅读流利需要她掌握字位 – 音位对应规则中的不规则方面（参见 Bryne & Fielding-Barnsley, 1998）。由于把单词分割成构成音位并不是一项直接或真正直觉型的技能，因此这一任务尤为艰巨。尽管一些儿童通过接触非正式的教学和童谣这样的文本获得了分割的意识，很多儿童在习得音位分割的明显知识之前都需要正式教学指导。

阅读的下一个要素，单词识别，被定义为把字母串识别为语言文字系统中的常规单词这一过程。很多单词识别的实验室研究比较了被试者在识别不同词类的单词或字母组合时的反应时间。真实单词（如 king，国王）是服从语言文字常规的单词，并且自身也是语言的一部分。无意义单词是在语言中不存在的单词（例如 gink），尽管它们服从常规的文字规则，因此是可能存在的单词，错误单词是违反文字规则的单词（例如 nkgi），基本不可能在语言中找到。在词汇决定任务中，真实单词比无意义单词和错误单词的辨识速度更快。

在大多数时间里，被阅读的单词都是阅读者知道的单词。它的识别刺激了一系列基于阅读者语义知识的可能的含义。语义知识（Semantic knowledge）是指单词的所有信息、它可能的含义，以及它和其他单词及现实世界中的指代对象的关系。（参见本书第 4 章关于语义网络的讨论。）不完整的语义知识阻碍了书面文本的理解。我的一名同事回忆，他在小时候读书时读到了一篇故事，故事里有一名住在华盛顿的男孩，父亲在美国总统内阁（The Cabinet）工作。他的对 "cabinet" 的语义知识仅限于"橱柜"这个含义。一名成年男子怎么能被装进一个橱柜里呢？他在橱柜里做什么样的工作呢？我们的同事当时还是一个孩子，他在理解这个故事的重要方面上遇到了大量的困难，甚至在 40 多年之后，他还记得当时自己有多么困惑。

阅读过程的最后一个要素包含了理解和解释文本的能力。成功的理解和解释取决于一系列发展中的技能和知识，包括了单词识别的自动性、词汇量、工作记忆容量以及世界知识（National Reading Panel, 2000）。为了适应儿童发展中的能力，为幼儿阅读者设计的图书都是按照年龄进行分类的，也就是说，这些书在设计时都特意考虑了儿童进化中的技能水平和知识基础。

阅读发展

因为阅读是一项复杂的技能，所以它是缓慢进化的。此外，阅读的目的也随着年龄而变化。尽管已经有了一些不同的阅读发展模型（例如 Ehri, 2005; Perfetti & Stafura, 2014），但我们主要关注珍妮·夏尔（Jean Chall, 1996）建构的模型，这一模型描述了儿童经历的不同阶段。夏尔的模型（见表 10-1）从学龄前的幼儿开始，把他们称为预前读者（阶段零），一直到大学生年龄的阅读者（阶段五）。

表 10-1　夏尔（1983, 1996）的阅读发展模型中的一些特征

阶段	年龄和年级	主要特征	习得方法
0	6 月龄到 6 岁，学前班，幼儿园	"假装"阅读，能叫出字母表中字母的名称，拼读自己的名字，认识一些招牌［如"停止"（Stop）、"可口可乐"（Coca-Cola）］	接触
1	6~7 岁，一年级，二年级开始	学习字位 – 音位规则；念出单音节单词；阅读简单文本；阅读大概 600 个单词	直接指导
2	7~8 岁，二到三年级	更流利地阅读简单故事；基础解码技能、视觉词汇和含义的巩固；阅读大概 3000 个单词	直接指导
3	9~14 岁，四到九年级	通常从简单的视角通过阅读学习新知识	阅读和学习；课堂讨论；系统单词学习
4	15~17 岁，十到十二年级	阅读带有多种视角的类型广泛的材料	更广泛地阅读和学习
5	18 岁及以上	按照自我定义的目的阅读；通过阅读把自身知识与他人知识相结合；阅读过程快速且有效率	更广泛地阅读；写作论文

　　4 岁的费尔南达是一名预前读者。尽管她已经习得了一些印刷文本中常规的重要概念，拥有了一些基础的阅读技能（例如识别自己的名字），但她只是假装在阅读。在这一阶段，费尔南达这样的孩子主要使用自上而下的过程来做出有关所读内容的假设（Chall, 1996）。根据阅读的自上而下模型（top-down），阅读是一种包括生成与测试假设的心理语言猜测游戏（Goodman, 2005; Smith, 2004）。在正式教学开始之后（阶段一），自下而上的过程变得重要起来。阅读的自下而上模型（bottom-up）认为，阅读大部分依赖于对构成单词的字母串的准确感知（Gough, 1972）。8 岁的埃兹拉刚刚从阶段一转型到阶段二。这两个阶段的特征都是"学习阅读"。其重点在于掌握解码能力、识别并大声念出单词。为了辅助这一解码过程，像埃兹拉这样的儿童，在这些时期阅读的很多文本都相对简单，其中只包括很少的新知识。

　　在夏尔的模型里，阶段二和阶段三之间有一个明显的转换。下一年，当埃兹拉升入四年级之后（从阶段三到阶段五），他会"通过阅读学习"。这些阶段中的重点是从文本中提取含义，儿童阅读的很多材料都含有新的知识，包括一系列之前从未经历过的概念的新单词或者短语）。从阶段三到阶段五，阅读最明显的特征是交互性，儿童同时使用自下而上和自上而下过程。

　　儿童从阅读单一关注点的文本逐渐移向阅读一系列展现更为多样的视角的文本。在最高阶段（阶段五），解码的机制已经高度自动化，导致阅读极为迅速高效。更重要的是，阅读的目标比前几个阶段在智力上更为成熟。现在，阅读已经成为阅读者用来拓宽知识面的一种过程。斯诺（1993, P12）把大学程度的成熟的读写能力定义为涉

及"按照目的（享受轻松小说、记忆事实材料、分析文献、在文本中学习事实探索想法、判断作者的视角、把文本中的信息和视角合并到自己的思考中，并质问或反驳所表达的信息和想法）调整方式的阅读能力"。很显然，这种高层次的阅读需要准确理解文本字面含义的能力，也需要思考文本更宽泛的含义的能力（Grigg, Daane, Uin, & Campbell 2003; Snow, Burns, & Griffin, 1998）。

阅读教学指导的方式

获得熟练阅读能力的不同阶段的模型能够为阅读指导提供一些寓意。如何最好地教授幼儿进行阅读（和写作）一直都是争议的来源（Adams, Treiman, & Pressley, 1998; National Reading Panel, 2000; Rayner et al., 2001）。这一争议反映出儿童发展和学习理论中的区别也反映出一种担忧：一些教学方法可能更容易导致阅读失败（Compton, Miller, Elleman, & Steacy, 2014）。不过，不同视角的支持者有着同样的目标：他们都希望儿童能够稳固地掌握阅读和写作的基础技能。

现在已经有很多教授阅读的方式。人们已经大量质疑阅读主要是一种涉及视觉的感知过程这一信念，但在 20 世纪初期，这是一种教学的主导力量。很多近期的方法把阅读视作一种基于语言的活动，合并了基于技能的能力（Vellutino, Tunmer, Jaccard & Chen, 2007）和基于知识的能力（Snow, 2002）。

强调基于技能的阅读指导方式，例如自然拼读法（reading for decoding），明确教授阅读的机制，侧重于能够流利地命名字母表中的字母、分割组合音位，以及学习字位 – 音位规则。这些可以在学龄早期习得的技能可以轻松进行教学，大多数学生都能从直接指导中获益。当儿童遇到不熟悉的单词时，他们被鼓励按照字母大声地念出它们。在这种阅读方式下，成功、快速且自动的解码被认为是以理解与获得含义为目的的阅读的根本前提。研究显示，这种方法对学习浅层文字语言阅读的儿童尤为有效，如西班牙语或意大利语（Ehri, 2014）。因此，基于技能的能力不仅包括自下而上处理，也包括自上而下处理。

与之相对应的是，强调基于知识技能的阅读指导方式，例如文意阅读（reading for meaning）（Duke & Block, 2012）或全语言方法（whole-language approach）（Goodman, 2005; Martinez & McGee, 2000），侧重于阅读理解。全语言模型把儿童视为从和文本的互动中寻找建构含义的主动学习者。根据这一观点，儿童所经历的文本必须包括完整的（"全"）有含义的语言。与从任何文本中获取含义的目标相比，对解码机制的注意通常是次要的。类似地，文意阅读强调的是书面语言的功能而不是形式。阅读熟悉的文本（新生读者文本）和培育发展更多的视觉词汇都是文意阅读方法的常见特点。

正式教学通常包括看－说方法，在这一方法里，整个单词和句子会展现给儿童，并鼓励儿童大声说出它们。在文意阅读方法中，当儿童遇见不熟悉的单词时，他们会被鼓励使用语境知识（包括伴随文本的图片）来尽量猜测含义。因此，这一方式预设儿童会大量使用自上而下过程。

在费尔南达过渡到幼儿园时，哪一种方式最合适？这在历史上是一个充满争议的问题。最近，几项针对不同阅读项目效果的大量历史文献的有影响的分析都指出，让大多数儿童接受解码和词汇的正式指导的重要性（National Reading Panel, 2000; Snow et al., 1998）。对于家庭读写经验有限的儿童来说尤为如此。然而，音位意识的明确教学和与年龄相符的词汇指导不应该是指导的唯一重点，而应该受到支持儿童基于知识能力发展的手段的限制和补足，例如理解能力。

美国州立共同核心标准计划是美国各地政策制定者和教育者创造的一项教育提案，目前已经在全美 43 个州推行，这一计划的目的与这些发现共同作用。共同核心是从幼儿园到 12 年级的学生的一系列学习标准，旨在保证这些儿童在高中毕业时达到必要的阅读、写作和数学水平。在学龄早期，共同核心强调了儿童为了成为成功阅读者而需要的基于技能的教学。然而，共同核心也强调，指导必须根据各个学生的需求和学习风格做出区别，教师应该意识到阅读指导的基本关注点是从文本中提取含义。因此，当费尔南达上幼儿园时，她的老师会保证她展现出对印刷概念和解码技能的基础理解，并保证她采用这些技能、带着目的和理解开始阅读文本。她的教师应该支持她基于知识建立的能力，从而为这一过程构建鹰架，例如鼓励提出有关文本的问题、辨别文本内部和之间的主题，以及辨别故事之间的相似之处和不同之处。这种基于技能和基于知识能力的交织不仅在埃兹拉三年级时的阅读指导中也很明显，并且也会一直在学龄时期，在他们接触并参与更复杂的文本时起到重要作用。

学习在第二语言中阅读

正如本章序言所说，双语言学习者以前所未有的高比例在美国入学（Hammer, 2009）。这些儿童在英语作为支配语言的社会里把英语作为第二语言进行习得，因为他们的第一语言很少在学校中受到支持，他们经常面对习得水平不够高的语言的读写能力的挑战（August & Hakuta, 1997; Oller & Eilers, 2002; Snow et al., 1998）。全美的统计数据显示，美国的双语言学习者平均比他们的英语单语同龄人的读写水平更低（Snow & Kang, 2006）。然而，在一项针对不同组别的双语言学习儿童的长期研究中，勒索克斯（Lesaux）、鲁普（Rupp）和西格尔（Siegel）（2007）发现，在幼儿园时期，单语儿童和双语言学习儿童在阅读理解和单词阅读上存在差异，但到四年级时，这些差异就可以忽视了。

我们需要记住重要的一点：全美统计数据可能混合了各种其他与较低学业表现相关的风险因素，例如居住在贫困聚集、与贫困相关的社会问题更为明显的城市地区。例如，在一项近期研究中，曼希亚 – 马丁内兹（Mancilla-Martinez）和勒索克斯（2010）在学前班到五年级结束期间跟踪了一组来自低收入家庭的西班牙语 – 英语双语儿童。他们的结果显示，儿童的阅读理解在学习时期的最后比年级水平落后三年。作者认为，假设这些儿童先使用自己的第一语言学习，那么大多数在研究开始时苦于学习阅读的儿童会由此受益。

双语言学习者的教育者面临着决定是否应该以儿童的母语开始读写指导或者直接增进第二语言读写水平的挑战。对于双语言学习者来说，教学语言的口语能力（包括音系技能、稳固的词汇基础、形态和句法知识以及语用和语段技能）都是读写能力所必需的（Lesaux & Geva, 2008）。换句话讲，如果一名儿童没有英语的口语技能，那么她也无法成功地学习用英语阅读。此外，有数据（文献回顾参见 Snow et al., 1998; Tabors & Snow, 2002）显示，如果儿童以母语开始掌握读写能力，那么他们能够在主要方面把读写能力迁移到第二语言中，如音系意识、阅读解码和阅读理解。因此，进入美国学校系统、英语水平有限的移民儿童可能会从学习以母语读写的过程中获益更多。

当学习阅读出现困难时

并不是所有儿童都能轻松地学会阅读。阅读失败的环境原因包括就读于水平不足的学校以及生活在贫困的街区（Snow et al., 1998）。这些因素反映出对读写能力资源和预期低于理想水平的环境的接触。儿童个体特定的风险因素包括认知缺陷、特定于语言的问题、较少的前读写经历，以及阅读问题家族病史（Snow et al., 1998）。

教育者、研究者和家长尤为担心一类在学习阅读（和写作）中经历困难的儿童。这些儿童的智力水平处于或高于平均水平，没有明显的社交情感或认知缺陷，也接受了恰当的教导支持。尽管拥有这些资源，但他们依然无法做到与年龄相当的对书面语言基础方面的掌控，通常被诊断为阅读障碍（Shaywitz, 1996）。阅读障碍及发展性阅读障碍（developmental dyslexia）是用来描述其他方面没有障碍的儿童（与成人）出现的阅读困难。

历史上，阅读障碍一度被认为是由视觉感知处理缺陷造成的，自发出现的字母倒转是其中一个典型的例子（例如把 b 当作 d，把 w 当作 m）。然而，现在的理论认为，视觉感知缺陷只在阅读障碍中有很小的影响（Fletcher, Foorman, Shaywitz,

& Shaywitz, 1999）；主流观念认为，阅读障碍是一种特定于语言的障碍，其代表特征是语言处理中的明显缺陷（Morrison, 1993; Shankweiler, 1999; Stanovich, 1993, 2000）。尽管在阅读障碍是一种单一的障碍还是一系列相关障碍这一点上还没有达成共识，但我们清楚地知道，患有阅读障碍的儿童比处在平均阅读能力水平上的儿童明显有更多的音系处理问题。例如，患有阅读障碍的儿童在单词分割、命名和音系短期记忆任务中的表现都更差（Stanovich, 1993）。根据报告，阅读障碍的发病率占总人口的 3%~10%；然而，这一比例会由于研究人口的年龄和采取的诊断标准而出现差异（Catts, 1996; Shaywitz, Escobar, Shaywitz, Fletcher, & Makuch, 1992; Shaywitz, Shaywitz, Fletcher, & Escobar, 1990）。在阅读障碍患儿的家长中，阅读困难病史明显高于平均水平（Scarborough, 1998），也有数据显示阅读障碍可能部分是一种基因障碍（DeFries & Alarc6n, 1996; Grigorenko et al., 1997）。最后，基于大脑成像研究，阅读障碍患儿在被认为和阅读有关的潜在神经过程中出现了中断（Shaywitz et al., 2002）。

失聪儿童和患有严重听力障碍的儿童是另一组在获得良好阅读技能方面通常经历困难的儿童。直到几十年前，失聪的大龄儿童和成人的阅读能力通常都不会超过三年级的听力正常的儿童（Scheetz, 2012）。在完成斯坦福成就测试的阅读理解测试的 1000 名听力障碍高中生中，中位数相当于典型发展的四年级学生（Kaderavek & Pakulski, 2007），尽管其中一些儿童的确表现出了和年龄相当的水平。从正面角度看，使用人工耳蜗的儿童最近显示出能够展现比使用传统助听器的儿童更高水平的阅读成就，特别是在两岁之前就植入人工耳蜗的儿童尤为如此。

正如我们在本章讨论的那样，阅读技能的掌握不可避免地和口语系统的知识相关联；即使像第 9 章那样有着放大器和人工耳蜗的辅助，患有听力障碍的儿童在接触口语输入中受到的限制也更大。词汇、语义和句法的习得和使用这些技能发展阅读水平中的问题是听力损伤儿童能否在学校成功学习的能力的重要因素。

受到抑制的词汇技能是较弱的阅读表现的主要因素。即使接受了密集的干预，课堂教学也无法提供听力正常的儿童仅仅通过旁听他人谈话或在日常经验及活动中阅读新词所能习得的 3000 个单词。萨兰特（Sarant）、霍尔特（Holt）、道威尔（Dowell）、里卡兹（Rickards）和布拉米（Blamey）（2009）发现，无论是使用人工耳蜗还是传统的助听器，他们追踪的儿童中有将近 70% 在词汇技能方面的功能水平低于年龄水准。此外，失聪儿童展现出了较弱的形态分割和定义的能力，而这是一种解码新单词的有用能力（Gaustad, Kelly, Payne, & Lylak, 2002）。正如第 9 章所说，失聪儿童也有句法问题，而这对于阅读理解和写作也是至关重要的。通常，他们在正常发展儿童出现问题的一些后期习得的结构上出现了问题（Friedmann & Szterman, 2011），而且在对文本理解和学术写作上至关重要的形态句法上出现了特定的问题。即使植入了人工耳蜗，接受了密集的听力口语教育，这些形态和句法技能也都比新单词更难习得（Geers, Moog, Biedenstein, Brenner, & Hayes, 2009）。这可能是因为，即使在使用人工耳蜗的情况下，英语的形态句法的一些方面（例如功能词和单词的语法结尾）也可能被漏听。

此外，对句子层面的句法结构的掌握可能依赖于良好的工作记忆（WM）技能；听力障碍被认为会抑制儿童的工作记忆技能发展，和信息媒介（听觉、书面、手势等）没有关系（Marshall et al., 2015）。研究者总结，听力障碍本身并不会抑制工作记忆技能，问题来自发展早期语言输入方面更为受限的经验，这对我们理解早期语言经历，塑造一系列儿童语言、读写和广泛教育技能尤为关键。但是这一关系是循环的，因为语言发展（所有领域，如言语、词汇、句法等）本身也受到工作记忆技能的影响。因此，由于工作记忆改善会带来更广泛的益处，人们正在开发帮助听力损失的学生改善工作记忆能力的干预方法（Kronenberger et al., 2011）。

本章讨论了音系意识对阅读和写作的关键程度。较早的人工耳蜗植入能够帮助儿童发展音系意识技能（Johnson & Goswami, 2010），但儿童依然需要良好的教育支持。正如第 9 章的写作样本表现的那样，考虑到所有因素，听力障碍患儿更为受限的词汇、语法和音系解码技能一同导致了写作和阅读方面的问题。

学习写作

在本章，我们遵循传统，在写作之前讨论了阅读。然而，写作和阅读之间是不可避免地紧密相连，两者都会影响儿童正在进行的口语发展和元语言知识，也会受这些因素的影响（Adams et al., 1998）。传统观点认为，儿童只能通过正式教学学习写作。写作应该在基本掌握阅读之后开始，音位儿童可以通过阅读习得字位 – 音位对应规则，来学习印刷文本的常规。在传统方法中，早期的写作指导通常包括让儿童练习组成字母表中的字母与抄写文本。

嘉顿（Garton）和普拉特（Pratt）（1989）质疑了这一方法的逻辑。他们认为，儿童作为主动的学习者，在接受阅读的正式指导之前就能习得很多有关写作的信息。例如，费尔南达在家中享受一边说出自己所写的内容一边列出符号或字母。她的书写内容由简单的涂涂画画组成，没有成型的字母。这种假装写作及其他鼓励阅读儿童试验写作的活动有四项明显的益处。第一，自发在书页上做出书写印记的儿童主动参与了写作过程（与被动地抄写字母和文本相对）。第二，在努力写下自己所说的内容时，儿童开始意识到口语和书面语之间的关系。第三，自己写下单个字母或者用来代表单词的字母串的儿童开始探索字母表规则。第四，当儿童回过头来读他们写下的内容时，无论这些内容多么不精确，他们都在接触写作与阅读之间的关系。

拼写的发展

在学校中，费尔南达和自己的同龄人开始学习书写。最近，他们忙于为自己的餐馆制作标识。他们的餐馆在 5 UCLOCK（5 点，标准写法为 5 o'clock）OPIN（s）（开张，标准写法为 opens），餐馆的顾客可以点 HSGUR（疑似为汉堡包，标准写法为 hamburger）、UEGS（鸡蛋，标准写法为 eggs）、BDR（黄油，标准写法为 butter）、BRED（面包，标准写法为 bread）、TUOST（吐司，标准写法为 toast）、SADWICH（三明治，标准写法为 sandwich）和 TOCOS（墨西哥煎玉米卷，标准写法为 tacos）。如果顾客感到口渴，他们可以点 COFE（咖啡，标准写法为 coffee）、HRLE TP（秀兰·邓波儿鸡尾酒，标准拼写为 Shirley Temple）、PENUCLT（椰林飘香鸡尾酒，标准拼写为 Piña Colada）。10 UCLOCK（10 点钟，标准写法为 10 o'clock），餐馆 CLOST（关门，标准写法为 closed）。

在很多情况下，儿童用书写进行交流。他们想通过写作向自己或他人说某些事情。在儿童最早的写作中，他们所写下的字母串和想说的内容可能关系并不大。最终，他们需要面对掌握标准拼写常规的任务。为了能够按照常规拼写，儿童必须学习阅读所必要的字位 – 音位对应规则。儿童必须意识到发音为 /uw/ 的元音可以有不同的书写形式，就像在 do（做）、food（食物）、group（小组）、blue（蓝色）、knew（知道）、super（超级）会让 fruit（水果）这些单词里一样（Treiman, 1993）。此外，字母名称本身也可能成为刚开始学习拼写的儿童困惑的来源（Treiman, Weatherston, & Berch, 1994），儿童需要区别字母名称和字母发音（McBride-Chang, 1999; Treiman, Tincoff, Rodriguez, Mouzaki, & Francis, 1998）。字母名称和字母发音之间的困惑能够解释幼儿园儿童更可能用 y 拼写 /w/ 这一音位，因为 y 的字母名称（/wai/）以 /w/ 开头。在英语这种以深层文字为特点的语言中，这些困难尤为明显。

儿童在早期写作中通常依赖于创造性拼写或者**虚构拼写**（invented spelling）（Read, 1986; Richgels, 2002; Treiman, 1993）。虚构拼写是一种由费尔南达和她的同伴这样的正在发展的书写者创造（虚构）出的系统的、受到规则制约的拼写系统。在早期阶段，虚构拼写的大部分都依赖于语音，因为儿童使用的虚构拼写通常不会遵循成人的示范或者在印刷文本中出现。儿童早期对语言在文字方面的解码尝试，显示出他们是寻找映射口语语音的合理解决方案的主动学习者（Adams et al., 1998）。例如，里德（Read, 1986）发现很多儿童会删除 /m/、/n/ 和 /ŋ/ 这些鼻音，特别是当鼻音出现在真正的辅音之前。我们也能在上面费尔南达和同学创造的菜单这一例子里发现类似的情况，他们把 sandwich 拼写成 SADWICH。这一策略的其他例子包括，把 monster（怪物）拼写成 MOSTR，把 New England（新英格兰）拼写成 NOOIGLID（Read, 1986）。儿童似乎用一种和成人在质的方面有所差异的方式分析语流，经常把鼻音当成之前元音的一部分，而不是把鼻音感知为单独的音位（Treiman, Zukowski, & Richmond-Welty, 1995）。

根特里（Gentry）和吉列特（Gillet）（1993）构建了拼写的阶段理论。儿童从前交流阶段开始，在这一阶段里，他们写下随机的字母，这些字母和所意指的内容之间很少有对应关联。之后，他们经历了几个语音阶段［把矮胖子（Humpty Dumpty）拼写成 HMT DPD，把黛丝鸭（Daisy Duck）拼写成 DASY DEC）］，最终达到惯常阶段。这一发展模式的基础是儿童使用的策略的进展。他们一开始使用语音信息，之后开始把文字模式规范化，最后使用了词根来源的知识。

在不同体裁之间发展写作技能

儿童掌握拼写的目的是写作→通过写作表达内容→随着写作的发展，他们能够以更为成熟的方式做到这一点。学习写作的一部分要求掌握体裁的概念。**体裁**（genre）这一术语指代的是特定语境和功能的语段，它和我们之前讨论的自传式叙事和幻想式叙事之间的差别类似。体裁的特征是形式和内容之间的统一。科学报告、短篇小说和歌词诗歌可能会有不同的形式，注重非常不同的内容，也经常在非常不同的场合产出。为了成为读写能力完全的、有能力的写作者，儿童必须在就学过程中学习一系列体裁的惯例（Hicks, 1997; Pappas, 1998; Shiro, 2003）。

像埃兹拉这样的学龄早期儿童经常练习的一种写作体裁是**表达风格**（expressive style）（Britton, 1990）。表达写作是非正式的个人写作，有时带有放声思考的特征，包括日记和写给朋友的信。最重要的是，表达写作的特征是写作者对自我的强烈意识以及写作者和阅读者之间的紧密关系。由于表达写作经常用来满足个人需求，因此儿童只需要很少的提示就可以参与表达写作之中。

一篇三年级学生的期末科学项目（参见下文）包括了表达写作的一些元素，特别体现在他的第一人称角度使用上，尽管在之后我们会看到，这篇文章的主要形式更偏向于说明而不是表达。

Hi I am Perry, the pituitary gland. I control other endocrine glands, growth, mother's milk production and I also control the amount of water the kidneys remove from the blood. I also tell other endocrine glands to produce their own hormones. You can come visit me at the base of the brain. Sometimes when I really get mad I give very little growth hormones. But doctors always give injcctions of growth hormones. I produce the hormone which controls growth. I tell the ovaries to produce a hormone called progesterone. I've heard a pituitary made a person over nine feet. Some pepole call me master gland. I'm reddish-gray. There's this relly cool feedback mechanism of mine. This makes sure that enough of each hormone circulates in the body. I also have three lobes. I forgot to tell you but I connect to the hypothalamus by a stalk. Oh and I'm the size of a pea. Bye.

　　嗨，我是脑垂体佩里。我控制其他的内分泌腺体、成长、母亲乳汁的产生，我也控制肾脏从血液中移除的水量。我也告诉其他内分泌腺体产生自己的激素。你可以到大脑的底部来探望我。当我很生气的时候，我产出很少的生长素。但是医生们通常会注射生长素。我产出控制生长的激素。我告诉卵巢产出一种名叫黄体酮的激素。我听说一个脑垂体曾经让人长到两米七。有些人称我为主控制腺体。我的颜色灰里透红。我身上有相当酷的反馈机制。这能够确定各种激素在身体中循环的量都足够。我有三个叶。我忘了告诉你，我和下丘脑之间通过垂体柄连接。噢，我大概有一粒豌豆那么大。再见啦。

　　整体而言，这篇文章很连贯。文章的风格特征是正式和非正式散文的混合体。显示出接触包括科学文本在内的语言书面体裁的影响，以及儿童长期的口语经历。他的文章包括了一些从自己研究的过程中抄写的相当成熟的术语（反馈及时）和罕见的词汇（如"注射"和"打针"）。尽管 progesterone（黄体酮）的拼写是正确的，但是还有几个相对常见单词的虚构拼写错误（例如 pepole、relly）。此外，在句法方面也有一些错误，主要是对功能词的忽略。不过，这篇文章达到了作者的目的：它成功地向阅读者传递了有关脑垂体的信息，并且用一种吸引人的、偶尔还有些幽默的方式完成了这一点。

　　尽管这一文本中带着非正式的语调，它的整体形式依然可以被划分为说明文。说明写作（expository writing）采用阶梯式的架构，和之前讨论过的布鲁纳（Bruner）的思维范式形式紧密相连。优秀的说明写作要求有良好的组织，关键点和论点要清楚、简洁、有逻辑地表达出来。埃兹拉和他的同伴们和其他的同龄儿童一样，感觉说明写作特别困难。早期的说明写作的尝试通常表现出知识讲述或知识倾泻，儿童在这些情况中会列出自己内心出现的想法，没有明确标记的开始或结束，也很少有整体组织（Bereiter & Scardamalia, 1987）。 随着时间发展和指导的进展，儿童可能会学习修改自己的写作作业（Beal, 1990）。最好的写作者会计划他们要写作的内容，并把潜在阅读者放在心中。他们也能够把自己的计划转化为实践，能够成功地修改自己之前写下的内容（Flowers & Hayes, 1980）。

说明写作按照逻辑和阶梯结构进行组织。叙事写作跟随着时序的时间线。

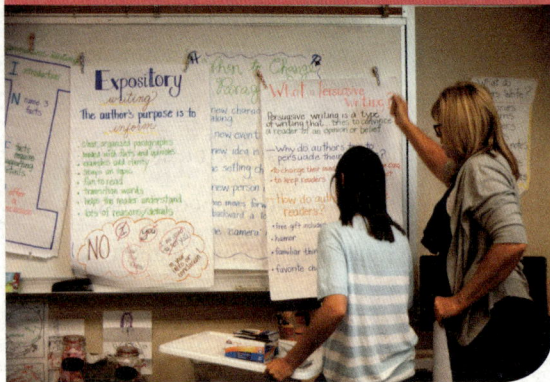

与说明写作的逻辑和阶梯基础相反，**叙事写作**（narrative writing）是按照时间组织的，使用时间线作为组织基础。书面的个人和幻想叙事都遵循时间顺序。叙事写作的发展路线多种多样，一部分是高中和大学里的书面作业要求说明风格，而叙事写作在这两个阶段普遍受到忽视。在创意写作课程之外，很少有较年长的学生有广泛的叙事写作的经验。

尽管儿童写作的很大一部分是在教师的指导下在校园环境中进行的，写作本身是一种社交过程。写作通常与同龄人一起分享，在一些情况下，写作项目也被设置为合作项目（Dyson, 2003）。写作的社交方面并不仅限于学校。正如我们之前讨论过的斯诺及其同事有关家庭学校的研究中所说的，写作和正向的亲子互动相关。和自己的家长关系比较良好的儿童，会发展出在写作中有话可说的自信。因此，优良的写作的一部分来源可能会从儿童人生的很早阶段开始。

写作技能在大多数儿童和青少年身上缓慢进行，直到成年才达到成熟，之后只会在一些写作者身上继续发展（Applebee, Langer, Mullis & Jenkins, 1990）。现在有人担心儿童良好写作的能力，这也从一项全美范围的研究的结果中反映了出来，在这项研究中，写作被称为"被忽视的R"（National Commission on Writing, 2003）。尽管很多学生在四年级到十二年级期间能够掌握写作的基本要素，但只有很少一部分，大概25%能够达到写作的较高水平。政策制定者正通过共同核心强调这一问题，共同核心也包含了学龄期间的写作标准。费尔南达和她的同龄人在幼儿园里会通过绘画、听写和独立写作的组合构成有关自己意见的文段，以及信息性和叙事性的文本。作为三年级的学生，埃兹拉和他的同龄人继续探索写作的3种形式，但他们不再需要绘画和听写的鹰架。他们的教师会构建整体组织和意见发展的鹰架，这样产出的作品能够跟随标准的写作结构，具有逻辑性的序言、结构清晰合理、有相关支持细节的正文和结尾。到中学时，儿童在继续作为写作者成长之时，也开始发展出阅读者对象的意识。这一发展反映在他们对话题的介绍中，也体现在通过包括特定实际证据为自己表达的想法提供支持，以及他们支持这些想法所用的过渡句。在高中阶段，学生的写作展现出对标准英语惯例的控制，包括了更为成熟的语言。随着高中生能够更熟练地从多个来源中分析和综合信息，他们用写作作为一种用清晰准确的、符合任务要求、目的、听众的手段表达更为复杂的想法和思维的方式。

学习用第二语言写作

　　针对双语言学习者在学龄期的读写能力发展，很多研究都关注于阅读过程。尽管我们对写作过程所知不多，但和阅读习得一样，在第二语言中拥有稳固的口语技能，特别是听力理解和词汇的双语言学习者，在这种语言中拥有更好的写作技能。其他在写作发展中起到作用的口语能力包括语义和句法知识，以及学业语言的强力基础（Lesaux & Geva, 2008）。拼写是双语言学习者有着轻微优势的领域。双语言学习者不仅在拼写技能发展方面和单语言儿童相似，其目标语言的拼写水平也和母语者类似（Lesaux & Geva, 2008）。有趣的是，阅读能力较低的双语言学习者比阅读能力较低的单语言学习者的拼写技能更强（D'Angiulli, Siegel, & Serra, 2001）。

　　和阅读习得一样，对双语言学习儿童的写作研究发现，第二语言写作中也有一些跨语言迁移（Davis, Carlisle, & Beeman, 1999）。双语儿童似乎会使用语码转换作为为自己写作搭建鹰架的策略。例如，他们可能会包括另一种语言中的某些单词，作为用来解释要点的方式。除了词汇的语码转换，儿童也会使用概念语码转换作为真实表达自己想法的方式。也就是说，双语言学习儿童会根据他们要写的活动所存在的"世界"进行语码转换（Escamilla, 2007）。最后，在小学前几年，儿童使用语音语码转换辅助拼写过程，特别是在学习英语这样有深层文字系统的第二语言时。尽管语言之间存在互相依赖，即使是一年级的儿童也能意识到一些写作惯例是特定于语言的，例如西班牙语的重音符号或者英语的撇号（Gort, 2006），另一些则是普遍适用的。

本章要点

　　在学龄时期，儿童的语言发展逐渐变得更为个人化。比起描述一名典型的 12 岁儿童的语言，描述典型的两岁儿童的语言更加轻松。在本章，我们看到了语言在学龄时期经历改变和成长的方式。对于很多儿童来说，这些发展是正面的。在理想情况下，他们在早期广泛的口语经历上建立基础，包括和家长及其他成人的很多对话，特别是在学业语言得到鼓励和支持的对话。

遵循正面轨迹发展的儿童学会开玩笑及舒适地和其他儿童互相戏弄。当面对阅读和写作的正式指导时，他们可能已经基本掌握了很多重要概念。他们可能已经开始阅读，从家长对他们读书的很多经验中推测出了字母表规则和字位–音位对应规则。在中学阶段，他们的阅读和写作能力迅速得到改善。他们通过阅读学习，通过学校作业和课外活动习得了自己文化的读写知识基础根基的坚实基础。

并非所有儿童都跟从这一模式。很多儿童在家中没有广泛的读写萌发经验。很多儿童就读于读写指导不恰当、图书等读写材料匮乏、阅读教学失败率较高的较差的学校。双语言学习者通常还要面对在第二语言中发展读写技能的额外挑战，可能会感到压力，由此压制自己的母语从而偏向于支配语言；即使是良好地学习读写的儿童，也可能只有很少的机会能够以有意义的、令人满意的方式使用自己的读写技能。

因此，在最极端的情况下，学龄期间的语言发展可能会遵循两条相反的道路。一条道路代表了停滞的发展和丧失的机会，导致儿童无法建立学业语言的稳固基础。另一条道路则代表了儿童在人生前五六年所经历的戏剧般的发展的延续。儿童在这些坚实的基础上跟随这一路线，能够达到更高水平的口语掌握，也能发展出强壮而成熟的书面语掌握。这些发展反过来会加强往后续阶段的过渡，为儿童做好准备最终掌握他们之后会继续遇见的种类丰富、模式复杂的口语和书面语。

建议研究项目

1. 彼得森和麦凯布（1983）开发了一种从儿童身上诱导叙事的手段。当和他们的被试者交谈时，他们在话语中包括了特定活动的提示语，例如，"前两天我必须去医生那里打了一针。你身上有没有类似的事情？"用这种方法收集一名年纪较小的儿童和一名年纪较大的儿童的叙事小样本，你能从这两种故事的结构中发现什么差别？年长的儿童所讲述的故事和年幼的儿童所讲述的有何不同之处？

2. 让年幼的儿童（大概 6 岁）和年长的儿童（大概 8 岁）和你分享他们能想到的或者听过的编造最好的故事。比较年幼的儿童和年长的儿童所讲述的故事的情节发展、主题和角色。学校教学是否可能会影响年长的儿童构建他们的故事的方法？

3. 在 5~7 岁的儿童之间找到 3 名儿童：一名不进行阅读，一名刚刚开始学习阅读，一名阅读能力相对较好。用一本有趣的儿童书，向每个儿童询问有关印刷常规的问题。（你从什么地方开始阅读？单词之间的空格有什么用？标点符号有什么用？）向每个儿童询问阅读是什么意思以及他们如何学习阅读。儿童对阅读的理解和我们所知道的阅读相较之下有何区别？

4. 找一个有趣的物品（打蛋器、动物头骨），让不同年龄的儿童用 5 分钟的时间就这一物品"写下你想写的东西"。比较儿童的表现，特别注意写作的形式；同时寻找更年幼的儿童创造出的拼写。你注意到了什么发展趋势？

双语语言发展

L. 昆汀·迪克逊（L. Quentin Dixon），得克萨斯州农工大学教育与人类发展学院教授

赵静，中山大学外国语学院副教授、哈佛大学教育学院访问学者

尽管很多美国人可能认为双语现象是一种异国的才能，但是了解使用两种或更多种语言是世界各地一种常见的现象（Grosjean, 2010），也是一种在美国越来越明显的现象（U.S. Census Bureau, 2013）。美国有大概 20% 的学龄儿童在家中说一种英语之外的语言，这些学生中有一半被评价为需要构建英语水平的帮助（National Center for Educational Statistics, 2014）。在家中不说英语的 5~17 岁的美国儿童，大部分说西班牙语（79.05%），但还有大概 400 种"继承语言"得到了使用，包括越南语（1.95%）、赫蒙语（1.55%）、汉语（1.02%）、韩语（0.97%）、海地克里奥尔语（0.93%）和俄语（0.82%；Durgunoglu & Goldenberg, 2011）。美国的大多数地区都能观察到需要英语帮助的学生人数的明显增长。在一些州，例如加利福尼亚和得克萨斯，15% 的 K-12（幼儿园到十二年级）学生需要英语支持。

　　双语现象在美国逐渐成为普遍现象，也在世界各地大多数文化中成为学习语言的儿童身上常见的情况，因此，理解双语儿童和成人的语言习得，以及双语发展和单一语言发展的相似之处和不同之处，是一项重要的任务。让我们假设以下的场景：

　　托马斯（Tomás）是一名在美国双语环境下长大的 5 岁男孩。他的家长在家中对他说西班牙语，但学校教他英语。现在，他的祖母从墨西哥城来看他，她不会说

【学习目标】

阅读本章之后，学生能够：

◆ 定义及区分同步双语、顺序双语、附加型双语、削减型双语和第二语言（L2）习得这些名词。

◆ 使用本章提供的信息，从至少两个不同的角度比较第一语言、双语言及顺序语言习得的相似之处和不同之处。

◆ 详述儿童可能会学习两种语言的有利（及不利）条件，包括输入和暴露年龄。

◆ 总结一些人可能比另一些人更擅长学习新语言的原因，以及有些人在语言接触量或年龄之外可能遭遇困难的原因。

◆ 评价作为双语或多语言使用者的相对优势和劣势。

英语。

托马斯：（对祖母说西班牙语）¿Abuelita, ite gustaría un café?（祖母，你想要喝咖啡吗？）

阿嬷：（西班牙语）Sí, gracias. ¿Qué aprendiste en la escuela hoy?（是的，谢谢。你今天在学校学到什么了？）

托马斯：（西班牙语）Hoy mirábamos a la *mapa.（今天我们看了地图。）

就在这时，门铃响了，邻居邓尼（Denny）女士站在门口，拿着一个球。她是一名英语单语者。托马斯去开了门。

托马斯：（英语）Hello, Miss Denny!（你好，邓尼小姐！）

邓尼女士：（英语）Hi. I found this ball in our yard. Is it yours?（嗨。我在我们的院子里发现了这个球。是你的吗？）

托马斯：（英语）Yes, it's *mines.（是的，是我的。）（接过球）Thank you!（谢谢你！）

托马斯关上门，回到家人身边，对他的双语家长说话。

托马斯：（除了"球"ball，其余部分都是西班牙语）¡Mamá, mira! ¡Los vecinos me trajeron mi *ball!（妈妈，看！邻居把我的球拿回来了！）

从很多方面来看，托马斯的语言发展似乎和同龄的单语儿童相似。但我们需要注意，托马斯在两种语言中都会出现同龄人常见的语法错误（用星号标明）。在西班牙语中，他对 mapa（地图）一词使用了阴性冠词 la，而不是正确的阳性冠词 el。这是一种很多西班牙语单语儿童会出现的常见的发展性错误，因为 mapa 一词的结尾通常暗示这是一个阴性名词，但是这里它是一个非标准的阳性名词。此外，托马斯说了 mines（正确版本是 mine，英语的属格代词"我的"），这泛化了 /z/ 音位表达从属的概念（例如 yours"你的"、his"他的"、Daddy's"爸爸的"、Bill's"比尔的"）。这也是一种英语单语儿童可能出现的发展错误。

然而，很显然，托马斯和单语的 5 岁儿童有所不同，因为他能够使用两种语言。一些人可能会把托马斯对家长说的最后一句话解释为"混淆"两种语言的例子，这一现象名为**语码转换**（code-switching），在双语者对其他双语者说话时很常见。托马斯很可能在学校比在家中更经常使用"ball"（球）这个单词，而且他知道家长会理解这个词。在对他的祖母说话时，他只说西班牙语；在和邻居说话时，他只说英语。但是，因为托马斯观察到他的家长和邻居、朋友及社区里其他人说英语，所以他知道他在和家长说话时可以混合语言，他们还是会理解。语码转换是双语现象的一种独特表达，我们会在本章后半部分更全面地讨论它。

当我们说一个人是**双语者**（bilingual）时，我们想表达的是什么意思？考虑到本章的目的，我们把双语者定义为任何具有两种（或更多）语言的一部分水平的人；因此，这个术语也包括在第二语言（L2）可能只具有口语或读写水平的人。我们还会讨论自出生后就在接触两种语言的儿童，这一过程被称为双母语习得（De Houwer，2009）或同步双语现象（Paradis, Genesee, & Crago, 2010），这一现象可能因为家长双方分别对儿童说不同的语言，或者通过其他非常早的双语接触形成。**同步双语者**（simultaneous bilinguals）和**顺序双语者**（sequential bilinguals）相对，后者是在学习了第一语言（L1）之后再开始学习第二语言的。顺序双语者包括了各种不同的双语者个体，在语言使用（频率）、水平（流利度）、领域（日常或职业/学术）和形式（听、说、读、写）方面都可能出现区别（Grosjean, 2013）。一些顺序双语者在学习第二语言之后，开始更多地使用第二语言，最后使得第二语言处于支配地位。一些顺序双语者继续在大量情形下频繁使用第一语言，保持第一语言作为支配语言，而仅在人生过程中为了工作或特定交流目的偶尔使用第二语言。

另一个需要定义的术语是**第二语言习得**（L2 acquisition）。第二语言习得包括在自然（非学校）环境中和基于课堂环境的第二语言（或者外语）学习。考虑到本章的目的，我们把这一术语广义定义为描述任何已经具有一种（或更多）语言的基础掌握之后对第二种（或后续）语言的学习。在这一定义下，我们包括了以下所有的第二语言学习种类：一名 1 岁大的坦桑尼亚婴儿从母亲那里学习恩加萨语，从父亲那里学习斯瓦希里语；一名说西班牙语的 3 岁儿童在美国上学前班，教师说英语，还有一名说西班牙语的助教；一名说泰米尔语的 8 岁印度儿童在和邻居儿童玩耍时学习马拉雅拉姆语，在学校学习英语读写；一名说英语的 10 岁儿童在加拿大的学校沉浸项目中学习法语；一名 12 岁大的巴西儿童通过家教学习葡萄牙语；一名中国中学生在学校学习英语；一名美国大学生为了满足大学的语言要求学习斯瓦希里语；一名成年的埃塞俄比亚移民在以色列学习希伯来语，以适应新环境；一名匈牙利男人和一名德国女人结婚，他从妻子和她的亲戚那里学习德语；还有一名印度尼西亚的外交人员为了后续的事业发展学习阿拉伯语。

我们以描述双语发展研究的不同角度或研究传统开始本章，之后会就当今的双语现象和第二语言习得领域的一些关键领域提供一些近期的研究发现。我们会：

- 讨论显示学习两种语言的最佳条件的证据。
- 思考年龄是不是成功习得第二语言的影响因素。

- 描述学习新语言过程中的个体差异。
- 解释双语儿童的语言发展和单语儿童的语言发展中的相似之处和不同之处。
- 思考"完美"的双语现象的可能性。
- 权衡学习两种语言的优势和劣势。
- 为辨识双语儿童的非典型语言发展提供指导。

双语发展的研究角度

儿童语言角度：作为双语习得因素的输入和互动

儿童语言研究者最早通过儿童习得第一语言（L1）的过程的证据考量双语学习者的研究。基于社交互动理论（参见本书第 7 章）；儿童语言研究者发现，输入对双语儿童的重要性和对单语儿童的重要性基本等同（De Houwer, 1995）。儿童第一语言研究者强调了**统计学习技能**（statistical learning skills）的发展（在第 2 章中有所讨论和解释），因为"儿童习得语言的主要任务是发现输入语言中的规则性（模式）"（Bavin, 2009, P5）。儿童能够暗中计算言语和语言输入模式的不同频率，在不过载的情况下内化这些信息（Thiessen, 2009）。儿童研究者发现，双语儿童，包括同步双语（如 Pearson, Fernândez, & Oller, 1995）和顺序双语（如 Kohnert & Bates, 2002），都把不同的语言作为分开的实体习得，构建分离的系统（De Houwer, 2005）。尽管儿童将多种语言的词汇分别存储，但它们会通过之前我们的语言样本中展示的语码转换（Myers-Scotton, 2002）进行互动。语码转换又名**语码混合**（code-mixing）（Muysken, 2000）。幼小双语者的语码转换指的是其在同一句话或者同一话轮中使用两种语言的现象。儿童的语码转换通常被认为无法从第二语言中获取一个单词；然而，双语儿童的语码转换在某种程度上是受到规则管辖的（Genesee & Nicoladis, 2006），通常和两种语言的语法规则都保持一致（De Houwer, 2009），并且和成年的语码转换遵循同样的模式（Lanza, 1997）。

顺序双语者和学习第一语言的母语儿童具有同样的习得顺序和错误模式（参见第 5 章）。例如，英语母语儿童通常会经历省略助动词的时期，产出 He running*（他在跑）这样的句子（Paradis, Rice, Crago, & Marquis, 2008）。第二语言学习者的错误相当类似（Dulay & Burt, 1974），但因为不同的第一语言环境以及第二语言学习经历的差异，所以有着更多样化的现象（Paradis et al., 2008）。

　　儿童语言研究者在开始研究儿童语言时通常使用描述方法，比如家长的日记和音频 / 视频加强的儿童话语转录文本。随着认知科学领域的发展和新技术的出现，儿童语言研究者能够从儿童语言系统中包括的词汇和句法信息的心理和神经表现中研究儿童的语言发展（Berko Gleason & Thompson, 2002）。功能核磁共振（fMRI）研究帮助我们更好地了解儿童在习得第一和第二语言时用来组织、分析和代表词汇信息的大脑区域（Li, 2009）。事件相关电位（ERP；在第 5 章有所描述）为言语区别技能的发展提供了信息（Weber, Hahne, Friedrich, & Friederici, 2004）。针对语言习得的自然发展过程的个案分析和家长汇报与神经认知研究相结合，继续为第二语言习得提供宝贵的见解。

语言学视角

　　正如本书第 7 章所说，儿童语言习得的研究和理论的特点是这一过程本质所暗含的假设的不同。双语或第二语言习得研究也不例外。从乔姆斯基的先天理论观察第二语言习得过程的研究者相信，儿童语言学习受到适用于所有语言的、被称作普遍语法（UG）的规则所管辖，不同的语言展现出普遍语法表达过程中的不同配置（Chomsky, 1993; 有关普遍语法的更详细解释，参见第 5 章和第 7 章）。从语言学角度来看，所有儿童在出生时都带有普遍语法的准则，使得学习第一语言成为可能。就第二语言学习，有 3 种可能的假设：第二语言学习者无法使用普遍语法，可以部分使用普遍语法或者可以使用完整的普遍语法（Epstein, Flynn & Martohardjono, 1996）。由于有几百万的第二语言学习者都学习成功了，特别是儿童学习者，因此第二语言学习者可能使用至少一部分普遍语法。

　　应用语言学家和不完全认同乔姆斯基的形式主义理论的第二语言习得研究者在他们的研究者中考虑了其他因素。这些因素包括输入的本质、学习者练习与反馈的机会、第二语言学习者的语言学习能力倾向（language learning aptitude）差异，以及提供语言指导的语境（Gass & Selinker, 2008）。第二语言习得的涌现主义观点提出，第二语言学习在儿童输入的语言形式和含义映射最为明显、频繁、透明的时候最容易进行（Ellis, 2002; O'Grady, Kwak, Lee, & Lee, 2011）。例如，在一个满是物品的房间里，如果说者在适应单词时同时做出手势，例如指向物品，就能够帮助第二语言学习者更好地注意和学习特定物品的名称。

　　互动假设（interaction hypothesis）（Long, 1996）认为，与第一语言学习一样，单纯获得输入（例如旁听别人的对话）不足以让儿童成为或继续作为双语者。和第二语言使用者的互动对第二语言的学习是至关重要的。这一假设帮助我们解释了很多接触了两种语言的儿童从未学会良好地使用两种语言的原因。

应用语言学家的另一个重要的假设是第一语言和第二语言互相影响对方。康明斯（Cummins）（2000）的相互依赖假设（interdependence hypothesis）认为，我们可以把一名学习两种不同语言的人看作两座冰山的顶端。还有隐藏的一大部分是我们看不到的，这被称为共同潜在能力（common underlying proficiency, CUP）。这种共同潜在能力为一个学习两种或更多语言提供了概念基础。此外，学习者对自己第一语言的技能和知识都能够用于学习第二语言。

功能语言学家，例如韩礼德（1978, 2007），强调称第二语言学习者必须通过和周围社交语境及更广阔的文化语境互动而交涉含义。从这一角度看，第二语言学习者的主要任务是找出他们在和自己预料到会遭遇的第二语言语境互动时实际需要的新词汇和语法形式。这也是基于学校的第二语言教学可能会让学习者失败的原因。例如，一名美国大学生可能会研究德语文学，学习文学性的词汇，例如德语中"瘟疫"和"棺材"这样的单词。但如果这名学生去德国访问，她会发现自己掌握的很多德语词汇在日常交流中毫无用处，而必须快速学习更为实用的词汇，例如（门）"推"和"拉"的对应词汇，或者能够解释自己行李丢了的现代单词。

这三种理论传统（形式主义 / 先天主义、应用、功能）的语言学家都对第二语言学习者产出的错误感兴趣。形式主义语言学家相信，大多数第二语言学习者的语法错误都是系统性的，显示第二语言学习者有一系列他们正在使用的无意识的规则。很多形式主义者都主张，无论第二语言学习者应用什么样的语法规则，这些规则都必须符合普遍语法原则；然而，这并不意味着所有的第二语言学习者都能达到像母语者那样的语法掌握程度。大多数形式主义者还认为，第二语言学习者的第一语言也会影响第二语言学习者的语法状态（White, 2007）。

应用语言学家长期以来致力于描述和比较语言，通过重现语言系谱决定语言之间的远近关联（Van Patten & Williams, 2007）。这种比较性的研究首先引向了对比分析（contrastive analysis）的发展，这一方法被用来作为预测第二语言学习者可能会出现的困难的框架（Lado, 1957）。研究者假设，一名学习者的第一语言和第二语言之间相同（或差异不大）结构的习得会相当简单，而习得两种语言之间的不同点则会比较困难。然而，这种有些过分简单的第二语言学习观念并不成立，因为越来越多的证据显示，第二语言学习者不总是把第一语言结构迁移到第二语言结构中，即使这两种结构相同。与之相似的是，预测中可能出现习得困难的领域也不总是出现习得问题。

当第二语言学习者在学习产出语言出现错误时，这些错误总是系统性的，它被称为中介语（interlanguage）（Selinker, 1972）。随着语言学习者的语言水平上升，错误的比例会下降；然而，一些成人第二语言学习者会达到一个水平不再上升的阶段，这一现象被称为固化（fossilization）（Han, 2013）。固化很可能是在特定领域出现的。例如，一些学习者的音系可能会固化或者稳定化，特别是在比较大的年龄开始学习第二语言的例子，但是语法方面的水平依然会持续改进。例如，美籍华裔小说家闵安琪和哈金都在将近 30 岁的时候开始学习英语，两人的口语都有明显的口音，但是他们的英语写作水平依然好到两人都因为小说作品而获奖。

社会文化视角

当儿童学习两种语言时，他们也普遍地在学习两种文化：反过来，文化也会对他们的语言学习造成影响。文化和语言学习之间的互动被称为**语言社会化**（language socialization）。社会文化方法生成于人类学、社会学、文化心理学和普遍文化研究（Moore, 2008），它强调了学习"作为一种由社会建构（而不仅仅是由社会影响）的个体之间的过程，处于社交活动之中，并与社交活动相牵涉"（Kasper, 2009）。

在本书第 4 章中预先提到的附加型双语现象和削减型双语现象是社会文化视角的两个核心概念（Baker, 2006）。在附加型双语现象中，第二语言添加到了第一语言之上，随着第二语言发展，第一语言也在继续成长。然而，在削减型双语现象中，第一语言被第二语言超过，逐渐从语言使用者的能力中消失。附加型双语现象能否持续取决于家庭、学校和社群因素，这也包括语言地位（Baker, 2006）。普遍而言，即使家长都还一直作为第一语言单语者，移民家庭的儿童也可能会失去或不再发展自己的第一语言，这是因为他们的第一语言在新的国家中处于较低的地位。地位较高的语言倾向于在教育和主流媒体中使用，也用于进入职场环境的准备中。

社会文化研究者不把第二语言学习看作习得语言特征的过程，而是把它看成学习在第二语言环境中互动的方式（Neuner, 1996）。第二语言学习者把自己的知识**储备**（funds of knowledgc）带入课堂和其他学习环境里（Moll, Amanti, Neff, & González, 1992），这包括了他们已有的语言技能、文化信仰以及其他认知资源。如果教师和从业人员能够重视第二语言学习者带来的知识储备，并在课堂教学中使用它们，就会格外有帮助。例如，一项基于学校的家庭读写项目让学习第二语言的家长和儿童进行有关传统草药知识的写作（Huerta & Riojas-Cortez, 2011）。

第二语言习得的社会文化研究者经常利用维果茨基（1978）的**最近发展区**（zone of proximal development, ZPD）概念，这一概念强调了用合作环境改善儿童学习的重要性（Lantolf & Thorne, 2007）。根据维果茨基，最近发展区是一个个体能够独立完成的事情和能够通过中介（mediation），即别人的帮助，完成的事情之间的差别。例如，家中的家长和兄弟姐妹或者课堂中的教育者或同伴提供鹰架（scaffold）或临时支持结构，从而帮助学习者理解新的概念或者完成新的作业（Lipscomb, Swanson & West, 2004）。根据维果茨基的最近发展区，布鲁纳的鹰架理论也解释了教师和更有能力的同伴帮助学生学习的方法。在第二语言教学语境中，鹰架是指针对需要理解新概念的学生所给出的专业化的指导（Lipscomb et al., 2004）。鹰架的一个例子是第二语言教师提供书面科学报告的范本，之后提出科学报告的要素的大纲让学习者使用，之后逐步移除这些帮助，直到学习者能够创造出自己的整份报告。

庇护式教学（Sheltered Instruction Observation Protocol, SIOP）是一种基于最近发展区和鹰架的第二语言教学项目（Echevarrfa, Vogt, & Short, 2013），它提供方法帮助课堂中的教师通过课程中使用的内容来支持第二语言学习。

心理语言学视角

从心理语言学视角来看，很多有趣的问题问的都是特定现象发生的原因，而不是时机或者程度。例如，心理语言学研究者的一个基本问题是"双语者如何存取词汇信息"（有关双语词汇模型的详细回复，参见 Basnight-Brown, 2014）。很多证据表明，即使只在使用一个词汇系统，双语者的内心中也有两个分别的词汇表达系统处于活动状态（Hermans, Bongaerts, De Bot, & Schreuder, 1998; van Heuven, Dijkstra, & Grainger, 1998）。这两个可能在互相竞争的系统通常受到了控制，这样一个系统就不会干涉另一个系统（Bialystok, 2007）。我们还可以问出类似的问题："双语者在有两套互相竞争的语法规则时会如何造句？"

竞争模型是双语现象的一个主要模型，它认为造句是能够达到同样功能的不同形式／表达之间竞争的过程，从而辅助回答我们之前的问题（参见第 7 章；MacWhinney, 2001）。麦克温尼基于竞争模型，提出了第一语言习得和第二语言习得的统一模型（unified model of both L1 and L2 acquisition）（MacWhinney, 2005, 2008），解释了第二语言理解、产出和迁移的处理机制。因为心理语言学方法把语言学习视作信息处理，而信息处理取决于普遍的认知系统，而不是普遍的语言系统（MacWhinney, 2007），所以跨语言迁移或"干扰"在一些情况下是可能出现的（Koda, 2005; MacWhinney, 2008）。例如，句法模式既可以从第一语言迁移进第二语言，也可以反向迁移，如果第一语言模式并不符合第二语言的规范，这会导致句法方面的"口音"；但如果第一语言模式符合第二语言的规范，那么就会"没有口音"（MacWhinney, 2007）。例如，以希伯来语作为第一语言的英语使用者可能会因为系统性地比单语英语使用者使用更多的主动式和更少的被动式，从而展现出句法的"口音"（MacWhinney, 1997）。当教师意识到导致学习者在第二语言中使用非母语式结构的原因时，他们可能可以借助明确的指导来帮助学习者以更像母语者的方式来使用语言。

随着大脑影像技术的发展和神经科学的进展，当今的心理语言学研究比以前更加接近于脑科学。神经影像显示双语现象中经常会出现和执行功能的优势相关的一些神经关联。研究者发现两种语言切换导致更多的额叶激活，而这也是和注意力控制及执行功能相关的区域（Bialystok, Craik, & Luk, 2012）。

双语语言发展的关键问题

问题一：习得两种语言的最佳条件

普遍而言，习得两种语言的最理想的条件包括平衡的输入、家庭和社群对两种语言的支持、使用两种语言的机会、为了迎合第二语言学习者的目的而设计的高质量教学项目，以及为了发展第二语言读写能力专门适用的恰当的指导时间（Dixon et al., 2012）。

1. 输入丰富的环境

儿童语言研究者相信，两种语言充足的输入量对双语儿童的发展至关重要（Hoff, Core, Place, Rumiche, Señor & Parra, 2012; Scheele, Leseman & Mayo, 2010）；因此，我们建议双语家庭的家长计划好自己的语言使用，使得对每种语言的暴露（exposure）最大化，而不是严格地遵循一家长一语言规则（one parent-one language rule）（De Houwer, 2009）。尽管遵循一家长一语言原则能够保证两种语言的输入，但是和儿童花费时间更长的家长的语言会得到更多的暴露时间。

霍夫（Hoff）及其同事（2012）采用了英语和西班牙语的早期语言和沟通发展量表，衡量了 47 名双语儿童和 56 名单语儿童在 3 个年龄（1 岁 10 个月，2 岁 1 个月和 2 岁 6 个月）的词汇和语法发展。如本书第 4 章所说，在美国研究双语现象的问题之一是很多双语儿童的社会经济地位较低，这更可能抑制他们的词汇发展速度。霍夫及其同事做出了一个少见的决定，他们的试验儿童都来自社会经济地位较高的家庭。他们发现，当考虑词汇总量时，双语样本和单语样本的词汇和语法发展水平相当，尽管双语者在词汇和语法发展方面比每一种单独语言的单语者相对稍慢。

希勒（Scheele）及同事（2010）研究了更为典型的儿童的第一语言被认为比第二语言的地位低的情形，发现第一语言在第二语言社群中存在相对优越性差异的儿童之间的差异。他们比较了两组在荷兰学习荷兰语作为第二语言的儿童：一组儿童以摩洛哥阿拉伯语作为第一语言，一组儿童以土耳其语作为第一语言。阿拉伯语使用者更少接触到第一语言资源（例如使用摩洛哥阿拉伯语的媒体和图书），他们的第二语言词汇技能高于土耳其语荷兰语双语儿童。希勒及其同事（2010）也发现，摩洛哥阿拉伯语 – 荷兰语儿童和土耳其语荷兰语儿童都出现了第二语言接收词汇到第一语言接收词汇的跨语言迁移。这两种模式都和削减型双语现象一致。

学校环境中的输入也很重要。学前班教师的英语使用（单词总数）和双语儿童的英语词汇发展呈正相关。但是更丰富的语法并没有帮助：教师在每句话中使用太多的单词会对儿童的词汇增长有负面效果（Bowers & Vasilyeva, 2011）。普遍而言，词汇是一种比解码技能需要更多时间和资源发展的技能（Snow, 2014）。

2. 强大的家庭读写支持

和单语发展一样，在第二语言为主的环境中正在发展的双语者的最佳条件也包括了高质量的家庭读写实践。英语图书阅读的频率和儿童英语发展正面相关（González & Uhing, 2008; Patterson, 2002）。在以西班牙语为第一语言的家庭中，图书阅读和家庭中西班牙语的使用也对维护和继承语言至关重要，但普遍而言，这也不会对英语发展产生负面的作用，特别是儿童在英语环境就学的情况（Hammer, Davison, Lawrence, & Miccio, 2009; Mancilla-Martfnez & Lesaux, 2011）。

汉莫（Hammer）及其同事（2009）还发现，以西班牙语作为第一语言的母亲在家中更多地使用英语会减缓儿童西班牙语词汇量的增长；相反，母亲在家中对儿童大部分或全部使用西班牙语却不会阻碍儿童习得英语词汇，还会促进儿童习得西班牙语词汇。因此，最大化第一语言暴露的家庭环境和最大化第二语言暴露的学校环境能够促进附加型双语现象。迪克逊（2011）及迪克逊、赵、奎罗兹（Quiroz）和申（Shin）（2012）在新加坡双语儿童身上发现了类似的模式：只对儿童说英语的家长会对儿童的民族语言词汇产生负面影响，尽管家长只使用英语会对儿童的英语词汇产生积极的影响。能够支持附加型双语现象的每日普遍暴露量应该是多少呢？要能够在一种语言中自发地产出话语，一名儿童至少需要让这种语言占总语言输入的20%。因此，对于在只使用英语的学校就学的儿童，鼓励在家中使用第一语言，是维持第一语言水平的关键（Gutiérrez-Clellen & Kreiter, 2003; Pearson, Fernândez, Lewedeg, & Oller, 1997）。

3. 高质量的输入

在本书的其他章节里，我们强调，在第一语言习得中，输入的质量和数量一样重要。对于双语现象来说也是如此。柯林斯（Collins）（2010）调查了葡萄牙语 – 英语学龄前儿童从阅读故事书中学习到的词汇。他们比较了单纯阅读和对新词汇进行丰富解释（提供整体的定义、同义词、指向插入、在不同语境中使用新单词）。丰富的解释为词汇学习做出了巨大的贡献。丰富化可以以多种形式出现。奎罗兹、斯诺和赵（2010）表示，母亲在西班牙语的图书阅读活动中使用标签式问题，有助于儿童的西班牙语词汇发展。

在考虑单语儿童输入的质量时不经常出现的一个问题是，家长能够在多大程度上使用儿童学习的语言。很明显，在很多双语家庭中，家长自身可能都不是第二语言的流利使用者。由于这种额外的原因，家长可能更倾向于在家中使用第一语言而不是第二语言。事实上，数据显示，家中对英语的暴露并不能预测双语儿童的英语结果，这可能是因为看护者是英语非母语者，他们的英语也很有限（Hammer, Komaroff, Rodriguez, Lopez, Scarpino, & Goldstein, 2012; Place & Hoff, 2011）。当看护者对自己的英语语言技能不够自信时，他们对儿童说话的量也更少，这是一种不利于儿童语言发展的模式。

4. 同伴互动的大量机会

双语儿童的语义和句法能力显示出他们在现实生活中实际使用获得的特别益处（Bohman, Bedore, Pena, Medez-Perez, & Gillam, 2010）。与同伴的互动让儿童带有机会接触目标语言，并以一种积极的方式练习和理解对话。

合作学习增加了儿童听到的输入量所带来的好处（Lantolf, 2000）。帕勒莫（Palermo）、米库尔斯基（Mikulski）、费布斯（Fabes）、哈尼什（Hanish）、马丁（Martin）和斯塔格尔（Stargel）（2014）发现，来自同龄人的英语接触预示着西班牙语的学龄前儿童日后的英语表达词汇技能的提高。一般来讲，语言学习是由普遍的认知技能和语言技能支持的，而不局限于学习任何一种语言，与此相一致的是，这种关系是由儿童对英语口语（第二语言）的熟练程度所调节的（Palermo & Milkulski, 2014）。

双向沉浸（two-way immersion）或双语言项目是一种最自然的能够加强有意义的同龄人互动的方法。在这种项目中，课堂中的一半学生是英语母语者，另一半学生是目标语言的母语者。这些项目在内容教学中采用两种语言，从而能够为两组参与者同时构建附加型双语现象。马丁 – 贝尔特兰（Martin-Beltrán, 2010）发现，参与双向浸入式（西班牙语－英语）共同写作活动的五年级学生在共构文本的过程中有多次使用两种语言的机会。

5. 外语沉浸教育项目

加拿大著名的**外语（或第二语言）沉浸**［foreign language（or L2）immersion］项目出现的目的是，弥合英语母语加拿大人和法语母语加拿大人之间的社会文化差距（Genesee, 1984）。这一沉浸项目让英语儿童身在以法语为母语的教师的课堂中，教师用法语教授学术内容。这种沉浸项目在开始时，通常有 90%~100% 的日常教学时间都用于以第二语言进行基于内容的教学，但是很少有直接对第二语言本身进行的指导（Genesee, 1985）。

外语沉浸项目中使用的策略反映了第二语言教学的儿童语言研究造成的影响。在沉浸项目通常使用的**自然方法**（natural approach）中，儿童在能够培养他们参与富有意义的互动渴望的课堂环境中学习第二语言，在课堂中全面接触**可理解输入**（comprehensible input）；也就是说，他们接受的是他们可以理解的语言（Krashen & Terrell, 1983）。就像家长通常不明确地改正儿童的语言/语法错误一样，采用自然方法的教师也不会明确地改正学生的错误；相反，教师提供重塑（用正确的语法重复儿童的话语）、扩展和建设性反馈，这样错误会变得更明显，从而更容易让儿童改正。莱斯特（Lyster）和兰塔（Ranta）（1997）从对法语沉浸项目的观察中总结，特定形式的教师反馈（如重塑、诱导、元语言线索和重复）能够辅助学习者的吸收，音位这些方法增加了学习者在理解和合并反馈时的主动回应。在沉浸项目中，儿童也更可能获得更多以有意义的方式使用他们正在学习的语言的机会。

比亚韦斯托克（Bialystok）、皮茨（Peets）和莫雷诺（Moreno）（2014）发现，参加法语沉浸项目的二至五年级的英语母语儿童能够维持英语语言水平，这为家庭语言使用在不对第二语言学习产生负面影响的情况下支持第一语言的想法提供了额外的支持。此外，和参加只使用英语的项目、以英语作为继承语言的儿童相比，参加沉浸项目的儿童在两年后展现出形态意识方面的优势，在 5 年之后展现出句法意识的优势。法语沉浸项目的学生通常在小学结束时，在阅读法语学术材料方面得到了类似母语者的水平，而不出现明显的英语技能退化（Cummins, 2014）。他们的法语语法准确度和词汇知识会在初中和高中时期进一步改善。

6. 其他环境因素

我们希望能够拥有合作式的学习环境，其中能够展现教师以交流为导向的指导、同伴辅助的互动和家长与社群的正向参与。在温暖、富有鼓励的课堂环境中，跟随比普通课程时间更长的日常课程时间，按照设计良好的教学大纲进行的第二语言密集课程构成了成功的基于课堂的第二语言习得的最佳条件。当第二语言学习者没有这种环境时，在使用第二语言的国家中学习是一种能够获得在真实世界中使用第二语言机会的绝好方式，这能够加速第二语言的发展。在英语作为第二语言的环境中，双语儿童的校外英语经历丰富程度能够明显地为他们的英语词汇和语法做出贡献。这包括了用英语阅读、看电视 / 电脑，以及与以英语为母语的朋友玩耍的频率（Paradis, 2011）。

问题二：是否存在一个太晚学习第二语言的年龄

这是一个让我们很多人都感兴趣的问题。很显然，一些人比另一些人在更晚的年龄接触第二语言，而我们出于实际的原因和理论的原因，想知道他们能做到多好。

能够最清楚地显示更年幼学习者优势的研究是，那些检验学习者的第二语言是国家主体人口的第一语言的第二语言学习案例（例如，一名韩语母语者在美国学习英语；详细回顾参见 DeKeyser, 2013; Marinova-Todd, Marshall, & Snow, 2000）。在这些以第二语言为主的语境中的研究表明，学习者接触第二语言时的年龄越小，学习者的最终口语技能和内在语法知识更强（Abrahamsson & Hyltenstam, 2009; Carhill, Suârez-Orozco, & Pâez, 2008; DeKeyser, Alfi-Shabta, & Ravid, 2010）。然而，尽管更年幼的学习者在第二语言中显示出更好的最终成就（DeKeyser et al., 2010），但是年龄更大的学习者的学习速度更快，并且学习效率更高（Harley & Hart, 1997; MacSwan & Pray, 2005）。

对外语学习者来说，年龄经常会和第二语言指导时长出现混淆（Munoz, 2008）。年龄更大的学习者通常处于花更少的时间聆听和练习目标语言的环境中。当指导时长恒定不变时，早开始的学习者仅在达到母语者一样的发音这方面出现优势；相反，更年长的学习者在口语水平、阅读和写作方面都具有优势（Cenoz, 2002）。

1. 关键期理论——音系

正如我们刚刚所说的，受初次接触年龄影响最明显的第二语言习得的方面是音系或发音（Huang, 2014）。更年幼的学习者倾向于比更年长的学习者更好地区分第二语言的语音，也能更好地发出第二语言的语音（Abrahamsson & Hyltenstam, 2009）。尽管具有这样的优势，只有很少的年幼学习者在言语感知和发音的各项衡量中达到和母语者一样的水平（Abrahamsson & Hyltenstam, 2009; Flege, Birdsong, Bialystok, Mack, Sung, & Tsukada, 2006; Flege & MacKay, 2004）。在言语感知方面，至少有一些年龄优势来自于第一语言使用的频率；开始较早但是经常使用第一语言的第二语言学习者和母语者具有不同的第二语言元音感知（Flege & MacKay, 2004）。因此，年龄更大的第二语言学习者可能会因为他们更多地接触和使用第一语言而处于不利地位（White, Hutka, Williams, & Moreno, 2013）。类似母语的发音的可能的**关键期**（critical period，或者敏感期）通常被设为在 12 岁左右；但是一些在 12 岁之后才到达移民国家的学习者也能在第二语言中显示出和母语者相似的言语感知（Flege & MacKay, 2004）。在发音方面，一些时候，成人因为他们更好的记忆技能而出现最初的在速度方面的优势；例如，成人在一项第二语言重复的实验任务中比 8 岁儿童的表现更好（Service, Yli-Kaitala, Maury, & Kim, 2014）。

2. 敏感期——语法

尽管音系是受到**习得年龄**（age of acquisition）影响最明显的领域，但很多研究认为，更年幼的学习者在语法的最终成就上也更具优势（Abrahamsson & Hyltenstam, 2009; DeKeyser et al., 2010; Huang, 2014）。对于语法来说，在 12~18 岁之间，表现和抵达移民地年龄之间似乎呈明显的负相关，但在之后轨迹则相对平缓（DeKeyser et al., 2010）。然而，即使是在第二语言为主的社群中的年幼学习者，在从幼儿园到小学三年级期间也要和他们的单语同龄人相比。在语法理解方面也有延迟，尽管在高质量的读写指导之后，他们的音系处理、记忆、拼写、单词阅读和词汇存取技能在这一时段之后和英语为第一语言的同龄人相等（Lipka & Siegel, 2007）。

很多研究者把年幼学习者的语法优势归因于他们更强的、不需要明显的语言规则指导或教学的内隐（implicitly）学习能力（DeKeyser & Larson-Hall, 2005）；也就是说，在充分接触语言的条件下（例如迁移到以第二语言为主的文化中，或者报名参与第二语言完全沉浸项目），儿童即可以在没有明显指导的情况下推测语法规则，并且恰当地使用它们。这一假设认为，如果想直接测试，会相当困难。然而，李希特曼（Lichtman, 2013）试图通过在三组学习者中进行两项使用第二语言动词变位的隐性知识和显性知识的任务，比较学习者的表现，从而调查这一假设。这三组学习者分别是：通过接触语言数据接受暗含"教学"的开始学习较早的学习者；接受暗含教学的开始学习较晚的学习者；接受明确教学的开始学习较晚的学习者。两组接受暗含教学的学习者，无论早晚，都在聆听并重写故事的任务中表现得更好，这一任务衡量了西班牙语主谓一致的隐性知识，与一项探测显性知识的动词变位任务相对。与之相反，接受明确教学的学习者在显性任务上表现得比隐性任务上更好。因此，这一研究并没有显示出更年幼的学习者在隐性学习上更具优势；教学方式和实验任务的匹配程度比学习者的年龄更为重要。

大多数研究认同更年幼的学习者比更年长的学习者在语法的最终成就上更有优势，一些在 12 岁之后开始学习的学习者也显示出了和母语者相似的语法水平（van Boxtel, Bongaerts, & Coppen, 2003）。普遍而言，无论习得年龄早晚，第二语言学习者，特别是那些年龄较大才开始学习的人，都倾向于更难以习得在第一语言习得中出现较晚、母语者花费更多时间处理判断的语法结构（McDonald, 2000）。

问题三：为什么有些人比另一些人更擅长学习新语言

很长一段时间以来，研究者都注意到，一些学生比另一些学生能够更快速、更准确地学习一门新语言。研究学习者特征的心理语言学研究者发现，优秀的学习者在学习第二语言时，对单词结构的意识更强，包括了音系和形态结构。他们也对第二语言和自己母语中的句法区别意识得更清楚，更能够根据自己第一语言的知识和技能建立起第二语言。表现较差的学习者通常缺少以上描述的分析技能。

在语言学习的个体差异方面，大量研究调查了语言学习能力倾向和动机在成功的第二语言学习中的作用，一些研究也支持了其他个体因素，例如第一语言技能、第二语言焦虑、语言学习策略以及第二语言水平的自我感知。

1. 语言学习能力倾向

很长一段时间，人们通过衡量天资预测学生在外语课堂环境下的成功程度（有关文献回复，参见 Ehrman & Oxford, 1995; Grigorenko, Sternberg, & Ehrman, 2000），在为需要学习另一种语言的职位选择成人的情况（如外交服务）下，有时也会使用天资测试。天资测试也在儿童身上进行。例如，斯帕克斯（Sparks）、帕顿（Patton）、甘朔（Ganschow）和 洪巴赫（Humbach）（2009）发现，在九年级开始测量的第二语言学习能力倾向能够极好地预测两年之后的外语课堂教学的第二语言拼写、阅读理解、写作和听 / 说结果。此外，达伦（Dahlen）和卡德维尔－哈里斯（Caldwell-Harris）（2013）表示，更高的能力倾向能够预测实验环境下更好的第二语言新单词学习成果。

"能力倾向"包括什么？一些研究者把天资这一较大的概念分散为数个更小的成分，并检验了这些特定的技能与第二语言学习的关系。已经调查过的技能包括：工作记忆（音系短期记忆和逆序数字广度）、机械记忆、元语言意识、语法敏感度（grammatical sensitivity）和音位编码能力。

工作记忆是学习者每一次能存在心中的听觉或书面信息的量。音系短期记忆是工作记忆的一部分，是指学习者每一次能存在心中的单词的数量（Kormos, 2012）。有些人可能认为这一概念指的是一个人能记住一组单词表中的单词数量，但音系短期记忆对于复习短语来说至关重要，因为记住的不仅仅是词汇，还有语法结构。

机械记忆是学习者把新单词的语音和含义联系起来的能力。这一技能最经常和记住概念对应的第二语言单词（词汇）相关。语法敏感度是学习者辨认第二语言中的模式的能力，其测试方法是为学习者提供一句话中用下划线标出的单词，让学习者识别第二句话中几个标出下划线的单词里，哪一个和原来的标下划线的单词在句子中的作用相同。元语言意识是语言使用者对自己第一语言中的规则的知识，它可以在分析第二语言规则的时候得到调用。科莫斯（Kormos 2012）在对第二语言写作的相关研究的回顾中发现，学习者的元语言意识、语法敏感度和单词的音系短期记忆都与更好的第二语言写作成果相关。音系短期记忆也和第二语言拼写有关。

天资更容易对年长的第二语言学习者产生作用（DeKeyser et al., 2010; Foster, Bolibaugh, & Kotula, 2014; Granena & Long, 2013）。天资能够预测儿童在 16 岁之后开始在第二语言环境中进行沉浸的学习者的第二语言词汇和发音（Granena & Long, 2013），语法知识（DeKeyser et al., 2010）和对词组搭配（collocation）的敏感程度（有关单词经常和其他单词一起出现的意识；Foster et al., 2014），但不能预测更早开始学习的学习者的成果。

尽管天资可能在预测更年长的学习者的成果中起到更明显的作用，它也会影响更年幼的学习者的学习过程。哈尔利（Harley）和哈特（Hart）（1997）检验了天资的不同要素，发现在比较从一年级或七年级开始外语沉浸教育项目的十一年级学生时，天资的预测要素出现了年龄差异。在从一年级开始沉浸项目的学生中，文本记忆这一天资要素最佳地预测了第二语言的词汇和听力理解，而分析能力，即从例子中推测语法功能的能力，只能解释听力理解能力中的一小部分差异。与之相反，分析能力是唯一具有统计显著性，能够预测从七年级开始进行沉浸项目的学生的第二语言写作和词汇技能的因素。类似地，对于生活在西班牙的汉语母语者来说，顺序学习能力，即暗中引导语言模式的能力，预测了较早和较迟的第二语言学习者的语法表现（Granena, 2013）。

天资可能会影响个人回应特定教育项目和策略的有效程度。例如，教师反馈对学生语法错误的影响会根据成人学生的工作记忆和语言分析能力出现区别（Yilmaz, 2013, P.344）；对于工作记忆和分析能力更强的学习者来说，明确的改正比重塑（教师正确地改变了学生话语的措辞）更能够改善自己的语法表现，但是对于这方面不突出的学习者来说，明确改正并不会带来优势。此外，10 个星期的口语课程对学生的口语流利度、口音和发音的影响与学生在课程开始时衡量得出的听觉天资和动机都相关，这一点在英语作为第二语言（ESL）的环境中和英语作为外语（EFL）的环境中都是如此（Smemoe & Haslam, 2013 ）。

2. 动机

外语教师通过长期观察发现，他们课堂中的一些学生对于学习外语一事缺乏热情（例如，他们只是为了满足教育需求而学习外语），只做出最低限度的努力；而另一些学生对于学习语言充满热情，在课堂内外寻找各种机会改善自己的语言水平。那么，动机在第二语言学习的成功中起到了作用，至少在外语课堂环境中是如此。但是，动机到底是什么？

第二语言习得的研究者把不同类型的动机做了分类，例如融入型动机（把第二语言及文化作为自己身份认同的愿望）、理想的第二语言自我动机（一个人想象第二语言适合自己自我感觉的方式）、工具型动机（第二语言的作用，例如找到工作或者教育机会），以及其他更多的抽象机动要素，例如第二语言学习经历的语境（课堂氛围或课外经历）、第二语言社群的感知活力（使用第二语言的社群的地位和吸引力）、对第二语言使用者的态度，以及对第二语言文化的兴趣，如电影和流行音乐（Csizér & Dörnyei, 2005; Papi & Temouri, 2012 ）。帕皮（Papi）和特莫里（Temouri）（2012）又把工具型动机进一步划分为工具晋升（以正面的眼光看待第二语言的作用，如升职）和工具预防（以回避负面结果的方式看到第二语言的作用，例如防止大学入学考试失败）。在其中，融入、理想的第二语言自我、工具晋升及学生学习第二语言的正面经验都和投入更多的精力学习语言的行为相关（Csizér & Dörnyei, 2005; Papi & Teimouri, 2012 ）。

与人生的其他方面一样，动机可以通过增加练习、加强学习，从而超越天生的才能。第二语言动机直接和第二语言的更好阅读理解和听说技能相关，即使在控制了第二语言天资之后也是如此（Sparks et al., 2009 ），并且和外语语境下的更大的第二语言词汇量相关（Polat, Mancilla, & Mahalingappa, 2013 ）。

大多数对动机的研究都产生在外语学习语境下，而不是双语发展环境中。动机预测了第二语言为主的语境和外语语境下的口语课程结尾时出现的更好的发音（Smemoe & Haslam, 2013 ），但是并没有在第二语言为主的语境下显示出和较早移民及较晚移民的学习者的词语搭配学习（第二语言中单词经常共同出现的模式）之间的关系（Foster et al., 2014 ）。

3. 其他因素

在第一语言中具有更好的技能的学习者，特别是具有更好的读写技能的学习者（ Reese, Garnier, Gallimore & Goldenberg, 2000; Sparks et al., 2009 ），以及采用语言学习策略的学习者（Dahlen & Caldwell-Harris, 2013; Smemoe & Haslam, 2013）也可以在外语环境和以第二语言为主的环境中更好地学习第二语言。例如，复习（重复）新单词的学生，无论是出声重复还是默读重复，都能够比不复习单词的学生更好地回忆起外语单词（Dahlen & Caldwell-Harris, 2013）。此外，更经常使用发音策略的学生，例如注意到新单词与第二语言已知单词之间的比较、根据这一比较形成有关发音的假设，能够以人们更能理解的方式发音说话（Smemoe & Haslam, 2013）。

问题四：双语发展和单语发展有多么相似

大多数儿童语言研究者把第一语言习得和早期第二语言习得看作非常相似。一种语言的第一语言和第二语言学习者以同样的顺序学习语法结构，在学习目标语言的时候出现相似的发展性错误，尽管二者在学习的最初时段建立的是两个分离的语言系统。这种存在两个系统的假设被称为**双语言系统假设**（dual language system hypothesis）（Genesee, 1989）。

相反，后期的顺序双语者一开始在使用第二语言的时候明显依赖于第一语言处理策略。音系和句法中的负迁移或"外语口音"在早期阶段很容易在言语和书面产出中观察到。随着儿童的第二语言水平上升，他们对第二语言的使用越发独立于第一语言。然而，由于这两种语言的使用中存在不平衡，即使在年幼的学习者身上，第一语言和第二语言的某些方面也可能会出现固化（持续存在）。对第一语言很重要的环境预测因素，例如母方教育水平和与水平较高的成熟的语言使用者之间产生输入和互动的机会，也是影响儿童第二语言习得的重要因素。

双语儿童经常以和单语同龄人相似的方式经历语言学习关键时间点，例如学语期的开始时间、第一批单词和单词组合的使用时期，以及某些语法技能出现的时机；然而，由于两种语言都参与了发展，双语语言学习者在学习两种语言的一些方面上会比单语者更慢。他们的错误模式也会和单语学习者有轻微的区别。对于顺序双语者来说（Krashen & Terrell, 1983），第二语言学习可能会遵循以下的 5 个阶段：前语言期（也称为沉默期）、早期语言期、言语形成期、中级流利期、高级流利期。

1. 音系发展

很多双语儿童在掌握两种音系系统方面与他们的单语同龄人一样准确（Goldstein, Fabiano, & Washington, 2005; Goldstein & Washington, 2001）。然而，双语儿童可能会在两种语言中产出不同类型的音系错误。例如，戈德斯坦（Goldstein）和华盛顿（Washington）（2001）研究的 4 岁儿童在尝试产出西班牙语的辅音簇时，比产出英语的辅音簇时更容易省略辅音；此外，同一批儿童在说西班牙语时比在说英语时更普遍地出现尾辅音省略。双语学习者的音系错误模式也和**支配语言**（language dominance）相关。吉尔德斯利夫 – 纽曼（Gildersleeve-Neumann）、科斯特（Kester）、戴维斯（Davis）和佩纳（Pena）（2008）检验了三组 3~4 岁儿童的英语语音发展：这三组儿童分别是英语单语儿童、以英语作为支配语言的英语西班牙语双语儿童，以及接触英语和西班牙语的词汇量相对相等的英语西班牙语双语儿童。毫不意外，英语中的错误发音随着接触英语的增多而下降。西班牙语和英语输入相等的英语西班牙语双语儿童比另外两组儿童产出了更多的音位错误。另一个毫不意外的现象是两组双语儿童都显示出西班牙语音系的干扰，在说英语时使用了西班牙语的音位（例如使用了西班牙语的浊音音位 /b/ 和西班牙语的软腭擦音音位 /x/），这意味着在音位水平出现了跨语言迁移或干扰。

2. 词汇发展

研究者发现，当双语者的两种语言都算在内时，年幼的双语儿童的词汇和单语者的词汇以同样速度发展（Pearson, Fernández, & Oller, 1993）。如果双语儿童只在一种语言接受评估，那么儿童知道的整整另一组单词都无法明显进行观察，一种语言中的表现通常低于单语的正常水平。随着时间的推移，在存在理想环境条件的情况下，双语使用者能够在两种语言中发展出数量可观的深度词汇。比亚韦斯托克、陆（Luk）、皮茨和杨（Yang）（2010）采用了包括 3~10 岁双语儿童在内的大型数据组确认了这一发现；他们发现，在分离了学校相关和家庭相关的词汇之后，双语儿童的表现和单语儿童相当。拜尔斯 – 海因莱因（Byers-Heinlein）、芬纳尔（Fennell）和韦尔克（Werker）（2013）发现，双语婴儿在 14 月龄时开始发展关联词汇学习，即把单词和物品进行配对的能力，这和单语儿童的发展年龄相同。正如本书第 4 章所讨论的那样，儿童的每种语言的词汇发展依赖于儿童在每种语言中收到的母语输入量；接触会受到一系列因素的影响，例如家庭读写实践和社群语言环境（Parra, Hoff, & Core, 2011）。

3. 形态句法发展

和词汇发展一样，双语儿童的形态句法发展也和他们能够接触的输入量相关；由于双语儿童不能像聆听一种语言的儿童所听到的语言量的两倍那样接受语言输入，语法形态的发展会在某种程度上有所减慢（Gathercole & Thomas, 2009; Pearson et al., 1997）。双语句法发展倾向于采用和单语句法发展同样的模式发展。双语学习环境的儿童可能会接触两种句法结构类似的语言（例如西班牙语和意大利语），但是他们更有可能学习两种主要概念以不同语法规则表达的语言（例如英语和日语）。在这种情况下，会发生什么？幼儿园前和幼儿园年龄儿童的形态语法发展倾向于反映支配语言的影响，而不是反映第一次暴露年龄的差别（Bedore et al., 2012）。同时，习得西班牙语（一种允许句子主语省略的语言）和英语的儿童会比西班牙语的单语使用者更频繁地在西班牙语里使用主语代词。例如，英语使用者可能会说 "They are coming soon"（他们马上就来）。西班牙语使用者会把这句话说成 "Llegan pronto"（动词 "来" 的第三人称变位 + "马上"），省略主语代词，因为在动词词尾有信息标记的情况下，代词是多余的。一些研究显示，年幼的学习西班牙语的英语使用者（和一些成人）会说 "Ellos llegan pronto"（他们来，"来" 按照第三人称复数进行变位，马上），因为主语代词在英语中是必需的。这样产出的句子是完全符合语法的，但是者这对于西班牙语母语者来说有些生硬。

霍夫（Hoff）及其同事（2012）发现，单语儿童的英语语法复杂度比英语西班牙语双语儿童的任意一种语言的语法复杂度都更高。在两组儿童两岁之前，这一差别相对较小，但是在接下来的 8 个月里这一差别逐渐变大。此外，在与单语英语儿童，以英语为支配语言的双语儿童及英语西班牙语平衡输入的双语儿童相比，听西班牙语比听英语更多的、以西班牙语为支配语言的双语儿童，英语语法发展最为缓慢。

4. 语用发展

双语儿童的语用语言模式依赖于支配语言、家长在分离两种语言时的实践行为，以及对话语境，例如自由玩耍或更正式的互动（Tare & Gelman, 2010）。在语用技能发展方面，早期双语现象也能帮助儿童对有效的交流策略发展出更强的敏感程度。西格尔（Siegal）及其同事（2010）检验了儿童违反对话准则（maxims，在第 6 章有所讨论，例如信息充分、简单、真实、相关、礼貌）的回应。3~6 岁的双语儿童在辨别违反这些规则的对问题的回应上，比同龄儿童表现得更好。

这些研究都表明，双语儿童以和单语儿童大致相同的方法习得两种语言，而习得的差别更偏向于量的差别，而不是质的差别。然而，我们在这里需要再一次提及双语儿童特有的两项内在过程，它们分别是言语感知（speech perception）和双语自扩展（bilingual bootstrapping）。和任何与人类行为相关的事物一样，这也存在个体差异。

5. 言语感知

在双语家庭中出生的婴儿能够从出生时区分不同的言语语音（正如在单语环境中抚养的儿童一样；Byers-Heinlein, Burns, & Werker, 2010; Werker & Byers-Heinlein, 2008）。

然而，正如第 2 章所说，在 10~12 月龄时，在单语环境下成长的婴儿更专注于自己的母语，开始失去在其他语言中区别言语语音的能力（Burns, Yoshida, Hill, & Werker, 2007）。例如，说日语的成年人有些时候难以分辨 /r/ 和 /l/，这两个语音在英语中是不同的音位，但在他们的母语中并不是。说韩语的成年人对英语的辅音 /p/ 和 /f/ 也会显示出类似的困难。在双语家庭成长的儿童，正如我们可能预料的那样，即使自己的其中一种语言不使用这样的对比，也能够保持区分自己的两种语言的语音差别的能力［例如，加拿大的英法双语婴儿依然能够区分法语单词 rue（街道）的元音 [y] 和英语单词 shoe（鞋子）的元音 [u]］。

6. 双语自扩展

在双语语言发展的过程中，儿童的第一语言和第二语言会相互作用。双语学习者使用一种语言的知识来帮助另一种语言发展的能力以及在这一过程中隐藏的共享概念知识被称为双语自扩展（Gawlitzek-Maiwald & Tracy, 1996）。例如，儿童在一种语言中学习了一个概念对应的单词之后，学习另一种语言对应的单词时会变得更容易。在一项针对赫蒙语英语顺序双语的学龄前学习者的研究中，科恩纳特（Kohnert）、简（Kan）和康伯伊（Conboy）（2010）发现，在第一语言和第二语言的故事叙述中产出的不同的单词数之间存在正相关。如果儿童在一种语言中习得了"青蛙"这个概念，那么这名儿童一定只需要在另一种语言中学习这一概念的新标签，而不是必须学习用来定义"青蛙"这一概念的独特特征。

即使是在同一家庭长大、说同样两种语言的兄弟姐妹，也会发展出不同的语言特征和偏好。

7. 双语者的个体差异

个体差异可能存在于双语语言发展研究的多种具有争议的发现之中。贾（Jia）和福斯（Fuse）（2007）跟踪了一组汉英双语儿童和青少年在来到美国前几年的情况，他们发现，这些儿童在学习自己的第一语言汉语中不存在的 6 个英语的语法语素时，出现了明显的个体差异。这些参与者最常见的错误是省略相关语素。受到移民到达年龄和语言环境（如说英语的朋友的数量、每种语言阅读书籍的数量、家庭语言使用）的影响，不同个体会在不同时间掌握不同语素。在到达美国 5 年后，他们都掌握了现在进行时（-ing）；大多数人掌握了复数和助动词 do 的使用；一半人学会了系动词 be，但尚未有人掌握规则过去式 -ed；不同参与者之间有习得顺序和速度的差别。(有关双语者之间的个体差异，参见本书第 8 章。)

问题五：一个人有没有可能成为完美的双语者

期待有人能够成为完美的双语者或者在所有领域都有完全平衡的水平是不切实际的。作为双语者，成长状况会有很大的差别。有些人可能会有严格遵循"一家长一语言规则"的家长。有些人可能会有说不同的语言、经常使用语码混合、使用一种语言多过另一种语言的家长，因为在双语家庭中实际上很难完全分开两种语言。还有的双语使用者在家中以一种语言开始，之后则在学校学习第二语言。在这种情况下，可能只有学校语言会发展出读写能力。此外，环境因素，如同龄人影响，会对儿童接触和使用两种语言产生影响。

1. 第二语言的成功有多少取决于你所说的第一语言

这一问题的答案取决于第一语言到第二语言之间是否存在跨语言迁移，迁移是否普遍存在于两种语言之间或是特定于一种语言，以及第一语言的迁移是否会实际干扰第二语言学习。迁移更有可能在类型相似的两种语言之间产生，也更容易在学习者对两种语言具有类似的接触量的情况下产生。一种探索这一问题的方式是询问元语言意识是否对第一语言和第二语言的读写结果有所贡献。现有的发现认为这是可能存在的。拉米雷兹（Ramirez）、陈（Chen）、杰瓦（Geva）和基弗（Kiefer）(2010) 发现，在以西班牙语为母语的英语学习者身上，西班牙语第一语言的派生形态意识对英语的单词阅读做出独特的贡献。然而，拉米雷兹、陈、杰瓦和罗（Luo）(2011) 进一步发现，儿童在英语形态意识方面的表现和第一语言的特征有关。他们研究比较了西班牙语英语双语儿童、汉英双语儿童以及英语单语儿童。对于汉语使用者来说，复合词很常见，但不存在形态派生过程。因此，我们并不奇怪地发现，在没有使用第一语言来理解第二语言的派生形态的能力下，说汉语的儿童比其他双语儿童更不擅长形态语素任务。然而，在复合词任务上，他们的表现和西班牙语英语双语儿童及英语单语儿童的水平相似。

类似地，韩语是一种音位字位对应很透明的语言（参见本书第 10 章），说韩语的儿童在很小的年龄就可以轻松地发展出阅读的解码技能。金（Kim, 2009）假设这一现象可以帮助韩英双语儿童，并发现在一组幼儿园年龄的韩英双语儿童身上，第一语言韩语的音系意识与第二语言英语的单词解码技能之间存在正相关。在对 47 项实证进行研究的一个元分析里，梅尔比 - 勒瓦格（Melby-Lervåg）和勒瓦格（Lervåg）

（2011）总结称，第一语言和第二语言口语之间的关联程度较低；但是，第一语言和第二语言的音系意识及解码能力之间的关联偏向中等到明显。正如之前研究所预测的那样，第一语言和第二语言的解码能力的关联受书写系统的影响而有所变化。学习者两种书写系统的音系、形态和文字结构之间的相似之处可能会决定第二语言学习者把技能从第一语言迁移到第二语言的程度（Bialystok, Luk, & Kwan, 2005; Deacon, Wade-Woolley, & Kirby, 2007）。

此外，双语者获得的指导也在**跨语言迁移**（crosslinguistic transfer）中起到至关重要的作用（Cárdenas-Hagan, Carlson, & Pollard-Durodola, 2007）。普遍而言，第一语言和第二语言系统越相似，学习者的语言使用量越相等，那么用来支持第二语言习得的正向迁移就越容易、越快速地发生；然而，两种语言之间过于近似，可能会导致学习者误解目标语言中的一些特征，从而引发负向迁移。例如，虚假同源词是形态表现很相似但是含义有明显区别的单词：一名以西班牙语作为第二语言的年轻人在一场活动中迟到，想告诉主办者自己感到很尴尬（embarrassed）。如果她误用了发音相似的虚假同源词"embarazada"，那么她就会发现自己刚刚宣称自己怀孕了。

非母语者式的语法结构也经常是两种相似语言之间负向迁移的例子。例如，学习西班牙语的英语使用者可能经常会在句子中包括主语代词（Yo tengo una pelota roja; I have a red ball "我有一个红色的球"），产出一个虽然正确但在西班牙语里不常用的形式；西班牙语母语者通常会省略主语［Tengo una pelota roja；"（我）有一个红色的球"］。

纵向来看，较强的第一语言口语和读写技能能够支持后续的第二语言习得。斯帕克（Sparks）及其同事（2009）发现，学生在小学时的第一语言阅读、拼写、词汇、音系意识和听力理解能力能够预测他们在高中时期的第二语言解码能力、拼写和语言天资。此外，对于以汉语或韩语为第一语言的儿童来说，幼儿园时期第一语言的形态复合技能也能够作为一年之后用来预测其英语词汇知识的独特的因素（McBride-Chang et al., 2008）。

这些观察到的关系可能有着特定的原因。例如，由于第一语言汉语在文字方面具有独特的形态音节特质，汉英双语者有着相对较强的视觉文字处理技能。他们倾向于把这种处理技能使用在学习第二语言的音位 – 字位对应上，从而能够更准确地判断第二语言中不可能出现的字母串（Wang & Geva, 2003）。随着时间的推移，第一语言知识向第二语言的有效迁移和干扰迁移都会下降。例如，以英语为支配语言的西班牙语学习者在早期语言学习时会更多地依赖语序来解释句子。在他们的两种语言更为平衡之后，这种依赖逐渐减轻，他们开始使用更多西班牙语的线索。例如西班牙语里的介词格位标记（Morett & MacWhinney, 2013）。这说明，随着第二语言水平的提高，学习者倾向于更多地依赖第二语言的处理策略。

2. 你的第一语言会因为学习第二语言而受损吗

这一问题最根本地强调了附加型双语现象和削减型双语现象之间的区别。在一个支持**第一语言维持**（L1 maintenance）和发展的语境下，学习第二语言不应该出现任何负面影响，甚至会在扩展学生的第一语言和第二语言的社会文化能力上出现正面影响。然而，在缺乏支持的语境下，第一语言能力可能会停滞、下降，乃至由于第二语言明显占据支配性而最后损失（Pan & Berko Gleason 1986）。对儿童来说，把一种地位较高的语言作为第二语言学习会对第一语言发展产生影响。搬迁到以第二语言为支配语言的环境中的非常幼小的儿童最有风险出现完全的第一语言损失，但是年龄更大的儿童的**第一语言磨蚀**（L1 attrition）也会使用到第一语言暴露、第一语言地位，以及学校和家庭对第一语言维持的支持的影响（Wong Fillmore, 1991）。我们会看到下文中赛琳娜的语言发展特征，这对于早期移民的双语儿童来说非常典型。

> 出生在中国北京的赛琳娜·于（Selina Yu）现在 14 岁。她的家长都是汉语母语者，在家中坚持只说汉语。在赛琳娜 6 岁时，她的家长作为研究生搬到了得克萨斯州的大学城。她在一年级到三年级的时候在一所全英语的小学就读。在学校里她上了英语作为第二语言的课程，开始了学习英语的旅程。在搬到得克萨斯一年之后，赛琳娜已经可以和朋友用英语交谈了，但我们依然可以发现她从第一语言中有明显的负面迁移。例如，她一些时候不会区分 /θ/ 和 /s/ 或者 /w/ 和 /v/，丢掉第三人称单数 /s/，并且混用 "he"（他）和 "she"（她）。让她家长感到放心的是，她的英语阅读水平高于年级水平。她在家中说汉语，但会和学校的朋友说英语。一年级到四年级期间，赛琳娜对英语阅读显示出了浓厚的兴趣；然而，因为汉语阅读越来越难，她对汉语阅读的兴趣逐渐降低，她的家长便尽力从朋友那里借到汉语课本，做了几百张记忆卡片教她汉字，加强她的汉字识别能力。在四年级的时候，赛琳娜开始发展写作的兴趣。她出于自娱自乐的目的，开始用英语进行写作，现在有了一个拥有几名读者的网上论坛。现在在初中阶段，赛琳娜的英语几乎和母语者一样，然而她的汉语仅限于在家中使用，水平有限。

研究也发现了以第二语言为主的幼小双语儿童的第一语言稳定现象（第一语言处于停滞状态）。盛（Sheng）、卢（Lu）和简（2011）发现，在美国出生长大的汉英双语学龄前儿童比说一种语言的儿童有更大的合并词汇量。然而，尽管这些儿童中的大多数在上学前班或者幼儿园时才第一次接触在英语；在 6~8 岁时，他们的汉语词汇量就会停止增长，而英语词汇量逐渐增大。

第一语言是主要的、地位较高的语言的儿童能够从第二语言沉浸项目中在不损害第一语言的情况下习得高水平的第二语言（Cummins, 2014）。但是反过来却并不一定如此。近期研究表明，对于沉浸在第二语言为主要语言的社会的第二语言学习者来说，第一语言在学校环境使用中的缺乏会对第一语言有负面影响，有时甚至到了说第一语言的家长和以第二语言为主的儿童不再有能够交流复杂思想或关心事物的共同语言的程度。

问题六：双语是一种优势还是劣势

很多人从了解另一种语言中意识到了一些益处，但对另一些却不甚了解。很多家长担心双语会"挤占"儿童的认知和语言能力，最终导致儿童有患上交流障碍的风险（参见本书第 9 章）。特别是从心理语言学角度出发的诸多研究告诉我们，儿童期双语的优势多于劣势。

1. 双语的优势

- **增强元语言意识**。正如本书很多章节所讨论的那样，元语言意识是能够思考语言自身、注意其形式和结构（例如句法规则和音系特征）的能力。这些技能反过来能够帮助第一语言和外语课堂，在其中儿童经常被要求分析语法，解释一些结构在一种语言中可行而另一些结构则不被允许的原因。我们已经辨别了几项双语者显示出优势的元语言意识另一样，包括**象征性表示**（symbolic representation）、**单词意识**（word awareness）、**句法意识**（syntactic awareness）和**音系意识**（phonological awareness）（Adesope, Lavin, Thompson, & Ungerleider, 2010; Chen, Anderson, Li, Hao, Wu, & Shu, 2004）。例如，一名法英双语儿童有两个单词可以用来表达一种吃草挤奶的动物（牛）的概念：cow（英语）和 vache（法语）。仅仅知道这两个词可以表达同样的概念就可以引发双语个体意识到所有的单词都是任意的标签，和概念本身没有什么固有的联系（象征性表示）。类似地，知道两种语言能够帮助双语儿童理解单词的定义和短语开始与结束的位置（单词意识）。此外，知道英语的通常语序是主谓宾，而德语的通常语序是主宾谓，能够让双语个体了解不同语言有不同的句法模式（句法意识）。类似地，接触两种语言能帮助双语者理解，单词由不同的单个语音组成，一些语音区别可能在一种语言中带有不同的含义，但在另一种语言中则不然（音系意识，这一点与英语这类字母语言的阅读和拼写高度相关）。然而，当第一语言和第二语言在一些方面相似时，这种有时可能最为明显。阿德索普（Adesope）及其同事（2010）发现，双语者在元语言任务中的表现明显优于大多数单语者（例如英语和罗曼语族语言使用者），但并不一定优于汉语单语者。元语言意识的优势似乎和特定的第一语言/第二语言组合、两种语言的水平，以及明确鼓励儿童思考语言结构及儿童语言之间相同与不同之处的读写指导等因素相关。

- **执行功能的增长**。执行功能指的是对个人认知活动不同方面的回顾和管理，它包括为了正确完成任务而抵挡自动的反射性回应（**抑制控制**，inhibitory control），能够在任务的相关方面保持注意力（**注意力控制**，attentional control）以及能够在任务之间相互切换（**认知转换**，cognitive shifting; Valian, 2015）。越来越多针对双语的研究发现了一些证据表明，双语对执行功能的所有这些方面都有优势影响，特别是抑制控制能力（Blumenfeld & Marian, 2011; Hernàndez, Costa, Fuentes, Vivas & Sebastiàn-Gallés, 2010; Poulin-Dubois, Blaye, Coutya & Bialystok, 2011; Soveri, Laine, Hämäläinen & Hugdahl, 2011; Wimmer & Marx, 2014），同时也包括注意力控制（Adesope et al., 2010; Kapa & Colombo, 2013）和认知转换（Bialystok, 2011; Prior & MacWhinney, 2010）。

双语儿童和单语儿童相比，更能发现视觉上有歧义的图片的其他解释。

在抑制控制能力方面的增长甚至扩展到了视觉非语言任务。维莫（Wimmer）和马克斯（Marx）（2014）发现，与单语幼儿相比，双语幼儿更能够控制住视觉上有歧义的图片的主导解释（例如典型的脑筋急转弯——提问一个人看到的是年轻的美女还是老妇）。

可能是因为主动双语者必须在使用一种语言的时候抑制住另一种语言，所以他们更能够看到其他可能性。尽管很多这方面的研究都比较了从出生起开始或者3岁之前成为双语者的参与者，一些研究也检验了晚期顺序双语者，例如外语沉浸项目中的儿童。例如，比亚韦斯托克和巴拉克

（Barac）（2012）发现，在语言沉浸项目中的时间能够明显地预测需要执行功能的任务的更好表现。

　　然而我们需要注意，不同研究的发现之间存在差异（Adesope et al., 2010），而这些优势的本质和强度还尚不明确（有关双语和执行功能的详细回顾，参见 Valian）。用于衡量执行功能的任务的不同可能会导致不同的结果，任何执行功能任务都会涉及其他认知能力，例如视觉感知（如 Wimmer & Marx, 2014）或听觉处理（如 Soveri et al., 2011）。当在同一群儿童身上使用不同的任务时，一些任务会显示双语优势，而并非所有任务都是如此（Valian, 2015）。例如，普兰 – 杜布瓦（Poulin-Dubois）及其同事（2011）发现，与单语儿童相比，两岁大的双语儿童在斯普鲁特类型的任务（参见研究项目三）中表现得更好，但在另两项冲突任务中则并非如此。

　　此外，双语优势在执行功能方面的证据在规律性使用两种语言的较年长的高水平双语者的研究中最为一致。一项知名程度很高的研究表明，成人双语者的痴呆症状出现时间较晚（Bialystok et al., 2012）。索维利（Soveri）及其同事（2011）发现，芬兰语瑞典语的成人双语者比年龄及教育水平匹配的芬兰语成人单语者具有更强的注意力引导能力和忽略无关听觉信息的能力。然而，双语优势经常缺失于以青年为对象的研究，在

继续主动使用双语的年长成人显示出更好的执行功能，与同龄的单语者相比，痴呆症状推迟时间更久。

儿童研究中则不够统一（Bialystok et al., 2012; Valian, 2015）。瓦利安（2015）把这种不统一的发现解释为学龄儿童和通常是大学生的青年经常参与很多在认知方面具有挑战的活动，可能会削弱双语在评估的测试中的效果。因此，我们需要可能从双语中获益的执行功能要素的更多研究和更仔细分析。事实上，德布朗（de Bruin）、特拉卡尼（Traccani）和德拉·萨拉（Della Sala）（2015）提供一些证据表明，执行功能的双语优势可能是发表偏向的产物，发表的文章倾向于强调对健康有益的发现。毕竟，谁会对发现如何推迟痴呆症不感兴趣呢？

- **学习新单词和新造词能力的改善**。研究者发现，双语者比单语者在新单词学习方面表现更好，特别是具有实际意义而非抽象意义的单词（Kaushanskaya & Marian, 2009; Kaushanskaya & Rechtzigel, 2012）。在其中一项研究中，研究者

用和英语重复的语音以及在英语（或双语者的另一种语言）中不出现的语音编造了单词；英语西班牙语成人双语者和英汉成人双语者都比英语单语者能更好地回忆这些虚构词（Kaushanskaya & Marian, 2009）。

在生活中的任何行为里，通常都会存在成本和收益的平衡。因此，我们也找到了一些已有记载的和双语现象一同辨识出的劣势。

2. 双语现象的劣势

- **在每一种语言中有更小的更难以存取的词汇量**。作为双语者的优势会伴随一些可能存在的缺点，其中包括了在两种语言中更缓慢的阅读速度和每一种语言中更小的词汇量（Bialystok et al., 2012）。对一些第一语言是少数民族语言的人来说，他们可能难以追赶作为支配语言的第二语言词汇，这和我们之前讨论过的来自较低社会经济地位的儿童所面临的词汇差异的担忧（第 2 章和第 4 章，尽管这些差异可能更为微妙）大致相同。很多研究已经发现，来自少数民族语言背景的双语者比支配语言的单语母语使用者获得更低的支配语言单词分数（Bialystok et al., 2010; Kalia, Wilbourn, & Ghio, 2014）。相反，一些研究表明，来自少数民族语言的儿童在他们的少数民族语言中显示出更低的词汇分数，但在支配语言词汇中的分数处于正常范围（如 Jia, Chen, Kim, Chan, & Jeung, 2014），这一点与削减型双语现象相符。
- **更缓慢的词汇存取**。研究发现，双语儿童和成人都展现出更慢的语言理解和语言产出（Bialystok et al., 2014; Sadat, Martin, Alario, & Costa, 2012）。然而，这一现象可能源于语言水平，因为只有参与了 3 年沉浸项目的儿童身上显示出这一现象，而在参与 6 年项目的儿童身上并没有发现这一现象（Bialystok et al., 2014）。尽管这些差异为双语大脑的工作机制提供了见解，但这种理解和产出速度的差异是以毫秒计算的，因此在进行典型的听说读写任务时，普遍而言并没有实际的差异。

总而言之，双语现象有详细记载的优势，这些优势超过了能够以一种以上语言交流的有用能力。然而，这些潜在的优势也伴随着一些有所记载的微小劣势。我们注意到，并没有详细记载的研究称，双语现象会为儿童发展带来交流障碍（参见本书第 9 章）的风险。

当学习第二语言出现困难时

作为双语者或学习第二语言并不会带来更高的语言发育迟缓或存在障碍风险；然而，正如存在典型发展的第一语言学习者和出现障碍及延迟的第一语言学习者一样，双语学习者也会出现同样的现象。尽管当前缺少第一语言被诊断出特定性语言障碍（SLI）的儿童的双语发展的研究，但这是一个正在吸引更多关注的领域，也有了一些重要发现（Gutiérrez-Clellen, Simon-Cereijido, & Sweet, 2012）。双语学习者的延迟和障碍特征和单语学习者的情况类似，但根据支配语言和语言类型有所区别。正如前几章中明显显示的那样，不同语言在规则系统方面有所差别，为年幼的第一语言学习者带来了不同的挑战。例如，学习英语的儿童比学习西班牙语或意大利语这些屈折更为丰富的语言的儿童，需要花费更长的时间掌握黏着语素）。正如莱昂纳德在 1998 年所写的，"患有特定性语言障碍的儿童首先最像的是……他们所暴露的语言的使用者。"我们可以说他们更像这种语言的更年幼的使用者，通常在那些所有学习者都更难以掌握的语言领域出现问题。

在特定性语言障碍中，延迟和障碍通常在两种语言中都有所出现，显示为缺失或延迟的发展关键点。然而，双语学习者可能会在两种语言中更弱的一种里展现出更多的延迟和障碍（Paradis et al., 2010）；第一语言的弱点也能够预测学习第二语言时的弱点（Guttierrez-Clellen et al., 2012）；在这一样本中，反过来的情况依然成立，即使儿童在第一语言中诊断出了特定性语言障碍，更强的第一语言技能也会导致第二语言在干预之后出现更迅速的发展。双语学习者的干预必须和单语学习者相同。具有更多语言输入的丰富环境有助于提升这些儿童的语言发展。

在双语者身上评估语言发育迟缓或存在障碍是一件棘手的事；由于单语儿童在一种语言中接受所有的输入，因此使用以他们作为规范的标准化测量方式通常会导致双语儿童出现特定性语言障碍或语言发育迟缓的过度诊断（De Houwer, 1995; Paradis, 2007; Paradis, Crago, & Genesee, 2006）。因此，教育者必须谨慎地解读双语儿童的标准化测试结果。例如，帕拉迪斯（Paradis, 2010）研究了 6~7 岁的法英双语儿童，发现英语动词形态习得方面存在单语和双语的差异。如果我们简化地来看这个问题，那么与单语者相比，双语者处于不利地位，他们的分数散落于正常分数的较低一端。然而，这一差异受到家庭语言暴露（主要为法语、主要为英语，或者等量的法语和英语）、结构复杂程度以及任务类型的影响。换而言之，我们预期在家中主要接受法语暴露的儿童在和更平衡的双语者或英语单语者相比，会在复杂的英语动词形态任务中出现"延迟"；然而，这一延迟并不应该被解释为特定性语言障碍或者其他的不正常发展，并且会在充足的暴露之后获得解决。迪克逊、赵和乔什（Joshi）（2010）分析了来自 3 种不同文字背景的双语儿童在自然实验下的结果，认为诊断者和阅读治疗专家必须区分来自较低第二语言水平的读写困难或第一语言对第二语言读写习得造成的影响而造成的困难。

国际收养儿童的语言习得是一种独特的第二语言情形，这些儿童通常一开始暴露在一种并非收养家庭的语言的第一语言中。取决于收养年龄，他们的第一语言水平可能很低，也可能很高。通常，这些儿童在收养之后开始学习第二语言，同时也失去了和第一语言的接触。这种独特的语言学习过程被称为第二第一语言习得。根据美国（2014）的数据，1999—2013 年，从各个国家来到美国的收养案例一共有 249 694 例。在这些儿童中，70% 以上的儿童在两岁之前被收养，62% 的儿童是女孩。谭（Tan）、洛克（Loker）、德德里克（Dedrick）和马尔佛（Marfo）（2012）研究了 318 名来自亚洲的收养女孩的语言表达技能。他们发现按照词汇量和平均短语长度衡量的表达语言能力和收养年龄成负相关，但和英语暴露成正相关。在 15 月龄之后被收养的 18~23 月龄儿童，他们的表达词汇量比美国的规范样本低 1.17 个标准差，但是对于 39~35 月龄的儿童来说，他们的表达语言分数几乎和美国规范样本相等。整体而言，16% 的收养儿童显示出词汇方面的发育迟缓，17% 的儿童显示出平均短语长度方面的发育迟缓。这些出现表达语言发育迟缓的儿童中，有 30% 接受了言语语言干预。

越来越多的需要进行疑似语言发育迟缓或存在障碍评估的非英语母语儿童和双语儿童，迫切需要我们开发用于非英语学习者的语言成长的恰当衡量工具（Dollaghan & Horner, 2011）。双语使用者必须分别评估两种语言的能力，以评价每种语言的功能能力，同时也要一起进行评估，来观察儿童的整体语言技能。评估双语学习者的策略包括收集文化背景信息、语言学习历史、语言暴露信息、使用其他基准指代和动态评估（dynamic assessment）方法（Paradis et al., 2010），在这种方法中，儿童被要求在测试情形下完成一项任务来显示自己的学习能力，而不是显示自己已经学到的内容。

应对已经确诊影响语言学习的疾病（参见第 9 章）的儿童的家长和医疗人员经常担心，让这些儿童暴露在两种语言之中可能会为他们的语言发展带来额外负担。这一担忧是毫无依据的：逐渐出现的数据表明，唐氏综合征（DS）患儿和孤独症谱系障碍（ASD）患儿如果在家庭和学校中得到恰当的支持，也能在双语语境中表现得和在单语环境中抚养的类似患儿一样好（Valicenti-McDermott et al., 2013）。因此，我们没有理由限制唐氏综合征患儿或孤独症谱系患儿只使用一种语言来最大化语言成果（Feltmate & Kay-Raining Bird, 2008; Ohashi et al., 2012），特别是考虑到只用主要教学语言说话对家庭成员所造成的压力（及语言交流方面可能的减少）。

本章要点

儿童语言研究者、语言学家，社会文化研究者和心理语言学家，以及其他人，都对双语现象和第二语言习得的知识领域做出了贡献。儿童语言研究者注重于儿童收到的输入和儿童－看护者的互动，认为它们是儿童语言习得的重点。互动对成功第二语言习得的重要性由应用语言学家进一步阐明，而应用语言学家也是最关注课堂第二语言习得的研究者。语言学家关注于学习者的错误及这些错误能够展现的有关第二语言习得过程的信息。从社会文化角度着手的研究者强调了文化和社交互动在语言习得中的重要性，也为提倡新的教育模型（例如外语沉浸和双向沉浸教育模型）做出了贡献。心理语言学家检验了双语者的语言存储和获取的机制，以及作为双语者生活获得的收益和付出的代价。

所有这些角度以及其他角度的研究为双语现象的关键问题的答案提供了证据。不同类型的双语者从不同的学习语境中发展出来：同步双语者自出生以来就暴露在两种语言之中，而顺序双语者在学习另一种语言之前已经在某种程度上掌握了一种语言。一种富于两种语言的高质量语言输入、拥有强大的家庭读写支持以及同龄人互动的大量机会的环境对第二语言习得的最佳环境是很重要的。在课堂环境中，外语沉浸或双向沉浸项目被证实为顺序双语学习提供了优秀的环境。

至于年龄和第二语言习得的关系，研究显示学习第二语言永远都不会太晚，尽管较晚开始可能会让我们在某些领域出现更多的困难，例如音系和语法。以更小的年龄开始对于迁移到第二语言环境中的个体（如到以第二语言为支配语言的国家的移民）更为有用；音系最好在 5 岁之前开始学习，之后是词汇和单词搭配（识别通常一起出现的单词），在 9 岁之前开始；最后是在 12 岁之前开始学习语法（Granena & Long，2013）。然而，对于在自己第一语言环境的外语课堂中学习第二语言的个体，从更小的年龄开始似乎只会为发音提供优势。整体而言，和更小的学习者比较，当在课堂环境中指导时长相同时，年龄更大的学习者（11 岁以上）学习第二语言的速度更快，口语水平、阅读和写作的结果更好。然而，也存在语言学习的个体差异，天资和动机是最常研究的两个因素。在自然环境中，语言学习能力倾向在年长的学习者身上比在年幼的学习者身上有更重要的影响。在外语沉浸教育项目中，文本记忆更好的年幼学习者展现出更好的第二语言学习结果，而对于年长的学习者来说，分析能力则更为重要。动机也会影响第二语言水平，特别是在外语学习环境中。学习者自我认同第二语言及其文化的愿望、一个人想象第二语言符合自己自我感觉的方式、以正面态度看待第二语言使用（如工作升职），以及对学习第二语言的经历有着正面态度，都会让学习者为学习第二语言付出更多的努力。

对于双语儿童而言，第一语言和第二语言的发展可能和单语的发展相似；然而，随着每种语言输入数量不同，同龄人和社会带来的影响，很多正在发展的双语者可能会让更经常使用的语言和 / 或地位较高的语言成为支配语言。事实上，很少有人会成为"完美的"双语者；但是，第一语言的技能，特别是读写技能能够迁移到第二语言上。尽管强大的第一语言技能能够帮助第二语言技能健全发展，很多生长在单语作为主要语言的社会中的双语儿童可能把社会语言作为支配语言，而不再发展他们的第一语言。整体而言，语言输入、支配语言、习得年龄、第一语言和第二语言之间的距离，以及语言使用，都是能够帮助或预测双语语言发展的因素。语言地位、社会经济地位以及亲子互动的质量也会影响发展。

作为双语者会有认知优势，例如更强的元语言意识和更优秀的管控能力，而且，当一个人是频繁使用两种语言、两种语言水平较高的主动双语者时，痴呆出现的时间会更晚。然而，双语现象也会有一些缺陷，例如在一种或两种语言中有更小的词汇量，获取语言结构时更慢。正如语言障碍和语言发育迟缓会在单语儿童身上出现一样，双语儿童也可能会经历这些问题；然而，衡量这些障碍需要小心进行，因为对每种语言的暴露量、语言形式的复杂程度和用来衡量语言水平的任务种类都可能影响双语儿童在语言评估中的表现。我们需要强调，双语现象并不会让儿童面临更大的语言障碍或语言发育迟缓的风险，有特殊需求的儿童也能够在不出现其他状况的情况下成功应对两种语言。

建议研究项目

1. 寻找一名认为自己是双语者的成人。与他进行访谈，讨论每种语言开始学习的年龄，每一种语言学习的方式（从家长、通过电视等）、每种语言的优势和弱点、对每种语言的感情、当前使用每种语言的对象和方法，以及这名双语者是否愿意把自己（未来的）孩子抚养成双语者。就你的发现写一篇简短的汇报。

2. 寻找 5 名学习英语的第二语言学习者，让他们在英语和自己的第一语言中想出和以下每个单词相关的 5 个单词或短语：red（红色）、Christmas（圣诞节）、school（学校）、time travel（时间旅行）和 garden（花园）。比较同一名双语者在英语和第一语言中的单词概念关联的不同，以及不同或相同语言背景的双语者在词汇概念关联上的不同。

3. 在网上进行斯特鲁普（Stroop）测试，看看你是不是一名天生的双语学习者。这一测试涉及在当颜色名字本身以不同颜色印刷出来时大声读出颜色的名字。人们通常在字体颜色和单词相匹配时回应更为准确迅速，例如读出以蓝色文字显示的"蓝色"一词；而在字体颜色和单词不匹配时，反应更不准确且更缓慢，例如读出红色文字的"蓝色"一词时。如果你的准确率和反应速度在两种情形下相似，那么你可能就是个天生的双语学习者！

GLOSSARY

术语表

本书词汇表定义了书中使用的关键词的含义。它们在正文中初次出现时会用蓝色字体进行标记。同时，我们也加入了一些与本专业相关的重要术语，其中的很多词汇（如能力、同化等）都是语言学或心理学的术语，在其他语境下会有完全不同的含义。

A

African american english, AAVE, BAE AAE 非洲裔美式英语，非洲裔美国白话英语。一种由众多非洲裔美国人使用的英语变体，具有特别的音系、句法和语用特征。

Academic language 学业语言 又称学术语言，在学校环境中使用的语言，着重于并非直观出现的抽象事物，如描述、定义、叙事等。

Actional verb 行为动词 用于描述动态行为的动词，具有以自身意志行动的主语。通常也被称为 action verb（也译为行为动词）。

Activation nodes 激活交点 并行分布处理模型（PDP）中的处理单元，意在模拟脑内的单独神经元或神经元组。

Additive bilingualism 附加型双语现象 在保持自身母语的情况下习得第二种语言。

Affricate 塞擦音 塞音与擦音的结合，例如"judge"一词开头的浊辅音或"church"一词开头的清辅音。有时"affricative"一词也具有同样的含义。

Age of acquisition, AOA 习得年龄 学习一种语言概念（通常是词汇）的年龄。通常，可以更容易地对早期习得的内容进行访问。

Agglutinative 黏着语 典型语言为土耳其语，以单独的屈折词尾表达性别、单复数等内容，与综合语相对。

Allomorph 语素变体 一个语素所有语音形态中的任何一个变体；例如，英语属格结尾拼写为 s，拥有 3 个语素变体，/s/、/z/ 和 /əz/。具体使用的语素变体取决于单词结尾的发音。

Alphabetic principle 字母表原则 我们书写系统背后的基本原则：字母表的字母代表口语中的发音。

Alveolar 齿龈音 指舌头靠近或接触上前

齿后牙槽嵴时发出的任何辅音。英语的齿龈音包括 /t/、/d/、/n/、/s/、/z/，以及 /l/ 的一些变体。

American sign language, ASL　美国手语　一种与法语有历史渊源的完整语言，是美国听力障碍者团体使用的手语。

Amplification　放大　使用助听器改善受损的听觉。

Analytic style　分析风格　理解能力较强、对独立单词而非短语加以注意的婴儿所体现的早期语言习得策略。与机械 / 整体风格（rote/holistic style）相对。

Anaphora　前称指代词　通过使用代词、定冠词与其他语言策略指代之前语段中的内容。例如，"我看见了一道彩虹。它很美丽。"

Anomia　忘名症　获取名词和动词时出现失语性困难。

Aphasia　失语症　由于大脑损伤而产生的语言损伤。失语症的症状表现不一，取决于受损的脑区。典型症状包括布洛卡氏失语症和韦尼克氏失语症。

Applied behaviour analysis, ABA　应用行为分析　一套基于学习理论准则建立的系统，用于可以量化的方式检验或调整行为，通常包括基于实验设计、具有明显目标的行为干预。

Arcuate fasciculus　弓状束　在人类大脑左半球连接布洛卡区和韦尼克区的一束皮下纤维。参见传导性失语症（conduction aphasia）。

Asperger syndrome　阿斯伯格综合征　一种孤独症谱系障碍，由首先描述这一病症的维也纳医师命名。受影响的患者具有正常的智商，在特定领域可能具有异常的天赋，但与此同时缺乏语用和社会交流技能。

Assimilation　同化　改变一个单词中的一个发音，使其更接近于同一词内或相邻单词的邻近发音。例如，同化导致 greenbeans 的发音接近于 greembean，幼儿对 truck 的发音接近于 guck。

Attentional control　注意力控制　一个人选择在环境或刺激物中所注意和忽略的内容的能力。

Audiologist　听觉矫治医生　受过训练、拥有相应设备，可以测量被试听觉敏锐度的专业人士。如果儿童未能表现出典型的语言习得进程，首先要由听觉矫治医生对其进行听力测量。

Auditory brainstem responses, ABR　听性脑干反应　通常由听觉矫治医生进行的检查，用于测量听神经对声音产生的非自主电生理行为。

Auditory verbal therapy　听觉言语治疗法　针对听觉障碍儿童的治疗，着重于使用听觉（包括残留听觉、助听器或人工耳蜗协助下的听觉）听感与使用言语。

Augmentative or alternative communication, AAC　辅助与替代沟通系统　用于帮助残疾人进行交流的任意方式，如交流板等。

Autism　孤独症　一种严重的、可能根源于神经系统的障碍，通常于儿童时期完成诊断。患者特征包括固有行为以及广泛的社交、交流与智力障碍。

Autism spectrum disorder, ASD　孤独症谱

系障碍　一个用于描述孤独症与一系列其他相关的共享孤独症部分特征的发展障碍的宽泛术语。包括阿斯伯格综合征与蕾特氏症。

Avoidance　回避　部分儿童在习得母语音系时所采用的一种策略，可能会回避部分语音或者语音组合，转而使用其他语音或组合。

B

Baby talk　儿化语　针对幼儿使用的语域（参见 CDS）的名称之一。此名词有时也用于指代幼儿的言语。

Back-channel feedback　反馈语　用于对说者表现出（或者缺乏）连续注意与满意的理解的言语与非言语行为，例如点头、疑问短语，回答"嗯哼""明白""啊？"等。

Basic-level category　基础水平范畴　对某一场景或某一说者而言最为普遍合适的抽象化等级，例如，使用"狗"而非"动物"或"柯利犬"。

Behaviour intervention　行为干预　采用基于学习准则的手段（塑造、强化等）对自身或他人的明显行为进行的引导。

Bilabial　双唇音　双唇接触或靠近所发出的语音，比如 p m 或西班牙语中"Cuba"一词的 f p。

Bilingual　双语　有两种语言参与的情形；说两种语言的人。

Bilingual bootstrapping　双语自扩展　使用第一种语言的知识辅助第二种或后续语言学习的能力。

Binding principle　约束原则　根据管辖与约束理论，约束原则是我们语法中用于限定代词类词汇与其所指的关系的规则。

Biological capacity　生物能力　由于基因组成而体现在生物体中的先天因素。

Bottom-up model　自下而上模型　一个源自人工智能研究的术语，用以描述处理的方向。在自下而上的阅读模型中，阅读的过程依赖于精确解码构成单词的字母串。

Bound morpheme　黏着语素　一种总是附着（"黏着"）于至少一个其他语素的语素；它不可能独立存在（如 cats 里的 -s）。

Broca's area　布洛卡区　大脑左半球额叶的一部分。这一区域的损伤通常会导致布洛卡失语症，特征是难以产出言语。

C

Canonical form　正则式　表达一组高度相似的单词的共有特征的一系列音系特征（以及可能的一两个音位），例如 CVCV（辅音—元音—辅音—元音）或 /CVs/（辅音—元音—/s/）。与模板（template）实质是同一概念。

Central-embedded relative clause　中嵌关系从句　英语中一个用以修饰主句主语，从而出现在主句中间的关系从句（在主语的头位名词和动词短语之间，例如"the man *who lives next to my sister* is a doctor"）。

Cerebral palsy　脑性麻痹　一种先天的运动残疾，会影响个人产出口语的能力。脑瘫患者存在不同的亚种（如运动失调、麻痹），反映出出生前或出生时大脑不同区域受损的现象。

Child-directed speech, CDS　儿童导向言语　和儿童对话时使用的特殊言语语域，包括较短的句子、大量重复和提问、比成人导向言语更高、更多变的语调。参见儿化语（baby talk）。

Codes for the human analysis of transcripts, CHAT　人类转录分析代码　是儿童语言数据交流系统（CHILDS）的一部分，包含准备语言转录文本、便于计算机软件分析的规则。

Child language data exchange system, CHILDES　儿童语言数据交流系统　一项语言发展研究者使用的基于网络的重要数据源，包括转录规则（参见 CHAT）、分析语言的计算机软件（参见 CLAN）和语言转录文本数据库。

Child language analysis programs, CLAN　儿童语言分析程序　是儿童语言数据交流系统（CHILDS）的一部分。

Classical concept　全然概念　一种定义特征不会改变的概念。例如，三角形可以定义为"有三条边的图形"。

Classical conditioning　经典条件反射　一种联结学习的方式，之前出现的中性刺激物（如单词）和其他刺激物重复配对，从而诱发相似的回应。首先由俄罗斯心理学家 I·巴甫洛夫（I. Pavlov）描述；他采用这一方法使狗在听到铃声时分泌唾液。

Cleft palate　腭裂　一种由分隔鼻腔与口腔的骨骼或组织的缺陷引起的先天性残疾，对发出很多语音所需的口腔气压控制有明显损害。

Closed-class word　封闭词类　语言中的一小组单词，主要起语法作用。例如英语中的关系和介词。

Cluster reduction　辅音簇缩减　一些儿童使用的早期发音策略，以省略部分辅音的方式简化单词中的辅音簇，例如把"store"发成"tore"或"sore"。

Cochlear implant　人工耳蜗　通过外科手术植入内耳的器械，用以刺激听力障碍者的听觉神经。

Code-switching　语码转换　语言使用者在对话时在两种或多种语言、方言或语域之间转换的行为。也被称为语码混合（code-mixing）。

Cognitive shifting　认知转换　把一个人的注意力从一项任务、刺激物或活动重新转向另一个注意力中心的心理过程。

Cohesive device　衔接手段　一种通过使用代词、省略、连词、前指代和其他对话策略，连接对话的不同部分内容的方法。

Collocation　词组搭配　一种语言中某一单词和其他单词之间的可预测的配对。例如"面包和黄油"（bread and butter）。

Common underlying proficiency　共同潜在能力　一种能够为其他多种技能提供支持的技能，例如对语言学习的记忆或注意力支持。

Communication and symbolic behavior scales, CSBS　沟通和符号行为量表　一种用于衡量交际能力（注视、手势、声音、单词、理解和玩耍的使用）的评估工具，通常用于 6~24 月龄儿童，或者功能处于 6~24 月龄的典型水平的儿童。

Communicative competence　交际能力
语言能力以及语言使用的社交规则的知识。语言使用者具有音系、形态、句法、语义知识，以及在社交情形下恰当使用语言的附加的语用知识。参见语用（pragmatics）。

Communicative functions　交际功能　在对他人传递各种信息时，语言、发声和手势使用的目的。例如，即使是婴儿也会使用前言语声音和手势表示拒绝、请求和评价。

Communicative pointing　交际指向　在语言发展的手势和基于使用的语言理论里，语言产生的根源之一。

Communicative temptation tasks　交际诱发任务　用于诱导婴儿的交际意愿所设计的任务。

Comp　标句词　一种功能性的句法范畴，标句词范畴（例如英语中的 that、if、whether），用于在一个句子中嵌套另一个句子的词（例如 "I doubt whether my passport will arrive on time"，我不知道我的护照会不会按时送达）。

Competence　能力　语言学家用来称呼一个人所拥有的关于语言和它所有的语言规则、结构的内在知识。比较"交际能力"。

Competition model　竞争模型　基于并行分布处理（PDP）网络的语言发展模型，它假设语言环境中的众多线索都在彼此竞争。最容易获得且可靠的线索会先被习得。由贝茨和麦克温尼提出。

Compound word　复合词　由两个或更多自由语素组成的单词（如黑板 blackboard、旋转木马 merry-go-round）；除了自由语素，也可能包含黏着语素（如 blackboards）。

Comprehensible input　可理解输入　能够被学习者理解的语言输入。

Comprehension　理解　对语言的了解。理解通常早于产出，受到不同制约条件的管辖。

Conduction aphasia　传导性失语症　一种特征为无法重复话语的失语症状，通常由弓状束损伤引起。

Congenital　先天　出生时即出现，但并不一定具有基因起源。

Connectionist models　联结主义模型　语言或其他心理过程的模型，旨在表现人类大脑的神经建构和活动。

Consonant　辅音　由充分收缩声道、阻碍或明显减少经过口中的气流而发出的语音。辅音包括塞音、塞擦音、擦音、鼻音和流音。滑音（半元音）有时也被分类为辅音。

Consonant clusters　辅音簇　在英语单词中一同出现、中间没有插入元音的两个或多个辅音。辅音簇的可能序列和在单词中出现的位置（词首、词中或词尾）由一种语言的音系制约条件规定。

Constraints　制约条件　儿童在语言习得的任务中带来的限制和偏向；同时也可以指一种语言使用的语音模式的限制。制约条件也可以限定单词解释的认知策略。早期制约条件之一会让儿童假设新单词通常指代整个物品，而不是物品的某一部分。

Constructivism　建构主义　认知心理学家观点的一种，认为儿童从他们自身主动参与周围世界活动的过程中发展自身的认知。

Contingent comments　偶发评价　一名对话同伴根据另一说者的话题做出的评论。

Contrast　对比　很多儿童在单词学习中采用的准则：他们假设单词的含义之间存在对比；两个单词不能具有相同的意义。另见音系对比（phonological contrast）。

Controlling interactional style　控制性互动风格　一种侵入性的和婴儿说话的方式，与回应性风格不同，该风格在互动中持续改变儿童的注意方向。

Coordinations　并列　由连词连接的两个以上的单词、短语或句子组成的语法组合，（例如"苏和她妈妈吃饭喝水。""Sue and her mother ate and drank."）。

Critical period　关键期　生物学上存在的学习某一技能的敏感时期。在关键期结束之后，习得可能会减慢或非自然。历史上，语言学习的关键期一度被认为是青春期前，尽管这一假设，特别是在第二语言习得的角度，依然尚未有定论。

Crosslinguistic transfer　跨语言迁移　语言使用者的一种语言对另一种语言的影响；取决于两种语言的相似程度，这种影响可以帮助或阻碍学习者。

Cued speech　口手标音法　一些听力障碍者和他们的教师/家长使用的手势系统，用放在嘴边的不同的手势来辅助读唇。

D

Decibel, dB　分贝　衡量声音响度的单位。

Decontextualized language　去语境化语言　用于指代不在直接语境中的人物、活动及经历的语言。另参见扩展语段（extended discourse）。

Deep orthography　深层文字　字位和音位之间关系相对多变（不止一一对应）的正写法（拼写系统）。另参见浅层文字（shallow orthography）。

Derivational morpheme　派生语素　可以用来派生新词的语素。参见派生词（derived word）。

Derived word　派生词　在一个基础语素上添加各种词缀产生的复杂单词；例如，"不快"（unhappiness）由在 happy 的基础上添加 un- 和 -ness 两个词缀而派生。

Descriptive adequacy　描述适当性　模型或理论的特征，能够保证该模型足以描述、分类所有相关行为，把它们与不相关的行为区分开来。

Developmental disfluency　发展性非流利　普通儿童语言发展的阶段之一，在此阶段内，很多儿童会展现出类似于口吃的行为。

Dialect　方言　某一语言的系统性分支变体，通常由一些共享地理来源或社会阶层等特征的语言使用者使用。

Down syndrome　唐氏综合征　一种通常由21 号染色体的三体现象导致的先天性疾病，患者特点包括身材矮小、典型内眦赘裂以及不同程度的智力障碍。

D-structure　深层结构　语言学理论中，深层结构指代能够捕捉句子主语和宾语关系的语法层面。

Dual-language learners　双语言学习者

学习两种语言的儿童，双语者。

Dual language system hypothesis 双语言系统假设 一种对幼儿双语学习者的假设，认为他们在学习最开始的时候就建立起两套分离的语言系统。

Dynamic assessment 动态评估 衡量儿童掌握某一任务从而显示出学习的能力，而非检测学习内容的测试。

Dyslexia 阅读障碍，developmental dyslexia 发展性阅读障碍 任意一种导致阅读学习方面出现特殊障碍的疾病；阅读障碍通常属于语言处理问题，而非认知困难。

E

Early language delay, ELD 早期语言发育迟缓 儿童在两岁前理解能力良好，但难以组合单词的语言产出困难。

Echolalia 模仿言语 在自己的对话话轮中重复对方的部分或全部话语；常见于孤独症患儿，但也见于正常发展儿童。

Egocentrism/egocentric speech 自我中心 / 自我中心言语 皮亚杰提出的无法理解他人视角的概念。言语并未按照听者的需求做出改变；例如，对戴着眼罩的听者使用颜色词指引行为。

Electroencephalography, EEG 脑电图 对大脑产生的生物电活动的神经生理学测量，通常用头皮的电极进行测量。

Ellipsis 省略 在话语中省略完整的句法结构所需要但不影响理解的单词。这是一种当理解依赖于回溯对话前文时所使用的衔接手段。

Emergent literacy 读写萌发 儿童在实际习得读写技能之前对阅读和写作的理解；这种理解在参与很多读写活动的家庭中有所加强。

Emergentist theory 涌现理论 一种学习理论，认为当语言输入的单词与含义之间的映射最为显著、常见、透明时，语言学习最为有效。

Environmental print 环境文字 交通标志、食物、家居用品、包装纸及其他地方上的文字。通常是儿童最先识别的书面单词。

Epigenetic 衍生论 皮亚杰所认同的一种理论，认为复杂的认知过程是从更为简单的功能中产生的，在每一个阶段认知会重新建构。发展是分阶段进行的，每一阶段都与其他阶段有质的不同。

Etiology 病理 某一特定问题（如听力丧失）的成因，可能源自一系列基因和环境状况。

Event-related potentials, ERP 事件相关电位 头皮电压随着特定实验事件（例如显示一个超出期望的单词）展现而定时产生的变化。它们可以用于检测音系、语义和句法处理，以及其他现象。

Executive function 执行功能 控制和调整行为的认知能力；它们包括开始与停止行动的能力、当环境要求时监控或改变行为的能力，以及面对新的、期望之外的任务和情境时发展和调整恰当策略的能力。

Expansion 扩展 儿童导向言语的特征之一，成人在重复儿童的电报式话语时，将其改编为可能存在的最相似的合乎语法的版本。例如，儿童说"狗狗吃"（Doggie eat）时，成人回应"狗狗在吃东西"（The doggie is eating）。

Expository writing　说明文　依靠逻辑而非时间顺序作为组织准则的写作。通常与层层递进的语言和模块化的思考相关联。

Exposure　暴露　在语言习得中指学习者对正在学习的语言的接触。

Expressive/expressive style　表达性风格　一种在幼儿身上观测到的语言使用风格，其特点是使用许多个人与社交性词汇。

Extended discourse　扩展语段　指涉不在直接语境内的人、事，经历的多语句语段。例如叙事和解释。

Extended optional infinitive account of SLI　特殊性语言障碍的不定式自由使用延长期理论　一种认为患有特殊性语言障碍的儿童无法越过典型发展早期阶段的假设，在这一早期阶段里，学习英语的儿童认为在主句中标记时态是可选的。

F

Faithful, faithfulness　忠实度　儿童习得音系时遵循的制约条件中的一组：每个发音尽量忠实于成人的模范。其他制约条件可能会限制儿童无法发出确切的成人形式，但忠实度的压力会让相似度上升。

Fast mapping　快速映射　儿童的一种能力，在听到单词一两次之后就可以快速形成对单词含义的最初假设；然而，深入的学习依然要求在不同语境中对单词进行多次暴露。

Feature-blind aphasia　特征盲视失语症　一种语法障碍，特征是难以使用语法语素，例如过去式的形式。一些研究者宣称这一残疾是由基因决定的。

Folk etymology　通俗词源　并非基于历史记录，而是基于常识或惯例对单词词源的解释。例如，"周五之所以叫 Friday 是因为在这一天大家吃炸鱼（fried fish）。"

Foreign language immersion　外语沉浸　学习者的第二语言是课堂指导的中介语言。

Format/scaffold　支架/鹰架　维果茨基的理论认为，成人为儿童提供智力交互作为支架或鹰架，使儿童比此类缺乏这种有效干预的情况下能够更快发展。

Fossilization　固化　尽管学习者在语言的其他方面有所进步，但对某一早期习得的（通常不准确的）语言形式依然维持错误的使用。

Forkhead box protein p2　foxp2 插头框蛋白 p2　可以指代该种蛋白或编码这一蛋白的基因，被认为对人类语言能力的正常发展起必要作用。

Fragile X, fra X　X 染色体易裂症　一种基因异常，常见于男性，患者的 X 染色体有缺陷，可能会出现交流问题。

Free morpheme　自由语素　和黏着语素相对的可以独立的语素（例如"猫"）。

Fricative　擦音　一种全部或部分由气流摩擦产生的语音，例如 /s/ 或 /v/。

Functional category　功能范畴　一种语言深层结构的语法范畴，包括曲折、标句词和其他类似元素。

Functional linguistics　功能语言学　一种语言学观念，基本由语言作为社会交流系统的角度看待语言。通常归功于迈克尔·韩礼德及其导师 J. R. 费斯。

Functional magnetic resonance imaging, fMRI **功能核磁共振** 一种成像技术，通过衡量伴生的血氧浓度概念显示大脑内的神经活动。

Funds of knowledge **知识储备** 由路易斯·莫尔（Luis Moll）、卡西·阿曼提（Cathy Amanti）、黛博拉·内夫（Deborah Neff）和诺尔玛·冈萨雷斯（Norma Gonzalez）（2001）创造的术语，用以描述"对家庭或个人运行和福利起重要作用的、通过历史积累、文化发展的知识和技能整体"。指导者在了解学生已有的知识储备之后，可以发展更为有意义的教学经历和评估方法。

G

General American English, GAE **普通美式英语** 美式英语的一种标准化方言，不具备任何可以轻易发现的地区性发音（例如南部、西部和东北某些地区的发音）。这是新闻播音员通常使用的方言。

Generalization **普遍化** 一种把在特定语境下学习的内容扩展到新的案例的学习准则。

Generalized slowing hypothesis **普遍缓慢假设** 基于观察发现患有特殊性语言障碍的儿童比典型发展儿童需要超过 1/3 的时间执行一系列感知与运动功能，由此对特殊性语言障碍的一种解释。特殊性语言障碍被认为与儿童有限的处理能力相关。

Genre **体裁** 为特定语境和功能使用的语段，其特点是形式和内容的一致性。

Glide **滑音** 一种发音时声道较元音稍有限制、时长较元音更短的语音。/j/ 和 /w/ 两个音都是滑音。有时也被称为半元音（semivowels）。

Glottal **声门位** 和声门有关的发音。声门是喉部上端声带之间的开口。

Government and binding theory, GB **管辖与约束理论** 一种起源于早期转换生成模型的语法模型。它的理念包括：只有一种可能的转换（元素的移动）；详细描述了对单词及其与句子句法的映射之间可能的语法框架；可能存在的句法规则的普遍制约条件；等等。

Grammatical sensitivity **语法敏感度** 识别语言单元（如话语中的单词/语素）的语法功能的能力；这一技能与第二语言学习的优势相关。

Grapheme-phoneme correspondence rules **字位-音位对应规则** 定义字母或一组字母及其所代表的语音之间的关系的规则。

Graphemes **字位** 书写系统的实际图形形式或元素，如字母表中的字母。

H

Head/head of a noun phrase **（名词短语的）头位** 一个短语中作为核心元素的单词（如狗、推、是否、将要）或抽象特征（例如 [过去时]、[现在时]）；一个短语的头位的句法范畴决定了这一短语的句法范畴。例如，一个名词短语的头位必须是名词。

Head-turn preference procedure, HPP **转头偏好程序** 一种通过测量婴儿转头面对

声音来源的时间长度，从而测试年龄很小的婴儿语言学知识的手段。

Hearing impairment　听力障碍　丧失部分听到声音的能力或无法听到声音；无法听到 60 分贝以下声音的儿童通常无法正常发展口语。

High-amplitude sucking paradigm, HASP　高振幅吸吮范式　一种用于研究婴儿感知能力的手段。通常涉及记录婴儿吮吸频率，从而衡量他们对不同刺激物的注意程度。

I

Imitation　模仿　立即或延迟复制他人行为的行为；不再被认为是儿童习得语言的机制。模仿是语言治疗师帮助语言障碍儿童的手段之一：儿童被教导要模仿治疗师的产出。

Immersion　沉浸　一组学习者以新的语言为媒介而学习这一新语言的设定。

Index of productive syntax, IPsyn　产出性句法指数　一种为语言样本出现的各种语法形式评分，从而衡量儿童自发语言的手段。

Indirect request　间接请求　一种话语表面结构不表明为请求的请求形式（如暗示）。

Individuals with disabilities education act, IDEA　《残疾人教育法案》　一项美国联邦法律，要求患有交际障碍的儿童必须在限制最少、最为包容的环境中受到对待。

Infant-directed speech　婴儿导向言语　导向婴儿的言语，包括特定的变化（例如较高的基础频率、多变的语调）。参见儿化

语（baby talk）和 CDS。

Infl　屈折　一种功能性句法范畴，在一些句法理论里被认为是句子（InflP）的头位，包含句子时态的信息。屈折位置容纳包含时态的助动词（例如 could 和 will）以及抽象特征（例如 [过去时]）。

Inhibition/inhibitory control　抑制控制　在认知心理学中，指忽视无关刺激物的能力。随着年龄增长，掌握这种能力逐渐变得困难。

Innate　先天　出生时即出现，是有机体的本质的一部分。

Intellectual disability　智力障碍　一种大多数认知能力较标准衡量更低（例如智力商数 IQ 或其他衡量方法）的情况，导致普遍的学习和适应技能的功能限制。这一用词代替了之前的"智力低下"标签。

Intentional communication　有意交流　一个个体所特意参与的任何交流行为。

Interaction　互动　互动需要参与。研究者强调学习第一语言或第二语言中这一双向过程的重要性。互动理论指出，只是观察或聆听一种语言不足以学会它；学习者也需要参与活动。

Interaction hypothesis　互动假设　第二语言无法脱离互动进行的假设。

Interdental　齿间音　把舌头放在牙齿之间发出的语音；英语中 this 或 thing 的开头音。

Interdependence hypothesis　相互依赖假设　由康明斯（Cummins）构想，认为第一语言（L1）的某些知识可以在第二语言（L2）习得的过程中正向迁移。

Interlanguage　中间语　当第二语言学习者在学习产出语言时产生错误时，这些错误是系统存在的，而这种语言就叫"中间语"。

Internalized representation　内化表达　外在现实的内心或内在认知图像或映射。

Intonation contour　语调轮廓　一段话语中的韵律重音和音高模式。在英语中，一段话语最后的降调通常意味着陈述句，而末尾的升调通常标记疑问句。

Intrusive interactional style　侵入式互动风格　一种与婴儿互动的方式，其中看护者持续控制并重新定向婴儿的注意力。

Invented spelling　虚构拼写　由正在发展的书写者创造（虚构）的系统的、受规则限制的拼写。

Ipa international phonetic alphabet　国际音标　一套不产生歧义的、用于表示世界上语言的语音的标准化符号。

Irony　反讽　用单词表达与字面含义相反的含义，例如，在说到脏乱的宿舍时说："这里可真干净啊！"

J

Jargon　术语　一个带有多种含义的单词。对成人而言，术语指代与工作场合或特定活动相关的一系列专业化词汇；对婴儿而言，术语指一种带有对话语调的学语声形式；对失语症患者而言，术语指无意义的单词。

Joint attention　共同注意　儿童和家长之间的双向注意。

Joint focus　共享重点　两个个体对同一事物同时注意的情况，例如一起阅读书籍。

L

L1 attrition　第一语言磨蚀　由于长期不使用或缺乏暴露导致的第一语言知识的丧失。没有聆听或使用的持续能力，第一语言可能会随着时间发展而磨蚀。

L1 maintenance　第一语言维持　即使在学习和使用其他语言的同时保持自身的第一语言水平的能力。

L2 acquisition　第二语言习得　在第一语言习得之后学习第二语言。

Labial　双唇音　双唇靠近或互相接触所发出的语音。英语的双唇音有 /p/、/b/ 和 /m/。

Labiodental　唇齿音　使下唇靠近或接触上牙发出的语音。英语的唇齿音有擦音 /f/ 和 /v/。

Language acquisition device, LAD　语言习得机制　语言学家认为使语言习得成为可能的天生的心理机制。

Language dominance　支配语言　语言使用者更熟练的语言。

Language faculty　语言机制　用于描述语言习得的天生能力的普遍术语。语言学家相信，只有人类才有语言机制，其他动物并没有。

Language learning aptitude　语言学习能力倾向　语言学习能力倾向是成功（或难以）学习语言的相关因素之一。基于学习者的语法敏感度、元语言意识、记忆能力和其他语言相关的技能，在语言课程开始之前提供的能力倾向测试经常能预测学习成果。

Language socialization　语言社会化　一种让学习者能够恰当地习得一种或多种语言的想法和实践。它认为特定的角色、目的和语境要求语言知识和使用。

Late talkers　迟语者　在第一语言习得里，临床定义迟语者为在 24 月龄时无法产出至少 50 个不同单词或任何多词组合的儿童。

Lateralization, lateralized　偏侧化　大脑一侧专精于特定功能的过程；例如，左半脑专精于语言。

Learnability　可学性　某一事物（如语言）是否能够被学习的问题。参见可学性问题（learnability problem）。

Learnability problem　可学性问题　尽管语言被认为从本质上讲难以破解，但是世界各地的儿童依然能够学会各自的母语，这一事实被先天论者称为可学性问题，他们认为儿童无法通过所听的内容学习语言。

Learnability theories　可学性理论　基于有关儿童本质、已知的学习机能及语言结构的假设，以及从这些假设中能够引申的逻辑推论，而建立的各种语言习得模型。这一系列理论由平克、韦克斯勒和其他学者发展。

Lexical category　词汇范畴　管辖与约束理论中的深层结构的一种范畴，包括内容词及其含义。

Lexical selection　词汇选择　一些幼儿展现出的对语言中某些语音的偏好。例如，儿童可能会因为偏爱 /k/ 这一音位而有一系列以 /k/ 结尾的早期单词。

Limited-scope formulae　有限范围公式　儿童在语言发展的二单词阶段遵循的简单组合规则。

Linguistic competence　语言能力　参见能力（competence）。

Lipreading /speechreading　读唇 / 言语阅读　通过注意面部和嘴部，无须听见说者声音即可解读语言。

Liquid　流音　一种辅音，发音时口腔比擦音收缩更少，但比流音更为收缩。英语里的流音有 /l/ 和 /r/。

Logical form　逻辑形式　管辖与约束理论中的表面结构的一部分，捕捉句子的含义并把它与认知的其他部分相连。

Long-distance question　长距离疑问句　特殊疑问词（例如 what、who）移动超过一个句子距离的疑问句，例如 "What did Mary tell Jane that we should get?"（玛丽对简说我们应该拿什么？）

Lower articulators　下部发音器官　在发声语音学中，下发音器官指口腔下半部发声的位置，包括下牙、下嘴唇和舌头。

Low-structured observation　低结构化观察　一种研究幼儿的方式，通常让儿童和一套标准化的玩具自由游戏。

M

Macarthur-bates communicative development inventories, CDI　麦克阿瑟—贝茨早期语言与沟通发展量表　基于一项收集母亲对儿童交流行为报告的大规模研究建立、适用于语言发展多个方面的常模。它包括两套量表：一套适用于婴儿；另一套适用于幼儿。

Magnetoencephalography, MEG 脑磁成像 一种大脑成像技术，测量由大脑皮层活动引起的电流改变所伴生的微小磁场变化。

Mainstreaming 回归主流 让残疾儿童在常规课堂里上课，而不是让他们在特别班级就读的实践。

Manner of articulation 发音方式 在发音语言学中指语音产出的方式。例如，如果气流完全受到阻挡（如 /p/ 或 /k/ 中的情况），这些语音被称为塞音。

Markov sentence models 马尔科夫句子模型 句子产出的处理模型，其主要假设为下一个单词出现在句子中的概率由之前已经出现的单词决定。

Mediation 中介 学习者与学习环境之间经由指导者辅导/帮助的互动；在语言学习中，则是通过成熟的语言使用者的辅助。

Metalinguistic knowledge /awareness 元语言知识 / 意识 有关语言的知识，例如，对单词这一概念的了解和对语言中语音的意识；对语言进行思考的能力。

Metaphor 隐喻 修辞格的一种，用一种物品的名字称呼另一物品，以此表示二者之间的相似之处，例如，"这房间是个猪圈。"

Minimal pair 最小对 一对语音中只有一个音段不同、其余都相同的含义不同的单词。例如，ram 和 ran 形成一对只有尾辅音不同的最小对；ram 和 rim 形成一对只有元音不同的最小对。

Mirror neuron 镜像神经元 一种在完成某一行为和观察他人完成同一行为时都会激发的神经元。

Mean length of utterance, MLU 平均话语长度 一种评估儿童语言中句法发展的方法；儿童话语的平均长度按语素计算。

Model adequacy 模型适当性 理论或模型的特征之一，表示这一理论包括能够解释相关行为的准则。

Modeling 模范化 一种治疗手段，治疗师表现出期望的行为，作为病人的模范。

Morpheme 语素 语言中最小的带有含义的单位。自由语素（例如猫 cat）可以自行存在。黏着语素（例如 cats 里的复数 s）必须一直附着在另一个语素上。

Morphology 形态 约束语言中语素使用的规则；例如，英语形态要求复数结尾添加在派生结尾（如 -ness、-ity）之后，它的发音因词根的最后一个音而不同。语素的发音规则也被特别称为形态音系（morphophonology）。

Morphophonology 形态音系 约束语言中语素合并时伴生的语音变化的规则。

Mutual exclusivity 互斥 幼儿的认知偏向之一，幼儿通常避免使用多于一层的概括词汇标签任何事物；因此，他们可能会把自己的宠物称为"狗"，但不会同时称为"动物"。

N

Narrative mode 叙事模式 反映人类意图的思维方式，以时间顺序组织。

Narrative writing 记叙文 采用活动时间顺序作为组织准则的写作。

Narratives 叙事 故事，通常关于过去的事件。最简单的叙事包括两个按照时间排列的、有关一项过去活动的顺序从句。

Nasal assimilation 鼻音同化 把一个语音变为鼻音，从而和单词中的其他语音更为接近。例如，儿童可能会把"bump"发成"mump"。

Nasal/nasal stop 鼻音 发声时软腭下降，气流可以从鼻腔逸出时发出的语音。鼻音只允许气流从鼻腔逸出，不能从口腔逸出。英语的鼻音包括 /m/、/n/、和 /ŋ/（sing 的尾音）。

Nativism 先天论 强调一切行为的先天的、可能源于基因的作用的理论。

Natural approach 自然方法 在沉浸式项目中，一种和典型第一语言习得相似的、通过有意义的互动在课堂环境里习得第二语言的方式。这种方式没有公开的错误纠正，而是由教师在与学习者的交流的过程中尝试进行重新调整，提供其他形式的建设性反馈。

Near-infrared spectroscopy, NIRS 近红外光谱分析 一种脑成像技术，通过监测血红蛋白水平的改变衡量大脑皮层活动。

Negation 否定式 把句子变为否定的过程，通常在合适的场合里添加"没有"（no）、"不是"（not）和辅助冠词。

Negative evidence 负面证据 有关语言错误、不可接受的语音单词组合的证据。

Neologism 新词 编造出来的新单词，通常不是语言中原有的单词，例如韦尼克氏失语症患者创造出来指代烟灰缸的"fremser"。

Nominal strategy 名词策略 在早期双单词句子里偏爱使用名词而不是代词的幼儿的单词选择。

Nominalist fallacy 命名谬误 认为为一种现象命名即是充分解释该现象的信念。

Nonword repetition, NWR 非单词重复 一种需要依靠重复不同长度的无意义单词的能力的任务。在特殊性语言障碍及其他交流障碍中，这一能力通常有所损害。

Noun bias 名词偏向 婴儿在早期词汇中习得一大部分名词的倾向。近期研究发现，这一现象随着学习的语言不同而有所不同，在汉语中比在英语中更不少见。

Null-subject parameter 无主语参量 参见参量（parameter）。

O

Object-gap relative clause 宾语空缺关系从句 在动词宾语位置出现空缺的从句［例如"男孩骑着的马"（"the horse that the boy rode"）中，"骑"的宾语不存在］。在这种结构中，动词所需的宾语和从句修饰的名词相同（例如"马"）。

Obstruent 阻塞音 充分收缩声道，使气流发出摩擦音或完全阻塞所发出的语音。语言中的阻塞音包括塞音、塞擦音和擦音。

One parent-one language rule 一家长一语言规则 在双语儿童抚养中，一种认为家长一方只说一种语言、不涉及语码转换时，儿童能够更轻松地学习两种语言的假设；这一规则并没有大量的实据支持，家长也可能难以做到。

Ontological categories　本体范畴　幼儿通常在开始学习语言之前就建立起的有关世界组织方式的概念。

Open-class word　开放词类　内容单词，例如名词、动词、形容词或副词。与封闭词类不同，人们经常创造新的开放词类单词。

Optimality theory　优选理论　一种描述能够发出的语音和语音序列的制约因素的音系理论。它列出语言使用者倾向于不违反的典型制约因素，例如"每个音节都应该以一个辅音开始，跟随一个元音"。

Optional-infinitive stage　不定式自由使用阶段　在儿童早期（2~3 岁）的一个阶段，在此阶段里儿童有时在主句（非嵌入的句子）中包括时态屈折，有时则没有在语境中包括时态屈折，而是产出不定式。

Oral　口腔　音系学中语音产出的特征之一，与鼻腔相对；完全在口腔内部产生的语音。

Ostension　明示　指向一个指代对象；母亲用于教基础层级范畴的手段（例如："这是你的鞋子。"）

Otitis media　中耳炎　中耳内部感染，如果出现长期感染，可能会影响儿童的言语语言发展。

Otoacoustic emissions, OAE　耳声发射　耳蜗自发或在提供听觉刺激时非自发产出的声音。它们可以提供耳蜗内部毛细胞的健康状况和功能的相关信息。

Overextension　过度扩展　在此用来指代儿童在比成人语言允许的语境更广泛的情况下使用单词的现象；例如，幼儿可能会把所有男性称为"爸爸"。把老虎称为"猫猫"的家长也产出了过度扩展的词汇。

Overregularization errors　泛化错误　泛化是儿童和第二语言学习者常见的一种倾向，涉及把常规的具有能产性的语法规则使用在例外的单词上，例如，hurted（正确形式是 hurt）和 mouses（正确形式是 mice）。

Overregularized　泛化　把不规则形式（错误地）变成规则形式（例如 foots、holded）。

P

Palatal, pre-palatal　硬腭音 / 前硬腭音　舌叶或舌面接触或靠近硬腭发出来的语音。英语中 yes 的开头辅音（国际音标 /j/）即是硬腭音。shirt 的开头辅音可以被称为"硬腭音"，或者因为发音位置比 y 略靠前，也可以被更准确地称为"硬腭前音"。

Paradigmatic mode　范式模式　逻辑性、科学性的思考方式。在单词联想中指代属于同一语法类别的回应（例如白天 /黑夜）。

Parallel distributed processing/parallel processing, PDP　并行分布处理 / 并行处理　信息理论的术语之一，用于指代在多个层面同时发生而非先后发生的活动，与序列处理相对。平行分布处理模型解释了采用计算机可以模拟的联合链接做出的类比进行的语法发展。

Parameter　参量　在当前理论中，参量是指儿童在接触语言之后设定的一系列语言"开关"，这是各个语言之间有所不同的一定数量的值。例如，所谓的"主语脱落"（无主语）参量可以区分英语、德语这种无法省略词汇主语的语言，以及意大利语、西班牙语这种可以省略词汇主语的语言。

Parsimony　简约性　理论构建的准则之一，认为当所有可能存在的解释都能够充分描述数据时，理论家必须使用其中最简单的一种。

Passives　被动式　强调动作宾语的句子："女孩被黑猩猩亲吻了。"

Percent of consonants correct, PCC　辅音正确率　一种衡量儿童发音准确率的方式，把儿童发音与成人对同一单词的标准发音相比较，计算正确使用的辅音的百分比。

Performance　表现　言语产出的语言学术语，与能力相对。能力总是高于表现。

Perseveration　持续症　重复之前曾经提供但已经不再恰当的回应的趋向；同时也指难以把注意力转到新焦点的情形。

Pervasive developmental disorder, PDD　广泛性发展障碍　与孤独症相关的一种广泛性发展症状。这一术语已不再使用。

Phone　音段　一个单独的语音，在特定的语境中对某一音位的实现。

Phoneme　音位　可以传达含义差别的语音。两个类似的语音 p 和 b，由于能够组成一对含义不同、语音形式近似的单词（唯一区别是一个单词包含 b，另一个包含 p，例如 bet 和 pet），所以它们在英语中表示不同的音位。参见最小对（minimal pair）。

Phonetic form　语音形式　管辖与约束理论中的表面结构的重要部分之一。语音形式是句子实际的语音结构。

Phonological awareness　音系意识　一种元语言意识，包括识别语言中语音及讨论它们的能力；这是读写能力需要的基础技能之一。

Phonological contrast　音系对比　两个语音之间能传达不同含义的区别，例如英语里 lip 和 leap 两词的两个元音的区别。（在很多语言里，例如西班牙语和法语中，这两个音的区别无法传达含义之间的不同）。

Phonological idiom　音系习语　儿童词汇中的单词，和其他大多数共享成人普遍的目标形式的单词相比，发音更为准确或更不准确。习语是儿童当前音系规则的例外情况。

Phonological working memory　音系工作记忆　接收、分析、储存、处理语言中语音元素的过程，在重复语言刺激物时可能需要使用。

Phonology　音系　研究语言语音系统的学科；语言使用的语音和语音组合的规则。

Phonotactic constraints　语音组合限制　在一种语言中区分可允许的语音序列和不可能出现的语音序列的限制；例如，西班牙语中存在单词不得以 /s/+ 辅音开头的语音组合限制，而英语中存在单词不得以 /ŋ/ 开头或以 /h/ 结尾的语音组合限制。

Phrase structure rules　短语结构规则　管辖与约束理论中深层结构的重要部分，描述主语和谓语之间的关系。

Physiological substrate for language　语言

的生理基础 学习、理解和产出口语或手语所需的解剖学结构：大脑及相关的感知和运动系统。

Pivotal response training, PRT 核心反应训练 一种针对孤独症谱系障碍患儿的干预技术，在患儿和周围人群进行互动的语境中采用行为手段，强化后续技能发展所需要的社交互动和模仿技能。

Place of articulation/position of articulation 发音位置 在发出某一语音时，声道中上部发声器官和下部发声器官最为接近的位置。

Poverty of imagination 想象缺乏 语言学理论中，指"不能因为无法想象语言习得的过程而自动认为语言并非习得（而是天生）"的论点。

Poverty of the stimulus 刺激缺乏 语言学理论中，这一论点认为儿童所听到的语言过于不完美（贫乏），他们无法从中习得语法系统，从而辩称语言是先天规定的。

Pragmatics 语用 在社交语境或对话中使用语言的规则，也指对这些规则的研究。

Preferential-looking paradigm 选择性注视范式 一种用于前语言期婴儿的实验设计，在为婴儿播放语言刺激时监测他们的眼动。

Prelingually deaf 前语言失聪 在婴儿学习说话之前产生的听力障碍。这种障碍通常比语言学习之后出现的听力损失影响更为惨重。

Prelinguistic/preverbal 前语言 在婴儿开始说话之前出现的现象。

Prime/priming 启动 展示一个刺激物（语言或图像），意在辅助目标回应的获取。看到"医院"和"医生"这些单词的受试者会比没有接受类似启动的受试者更快地辨认出"护士"这个单词。

Principle of contrast 反差原则 儿童的假设，认为没有两个词具有同样的含义。因此，他们假设新出现的单词不会指代已经有名称的物品。

Principle of mutual exclusivity 互斥原则 参见互斥（mutual exclusivity）。

Principles 原则 规则或准则。理论的基础信条。

Probabilistic concept 概率概念 与全然概念不同，是以一系列可以变化的标准为特征的概念。例如，"鸟"是一个概率概念，因为没有可以排他地定义这一概念的标准：一种生物不一定需要会飞、有喙或者有羽毛才能成为鸟。

Production 产出 说话的过程。

Productive/productivity 能产的/能产性 指代语言中用于组成新词的规则形式；例如规则的复数结尾。

Pronominal strategy 代词策略 一些幼儿在早期言语中展示出的对代词而非名词的偏好。参见名词策略（nominal strategy）。

Prosodic features 韵律特征 语流中表达单词或句子含义区别的方面，如重音或语调。

Prototype 原型 一个范畴的最佳范例，例如，知更鸟具有鸟类所有的重要的定义特征，因此是"鸟"这一范畴的原型成员。

Protoword 原始词 儿童使用的语音序列，

通常具有相对连贯的含义但不一定基于成人单词。"语音连贯形式"（phonetically consistent form）和"表意语音"（vocable）也用于指代这一概念。

Psychological verbs 心理动词 用于描述心理或感知经验（例如"看""喜欢""想"），而非外在的可以观察的动作的动词。

R

Reading as decoding/phonics 字母拼读法/自然发音法 一种教授阅读的方法，明确强调掌握字母表原则及字位—音位对应规则。

Reading for meaning 文意阅读 一种教授阅读的方法，强调推论技能，把文本视为含义的来源。

Recast, recasting 重塑 一种家长产出的话语，把儿童的不成熟的话语以可以接受的成人形式改写。参见扩展（expansion）。

Reduplicated babble 重复型学语声 辅音—元音组合重复的学语声，例如"吧吧吧"。也称为反复型学语声（repetitive babbling）。

Referent 指代对象 某一特定单词所指示的实际事物，例如一只实际存在的猫；与作为心理建构的单词含义相对。

Referential 指示 用来指代外界世界的言语，例如命名物品的言语；与表达性言语或本质更为社会化的言语相对。

Referential communication 指示交流 在一系列可能的指代对象中谈论某一特定指代对象的方法。

Register 语域 一种根据参与者、设定和话题变化的语言形式，例如儿童导向言语。

Regression 退化 一种从更为成人化的行为变为离成人模型更为遥远的反向变化，在早期发展中具有代表性。

Relative clause 关系从句 由关系代词（that、where、who 等）开头的从句。

Response to intervention, RTI 干预反应模式 一种通过调整课堂内容帮助学业可能出现困难的儿童的方式。依然出现学业问题的儿童后续可能会转向特殊教育。

Responsive interactional style 回应性互动风格 与婴儿互动的方式之一，允许婴儿按自己的节奏行动，自行确认关注的话题。

Rett syndrome 蕾特氏症 一种神经基础的严重发展性障碍，常见于女孩，婴儿开始发展看似正常但之后出现退化，通常失去说话能力，出现绞手等模式化行为。

Riddles 谜语 通常以问题形式出现、使用歧义的文字游戏。

Right-branching relative clause 右支关系从句 一种修饰动词右侧名词短语，从而在句法树右侧展开分支的关系从句，例如"教练想知道［球队会不会赢得比赛］"（"The coach wonders whether the team will win the game."）。

Rote/holistic style 机械/整体风格 早期语言习得风格之一，特征是儿童学习一系列短语或未经分析的表达式。与分析风格（analytic style）相对。

Routine 常规用语 作为常规活动一部分

出现的言语形式（例如问候或万圣节时说的"不给糖就捣蛋"）。

Rule 规则 儿童音系中成人目标语音和儿童发音之间的系统性关系。一些儿童的音系明显受规则管辖；另一些儿童具有更为整体、较不系统的改变且不能正确发音的成人单词的方法。

S

Sarcasm 讽刺 意图伤害他人或表达蔑视的语言使用，通常以夸张的语调模式和反讽手法完成（例如，当有人坐坏了你的帽子的时候说"可真是谢谢你啊！"）。参见反讽（irony）。

Scaffold 鹰架 参见支架（format）。

Script 脚本 有关熟悉的日常活动的抽象知识。例如，儿童可能有关于生日派对的脚本。

Second language acquisition 第二语言习得 学习第二门或后续语言的过程，参见第二语言习得（L2 acquisition）。

Segment 音段 言语中的成分之一。参见分割（segmentation）。

Segmentation 分割 把言语语流划分为不同成分，例如把单词划分为音节和音位。

Selective attention 选择性注意 在多个刺激物中注意一个选择的刺激物的能力或过程。

Semantic development 语义发展 单词及其多种含义的习得，与把这种知识转化为关联含义的复杂阶梯型网络的发展过程。

Semantic feature 语义特征 定义一个概念并把它与其他概念区分开的准则之一。例如，[＋男性]和[＋亲属]是"兄弟"这一概念的两个特征。

Semantic network 语义网络 一个单词及其所有相关的单词通过含义的不同等级阶梯产生的链接。参见语义发展（semantic development）。

Semantic relations 语义关系 描述儿童早期话语所表达的有限组含义的特征。

Semantic roles 语义角色 名词或名词词组在句子中使用的方式，例如作为施事者、受事者、对象或地点。参见题元角色（thematic role）。

Semantics 语义学 语言含义系统的研究。

Semantic transparency 语义透明性 显而易见的含义。儿童用于创造新词的准则之一，例如用"种树人"（plant man）代表园丁（gardener）。

Semivowel 半元音 参见滑音（glide）。

Sensitive interactional style 敏感型互动风格 一种和学习语言的儿童互动的方式，以儿童的兴趣优先。例如，家长为儿童所指的物品命名或贴上标签。

Sentence modalities 句子情态 句子出现的基本形式，包括陈述句、疑问句和祈使句。

Sequential bilinguals 顺序双语者 第二语言在第一语言习得开始之后才习得的人。

Serial processing 序列处理 用于指代线性认知活动的信息处理术语（例如，先看到一个字母，然后是第二个，之后阅读单词，然后理解单词）。与并行处理相对；并行处理中认知活动在多个层面同时进行。

Set task　组类任务　一种要求回答者产出特定类型单词的词汇任务，例如，在短时间内尽量多地说出衣服类的单词或者以某一字母开头的单词。

Shallow orthography　浅层文字　一种字位和其所代表的音位之间关系密切（一一对应）的正写法（拼写系统）。另参见深层文字（deep orthography）。

Signifying　意指　一种由一些非洲裔美国年轻人使用的讽刺或诙谐的语言游戏，用于在重要的社会话题上做出间接评价。

Simplicity　简化　儿童在创造新单词时遵循的准则之一。他们把已知的形式扩展到新的情境中，创造出"自行车人"（bicycler）这样的词来指代骑自行车的人。

Simultaneous bilinguals　同步双语者　从儿童早期即开始学习两种或更多语言的人，通常沉浸在使用两种或更多语言交流的家庭环境中。

Specific language impairment, SLI　特定性语言障碍　在并未显示出认知、神经或社交障碍的儿童身上出现的语言发展迟缓或异常。

Social cognition　社会认知　使得人际互动成为可能的对他人的知识。

Sociolinguistics　社会语言学　一种研究语言变体和适应的方法，观察自然产生的对话，考虑社会构建（阶层、性别角色、地位等）影响语言的方式。

Sound play　语音游戏　参见重复型学语声（reduplicated babble）、多变型学语声（variegated babble）。

Species specific　物种特殊性　指语言已知仅存在于我们的物种，不存在于其他物种这一事实。

Species uniform　物种一致性　语言发展的主要里程碑事件在物种的所有成员身上以同样形式显现、发生于大致同样的时期这一观察结论。

Speech acts　言语行为　说者用以在外界世界完成事物的话语（例如请求或道歉）。

Speech-language pathologist　言语语言治疗师　受过训练评估、诊断、治疗言语和语言问题的专业人士。

S-structure　表面结构　管辖与约束理论中语法的重要层面之一。表面结构包括句子中单词的线性排列。

Statistical learning　统计学习　语言学习中学习者的一种能力；学习者能够不依靠天生的语言知识，而是使用普遍的认知机能，利用输入中分布性的线索推导出语言元素正确顺序的规则，以及语言中元素共同出现的概率。

Stop　塞音　一种特征为气流在口腔中完全打断的语音，例如英语中 /t/ 和 /b/ 这两个音位。另参见鼻音（nasal stop）。

Stress　重音　一个单词中一个或多个音节更为突出的现象；有可能因为实际音量更强，音高明显改变（通常上升）或音节长度更长。

Stress pattern　重音模式　单词中重音音节和非重音音节的布局。英语有很多相关的名词—动词对（例如"拒绝"的名词和动词形式），其主要差异在于重音模式：名词的重音在第一个音节，动词的重音在第二个音节。

Structured observation 结构化观察 一种研究设计，通过保持部分物品不便而为观察施加一致性，例如，多名儿童进入实验室环境的游戏室中，为每个儿童分发相同的玩具并进行观察。

Stuttering 口吃 言语缺乏流利性，特征包括延长或反复的音段，通常产出时十分紧张。

Subject-gap relative clause 主语空缺关系从句 在动词主语位置出现空缺的从句（例如，"在挠斑马的海象"里，"挠"的主语不存在）。在这种结构中，动词所需的主语和从句修饰的名词相同（例如"海象"）。

Subtractive bilingualism 削减型双语现象 在学习第二语言时失去自己的第一语言的双语形式。

Suprasegmental 超音段 音系系统中超出单个语音的部分，例如重音和语调模式。

Surface hypothesis model of SLI 特定性语言障碍的表面假设模型 认为特定性语言障碍的患儿难以处理未强调或不明显的语法形式的假设。

Symbolic representation 象征性表示 某一事物及其所指代的概念之间任意的联系。单词是它们指代对象的象征性表示。

Syntactic awareness 句法意识 对语言中语法性质的敏感度。

Syntagmatic-paradigmatic shift 组合–聚合转换 单词联想模式的改变，见于 7 岁左右的儿童；之前他们通常会回答在对话中紧接着的单词（吃：晚饭），而在转换之后他们会像成人一样回答同一词性的单词（吃：喝）。

Syntax 句法 创造被动、陈述、疑问、祈使等句子形式所依据的规则。

Synthetic 综合语 把多种语法屈折（例如第三人称、复数、过去时）合并为同一形式的语言特征。与黏着语（agglutinative）相对。

T

Tap 闪音 舌尖快速移动发出的语音，例如西班牙语单词 pero 中间的辅音，和 perro 里的颤音是不同的音位。英语中"water"一词的中间也有类似的闪音或弹音。

Treatment and education of autistic and related communication-handicapped children, TEACCH 孤独症及相关交际障碍儿童的治疗和教育方案 一种基于正常亲子互动模型的治疗方式。

Teasing 戏弄 一种复杂的语言游戏，通常包括嘲弄、讽刺等要素，或者以惯例的形式出现。例如，非洲裔美国人群体中的试探行为，其中说者们用更加诙谐（也更不可能）的有关各种事件的描述试图超越对方。

Telegraphic speech 电报式言语 像电报一样，只包括内容词不包括功能词的言语。

Template 模板 某一儿童明显偏爱使用的音系输出模式，通常与是否能够匹配可能存在的成人目标单词无关。模板通过声音运动计划产出，通常源自婴儿偏爱的前语言学语模式。**正则式**（canonical form）也指代同一概念。

Text presentation　文本展现　根据管辖与约束理论，儿童学习语言所接触的语言类型。它不包括任何负面证据。

Thematic roles，语义角色；semantic roles，题元角色　管辖与约束理论中的成分之一，用于连接词汇和表层结构的逻辑形式，为名词词组提供施事者、位置等角色。

Theoretical adequacy　理论适当性　理论或模型的特点之一，要求其中的准则不仅能够解释观察到的行为，也是个人实现这些行为的实际准则。

Theory of mind　心理推测能力　人类个体所拥有的关于他人知识情形的假设。儿童为了能与他人在恰当的层面对话、了解他人的意图，必须发展心理推测能力。

Top-down(model)　自上而下（模型）　一个源自人工智能研究的术语，用以描述处理的方向。自上而下（或概念驱动）意味着处理从概念层面向下降到基础水平数据。自上而下阅读模型把阅读概念化为产生并测试页面上出现的单词的假设的过程。

Total communication　综合沟通法　与患有语言障碍的人通过口语和符号的组合方式进行互动的方法。

Transformational rule　转换规则　在乔姆斯基近期的语法理论中，类似于（移动 A）把句子的任何一部分移动到新位置的转换规则应用于深层结构，在保持原有的含义或意图时产出不同的句法表面形式。

Transformational syntax　转换句法　诺姆·乔姆斯基发展的转换生成语法的一部分，其中表面结构由深层结构经过使用转换规则而生成。

Trill　颤音　发声时，发声器官产生振动或做出一系列弹动的语音，例如悬雍垂、嘴唇或舌尖颤动。

Two-way immersion　双向沉浸　一种双语项目，课堂里的一般学生是英语母语者，另一半学生是目标语言的母语者。这种项目在内容教学中使用两种语言，为两组参与者都建立其附加型双语。

U

Underextension　扩展不足　理解或使用单词时，没有涵盖所有范围。例如，认为"狗"只指代柯利犬。

Unified model of second language acquisition (macwhinney, 2007)　二语习得的统一模型　一种把语言学习视为信息处理、认为语言学习依赖于普遍的认知系统而非特定的语言机制的观点。由于这种普遍的处理要素的存在，有用的跨语言迁移或无用的"干扰"在一些情况下都有可能出现。

Universal grammar, UG　普遍语法　一系列假设存在的限制，用于管辖人类语言能够存在的所有可能形式。

Universal newborn screening/hearing screening　新生儿听力筛查　一项在早期测试新生儿是否存在问题或疾病的检查；对听力有问题的婴儿进行早期确诊可以明显改善他们的预后。

Universality　普遍性　假设所有人类语言都具有的特征性质。

Unvoiced 非浊音 发声时声带不振动的语音，例如英语的 /p/，与相似但是浊音的 /b/ 相对。

Upper articulators 上部发音器官 口腔上部用于产出言语的部分，如上唇、上牙、牙槽嵴、硬腭等。

V

Variegated babble 多变型学语声 包括一系列语音的学语声，例如"吧哗嘀哺"。与重复型学语声（reduplicated babble）相对。

Velar 软腭音 由舌头后部接触或靠近软腭下方（参见软腭）所发出的任何语音。英语的软腭音包括辅音 /k/、/g/ 和 /ŋ/。

Velar fricative 软腭擦音 在苏格兰语 loch 和德语 Bach 中可以听到的语音。参见软腭音、擦音。

Velum 软腭 也被称为 soft palate；硬腭后部柔软的延伸。软腭作为发声器官有两个主要作用：其一，它可以上升关闭由咽部进入鼻腔的通道，或下降打开此通道；其二，在发出软腭塞音和鼻音 /k/、/g/、/ŋ/ 时，舌头后部上升接触软腭。

Verbal humor 语言幽默 通过语言产生的幽默。

Vocabulary breadth 词汇广度 儿童知道的单词数量。

Vocabulary depth 词汇深度 关于已知词汇知识的丰富程度，包括发音、拼写、多种含义、单词可能具有的引申义，以及它所出现的语言和语用语境。

Vocabulary spurt 词汇爆发 词汇发展中的一个假定的阶段，通常在 18 月龄前后，在此期间一些幼儿的词汇学习快速增长。

Vocal fold 声带 经常也被称为"vocal cords"，喉部振动发声的部分，发出的声音是人类语音的基础。

Vocal motor scheme 声音运动计划 为正则式提供基础的运动活动计划或程序。这一计划是一系列紧密相连的发声姿势的序列（包括下颌和舌头运动的时间点、软腭位置改变和声带振动）。声音运动计划的姿势并不是完全详细规定的；当儿童试图发出类似于某一成人目标词汇的输出时，一部分细节（例如某一发音位置或方法）会有所变化。参见正则式（canonical form）。

Voiced, voicing 浊音，浊化 在发出语音（塞音、擦音等）时声带振动，例如 /a/、/z/。在英语中，这一术语通常延伸指代塞音 /b/、/d/、/g/。

Voiceless 清音 参见非浊音（unvoiced）。

Vowel 元音 发生时气流相对不受阻挡的语音。半元音存在一些限制，但气流没有停止，也不具备摩擦音，例如 w 或 y（国际音标 /j/）。另参见滑音（glide）。

W

Wernicke's area 韦尼克区 大脑左半球的后颞叶的言语区域。韦尼克区的损伤会导致韦尼克失语症。

Whole language 全语言 一种文意阅读的阅读指导方式，强调对"全文"或有含义的文本的专注。

Wh-question 特殊疑问句 跟随特殊疑问

词［例如谁（who）、什么（what）、为什么（why）、哪里（where）、何时（when）或如何（how）］的句子，在回答中要求详述缺失的元素。

Williams syndrome, WS 威廉氏综合征 一种遗传异常疾病，患者表现为具有矮小的外表、空间能力障碍及过读现象。

Word associations 单词联想 在听到其他单词时想到的单词。

Word awareness 单词意识 了解有关单词的概念：单词是什么、如何（以什么语音）开始结束。

Word family 单词族 一组共享基础成分的单词，例如 drive、drives、driver、driving 等。

Word recognition 单词识别 对一串字母所代表的常规单词的识别。

Working memory 工作记忆 记忆中保留正在处理的信息的一部分；工作记忆在患有特殊性语言障碍的儿童中受限，并随着年龄而下降，这与理解问题相关。

Y

Yes/no question 一般疑问句 可以用"是"或"不"回答的疑问句。

Z

Zone of proximal development 最近发展区 由维果茨基提出的概念，描述学习者无须帮助即能完成的事物和需要帮助能够掌握的事物之间的差距。